GRAMMAIRE
DES LANGUES ROMANES

GRAMMAIRE

DES

LANGUES ROMANES

PAR

FRÉDÉRIC DIEZ

TROISIÈME ÉDITION REFONDUE ET AUGMENTÉE

TOME DEUXIÈME

TRADUIT PAR

ALFRED MOREL-FATIO ET GASTON PARIS

PARIS
LIBRAIRIE A. FRANCK
F. VIEWEG, PROPRIÉTAIRE
RUE RICHELIEU, 67
1874

LIVRE II

FLEXION

Les langues romanes, comme d'autres langues modernes, ont perdu une partie des anciennes formes de flexion. Il faut chercher la cause de ce phénomène dans une certaine négligence qui est naturelle au langage populaire. La prononciation de ces formes, rigoureusement soumise aux lois de la quantité, devient difficile, leur variété devient incommode ; leur son comme leur sens s'obscurcit et enfin l'esprit, tendant à la précision, cherche à combler le vide qui s'est ainsi produit dans l'organisme du langage par l'emploi de mots auxiliaires appropriés. Ces derniers sont employés soit isolément, soit comme affixes, mais d'ordinaire ils échangent leur signification individuelle contre une plus abstraite répondant à la forme grammaticale qu'ils ont charge de représenter. A la rigueur, l'étude de ces mots ne devrait pas être mêlée à celle des flexions, dont ils sont la négation : il faudrait les reléguer soit dans le chapitre de la formation des mots, soit même dans celui de la syntaxe. Mais bannir ces mots de la partie qui traite de la flexion, ce serait disloquer ce qui, pour le sentiment populaire, forme un ensemble inséparable, et étaler des lacunes que ne tolère pas même la grammaire des langues synthétiques. Il paraît donc raisonnable de plier en faveur de la pratique et de la clarté la rigueur de la théorie, et de joindre immédiatement à l'étude des flexions celle des mots auxiliaires.

PREMIÈRE PARTIE.

 DÉCLINAISON.

Elle affecte le substantif, l'adjectif, le numéral et le pronom ; son office est de marquer leurs rapports de genre, de nombre et de cas, rapports qu'une seule forme de flexion peut être apte à représenter tous trois.

1. Le latin avait trois *genres*, le masculin, le féminin, et le neutre, c'est-à-dire l'absence de genre. Les langues filles, non pas toutes au même degré, ont conservé du neutre sa forme et son idée dans quelques parties du discours ; c'est un point sur lequel nous reviendrons. Mais le neutre du substantif a entièrement disparu (il n'existe pas non plus en celtique), et les mots de ce genre en latin ont passé au masculin, dont la forme, au moins pour la deuxième déclinaison, se rapprochait le plus de celle du neutre. Ce phénomène se montre déjà dans le latin du plus ancien moyen âge. Des manuscrits de la *L. Sal.*, p. ex., écrivent sans hésitation *retem, animalem, membrus, vestigius, precius* (Pott, p. 126); le *Vocab. S. Galli folius, palatius, templus, tectus, stabulus, cupiculus*, et d'autres anciens glossaires ainsi que les chartes se comportent de même. Par là, le roman perdit un trait caractéristique de la grande famille indo-européenne que d'autres langues modernes, le grec par exemple, ont conservé jusqu'aujourd'hui. Il faut toutefois reconnaître que cette perte était le résultat presque inévitable de la transformation que le roman a fait subir à ses mots, qui devait obscurcir ou complètement effacer la forme du neutre. L'article lui-même, qui n'a d'ailleurs pas pour fonction de distinguer les genres, n'aurait été qu'une ressource bien insuffisante, quand on l'aurait même comme en espagnol divisé en trois formes, puisque l'adjectif ne pouvait se prêter en aucune façon à une division de ce genre. Quelques-uns des dialectes romans ont dû renoncer plus difficilement à la forme du neutre, c'est ce que prouvent les pluriels ital. et roum. comme *corna, membra*. Avec un procédé aussi sommaire, qui ne tenait compte que des terminaisons, les mots originairement neutres devaient tous être assignés à un seul et même genre. Pour les diviser en une série masculine et en une série féminine ou pour

introduire un genre indéterminé, il aurait fallu que la langue se trouvât encore dans une période plus jeune, plus poétique et plus sensible à l'impression immédiate de la nature.

2. Le grec avait trois *nombres*, le singulier, le duel et le pluriel ; le latin n'en avait plus que deux, le singulier et le pluriel. Les langues dérivées ne pouvaient plus opérer de réduction, et en fait elles appliquent, avec une précision suffisante, la division du latin.

3. Le latin avait six *cas*, le nominatif. le génitif, le datif, l'accusatif, le vocatif et l'ablatif. L'identité de forme se présentait fréquemment pour le nominatif et l'accusatif, pour le nominatif et le vocatif presque toujours, pour le datif et l'ablatif rarement au singulier, toujours au pluriel. La flexion casuelle présentait donc déjà une défectuosité que les langues les plus nobles partagent d'ailleurs avec le latin.

Cette flexion a péri en roman. Seules les anciennes langues de la France distinguaient encore, bien qu'avec beaucoup d'exceptions, le nominatif de l'accusatif, et le valaque, dans une seule circonstance, distingue le vocatif du nominatif. C'est ainsi que les cinq ou six cas de chaque nombre ont été réduits à une seule et même forme. Le grec moderne, lui, a conservé les anciens cas à l'exception du datif.

Quel est maintenant le cas *normal* auquel a été accordée l'importante prérogative de représenter tous les autres ? Est-ce le même dans toutes les langues ? La vraisemblance paraîtrait indiquer le nominatif, le cas direct, qui, ainsi que son nom l'indique, ne fait que nommer l'objet. Mais l'expérience contredit cette hypothèse, car la formation du plus grand nombre des mots renvoie à l'un des cas obliques. Comment dériver ital. *nieve* de *nix*, esp. *amigos* de *amici*, franç. *comte* de *comes* ? De plus, la forme normale n'est pas la même dans toutes les langues : auprès de l'esp. *amigos* se place l'ital. *amici*, un nominatif à côté d'un accusatif.

Il est préférable d'étudier chaque langue à part, et de commencer par le provençal, qui distingue encore deux cas. Nous avons ici le nominatif singulier *ans* (*annus*), *sor* (*soror*) ; plur. *an* (*anni*), *serórs* (*sorores*). Personne ne contestera assurément que ces nominatifs soient issus des noms latins cités. Les singuliers *ans*, *sor* ne s'expliquent que par *annus*, *soror*, le pluriel *an* que par *anni* ; *serors* pourrait aussi procéder de l'accusatif *sorores*, mais puisque la forme du nominatif est assurée en général, il n'y aurait pas de raison pour se refuser à l'admettre dans ce dernier cas seulement. La forme des cas obliques ou du cas oblique (car il n'en existe qu'un) est : sing. *an, seror*; plur. *ans, serors*. Tous ces mots conviennent à l'accusatif latin, les trois premiers à d'autres cas encore, *an* au génitif ou à l'ablatif (datif), *seror* et *ans* également à l'ablatif. Mais la préférence doit être accordée à l'accusatif : 1) parce que le quatrième mot, *serors*, qui doit être jugé comme les autres, ne peut venir de *sororibus*, mais seulement de *sorores*; 2) parce que dans les neutres, qui distinguent plus rigoureusement l'accusatif de l'ablatif (*corpus, corpore*), c'est toujours la forme du premier qui, seule, fournit le cas oblique, comme dans *corps, latz, ops, peitz, temps* (*corpus, latus, opus, pectus, tempus*)[1]; 3) parce que l'*m* de l'accusatif, affaiblie en *n*, s'est encore conservée dans quelques mots, comme *mon, ton, son, ren* (*meum, tuum, suum, rem*). Mais il reste encore à considérer la forme de la première déclinaison. D'après les lois phoniques *corona, coronam, coronae, coronas* pouvaient donner en pr. *corona* au sing. et *coron, coronas* au plur., et c'est en effet ce qui a lieu : seulement on a substitué à *coron* (l'*e* atone tombant d'ordinaire) *coronas*, afin de ne pas confondre la première et la deuxième déclinaison. Ainsi le provençal distingue le nominatif et l'accusatif au moins dans la deuxième et la troisième déclinaison, et ce sont les mots, déjà mentionnés, avec l'accusatif en *n*, en tant qu'ils ont le nominatif en *s*, qui nous représentent le plus fidèlement la flexion originelle : *mos mon, res ren*, ou le plur. *dui dos* (*duo duos*)[2]. — Le même arrangement se rencontre aussi en vieux français, cet idiome possède même encore des accusatifs

---

1. **Gendre**, franç. *genre*, de *genus* n'est pas à la vérité un accusatif, mais le mot ne devait pas être populaire, c'était une expression de l'école et la forme avec *r* peut trouver son explication dans la phrase usuelle *cujus generis*. — Pour prouver qu'un autre cas a pu prendre la place de l'accusatif, Littré, *Hist. de la langue franç.* II, 333, s'appuie sur *cheve* (écrit *cheue*) dans le *Fragm. de Val.* (*un edre sore sen cheve*, lat. *hederam super caput Jonae*) qui répondrait non à *caput* mais à *capite* ou *capiti*. Mais il ne faut pas perdre de vue que les anciens pour distinguer l'*u* consonne de la voyelle *u* ajoutaient parfois un *e* muet; on devait prononcer *cheue* comme *chev* = *chef*, c'est-à-dire comme aujourd'hui encore. Ils écrivaient de même *aueril* et prononçaient *avril*. Voy. tome I, 433.

2. A l'égard de *res* on pourrait supposer le même procédé de dérivation constaté pour le v.franç. *riens* qui vient de l'acc. *rien*; *res* serait syncopé de *rens*; mais cette dernière forme est vraisemblablement sans exemple. Le provençal paraît coïncider ici avec le v.esp., où les deux formes *res* et *ren* étaient également usitées.

évidents de la première déclinaison, comme *antain* de *amitam* ; mais la décadence progressive des formes grammaticales fit enfin périr la déclinaison ici comme en provençal : le nominatif céda généralement à l'accusatif ; cependant diverses formes nominatives rappellent encore l'existence primitive de ce cas, tels que *fiens* obsol. (*fimus*, prov. *fems*), *fonds* (*fundus*), *queux* (*coquus*), *rets* (*retis*), *Charles, Jacques, Louis, chantre* (*cantor*), *peintre* (*pictor*), *traître* (*traditor*), *maire* (*major*), *moindre* (*minor*), *pire* (*pejor*), *sire* (*senior*), *sœur* (*soror*), *on* (*homo*)[1].

En espagnol, la distinction du cas direct et de l'oblique n'a pas lieu. Le singulier est *corona, año, ladron*, le pluriel *coronas, años, ladrones*. Les formes du pluriel, *coronas, años*, témoignent catégoriquement pour la dérivation de l'accusatif, et *ladrones* n'y contredit pas. Celles du singulier, *corona, año, ladron*, à ne considérer que les lettres, se laisseraient toutes tirer de l'ablatif, en partie aussi du datif ou du nominatif, mais comme aucune loi phonique ne s'y oppose, il est logique de revendiquer l'accusatif comme cas normal pour ce nombre aussi, car *m* est en règle apocopée, et, affaiblie en *n*, elle a laissé une trace dans *quien* (*quem*) et dans l'obsolète *ren* (*rem*). Au contraire, l'adoption de l'ablatif ou du datif rencontrerait de grandes difficultés : comment expliquer, ici encore, *cuerpo, lado, pecho, tiempo* et d'autres mots originairement neutres par *corpore, latere, pectore, tempore* ou *corpori* etc. ? On ne peut pas non plus penser au nominatif, car presque partout où ce dernier cas se sépare avec rigueur de l'accusatif, celui-ci est préféré à son concurrent : *señór, rey, buey, imágen* et beaucoup d'autres mots encore ne peuvent avoir leur modèle dans *sénior, rex, bos, imago*. Si quelques mots, tels que *dios, Carlos, Marcos, cardo, sastre* (*sartor*), renvoient au nominatif, l'accusatif seul embrasse l'ensemble des formes et résout toutes les difficultés. — Le portugais est tout à fait conforme à l'espagnol.

L'italien de même que l'espagnol n'a qu'une forme pour chaque

---

1. Des noms de villes terminés en *s*, tels que *Amiens* (*Ambiani*), *Angers* (*Anticavi*), *Châlons* (*Catalauni*), *Chartres* (*Carnūtes*), *Bourges* (*Biturĭges*), *Langres* (*Lingŏnes*), *Maux* (*Meldi*), *Nantes* (*Nannĕtes*), *Rennes* (*Rhedŏnes*), *Rheims* (*Remi*), *Sens* (*Senŏnes*), *Soissons* (*Suessiŏnes*), *Tours* (*Turŏnes*), n'ont rien à faire ici, c'est-à-dire qu'ils ne représentent pas un nom singulier. Pott, *Forsch*. II, 102, a montré que ces noms sont originairement des noms de peuples, et que l's, qui a été prise plus tard pour un signe du singulier, exprime en réalité un pluriel.

nombre, ainsi sing. *corona, anno, ladrone*; pl. *corone, anni, ladroni*; l'*s* finale n'est pas tolérée ici. Sur quel cas ces formes ont-elles été construites? La comparaison des quatre langues occidentales permet de conjecturer le nominatif ou l'accusatif ou les deux cas à la fois. Le singulier se comporte comme en espagnol, tout en présentant ici aussi l'aspect de l'ablatif. Le pluriel a choisi dans deux cas (*corone, anni*) la forme du nominatif, car celle de l'accusatif, après la chute de l'*s*, aurait été *corona, anno* et se serait ainsi confondue avec le singulier. Contre l'ablatif témoignent les motifs déjà allégués à propos de l'espagnol, c'est-à-dire les formes inconciliables du pluriel, car comment *corone, castella, ladroni* auraient-ils pu venir de *coronis, castellis, latronibus*, ou, en tenant compte de l'accent, *uómini* de *hominibus*? Il en est de même en outre des mots d'origine neutre, tels que *cuore* (*cor*), *corpo, lato, nome, uopo,* auxquels s'ajoutent les formes diphthonguées *fiele, miele,* qui ne peuvent procéder que de *fĕl, mĕl* et jamais de *felle, melle,* car *e* en position ne se diphthongue pas ; on peut voir dans *speme* de *spem* une forme de l'accusatif. Il est nécessaire toutefois de concéder au nominatif une plus forte influence en italien : les mots ne sont pas rares dans la troisième déclinaison qui portent l'empreinte de ce cas, ainsi *cardo, ladro, sarto* (*sartor*), *lampa* (*lampas*), *sangue, suora* pour *suore* (*soror*), *tempésta, uomo* (*homo*), *vespertillo, vieto* (*vetus*)[1]. — Le valaque concorde assez bien avec l'italien : on y trouve aussi des formes nominatives incontestables, comme *zude* (*judex*), *leu* (*leo*), *sorę* (*soror*).

Le nominatif et l'accusatif sont donc les cas typiques sur lesquels se fondent les formes nominales romanes. De fait, ils sont tous deux, à les considérer au point de vue de leur signification, les plus importants de la phrase, le premier, parce que c'est de lui que procède l'action, le second, parce qu'il en est le but. Les opinions sur ce sujet sont, il est vrai, très-divergentes[2]. L'une de ces opinions, d'après laquelle ce serait non pas un seul

---

1. Le roumanche, voisin de l'italien, est encore plus riche en formes nominatives, par ex. *ludaus* (*laudatus*), *láder* (*latro*), *pescáder* (*piscator*), *salváder* (*salvator*) etc., *méglier* (*melior*), *ségner* (*senior*).

2. Fuchs, *Rom. Spr.* p. 328, en donne une analyse. Plus tard, Delius a traité ce sujet dans un substantiel compte-rendu de la deuxième édition du présent livre (ses idées diffèrent de celles que nous avons exprimées dans le texte) auquel nous prions le lecteur de se reporter. Voy. *Jahrbuch* IX.

cas, mais bien la partie immuable du mot, dépouillée de tout appendice, qui aurait donné sa forme au dérivé roman, a quelque chose de séduisant parce qu'elle résout la difficulté par un procédé extrêmement simple. Mais le domaine du nord-ouest nous montre qu'on eut égard non-seulement à la désignation de l'idée, mais encore à l'expression de ses rapports avec d'autres. Il reste encore quelques motifs d'une moindre importance à alléguer en faveur de l'accusatif. On a observé que le plus ancien latin du moyen âge trahit une prédilection pour la forme de ce cas dans les noms de ville : c'est ainsi qu'il écrit volontiers *Neapolim* pour *Neapolis* (Bethmann, dans l'*Archiv* de Pertz VII, 281). A cet exemple répondent, dans d'anciens textes romans, *Eufraten, Pentapolin*, et de même *Barraban, Moisen* ou *Moisens, Luciferum,* usuels comme nominatifs. Il est important en outre de remarquer que dans la reproduction romane de mots allemands de la déclinaison faible la forme de l'accusatif a ordinairement servi de type aux dérivés : ainsi dans *bacho,* acc. *bachun* ou *bachon,* d'où le franç. *bacon*; *balcho,* ital. *balcone,* esp. *balcon*; *brato,* ital. *brandone,* prov. *bradó,* v.franç. *braon*; *gundfano,* ital. *gonfalone,* prov. *gonfanó,* franç. *gonfalon*; *gêre* (*gêro*), ital. *gherone,* esp. *giron,* franç. *giron*; *heigiro,* ital. *aghirone,* prov. *aigron,* franç. *héron*; *hreineo,* esp. *guarañon,* mais ital. *guarágno*; *chrapfo,* esp. *grapon*; *mago,* ital. dialectal *magon*; *sporo,* ital. *sprone,* v.esp. *esporon,* prov. *esperó,* franç. *éperon*; *sturjo,* ital. *storione,* esp. *esturion,* franç. *étourgeon*; *waso,* franç. *gazon.* Ces cas sont trop nombreux pour permettre de ne voir dans la finale *on* qu'un suffixe de dérivation.

Les formations basées sur un des autres cas sont des plus rares et peuvent à peine prétendre au titre de noms déclinables. Les patronymiques espagnols en *ez* comme *Rodriguez* et les noms de jours en *es* comme *jueves* (voy. mon *Dict. étym.* I, xv) sont originairement des génitifs, il en est de même du second mot dans *fuero juzgo* (*forum judicum*). Les locutions, usitées en latin, *gens christianorum, paganorum, gesta Francorum* etc., ont fait naître en provençal et en vieux français des expressions analogues, dans lesquelles on ne se préoccupait pas toujours d'employer le génitif régulier : *gen crestianor, gen payanor, usage paenur, livres paienors,* de même *gent Francor, geste Francor, branc Sarrasinor, mur Sarrazinor, rey Macedonor, ovre diablor* Chron. de Ben. II, p. 421, *secle primur* TCant. p. 160, 3, *temps ancianor, forest ancianor, caval milsoldor* (*mille solidorum*)[1]. Ces génitifs se présentent quelquefois comme la forme absolue du mot, on trouve : *entorn calendor* Flam. v. 441, *cosi fos companhor* (*comme s'il eût été de leur compagnie* GAlb. 352; *de quinh parentor* (*de quel parenté*) LRom. (b.lat. dans des chartes *parentorum* gén. plur.), *la festa de martror* id., *de dieu et de sanctor* id., *restoient gentil Macedonour* Alex. p. 3, 11. Ces génitifs apparaissent aussi, bien que souvent très-défigurés, dans des noms de lieux composés, comme *Confracor* (*Curtis Francorum*), *Franconville* (*Villa Francorum*, ou du génitif allemand *Frankono?*), *Villepreux*, plus anciennement *Villeperor* (*Villa pirorum*), *Villefavreux* (*Villa fabrorum*). Voy. Quicherat, *Noms de lieux* p. 59[2]. Dans le chapitre du pronom nous apprendrons à connaître d'autres exemples du génitif et aussi du datif. L'ablatif s'est conservé dans le gérondif et dans diverses particules : ital. *mio scentre*, prov. *mieu escien*, v.franç. *mon essien*, est le lat. *me sciente*; esp. *como* etc. est *quomodo*; v.franç. *tempre* est *tempore*, et dans presque tous les dialectes l'ablatif latin *mente* a servi à la composition des adverbes [3].

Pour ce qui touche aux finales romanes des deux cas normaux, le changement de *am* en *a*, de *um* en *o*, de *em* en *e* est déjà rendu clair par le traitement des formes personnelles dans la

---

1. En ce qui concerne *ancianor*, on pourrait le considérer encore avec Raynouard comme un comparatif. Jacob Grimm, qui s'est montré, dans ce domaine aussi, critique érudit et ingénieux, se prononce, dans une dissertation spéciale sur le point qui nous occupe (*Monatsbericht der Akad. der Wiss.* zu Berlin 1847), pour le génitif. Il faut néanmoins tenir compte du fait que dans les significations de ces comparatifs organiques se montre une tendance antithétique (voy. plus bas à l'adj. prov. et v.franç.), et que *ancienor* est exactement l'opposé de *juvenor*.

2. L'exemple du français semble avoir été suivi en ancien italien. Del Prete dans ses remarques sur l'*Ajolfo* a rassemblé des exemples comme *regno femminoro, lingua angeloro, regno Teutonicoro*, de même *peccatoro, mortuoro* pour *dei peccatori, dei morti*. Voy. Mussafia, *Jahrbuch* VI, 226.

3. Nous avons vu, tome I, p. 165, que *e* et *ae* à la fin des noms de villes passaient à *i* en italien. Mais cet *i* se montre aussi dans un grand nombre de noms de villes en *um, tum* et *a*, comme *Ascoli* (*Asculum*), *Cinglio* (*Cingulum*), *Rimini* (*Ariminum*), *Trapani* (*Drepanum*), *Assisi* (*Asisium*), *Bari* (*Barium*), *Brindisi* (*Brundusium*), *Sutri* (*Sutrium*), *Trevigi* (*Tarvisium*), *Asti* (*Asia*), *Cori* (*Cora*), *Nori* (*Nora, orum*), comp. Pott, *Personennamen* p. 447, 449. Cet *i* représente-t-il le génitif avec le mot sous-entendu *civitas*, comme dans le latin du moyen âge, ou le génitif de la question *ubi? Tivoli* serait ou pour *Tiburis civitas* ou pour *Tiburi* (abl. de la question *ubi*).

conjugaison et de certaines particules. En italien, par exemple, *corona, anno, ladrone* se comportent, vis-à-vis de *coronam, annum, latronem*, exactement comme *amava, loro, secondo, ami, dieci, sette, nove* vis-à-vis de *amabam, illorum, secundum, amem, decem, septem, novem*, et il en est de même dans les autres dialectes. Mais l'histoire du nom latin nous offre déjà des indices importants de cette transformation, ainsi que de la chute de l'*s*. 1) Les anciens poètes connaissaient encore l'usage d'élider l'*s* dans les finales *us* et *is* devant une consonne, comme dans *laterali*[*s*], *magnu*[*s*], usage que Cicéron, ce qui est caractéristique pour nous, taxe de *subrusticum*; cette élision se rencontre aussi en prose dans les inscriptions tumulaires et sur les monnaies. Un certain nombre de mots, tels que *socer, puer, vir, prosper, vultur*, avaient laissé tomber tout-à-fait les syllabes *us* et *is*; pour *famulus*, Ennius et Lucrèce emploient *famul*, pour *debilis* le premier de ces auteurs a *debil* (Schneider, I, 346, 357, Hartung *Ueber die Casus* 110). On peut donc admettre que de très-bonne heure déjà l'*s* de la flexion était négligée dans la langue familière; sa suppression complète toutefois n'a dû se produire que tard, car elle n'a pas eu d'influence en France. — 2) *M* finale avait, d'après le témoignage précis des anciens, un son sourd particulier (tome I, p. 198), aussi était-elle souvent supprimée, surtout dans les inscriptions : *Corsica, viro, urbe* se trouvent dans les plus anciens monuments pour *Corsicam, virum, urbem* (Schneider I, 301, Struve *Ueber die lat. Decl. und Conj.* p. 42); de plus récents ont *ardente*[*m*], *lucerna*[*m*], *positu*[*m*], *deliciu*[*m*], *exteru*[*m*], *fatu*[*m*], *monimentu*[*m*], *auctoritate*[*m*], *extra pariete*[*m*] (Grut. *in indic. gramm.* : *m finale omissum*)[1]. — 3) *O* pour *u* dans les finales *us* et *um* était également un trait du latin archaïque ou populaire (tome I, p. 156); on trouve sur les monuments *filios, compascuos ager, magistratos, singolos, vivos, aurom, captom, aequom, divom, tuom*, et après la chute de la consonne des formes presque romanes, telles que :

---

[1]. « Il est difficile de dire quand les consonnes *m* et *s*, dont le son dans la bouche du peuple dès les temps les plus anciens était sourd et affaibli, ont cessé de résonner et ont disparu. Il résulte au moins avec certitude des inscriptions datées des derniers temps de l'empire, qui n'écrivent plus ces consonnes à la fin des mots, qui les ajoutent mal à propos ou qui les confondent entre elles, qu'au commencement du IVe siècle déjà la chute complète de *m* et *s* finales était un fait accompli dans le langage populaire. » Corssen I, 294, 2e éd.

oino, optumo, viro, Samnio, à l'ablatif *spirito, uso* (Schneider II, 57, Struve 42, Gruter. *ind. gr.* : ɔ *pro* u). — Le nombre des exemples s'accroît après la chute de l'empire d'Occident. Cassiodore déjà se plaint de l'incertitude des copistes au sujet de l'emploi de l'*m* : *librarii grammaticae artis expertes ibi maxime probantur errare : nam si* m *litteram inconvenienter addas aut demas, dictio tota confusa est* (*De div. lect.* c. 12, voy. Lanzi, *Sulla ling. etr.* I, 428). Les inscriptions et les chartes accueillent toujours plus de formes romanes ; une inscription qui est peut-être du ve siècle a, par ex., *binea* pour *vineam* (Mur. *Ant.* II, p. 1011) ; dans une remarquable charte de 564 probablement de Ravenne (Marin. p. 124), on trouve comme accusatifs *una orciolo aereo, uno butte* (ital. *botte*), *una cuppo* (*coppa*), *uno runcilione* (*ronciglio*), mais aussi *uno orcas*; dans une autre de 591 ρελικτο ες = *relictum est* (Maff. *Istor. dipl.* p. 166) ; dans une charte de 615, du Lyonnais, *villom, cui nomen Grande Fontana* (Bréq. n. 56); dans une charte italienne de 713 *ego Fortonato* (Mur. *Ant.* I, 227); dans une autre de 715 ou 730 *item porto, qui appellatur Parmisiano* (id. II, 23) ; à l'année 757 *uno bove* (acc.), *uno petio* (ital. *pezzo*), *per nullo ingenio* etc. (id. III, 569) ; à l'année 730 *notario* acc. (id. III, 1005). Pott a rassemblé un grand nombre d'exemples tirés des *L. Sal.* et *Long* : « leur nombre est légion, » dit-il, en parlant de la seconde de ces sources. Ils sont nombreux aussi dans les glosses de Cassel.

La forme absolue tirée du nominatif ou de l'accusatif suffisait sans plus de distinctions aux langues dérivées pour rendre l'idée de ces deux cas. Les autres, après la chute des flexions, durent être exprimés par des mots auxiliaires aptes à représenter leur sens. Les rapports des cas étant au nombre des plus délicats de la grammaire, cela ne put à la vérité se faire que d'une manière approximative. Mais comme l'on ne saurait admettre un état linguistique sans aucune désignation casuelle, on doit se représenter l'introduction de ces mots auxiliaires comme ayant précédé la disparition de la flexion. Ceux-ci une fois affermis par l'usage devaient bientôt rendre superflues les lettres mortes de la fin des mots. On voit par la langue des inscriptions combien la flexion, déjà dans les derniers siècles de l'empire d'Occident, avait perdu de son importance au moins dans la bouche du peuple ; un emploi si confus des cas ne pouvait exister sans avoir pour conséquence la chute de l'ancien système de déclinaison. On peut observer ici qu'en général le nominatif et l'accusatif, en raison de leur plus haute importance, prirent la place des autres cas; il est vrai que leurs caractéristiques *s* et *m,* la dernière surtout, n'étaient là que pour les yeux. Voici des exemples tirés de Gruter et d'Orelli : 1) Avec terminaisons du nominatif et de l'accusatif : *a latus, ab aedem, ab Isem, af (ab) balinearium lacum, af Capuam, agnitionem* (au lieu de *-ne*), *cinctum* (*-o*), *cum conjugem suum, cum partem, eandem* (*ead.*), *pietatem causa, furcepem* (*forceps*), *Genuenses* (*-ibus*), *in curiam* (*-a*), *jussionem* (*-ne*), *noctem* (*-ti*), *Pisas* (*-is*), *pro salutem, Saldas* (*-is*), *Vejos* (*-is*), *septemvirum* (*-vir*), *Ityreos* (*-aeorum*), *quem* (*cui*), *a census, a pontifices, in senu mare, mala* (*-i*) et d'autres semblables. — 2) Avec terminaisons du datif ou de l'ablatif plus rarement : *ante fronte, factis* (*-i*), *iis* (*ii*), *in suis* (*-os*), *infumo* (*infimum*), *liberto* (*-i*), *nomine* (*nomen*), *ob meritis, ob perpetuo amore, per quo, in vinculis missus, ab ante oculis* et quelques autres encore. On se tenait encore en garde contre les terminaisons anti-grammaticales, qui ne sont toutefois pas sans exemples : *aliquis* (*-ibus*), *lugubris* (*-ibus*), *dibus* (*diis*), *senati* (*-us*), *decembro* (*-i*). — Les prépositions au moyen desquelles on vint en aide au trouble de la flexion furent pour le génitif *de,* pour le datif *ad ;* toutes deux comme mots auxiliaires entrèrent en possession de tous les droits de la flexion, en conservant toutefois à côté de cela leur ancienne force prépositionnelle. On considéra donc l'essence du génitif comme représentant un rapport d'origine, soit avec une valeur attributive soit avec toute autre ; on disait, en employant des mots latins : *vinum de Francia, tabula de ligno, filius de rege, avidus de argento, recordari de aliquo.* On comprit l'essence du datif comme exprimant la direction vers un objet : *proficisci ad Romam, dare ad aliquem, fidelis ad amicos.* La préposition *a* aurait été aussi apte à représenter le génitif, c'est-à-dire le rapport d'origine, mais son analogie avec *ad* en proscrivit l'usage ; ses fonctions furent dévolues à *de* et elle ne se conserva que dans la composition. Quelques dialectes allemands ont suivi la même voie ; le néerlandais emploie ordinairement pour ces deux cas *van* et *aan,* l'anglais *of* et *to,* particules qui sont assez conformes aux latines *de* et *ad.* Le grec moderne aussi remplace habituellement le datif qu'il a perdu par l'accusatif avec εἰς = *ad.* Le latin populaire paraît déjà avoir manifesté un penchant pour cette circonlocution. Du moins des inscriptions offrent *de Municia* (au lieu de *Minuciae*), *miles de stipendiis* (*-iorum*), *de natione Bessus, de plano* (= *compendiose*), *curator de sacra via* (Grut. *ind. gramm.* s. v. *genethlon*), *oppida de Samnitibus, natus de Tusdro* (Orelli); *hunc ad carnificem dabo* disait déjà Plaute, *pauperem ad ditem dari* Térence, *quod apparet ad agricolas* Varron ; dans des chartes postérieures, cet usage gagne toujours plus de terrain (exemples dans le *Choix* I, 24). — Nous passons maintenant à l'examen des diverses espèces de noms.

I. SUBSTANTIF.

Comme compagnon presque inséparable du nom apparaît l'*article*, encore inconnu du latin[1], décliné avec *de* et *ad* ; il précède le nom, ce n'est qu'en valaque qu'il le suit; du reste il est toujours atone. Sa dérivation de *ille*, dont on a conservé tantôt la première tantôt la seconde syllabe, est évidente. Il semble que la première syllabe du pronom latin, en sa qualité d'accentuée, eût dû avoir la préférence pour la formation de cette nouvelle partie du discours, mais la seconde avait pour elle de contenir la flexion, et ainsi on les employa toutes deux. Il en fut de même du pronom *ipse* (*is-pse*), qui sert d'article dans quelques dialectes; de ses deux syllabes, la seconde seule, l'atone, échappa à la destruction. On peut rappeler aussi l'abréviation latine *'ste* de *is-te*. Cependant l'article se présente encore çà et là en roman avec ses deux syllabes. En ancien léonais, par ex., *ello ella, ellos ellas*, comme l'a montré Gessner p. 17. Une ancienne forme italienne aussi, *ello ella, elli elle*, a été signalée, voy. Mussafia, *Jahrb.* X, 123. La forme complète du latin vit même dans le composé de l'ital. mod. *n-ello = in-illo* etc. Il ne manque pas d'exemples de l'apparition de l'article à partir du vi^e siècle (*Choix* I, 39, 40, 47-49). Ce n'est pas pour distinguer les cas et les nombres qu'il a été introduit : il ne saurait jouer ce rôle, car sa flexion est aussi défectueuse que celle des autres noms ; son emploi paraît déterminé seulement par la raison syntactique de séparer d'une manière plus distincte l'individu de l'espèce, et c'est pour cela qu'il se rencontre aussi dans des langues à flexion complète. C'est dans le même sentiment qu'on emploie aussi comme article le numéral *unus* pour désigner une unité indéterminée ; de même

---

1. Pour indiquer le genre, d'anciens grammairiens emploient le pronom *hic* devant les substantifs : *hic vir, haec femina, hoc animal*. Plus tard on a cru reconnaître là un article latin.

en allemand *ein*, en grec ἕνας. Comme l'article *ille* est presque inséparable du substantif et n'exprime rien par lui-même, nous lui assignons sa place, dans cette étude de la flexion, au chapitre du substantif.

1. Cinq *déclinaisons*, d'après l'ancienne division, embrassent le système tout entier de la flexion du substantif latin. L'empreinte des trois premières s'est conservée plus ou moins fidèlement dans les langues dérivées; la quatrième a passé à la deuxième, comme prouvent les plur. ital. *frutti (fructus), mani (manus)*; les mots de la cinquième ont passé soit à la première, comme *dies*, esp. *dia*; *facies*, ital. *faccia (facias* wangun, glosses de Cassel), val. *fatze*; *glacies*, ital. *ghiaccia*, val. *ghiatze*; *species*, prov. *especia*, ceux surtout qui déjà en latin flottaient entre les deux déclinaisons, comme *luxuries*, ital. *lussuria*, esp. *luxuria, materies*, ital. *materia*, esp. *madera*; ou bien ils ont conservé leur forme et pris place parmi ceux de la troisième, ainsi *fides*, ital. *fede*, esp. *fe*, franç. *foi*; *series*, ital. *serie*; *species*, ital. *specie*, esp. *especie*, franç. *épice espèce*; *meridies*, ital. *merigge*.

Le passage d'une déclinaison à l'autre se produit aussi quelquefois pour les trois qui ont subsisté. Cependant les exemples de mots dont le changement de déclinaison n'a pas été déterminé par l'intention de leur donner un autre genre sont rares. C'est ainsi que *ala* passa de la première à la troisième dans l'ital. *ale*, *formica* dans le prov. *formit*, franç. *fourmi*. Passage de la troisième à la première: *glans*, ital. *ghianda*; *hirundo*, prov. *ironda*; *laus*, ital. *loda*; *neptis*, esp. *nieta*; *pix*, prov. *pega*; *pulvis*, prov. *polvera*; *sors*, ital. *sorta*, franç. *sorte*; *vestis*, ital. *vesta*; *virgo*, prov. *vergena*. De la troisième à la deuxième: *caulis*, ital. *cavolo*; *codex*, esp. *codigo*; *fascis*, ital. *fascio*; *fur*, ital. *furo*; *jus juris*, esp. *juro*; *labor*, ital. *lavoro*; *pulvis*, esp. *polvo*; *os ossis* avait déjà en latin la forme parallèle *ossum*, de là ital. *osso*, esp. *hueso*; on avait de même *vasum* à côté de *vas*, ital. esp. *vaso*. De la quatrième à la première, les féminins *ficus*, ital. *fica* (avec un autre sens), franç. *figue*; *manus*, ital. (rare) *mana*, val. *myne*; *nurus*, ital. *nuora*, esp. *nuera*, prov. *nora*, val. *nore*; *socrus*, esp. prov. *suegra*. Ce passage d'une déclinaison à l'autre a créé un grand nombre d'hétéroclites, parce que souvent l'ancienne déclinaison d'un mot persista à côté de la nouvelle; ainsi ital. *ala ale, lode loda, merigge meriggio meriggia, modo moda*; *ramo rama, veste vesta*. Souvent le changement dans la forme en a amené un dans le sens. Voyez sur ce point la grammaire particulière de chaque langue.

2. Le *genre* peut avoir sa place dans l'étude de la flexion en tant qu'il est inséparablement lié aux formes de la déclinaison. On ne peut s'attendre à voir les langues nouvelles suivre partout dans l'application du genre l'exemple de l'ancienne : la même inconstance se retrouve dans d'autres domaines encore et dépend de différentes causes [2]. Il vaut la peine de réunir de nombreux exemples de ce changement. 1) La terminaison *a* de la première déclinaison a conservé son genre, ainsi ital. *il papa, il poeta, il profeta* etc., mais en prov. aussi *la papa* IV, 315, *GRoss.*, 8379, *la profeta LR.* IV, 657, comp. *Leys* II, 74 ; de même aussi en vieux français. Les féminins en *a* deviennent masculins lorsqu'ils désignent une personne masculine. Au premier rang se trouve le pronominal *persona* qui, employé comme masculin, suit le genre de *homo*, ainsi en prov. *quasqus persona Brev. d'am.* I, 353. Aussi le *de quolibet persona* qu'on trouve dans les *Form. Sirmondi* (Canciani III) est-il plus roman que latin. *Causa* (*cosa*) aussi, en tant qu'expression pronominale, peut renoncer au genre féminin. Beaucoup d'autres mots en *a*, pour la raison alléguée à propos de *persona*, peuvent changer de genre. A cette classe appartiennent esp. *el cura*, le curé, *el justicia*, le juge, v.franç. *la justise LRois* 408 ; port. *o lingua*, l'interprète, esp. *la lengua*. Des mots nouveaux de ce genre sont : franç. *aide* masc., prov. *bada* masc. garde ; ital. *camerata*, esp. *camarada* masc., compagnon ; ital. *cornetta*, esp. *corneta*, franç. *cornette* masc., porte-étendard ; prov. *crida*, masc. crieur *LR.* V, 444 ; franç. *enseigne* masc., prov. *gaita* fém., garde, comp. *Leys* II, 66 ; ital. *guardia*, prov. *garda*, fr. *gorde* fém., esp. *guarda* comm.; ital. prov. *guida*, esp. *guia* fém., franç. *guide* masc. ; franç. *manœuvre* masc.; ital. *scolta, ascolta* fém., guetteur, veilleur; ital. *scorta* etc. fém., escorte ; ital. *sentinella* fém., sentinelle ; ital. *spia*, prov. *espia* fém., esp. *espia* comm., espion ; ital. *trombetta*, esp. *trompeta*, franç. *trompette* masc. ; prov. *uca* masc., héraut etc. *Cometa* est partout féminin, le valaque seul a *comit* masc.; *planeta* est masc. en italien comme en provençal, d'ailleurs féminin. Sur l'emploi masculin de *spata*, voy. mon *Dict. étym.* D'autres modifications de genre qui impliquent, autant

---

[2]. Voyez à ce sujet la dissertation de Pott, *Plattlateinisch und Romanisch* p. 318. ss. et aussi *Zeitschrift für Alterthumswissenschaft* XII, 228 ss.

qu'on peut le reconnaître, un changement de déclinaison, sont :
aquila, v.franç. et franç.mod. *aigle*, qui ne reste féminin que
dans le sens de drapeau ; *copula,* franç. *couple* (masc. et fém.) ;
fenestra v.franç., *un petit fenestre overt Trist.* I, 205 ;
festuca, ital. *festuco* (aussi *-ca*), prov. *festuc* (*-ga*), franç.
fétu, b.lat. *per festucum* HLang. II, col. 123 et dans
des chartes du nord de l'Italie ; *hasta*, prov. *ast* (*-a*) ;
lacerta (à peine *-us*), esp. *lagarto*, prov. *lazert*, franç.
lézard ; *lingua*, franç. *Languedoc* ; *materia*, esp. *madero*
(*-a*) ; *medulla*, ital. *midollo* (*-a*), esp. *meollo*, prov. *mezol*
(*-a*) ; *merula* (à peine *-us*), ital. *merlo* (*-a*), prov. franç.
merle ; *pedica*, franç. *piège* ; *spica* (aussi *-us*), prov. *espic*
(*-ga*), franç. *épi* ; *ungula*, franç. *ongle*. Végétaux : *hedera*,
franç. *lierre* ; *oliva* (arbre), ital. *ulivo*, prov. *oliu GA.* 4288 ;
tilia, ital. *tiglio*, val. *teiu*. — 2) Terminaison *us* de la deuxième
et quatrième déclinaison. Exemples de masculins devenus féminins : *alveus*, franç. *auge* ; *arcus*, franç. *arche* (*arc*) ; *asparagus*, franç. *asperge*, val. *sparge* ; *circulus*, ital. *cerchia*
(*-o*) ; *fructus*, ital. *frutta* (*-o*), esp. *fruta* (*-o*) ; *gradus*, esp.
grada (*-o*), prov. *graza* (*grat*) ; *hamus*, prov. *ama* ; *hortus*,
esp. *huerta* (*-o*), prov. *orta* (*ort*) *GA.* 9248 ; *hyacinthus*,
franç. *hyacinthe* ; *modus*, ital. *moda* (*-o*) etc. ; *phaseolus*,
franç. *faséole* ; *ramus*, ital. esp. *rama* (*-o*), prov. *rama*
(*ram*), franç. *rame* (anc. *rain* masc.), b.lat. *rama* ; τύμβος,
ital. *tomba* etc. *Autumnus* est commun en fr., *automne*. *Comitatus* est des deux genres en prov., *comtat*, et en v.fr. *comté*,
féminin dans le franç.mod. *vicomté*. De même le v.fr. *duché*
ou *duchée* (*ducatus*) ainsi que *evesché* (*episcopatus*) se trouvent comme féminins. Mais tous les féminins de cette terminaison
deviennent masculins : *abyssus, acus, domus, porticus,
vannus* ; les noms de pierres précieuses, comme *sapphirus* ;
ceux des arbres, comme *alnus, buxus, cupressus, ebenus*
(*-um*)*, ebulus, ficus, fraxinus, laurus, malus, morus,
pinus, pirus, platanus* ; de là ital. *ago, duomo* (sarde *domo*
fém.), *portico, vanni* plur., *zaffiro, alno, busso, cipresso,
ebano, ebbio, fico* (sarde *figu* fém.), *frassino, alloro, melo,
moro, pero, platano* ; franç. *abîme, porche, van, saphir,
aune, buis, cyprès, frêne, pin, platane* et *plane*, excepté
ébène. Plusieurs de ces mots, comme *cupressus, laurus,
platanus*, peut-être aussi *acus*, étaient également employés dans
le latin archaïque comme masculins (Schneider II, 321). *Manus*
paraît être l'unique mot qui, malgré sa terminaison, ait conservé

le genre féminin, cependant on trouve comme masculin le prov. man : *él ma senestre* Bth. v. 256, *él man* LR. I, 418, *lo man destre* Fer. v. 1453, *los mas* 3046, *dos mas* GO. 199b (à côté de *tua ma*), *mas juns* Choix IV, 97. Des communs tels que *pharus, crystallus* sont aujourd'hui exclusivement masculins : ital. *faro, cristallo* etc., *smaragdus* est cependant féminin à l'ouest : esp. *esmeralda*, prov. *esmerauda* mais aussi *maracde* masc., franç. *émeraude* ; *ficus* (le fruit) est en ital. *fico*, esp. *higo* masc., en prov. *figa*, franç. *figue* fém. Il sera parlé au troisième livre du passage fréquent des diminutifs du genre féminin au genre masculin. — 3) Terminaison *o, io.* Le masc. *ordo* est en esp. *órden* comm., v. ital. *ordine* fém., d'ailleurs masculin. *Margo* reste des deux genres dans ital. *margine*, esp. *márgen*, il est féminin dans franç. *marge* et val. *margine*. Le genre de *pipio* est inconnu, dans ital. *piccione*, esp. *pichon*, franç. *pigeon* il est masculin. Le féminin *origo* conserve son genre, excepté dans l'esp. *origen* où il est masculin et féminin. *Unio* est masculin dans le franç. *oignon*. *Titio* est un masculin roman, ital. *tizzone*, esp. *tizon*, prov. *tizo*, franç. *tison*. *Potio* est en franç. *poison* masculin, en vieux français et en provençal féminin. *Suspicio* est également masculin dans le fr. *soupçon*. — 4) Terminaison *er, or, os, ur, us oris*. Masculins : *carcer*, ital. *carcere* comm., esp. *carcel*, franç. *chatre* fém.; *passer*, val. *pasere* Lex. bud. fém.; *uter*, ital. *otre*, esp. *odre*, prov. *oire* masc., franç. *outre* fém.; *flos* n'est masculin qu'en ital., *fiore*, partout ailleurs (esp. prov. *flor*, franç. *fleur*, val. *floare*) féminin et de même quelquefois en vieil italien, de là le nom de famille *Santafiore* ; *lepus* est masculin dans franç. *lièvre* et val. *épure*, d'ailleurs féminin ; ital. *la lepre*, esp. *la liebre*, prov. *la lebre* ; *turtur* masculin (d'après Servius commun), franç. *tourtre* fém., ital. esp. *tortore, -a, tortolo, -a*, avec distinction du genre naturel. Les masculins de la terminaison *or oris* conservent leur genre en italien. De même en espagnol, *color* cependant est quelquefois employé comme féminin, port. *a côr*, et chez les anciens le genre de ces mots est en général flottant : *la claror* J. de Mena p. 15 ; *la color* Apol. 437, *el color* 520; *la dolor* Bc. Mil. 126; *el dolor* PCid. 18, port. *a dôr*; *la onor* Bc. Duel. 71 ; *la labor* Bc. Mil. 126 ; *la olor* Alx. 891, Bc. Mil. 5, *el olor* id. 6 ; *la sabor* PCid. 3614, *el sabor* Alx. 891 ; *la sudor* Bc. Mil. 223, *el sudor* 247. Au nord-ouest, ils sont généralement féminins : pr. *la amor, la claror, la color, la dolor, la doussor, la honor, la olor, la valor,* mais toutefois *lo labor, lo pascor* PO. 124 ; franç. *la couleur, la douleur* etc., mais *amour* est surtout masculin, *couleur* rarement, *honneur* et *labeur* toujours. Le valaque aussi les emploie comme féminins : *coloarea, onoarea, sudoarea, valoarea. Arbor* reste féminin en port., *arvore,* il est masculin en esp., *árbol,* prov. *albre,* franç. *arbre,* en ital. commun *arbore.* — 5) Terminaison *as, es, is, us.* Masculins : *limes,* ital. esp. *limite,* prov. *limit* masc., franç. *les limites* fém.; *paries,* ital. *parete,* esp. *pared,* prov. *paret,* franç. *paroi,* val. *pereate,* tous féminins (*perete* masculin dans le *Lex. Bud*); ital. *cavolo,* franç. *chou* masc., fém. esp. *col,* port. *couve* ; *collis,* ital. *colle* masc., prov. *col* comm. ; *crinis* (en latin archaïque aussi féminin), ital. *crine,* franç. *crin* masc., esp. *crin* fém., v.franç. *crin,* prov. *cri* comm.; *funis* (féminin dans Lucrèce), it. *fune* des deux genres, val. *fune* fém.; *fustis,* ital. *fusto,* esp. *fuste,* franç. *fût* masc., ital. esp. *fusta* fém.; *hostis,* ital. *oste,* v.franç. *ost* comm., esp. *hueste,* prov. *ost,* val. *oaste* fém. ; *pulvis* (féminin seulement chez les plus anciens auteurs), esp. *polvo* masc., ital. *polvere,* franç. *poudre,* val. *pulbere* fém. ; *sanguis,* ital. *sangue,* franç. *sang* masc., esp. *sangre,* val. *synge* féminin[1]. Féminins : *aestas,* ital. *state* id., franç. *été* masc.; *sementis,* ital., port. *semente,* esp. *simiente* fém., prov. *semén* comm. *LR.* V, 192, GRiq. p. 132 (*sementem bonum Cap. de vill.* § 22); *vallis,* du même genre en ital. *valle,* prov. *val,* val. *vale,* au contraire masc. en esp. *valle,* franç. *val* ; *palus,* esp. *palude* fém., ital. *palude* comm., ital. *padule,* port. *paúl* masc.; *salus,* prov. *salut* comm., franç. *salut* masc.[2] *Laus,* ital. *lode,* prov. *laus,* v.franç. *loz* masc. *Potestas,* dans le sens d'une personne revêtue du pouvoir, est hésitant : ital. *podestà* masc., v.ital. *potestade* fém. *Cent. nov. ant.* p. 37, 138, v.esp. *potestat* fém. *Apol.* 643, prov. *poestat* masc. *LR.* I, 210, *Choix* IV, 127, fém. ibid. 129, B. 169. Communs : *callis,* ital. *calle* masc., esp. *calle*

---

1. Les *Leys* II, 74 autorisent aussi un féminin pr. *sanc,* de même *lait* et *mel* à la façon espagnole.
2. En vieux français il y avait deux mots, *la salu* pour *salus* et *li salu* pour *salutatio,* le dernier tiré sans doute du verbe *salutare, saluer*; voy. par ex. *Trist.* II, 56, où l'on joue sur les deux mots. En provençal aussi les deux genres sont usités *la salut* et *lo salut*; de même ital. *la salute, il saluto,* esp. *la salud, el saludo.* En français moderne, le féminin n'est pas proprement devenu masculin : il s'est perdu dans le masculin déjà existant.

fém.; *canalis,* de même dans l'esp. *canal,* masc. en ital. *canale,*
fr. *chenal*; *cinis,* de même en ital. *cenere,* fém. fr. *cendre*;
finis, ital. *fine* comm., esp. *fin* masc., port. *fim* masc., v.port.
fém., prov. *fi,* fr. *fin* fém.; *retis,* ital. *rete,* esp. *red,* port. *rede*
fém., fr. *rets* masc.; *grus* (surtout féminin), ital. *gru* comm.,
port. *grou* masc., esp. prov. *grua,* fr. *grue,* val. *grue* fém.;
dies, ital. *dì,* esp. *dia* masc., v.ital. *dia PPS.* I, 122 (et
souvent) fém., prov. *dia* commun. — 6) Terminaison *ns, rs.*
Masculins: *dens,* de même ital. *dente,* esp. *diente,* val. *dente,*
fém. prov. *den,* franç. *dent*; *fons,* ital. *fonte* comm., esp.
fuente, prov. *fon,* v.franç. *font* fém.; *pons* partout masculin,
seulement en esp. *puente* des deux genres, val. *punte* féminin.
Féminins: *frons frontis,* de même ital. *fronte,* esp. *frente,*
val. *frunte,* masc. prov. *fron,* franç. *front,* lat. arch. également masc.; *gens,* franç. *gens* pl. comm.; *glans,* ital. *ghianda,*
v.esp. *lande,* val. *ghinde* fém., prov. *glan,* franç. *gland* masc.;
ars, ital. *arte* fém., esp. *arte* comm., franç. *art* masc., v.franç.
fém.; *sors,* ital. *sorte,* esp. *suerte* fém., prov. *sort* fém.,
à peine masc. (*Choix* IV, 144. 277), franç. *sort* masc., v.franç.
fém. Communs: *infans,* ital. *infante* masc., *fante* comm., esp.
infante masc., franç. *enfant* comm.; *serpens,* ital. *serpente,*
franç. *serpent,* val. *serpe* masc., esp. *serpiente* fém., prov.
serpen, v.fr. *serpant* comm. — 7) Terminaison *x.* Masculins:
cimex (il n'est pas certain qu'il soit aussi féminin), ital. *cimice,*
esp. *chinche* fém.; *grex* (à peine fém.), prov. *grey* masc., ital.
gregge comm., esp. *grey* fém.; *irpex* (peut-être aussi fém.), ital.
erpice masc., franç. *herse* fém.; *pantex,* val. *pentece* masc.,
assigné ailleurs à la première déclinaison: ital. *pancia* etc.;
pulex, seulement en val. *purece* masc., ital. *pulice,* esp.
pulga, franç. *puce* fém.; *silex* (chez les poètes aussi féminin),
ital. *selce* fém.; *sorex,* ital. *sorce,* esp. *sorce,* val. *soarece*
masc., fém. seulement en prov. *soritz,* franç. *souris*; *vertex,*
ital. *vertice* masc., v.franç. *vertiz* fém.; *vervex,* val. *berbeace*
masc., fém. ital. *berbice,* prov. *berbitz,* franç. *brebis.* Féminins, en partie communs: *appendix,* franç. *appendice* masc.;
calx (rarement masc.), ital. *calce,* esp. *cal,* franç. *chaux* fém.;
fornax (seulement dans les plus anciens auteurs masc.), ital.
fornace fém., esp. *fornaz* masc.; *larix* (dans Vitruve masc.),
ital. *larice,* esp. *larice* et *alerce* masc.; *limax* (rarement
masc.), ital. *lumaca,* esp. *limaza* fém., franç. *limas* masc.;
lynx (masc. seulement dans Horace), ital. *lince,* esp. *lince,*
franç. *lynx,* val. *lingeu* masc.; *perdix* (quelquefois masc.)

du reste féminin dans *perdice, perdiz, perdris*; *salix* fém., de même en val. *salce,* masc. ital. *salice salcio,* esp. *sauce.* —
8) Les neutres, comme il a été observé plus haut, prennent le genre masculin, rarement le féminin. A ce dernier appartiennent par ex. *apium,* franç. *ache* (ital. *apio* etc.); *cochlearium,* esp. *cuchara,* port. *colher,* franç. *cuiller* (ital. *cucchiajo,* esp. *cuchar,* prov. *culher* masc.); *hordeum,* franç. *orge* (ital. *orzo* etc.); *oleum,* franç. *huile* (prov. *oli* masc.); *stabulum,* franç. *étable* (ital. *stabbio*); *studium,* franç. *étude*; *culmen, legumen, lumen,* esp. *cumbre, legumbre, lumbre,* val. *legume, lumine* (port. *cume, legume, lume* masc.); *fel, mel,* esp. *hiel, miel,* val. *feare, meare* (port. *fel, mel* masc.); *fulgur,* ital. *folgore,* franç. *foudre* comm. (prov. *folzer,* val. *fulger* masc.); *mare,* esp. *mar* comm., prov. *mar,* franç. *mer,* val. *mare* fém., aussi en v.it. *la mare PPS.* I, 453, ital.mod. *mare,* port. *mar* masc. (*meer* est aussi dans les langues germaniques soit masc., soit fém., soit neutre). Le fém. esp. *leche* renvoie peut-être à un masc. *lactem,* et *sal,* également fém., peut-être à *salem* (port. *leite, sal* masc.)[1].

Outre ces neutres et d'autres encore, il s'en trouve beaucoup qui, par le passage de leur forme plurielle (*a*) à la première déclinaison, sont devenus féminins; c'est une particularité commune à toutes les langues romanes, dont le valaque seul n'a aucune ou presque aucune notion. En voici des exemples: *animalia,* v.esp. *animalia FJ.* 106[b], Rz. 63. 72, franç. *aumaille*; *arma,* ital. esp. *arma,* franç. *arme,* b.lat. *arma Gesta reg. Fr.*; *bona,* v. esp. *buena*; *calceamenta,* prov. *caussamenta GO.* 58, v.franç. *caucemerie GNev.* p. 123; *cilia,* esp. *ceja,* prov. *cilha*; *claustra,* ital. *chiostra,* v.esp. prov. *claustra*; *cornua,* esp. *cuerna,* prov. *corna,* franç. *corne*; *examina,* ital. *esamina*; *ferramenta,* port. *id.*; *festa,* ital. prov. *festa,* esp. *fiesta,* franç. *fête*; *fila,* ital. prov. *fila,* esp. *hila,* franç. *file*; *folia,* ital. *foglia,* esp. *hoja,* franç. *feuille* (b.lat. *folia Gl. sangall.,* comp. Isid. *Orig.* ed. Lindem. p. 450); *fundamenta,* esp. *fondamenta Apol.* 361, prov. *id.*; *gaudia,* ital. *gioja,* esp. *joya,* prov. *joia,* franç. *joie*; *gesta,* ital. v.esp. prov. *gesta,* v.franç. *geste,* dans le latin du plus ancien moyen âge sing. *gesta*; *grana,* ital. esp. prov. *grana,* franç. *graine*;

---

1. D'après Delius, *Jahrbuch* IX, 94 *la leche* aurait été plutôt déterminé par une raison d'euphonie pour éviter la rencontre de deux *l* dans *el leche.* Cependant en catalan *llet* est aussi féminin (*la llet,* pas *lo llet*) et même l'*Elucidari* provençal traite *lait* comme féminin.

idolum, v.esp. *ydola CGen.* p. 40, prov. *idola,* franç. *idole*; *labra,* prov. *lavra,* franç. *lèvre*; *ligna,* ital. *legna,* esp. *leña,* prov. *lenha*; *luminaria,* esp. prov. *id.*; *miracula,* prov. *miracla*; *nubila,* ital. *nuvola (o)*; *opera* de *opus,* ital. *opera,* esp. prov. *obra,* franç. œuvre; *pecora,* ital. *pecora* (*inter pecoras* charte de 757, Mur. *Ant.* III, 569), esp. de m.; *pignora,* port. prov. *penhora,* b.lat. *pignora*; *prata,* prov. *prada,* v.franç. *prée,* b. lat. *pradas* plur. Mur. *Ant.* V, 449 à l'année 761; *praemia,* v.esp. *premia PC.* 1202, Bc. *Mil.* 297, Rz. 195, franç. *prime*; *signa,* esp. *seña,* prov. *senha*; *insignia,* ital. *insegna,* franç. *enseigne*; *spolia,* ital. *spoglia,* prov. *despuelha,* franç. *dépouille* (*spolia* sing. *Gest. Franc, cap.* 37); *stercora,* vaud. *id. Choix* II, 121; *suffragia,* v.esp. *sofraja* Rz.; *tempora,* ital. *tempia,* prov. *templa,* franç. *tempe*; *testimonia,* v.ital. v.esp. *testimonia*; *tormenta,* esp. *tormenta,* franç. *tourmente*; *vela,* ital. esp. prov. *vela,* franç. *voile*; *vestimenta,* esp. prov. *id.*; *vota,* esp. *boda* (noces). Les noms de fruits aussi doivent certainement être comptés dans cette classe : *cerasum, fragum, malum, morum, pomum, pirum, prunum,* ital. *ciriega, mela, mora, pera, prugna,* mais *pomo*; esp. *cereza, fraga, manzana, mora, poma (o), pera*; franç. *cerise, mûre, pomme, poire, prune*; val. *cireasę, fragę, murę, poamę, pearę, prunę,* mais *męr* (*malum*). A cela s'ajoute un grand nombre de neutres d'adjectifs, comme *batualia,* ital. *battaglia* etc.; *mirabilia, maraviglia*; *nova, nuova.* Rien n'était plus naturel pour la langue qu'une semblable refonte du pluriel en singulier, car la plupart de ces mots désignent des objets matériels qu'on est accoutumé à voir réunis deux à deux ou en masse, en quelque sorte comme une unité, ou des idées qu'on est naturellement porté à exprimer d'une façon collective. Plusieurs d'entre eux n'ont déjà en latin que la forme du pluriel : *arma, bona, gesta, signa, vota, batualia* dans des significations spéciales. On connaît aussi en allemand un procédé analogue, par lequel d'anciens masculins aussi bien que des neutres pluriels deviennent féminins : m.h.allem. *daz ahir,* allem.mod. *die ähre*; *daz ber, die beere* (comp. plus haut *fraga*); *der grât, die grâte*; *der lefs, die lefze* (comp. *labra*); *daz maere, die mähre* (comp. *nova*); *der trahen, die thräne*; *der tuc, die tücke*; *der vane, die fahne* (comp. *signa*); *daz wâfen, die waffe* (comp. *arma*); *daz wette,* le gage, *die wette* (comp. *pignora*); *daz wolken, die wolke* (comp. *nuvola*); *der zaher, die zähre.*

Les causes qui ont pu produire le changement de genre, sur lequel les différents dialectes sont du reste rarement d'accord, sont de diverse nature. Il faut assurément placer en première ligne la terminaison. La plupart des féminins de la deuxième et de la quatrième déclinaison en *us* sont attribués au genre masculin et parmi ces derniers les noms d'arbres sont les plus importants ; ceux qui restent féminins prennent la forme de la première déclinaison. Même les masculins en *a* comme *papa* sont quelquefois contraints de prendre l'article féminin. C'est dans le français, où les terminaisons sont le plus effacées, que se produit aussi le plus facilement le changement de genre. *Aigle*, par ex., n'avait plus de signe de genre, il pouvait sans perturbation de forme devenir masculin [1]. Il est clair que l'idée aussi a pu déterminer le genre : des féminins qui représentent une personne masculine ont naturellement passé au masculin, comme *justitia* ou *potestas*. Parfois le passage a été amené par une certaine force assimilatrice de mots synonymes d'un autre genre ; c'est ainsi que l'esp. *calle* paraît avoir suivi le genre de *rua* ou *estrada*, le prov. *fon* etc. celui de *fontana*, le fr. *sort* celui de *bonheur*, *malheur* ou *destin*, le franç. *été* celui de *printemps* et *hiver*; c'est ainsi que *aigle* semble avoir pris le genre des noms des autres oiseaux de proie. Il faut admettre cela sûrement pour les noms d'arbres de la première et troisième déclinaison, comme *tilia*, *salix*, qui se portèrent vers le genre de leurs congénères. *Arbor* lui-même devint masculin, mais de *fructus* se détacha une forme féminine parce que les noms des fruits étaient féminins. La tendance à distinguer les significations d'un mot a aussi sans aucun doute eu sa part dans le changement de genre ; les exemples se présentent en masse. Enfin on peut aussi supposer, dans quelques cas particuliers où le genre roman divergent de la règle classique peut être constaté en latin même comme archaïque ou poétique, qu'il y a relation historique ; il en est peut-être ainsi pour *crinis*, *fons*, *grex*, *lacertus*, *merulus*, *pulvis*.

Si l'on s'est permis çà et là des déviations du genre des mots latins, cet accident ne doit pas étonner à propos des mots non latins, car quel peuple ne serait pas porté à faire prévaloir dans un mot étranger le sentiment qu'il a du genre d'une idée ? Toutefois, pour

---

[1]. C'est avec raison que Delius (*l. c.*) ajoute comme une cause surtout efficace pour le français du changement de genre la confusion de *l*, et *la* devant une voyelle dans une seule et même forme : *l'art*, *l'arbre*, aussi *l'été*.

le genre allemand, qui est ici le plus particulièrement en cause, l'écart est modéré. Du moins les féminins en *a* (*â*), dont la caractéristique, il est vrai, coïncidait avec celle des mots romans, conservent fidèlement leur genre. *Agalstra, alansa, anka, bara, barta, biga, binta, borta, brecha, brunja, duahila, fedara, fêhida, gelda, halla, hâra, herda, hiza, hosa, hutta, iwa, kripfa, lippa* (angl.sax.), *louba, marka, rîha, skalja, skara, skella, skina, skolla, skûra, slahta, slinga, snepfa, spanna, stupa, uohta, werra, wanga, wîsa, zarga, zeina* avec beaucoup d'autres sont restés féminins. *Flanc*, à la vérité, s'écarte de *hlancha*, mais l'étymologie est incertaine (voy. mon *Dict. étym.* s. v. *fianco* I), ital. *albergo* s'éloigne du féminin *heriberga, elso* de *helza*, mais en norois *herbergi* et *hilt* sont neutres et il serait possible que le v.h.allem. eût possédé des formes semblables. L'ital. *solcio* du v.h.allem. *sulza* est peut-être la seule déviation positive. — Un nombre important de masculins et de neutres ont dû se plier aussi à la déclinaison féminine en *a*, mais nous ne pouvons pas poursuivre ici plus loin l'étude de cette question. — Le genre des mots empruntés à l'arabe est en général déterminé soit matériellement par la terminaison, soit abstraitement par la synonymie.

3. A propos du *nombre*, il n'y a à rapporter que ceci : les substantifs latins qui sont exclusivement ou préférablement usités au pluriel, se restreignent aussi généralement à ce nombre dans les nouvelles langues. En voici des exemples : *aquae* dans le sens d'eaux thermales, franç. *les eaux*; *arma*, prov. seulement plur. *armas*, voy. LRom. ; *bracae*, ital. *brache*, esp. *bragas*, prov. *brayas*, v.franç. *braies*, sing. *braca*, esp. *braga* etc. ; *cani* sc. *capilli*, esp. prov. *canas*, v.fr. *chanes* ; *deliciae*, ital. *delizie* etc. sing. *delicia* aussi roman; *exequiae*, ital. *essequie*, esp. prov. *exequias*, franç. *obsèques*; *fauces*, ital. *fauci*, sing. *faux*, ital. *foce*, esp. *hoz*; *litterae*, ital. *lettera*, v.esp. prov. *letra*, franç. *lettre*, partout sing.; *minaciae*, ital. *minaccia*, esp. *amenaza*, prov. *menassa*, franç. *menace*; *nares*, ital. *nari*, prov. *nars*, val. *neri*, sing. *naris*, prov. *nar*, val. *nare*; *nuptiae*, ital. *nozze*, prov. *nossas*, fr. *noces* et sing. *noce*; *sponsalia*, esp. *esponsales, esponsayas*, pr. *esposalhas*, ital. sing. *sponsalio*; *tenebrae*, ital. *tenebre*, esp. *tinieblas*, prov. *tenebras*; franç. *ténèbres*, sing. esp. *tiniebla*. De plus, à la liste des mots qui en latin ne pouvaient être employés qu'au pluriel, les différentes langues en ont ajouté de nouveaux, en général sous l'influence de l'idée qu'ils expri-

ment. Exemples : ital. *birilli* jeu de quilles, *calzoni* pantalons, *forbici* ciseaux, *sarte* cordages, *vanni* pennes, *viscere* entrailles ; esp. *albricias* étrennes, *entrañas* entrailles, *tenazas* tenailles, *tixeras* ciseaux ; franç. *décombres, entrailles* = esp. *entrañas, gens, mœurs, mouchettes*. Ces mots et d'autres possèdent parfois aussi un singulier avec une autre signification. Voyez à ce sujet les grammaires.

1. SUBSTANTIF ITALIEN.

En raison des lois phoniques de cette langue, il ne reste pour la déclinaison d'autres lettres que des voyelles. Le pluriel connaît trois terminaisons : *a, e, i*. Les deux premières désignent partout des féminins, la dernière des masculins aussi bien que des féminins. Ces terminaisons, en leur qualité de signes grammaticaux importants, sont traitées avec plus de ménagements, c'est-à-dire moins facilement absorbées que lorsque leurs voyelles se rencontrent ailleurs, par exemple même au singulier ; on peut bien prononcer *il color*, mais on ne dirait pas bien, au moins en prose, *i color* pour *i colori*. Des dialectes de la Haute-Italie, en négligeant cette attention, ont laissé perdre la flexion du pluriel.

Les *particules casuelles* sont : gén. *di* (*d'*), dat. *a* (*ad*) ; pour l'ablatif on a une préposition spéciale *da*, composé de *de ad* et d'un emploi très-ancien : *da sancta* déjà dans une inscription romaine attribuée au ve siècle Mur. Ant. II, 1011 ; à l'année 700 *da vos* ibid. V, 329 ; à l'année 718 *terra da Cunichis* III, 565 ; du même siècle *da Bucina ad portum*, Marin. 106. Le roumanche aussi la possède sous la forme *da* ou *dad*.

Article.

	Masc. 1) *il*	2) *lo*	Fém. *la*
	del	*dello*	*della*
	al	*allo*	*alla*
	il	*lo*	*la*
Plur.	*i* (*li*)	*gli*	*le*
	dei	*degli*	*delle*
	ai	*agli*	*alle*
	i (*li*)	*gli*	*le*

en outre le soi-disant ablatif *dal, dallo, dalla*, pl. *dai, dagli, dalle*. — Remarque. 1) On emploie *il* seulement devant les consonnes, excepté *s impure* (tome I, 325), et ce n'est tout au plus qu'aux poètes que son emploi est concédé devant cette dernière, comme dans *disse il Spagnuol Orl.* 12, 40. *El* pour *il* (de là les formes *del nel*) se trouve encore dans d'anciens manuscrits, voy. les remarques d'Ubaldini sur Barberino. *Ello ella, elli elle* aussi ont existé, comme nous l'avons observé p. 12[1]. On abrège ordinairement le plur. *dei, ai* en *de', a'*. — 2) *Lo*, autrefois de l'usage le plus général (*lo cavallo, gli cavalli*), n'est maintenant appliqué que devant une voyelle ou une *s impure*; dans le premier cas sa voyelle est élidée et apostrophée (ital. *apostrofato*) : *l'anno, lo spirito*, plur. *gli anni* (non pas *gl'anni*, mais bien *gl'innamorati*, c'est-à-dire devant *i*), *gli spiriti*. On dit aussi pour *i dei* (sing. *il dio*) *gli dei* qui procède, d'après Blanc *Gramm.* p. 171, de *gl'iddii*. Il est de même d'usage de mettre *lo* devant *z* : *lo zio, gli zii* ; de plus lorsque *per* précède immédiatement, comme dans *per lo mondo*, mais *per il mondo* et *pel mondo* sont également usités. — 3) La forme du pluriel *li* est vieillie et à peine encore employée dans la chronologie, comme *li 12 Marzo*. — 4) *La* devant une voyelle est également apostrophé, mais le plur. *le* ne l'est généralement pas, excepté devant *e* : *l'anima, le anime, l'erbe*. — 5) L'union de l'article avec les prépositions *con, in, per, su*, produit les combinaisons suivantes : *a*) *col, coi co'* ; *collo, cogli* ; *colla, colle* ; *b*) *nel*, (pour *in il*, comme *nemico* pour *inimico*), *nei ne'* ; *nello, negli* ; *nella, nelle* ; *c*) *pel, pei pe'* ; *pegli* (mais point de *pello, pella, pelle*) ; *d*) *sul, sui su'* (*sului*) ; *sullo, sugli* ; *sulla, sulle*. Mais on emploie aussi *con lo, con la, con gli, con le, per il* ; *in lo, in la, in gli, in le* sont vieillis. *Fra* et *tra* sont traités comme *su*, on écrit cependant *fra'l, fra lo, fra gli, fra la* et de la même manière *tra'l* etc. — L'article indéfini est : masc. *un, di un* (*d'un*), *ad un, da un* ; fém. *una* etc. Devant *s impure* on emploie *uno* pour *un*, ce dernier ne se trouve en cette circonstance que chez les poètes et rarement : *un spirto Inf.* 9, 28, *un stizzo* 13, 40, *un scudier Orl.* 5, 76.

---

1. Entre le nom. *il* et le gén. *del* existe une contradiction pour la voyelle, tandis qu'au pluriel *i* et *de-i, a-i* concordent. Il est souvent difficile et ingrat d'étudier au point de vue étymologique des mots d'une si petite dimension. Cependant l'examen superficiel ne paraît obliger en rien à reconnaître dans *el* une forme plus primitive que dans *il*, en sorte que celui-ci serait sorti de celui-là. La langue italienne montre même un penchant à conserver l'*i* initial là où les autres langues le changent en *e*, comp. *in, indi, intra, infante, inferno, integro, inguine, per Ispagna*. *Igli* pour *egli* aurait eu un son désagréable, cependant il y a quelques autres exceptions.

Déclinaison.

I.	II.	III.
Sing. *coron-a, poet-a*	*ann-o, legn-o*	*fior-e*
Plur. *coron-e, poet-i*	*ann-i, legn-a* (*i*)	*fior-i*.

Ire Déclinaison. — 1) A la première classe n'appartiennent que des féminins. La terminaison *ca* fait au plur. *che, ga* de même *ghe* : *amica amiche, lega leghe,* on n'a pas *amice* malgré le lat. *amicae.* — 2) A la deuxième classe n'appartiennent que des masculins comme *duca duchi, papa papi, profeta profeti,* aussi *poema poemi* et tous les neutres de la troisième déclinaison qui ont été transportés ici. Des pluriels en *e*, comme *profete, naute,* sont poétiques et vieillis. — 3) Les noms personnels des deux genres se distinguent au pluriel par la terminaison : *il fraticida i fraticidi, la fraticida le fraticide* ; de même *artista, idiota* etc.

IIe Déclinaison. — 1) Du singulier *co* se développe le plur. *ci* (non pas *chi*) dans *amico* avec *inimico* ou *nemico, canonico, cantico, cattolico, cherico* (*clericus*), *chimico, eretico, Greco, laico, mantaco* (*mantica*), *medico, porco, sindico, vico*; *ci* et *chi* existent l'un à côté de l'autre dans *bilico* (*umbilicus*), *fisico, istorico, mendico, monaco, musico, portico, traffico* et d'autres ; *chi* seul dans *arco, fico, fuoco, giuoco,* surtout après *c* ou *s*, comme dans *bajocco, arbusco, tossico tosco,* et lorsque *c* est sorti de *q* ou *ch*, comme dans *antico, parocco* (*parochus*), enfin dans des mots nouveaux : *catafalco, fianco, fondaco, risico, siniscalco* et quelques autres. — 2) Le sing. *go* a au plur. *ghi* : *lago laghi, luogo luoghi, mago maghi, gi* seulement dans *asparago*; *gi* et *ghi* sont employés dans les composés avec *fago* et *logo* : *sarcofago, astrologo* et un petit nombre d'autres. — 3) Quelques mots en *ello* ont chez les poètes à côté du pluriel régulier un pluriel en *ei*, certains d'entre eux en emploient encore un autre en *egli* devant les voyelles et *s impure* : *augelli augei* (*auge'*), *fratelli fratei, capelli capei capegli*. On trouve de même *cavalli cavai*, et la terminaison *ali* s'abrège aussi dans beaucoup de mots en *ai*, *oli* en *oi* : *animali animai, figliuoli figliuoi*.— 4) La terminaison *jo* décline le plur. en *i*, la terminaison *io* avec *i* atone en *j* : *acciajo acciai, studio studj.* Mais *io* ne peut donner que *ii* (*oblio oblii*). Au reste *j* est aujourd'hui vieilli et rendu par *i*. — 5) *Dio* a le plur. *dei* ; une inscription romaine donne déjà *deis* pour *diis* (Grut. in ind. gramm. : e pro i); *uomo* (*homo*) fait *uomini.* — 6) La deuxième classe de cette déclinaison

comprend surtout des neutres latins, ce qui en explique suffisamment la flexion. Elle est traitée au pluriel comme féminine, en contradiction avec l'usage roman de donner aux anciens neutres le genre masculin. On a probablement dit d'abord au plur. *la prata* pour *illa prata* ; en roumanche, cette forme de l'article s'est conservée dans les mêmes circonstances, car des sing. *ilg bratsch, chiern, dett, iess, prau* on fait les plur. *la bratscha, corna, detta, ossa, prada*. Plus tard on se décida, de même que pour beaucoup d'autres neutres passés à la première déclinaison (p. 19), pour le genre féminin, sans toutefois corriger *prata* en *prate,* car un singulier approprié faisait ici défaut. De quelque façon du reste que ce fait se soit produit, la terminaison *a* du pluriel en italien et en roumanche reste comme un débris précieux de l'ancienne flexion neutre, à côté duquel la flexion masculine (*i prati*) est aussi généralement usitée ; cependant les formes sont souvent séparées par le sens. Les mots les plus importants sont : *a)* tirés de neutres : *braccio* (*bracchium*), *calcagno* (*calcaneum*), *carro* (*carrum* dans les *Auct. bell. hisp.*), *centinajo* (*centenarium*), *cervello* (*cerebellum*), *ciglio* (*cilium*), *corno, cuojo* (*corium*), *demonio* (*daemonium*), *fato, filo, gesto, ginocchio* (*geniculum*), *gomito* (*cubitum*), *grano, labbro, legno, lenzuolo* (*linteolum*), *letto* (*lectum* Pand.), *membro, miglio* (*mille, millia*), *migliajo* (*milliarium*), *moggio* (*modium* Caton), *mulino* (*molinum* sc. *saxum*), *osso* (*ossum* tome I, 17), *pajo* (*par, paria*), *peccato, pomo, prato, ubero, uovo, uscio* (*ostium*), *vasello* (*vas*), *vestigio, viscera* (pl. num.); composés avec *mentum : comanda-, fila-, fonda-, mo-, piaci-, sagra-, senti-, vestimento*. *b)* de masculins : *anello, budello* (*botulus*), *cerchio* (*circulus*), *cogno* (*congius*), *coltello, dito* (*digitus*), *fastello* (de *fascis*), *frutto, fuso, martello* (*martulus*), *meriggio* (*meridies*), *muro, pugno, riso, sacco, stajo* (*sextarius*), *tuorlo* (*torulus*). *c)* de féminins : *orecchio* (*auricula*), *tino* (*tina*). *d)* des mots nouveaux : *ditello, grido, guscio, quadrello, rubbio, strido*. Parmi les mots cités, *centinajo, cuojo, miglio, migliajo, moggio, pajo, stajo, ubero, uovo* ne reconnaissent que la flexion en *a* ; d'autres ne sont plus employés avec cette flexion.—
7) L'ancien italien avait en outre un pluriel en *ora*, formé, comme on peut l'admettre, du lat. *ora* ou *era* ; ainsi dans *corpo, lato, lito, tempo*, mais aussi dans d'autres mots, en partie étrangers : *ago* (*acus*), *arco, borgo, campo, elmo, fuoco, frutto, grado, grano, luogo, nerbo, nodo, orto, palco, poggio,*

prato, ramo, senso, tetto, aussi *nome* de la troisième déclinaison, plur. *corpora, latora* etc. Ainsi chez des écrivains du moyen âge, surtout chez des Lombards, *arcora* (déjà au v⁵ siècle. Marin. p. 364), *bandora, fundora, lacora, nemora, nervora, rivora, roncora, tectora, waldora* (forêts), comp. DC. v. *arcora*.

III⁵ Déclinaison. — Il faut remarquer *moglie* (*mulier*), plur. *mogli* et l'anomal *bue,* arch. *bove* (*bos*), plur. *buoi*.

Indéclinables. — Ce sont : 1) Tous les mots avec la voyelle finale accentuée, qui sont ou des mots latins tronqués, comme *città* de *cittade, re* de *rege, piè* de *piede, dì* de *dia, virtù* de *virtude,* ou des mots étrangers comme *baccalà, bascià, caffè, falò* (franç. *falot*), *tribù*. 2) Ceux en *i* et *ie* : *crisi, tesi, specie, temperie*.

Parmi les *dialectes,* ceux de la Sardaigne se présentent avec une originalité toute particulière : ils s'écartent complétement pour cette partie de la grammaire du type italien et se rattachent à l'espagnol. Ils remplacent l'article commun à tout le domaine roman *ille* par *ipse* (p. ex. *Choix* I, 47, 48). Le dialecte de Logudoro a : masc. sing. *isu,* généralement *su* (*s'*), *de su, a su,* plur. *sos, de sos, a sos;* fém. sing. *sa* (*s'*), plur. *sas*. Celui de Campidano : sing. comme le premier, mais plur. masc. et fém. *is, de is, a is* probablement abrégés de *ipsi ipsae*. La finale *a* du substantif fait au plur. *as, u* fait *os, e* et *i* font *es, us* = lat. *us* de la troisième déclinaison fait *os,* par ex. *vida vidas, fizu fizos* (lat. *filios*), *monte montes, candaleri candaleris, tempus tempos,* cela en dialecte de Logudoro; dans celui de Campidano on prononce au plur. *us* pour *os* et *is* pour *es*. Il n'y a pas de pluriels en *a* : *aneddu* (ital. *anello*) p. ex. a seulement *aneddos*; le seul mot *paju* forme avec *a* le plur. *pajas* = ital. *pajo paja*.

2. SUBSTANTIF ESPAGNOL.

Particules casuelles : gén. *de,* dat. *á*; l'ancienne langue seule se permet d'apostropher l'*e* de *de*.

Article.

	Masc. *el*	Fém. *la*	Neutre *lo*
	del	*de la*	*de lo*
	al	*á la*	*á lo*
	el	*la*	*lo*
Plur.	*los*	*las*	

de los   *de las*
á los   *á las*
los   *las*

Dans certaines circonstances, le datif remplit aussi la fonction de l'accusatif, ce dont il sera question dans la syntaxe. — On doit observer : 1) L'article neutre est une acquisition propre à cette langue : elle ne l'emploie toutefois qu'avec l'adjectif abstrait élevé à la qualité de substantif : *lo bueno, lo grande, lo mejor, lo mio*. *Lo* pour *el* se trouve chez les anciens, notamment en dialecte léonais, p. ex. *lo lazo* Alx. 789, *con l'infant* 158, *l'arenal* Rz. 160 etc. et réuni à des prépositions (voy. n. 3). — 2) L'élision de la terminaison féminine n'est pas devenue usuelle. Pour écarter l'hiatus, on échange *la* devant *a* contre *el* sans toucher au genre : *el agua, el aguila, el ala, el alba, el alma, el ave*, pl. *las aguas* etc. Cet emploi de l'article masculin, qui autrefois avait lieu aussi devant d'autres voyelles (*el esperanza, el hora*), est toutefois loin d'être toléré devant tous les féminins commençant par un *a*. L'usage d'*el*, devant les mots féminins n'est dû à autre chose, d'après l'explication de Delius, *Jahrb*. IX, 95, qu'à une élision de l'*a* dans l'ancienne forme *ela* (voy. plus haut p. 12) : *el aguila* pour *el' aguila*. — 3) La fusion avec des prépositions, aujourd'hui inconnue, était usitée autrefois, plus il est vrai dans un dialecte que dans l'autre : on disait *enno* (= *enlo*) *pecado* FJ. xi^a, *ennos prelados* v^a, *enna cibdat* i^a, *conna obediencia* (= *con la*) Bc. *Sil*. 119 et souvent, *sol escaño* (= *so el*) PC. 2297, *polla rancura* (= *por la*) Alx. 1279 et d'autres semblables. Gil Vicente écrit aussi à la façon portugaise *nel* et de même *naquel, naqueste*. L'enclise de l'article après des mots d'une autre nature, comme dans *quandol polvo*, est également vieillie. — L'article indéfini est *un*, fém. *una* (*de un, á un* etc.).

La *déclinaison* ne connaît au pluriel aucune autre caractéristique que *s* :

I.	II.	III.
Sing. *coron-a*	*añ-o*	*cort-e, flor, jabalí*
Plur. *coron-as*	*añ-os*	*cort-es, flor-es, jabalí-es*

Ire Déclinaison. — Les masculins conservent, en contradiction avec le procédé italien, leur *a* au pluriel : *poeta poetas, poema poemas*.

IIe Déclinaison. — Quelques mots de la quatrième déclinaison latine mettent la finale *u* pour *o* : *espíritu, impetu, tribu*, plur. *espiritus* etc. Le premier, mot ecclésiastique, a pu être conservé dans cette forme grâce au lat. *spiritus*, les autres n'appartiennent pas à l'ancien vocabulaire roman. Un des premiers exemples du plur. *os* est : *villa quae ab antiquis vocabatur santos medianos*, *Esp. sagr.* XXXVII, 335 (ix° siècle).

III° Déclinaison. — 1) Elle comprend maintenant, outre la terminaison *e*, toutes les terminaisons consonantiques, comme *ciudad ciudades*, *mies mieses*, *rey reyes*, même lorsque le mot, comme *diós*, *mal*, *apóstol*, a primitivement appartenu à la deuxième (les anciens disaient encore *dio*, plur. *dios* Alx. 212, 252 etc., *malo*, *apostolo*), ensuite les mots étrangers avec la voyelle finale accentuée, comme *albalá albalaes*, *alelí alelies*, *biricú biricues*. — 2) *Pié* a *pies* et non *piées* (v.esp. *piede piedes*), *maravedí* a *maravedis maravedies maravedises*[1], *canapé canapes*, *café cafes*. — 3) Le v.esp. *res* (*res mala* Bc. *Mill.* 8 etc.) a en général à l'acc. sing. *ren*. — 4) Une règle orthographique veut que *z* passe à *ces* et d'après une nouvelle prescription *x* à *ges* : *perdiz perdices*, *relox reloges*.

Indéclinables. Ce sont les terminaisons atones *es* et *is*, comme dans *lunes, hipótesis*.

3. SUBSTANTIF PORTUGAIS.

Particules casuelles : gén. *de*, dat. *a*. La première ne perd sa voyelle que lorsqu'elle est placée devant certains pronoms et alors elle se fond avec eux : *desse* pour *de esse*; cependant elle est aussi abrégée de cette manière devant d'autres mots.

Article.   Masc. *o*   Fém. *a*
            do   *da*
            ao   *á*
            o   *a*
   Plur.   *os*   *as*
            dos   *das*
            aos   *ás*
            os   *as*

Remarque.— 1) Cet article a l'air d'avoir quelque chose de particulier, presque d'anti-roman ; on ne peut cependant contester qu'il ait été autrefois identique à l'article espagnol, c'est-à-dire : masc. *el, lo* (*de lo, a lo*, pl. *los, de los, a los*), fém. *la* et que

---

[1]. Ce mot admet ainsi une double flexion : plur. *maravedi-s* et *maravedi-s-es* : de même v.allem. *bir*, plur. *bir-n*, aujourd'hui *bir-n-en*.

lo, la se soient abrégés par aphérèse en *o, a,* accident qui s'est produit aussi en napolitain. Voici des exemples : *el rei FSant* 574¹, *a los alcaldes FGuard.* 410, *sobre lo pam FBej.* 474, *sobre los santos FSant.* 571, *sobre lha alçada FGuard.* 437, *sobre lhas causas* id. 451, *todolos* 586, *todalas FTorr.* 626 et le groupe *pelo* pour *per lo* encore usité aujourd'hui (d'autres exemples dans le *Choix* VI, 12). On trouve employé en galicien *el* à côté de *o*. Au reste, la forme actuelle remonte très-haut, on la trouve par ex. dans une charte de l'an 1207 *Esp. sagr.* XLI, 351 ; les deux formes vécurent ainsi pendant un certain temps l'une à côté de l'autre.— 2) Les anciens poètes et aujourd'hui encore la langue familière abrègent *ao* et *aos* en *ó* et *ós*². Au lieu de *á* et *ás* on écrivait aussi autrefois *aa, aas.* — 3) La fusion avec les prépositions s'opère comme en italien ; avec *em* : *no nos, na nas* ; avec *por* : *pelo pela, pelos pelas* ; avec *com* : *co'o, co'os.* L'ancienne langue offre pour *no* aussi *en o* et même *em no* : *en a vila FTorr.* 637, *en a sa devida FGuard.* 445, *em na vila FBej.* 496 ; pour *pelo* aussi *per lo* : *per lo anno FGrav.* 389, *per lo marco SRos.* II, 118, et *pollo* : *pollo amor FGuard.* 435 ; pour *co'o* aussi *com no* : *com no alcayde FGrav.* 379, *com no escriban FGuard.* 431, fém. *com na palma FMart.* 584. *Em no, com no* sont évidemment pour *em lo, com lo* et peuvent servir à confirmer l'existence antérieure de *lo*. — L'article indéfini est *hum* (*hũ*), fém. *huma* (*hũa*), gén. *de hum, de huma* (*d'hum, d'huma*), dat. *a hum, a huma,* unis avec *em* : *n'hum, n'huma* ; même avec *com* : *c'hum, c'huma.* Les anciens écrivaient aussi *um* sans l'*h* qui a été réintroduite de nos jours.

Dans la *déclinaison,* les sons nasaux et la syncope créent quelques difficultés (voy. t. I, p. 356). Voici le tableau de la flexion régulière :

	I.	II.	III.
Sing.	*coro-a*	*ann-o*	*cort-e, flor, javali.*
Plur.	*coro-as*	*ann-os*	*cort-es, flor-es, javalis.*

---

1. Devant *rei, el* a été conservé par le style de chancellerie jusqu'à nos jours. Celui qui parle de son roi comme de son souverain dit : nom. *El-Rei,* gén. *d'El-Rei,* dat. *a El-Rei.* Mais de quoi n'est pas capable le style de chancellerie ? L'allemand *dero* n'a-t-il pas la même origine ?

2. Gil Vicente emploie aussi *ao aos* comme dissyllabes, et il en est de même dans les chansons galiciennes d'Alphonse X (*Nobl. de Andal.* p. 152). Voy. sur l'ancienne histoire de l'article portugais l'écrit : *Ueber die erste portug. Kunst- und Hofpoesie* p. 109 ss.

Ire Déclinaison. — 1) Les masculins se comportent comme en espagnol : *poeta poetas, poema poemas*. — 2) Les mots contractés, comme *lã* (*lana*), *rã* (*rana*), prennent au pluriel simplement une *s* : *lãs, rãs* ; toutefois on écrit aussi *lãa lãas, rãa rãas* et *lans, rans*.

IIe Déclinaison. — 1) La terminaison *ão* (anc. *am*), en tant qu'elle répond à l'esp. *ano*, appartient à cette déclinaison et a le pluriel régulier *ãos* : *aldeão, christão, grão, irmão, mão, villão* = esp. *aldeano, christiano, grano, hermano, mano, villano*, plur. *aldeãos* etc. — 2) Si l'*o* de la flexion tombe au singulier, il manque aussi au pluriel, ainsi *avó* pour *avo-o* (esp. *abuelo* de *avus*), plur. *avós* pour *avo-os*. C'est ainsi que l'esp. *abuela* est ici *avó* pour *avo-a*, plur. *avós* pour *avo-as*, par conséquent comme le masc. *avó* (voy. la déclinaison suivante).

IIIe Déclinaison. — 1) Les mots terminés par *l* élident cette liquide au pluriel, parce qu'elle se trouve alors placée entre deux voyelles (t. I, p. 190) de la manière suivante : *al* devient *aes*, *el eis*, *il is*, *ol oes*, *ul ues*, par ex. *official officiaes, batel bateis, buril buris, sol soes, taful tafues*, excepté *mal males, consul consules*. — 2) La terminaison *ão* (*am*) forme le pluriel de différentes manières : *a)* en *ães* (*aens*) lorsqu'elle répond à l'esp. *an*, dans lequel cas elle comprend parfois des mots qui sont originairement de la deuxième déclinaison : *capellão, capitão, escrivão, gavião, cão, pão* = esp. *capellan, capitan, escriban, gavilan, can, pan*, plur. *capellães* etc. *b)* en *ões*, lorsque *ão* (que les anciens écrivaient aussi *om*) répond à l'esp. *on* : *coração, peão, ração* = esp. *corazon, peon, razon*. — 3) La terminaison *m* se change après *e, i, o, u* en *ns* (après *a* elle donne le *ão* ci-dessus traité) : *homem, jardim, som, jejum*, plur. *homẽns homẽës, jejuns jejũus*. — 4) *Appendix, index* ont au plur. *appendices, indices*; *deos* (*deus*) a *deoses*. *Z* se change partout au pluriel en *ces* : *caliz calices*. — 5) Les mots terminés par une voyelle accentuée ou une diphthongue prennent *s* au lieu de *es* : *pé pés, javali javalis, mú* (*mulus*) *mús, pai* (*pater*) *pais, mãi* (*mater*) *mãis, lei leis, rei reis, boi* (*bos*) *bois*.

Indéclinables. Ce sont *alféres, ourives* (*aurifex*); plur. *alférezes, ourivezes* ou *ouriveis* qui est vieilli.

4. SUBSTANTIF PROVENÇAL[1].

Particules casuelles : *de, a*, comme en espagnol ; pour *a*

---

[1]. Voyez à ce sujet le travail soigneux de Volkmann dans l'*Archiv* de

on trouve souvent *az* et aussi *ad*. Le manuscrit 7614 connaît *da* pour *de* : *nom part da vos* M. 45, 4 ; *dal cor nom poc partir* 70, 1 etc. ; on le trouve encore dans Bartsch, *Chr. pr.* 96, 2. 227, 18.

L'*article* fléchit comme suit :

Masc. *lo*	Fém. *la, il (li)*
del	*de la, del*
al	*a la, al*
lo	*la, il*
Plur. *li, il (los)*	*las*
dels	*de las*
als	*a las*
los	*las*

Remarque. — 1) Ces formes sont celles qu'emploient les troubadours. Dans le *Boèce*, le plus important des anciens textes, la flexion est la suivante :

Masc. nom. acc. *lo*	Fém. *la*
Plur. nom. *li*	*las*
acc. *los*	*las*

Le fragment de l'*Evangile* de Jean éd. Hofm. s'écarte un peu plus du premier tableau : nom. sing. *lo*, gén. *del, deu*, dat. *al, au*, acc. *lo*, nom. pl. *los*, gén. *deuz*, dat. *auz*, acc. *los*. Fém. *la* etc. Le ms. de Limoges aussi résout *l* en *u* : *lo, deu, al, lo* (*li* manque), *deus, aus, los*. Fém. *la* etc. Une charte de Valence de la seconde moitié du xıı^e siècle, où les formes provençales prédominent, décline : nom. sing. *le*, acc. *lo*, nom. pl. *li*, acc. *los* ; fém. nom. sing. *la, li*, acc. *la*, pl. *las, las* (P. Meyer) et ne s'écarte donc pas sensiblement du paradigme. — 2) *Lo* perd sa voyelle devant une autre ; ainsi transformé (*l*, plur. *ls*), il s'appuie sur une voyelle précédente (moins volontiers sur une diphthongue), par ex. *jal jorn, jals jorns, als auzels* (franç. *il a les oiseaux*), *vils cavalliers* (*il vit les chevaliers*), dans *Boèce* : *el eral meler* 36, *avial cor dolent* 101 ¹. Cependant l'enclise peut aussi ne pas avoir lieu : *el dous esguar e lo clar vis Choix*

Herrig, tome XIV.

1. On voit par la métrique que l'article appuyé peut être séparé par la fin du vers du mot auquel il s'appuie et être assigné au vers suivant, comme dans : *branda*||*l lis* GRiq. p. 235, *fina*||*l reys* B. 69, *m'agensa*||*l desirs* B. *Chr. pr.* On comprend que le même phénomène a eu lieu aussi pour le pronom appuyé : *abisme*|*m statz* B. 65, *mort*||*s fara Choix* IV, 130. Le fait que le mot incliné peut être aussi séparé par la ponctuation a une moindre importance : *donal fin cor* pour *domna, lo fin cor Choix* III, 150.

III, 44 [1]. — 3) *Lo* a été affaibli dans certains dialectes en *le*, plur. *les*. Dans quelques manuscrits la forme affaiblie n'apparaît qu'au nominatif, l'accusatif conserve *lo,* voy. Raynouard sur *Flamenca* (*Notices des mss.* XIII). — 4) La vraie forme du nom. plur. masc. est *li* (de *illi*), par ex. *li baró, li amic* ou aussi *l'amic, Boèce* 209 *l'eschaló.* Pour ce *li,* on remarque aussi, devant des mots qui ont une *s* de flexion, des exemples de la forme accusative *los,* comme dans *los lairós, los bes* (pour *li be*), non pas *los lairó, los be*, car les deux flexions seraient en contradiction. *Los Turc ni li Persan Choix* V, 308, els *cavallier Jfr.* 62[b], 90[b], els *destrier GA.* 4637 sont de mauvaises orthographes. — 5) Outre *li, ilh* ou *il* est aussi usité devant les consonnes comme devant les voyelles, mais généralement après une voyelle sur laquelle il s'appuie : eil *crit* eil *masan* IV, 189, *queill avinen trobador* 54, elh *befag* eilh *jauzimen* B. p. 80, *com fan il estrumen LR.* I, 567[a]. — 6) *Des, as* pour *dels, als* est rare et n'est pas proprement provençal. — 7) *La* s'abrége d'ordinaire devant les voyelles en *l'* ; ce n'est nécessaire que devant *a*, par ex. *l'arma* et non *la arma,* voy. *Leys* II, 136, *Altrom. Sprachd.* 52. — 8) Le deuxième article féminin (ne se trouve pas dans *Boèce*) *ilh* ou *il*, formes qui diffèrent peut-être seulement par l'orthographe *l* pour *lh*, manque de pluriel ; *l* se trouve aussi après des voyelles : *ill cortezia, ilh filha, quel gota, s'il belha,* el *sciensa, mostral passions* ; gén. *del vescontessa* GRiq., dat. *al cima POcc.* 143, *al fon LR.* I, 157[a] (ces deux derniers cas sont rares). — 9) Une troisième forme féminine *li*

---

1. Raynouard *Choix* 1, 110 établit : 1) *el, del, al* ; *els, dels, als*. 2) *lo, de lo, a lo* ; *los, de los, a los*. Ni *el, els*, ni *de lo, a lo, de los, a los* ne doivent être admis ; dans les exemples cités *el, els*, doivent être divisés en *e l, e ls* (et *ille*, et *illi*) et *de tot lo mon* ne prouve pas plus l'existence d'un génitif *de lo* que le français *de tout le monde* celle d'un génitif *de le* ; ce n'est que devant les voyelles qu'on emploie *de l', a l'.* Ainsi l'orthographe *qu'el mon, entr'els baros* pour *que l mon, entre ls*, adoptée aussi par des éditeurs plus récents, est inexacte. Comp. *Altrom. Sprachdenkm.* p. 68. Cela ne veut pas dire que *el* pour *lo* ne puisse pas se rencontrer dans de mauvais textes ; ainsi on lit dans *Philomena* d'après *LR.* IV, 577 *vos es* el *pus noble cavayer.* Des traces de la forme française *li* dans des ouvrages dont la langue n'est pas pure n'ont rien de surprenant. — La présente rectification des formes de l'article établies par Raynouard, qui se trouvait déjà dans la première édition de cette grammaire, ne paraît pas avoir été généralement reconnue. Voy. Livet, *La Grammaire française au XVIe siècle* p. 402, où il est dit que Faidit emploie le pronom *el* aussi comme article, parce qu'il dit *el nominatiu*, mais cet *el* équivaut à *en lo*.

pour le nom. sing. est employée dans quelques textes : *li colors, li ora Flam., li caramida LR.* I, 574 (*S. Honor.*), *li luna, li estela, GOcc.* 63, 95 (*Nov. Test.*), *li fis, li sala GO.* 255, 274 (Beda), *li dezena part Cout. d'Alais* 1, 41. Les *Leys* II, 122 condamnent cette forme. — 10) Les contractions avec des prépositions sont *el* pour *en lo* (déjà dans *Boèce*), *pel* pour *per lo, sul* pour *sus lo,* plur. *els* (*Boèce euz*), *pels, suls*. — L'article indéfini est masc. *us, d'un, a un, un*; fém. *una, d'una, a una* ; devant les consonnes on a aussi *u* pour *un*.

La *déclinaison* du substantif sépare autant que possible le cas direct des cas obliques qui, ainsi que nous l'avons vu, se confondent tous dans la forme de l'accusatif. Les différentes déclinaisons sont :

	I.	II.	III.
Sing. nom.	*coron-a*	*an-s*	*flor-s*
acc.	*coron-a*	*an*	*flor*
Plur. nom.	*coron-as*	*an*	*flor-s*
acc.	*conon-as*	*an-s*	*flor-s*

I^e Déclinaison[1]. — Les masculins en *a* avec un sens personnel ont, d'après la doctrine des grammairiens, au nom. plur. *a*, par ex. *li artista Brev. d'am.* I, 133, *li propheta, li papa GProv.* 8, *Leys* II, 158, à l'acc. naturellement *as. Dia* (lat. *dies*) comme masc. a dû avoir au nom. plur. *li dia,* on trouve même le nom. sing. *dias* III, 57, M. 368, 3.

IIe Déclinaison. — 1) Elle comprend : *a*) les mots de la deuxième et quatrième en *er, us, um, u* : *libres Boèce, dieus, fruitz* (*tz* pour *ts* comme partout dans cette langue), *jocs, rius* (*rivus*), *aurs, cels, fres* (*frenum*), *gaugz* (*gaudium*), *corns, gels. b*) Les masculins et les neutres de la troisième, non sans exceptions pour les premiers : *abrils, bous* (*bos*), *herés, leós* (*leo*), *mons, pans* (*panis*), *reis* (*rex*), *cors* (*cor*), *flums, lums, noms*; plur. *bou, mon* etc., dans *Boèce par* (*pares*) 63, *jove* (*juvenes*) 1, *parent* (*parentes*) 142, *eschaló* 209. Les infinitifs employés substantivement appartiennent aussi à cette déclinaison, par ex. *chantars Choix* III, 56, *avers Boèce* 134, *dormirs Choix* III, 200, *lo beures de l'aiga LR.* II, 217, *nostre viures Choix* IV, 110. — 2) Des raisons phonétiques exigent quelquefois la finale *es* au lieu de *s*; ainsi dans *arbr-es, articl-es, diabl-es, liur-es, pobl-es,* et *pobols*

---

1. Un mot avec l'*s* de flexion se nomme, d'après la terminologie de R. Vidal, *alongat*, sans cette marque *abreviat*.

(*populus*), *sompn-es* (*somnus*), acc. *arbre* etc. (ainsi la même intercalation d'une voyelle auxiliaire que dans le lat. *acer* pour *acr*, dans l'allem. *Peter* pour *Petr*; *sauer* pour *saur*). Le lat. *clericus* donne *clergues clercs*, *monachus* donne *monges morgues* (non pas *morcx*), acc. *monge morgue*; *episcopus bisbes* (non pas *bisps*), acc. *bisbe*. — 3) Divers noms de personnes fléchissent au nom. *es*, à l'acc. avec l'accent *on*, *ó*, par ex. *Karles Karló*, *Peires Peiró*, d'après le lat. *Carolus Carolum, Petrus Petrum*, dans la *Pass. du Christ*. *Petdres Petdrun*, dans une charte latine du xie siècle : *tu Petrus suprascriptus, a te Petrone suprascripto* Choix II, 54; *Alixandre fil Filipon* B. 92.

IIIe Déclinaison. — 1) Elle comprend surtout des féminins ou des masculins et des neutres passés au féminin, comme *artz, cortz, gens, leis* (*lex*), *naus* (*navis*), *nueitz* (*nox*), *pels* (*pellis*), *vertatz, vertutz, carns, dolors* Boèce, *onors* ibid., *flors, dens, fons, mars* (*mare*) qui proviennent tous, même *gens, dens, fons* (pour *gent-s, dent-s, font-s*), du cas oblique. *Res* a à l'acc. *ren, re*, mais avec le sens pronominal il n'est souvent pas décliné : *d'una res* pour *d'una ren*. — 2) Une flexion spéciale, inconnue aux langues du sud et de l'est, et qui est tirée de la troisième déclinaison latine, comprend ici les mots avec accent mobile presque tous masculins dont un certain nombre sont imparisyllabiques (c'est-à-dire ont au cas oblique une syllabe de plus qu'au cas direct). A cette classe appartiennent : *a*) Ceux qui sont fondés sur les terminaisons *tor toris* comme *emperàire, peccàire, senàire, bevéire, servire, autre* (*Flam.* 2740 avec Tobler), *léctre, pástre, sártre, trácher*, acc. *emperadór, peccadór, senadór, bevedór, servidór, auctór, lectór, pastór, sartór, trachér*, nom. plur. de même *emperadór* etc., acc. *emperadórs*. Des flexions ou des orthographes comme : nom. sing. *emperaires*, nom. plur. *emperadors* sont moins correctes. Des exemples du nom. plur. *or*, tous à la rime, se trouvent par ex. *Choix* III, 46. 51. 89. 304. IV, 104. 255. 256. 307. 402. *PO.* 4. *b*) Sur le latin *o onis* se règlent généralement *bar* (*baro*), acc. *baró*, nom. plur. *baró*, acc. *barós* ; *companhs* (*companio**), *companhon* G*Prov.* 79 ; *drac* (*draco*), *dragó* LR. I, 557 ; *falc* (*falco*), *falcó Choix* V, 129 ; *laire* (*latro*), *lairó* ; on a eu aussi sans doute une forme primitive *léo* (*léu* dans le fragment de l'*Alexandre*) *leó* ; il ne manque cependant pas de formes divergentes comme : nom. sing. *bars, dracx* (usité), *falcx* (de m.), nom. plur. *lairós* III, 55. *Fel* aussi aime l'acc. *feló Pass. du Christ.* 21. 55. 20. 70, *GRoss.* 2949. 5517. Vidal cite encore *baile bailon, gars garson, catz chaton,* ce dernier à tort assurément. A cette classe appartiennent encore beaucoup de noms de personnes et de peuples, comme *Aimes Aimó* (*Aimenó GRoss.* 3399), *Bos Bosó, Bretz Bretó, Drauges Draugó, Ebles Ebló, Folques Folcó, Gui Guió, Odils Odiló, Uc Ugues Ugó* (dans Nithard 3, 27 sans *o Huc Hugonis*). c) Mots isolés : *sénher séndre,* acc. *senhór,* nom. plur. *senhor,* acc. *senhors*; *plus,* nom. plur. *plusor,* acc. *plusors* et de même les autres comparatifs, comme dans *Boèce* déjà : nom. plur. *peior* 21, *nuallor* 210 ; *neps,* acc. *nebót,* souvent dans *Jaufre* ; *ábas GA.* 3317, acc. *abát,* nom. plur. *abát GRoss.* 2482 (*abbas* IV, 345), acc. *abátz.* Le fém. *sor* (*soror*) a l'acc. *seror* (*sor* IV, 251), plur. *serors.* — 3) On voit que le provençal impose souvent au nominatif singulier une *s* non latine, comme dans le *dracs* ci-dessus cité, il en fait autant dans *libres, onors*[1] etc. A l'inverse l'*s* fait quelquefois défaut là où la langue mère ne la présente pas non plus. A cette classe appartiennent les neutres primitifs en *ium* de la deuxième déclinaison qui se passent pour la plupart de l'*s* : *benefici, breviari, misteri, monasteri* etc.; plus encore ceux en *aticum,* pr. *atge* comme *viatge* ; Faidit cite *maiestre, prestre* et d'autres. De la troisième déclinaison (excepté ceux à accent mobile) *om,* acc. *ome,* nom. plur. *ome,* acc. *omes,* dans *Boèce omne, omnes,* dans le fragment d'*Alexandre* acc. sing. *omen* ; *paire,* nom. plur. *paire,* quelquefois *paires* ; de même *fraire* ; *maire,* plur. seulement *maires. Molher* (*mulier*) aussi est plus usité que *molhers, mar* (*mare*) s'emploie à côté de *mars, auctor,* par ex. *Choix* III, 9. 54 pour *auctors* et de même d'autres en *or.* D'après les *Leys* II, 176 *cor, ga* (franç. *gué*), *gra* (*degré*), *or, ser* (franç. *soir*) ne prenaient pas d'*s,* mais la pratique les contredit.

Le fait que parmi les mots qui omettent souvent l'*s* critique du nominatif singulier il se trouve beaucoup de neutres primitifs n'autorise toutefois pas encore à conclure à une persistance

---

1. Il reste encore à observer qu'un nom, lorsque suit un mot commençant par une voyelle, est quelquefois pour l'euphonie affecté d'une *s* illégitime, comme, par ex., lorsque Raimon Vidal de Bezaudun dit : *Cantaire fo meravilhos e comtaires azauts e ricx.* B. 149, 37. Les *Leys* II, 164 en font une règle pour certains mots, ce qui n'est pas confirmé par le style de l'époque classique.

même fragmentaire du neutre dans la classe des substantifs. Si un certain sentiment du genre neutre s'était perpétué, comme il est arrivé pour l'adjectif, on n'aurait bien sûr pas manqué de construire de tels mots avec l'adjectif neutre (*bel es lo viatge*), ce qui n'a pas eu lieu. Uc Faidit déclare formellement à la première page de sa grammaire qu'on dit dans la langue vulgaire : *grans es lo mals* = lat. *malum, grans es lo bes* = lat. *bonum,* parce qu'on traite les neutres latins comme s'ils étaient masculins[1].

Il reste encore quelques points à observer au sujet du traitement de la finale du radical ou de ses rapports avec la lettre de flexion. 1) Devant l'*s* de flexion on rejette plus rarement des consonnes qu'en vieux français (comp. plus bas). Cela se présente par exemple dans *cers* pour *cervs* (*cervus*), acc. *cerf*; dans *sers* pour *servs* (*servus*), acc. *serf*; dans *mons* pour *monts,* acc. *mon* (devant les voyelles plutôt *mont*), le lat. *mons* aussi est pour *monts* ; dans *herés* pour *hereds,* acc. *hered* ; dans *coms* pour *comts,* acc. *comte.* 2) Si l'*s* de flexion est précédée d'un *c,* elle se change ordinairement en *x*; est-elle précédée d'un *t,* elle se change en *z* : ainsi *locx* pour *locs, virtutz* pour *virtuts.* Dans la terminaison dure *stz,* la première sifflante est rejetée, voy. tome I, p. 378 (pourtant *estz* du lat. *istos* se maintient).

Le vocatif n'est pas un *cas oblique,* il faut s'attendre à ce qu'il s'en tienne à la forme du nominatif. Il le fait dans *Boèce,* mais seulement dans le sing. *morz* 130, non dans le plur. *enfants* 20 qui peut difficilement être pris pour un singulier. La *Pass. du Chr.* a : sing. *amicx, deus, vers* (*verus*), *rex,* ainsi de pures formes nominatives. Le manuscrit de Limoges a *deus Choix* II, 134. Dans Guill. de Poitiers on trouve (à la rime) *dom pelegrin* V, 118. Dans Bern. de Ventadour (également à la rime) *messatgiers* sing. III, 88, *seignors* plur. M. 348, 3, *senhor* III, 88 (d'après R. Vidal *GProv.* 76 plur.), ibid. *senhor* III, 51. Raimon Vidal donne p. 74 la règle que l'*s* appartient au voc. sing. des masculins, tandis

---

[1]. Si dans une charte provençale de la seconde moitié du XIIe siècle (*Chartes valentinoises* p. p. Meyer) des mots primitivement neutres, tels que *breu, feu, alo, tenement,* sans *s* de flexion, paraissent trahir un sentiment persistant pour le neutre, il faut à ce propos rappeler que les scribes de chartes, qui étaient accoutumés aux formes latines *breve, feudum, alodium, tenementum,* pouvaient facilement laisser tomber l'*s* romane.

qu'elle manque au pluriel, et les *Leys* II, 106. 154. 210 sont sur ce point d'accord avec lui. Les masculins en *aire* et *eire* aussi ont d'après Faidit p. 6 la même forme au vocatif et non pas *ador, edor,* cependant la pratique est en contradiction dans beaucoup de circonstances. Mais *deus,* vocatif déjà assuré par le latin, n'a pas dû être facilement échangé contre *deu.*

Il reste à observer des *indéclinables*[1]. Ainsi les mots dont le radical ou le suffixe se termine en latin par *s, ç* ou *ti* ne sont pas susceptibles de recevoir l's et demeurent en conséquence sans aucune flexion. Exemples de la deuxième et quatrième latines : *nas, ors (ursus), ris, pretz, sens, vers, vis, us*; de la troisième : *fais (fascem), mes (mensem), peis (piscem), raïtz (radicem), soritz (soricem), emperairitz*. Mais souvent, surtout chez les prosateurs, on ajoute à de tels mots au pluriel la syllabe *es* : *vers-es* Choix V, 70, *faiss-es* GO. 209 [b], *peiss-es* ibid. 208 [b], *bras-es* Jfr. 108 [b], pour *vers, fais, peis, bras*. Dans les neutres en *us* aussi l's est regardée comme appartenant au radical : *cors, latz, ops, peitz, tems,* acc. de même, non pas *cor, lat, op, peit, temp*. Le composé *midons* fém. (proprement *meus dominus*), qui reste infléchi, constitue un cas spécial. Quelques autres encore se comportent de même, comme *fons (fundus), lis (lilium),* acc. à peine *li,* de même *ros* dont l'acc. n'est pas *ror,* comp. *GA*. 3784, 6588. *Laus* aussi n'est souvent pas fléchi [2].

On croira sans peine que la règle de l's de flexion n'avait pas échappé aux anciens grammairiens provençaux. On connaît le passage d'Uc Faidit : *no se pot conoisser ni triar l'accusatius del nominatiu, si no per zo quel nominatius singulars, quan es masculis, vol* s *en la fi e li autre cas nol volen; el nominatius plurals nol vol e tuit li altre cas volen lo en lo plural*. Si l'on observe les plus anciens textes, on voit, dans *Boèce* par exemple, cette règle, bien qu'instinctivement encore, appliquée avec rigueur; une seule exception a peu d'importance. Le fragment semi-provençal

---

1. Les *Leys* les nomment *integrals*; ceux qui ont une *s* mobile, *partials*, ceux qu'on peut employer avec ou sans *s*, *indiferens*.
2. Les *Leys* II, 180 mettent de plus au nombre des *integrals* les mots *res* et *verges* quand ils désignent, l'un, la femme aimée, l'autre, la vierge Marie, tous deux sans raison, d'après la langue classique, p. ex. *am tan bela ren* G. Faid. ms.; *la verge Maria* IV, 260. — Un bel exemple d'inflexibilité est entre autres celui du nom bas-latin de Paris : nom. *Parisius civitas,* gén. *Parisius civitatis,* acc. *Parisius civitatem*.

d'*Alexandre,* d'une étendue bien moindre, ne paraît pas l'enfreindre. La *Pass. du Chr.* est beaucoup moins scrupuleuse. Les troubadours connaissaient et observaient la règle de flexion dont il s'agit plus ou moins exactement, ainsi qu'il appert des rimes, car dans la langue familière, du moins au temps de R. Vidal, elle n'avait plus de valeur : *sitot hom dis per us pus vengut es lo cavalier..... vengut son los cavaliers GProv.* 74. Elle avait depuis longtemps disparu de la conscience de la langue vers le milieu du xiv⁰ siècle, quand elle fut à nouveau scientifiquement restaurée dans les *Leys d'amors*. Voici ce qui est certain : la distinction formelle du cas direct et de l'oblique se manifeste clairement et dans quelques circonstances énergiquement, de telle sorte qu'on n'a aucun motif suffisant pour n'y voir qu'un dogme sans vie des grammairiens ou des scribes : elle a dû bien plutôt se développer avec la langue elle-même. Qu'on prenne un exemple : nom. *Critz,* acc. *Crist*. Le premier s'est formé tout-à-fait en harmonie avec une forme verbale, *cantetz* = lat. *cantastis* ou *etz*=*estis*. Un grammairien aurait-il touché aussi juste? *Critz* était la forme populaire, *Cristz* la forme savante.

En ce qui concerne maintenant les **dialectes modernes**, l'article défini, comme on peut s'y attendre, n'est pas partout le même ; on a par ex. en Provence : *lou, dou (dau), au, lou,* plur. *li, di, i, li,* fém. *la, de la, a la,* plur. comme le masc. (à Marseille : *lei, dei, ei, lei*) ; à Toulouse : masc. *le, del, al, le,* plur. *les, des, as, les,* fém. *la,* plur. *las* ; mais on cherche en vain l'ancien *li* ou *il*. Le pluriel des noms est partout marqué par *s* ou *es*, aussi *eis*, par ex. en Languedoc : *abro abros, aoussel aousseles, mes meses* ; mais cette *s* est muette, elle ne se fait entendre que devant les voyelles.

L'article **catalan** déjà dans les plus anciens textes de ce dialecte est : masc. sing. *lo (l'), del (de l'), al (a l'),* plur. *los, dels, als. El* pour *en lo* paraît emprunté au provençal. On trouve aussi à côté de *lo* l'esp. *el*, mais presque uniquement après les voyelles, comme dans *que el rey* ou *qu'el rey* ; *contra el enemic* ; *el* (= *e el*) *compte* ; à peine après les consonnes, comme dans ce passage : *de aquest rei foren tres fills, el rey de Aragó En Pere e'l comte de Prohensa* etc. *Chr. d'Esclot* 566 ; il semble qu'on ne le trouve jamais au commencement d'un

---

1. Les tendances des langues sont diverses. En Auvergne on a le sing. *grando* pour *granda*, le plur. *grandas*. Voy. *Zeitw.* 281.

paragraphe. Mais on emploie aussi bien *lo* après les voyelles, ainsi : *contra lo rey* et *contra el rey*. L'article féminin est *la, de la, a la*, dont l'*a*, même devant les voyelles, ne souffre pas d'élision, comme dans *la amor*, pl. *les, de les, a les*. Un article de l'ancien catalan masc. *es*, fém. *ça*, pl. *ces* est cité par Mila y Fontanals, *Jahrb. f. roman. Lit.* V, 188, il est encore usité aujourd'hui aux Baléares, et vient du lat. *ipse,* concordant ainsi avec l'article sarde (p. 27).

Les substantifs en *a* ont au pluriel, de même que l'article féminin, non pas *as* mais *es,* ainsi *dona dones, filla filles* ; la langue paraît avoir échangé le pesant *a* pour une voyelle plus légère, parce que le nombre était déjà assuré par l's[1]. Toutes les autres terminaisons reçoivent au pl. une *s* simple, non pas *es,* par ex. *altre altres, Moro Mores, fill fills, cap caps.* L'*n* finale tombée reparaît alors : *cansó cansons, jove jovens* ; *hom* a *homens.* Les indéclinables, qui, en provençal, ajoutent *es,* prennent ici généralement *os* : *mes mesos, pres presos, vers versos.* Quelque haut qu'on remonte, on ne trouve aucune trace de flexion casuelle, car l'*s* ajoutée quelquefois au nom. sing., et qui se montre aussi au cas oblique, est d'origine provençale. De là vient qu'on ne trouve pas non plus d'accent mobile ; *monsényer* par ex. est la forme de tous les cas.

5. SUBSTANTIF FRANÇAIS.

a) Ancien français.

Particules casuelles : gén. *de,* dat. *a.*

Article.

Masc. sing.	*li, le (lo)*	Fém. *la, le, li*
	del dou	*de la, de le*
	al, au, ou	*a la, a le*
	lo, le	*la, le*
Plur.	*li (les)*	*les*
	des (dels)	*des (dels)*
	as (als, aus)	*as (als, aus)*
	les	*les.*

Remarque. — 1) *Eulalie,* le plus ancien texte qui connaisse l'article, décline ainsi le masculin : nom. sing. *li,* acc. *lo* ; nom. plur. manque, acc. *les.* Le *Fragm. de Val.* ne donne que l'acc. sing. *le* (*é le evangelio*) et le nom. plur. *li.* Les sources bourguignonnes les plus rapprochées de ces deux textes, telles que *Grégoire, Bernard, Job,* qui ont aussi les formes du génitif et du datif, donnent exactement comme eux :

Sing. *li*　　　　　Plur. *li*
del　　　　　　　　*des*
al　　　　　　　　 *as*
lo (rarement *le*)　*les*
el pour *en lo*　　*es* (pour *en les*).

C'est là le masculin dans sa forme primitive. Dans le Psautier de la Bodléienne *le* pour *li* et *lo* est déjà assez usité. Les plus anciennes sources normandes, telles que l'*Alexis,* les *Lois de Guillaume,* les *Livres des Rois,* ne s'écartent de ce tableau qu'en tant qu'elles emploient aussi au nom. et acc. sing. souvent *le*, ou comme *Charlemagne lu*. Des textes bourguignons un peu postérieurs, comme *G. de Viane,* ont déjà au gén. et dat. sing. les résolutions *dou* et *au*, tout en écrivant encore *del* et *l*, de même *ou* pour rendre *en le*. Les formes picardes concordent aussi à peu près, par ex. dans le *Brandaine* en prose : sing. *li* (*le*), *dou* (*de l'*), *ou*, *le*, plur. *li, des, as, les*. — 2) La plus ancienne forme du féminin diffère à peine de la forme actuelle : *la* (bourg. aussi *lai*), *de la, a la, la*; *les, des, as, les*. Mais d'anciennes sources bourguignonnes emploient au nom. sing. la forme très-divergente *li*, comme le provençal, *Bernard* par ex. *li honors, li raisuns, li* et *la chose*, gén. *de la*; *Job li irors* etc. Ce dernier texte emploie cependant surtout *le* : *le batailhe, le pense, le oevre, le intension,* qui est devenu en picard, au moins au cas oblique, la forme régulière, comme *me* pour *ma* : sing. *li, de le, a le, le* etc.[1]. — 3) *Lo* comme nom. masc. est une forme rare[2]. Il se peut qu'elle ait été la plus ancienne, de même qu'elle est aussi la forme provençale. Mais le mot spécifiquement français est *li*, par l'introduction duquel la langue a obtenu une distinction exacte du cas direct et de l'oblique, du moins l'emploi de *li* comme accusatif (Orelli p. 25) semble une déviation de la construction de l'ancien français. — 4) L'acc. *le* est sorti de *lo*, comme *je* de *jo*, *ce* de *ço*. Certains dialectes ont *lu* et *lou*. — 5) Pour *al* on trouve aussi *el* dans le *Rom. de Rou* (Orelli p. 33). — 6) *Les* plur. masc. se comporte comme le pr. *los*, c'est une forme accusative qui a peu à peu supplanté la

---

[1]. L'article picard, remarque Fallot p. 37 ss., était identique pour les deux genres : nom. sing. *li, le,* gén. *del, de le,* dat. *al, a le, el,* acc. *le*; nom. plur. *li,* gén. *des,* dat. *as,* acc. *les*. Mais vers 1230 les formes bourguignonnes furent introduites pour le masculin : gén. *du, dou,* dat. *au, ou,* à côté desquelles persistèrent les picardes.

[2]. Voy. à ce sujet Raynouard, *Journ. des Sav.* 1832 p. 396. La forme *el* admise par lui est extrêmement douteuse, comp. Orelli p. 23 note.

forme meilleure *li*. — 7) On trouve quelques exemples de *dels*. *Als* se rencontre, *aus* n'apparaît que plus tard. — 8) Le fém. *li* est même employé au nom. et acc. plur., comp. Raynouard, *Observ. sur le rom. de Rou* p. 45. — 9) La préposition *en* en s'unissant à *lo* devient *el*, quelquefois *eu, u, o*, plur. *els, ens* et *es*. Le plus ancien exemple de cette union est *enl* dans *Eulalie*, avec conservation de l'*n*. — L'article indéfini est : masc. *uns, d'un, a un, un* (écrit *ung* dans des sources postérieures); fém. *une* etc.

La déclinaison va de compagnie avec celles du provençal ; les différences résultent des lois phoniques des deux dialectes.

	I.	II.	III.
Sing. nom.	*coron-e*	*an-s*	*flor-s*
acc.	*coron-e*	*an*	*flor*
Plur. nom.	*coron-es*	*an*	*flor-s*
acc.	*coron-es*	*an-s*	*flor-s*

I^e Déclinaison. — Une forme parallèle importante, avec l'acc. sing. *ain* imité du lat. *am* et avec le plur. *ains*, se rencontre dans quelques noms communs; cette forme est accompagnée d'un déplacement de l'accent. Nom. sing. *ante* (*amita*), acc. *antain* Poit. 38, 43, voy. Roq. (*de l'antain, par m'antain*); nom. *nonne* (*nonna*) Berte 131, acc. *nonain*, plur. *nonnains* SGrég. dans Roq., Berte p. 188; *pute* (*puta*), *putain*; de là en franç. mod. *la nonnain, la putain*. Aussi dans des noms de personnes : *Marie, Mariain* HCap. p. 36, 37; *Berte, Bertain* dans Berte 2. 22; *Eve Evain* ibid. 100, RCamb. 88, SSag. 152, Servent. 39, Ren. I, p. 2, 3; *Pinte* (nom de la poule), *Pintain* ibid. I, 54; *Guile* (la tromperie personnifiée), *Guilain* J. et Tr. Jubinal p. 63. Des confusions se présentent ici aussi ; ainsi on trouve à l'acc. *Berte* dans Berte 22, *Eve* Ren. I, 4, *Pinte* I, 54 et au nom. *Bertain* dans Berte 26 [1].

---

1. Il existe en bas-latin, notamment à partir de l'époque de Grégoire de Tours, une flexion particulière des noms de personnes masculins : nom. *a*, gén. *anis*, dat. *ani*, acc. *anem*, abl. *ane*, par ex. *Attila rex, Attilanem regem Chunorum*. Des chartes espagnoles fléchissent de la même manière, avec intercalation d'une *n*, par ex. *Fafila*, gén. *Fafilan*, *Froila*, abl. *Froilane*. J. Grimm. *Gesch. der d. Spr.* 945, suppose pour mots francs une forme plus primitive de la déclinaison gothique (*a, in, an*). On remarque en outre dans les chartes mérovingiennes carlovingiennes de nombreux *noms de femmes* qui fléchissent également au moyen d'un *n* : *a, anae* (gén. dat.), *anem, ane*; *Bertha, Berthanae, Berthanem; ego et conjux mea Truta*, dans la souscription *signum Trudanae* charte de l'an 526. Un semblable traitement des noms de femmes

II° Déclinaison. — Elle comprend les mêmes mots qu'en provençal. Lat. *comes* devient nom. *cuens quens*, acc. *conte*; *mundus* dans beaucoup de textes nom. *mons*, acc. *monde*. — 2) *E* euphonique dans *arbr-es* et beaucoup d'autres. — 3) Accusatif *ón* dans les noms propres, comme *Charles Charlon* (dans les Serments *Kárlus Kárlo*), *Estevenes* (*Stephanus*) *Estevenon, Lazares Lazaron, Marsilies Marsilion, Pierres Pierron*; *Jhesús Jhesón* Ch. d'Ant. I, p. 11 ss. doit être jugé autrement; b.lat. *Petrus Petrone* HLang. I, n° 88 (de l'an 862). De même prov. *Alixandre fil Filipon* B. 92. Il faut admettre pour cette terminaison *on* une imitation de l'acc. lat. *um*, comp. *Jahrbuch* V, 411[1].

III° Déclinaison — 1) Elle contient ici aussi les mêmes mots qu'en provençal : *chairs* (*caro*), *colors*, *cors* pour *corts*, *nuiz* pour *nuitz* etc. — 2) Les mots à accent mobile se comportent encore comme en provençal, voy. surtout G. Paris, *De l'acc. lat.* 50 ss. *a*) Du lat. *tor toris* : *chantere*, en général avec une *s* ajoutée : *chanteres, empereres, salverres*, acc. *chanteór* (trisyll.) *empereór, salveór* et de même *traïtres traïtor, paistres pastor*, nom. plur. *chanteór*, acc. *chanteórs*. *b*) De *o, onis* :

---

ne paraît pas se produire dans le b.lat. espagnol. Quicherat, *Noms de lieu* p. 62, rapporte ce dernier mode de flexion à la langue mère de ces noms et explique par là également le cas oblique de l'ancien français en *ain*, qui a été observé plus haut, comp. les lettres dans *Goussainville* = b.lat. *Gunzanae-villa*. La langue mère doit être sans doute le gothique, qui fléchit les noms de femmes en *a* comme les masculins en *a*. Cette opinion a, à première vue, quelque chose de séduisant, cependant le procédé semble pouvoir être expliqué sans l'immixtion d'une langue étrangère. Le côté surprenant est le changement de l'accent dans le type de la première déclinaison. L'impulsion a pu être donnée ici par le même phénomène qui s'est produit à la troisième déclinaison, spécialement dans la flexion *on onis* appliquée à un si grand nombre de noms d'hommes. De même que d'après *Cáto Catónem* on a décliné en v.fr. *Miles Milón*, on a fini par décliner *Bértha Berthám* et le français a prononcé la dernière *Bertáin*. Nous observerons un phénomène semblable à la deuxième déclinaison. Nous soumettons à un nouvel examen cette manière de comprendre le phénomène.

1. On sait que d'anciens textes français, de contenu religieux surtout, se sont efforcés de reproduire les flexions latines des noms propres, par ex. *Libanon*, gén. *Libani*; *Juda*, gén. *Judé*, acc. *Judam*; *Adonias*, dat. *Adonié*; *Oza*, acc. *Ozam*; *Eneas*, *Eneam*; *Jonathas*, *Jonathan*; *Satanas*, *Sathanan*; *Manasses*, *Manassen*; *Moyses*, *Moysem Moysen* (de ce dernier est venu le nom. *Moysens*); *Ulisses*, *Ulissen*; *Xerxes*, *Xerxen*; *Ysis*, *Ysin*; *Jhesus*, *Jhesum*; *Peidrus*, *Peidrun*; *Phelippes*, *Pheippun*. Le même fait a aussi eu lieu en allemand.

ber, baron, plur. *baron, barons*; *compains compaignon, fel fellon, gars garson, gloz gloton, lierre larron*. Surtout des noms de personnes et de peuples, comme *Begues Begon, Borgoing (Burgundio) Borgoignon, Bres Breton, Bueves Buevon, Gui Guion, Hues Huon, Miles Milon, Sanses Sanson (Simson)*; *Guenes Guenelon* (le premier est-il pour *Guenels*, v.h.all. *Wanili?*). *c*) Cas isolés : *sendre*, contracté *sire, seignor*, plur. *seignor*, acc. *seignors*; *niez (nepos) nevo neveu*, voy. par ex. *Poit*. 28. 67, *Trist*. I, 23. 22 ; *aimas aimant (adamas)* Fallot 92, *énfes enfant* Fragm. d'*Alex*. 55, *LRs*. 277. 278. 286, *Og*. v. 134. 142. 152[1]; *ábes abé Gar*. II, 250, *Rol*. XLIII, v. 12. Le fém. *suer (soror)* a l'acc. *seror*, plur. *serors*, voy. *Berte* 33. *NFC*. I, 32, *Gar*. I, 154. Quelques dérivés de *as, atis* ont aussi l'accent mobile, ainsi *cit cité (civitas), podéste podestét Ch*. *d'Alex*. 113. 115, même *clart clarté (claritas)* P. Meyer *Rev. Germ*. XVII, 451. Ces formes sont, il est vrai, souvent confondues, on lit par ex. (s'il est permis de donner des preuves d'un fait aussi connu) *Begues* pour *Begon Gar*. I, 211, *ber* pour *baron Berte* p. 7, *QFAymon*. v. 27, *Trist*. I, 58, *seignur* pour *sire Rou* 5834, *FC*. II, 87. 166, *sire* pour *seignor Trist*. I, 13. 200, *nies* pour *nevou QFAym*. v. 292, *suer* pour *seror Berte* 14, *Gar*. I, 154, *QFAym*. v. 262.

Il y a d'importantes observations à présenter sur la finale du radical et sur l'orthographe de la voyelle de flexion. 1) Si la finale du radical est une muette, elle tombe devant *s*, au moins environ depuis le commencement du xiiie siècle : *dens* pour *dents*, acc. *dent, ars art, pies pied, bors borc, frans franc, sans sanc, cols colp, bries brief, cles clef*. Les glosses de Cassel donnent cependant déjà *pis* pour *pics*. *L* devant *s* peut être résolue en *u* : *chevals chevaus*, acc. *cheval, cotels coteus cotel*. *M* se laisse remplacer par *n* : *fluns*, acc. *flum, funs fum*; *danz (dominus)* a l'acc. *dant*. *S* disparaît devant *ts (tz, z)* : *Crist Critz, cez cest, oz ost (hostis)*. — 2) La lettre de flexion est non-seulement *s*, mais aussi *z* et *x*. Les premières sources n'emploient encore aucun *x*, mais bien *z*

---

[1]. Sur l'accentuation de la première syllabe au nom. sing. de ce mot, voy. Wackernagel *Altfr. Lieder* p. 159, *Altrom. Sprachdenkm*. p. 77. On a rejeté l'*n* afin d'affaiblir la syllabe atone. Raimon Vidal attribue aussi cette flexion au provençal, *GProv*. 79. *Infas* pour *infans* dans une inscription Grut. 688, 2 peut être cité ici.

ou *tz* pour lat. *ts, ds. Eulalie* a *paremenz, empedementz*, de même aussi *enz* (*intus*); mais le *Fragm.de Val. doleants, Léger* écrit *quarz, laudaz, toz, granz, piez* (*pedes*). Les sources suivantes mettent *z* ou *lz* d'ailleurs tout-à-fait régulièrement pour *ls* : *filz fiuz, fedeilz Ch. d'Alex.*; *cez* (franç.mod. *ces*), *chevaz Grég.*; *liz* (*lilium*), *ceaz* (*ceux*), *conselz LJ.*; *oez* (*yeux*) *SB*. Le dialecte picard conserve *s*. Même le *ç* (*ch, q*) qui n'appartient pas à la flexion est rendu par *z*, comme dans *foiz* (*vicem*), *voiz* (*vocem*), *braz* (*brach.*), *laz* (*laqueus*). Le *z* de flexion persiste en partie dans le moyen français où l'on écrivait *ungz* (*uns*), *ilz, sacz, secretz*. A côté de *z* on a aussi introduit, en v.franç. déjà, *x*, soit pour *ls* ou *ils* (prov. *lhs*) : *vassax, biax, solax* (ou *vassaux, biaux, solaux*), *tex, consex, fix, seux, genox* = *vassals, bials, solails* (forme parallèle de *soleils*), *tels, conseils, fils, seuls, genoils*; soit pour *ç*, surtout quand le nom. sing. lat. a un *x* : *croix* (déjà dans *SLég.*), *berbix, voix*, comme en franç.mod.; soit pour *ps*, comme dans *cox* (*colpus*), *lox* (*lupus*) et même pour *us*, comme dans *diex* pour *dieus*, dont l'*u* était considéré comme provenant de *l* [1].

La flexion du *vocatif* n'est pas plus assurée qu'en provençal. D'anciennes sources qui observent les règles grammaticales emploient, il est vrai, presque partout la forme nominative : ainsi *SGrég. pere* 444 (le nom. est *peres*), *LJ. filz* sing. 463⁰, *SB. hom* 553, *enfantemenz* sing. 530ᵘ, *chier freire* plur. 530ᵘ, *ciel* plur. 530ᵐ ; mais les *LRs*. écrivent déjà sans difficulté *bel fiz* à côté de *bels fiz* 105. 95, *sire bacheler* à côté de *sire reis* 69. 95. et cette incertitude persiste dans beaucoup de sources contemporaines et postérieures [2].

Indéclinables sont tous les mots dont le radical ou le suffixe se termine par une sifflante, comme *nez, ors* (*ursus*), *prix, sens, françois, mois, soris* et de même les neutres primitifs en *us* : *cors* (*corpus*), *lez* (*latus*), *oes* (*opus*), *pis* (*pectus*), *tems*.

---

[1]. Sur le rapport historique des trois formes *ls, us, x*, voy. le livre de Fallot. Mais il faut surtout renvoyer à l'analyse approfondie et claire de Burguy.

[2]. Les plus anciens passages où se trouvent des vocatifs français sont les dialogues allemands-latins : *ubi* (*h*)*abuisti mansionem* (*h*)*ac nocte, conpagn? ausculta* (*auscultasne*), fol? Si l'on admet que le scribe dans ces mots se piquait d'exactitude, on supposera dans *conpagn* une forme nominative (acc. *conpagnon*) et l'on reconnaîtra dans *fol* une forme de l'accusatif.

L'*s* de la flexion casuelle a eu à peu près le même sort que dans le sud. Rigoureusement observée dans les *Serments* et *Eulalie* (excepté *Krist* au lieu du dur *Kristz*), elle l'est moins complètement, autant du moins qu'il est possible de le reconnaître, dans le *Fragm. de Val.* (où on lit seulement *est venu* pour *venus*, *jholt* pour *jholtz*). Beaucoup des textes suivants négligent et confondent les lois de la flexion, qui ne trouvait donc plus d'appui solide dans la prononciation ; même d'excellents textes, comme *Alex.*, *LG*, *LRs.*, *Rol.* et, on peut le dire, la plupart des ouvrages composés en Angleterre font de même. D'autres, comme *Lib. psalm.*, *LJ.*, *SB.*, sont rédigés à cet égard avec soin. Mais on peut en général remarquer un emploi trop assidu de l'*s* au nom. sing. masc. : *baptistes, prophetes, homs, peres* (mais non pas *meres*), *empereres, bers* (*baro*) sont des orthographes très-usitées.

b) Substantif du français moderne.

Particules casuelles : *de*, *à*, comme en vieux français.
Article.

	Masc. *le*	Fém. *la*
	du	*de la*
	au	*à la*
	le	*la*
Plur.	*les*	*les*
	des	*des*
	aux	*aux*
	les	*les*

Remarque. — 1) *De le* et *la* permettent l'élision de la voyelle finale, et, en ce cas, *l* primitive résolue en *u* reparaît au gén. et dat. sing. du masculin : *l'ami, de l'ami, à l'ami*, fém. *l'amie, de l'amie, à l'amie*. — 2) Les unions de l'article avec des prépositions autres qu'*à* et *de*, d'un emploi déjà restreint dans l'ancienne langue, sont aujourd'hui tout-à-fait hors d'usage ; seul l'archaïsme *es* pour *en les* dans les expressions *bachelier ès lettres, ès sciences* en conserve encore un souvenir.

Dans la *déclinaison* la distinction de forme entre le cas direct et l'oblique s'est éteinte et la forme de ce dernier est devenue dominante. Le singulier se présente en conséquence sans l'*s* du nominatif (sauf quelques exceptions, comme *fils* p. 5), et le pluriel se forme simplement au moyen de cette consonne : au lieu de *ans an, lierre larron, empereres empereor* le sing. est maintenant *an, larron, empereur*, le plur. *ans, larrons, empereurs*. Sur le pluriel, il y a encore à faire des remarques de détail : 1) Au lieu des terminaisons *aus, eus, ous* on écrit *aux, eux, oux* : *étau étaux, couteau couteaux, jeu jeux, vœu vœux, chou choux*; cependant l's persiste dans la plupart des mots en *ou,* comme *cou, clou, fou, sou, trou, verrou* et quelques autres encore, plur. *cous* etc.— 2) Dans la terminaison *als, ls* se résout en *ux,* comme déjà dans l'ancienne langue : *animal animaux, canal canaux, cheval chevaux*. Exceptés: *bal, bocal, cal, carnaval, pal (palus, i), régals,* plur. *bals, bocals* etc., cependant on dit aussi *paux* pour *pals*. — 3) Les autres terminaisons en *l* (*ail, eil, il*) ne sont pas soumises à cette résolution : *évantail, soleil, péril,* plur. *évantails, soleils, périls*. Sont exceptés: *ail aulx, bétail bestiaux* (fondé sur le sing. v. franç. *bestial*), *corail coraux, émail émaux, plumail plumaux, soupirail soupiraux, travail travaux, œil yeux, ciel cieux, aïeul aïeux* ; cependant quelques-uns d'entre eux prennent, avec un autre sens que le sens habituel, la flexion régulière : *travail* (machine pour attacher les chevaux), *œil-de-bœuf, ciel* (de lit), *aïeul* (grand'père), plur. *travails, œils, ciels, aïeuls*. — 4) Les terminaisons *ant, ent* sont écrites au pluriel aussi bien *ants, ents* que *ans, ens* : *enfants enfans, serments sermens* ; mais les monosyllabes conservent le *t* : *dents* (*dentes*) et non pas *dens,* cependant on écrit *gens*. C'est là tout ce qui est resté de la chute de la muette devant *s*. — 5) Les noms de personnes fléchissent comme les noms communs, cependant le style reçu aujourd'hui s'abstient dans certaines circonstances de la flexion. Ainsi si l'on désigne par un seul nom propre plusieurs individus déterminés, il n'est pas fléchi et le pluriel est marqué par d'autres parties du discours : *les deux Sénèque, les deux Corneille,* cependant on trouve aussi la flexion dans cette circonstance (Mätzner p. 121). Dans le discours emphatique le signe du pluriel est aussi retiré au nom, bien que l'article soit à ce nombre : *les César,* un César, *les Frédéric,* un Frédéric. Mais s'il y a dans le nom propre l'idée spéciale d'un genre, il reçoit la flexion : *des Tacites,* des historiens comme Tacite. — 6) Sont indéclinables tous les mots en *s, x, z,* comme *fils, nez, croix,* de même aussi beaucoup de mots nouvellement introduits du latin et quelques autres : *alibi, errata, in-folio, déficit,* plur. *les alibi* ; on en fléchit un certain nombre, comme *numéro, débet, factum*. — 7) Les composés impropres (aussi ceux qui sont extérieurement désignés par le trait d'union) forment le pluriel d'après le rapport de construction dans lequel ils se trouvent, ainsi *gentil-homme gentils-hommes, belle-sœur belles-sœurs, hôtel-dieu hôtels-dieu, fourmi-lion fourmis-lions* (apposition), *arc-en-ciel arcs-en-ciel*. Dans les compositions plus compactes dont la dernière partie est un substantif, celui-ci fléchit selon la manière habituelle, comme dans *passe-port passe-ports, contre-coup contre-coups*; mais d'autres parties du discours restent sans flexion : *passe-partout, savoir-faire*. Pour plus de détails, voir la grammaire spéciale.

6. SUBSTANTIF VALAQUE.

Dans cette langue, la déclinaison est particulièrement difficile. Il y a des règles, mais elles ne suffisent pas pour la pratique; il faut apprendre à distinguer le pluriel de chaque nom [1].

D'abord en ce qui concerne les *particules casuelles,* le rapport du génitif est exprimé, comme partout, par *de* : *in formę de leu* (*leonis*), *amętoriu de dreptate* (*amator justitiae*), *plin de mųnie* (*plenus maniae*), *turma de oi* (*grex ovium*). *A* se trouve également, mais il n'est pas employé pour le datif : on dit par ex. *me duc a casę* (*me duco ad casam* = *domum eo*), *am a mųnę* (*habeo ad manum*), mais non *dę peana a Petru* (ital. *dà la penna a Pietro*). Le datif apparaît au contraire sans prépositions et il est indiqué par une flexion de l'article; on dit : *dę peana lui Petru*; *craiul au dat legi norodului* (*rex dedit leges populo*). A l'égard du génitif en outre, on ne peut employer *de* si le nom doit être accompagné de l'article déterminé; on se sert en ce cas du datif *articulé* précédé de la prép. *a* : ainsi *a domnului* (*domini*), et cet *a* remplit ici le même office qu'en provençal lorsqu'il désigne la possession du nom (*filha al rei*). L'accusatif enfin d'après les principes des grammairiens du pays est désigné par la particule *pre* ou *pe* (*per*) placée devant le nom dans sa forme nominative *articulée*. Aux cas cités on ajoute encore un ablatif que la particule *dela* (de) est appelée à former. Cette méthode, d'après laquelle le génitif est rendu par le signe habituel du datif, le datif n'est exprimé par aucune préposition et l'ablatif, à l'inverse, est indiqué par une préposition, diffère considérablement de celle qui

---

1. Nous renvoyons ici aussi à la *Phonétique roumaine* de Mussafia p. 126-128 (flexion du nom), en outre à son travail sur la *morphologie roumaine* (*Jahrbuch* X, 353).

est en usage dans les autres langues. Cependant l'emploi du signe de l'accusatif se restreint proprement aux personnes, comme celui de l'esp. *á*, par ex. *tatęl jubeaśte pre fii* (*pater amat filios*) ; dans les autres circonstances le nom est employé à ce cas sans particule : *fę casę de lemn* (*fac domum ligneam*); *pęmuntul aduce roduri* (*terra fert fructus*); *leagę boul* (*liga bovem*). Mais le génitif n'a pas non plus absolument besoin du signe *a*, il se contente en général de même que le datif du simple article : *lumina soarelui* (*lux solis*); *in chipul focului* (*in speciem ignis*). La désignation du génitif et du datif s'opère aussi en bulgare par la même forme (Miklosich, *Slavische Elemente im Rumunischen*, p. 7).

C'est comme dans les langues sœurs *ille* qui sert d'*article*, mais son emploi a ceci de particulier qu'il est appliqué à la fin du nom, formant ainsi un composé que précèdent les particules casuelles. Ainsi tandis que les langues occidentales disent : *ille dominus, ad illùm dominum*, le valaque, celui du nord comme celui du sud, dit : *dominus ille, ad dominum illum*, construction qui, à la vérité, ne convient pas plus mal à la syntaxe latine que l'autre, mais qui forme toutefois un remarquable contraste en face de l'usage roman, et peut être revendiquée comme une preuve du développement particulier du dialecte valaque. Voy. sur l'article postposé Miklosich, *Slav. Elem. im Rumun.*, p. 7. Voici maintenant le tableau de l'article :

Masc.		Fém.
nom.	*l, le*	*a (oa)*
gén.	*a-lui*	*a-lei*
dat.	*lui*	*ei, ii*
acc.	*l, le*	*a (oa)*
voc.	*le*	= nom.
plur. nom.	*i*	*le*
gén.	*a-lor*	*a-lor*
dat.	*lor*	*lor*
acc.	*i*	*le*
voc.	*lor*	*lor*.

Remarques. — 1) L'article est atone et ne change rien à l'accent du mot ; on prononce *sócrului, cáprelor*. — 2) La forme masculine *l* est ajoutée à la terminaison *u*, et, dans les mots où elle tombe d'ailleurs, elle reparaît devant l'article, en sorte que tous les masculins terminés par une consonne prennent *ul* : *socur socrul, domn domnul*. Ceux en *ę* aussi s'adaptent la forme *l* : *popę popęl, tatę tatęl*. — 3) La seconde forme masculine *le* s'applique au contraire à la terminaison *e* : *pęreatele* (*paries ille*). — 4) L'article féminin *a* se joint à la finale *e* : *carte* (*charta*) *cartea*, de même *męrire męrirea*, *tréstie tréstiea*, *urmáre urmárea*, *ploae ploaia* (non pas *ploaea*), *voie voia* (non pas *voieа*) ; mais la finale *ę* se perd dans l'article : *caprę capra*. Si un mot se termine par *ea*, il reçoit la forme spéciale *oa*, par ex. *steà* (*stella*) *stedoa*, *śeà* (*sella*) *śeáoa*. Cependant il n'y a pas lieu d'admettre une forme particulière de l'article *oa* ; dans le valaque du sud, au moins, la première voyelle appartient au nom lui-même et *a* est l'article : *steao, steao-a*, dat. *steao-lji*, mais cependant plur. *stea-le, stea-lor*. — 5) Le datif *ei* s'ajoute aux formes qui contiennent une diphthongue, *ii* aux autres, par ex. *apropiáre apropidrei, coadę coadei, táinę táinei, cetateà cetatęzii* (Clemens §20, 4)[1]. — 6) Dans le valaque du sud l'article est : masc. *lu, le, a lui*, plur. *lji, a lor* ; fém. *a, a lji* (de là le val. du nord *ei, ii*, lat. *illi*), plur. *le, a lor*. Dans *lu*, l'*u* est muet, lorsque le nom se termine par *u*, ainsi *domnul*, mais *caplu* (*caput*), *frenlu* (*frenum*). — L'article indéfini est masc. *un, a unui, unui, pre un*, fém. *una, a unei, unei, pre una* ; pour *una* on emploie aussi *o*. Il est toujours placé devant le nom.

Tableau de la déclinaison.

	I.	II.	III.
Sg.	*coron-ę, fug-ę, ste-à*	*an (-u), fum (-u), fir (-u)*	*floar-e*
Pl.	*coron-e, fug-i, steal-e*	*an-i, fum-uri, fir-e*	*flor-i.*

I[e] Déclinaison. — 1) A la flexion *ę*, plur. *e*, appartiennent aussi des mots de la deuxième, mais surtout de la troisième latine, comme *soacrę* (*socrus*), *sorę* (*soror*), *nepoatę* (*neptis*). — 2) A la flexion avec le plur. *i* se soumettent non-seulement des masculins comme en italien, tels que *poetę poetzi, popę popi, papa* (avec *a* au sing.) *papi, baśa baśi*, mais aussi de nombreux féminins et parmi eux : *a*) des latins comme *bucę* (*bucca*), *coadę* (*cauda*), *coardę* (*chorda*), *cinę* (*coena*), *cununę* (*corona*), *fragę* (*-um*), *fugę, furcę, furnicę* (*formica*), *gęinę* (*gallina*), *jarnę* (*hibernum*), *limbę* (*lingua*), *moare* (*mola*), *munę* (*manus*), *meduhę* (*medulla*), *nucę, peatrę, ruinę, sarcinę, searę* (*sera*), *sęgeatę* (*sagitta*), *vacę* (*vacca*). *b*) des étrangers : *baltę* bourbier, *cantę* pot, *dungę* manche de couteau, *glugę* chapeau, *isbyndę* vengeance, *ladę* coffre, *luncę* prairie, *oglindę* miroir, *ploscę* bouteille, *roaę* blessure, *slugę*

---

1. D'après Mussafia, cette distinction établie par Clemens est sans fondement.

fém. serviteur, et beaucoup d'autres. De plus les dérivés en *ura*, comme *cęldurę, cuntęturę, mulsurę*. Quelques-uns comme *fragę, nucę* ont au pluriel aussi bien *e* que *i*. — 3) Le mode de flexion avec le sing. *a* comprend seulement les mots avec le suffixe *eà*, qui renvoie en grande partie au lat. *ella, illa*, d'où provient l'*l* qui s'introduit au pluriel : *nuieà* (*novella*), plur. *nuieale, purceà* (*porcella**), *ręndunęà* (ital. *rondinęlla*), *steà* (*stella*), *turtureà* (*turturilla*), *vergeà* (*virgilla**), aussi *cureà* (*corrigia*) et beaucoup de mots étrangers ou nouveaux, comme *bęleà* peine, *męseà* molaire, *męrgeà* perle. Cette déclinaison se distingue en ce qu'elle attribue, de même que la latine, une forme spéciale au voc. sing. : *Jacob* est ici *Jacobe, Petru Petre, domnu doamne, nepot nepote* ou dans la langue familière, avec l'article : *domnule, nepotule, omule*, au pluriel toujours avec l'article sous sa forme du datif. Dans les autres déclinaisons on emploie la forme pure du nominatif et au pluriel également celle du datif, par ex. *tatę, fune, tatzilor, funilor*. Quelquefois on applique aussi la finale *o*, comme dans *Catharino* de *Catharina*.

IIe Déclinaison. — Sa caractéristique est *u*, qui ne persiste cependant qu'après les voyelles ou après deux consonnes, lorsque la prononciation l'exige : *leu* (*leo*), *bou* (*bos*), *ryu* (*rivus*), *cuscru* (*consocer*), tombe d'ailleurs après les consonnes et n'est réintroduit que devant l'article[1]. — 1) Sur le premier mode de flexion (*u*, plur. *i*) il y a à observer : *a*) la terminaison *iu*, lorsqu'elle est muette, se change au plur. en *i*, non pas *ii* : *pęstoriu pęstori*; mais *ochiu* (*oclus oculus*) *ochii*; *b*) *l* = lat. *ll*, tombe : *cal* plur. *cai* = ital. *cavallo cavai, cęluśel cęluśei*. — 2) Au deuxième mode de flexion, avec le pl. *uri* qui est féminin, appartiennent un nombre extrêmement considérable de mots. Ce sont : *a*) des latins ou grecs comme *aus* (*auditus*) plur. *ausuri, baltz* (*baltheus*), *camin, canal, capital, carn* (*caro*), *catar* (*catarrhus*), *ceriu* (*caelum*), *ceriuri, chimin* (*cuminus*), *chivot* (κιβωτός), *cler* (*clerus*), *contract* (*-us*), *cur* (*culus*), *cymp* (*campus*), *dog* (δοχή), *dor* (ital. *duolo*), *drum* (δρόμος),

---

1. Pour résumer encore une fois cette question : dans l'ancienne écriture cyrillique que nous suivons ici, l'*u* muet n'est pas exprimé ; mais on rend l'*i* muet, ainsi *pomĭ* monosyllabe, *cariĭ* disyllabe. Le vers monosyllabique : *ochiĭ in lacręmĭ śiĭ scaldę* doit être lu : *ochi | in la|crem śi|scaldę*. On exprime aussi le *iu* muet, p. ex. *fealĭu* monosyllabe, *pezitoriu* trisyllabe, verbe, *morĭu* monosyllabe, *ręmyĭu* disyllabe. Si d'autres parties du discours suivent, elles font revivre les voyelles muettes.

dus (ductus), erem (ἔρημος), *frig, frupt (fructus), fum, fųn (foenum), ger (gelu), ghem (glomus), glob, grum, lac, lard, loc, lucru, maiu (malleus), metal, mod, nod, pept (pectus), plumb, rųu, somn, stat, stih* (στίχος), *sųn (sinus), timp (tempus), vin, vis, vųnat (venatus), vųnt (ventus).*
b) des mots étrangers de différentes significations, comme *baiu* tourment, *bal* danse, *berc* buisson, *boit* bouton, *bot* groin, *breb* castor, *but* défi, *chip* forme, *cleiu* glu, *codru* forêt, *cos* panier, *dantz* dance, *duh* esprit, *fealiu* manière, *gord* haie, *ghimp* aiguillon, *gorun* chêne, *gruntz* morceau, *hac* ramilles, *hartz* guerre, *herb* tesson, *plug* charrue, *potop* ruine, *prag* seuil, *ref* aune, *ret* prairie, *sdrob* masse, *slic* bourbe, *sopru* écailles, *steamp* pieu, *tęu* étang, *trųnd* durillon, *trup* corps, *tutzin* douzaine, *tųrg* marché, *tzep* jet d'eau, *vrab* monceau, *vųrv* sommet. De plus, la plupart des dérivés en *mųnt, iś* et *utz*, comme *pęmųnt pemųnturi, berliś berliśuri, cortutz cortútzuri*. — 3) Le nombre des mots avec le plur. *e* qui, comme *uri*, prend le genre féminin est également considérable. Ce sont : *a)* des latins comme *bratz (brachium)* plur. *bratze, corn, cuiu (cuneus), cuvųnt (conventus), deaget (digitus), fier (ferrum)* plur. *fere, fir (filu, i), fus, gręn (granum), lemn (lignum), lęmpaś (lampas), n ęr (mālus), paiu (palea)* plur. *pae, par (palus, i), scaun (scamnum), semn (signum), teatru, termin, vas. b)* Des étrangers, comme *bręu* ceinture, *clopot* cloche, *cęrlig* crochet, *jazer* étang, *matz* boyau, *obraz* figure, *pęhar* coupe, *śinor* cordon etc. Ces mots, parmi lesquels se trouvent un assez grand nombre de neutres latins, peuvent être comparés, sous le rapport du genre, aux mots italiens qui ont le pluriel en *a*, mais contrairement à l'italien ils expriment le genre catégoriquement par la forme du pluriel féminin. Beaucoup ont à côté de cela le pluriel régulier, comme *męr* mere et *meri*.

IIIe Déclinaison. — 1) Elle comprend beaucoup de mots qui affaiblissent le lat. *ia* et *io* en *ie*, comme *arie, biblie, copie, conditzie, scorpie*. — 2) *L* tombe de même qu'à la deuxième déclinaison : *calę (callis) cęi, peale (pellis) piei, vale (vallis) vęi*.

Sont anomaux plusieurs mots, comme *om (homo) oameni, cap   pete, norę (nurus) nuróri, earbę (herba) iérburi. Pio* fém. *(pilum)* a de même au plur. *pio*, avec l'article, sing. *pioa*, plur. *piole. Zio*, aussi *zì (dies)*, plur. *zile* avec l'article *ziova* (disyll.) *zilele. Pęręu* masc. ruisseau (alb. *pęrrúa*) a le plur. fém. *pęrao. Car* (*carrus*) a *care*, comp. ital. *carra*. *Nume* (*nomen*) a la même forme au pluriel.

Il reste encore à observer, pour les trois déclinaisons, d'importantes modifications phoniques, tant de la voyelle accentuée que de la consonne en contact immédiat avec la flexion. C'est à savoir : 1) En ce qui touche la voyelle, l'*a* du sing. se change en *ę* dans le plur. en *i*, comme *bae bęi, brad brętzi* (voy. sur ce point Mussafia, *Vocalisation* 153), *cetáte* (*civitas*) *cetętzi, mare męri, sare* (*sal*) *sęri, zamę zęmi* et ainsi au dat. sing. avec l'article *cetętzii, męrii* etc. Dans les pluriels en *e*, *a* devient *ea*, qui passe aussi à *e* : *fatze* (*facies*) *featze fetze, masę* (*mensa*) *mease mese, spatę* (*spatha*) *spete, vatrę* foyer *veatre vetre. E* passe à *ea* dans les plur. en *e* : *lemn leamne, semn seamne* (d'autres écrivent *lemne, semne*). *Ę* aussi bien que *ea* devient *e* dans les plur. en *i* : *cumętru* (*co-mater*) *cumetri, męr* (*mālus*) *meri, pęr* (*pilus*) *peri* ; *cheae* (*clavis*) *chei, bisearicę* (*basilica*) *biserici, cędeare* (*cadere*) *cęderi, leage* (*lex*) *leg, mujare* (*mulier*) *mueri. O* devient *oa* dans les pluriels en *e* : *os* (*os*) *oase, zęlog zęloage. Oa* devient *o* dans les pluriels en *i*, comme *florae flori, foae* (*folium*) *foi, groapę* (fosse) *gropi, ploae* (*pluvia*) *ploi*. Mais tous les noms ne se plient pas, à beaucoup près, à ces lois phoniques : on dit par ex. *ban, bani,* non pas *bęni* ; *ver* (*verres*) *veri,* non pas *veari* ; *domn domni,* non pas *doamni*. La cause de cette apophonie réside dans les caractéristiques du pluriel *i* et *e* : *i* doit avoir la force de ramener une diphthongue ou un son troublé à son son primitif (*legi, gropi, peri*), tandis que *e* favorise la diphthongue (*mease, seamne, oase*), par conséquent cause une déviation du son primitif. *I* semble seulement avoir une action contradictoire quand il change *a* en *ę*. — 2) En ce qui concerne les consonnes, *s* se change, d'apres les règles phoniques, devant *i* en *ś* : *bios biośi, leasę leśi,* aussi *oaste ośti,* toutefois *casę cęsi. T* devant la même voyelle se change en *tz, d* en *z* : *abat abatzi, argat argatzi, cartę cęrtzi, poarte poartzi* ; *cadę* (*cadus*) *cęzi, jed* (*haedus*) *jezi, med* (μέθυ) *mezi. C* devient toujours palatal devant *i* et *e*, et *g* aussi : *ac ace, arc arce, cleric clerici, medic medici, sac saci* ; *birgę* (faute) *birge, fugę fugi, spargę* (*asparagus*) *spargi, vargę* (*virga*) *vargi* ; il ne faut presqu'en excepter que ceux dont le *c* renvoie à *cl*, comme dans *ureache* (*auricula*) *urechi*. De *sc* provient généralement *śt*, ainsi dans *bęsc* (de mineur) *bęeśti, muscę muśte*. On observe aussi dans le valaque du sud des passages du *p* au *ch* (*k*) et du *b* au *gj*, par ex. *lupu luchi, vulpe vulchi, corbu corgji*. Ce changement phonique qui atteint souvent, dans le même mot, la voyelle aussi bien que la consonne, n'est, à la vérité, comme on le comprend, qu'une conséquence des lois phoniques, mais il procure les avantages d'une flexion intérieure, c'est-à-dire une distinction efficace du nombre.

Nous présentons ici quelques exemples de déclinaison *articulée*. Il suffit de noter le nominatif, le datif et le vocatif.

Sing. *doamn-a*	*Barbar-a*	*stea-ou*	*tatę-l*
doamn-ei	*Barbar-ei*	*stea-lei*	*tatę-lui*
doamn-ę!	*Barbar-ę (o)!*	*stea! stea-o!*	*tatę!*
Plur. *doamne-le*	*Barbare-le*	*steale-le*	*tatzi-i*
doamne-lor	*Barbare-lor*	*steale-lor*	*tatzi-lor*
doamne-lor!	*Barbare-lor!*	*steale-lor*	*tatzi-lor!*
Sing. *domnu-l*	*Petru*	*dinte-le*	*floare-a*
domnu-lui	*lui Petru*	*dinte-lui*	*floar-ei*
doamne!-le!	*Petre!*	*dinte!*	*floare!*
Plur. *domni-i*	*Petri*	*dintzi-i*	*flori-le*
domni-lor	*Petri-lor*	*dintzi-lor*	*flori-lor*
domni-lor!	*Petri-lor!*	*dintzi-lor!*	*flori-lor!*

Si l'on considère maintenant la déclinaison valaque dans tous ses traits et ses particularités, on doit reconnaître qu'elle ne manifeste pas partout un développement roman, qu'un élément étranger a dû s'y introduire. En fait, beaucoup de difficultés s'expliquent par les langues avoisinantes, comme l'albanais et le bulgare, d'autres nous échappent, car la langue dace, qui a eu une part dans la formation du valaque (comme du bulgare), nous est inconnue. Un phénomène important, l'adaptation de l'article à la finale du nom, s'observe aussi dans ces langues. En albanais, l'article masculin est *i*, le féminin *a*, et ce dernier prend, comme en valaque, la place de la finale *ę*, par ex. *męmę* mère, *męma* la mère, val. *mumę muma*. Malgré cette conformité, l'origine du val. *a* de *illa* avec syncope de *ll* est admissible, puisque sa flexion aussi est restée latine. La forme val. *oa* ne trouve pas son analogue en albanais : les mots en *a*, p. ex., intercalent ici *j* et non pas *o* (*kjirája*). L'article bulgare est *tę* ; il peut, contrairement à l'usage valaque, attirer à lui l'accent. La déclinaison du substantif même ne s'accorde point avec celle de l'albanais, elle n'est d'accord avec celle du bulgare qu'en tant qu'ici aussi le nominatif des masculins se termine en *i*, mais cet *i* affecte tout aussi bien des féminins, et à ce point de vue on trouve en bulgare quelque chose d'analogue à la formation valaque en *i* des féminins en *ę*, par ex. *kravę kravi*. Le renforcement par *r* du pluriel de la deuxième déclinaison se trouve aussi employé en albanais, où il est appliqué aux deux genres, sans que le masculin se confonde avec le féminin, par ex. *prift-i* (*presbyter*) *priftęre-tę, kartę-a kártęra-tę* et beaucoup d'autres, voy. le travail de Bopp sur l'albanais p. 3 et note 7. Ce pluriel apparaît aussi en bulgare, par ex. quand de *žena* se développe le plur. *ženurija* (Miklosich III, 223, où est comparée aussi la forme valaque). Cette forme a pris une grande extension et s'est même emparée, comme nous l'avons vu, d'une masse de mots latins ; quoique étrangère elle n'est pas à mépriser, car elle sonne bien, et son polysyllabisme anime l'uniformité de la flexion. La finale du vocatif *e* n'est pas connue de l'albanais mais bien du bulgare, par ex. dans des noms propres comme *Dragan Dragane, Slavi Slave,* ce qui n'est toutefois pas un motif suffisant pour attaquer l'origine latine de la forme valaque. Mais le vocatif en *o* trouve son explication dans la forme semblable albanaise et bulgare employée en de nombreuses circonstances. L'apophonie a aussi son importance en albanais, mais dans l'état actuel de cette langue et du valaque on ne peut signaler qu'un petit nombre d'analogies, comme par ex. le fait que *o* albanais est remplacé au plur. par *ua* (*doręa, duar-tę*), ce qui rappelle le passage du val. *o* à *oa*. Ce changement phonique semble développé plus délicatement dans cette dernière langue, car il dépend de la nature de la voyelle finale[1]. Malgré l'in-

---

1. Des modifications de la tonique dans la déclinaison sont aussi connues par le roumanche et le napolitain. Cependant on trouve peu d'accord entre les deux dialectes, car chacun d'eux suit son propre instinct dans les rapports réciproques des voyelles. En roumanche la diphthongue *ie* de *o* appartient au singulier seulement et non au pluriel fléchi avec *a*, comme dans *chiern corna, criess crossa, tess ossa*. Il est peu probable que la pesanteur de *a* ait amené dans la syllabe radicale la suppression de la diphthongue, puisque dans d'autres mots la diphthongue existe à côté de l'*a* comme dans les sing. *gliergia* (*gloria*), *stierta* (ital. *storta*). L'*a* du pluriel a-t-il donc plus de poids que celui du singulier? ou a-t-on restreint dans ces circonstances la diphthongue au singulier afin de mettre plus nettement en relief la distinction des deux nombres? Car on dit aussi sans *a* : *chierp* corps, *ief* (*ovum*) *ovs, iert* (*hortus*) *orts, pierc porcs*. — Des exemples du dialecte napolitain sont : 1) devant l'*a* du pluriel : sing. *piro*, plur. *pera*; *niespolo nespola*, comp. aussi masc. *piecoro, suogro*, fém. *pecora, sogra*. 2) devant l'*e* du pluriel : *perzona perzune, sperone sperune*; *pemmece pimmece, sposo spuse*; *prevete prievete*,

gérence d'éléments étrangers la déclinaison valaque reste toutefois, dans ses traits fondamentaux, romane : la formation du plur. *e* de *a, i* de *u* en est la preuve.

II. ADJECTIF.

Il y a trois points à considérer à propos de la flexion de cette partie du discours : le genre, la déclinaison et la comparaison.

1. *Genre.* — Le principe du triple genre (car la grammaire se permet de considérer le genre négatif comme le troisième) doit se manifester pour l'adjectif, puisqu'il est destiné à accompagner le substantif, dans chaque mot en particulier, qu'il se fasse ou non matériellement reconnaître par la forme. La langue latine possède des adjectifs de trois et de deux formes de genre, elle en possède même qui n'en n'ont pas du tout au moins au nom. sing. 1) Ceux à trois formes ont les terminaisons *us, a, um* (*bonus, bona, bonum*), *er, era, erum* (*liber, libera, liberum*), enfin (dans le style élevé) *er, ris, re* (*acer, acris, acre*). — 2) Ceux à deux formes réunissent les genres masculin et féminin dans une seule terminaison *is*, pour le neutre on a *e* (*brevis, breve*); les substantifs à accent mobile en *tor*, fém. *ix* sont aussi employés comme adjectifs et ont en partie au pluriel même un genre neutre (*victores, victrices, victricia*), mais, comme ce sont proprement des substantifs, ils ne sont pas susceptibles de comparaison. — 3) La grande majorité de ceux qui n'ont pas de genre (uniformes) se terminent en *s* ou *x*.

Dans les langues dérivées, le neutre de l'adjectif s'est éteint avec celui du substantif. Seulement lorsque l'adjectif remplit l'office d'un substantif abstrait, lorsqu'il est employé comme prédicat d'un pronom neutre (car on ne peut contester que cette partie du discours n'ait conservé des exemples de la forme du neutre) ou d'une phrase entière, il lui reste aussi le sens du neutre qu'il exprime en latin, en grec, en allemand et dans d'autres langues qui connaissent ce genre. Cela est bien sensible dans l'ital. *il bello* = τὸ καλόν ou dans *ciò è bello*. Mais ce n'est que dans les anciens dialectes de la France que ce sens neutre est aussi exprimé par la forme; l'espagnol peut l'indiquer

---

ordene uordene. Il est clair que l'*a* plus fort chasse la diphthongue et que l'*e* plus faible l'attire et ces deux lettres se comportent aussi différemment avec les voyelles simples. Voy. Wentrup, *Beiträge zur Kenntniss der neap. Mundart* p. 26.

dans le premier cas seulement, c'est-à-dire lorsque l'adjectif prend le rôle du substantif, par une forme spéciale de l'article (voy. plus haut p. 28). Le sort des terminaisons de genre des adjectifs est en roman le suivant : 1) Les terminaisons *us, a* persistent, ainsi ital. *buono buona,* esp. *bueno buena,* prov. *bo bona,* franç. *bon bonne,* val. *bun bunę.* Avec celles-ci se sont confondues *er, era,* car il faut regarder l'acc. de *er, erum* comme la base de la forme masculine, de là régulièrement ital. *libero, nero, pigro, sacro, tenero* et les pronoms *altro, neutro, nostro* etc.; esp. *negro, sagro, tierno, otro, neutro, nuestro;* prov. *negre, tenre, autre, nostre* ; val. *negru, tinęr, nostru.* Quelques-uns passent dans certaines langues à la classe des uniformes, ainsi ital. *gente* (pour *gento, genitus*), *fraudolente* ; esp. *firme, libre, pigre* ; port. *contente* ; b.lat. *firmis et stabilis* Mab. Ann. III, n. 41, HLang. II, n. 19, *sententia firmis Esp. sagr.* XI, 209 (ıx^e siècle), comp. *Marc.* p. 804 etc. Pour la troisième classe *er, ris,* dans laquelle les deux terminaisons concordent à l'acc., *rem,* il ne pouvait y avoir qu'une terminaison commune : it. *acre, celebre, celere* (poét.), *campestre, pedestre, salubre, silvestre* (poét.); esp. *acre, alegre* (*alacrem*), *campestre, célebre, pedestre, salubre, silvestre;* fr. *aigre, célèbre, champêtre, salubre* etc. La tendance à marquer le genre d'une autre manière a toutefois attiré çà et là un certain nombre de mots de cette classe à la première, comme ital. *acro, allegro, campestro, silvestro* (à côté de *acre* etc.) ; esp. *agrio* ; prov. *agre, alegre* ; val. *agru, ę.* Parmi ceux-ci, *acrus,* déjà il est vrai employé par Palladius, est commun à tout le domaine roman. — Les adjectifs en *is* (*gen. comm.*) ne connaissent qu'une terminaison, comme ital. *breve, dolce.* Un grand nombre d'entre eux a passé dans les langues du nord-ouest aux adjectifs à deux terminaisons, ainsi prov. *comun comuna,* franç. *doux douce, fort forte, grand grande.* Les autres langues n'ont que quelques exemples de ce passage : ital. *tristo,* esp. *rudo* ; *tristis, non tristus,* dit l'*App. ad Probum.* Le grec moderne a établi une distinction de genre analogue pour l'ancienne terminaison commune ος : ἀθῶος, ἀθῶα, ἀθῶον = grec ancien ἀθῶος, ἀθῶον. Les substantifs en *tor* sont aussi employés en roman comme adjectifs avec deux terminaisons, et sont même susceptibles de gradation et de transformation en adverbes par l'addition de *mente,* par ex. prov. *plus chantaire Choix* V, 318, *lo pus tracher* III, 410, v. franç. *barateressement, tricheressement.* — 3) Les adjectifs à une seule terminaison restent naturellement dans les langues dérivées ce qu'ils sont. Mais ici aussi une classe tout entière s'est forgé en français moderne une forme féminine en *e*, comme *plaisant plaisante* (*placens*). En outre *pauper* est devenu dans quelques langues *pauperus*, ce qui n'est même pas inconnu au latin (tome I, p. 18): ital. *povero, a*, prov. *paubre, a*; *pauper mulier, non paupera App. ad Prob*. On distingua de même dans *vetus* le masculin du féminin, ce que prouvent les composés ital. *Castelvetro*, esp. *Murviedro*, port. *Torresvedras*, le simple v. port. *vedro FGrav.* 387, et enfin l'ital. *vieto, a*[1].

De même que pour le substantif les première et deuxième déclinaisons ont été favorisées aux dépens de la troisième, on ne peut non plus méconnaître une prédilection des nouvelles langues pour la classe de l'adjectif *us, a*, qui distinguait les genres. Aussi cette classe a-t-elle servi de type aux nouvelles formes, qu'elles soient issues de radicaux latins ou étrangers. Les exemples italiens sont : *baldo, bianco, biondo, biotto, bravo, bujo, codardo, drudo, fello, fino* (à côté de *fine*), *fioco, fondo, fresco, gajo, goffo, gonzo, gramo, grigio, guercio, guitto, laido, lesto, ligio, liscio, manto* (fr. *maint*), *piatto, quatto, ricco, scaltro, scarso, schietto, schifo, sguancio, snello, stanco, stracco, vermiglio*. Il faut excepter par ex. *folle, prode*; en esp. *cobarde, ruin*; en français, surtout pour rendre sonores les consonnes finales, *brave, gauche, leste, lige, lisse, mince, riche, terne* etc.

2. La *déclinaison* de l'adjectif est en latin semblable à celle du substantif et ne diffère pas davantage en roman.

3. Une particularité de l'adjectif (comme de l'adverbe son dérivé) est d'être susceptible de *comparaison*. A cet effet la langue latine possède des formes propres, pour le comparatif *ior*, pour le superlatif *imus* et *issimus*. Ses filles ont en principe renoncé à cette comparaison fléchie et l'ont remplacée par le procédé connu de la périphrase. Le latin lui-même ne dédaignait pas ce moyen, mais il ne l'employait que lorsque le radical du positif se terminait par une voyelle, et, en ce cas, il formait le comparatif avec *magis*, le superlatif avec *maxime*: *pius, magis pius, maxime pius*. Le roman prit pour modèle cette formation périphrastique au moyen d'adverbes, mais il ne se

---

1. Il y a aussi en v. franç. *viés* comm., par ex. *de la viez dete* (*dette*) *et de la nueve FC.* I, 368, qui doit venir de *vetus*. Mais on fléchissait aussi masc. *vies*, fém. *viese*, voy. Orelli 26, *Ch. d'Ant.* I, 176.

servit pas partout des mêmes mots. L'expression du comparatif par *magis* ne se conserva qu'en espagnol, en portugais et à l'extrême orient du domaine, en daco-roman : *mas dulce, mais doce, mai dulce*; les autres peuples ont pris le synonyme *plus* : ital. *più dolce*, prov. *plus dous*, fr. *plus doux*. Mais Plaute, *Aul.* 3, 2, 3 disait déjà : *plus lubens*, Nemesien *Ecl.* 4, 72 : *plus formosus*. L'albanais aussi a eu recours à *me* = *magis* pour se procurer un comparatif.

La divergence est plus importante pour le superlatif. On n'a choisi, pour la périphrase, ni *maxime* ni *plurimum*, mots qui étaient assurément tous deux incommodes, presque réfractaires, mais on a attribué au comparatif, en le faisant précéder de l'article défini, la signification du superlatif. Si l'article indéfini s'accommode bien avec le comparatif, comme dans la phrase italienne : *un cavallo più bello dell' altro*, « un cheval plus beau que l'autre, » l'article défini détruit radicalement l'essence de ce dernier en coupant court à toute comparaison et en imprimant au comparatif l'idée supérieure du superlatif. *Questo cavallo è il più bello* ne permet pas l'addition *dell' altro*, car l'article défini désigne la propriété exprimée par l'adjectif comme appartenant exclusivement au substantif. Il serait tout aussi impossible de dire en allemand « dieses Pferd ist das schönere als das andere; » si l'on devait conserver l'article, il faudrait précisément changer le comparatif en superlatif : « dieses Pferd ist das schönste unter beiden. » On trouve quelque chose qui rappelle la méthode romane en grec moderne, dans la langue familière, qui rend le superlatif par ὁ πλέον = *il più*, qu'elle place toutefois non devant le positif mais devant son comparatif organique : ὁ πλέον πλουσιώτερος. Un patois allemand aussi exprime le troisième degré par le second accompagné de l'article, mais aussi bien par la forme organique : « der schönere » = « le plus beau, » voy. Schmeller, *Mundarten Bayerns* p. 303.

Cependant le domaine néo-latin possède quelques débris de la comparaison organique. Partout persiste, sauf dans le dialecte valaque, qui est absolument restreint au mot auxiliaire, la gradation connue à racines différentes de *bonus, malus, magnus, parvus*; seulement dans le nord-ouest les superlatifs, comme tels, ont péri[1]. En outre la période primitive de plusieurs

---

1. Les positifs disparurent aussi pour la plupart, car les autres degrés ne renvoyaient pas nécessairement au positif latin ; ils durent être remplacés par d'autres. *Bonus* est resté partout. *Malus* est peu usité en

langues connaît encore une série de formes de comparatifs. Dans ce cas on obtient le superlatif en faisant immédiatement précéder l'article : ital. *il migliore* = *il più buono*, esp. *el peor*, franç. *le moindre*. Mais l'italien, l'espagnol et le portugais continuent encore à bénéficier de l'ancienne formation du superlatif, bien que dans le sens absolu seulement (ital. *bellissimo* = *valde bellus*). Enfin il s'est encore conservé quelques formes de gradation dont les positifs manquaient déjà en latin ou se sont éteints en roman, et en tous cas ne sont pas populaires, de sorte que la nouvelle méthode de la périphrase ne trouvait ici aucune application. De ce nombre sont : *prior, citerior, ulterior, interior, exterior, inferior, superior, posterior*; *primus, ultimus, intimus, proximus, extremus, infimus, supremus, summus, postremus*; voyez les formes romanes dans les dictionnaires.

Le neutre du comparatif organique, là où il se maintint, fut, ou traité comme un adjectif neutre, comme l'ital. *il peggio* le plus mauvais, *ciò è meglio* « cela est meilleur », ou pris dans le sens de l'adverbe. Des neutres de ce genre sont : *melius*, ital. *meglio*, prov. *melhs*, franç. *mieux* (esp. *melius* dans Berceo est un latinisme); *pejus*, ital. *peggio*, prov. *peitz*, franç. *pis*; *majus*, ital. *maggio*; *minus*, ital. *meno*, esp. port. *menos*, prov. *mens*, franç. *moins*; *plus*, ital. *più*, prov. *plus*, franç. *plus*. La plupart manquent à l'espagnol, probablement parce que *lo* placé devant le masculin suffisait à marquer le neutre, comme dans *lo peor* = ital. *il peggio*. Un autre neutre du comparatif a pris la valeur d'un superlatif susceptible de genres : *sequius*, ital. *sezzo, sezza* = *ultimus, a*.

1. ADJECTIF ITALIEN.

Variable. Masc. *o*, fém. *a* : *pur-o, pur-a*, plur. *pur-i, pur-e*. — Il faut observer : 1) La terminaison *co* a dans les mots simples, disyllabiques, le plur. *chi* : *bianco bianchi, cieco ciechi, greco grechi* (*Greci* est subst.). Pour les autres

---

italien, et sa place a été prise par *cattivo* (*captivus* captif, misérable), en français toujours par *mauvais* (voy. mon *Dict. étym.*), en valaque par *rĕu* (*reus*, ital. *rio*). *Magnus*, encore employé en ancien roman, a dû céder à *grandis*, en valaque à *mare* (*mas maris?*). *Parvus* n'est pas du tout usité en italien, il l'est peu en espagnol et en portugais; on le trouve une fois en provençal ou en vieux français (*parv, Fragm. d'Alex.* v. 88); ses remplaçants sont : ital. *piccolo*, esp. *pequeño* (*pic* pointe), franç. *petit* (*pit* = *pic*), val. *mic* (comp. lat. *mica*).

il n'y a pas de règle fixe. Les dérivés en *icus* ont *ci* : *arabico, cattolico, classico, laico, magico, tirannico,* quelquefois parallèlement *chi,* comme dans *domestico, eroico, rustico, salvatico, unico.* D'autres prennent *chi* : *adunco, caduco, opaco, ubbriaco.* Outre un grand nombre en *ico,* d'autres aussi, comme *aprico, pudico, reciproco* etc., emploient les deux flexions. Le fém. *ca* a toujours *che.* — 2) Trois mots d'un usage fréquent, *bello, buono* et *santo,* laissent tomber toute la flexion devant les masculins commençant par une consonne (sauf *s impure*); *bello* d'après une loi phonique supprime le dernier *l,* *santo* pour l'euphonie supprime son *t* : *bel cavallo, buon vino, San Pietro ;* au contraire : *bello specchio, Santo Stefano.* Au pluriel, *bello* se comporte comme *capello* (p. 25).

Invariable. Sa caractéristique est *e* : *fort-e*, plur. *fort-i*; *pari* (lat. *par*) se termine en *i* au singulier déjà. — Il faut observer que *grande* s'abrége généralement au singulier et au pluriel en *gran* : *gran cavallo, gran cavalli, gran casa, gran case,* jamais devant *s impure* ou devant une voyelle : *grande specchio, grandi anime.*

Comparaison. 1) Elle s'exprime par *più* : comp. *più forte,* superl. *il (la) più forte.*— 2) Comparatifs organiques : *a)* Dans les anomaux :

buono,	migliore,	ottimo
cattivo,	peggiore,	pessimo
grande,	maggiore,	massimo
piccolo,	minore,	minimo (menomo).

Dante emploie *maggio* pour *maggiore*, *maggi* pour *maggiori* Par. 6, 120. 15, 97, c'est-à-dire qu'il décline le neutre primitif. A côté de la gradation latine, la romane est aussi en vigueur : *più buono = migliore, il più buono = il migliore* ou *l'ottimo.* Les formes du comparatif empruntées au provençal *forzore, gensore, plusori* sont vieillies. *b)* Dans les formes du superlatif *issimo, errimo* que les adjectifs sont ordinairement susceptibles de prendre : *bellissimo fortissimo, facilissimo* (non pas *facillimo*), même *buonissimo* et *grandissimo, celeberrimo, miserrimo*[1]; la terminaison *co* du positif, suivant

---

[1]. On rencontre même chez d'anciens écrivains le superlatif redoublé *ottimissimo, minimissimo, sommissimo, intimissimo,* c'est-à-dire dans des cas où le superlatif était moins facilement reconnaissable. Voy. Fernow § 167. C'est ainsi qu'Apulée emploie *postremissimus,* Arnobe *minimissimus,* le l s latin également *minimissimus,* de même *ultimissimus.*

le mode de formation de son pluriel, devient *cissimo* ou *chissimo* : *amicissimo, bianchissimo* ; la terminaison *io* avec *i* accentué devient *iissimo*, avec *i* atone surtout *issimo* : *pio piisimo, restio restiissimo, empio empissimo, vario variissimo*.

2. ADJECTIF ESPAGNOL.

Variable. 1) Masc. *o*, fém. *a* : *pur-o, pur-a*, plur. *pur-os, pur-as*. Les mots *bueno, malo, santo* laissent tomber devant les masculins la voyelle de flexion, *santo*, de plus, sa dernière consonne, comme en italien : *buen caballo, mal hombre, San Pedro* ; cependant *santo* demeure intact devant *Domingo, Tomas, Tomé, Toribio*. Les adjectifs numéraux *primero, tercero, postrero* laissent aussi d'habitude tomber la voyelle finale devant les masculins, *primero*, chez les poètes, même devant les féminins ; *ciento* s'abrége alors en *cien*. — 2) Masc. sans marque de flexion, fém. *a* : *español, español-a*, plur. *español-es, español-as*. A cette classe n'appartiennent presque que des mots qui sont en même temps substantifs, surtout des noms communs comme *aleman, catalan, frances, burgales, andaluz* ; mais on y trouve aussi des noms communs comme *tajador, frion, hampon, alazan, holgazan* ; *montes* (*montensis* *) est un cas isolé.

Sont invariables tous ceux en *e, i* et la plupart des adjectifs propres terminés par une consonne, comme *fuerte*, pl. *fuert-es, baladi baladi-es, fácil fácil-es, comun comun-es, ruin ruin-es, mejor mejor-es, cortes cortes-es, veloz veloc-es*. On voit ici aussi *grande* s'abréger au singulier et au pluriel : *gran caballo, gran caballos*, à moins que le substantif ne commence par une voyelle : *grande amigo*.

Comparaison. 1) Elle s'exprime au moyen de *mas*, placé devant le positif : comp. *mas fuerte*, sup. *el (la) mas fuerte*. Les anciens employaient aussi *plus* pour *mas*, comp. *plus generales* Alx. 9, *plus blanco* ibid. 1244, Bc. *Mill.* 438, *plus vermejo* Bc. *Sil.* 230. — 2) Aux comparatifs organiques n'appartiennent plus que les suivants : *a*) les anomaux :

bueno,	*mejor,*	*optimo,*
malo,	*peor,*	*pesimo,*
grande,	*mayor,*	*maximo,*
pequeño,	*menor,*	*minimo,*

comp. aussi *mas bueno*, sup. aussi *el mejor, el mas bueno*[1].
b) Le superl. *isimo, errimo*, employé seulement au sens absolu et non pas pour tous les adjectifs : *durisimo, piisimo, utilisimo, celeberrimo, miserrimo.* Dans sa formation α) la diphthongue du radical revient à sa voyelle primitive : *bueno bonisimo, fuerte fortisimo* ; β) *c* se change devant la flexion en *qu, z* en *c* : *blanco blanquisimo, feliz felicisimo* ; γ) la finale contractée *ble* reprend la voyelle expulsée : *amable amabilisimo* ; δ) quelques mots rétablissent même la consonne syncopée : *cruel crudelisimo, fiel fidelisimo* ; ε) la terminaison atone *io* se change en *isimo* au lieu de *iisimo* : *necio necisimo, recio recisimo.*

3. ADJECTIF PORTUGAIS.

Variable. 1) Masc. *o*, fém. *a* : *pur-o, pur-a*, plur. *pur-os, pur-as.* — 2) Masc. apocopé ou terminé par *ão*, c'est-à-dire *am*, en une syllabe, fém. *a* : *chão* (*planus*), fém. *chãa, cristão cristãa*, plur. *chãos chãas, cristãos cristãas* ; *allemão allemãa, catalão catalãa* ; plur. *allemães allemãas, catalães catalãas* ; *bom* (*bonus*) *boa*, plur. *bons boas* ; *crú* (*crudus*) *crua, nú* (*nudus*) *nua*, pl. *crús cruas, nús nuas* ; *hespanhol hespanhola*, pl. *hespanhoes hespanholas, francez franceza, portuguez portugueza, andaluz andaluza* ; *commum* aussi a le fém. *commua.* Comp. sur cette flexion le substantif. — Il y a observer : *a*) les anomaux *máo* (*malus*) avec le fém. *má* et *só* (*solus*) avec un féminin identique, plur. *sós*, déjà depuis les temps les plus anciens. *b*) *Santo* se comporte comme en espagnol : *São Pedro, São Luiz, Santo Thomas*, avec o apocopé *Sant' Iago.* On abrège de même *cento* en *cem*.

Ici aussi tous les mots en *e, i* et (à l'exception de ceux qui viennent d'être cités) ceux qui se terminent par une consonne sont invariables, comme *forte, turqui, neutral, infiel, fácil, azul, ruim, feroz*, plur. comme pour le substantif, ainsi *fortes, turquis, neutraes, infieis, faceis, azuis, ruins, ferozes.* *Simplez* a le double pluriel *simplez* et *simplices. Grande* est quelquefois abrégé devant une consonne : *grão duque, grão parte, grão Bretanha.*

Comparaison. 1) On l'exprime par *mais* : *forte*, comp.

---

1. Le comp. *genzor* emprunté au provençal est employé comme positif: *tanto avie el cuerpo genzor Mar. Egipc* (Ochoa p. 564 b.).

mais forte, sup. *o* (*a*) *mais forte.* Les anciens usaient aussi de la comparaison au moyen de *chus* = *plus,* p. ex. *chus pequena* FGrav. 375, *chus pequenos* 396, comp. FGuard. 407, *chus negros Cant. gal.* d'Alphonse X (*Nobl. de Andal.* 152 ᵇ), *chus pouco Canc. ined.* 48ª. 2). Comparaison organique : *a*) anomaux :

bom	*melhor*	*optimo*
máo	*peor*	*pessimo*
grande	*maior, mór*	*mavimo*
pequeno	*menor*	*minimo.*

On trouve parallèlement *mais grande, mais pequeno,* mais non pas *mais bom, mais máo.* *b*) Formes de superlatifs *issimo, errimo,* dont la formation, ici encore, se tient aussi près que possible du latin, de là *cruel crudelissimo, fiel fidelissimo, frio frigidissimo, terrivel terribilissimo, bom bonissimo, máo malissimo, nobre nobilissimo, antigo antiquissimo, amigo amicissimo* ; on emploie même *facillimo* et *humillimo* (à côté de *humilissimo*). Camoens *Lus.* 3, 116 emploie *asperissimo.*

4. ADJECTIF PROVENÇAL.

Variable. 1) Masc. *s,* fém. *a* : *pur-s, pur-a,* acc. *pur, pur-a,* nom. plur. *pur, pur-as,* acc. *pur-s, pur-as*; *savi-s, savi-a, sav-i, sav-ia,* plur. *savi, savi-as, savi-s, savi-as.* On doit rappeler à ce propos : *a*) les consonnes finales qui, d'après les lois de la phonétique, tombent au masculin, se conservent au féminin : on dit par conséquent au masculin *bos, fis, blons, preons,* acc. *bo, fi, blon, preon,* mais au féminin *bona, fina, blonda, preonda.* L'*n* séparable (indifférente) de l'acc. sing. (*bon, fin*) ne tombe pas devant les voyelles, ainsi *bon ome, fin aur,* voy. *Leys* II, 206. *b*) Le masculin, encore d'après un principe général, change la douce en forte et *v* en *u,* comme *orps, larcs, nutz, braus, caitius,* fém. *orba, larga, nuda, brava, caitiva. Pi-us* (monosyll.), l'unique adjectif (car *reus* n'est sans doute pas un mot usité) dans lequel se soit conservé la finale *us,* ne se règle pas sur *caitiu-s,* le féminin est donc *pi-a* (disyll.) et non pas *piva. Sans* (*sanctus*) perd presque partout devant les noms propres son *s* : *San Thomas, Sanh Miquel,* c'est-à-dire que les deux mots se comportent comme un composé. — 2) Masc. sans flexion, fém. *a* dans les mots qui se terminent par *s,* en lat. par *sus* ou *sis,* par ex. *glorios, prezios, divers, ars* (*arsus*), *cortes* (*cortensis* *), *frances,* fém. *gloriosa,* *preziosa, diversa, arsa, cortesa, francesa*; cependant ce suffixe s'allonge quelquefois au pluriel par un *es* de flexion : *ergulozes GO.* 73, *precioses* 216ª, *meravilhozes Fer.* v. 1111, *prezos Choix* IV, 235, *poderosos GO.* 278.

L'adjectif invariable prend une *s* au singulier et fléchit comme un substantif de la deuxième déclinaison. Il n'est proprement invariable qu'au singulier, car, de même que pour le substantif et le nominatif pluriel sans *s* désigne des masculins, celui avec *s* des féminins, on a ici aussi le nominatif pluriel masculin *fort*, le féminin *fort-z*.

On doit par conséquent dire avec Uc Faidit p. 4 : *aquelh cavaler son avinen, aquelas donas son avinens*. Ainsi fléchissent *greu (gravis), legal, cruzel, humil, par, vert, plazen* etc.; et les mots nouveaux *avol, blos, pros*. Ce dernier est à l'acc. sing. et au nom. plur. *pro*, mais l's se fond quelquefois avec le radical, en sorte que le mot devient indéclinable; le cas est constant pour *blos* (de l'allemand) qui n'a pas par conséquent de féminin *blosa*. Il reste encore à remarquer ici : 1) Certains mots de cette classe prennent parfois, surtout dans la poésie épique et en prose, un *a* féminin, par ex. *febla, forta GRoss.* 5546, *granda* ibid. 5324, *Fer.* v. 61, *Choix* IV, 161. 448, V, 149, *lena* (lat. *lenis*) *LRom.* IV, 44, M. 678, 4, *mola (mollis)* B. 169 (R. Vidal), *orribla LR.* I, 535ª, *comuna, dolenta Flam.* 9, *Choix* III, 29, IV, 260, *Jfr.* 107ª, *pudenta LR.* I, 375ª, *valenta Choix* III, 30 et d'autres participes présents. Mais les mots suivants ont tout-à-fait passé à la première classe : *agre agra, dous doussa* (déjà dans *Boèce dolza-ment* 153, 194; *dolç vergen* ne se trouve que dans les *Chants rel.* n. 24, 3), *noble nobla*, sans doute aussi *graile graila, tritz trista*, de même le participe primitif *manen manenta*. — 2) *Grans* conserve sa flexion : *grans paraulas Choix* V, 94, *grans gracias* V, 160 = ital. *gran parole, gran grazie*[1].

La *comparaison* s'opère : 1) par *plus*, à côté duquel on emploie aussi *pus* : *purs, plus purs, lo plus purs*. — 2) La comparaison organique se maintient : *a*) dans les anomaux :

      bon   *melhor*   . . . . .
      mal   *peior*   *pesme*

---

1. Les *Leys* II, 184 donnent seulement la règle qu'on ne doit pas prononcer dans *grans*, de même que dans *sans* et *bels*, l's finale devant un substantif commençant par *s*; *grans senhors* doit se prononcer *gran senhors*.

gran   maior   . . . . .
pauc   menor   . . . . .

Les comparatifs fléchissent suivant la troisième déclinaison, comme *senher* (p. 36), ainsi au nom. *mélher, peier (pejer), maier (majer), menre*, mais on trouve des exemples de nom. sing. tels que *meillérs, piegérs* Flam. 1283. Les anciens superlatifs de ces anomaux semblent avoir tous disparu, sauf *pesme GO.* 214 [a], et sont remplacés d'après le procédé ordinaire : *lo melhor* (aussi *lo plus bon,* voy. *LR.*), *lo peier* etc. A ces anomaux partout connus s'adjoint encore une cinquième forme, propre au nord-ouest seulement :

molt,   plusor(s), ...

On reconnaît facilement dans *plusor* une flexion du neutre *plus*, que la langue a créé directement sans s'arrêter à la forme déjà existante et employée aussi dans les chartes (par ex. Marca p. 780 de l'an 843) *pluriores*; il est restreint presque absolument au pluriel (sing. *no sai que von fezessa plusor atongament GA.* 1199). *b)* En outre, la langue possède encore une petite série de comparatifs organiques dont quelques-uns ne sont même pas latins : *ancian ancianor, aut aussor, fort forsor, gent gensor, gros grossor, lait laidor* (v.h.all. *leid*), *larc largor* d'après *GO., lonc lonjor longor, nual* (?) *nualhor (nugalis)* Boèce 210, *sort* (?) *sordeior (sordidus)*; nom. *genser, grueysser* M. 762, 1, *lager, sordeier*; superl. *l'aussor, la gensor* etc. Faidit cite de plus *greuger (gravior* dans la trad.), *leuger (levior)*; sur le premier voy. *LR.* IV, 59. Puis viennent quelques neutres, comme *forceis (fortius)* M. 239, 4. 815, 2, *genceis* ibid. 822, 4, *GRoss.* 5862, *gences* ibid. 7484, *lonyeis (longius), sordeis (sordidus) LRom. Bel* aussi a un comparatif organique, mais ce n'est pas *belhor* (en latin non plus *bellior* n'était pas un mot usité), mais *belhazor*, de *bellatus, bellatior*[1]. Ce sont tous des adjectifs de l'emploi le plus fréquent et qui se présentent presque tous par couples symétriquement opposés; une forme de gradation abrégée leur allait bien : plus long et plus large, plus lourd et plus léger, plus jeune (voy. à l'adjectif du vieux français) et plus vieux, plus beau et plus laid représentent la même opposition que meilleur et plus mauvais,

---

1. On peut inférer cette forme du diminutif *bellatulus* dans Plaute. Le positif *belée* dans Roquefort, sans exemple il est vrai, mais admissible, répond au mot latin cité *bellatus* et à l'ital. *ab-bellato* (orné), comme l'esp. *bellido* répond à l'ital. *ab-bellito.* Voy. mon *Dict. étym.* II c. *bellezour.* Delius, *Jahrb.* IX, 97, donne une autre explication.

plus grand et plus petit, pour lesquels on avait presque partout conservé l'expression organique. *c*) Le superlatif latin est plus rare ; outre le *pesme* déjà cité on trouve aussi *altisme, carisme, fortisme* (d'après l'adverbe *fortismament Poés. relig.* éd. P. Meyer p. 13), *prosme, moltisme* GRoss., *santisme*.

Le provençal a pour le neutre, ce qui était déjà connu des anciens grammairiens du pays, une forme propre, qui consiste, comme en latin, dans l'absence de la flexion *s*, de là le masc. nom. *pur-s*, fém. *pur-a*, neutre *pur*, ce dernier sans pluriel ; la syntaxe renseigne sur son emploi[1]. Les comparatifs neutres des quatre anomaux sont *melhs, peitz, mais, menhs*[2].

On peut facilement se représenter la manière dont se comporte l'adjectif dans les *dialectes modernes* d'après ce qui a été dit à propos du substantif. La terminaison féminine *a* a passé maintenant à *o, ou* : *bouen, boueno*, et les mots invariables se rangent décidément, comme en français moderne, à cette terminaison, de là *fidelo, tristo, charmanto* = franç. *fidèle, triste, charmante*.

Au sujet du **Catalan** il faut seulement indiquer que les adjectifs invariables ont plus souvent un féminin qu'en espagnol (*cortesa, comuna, dolsa, forta*), que ce dialecte effectue la comparaison non point avec *plus* mais avec *magis* (*mes* = esp. *mas*) et que le superlatif latin s'y trouve (*malissim, dolentissim*). Les anomaux sont *bo, millor* (*optim* manque) ; *mal, pitjor, péssim*; *gran, major, màximo*; *petit, menor, minim*.

5. ADJECTIF FRANÇAIS.

a) Vieux français.

Il n'y a guère qu'à répéter, sauf divergences dialectales, ce qui a été dit de l'adjectif provençal et, pour la déclinaison, ce qui a été dit du substantif vieux français. On peut observer les points suivants. Le *c* guttural passe au féminin, parce qu'il était en latin suivi d'un *a*, à *ch* : *blanc blanche, franc franche, sec seche*,

---

1. On lit dans certaines grammaires roumanches : *iou veng ludaus* (masc.) je suis loué, mais aussi *iou veng ludau* (sans *s*). Au contraire (neutre) : *ilg era stau* il avait été (toujours sans *s*). Ce fait a-t-il une signification ou est-il dû au hasard?
2. L'*n* mouillée dans *menhs* s'explique par l'analogie des autres : comme on prononçait avec *i melius, peius, maius*, on se laissa induire à prononcer aussi *minius*. *Minus* n'aurait pu donner que *mens mes*.

frais (pour *fresc*) *fraische*. *Long* conserve son *g* guttural : *longue* et non pas *longe*. *F* s'adoucit en *v* : *nuef nueve*, *salf salve*, *vif vive*. *Grains* a *graime*. Un exemple avec l'accent mobile est *prains prenant = praegnans praegnantem*, voy. G. Paris *De l'accent* 56, qui est aussi disposé à ranger dans cette classe *prud' prudent*. — Les anomaux de la *comparaison* sont :

bon,	*meillor,*	. . . . .
mal,	*pior, pejor,*	*pesme*
grand,	*maor, major,*	. . . . .
petit,	*menor,*	*merme*
molt,	*plusor,*	. . . . .

Les nominatifs du deuxième degré sont *mieldre, pire, maire, mendre*. — On rencontre encore d'autres comparatifs organiques, comme en provençal : *ancienor, forçor, gencior, greignor* (*grandior*) avec le nom. *graindre, hauçor* (*altior*), *juvenor* et *juignur* Libr. Psalm. 149 (*juvenior*) avec le nom. *gemvre* Ren. IV, *nualz* (*nugalius*) Altrom. Sprachd. p. 69, *sordeior*, neutre *sordois*[1]. Au prov. *belhazor* répond le très-ancien *bellezour* auquel s'ajoute encore un neutre *belais*. Un exemple curieux est *meror* du positif *mier* = lat. *merus* Trist. II, 133, B. Chrest. franç. gloss., car le latin n'usait pas du comparatif *merior*. — Superlatifs : *bonisme* (*bonime* LRs souvent), *cherisme* Ben. II, 272, *dozisme, grandisme, hautisme, proisme* (non pas *proïsme*), *saintisme*. Leur signification est en général absolue et non pas comparative.

b) Adjectif du français moderne.

La forme variable a pris avec le temps une extension considérable aux dépens de la forme invariable : la caractéristique peu apparente du féminin a dû venir puissamment en aide à cette tendance. A cette classe appartiennent maintenant, outre les exemples primitifs, les mots formés avec les suffixes *al, el, ier, ant, ent*, comme *final, loyal, royal, mortel, naturel, cruel, familier, singulier, plaisant, puissant, impatient, prudent* et beaucoup d'une autre nature, comme *bref, doux, fort, grand, vert, vil* ; fém. *finale, loyale* etc. La déclinaison est : masc. *pur*, fém. *pur-e*, plur. *pur-s, pur-es*. Pour le masculin il y

---

1. Faut-il mettre aussi de ce nombre *vieur*, comparatif de *vieil* ? *plutost meurent ly jeune souvent que ly vieur* J. de Meun, *Cod.* v. 19.

a seulement à remarquer que *beau, nouveau, vieux, fou, mou* deviennent *bel, nouvel, vieil, fol, mol* devant les mots qui commencent par une voyelle, mais au pluriel on a toujours *beaux, nouveaux, vieux, foux, mous*, par ex. *bel homme ; ce cheval est beau*[1]. La plupart des mots en *al* font leur pluriel en *aux*, un certain nombre suivent l'ancienne flexion : ainsi *égal égaux, fatal fatals, pénal pénals*. Il faut observer ce qui suit pour le féminin : *a*) passage du *c* à *ch*, comme dans l'ancienne langue : *blanc blanche, fran franche, sec sèche, frais fraîche*. Le son guttural du *c* persiste dans *caduc caduque, grec grecque, public publique, turc turque*, celui du *g* dans *long longue*. *b*) *Crud* (aussi *cru*), *nud* (aussi *nu*) syncopent le *d* : *crue, nue* ; dans *verd* (*viridis*) on a un changement inorganique en *t* : *verte*. *c*) *F* s'adoucit ici aussi en *v* : *bref brève, neuf neuve, portatif portative, vif vive*. *d*) *X*, conformément à l'orthographe latine, retourne à *s* ou *c* : *glorieux glorieuse, faux* (*falsus*) *fausse, roux* (*russus*) *rousse, doux douce*. *e*) Beaucoup de mots terminés par *l* ou *n* redoublent ces lettres au féminin, bien qu'en général le latin n'offrît point ici de consonne double, mais la nouvelle langue est portée au redoublement. On le constate α) dans les terminaisons *el, eil, ol, ul* : *bel belle, nouvel nouvelle, cruel cruelle, vermeil vermeille, vieil vieille, mol molle, nul nulle*, aussi dans *gentil gentille* ; β) dans *an, ien, on* : *paysan paysanne, ancien ancienne, bon bonne*. *S* et *t* aussi suivent cet exemple quand le masc. a simplifié la consonne double du latin : *gras grasse, épais* (*spissus*) *épaisse, exprès expresse, gros grosse, net* (*nitidus*) *nette*, de même *sot sotte* ; au contraire *ras* (*rasus*) *rase, complet complète, dévot dévote*. *f*) *Bénin* et *malin* reprennent dans *bénigne, maligne* leur forme primitive, comp. tome I, 418. *g*) La finale *gu* devient *güe*, afin de conserver le son de l'*u* : *aigu aigüe*.

La forme invariable ne se distingue de l'autre que par la finale *e* qui est aussi appliquée au masculin, elle n'affecte plus maintenant que les terminaisons *ilis* et *ris*, comme *facile, fertile, habile, utile, aimable, faible, noble, célèbre, champêtre* ; à ces mots s'ajoutent encore ceux de la première classe dans lesquels le masculin prend un *e* orthographique ou euphonique,

---

1. Dans *vieux* la flexion s'est confondue avec ; radical, comme dans *preux* : *vieu, preu* aurait été régulier. Au reste on trouve aussi *vieux* devant des voyelles initiales.

comme *digne, lâche, large, sauvage, aigre, âpre, ivre, libre, pauvre, propre, simple,* en outre *tiède* (*tepidus*), *roide* (*rigidus*), *sade* (*sapidus*) et autres, dont le masculin dans l'ancienne langue était encore distingué par *s*. *Grand* aussi (avec une apostrophe inopportune *grand'*) a encore devant certains féminins sa forme invariable, comme chez les anciens : on dit *grand'chambre, croix, mère, peine, pitié, route, rue, salle* etc. *Royal* a gardé dans l'expression *lettres royaux* pour *royales* l'ancienne forme invariable (*Choix* VI, 105).

Comparaison. 1) Elle s'opère par *plus* : *fort, plus fort, le plus fort, la plus forte.* — 2) La comparaison organique est réduite maintenant aux cas anomaux :

bon,	*meilleur*	. . . . .
mauvais,	*pire*	. . . . .
grand,	(*majeur*)	. . . . .
petit,	*moindre* (*mineur*)	. . . . .
(*beaucoup*),	*plusieurs*	. . . . .

Au sujet de *mauvais* et de *beaucoup*, originairement substantif, voy. mon *Dict. étym. Pire* et *moindre* sont des formes du nominatif, *meilleur, majeur, mineur* (fém. *meilleure* etc.) des formes de l'accusatif ; *majeur* est remplacé presque partout par *plus grand, pire* souvent par *plus mauvais, moindre* aussi par *plus petit*. Le superlatif latin est maintenant tout à fait éteint. Les formes du neutre sont *mieux, pis, moins, plus.*

6. ADJECTIF VALAQUE.

Variable : 1) Masc. *u* ou une consonne, fém. *ę* : *acru, acr-ę,* plur. *acr-i, acr-e* ; *pur, pur-ę, pur-i, pur-e.* Ainsi fléchissent entre autres les mots qu'on retrouve dans les autres langues romanes *amar, aspru, blund* (*blandus*), *bun, cald, chiar, crud, curt, des* (*densus*), *galbin, gras, gros, hęd* (*foedus*), *lat, larg, lung, mult, mut, nalt* (*altus*), *negru, nou* (*novus*), *orb, rar, roś* (*russus*), *sec, sųnt* (*sanctus*), *simplu, surd, tinęr, umed* ; il en est de même de mots qui avaient primitivement une ou deux terminaisons, *hebét* (*hebes*), *lin* (*lenis*) et d'autres. A ce propos il faut remarquer : *a*) Les voyelles toniques *e* et *o* passent au féminin singulier à leurs diphthongues *ea* et *oa,* comme *des deasę,* plur. *deśi dese, negru neagrę,* plur. *negri negre, sec seacę, barbos barboasę, bios bioasę, gros groasę, nou noaę, orb oarbę. b*) Les terminaisons *eu* et *el* passent au féminin à *ea*, comme *greu grea, reu rea, miśel miśea*, et de là le pluriel *eale* : *greale, reale, miśeale. c)* La terminaison féminine *gę* fait au pluriel *gi* : *largę largi, lungę lungi.* 2) Masc. *iu* (*i* n'appartient pas à la flexion), fém. *e* : *vi-u vi-e, véchi-u veach-e, luci-u luc-e, tųrzi-u tųrzi-e, lęudętori-u lęudętoar-e* avec la diphthongue.

L'adjectif invariable a au sing. *e*, au plur. *i* : *dulc-e, dulc-i*. Ainsi *limpede* (plur. *limpezi*), *mare, moale* (plur. *moi*), *subtzire* (*subtilis*), *tare, verde* (plur. *verzi*).

L'agglutination de l'article se pratique comme pour le substantif, par ex. masc. sing. *bunul* le bon, *bunului* etc., plur. *bunii, bunilor*; fém. sing. *buna, bunei*, plur. *bunele, bunelor*.

La *comparaison* s'effectue au moyen de *mai*. Mais ce n'est pas l'article, c'est le démonstratif *cel*, fém. *cea*, qui sert à l'expression du superlatif : le comparatif est donc *mai dulce*, le superlatif *cel* (*cea*) *mai dulce*. Les formations latines, même les anomalies usitées ailleurs, sont inconnues.

III. NUMÉRAL.

En latin il n'est pas susceptible de flexion dans toutes ses modalités. Les nombres cardinaux de quatre à cent sont privés de toute flexion; au contraire les ordinaux, distributifs, multiplicatifs, proportionnels possèdent absolument la flexion ordinaire de l'adjectif. Le domaine roman n'a pas conservé toutes les espèces primitives du nom de nombre, il les confond même entre elles, mais leur flexion a peu souffert. Parmi les nombres cardinaux (par flexion nous entendons aussi la désignation du genre) *unus* seul est partout flexible; *duo* ne l'est plus qu'en portugais et en valaque, mais il l'était d'abord plus généralement; *ambo* est décliné presque partout où il persiste; *tres* dans le nord-ouest seulement; *ducenti, trecenti* etc., exclusivement au sud-ouest; *mille* au moins à l'est; les autres espèces suivent la déclinaison de l'adjectif. Nous n'avons donc que les nombres cardinaux à considérer.

1. Numéral italien. — *Uno*, fém. *una. Due* ne fléchit pas, mais d'anciens auteurs distinguent le masc. *dui*, le fém. *due*, et cette distinction persiste dans les dialectes, par ex. mil. *duu, do*, piém. *doui, doue*, sarde *duos, duas. Ambo* masc. et fém., v.ital. *ambi* masc., *ambe* fém., sarde *ambos, ambas. Tre* ne

fléchit que dans des dialectes, par ex. mil. *trii, tre* (comp. Biondelli *Dial. gallo-ital.* I, 21). *Mille* a le plur. *mila* : *dumila, tremila* etc., anc. *milia.* Les nombres cardinaux employés substantivement reçoivent aussi une forme plurielle : *tre dui, due quattri, i cinqui.*

2. Numéral espagnol. — *Uno, una. Dos* ne change pas, mais on trouve en v.esp. le fém. *duas : duas naves Alx.* 425, *duas virtudes FJ.* p. 11 ᵇ et souvent[1]. *Ambos, ambas.* De *tres* à *ciento* il n'y a pas de flexion ; mais on a *doscientos, as, trecientos, as* etc. *Mil* n'a pas de forme pour le pluriel, on dit *dos mil, tres mil.*

3. Numéral portugais. — *Hum, huma. Dous* (aussi *dois*), *duas. Ambos, ambas. Cento, duzentos, as, trezentos, as* etc. ; au contraire *mil, dous mil, tres mil.*

4. Numéral provençal. — On trouve ici un peu plus de mobilité dans les premiers nombres, qui distinguent aussi le cas direct de l'oblique : *uns, una,* acc. *un, una. Ambs* (*ams*), *ambas* avec distinction du genre mais non du cas. *Dui, duas,* acc. *dos, doas,* en prov.mod encore *dous, doues. Trei, tres,* acc. *tres. Cen*; nom. plur. *cen,* acc. *cens* de 200 à 900, d'après Raim. Vidal *GRom.* 77, par conséquent *dui cen, dos cens,* même le fém. *dozentas GA.,* d'ailleurs *dozens Choix* V, 201. *Mil, dos mil* (*s*), mais aussi *milia* ou *mila : des milia lansas GO.* 2 ᵇ, *melia Fer.* v. 178, *cinc mila GO.* 72 ᵇ, *cent millia diable Jfr.* 94ª, *tria milia* 145.

5. Numéral français. — L'ancienne langue possède encore l'arrangement du provençal : *uns, une,* acc. *un, une. Dui,* acc. *deus, dous,* fém., en v.bourg. seulement, *does* (Burguy). *Ans, ambes. Trei,* acc. *treis. Vint* après un pluriel *vinz. Cent, deus cents* etc. *Mil, deus mil, quatre milie LRs.* 14. — Français moderne *un, une* ; (*ambo* manque) ; *deux, trois. Vingt* (*viginti*) ; il fléchit après un nombre pluriel, mais seulement lorsqu'un substantif suit : *quatre-vingts* (80) : *quatre-vingts hommes, quatre-vingt-deux hommes. Cent, deux cents* (de même). *Mille, deux mille* invariable.

6. Numéral valaque. — *Un, una* et *o. Doi, dóo* et *dóaę. Ambi, ambe* (dat. *ambilor, ambelor*). *Trei* etc. sans flexion. *Centum* est devenu ici *sutę* fém., de là *o sutę* (100), *doo sute* (200). *Mie* également féminin, *o mie* (1000), *doo mii* (2000).

---

1. On lit, *PCid.* 255, *dues fijas*, qui est, d'après le dialecte de ce poème, probablement pour *dos* et qu'on doit par conséquent prononcer *dués.*

Les noms de nombre employés comme substantifs ne fléchissent pas.

IV. PRONOM.

En latin il a, soit sa flexion propre, marquée la plupart du temps par le génitif *ius,* soit la flexion ordinaire des adjectifs. A la classe avec flexion propre appartiennent surtout les pronoms personnels *ego, tu, sui,* puis *ipse, hic, ille, is, iste, qui* et *quis, unus, alius, ullus, nullus, alter, neuter, uter,* dont la déclinaison ne s'écarte que dans quelques occasions de celle de l'adjectif. On range dans la seconde le possessif *meus, tuus, suus, noster, vester* de même que tous les autres mots pronominaux. Dans les langues filles tous les pronoms n'ont pas pu se maintenir ; ainsi parmi ceux qui viennent d'être cités *hic, is, uter* manquent, presque partout aussi *ullus* ; d'autres ont en général été créés à nouveau par la composition, procédé qui sera expliqué à propos de la formation des mots. Ici il n'y a proprement à considérer que ceux qui présentent dans leur flexion quelque trait particulier, qu'il soit ancien ou nouveau ; il semble toutefois utile de mentionner aussi les pronoms les plus importants, même lorsqu'ils se comportent tout à fait comme des adjectifs.

Dans la flexion de cette catégorie du nom, les nouvelles langues manifestent beaucoup plus de vie que dans aucune autre. Ici la flexion n'est pas allée se perdre tout entière dans la forme de l'accusatif ; non-seulement le nominatif a conservé en grande partie ses droits, mais le génitif et le datif aussi ont été utilisés dans quelques circonstances afin d'obtenir une distinction plus nette des cas et par là une plus grande facilité d'expression. Nous résumons ici d'une manière générale les traits caractéristiques de la forme du pronom roman.

Il faut examiner d'abord quelques syllabes finales particulières qui sont communes à la plupart des langues romanes. 1) Parmi elles, la plus importante est *ui,* en général pour les cas obliques, aussi cependant pour le cas direct ; elle manque aux langues du sud-ouest et de plus au roumanche. Les cas sont : *a)* ital. *lui,* fém. *lei,* plur. *loro* ; prov. *lui, lei, lor* ; franç. *lui, leur* ; val. *lui, lei, lor,* tous appliqués au cas oblique ; *b)* ital. *colui, costui, cotestui,* fém. *colei, costei, cotestei,* plur. *coloro, costoro, cotestoro* pour tous les cas ; prov. *celui,* plur. *celor* ; franç. *celui,* anc. *cestui* ; val. *acelui, acestui,* fém. *acei, acestei,* plur. *acelor, acestor*; *c*) ital. prov. v.fr. val. *cui* seulement pour les cas obliques du singulier et du pluriel; *coro (quorum)* n'a pas été introduit, parce que le nombre est suffisamment marqué par celui du nom précédent qui gouverne la proposition relative; *d*) val. *unui, unei, unor*; *e*) ital. *altrui*, prov. *autrui*, franç. *autrui*, seulement pour les cas obliques du singulier; val. *altui, altei, altor*; *f*) v.franç. *nului*, employé comme *autrui*. Presque tous ces pronoms sont des pronoms substantifs. En ce qui touche l'étymologie, le plur. *oro* ne fait aucune difficulté: *loro, co-loro* répondent à *illorum*; *co-storo, cotestoro* contiennent *istorum*; *unor, altor* proviennent de *unorum, alterorum*; à ces mots s'adjoint encore le possessif sarde *insoru* ou *ipsoro* de *ipsorum*. Cela autorise à considérer également le sing. *ui* comme un génitif: *lui, co-stui, unui, altrui, nului* sont sortis précisément de *illius, istius, unius, alterius, nullius* par interversion de *iu* en *ui*. Mais la phonétique ne fournit aucun exemple d'une semblable interversion de *iu*, ce qui rend l'explication incertaine. Pourquoi le provençal surtout aurait-il altéré *iu* qui lui était familier, et de plus rejeté la finale *s*? Avec *luis* il aurait même obtenu un pendant à son féminin *leis*. Il est clair que le datif *huic* satisfait mieux au point de vue phonétique; le peuple a pu l'inférer des composés *illic* et *istic* qu'il aura déclinés comme *hic*, c'est-à-dire *illuic, istuic,* ce qui reste, à vrai dire, une simple supposition [1]. C'est dans *cui* seul que nous possédons une forme évidente du datif; le génitif *cujus* aurait dû donner, d'après les règles ordinaires de formation, en ital. *cujo*, en prov. *cuis*. Mais *lui*, de l'hypothétique *illuic*, de même que *cestui* de *ecc' istuic* une fois établis, leur exemple a pu entraîner les autres cas peu nombreux; il s'est produit des formations analogiques, dont la grammaire nous offre à coup sûr beaucoup d'exemples. Le désaccord entre ce datif et le génitif *loro* ne doit pas nous arrêter; on a partout pris les mots qui se laissaient le plus commodément façonner. La terminaison féminine *ei* doit être rapportée au lat. *ae*, ainsi l'ital. *lei* à *illae* au lieu de la forme habituelle *illi*, et l'*i* ajouté sert à conserver la longue, comme dans *noi, voi,* de *nos, vos,* voy. t. I, p. 185. — 2) Terminaison *i*: *a*) ital. *egli, quegli,* v.esp. *elli,* v.port. *eli* surtout pour le nominatif singulier; *b*) ital. *questi,* v.esp. *esti*; *c*) ital. *stessi,*

---

[1]. *Illui* dans une inscription: *ultimum illui spiritum* (Mur. *Inscr.* p. 2088, 6), ainsi, d'après le sens, pour *illius* = ital. *di lui*.

v.esp. *essi* ; *a*) ital. *altri*, v.esp. *otri*, v.port. *outri*, pour le singulier tout entier. Ceux-ci aussi sont des pronoms substantifs et il semble que dans leur terminaison *i*, qui ne peut exister sans raison étymologique, se cache *ic*, de sorte que *egli, elli, eli* sont sortis de *illic, questi, esti* de *istic*, et que *essi* et *altri* ont été formés d'après eux. La terminaison *i* est donc en théorie une forme nominative, *ui* sert pour les autres cas du singulier, *oro* pour ceux du pluriel; mais dans la pratique ces formes outrepassent leurs limites : l'ital. *colui,* par exemple, s'est étendu aussi au nominatif, *cui* aux cas obliques du pluriel et *altri* au singulier tout entier. On procède tout aussi arbitrairement dans l'application de ces finales de flexion aux différents pronoms. En italien *lui, colui, costui* ont parallèlement la forme féminine *ei*, le pluriel *oro* est appliqué aux deux formes; mais *cui* et *altrui* n'ont ni *chei, altrei*, ni *coro, altroro*[1]. — 3) Terminaison *ien* en esp., *em* en port., qui procure également au mot un sens personnel. Les exemples sont : *a*) esp. *quien,*

---

1. Il n'est pas facile de mettre une harmonie complète entre les pronoms traités sous les n°[s] 1) et 2), aussi n'ai-je jamais pensé avoir résolu ce problème d'une façon absolument satisfaisante. La critique pénétrante à laquelle Delius (*Jahrbuch* IX, 98) a nouvellement soumis l'explication qu'on vient de lire sera d'autant mieux reçue. D'après lui, il n'est pas possible, par exemple, d'admettre pour *ui* du cas oblique et *i* du nominatif une étymologie différente. Il lui semble plus naturel de supposer que *ic* ou *hic* est aussi entré dans la formation des autres pronoms : *lui* de *illu*[mh]*ic* ou *illuic*, comme *egli* de *ill*[eh]*ic* ou *illic*, ital. *altri* de *alter hic, altrui* de *altru*[m]*hic* ou *altruic*, de même *lei* de *illa*[mh]*ic*, où *a* et *i* ont produit une diphthongue; de même aussi le nom. *chi* ital. de *che* et *ic, cui* de *quu-ic*. Dans *noi* et *voi ic* a pu être joint comme affixe, à moins qu'il ne faille plutôt voir dans *i* le signe du pluriel; la première hypothèse a pour elle que dans les dialectes sardes une particule répondant au lat. *hic* (ici) est unie à ces mots. — Je ne puis m'empêcher d'accompagner ces explications de quelques doutes sans prétention. En ce qui concerne d'abord les terminaisons en *ui*, le fait que l'accent est ici attribué à la flexion atone *um*, qui, d'ailleurs, n'en est pas susceptible, cause une certaine hésitation. On peut hardiment expliquer de cette façon l'article et le pronom *lo*, parce qu'ils sont atones, mais quant à *lui* on serait, en fin de compte, bien obligé de le ramener à *illum hic*. En ce qui touche *noi* et *voi*, il semble 'qu'on leur rend leur plein droit en reconnaissant dans leur formation le même procédé qui est constaté, par exemple, dans *poi* et *crai* de *pos* et *cras*; je ne voudrais pas, du moins, accorder au dialecte sarde, riche en faits originaux, une plus grande confiance qu'à l'italien littéraire, quand un phénomène peut être, sans violence, expliqué par ce dernier.

port. *quem* pour le lat. *quis*; *b*) esp. *alguien,* port. *alguem* pour *aliquis* ; *c*) port. *ninguem* pour *nemo*. Ces pronoms renvoient évidemment par leur forme aux accusatifs latins *quem, aliquem, ne-quem* et ont supplanté peu à peu le nominatif, conservé encore dans l'ancienne langue, *qui* (lat. *quis*), et le premier a même pris de plus le sens du pluriel; l'esp. *quien-es* en a même emprunté la forme.

Il faut seulement observer à l'égard du genre que les nouvelles langues possèdent beaucoup de pronoms qu'on doit, parce qu'ils répondent à des neutres latins, désigner comme *neutres*. Ils ont été, soit fournis par la langue mère, soit créés par les nouvelles langues elles-mêmes, comme l'ital. *chente* pour *quidquid,* l'esp. *nada* pour *nihil,* le fr. *beaucoup* pour *multum.* Les premiers, en tant qu'ils ont chacun leur forme spéciale, comme l'esp. *ello* (masc. *él*), sont compris dans l'aperçu, donné ci-dessous, des différentes langues ; les derniers seront traités au chapitre de la formation des mots.

Il faut avant tout remarquer ce qui suit à l'égard des vicissitudes des pronoms les p. importants sur le sol roman.

1. Pronoms personnels. — Les nominatifs *ego, tu, nos, vos* sont communs aux six idiomes. Les groupes *mecum, tecum, secum, nobiscum, vobiscum* ont trouvé accès en italien, en espagnol et en portugais; aussi haut que remontent les monuments des autres langues on ne les y trouve pas.

Comme le pronom de la troisième personne *sui* n'a pas de nominatif, il ne pouvait être que d'un emploi restreint, mais les nouvelles langues qui ne pouvaient, pour accompagner le verbe, se passer de ce cas, ont investi le représentant du sujet éloigné, le pronom décliné *ille,* des droits du pronom de la troisième personne, et n'ont presque employé l'invariable *se* que dans le sens réfléchi; mais on distingua par la forme, dans la plupart de ces langues, les cas obliques de *ille,* du cas direct, en employant pour ceux-là des formes de l'accusatif aussi bien que du génitif et du datif : ainsi ital. *egli lui, eglino loro,* fém. *ella lei, elleno loro.*

Il faut tout de suite mentionner ici un trait grammatical inconnu à la langue mère, la double forme du datif et de l'accusatif. En effet, il existe pour ces cas, outre la forme principale, une deuxième, la plupart du temps abrégée; elle représente toujours un objet qu'on ne désigne pas avec force, elle est en conséquence atone et s'adapte au verbe comme un suffixe. De même que nous avons constaté plus haut, à propos de la formation des cas, des effets importants de l'accent grammatical, ici aussi nous devons reconnaître l'influence, bien que plus modérée, de l'accent oratoire. Le génitif est dépourvu d'une semblable forme ; ce n'est que comme neutre de la troisième personne que l'adverbe *inde* est employé dans quelques langues. On peut nommer ces petits mots, qui apparaissent toujours en compagnie du verbe et n'existent pas sans lui, *pronoms personnels conjonctifs,* par opposition aux absolus. On remarque déjà des abréviations du pronom personnel dans la langue des Romains, et, en fait, il ne pouvait guère en être autrement : *mi* pour *mihi* était assez usité ; Ennius et Lucilius ont employé *me* pour le même cas. Les dérivés de *ille* se font très-clairement reconnaître. Le datif *illi* a donné ital. *gli, li,* prov. v.franç. *li,* val. *i,* le féminin *illae* (pour *illi*), ital. esp. port. *le* ; l'accusatif *illum* ital. esp. v.port. prov. v.franç. *lo,* val. *lu,* le féminin *illam* a donné partout *la,* ce n'est qu'en valaque qu'on a dit *o* pour *illam* ; le datif pluriel *illis* est évidemment conservé dans le v.esp. et v.port. *lis* et dans le val. *li,* l'accusatif *illos, illas* dans l'esp. v.port. prov. *los, las* et dans le fr. *les*. Néanmoins on n'arriva nulle part à la séparation radicale de la forme des pronoms conjonctifs et absolus, il n'est pas rare de voir le même mot exprimer les deux rapports. On sait que ce procédé est propre aussi à d'autres langues. Le grec ne le possédait qu'au singulier de la première personne (ἐμοῦ et μου etc.). Il a pris plus d'extension en slave : le serbe, par exemple, le connaît au génitif, datif et accusatif singulier et en partie aussi au pluriel des trois personnes (gén. acc. *mène* et *mè*, dat. *mèni* et *mi* etc.). En albanais il est appliqué aux mêmes cas (gén. dat. acc. *mua* et à côté *me*). Il manque à l'allemand littéraire, mais les patois le connaissent (*gib mir* et *gib mer, gibs ihnen* et *gibs en*). Enfin dans les langues celtiques les pronoms, tant personnels que possessifs et relatifs, peuvent être réduits à leurs lettres radicales et s'insérer entre d'autres mots, p. ex. irl. *m* pour *mé* (je), *te* pour *tú* (tu), *n* pour *ni* (nous) ; aux cas obliques ces formes abrégées sont presque les seules employées (Zeus I, 331 ss.). — Il se produit en outre un autre phénomène, c'est que ces pronoms, lorsqu'ils sont appuyés au mot précédent, peuvent se dépouiller de leurs voyelles, en sorte qu'ils n'augmentent pas le nombre des syllabes du mot. Grâce à ce procédé, la langue acquiert une heureuse brièveté qui est surtout appréciable pour le réfléchi lorsque ces pronoms s'unissent à lui. C'était primitivement un trait commun à tout le domaine roman, qui a disparu des langues écrites et ne se conserve plus que dans les patois. Ainsi l'on dit en prov. *nous am* (fr. *je ne vous aime pas*); cat. *próva*s (ital. *si pruova, probatur*), *enamord*s (*s'innamorò*); vaud.mod. *moustra*u (*mostratevi*); mil. *podé*m (*potermi*), *dig*h (*dirvi*); parm. *perdre*s (*perdersi*); romagn. *lassé*s (*lasciarsi*).

2. Possessif. — *Meus, tuus, suus* sont soumis, dans la plupart des langues, à une contraction qui rappelle les formes introduites en premier lieu, à ce qu'il semble, par Ennius, *sam, sos, sis* pour *suam, suos, suis* (voy. Ritschl *De tit. Mumm.* p. xv). A côté de cela cependant la forme primitive persiste encore en partie et il en existe même des dérivés, en sorte que ce pronom, dans quelques domaines, en esp. prov. franç., se divise en deux. Il conserve d'ailleurs, à part certaines restrictions, sa flexion d'adjectif. Au lieu de *vester* on préféra généralement la forme *voster* plus en harmonie avec *noster*[1]. *Suus* comme possessif du pluriel n'est connu que de l'espagnol et du portugais (*suyo, seu*), les autres langues ont pris le génitif pluriel de la troisième personne *ille* et ont fait de *illorum* un nouveau possessif que les dialectes de l'est, par un sentiment juste de son origine, laissent sans flexion (ital. *loro*, val. *lor*), mais que ceux du nord-ouest fléchissent (prov. *lor*, plur. souvent *lors*, franç. *leur leurs*). Le même phénomène s'est produit en allemand. En effet, le gothique possédait encore, comme possessif du pluriel, *seins* = σφέτερος, conformément au génitif pluriel *seina* = σφῶν, de sorte que sur ce point l'espagnol et le gothique concordent. Mais le haut-allemand moderne, après l'extinction du génitif pluriel du pronom de la troisième personne *sein* et avec lui du possessif correspondant, a tiré du même cas du pronom *er* un nouveau possessif *ihrer ihre ihres* avec flexion, comme en français ; cependant il y a des patois qui sont encore fidèles à l'ancien système, et qui disent *die Kinder lieben seine Aeltern* pour *lieben ihre Aeltern*, voy. Schmeller, *Bair. Mundarten*, Grimm, *Gramm.* IV, 341.

3. Démonstratifs. — *Ipse* se forme simplement, sans formes du génitif ni du datif. Dans l'esp. *ese* la forme du nominatif est encore sensible, mais l'ital. *esso* peut se réclamer aussi bien de l'accusatif *ipsum* que de l'ancien nominatif *ipsus*; dans le prov. *eis* on ne peut distinguer ni l'un ni l'autre des deux cas ; le simple est inconnu au français. Il se montre un peu affaibli dans sa signification.

1. Le v.esp. **vestro** *Canc. de B.* ne contient pas de contradiction ; il faut lire **uestro** qui a été produit par **vuestro**.

Iste a subi en v.ital. port. *esto,* esp. *este,* prov. *est* le même traitement que *ipse,* en valaque il est devenu *ist*; ici aussi le simple manque au français.

4. Interrogatifs et relatifs. — Dans *qui quae quod* on renonça, ainsi qu'il a été observé ci-dessus, à toute distinction du genre et du nombre, parce qu'elle était déjà donnée par le mot précédent, et l'on se contenta de l'expression générique *que*. *Quis*, qui est plus fort et renferme une idée personnelle, conserva sa voyelle (ital. *chi*, prov. franç. *qui*), mais au nord-ouest il se mêla à la forme *que*; il est invariable, comme l'allemand *wer*, qui se divisait encore en gothique en deux genres (*hvas, hvô*).— *Cujus, a, um* n'est resté usité qu'au sud-ouest et fléchit régulièrement. — *Qualis,* sans perdre sa fonction d'expression de la qualité (corrélatif de *talis*), s'est chargé en même temps de celle du relatif proprement dit, et dans ce cas il est partout accompagné dans sa déclinaison de l'article. Le grec moderne a obtenu de la même manière son relatif ὁ ὁποῖος = *ille qualis*. L'allemand *welcher* aussi a pris, dans la langue moderne seulement, le rôle du pronom relatif, mais sans se faire accompagner de l'article.

1. PRONOM ITALIEN.

1. Personnel.

Sing. *io*	*tu*		*egli*	*ella*
di me	*di te*	*di se*	*di lui*	*di lei*
a me	*a te*	*a se*	*a lui*	*a lei*
me	*te*	*se*	*lui*	*lei*
Plur. *noi*	*voi*		*eglino*	*elleno*
di noi	*di voi*	*di se*	*di loro*	*di loro*
a noi	*a voi*	*a se*	*a loro*	*a loro*
noi	*voi*	*se*	*loro*	*loro*

Il y a observer : 1) Pour *io* (abrégé *i'*) les anciens employaient *eo*, pour *noi, voi* ils prononçaient *nui, vui*. — 2) Pour *egli* (*ei, e'*) on trouve également chez les anciens, notamment chez Dante, *elli* et *el*, de même pour le masculin singulier tout entier *ello*. — 3) *Lui* et *lei*, en leur qualité d'anciens datifs, se passent parfois de la préposition *a*, par ex. *risposi lui Inf.* 1, 81 ; *per dar lui esperienza* 28, 48 ; il en est de même de *loro*. — 4) Chez d'anciens écrivains *ello ella* (comme le prov. *el* à côté de *lui*) représentent aussi le cas oblique (*lui, lei*), comp. *e il dimandar con ello* (*lui*) *Par.* 1, 75 ; *suon di man con elle* (*loro*) *Inf.* 3, 27 ; *memoria d'ella* (*lei*) *Orl.* I, 75. — 5) Il faut remarquer les nominatifs pluriels *egli-no elle-no* dont le suffixe *no* ne peut être autre chose qu'une flexion verbale anticipée : *egli-no ama-no*[1]. Au lieu de ces formes on emploie cependant aussi le simple *egli* ainsi que le fém. *elle*. — 6) L'union avec *con* produit *meco, teco, seco, nosco, vosco* ; les deux derniers sont vieillis. *Nobiscum non* noscum, *vobiscum non* voscum, disait l'*App. ad Probum*. On trouve aussi le pléonasme *con meco* etc.

Formes conjonctives.

Sing. dat. *mi*	*ti*	*si*	*gli, li*	*le*
acc. *mi*	*ti*	*si*	*lo, il*	*la*
Plur. dat. *ci, ne*	*vi*	*si*	*loro*	*loro*
acc. *ci, ne*	*vi*	*si*	*gli, li*	*le*

Remarques. — 1) *Mi, ti, si, vi* sont apostrophés devant toute voyelle, *ci* et *gli* devant *i* seulement. — 2) *Ci* et *vi* sont proprement des adverbes de lieu avec le sens de *ici* et *là* ; les rapports entre le pronom et cette partie du discours sont assez connus par d'autres langues. Le *ne* employé à côté de *ci* ne semble cependant rien avoir de commun avec la particule *ne* (lat. *inde*) : les phrases *da inde, ama inde* (ital. *dà ne* donne nous, *ama ne* aime nous) n'expriment pas nécessairement une tendance vers celui qui parle. Il semble bien plutôt abrégé de *nobis* ou *nos* : pour le premier on disait en latin archaïque d'après Festus (Müll. p. 47) *nis*[2]. — 3) *Li* pour le dat. sing. *gli* est vieilli, tandis qu'il est encore usité pour l'accusatif pluriel. Autrefois tous deux étaient abrégés en *i* qui, avec la première valeur, répond au prov. *i* : *fate i saper* (*gli, a lui*) *Inf.* 10, 113 ; *che i fe' sozzi* 7, 53, comp. cet *i* pour *lui* et *lei PPS.* I, 91. 128. 383 et le glossaire sur Barberino. — 4) Si une forme terminée par *i* s'unit avec *lo, la, li, le* suivant ou avec l'adv. *ne*, l'*i*, pour faciliter la prononciation, se change en *e* : *melo, tela, sene, glielo* (lequel *gli* est alors aussi employé pour le fém. *le*), *cene, vene*. — 5) Après une voyelle accentuée les pronoms inclinés (de même que les adverbes *ne, ci, vi*) redoublent leur consonne initiale : *dammi, dirotti, levossi, dirovvi, holle,*

---

1. On peut comparer un usage analogue de certains dialectes allemands, qui est appliqué à plusieurs pronoms et particules, comme dans *wo-st bist, dem-st gehœrst, wo-t-ar sett* (*wo ihr seid*), voy. Schmeller *Mundarten Bayerns* p. 190.

2. Il ne faut, à la vérité, pas perdre de vue ici que le v.ital. emploie cependant pour *ne* aussi *ende* = lat. *inde*; au moins G. Cavalcanti dit, p. 368 : *ch' end' ha partiti* « il nous a séparés ».

amolla, vanne pour *dà mi* etc.; *gli* seul n'est pas susceptible de ce traitement et l'on écrit avec accent *diròlgi*. — 6) Ces petits mots, de même qu'en provençal (voy. plus bas), sont parfois employés chez les anciens comme suffixes : *dicam di buon cuore* PPS. I, 138 ; *chem creasti* ; *mille salutiv mando*. Pour plus de détails voy. les remarques de Castelvetro sur Bembo II, 85. Ce phénomène se produit encore aujourd'hui dans des dialectes de la Haute-Italie, voy. par ex. *Choix* VI, 402, comp. plus haut p. 77.

2. Possessif.

Masc. sing.	*mio*	*tuo*	*suo*	Fém. *mia*	*tua*	*sua*
plur.	*miei*	*tuoi*	*suoi*	*mie*	*tue*	*sue*
sing.	*nostro*	*vostro*	*loro*	*nostra*	*vostra*	*loro*
plur.	*nostri*	*vostri*	*loro*	*nostre*	*vostre*	*loro*

Remarques. — 1) Ces pronoms prennent, sous certaines restrictions, l'article comme des adjectifs : *il mio amore, l'amor mio*. — 2) Sont vieillis : *meo* pour *mio* (très-usité), *toa, toi tui, soa, soi sui*; on trouve même *tio* et *sio* formés d'après *mio*[1]. — 3) Le pluriel diphthongué *miei* a suscité aussi dans *tuoi, suoi* une diphthongue qui est proprement irrégulière. *Mieis* pour *meis* se trouve déjà dans une inscription latine vers 600 après J.-C. (Orelli n. 554). — 4) L'enclise abrégeait dans l'ancienne langue *mio, tuo, suo* en *mo, to, so* : ainsi dans *pádremo, maritoto, mámmata, signorso, suorsa* pour *padre mio, marito tuo, mamma tua, signor suo, suor sua*; aucune des langues de la même famille ne connaît cet usage.

3. Démonstratifs. *Esso* (il), *esto* arch. avec *questo* (celui-ci), *cotesto* (ce), de même que *quello* (celui-là), fléchissent régulièrement, sauf que *quello* est traité comme l'adjectif *bello* (p. 61). *Desso* (le même) n'est usité qu'au nom. sing. et plur. des deux genres, *stesso* (même) est complet. Les pronoms substantifs *costui* (cet homme), *cotestui* (cet homme-là), *colui* (celui-là), ont une flexion spéciale, déjà mentionnée plus haut :

Masc. sing. *costui*	Fém. *costei*
plur. *costoro*	*costoro*

et de la même manière *cotestui, -ei, -oro, colui, -ei, -oro*. Ils ont cependant encore un second nominatif singulier : *questi, cotesti, quegli*, qui, à en juger par le rapport semblable entre *egli* et *lui*, devait être primitivement le seul nominatif (voy. plus

---

1. Sur le bizarre pluriel *mia, tua, sua* (pour tous les genres), par ex. *le braccia mia, le tua sorelle, i sudditi sua*, voy. Blanc 277.

haut p. 74). A *quegli* s'ajoute encore le pluriel vieilli *queglino*, fém. *quelleno* ; il n'y a pas d'exemple de *questino, cotestino*. On a comme démonstratif neutre *ciò*.

4. Interrogatifs et relatifs. Ce sont : *che* (lequel), *chi* (celui qui, qui), tous deux sans flexion de genre ni de nombre (gén. *di che, di chi* etc.) ; *cui* est employé pour le cas oblique du singulier et du pluriel (gén. *di cui,* dat. *a cui* ou dans les deux cas simplement *cui*); *quale* régulier (plur. *quali quai qua'*), avec l'article relatif, sans lui interrogatif.

5. Le pronom *altro* a comme *quello* deux formes parallèles, mais différemment traitées, quand il est pris substantivement : *altri* (un autre homme) restreint, d'après l'usage habituel, au cas direct du singulier ; *altrui* au cas oblique du singulier et du pluriel et employé aussi, avec élégance, comme *cui*, sans *di* ni *a*. *Ogni* (*omnis*) des deux genres n'a plus aujourd'hui le pluriel que les anciens lui accordaient encore et qui persiste dans le composé *ognissanti* ; les formes telles que *onni, onne, ogne, ogna* (*ogna cortesia* dans Jacomino *De Babil.*) sont tout à fait éteintes. *Chente* (quel), vieilli, a le pluriel *chenti*. Les pronoms composés avec *che* et *que*, *qualche* (quelque), *qualunque* (quelconque), *quantunque* (combien), ne varient pas au pluriel ; *chiunque* (qui que ce soit) n'est usité qu'au singulier. *Parecchi* (quelques) est employé pour les deux genres, et on a de plus une forme féminine spéciale *parecchie*.

2. PRONOM ESPAGNOL.

1. Personnel.

Sing. *yo*	*tú*		*él*	*ella*	*ello* (neutre)
de mí	*de ti*	*de sí*	*de él*	*de ella*	*de ello*
á mí	*á ti*	*á sí*	*á él*	*á ella*	*á ello*
mí	*ti*	*sí*	*él*	*ella*	*ello*
Plur. *nos*	*vos*			*ellos*	*ellas*
de nos	*de vos*	*de sí*		*de ellos*	*de ellas*
á nos	*á vos*	*á sí*		*á ellos*	*á ellas*
nos	*vos*	*sí*		*ellos*	*ellas*

Remarques. — 1) L'accusatif n'apparaît plus qu'accompagné d'une préposition ; dans le cas d'une dépendance directe du verbe c'est la préposition du datif qu'on emploie, ainsi *amo á ti* et non *amo ti*[1]. — 2) La langue moderne a allongé *nos* et *vos* en

---

1. *Tú* pour *ti* à la façon provençale (voy. plus bas) se trouve dans Mar. Egip. 572 b : *yo á tú adoro é en tú tengo todo mio tesoro*.

nosotros et *vosotros* (fém. *-as*), expression qui ailleurs n'est pas sans exemple, mais n'y est pas devenue de règle; on se contentait autrefois du mot simple, et il en est de même encore dans le style de chancellerie. — 3) *Él* est apocopé de l'ancien *elle* ou *ele* (voy. les glossaires de Sanchez), pour lequel on trouve aussi *elli* = ital. *egli* Bc. *Sil.* 20 etc. Pour *de él* on emploie aussi bien le composé *dél* et aussi *della, dello*. — 4) L'union avec *con* donne le pléonasme qui nous est déjà connu par l'italien *conmigo, contigo, consigo,* v.esp. aussi *conusco (nobisc.)* et *convusco*.

Pronoms personnels conjonctifs.

Sing. dat.	*me*	*te*	*se*	*le*	*le (la)*	*le* (neutre)
acc.	*me*	*te*	*se*	*le*	*la*	*lo* (neutre)
Plur. dat.	*nos*	*os*	*se*	*les*	*les*	
acc.	*nos*	*os*	*se*	*los (les)*	*las*	

1) *Vos* pour la forme abrégée *os* est vieilli : *non vos osariemos abrir* PC. 44, *pedirvos* 133, *non vos puet valer* Bc., Mil. 202, *preguntarvos* 248, *contarvos* Duel. 28, *fablarvos* Rz. 5; on trouve encore au xve siècle *vos* à côté de *os*. — 2) Les datifs *le* et *les* étaient, sous leur ancienne forme *li* et *lis*, plus rapprochés du lat. *illi illis : dandoli* FJ. p. 11^a, *pedirli* ix^a, *guardabali* Bc. *Sil.* 24 et souvent ; *lis* ibid. 25, *Loor* 60 (comp. *Choix* VI, 151). Ils sont devenus aussi, conformément à une autre prononciation, *ge, je, ges, jes*. — 3) L'accusatif singulier *le* pour *lo* (lat. *illum*), qui répond mieux aux lois phoniques, est une forme dissimilatrice vis-à-vis du neutre *lo*. Mais l'ancienne langue l'employait encore comme masculin : *exienlo ver* PC. 16, *non lo detienen* 656, *judguestilo* Bc. Mil. 230. De ce *le* est sortie la forme parallèle très-usitée *les* pour *los*. Mais la forme *la*, encore plus usitée pour le datif féminin *le*, ne peut être justifiée à aucun point de vue grammatical. — 4) C'est une raison d'euphonie qui a déterminé la règle que *le, lo, la, les, los, las* sont échangés contre *se* devant les petits mots enclitiques commençant par une *l* : *sela* pour *lela*, *selas* pour *leslas*[1]. — 5) L'ancienne langue jouissait encore de la liberté d'employer comme suffixes, à la façon provençale, avec suppression de *e* ou *o, me, te, se, le, lo : todom lo pechará* PC., *quet pudo engendrar* Alx., *ques casaren* FJ., *nol coge, la manol va besar* PC., *quel fara pro* Cal. é D., *fizol*,

---

1. Cela proviendrait d'après Delius (*Jahrb.* IX, 99) d'une confusion et non pas seulement d'une raison euphonique.

*dixo*l Bc., *libró*l, *dió*l *C Luc*. On usa largement de ce privilége jusque dans le xiv⁰ siècle. Mais on trouve même encore au xv⁰ siècle des exemples de la troisième personne, comme *quel (que lo) despoje* JMen. *Coron*. 43, *nol pude hablar, nol dexan Canc. gen*.

2. Le possessif a deux formes ; la primitive est :
Masc. *mio, tuyo, suyo*   Fém. *mia, tuya, suya*
   nuestro, vuestro, suyo   *nuestra, vuestra, suya*
avec le pluriel régulier. — Remarque. Pour *nuestro, vuestro* il existe une forme moins noble *nueso, vueso*.

Une abréviation sans genre et sans article est :
   mi, plur. *mis*,   *tu*, plur. *tus*,   *su*, plur. *sus*.
Il faut seulement observer ici que les anciens employaient *to, so* plur. *tos, sos* (voy. les glossaires de Sanchez) et même à la manière provençale *sa* pour *su*, voy. *Choix* VI, 166.

3. Démonstratifs. *Ese* et *aquese* (celui-là), *este* et *aqueste* (celui-ci), parmi lesquels *aquese* et *aqueste* sont toutefois vieillis, fléchissent de la manière suivante :
   Masc. sing. *ese*   Fém. *esa*   Neutre *eso*
      plur. *esos*   *esas*
Él (celui) se décline comme l'article, c'est-à-dire :
   Masc. sing. *él*   Fém. *la*   Neutre *lo*
      plur. *los*   *las*
Il en est de même de *aquel, aquella, aquello*, plur. *aquellos, aquellas*. — Remarques. 1) Au v.esp. *elli* répond ici aussi un nominatif et accusatif *essi* Bc. *Sil*. 15 et souvent, de même *esti* = ital. *questi FJ*. p. II^b, Bc. *Mill*. 20. — 2) Les anciens se servaient encore pour *él* de la forme plus complète *ello*, par ex. *ello mal FJ*. 108^b, *ela maldat* xiii^a, *non governaven elos poblos que los* (les) *eran dados* v^a, *ellas cosas, las quales* etc. v^b.

4. Interrogatifs et relatifs. *Que* sans flexion ; *quien* (celui qui, qui), plur. *quien* et *quienes* ; *qual*, plur. *quales*, commun (neutre *lo qual*), avec l'article, relatif, sans lui, interrogatif; *cuyo* (dont) fléchit comme un adjectif. — Remarque. *Qui* (lat. *quis*), dont la place est prise maintenant par *quien*, est éteint, mais les anciens l'employaient avec une valeur égale soit à l'ital. *chi* soit à *che* : qui qui? *PC*. 707, Bc. *Sil*. 246, *Mil*. 108, *Mill*. 55, sans interrogation *Alx*. 94, *el qui la faze FJ*. 1^a, comp. 22^b, *los qui* Bc. *Sil*. 138, *en qui* personnel, *Sil*. 288, *Mil*. 143, neutre ibid. 19, *Mis*. 6.

5. A l'ital. *altri* répond le v.esp. *otri*, qui était usité aussi

bien au cas oblique qu'au cas direct, par ex. *d'otri FJ.* 61[b], *a otri* 10[a], *por otri* 31[a]. Le lat. *alius* n'a laissé à l'espagnol que le neutre archaïque *al*, voy. à ce sujet mon *Dict. étym.* I. Le simple *uno* et ses composés *alguno* et *ninguno* sont abrégés en *un* devant leur substantif. *Alguien* (quelqu'un), *cada* (chaque), *nadie* (personne), de même que les archaïques *qualque* (quelqu'un), *quisque* (chaque), sont communs et sans pluriel.

3. PRONOM PORTUGAIS.

1. Personnel.

Sing. *eu*	*tu*		*elle*	*ella*
de mim	*de ti*	*de si*	*delle*	*della*
a mim	*a ti*	*a si*	*a elle*	*a ella*
mim	*ti*	*si*	*elle*	*ella*
Plur. *nos*	*vos*		*elles*	*ellas*
de nos	*de vos*	*de si*	*delles*	*dellas*
a nos	*a vos*	*a si*	*a elles*	*a ellas*
nos	*vos*	*si*	*elles*	*ellas*

Il y a à rappeler ici : 1) La comparaison de ce tableau avec celui du pronom espagnol révèle l'absence du neutre *ello* (ou *illo?*), qui, toutefois, était encore connu de l'ancienne langue au moins dans le groupe *nello* (= *nisso*, c'est-à-dire *no tal negocio* SRos.). — 2) Pour *mia* Berceo emploie *mieña* = port. *minha*, qui n'est pas proprement espagnol. Diniz écrit aussi *ieu* pour *eu*, c'est certainement un provençalisme, car le portugais ne diphthongue pas — 3) *Mim* est en contradiction évidente avec *ti* et *si* ; les anciens employaient encore *mi* ou *mhi* rimant en *i* pur, SRos. I, 298, *Canc. ined.* souvent, même des classiques comme Camoens, par ex. *Lus.* 1, 64, et la cause qui a limité la nasalisation à la seule première personne reste énigmatique. Pour assigner cette action sur la voyelle *suivante* à l'*m* initiale, au moins faudrait-il signaler un cas correspondant dans cette langue. Comp. plus bas le possessif. — 4) L'abréviation espagnole *él* était aussi usitée à côté de *elle*, par ex. *FGuard.*, *FGrav.* souvent ; on rencontre aussi çà et là *eli* (= v.esp. *elli*, voy. ci-dessus p. 83), comme dans le *FGrav.* 381, *d'elli* 385. — 5) Si *elle* s'unit à *em* (lat. *in*), ce dernier perd sa voyelle et il en résulte les formes *nelle nelles*, *nella nellas* (*en le* = *nelle*, voy. SRos.). — 6) *Commigo comigo, comtigo, comsigo, comnosco, comvosco* persistent tous ; les simples *migo* etc. sont vieillis.

Conjonctifs.

Sing. dat.	*me*	*te*	*se*	*lhe*	*lhe*
acc.	*me*	*te*	*se*	*o*	*a*
Plur. dat.	*nos*	*vos*	*se*	*lhes*	*lhes*
acc.	*nos*	*vos*	*se*	*os*	*as*

Remarques. — 1) Pour *lhe* et *lhes* on trouve les formes anciennes *lhi lhis* = v.esp. *li lis*. Ex. *li FGrav*. 375, *FSant*. 538. 576. *FTorr*. 615, *dar-lhy-am FMart*. 588, *lhis* SRos. I, 68, 272, *FSant*. 542, *FBej*. 459. — 2) Le sing. *lhe* au lieu du plur. *lhes* n'est pas sans exemple, ainsi surtout chez Camoens. — 3) Les accusatifs *o a, os as* proviennent par la chute de l'*l* de *lo la, los las* (comp. l'article) et se rencontrent encore souvent sous cette dernière forme chez les anciens : *que lhe lo confirme* SRos. I, 145, *e sello* (= *se lo*) *negar FGrav*. 382, *que lla Canc. ined*. 44ᵃ, *lle la* 46ᵇ, *metemola* SRos. I, 165, *se no los deos der* 162, *pusemolas* 368. Cette *l* s'est encore conservée dans les cas suivants : *a*) dans l'union avec *se* précédent : *selo selos, sela selas*, ensuite avec *nos, vos* et la particule *eis* (voici), dont l'*s* tombe devant *l* : *nolo nola, nolos nolas, volo vola, volos volas, eilo eila, eilos eilas* pour *noslo* etc.; *b*) dans le même rapport avec le verbe : on dit *amálo, amamola, amailas* pour *amarlo, amamoslo, amaislas* (voy. à la conjugaison). Toutefois après un son nasal elle se change en *n* : *amãono, amavãona, amemnos* pour *amãolo, amavãola, amemlos*[1]. — 4) Si *me, te, lhe, lhes* se combinent avec *o, a, os, as*, l'*e* et l'*s* sont élidés : *mo ma, mos mas, to ta, tos tas, lho lha, lhos lhas* au lieu de *me o, me a, me os, me as* etc.; plus anciennement on avait encore *lhe lo* pour *lho, lhe la* pour *lha* etc. — Au sujet de divers autres archaïsmes qu'on peut constater pour le pronom, voy. *Altport. Kunst- und Hofpoesie* 111-114[2].

2. Possessif.

Masc.	*meu, teu, seu*	Fém.	*minha, tua, sua*
	nosso, vosso, seu		*nossa, vossa, sua*

avec pluriel régulier. Sur son rapport avec l'article, voyez la syntaxe. — Remarques : 1) Il y avait encore anciennement

---

1. En vieux portugais aussi après des nasales, même quand le pronom n'est pas suffixe : *nom no oussaram a tyrar* « ils n'oseront pas le tirer » *FMart*. 582; *non nos dé* « qu'il ne les donne pas » *FGrav*. 379; *quem no matou* « qui l'a tué » *FMart*. 582. Mais aussi dans Camoens *quem no Lus*. 4, 39, *não na* 5, 97 et souvent.

2. Il faut supprimer ce qui y est dit p. 123 sur *cha* (*non cha dirai*); ce mot, comme l'a prouvé Mussafia *Jahrb*. VI, 218, est pour *ti a* « te la ».

une forme *mia* à côté de *minha* : *com mia molher* SRos. II, 222, *mia morte* Canc. ined. 43, *mias gentes* FGrav. 291 et souvent, écrite aussi *mha* (*mha filla* SRos. II, 19), avec laquelle *minha* qu'on trouve chez don Diniz et qui est toujours traité comme monosyllabe doit être identique. *Minha* est évidemment en connexion avec *mim*, gén. de *eu*, et il est probable que le masc. *meu* a été protégé par son *e* contre ce renforcement de forme[1]. — 2) Une forme répondant non à la forme espagnole, mais à la provençale, qui n'existe plus maintenant mais qui était autrefois très-usitée comme abréviation, est *ma*, *sa* (*ta* manque); ces deux mots s'emploient avec ou sans article devant le substantif. Ex. *mas fillas* FGuard. 399, *sa molher* FMart. 581, *sa alma* Canc. ined. 41ª, *sa ira* 54ª, *na sa casa* FTorr 635, *as sas cousas* ibid. 611, *das sas obras* FMart. 605. — 3) Les formes syncopées *nosso*, *vosso* sont de toute ancienneté ; on trouverait difficilement *nostro*, *vostro*.

3. Démonstratifs. *Esse* (celui-là), *este* avec l'archaïque *aqueste* (celui-ci), *aquelle* (celui-là) se déclinent de la manière suivante :

Masc. sing. *esse*   Fém. *essa*   Neutre *isso*
plur. *esses*   *essas*

Les génitifs sont *desse desses*, *dessa dessas*, *disso*. De même aussi *este*, *esta*, *isto* ; *aquelle*, *aquella*, *aquillo* (dat. quelquefois *áquelle* pour *a aquelle*). Au démonstratif espagnol *él* répondent ici *o a*, *os as* ; il va de soi que les anciens employaient à leur place *lo la*, *los las* ou aussi *el*, par ex. *el de sa casa* FBej. 484. Après un son nasal *l* se change encore ici en *n* : *com nos de mia corte* FGrav. 391. — Remarques. 1) La préposition *em* prend comme préfixe la même forme que devant *elle*, ainsi *nesse*, *neste*, *naquelle* etc. — 2) Il faut remarquer les neutres *isso*, *isto*, *aquisto*, *aquillo*, qui sont caractérisés, outre la finale *o*, par le changement de la voyelle radicale en *i*, procédé auquel on peut compa... ... ... *todo* : nous observerons plus bas ce même trait de flexion intérieure à propos du verbe (*tive teve*, *puz poz*). Cette flexion ne provient nulle part des lettres latines ; il faut la regarder comme une méthode créée par la langue pour distinguer les formes avec plus de précision. Pour *i* le *Canc. ined.* emploie du reste encore *e* : *esto* 43ᵇ, 44ª, *aquesto* 44ᵇ etc.

---

[1]. Gil Vicente emploie comme populaires *enho enha* pour *meu minha*, par ex. *a enha esposa* I, 128.

4. Interrogatifs et relatifs. *Que* (lequel); *quem* (qui) avec la même forme au pluriel (non pas *quens* = esp. *quienes*); *qual*, plur. *quaes*, avec l'article, relatif, sans lui, interrogatif; *cujo cuja, cujos cujas* (dont). — Remarque. *Qui*, comme en espagnol, appartient aux archaïsmes : *qui ffilhos ouver* se trouve, par exemple, dans un ancien texte juridique, SRos. II, 112.

5. Le v.port. *outri* répond à l'esp. *otri* et à l'ital. *altri* et s'emploie aussi aux cas obliques : *per razom d'outri* FSant. 558, *a outri* FGrav. 392, *por sy ou por outri* FSant. 564. *Alguem* (quelqu'un), *ninguem* (personne), *outrem* (un autre homme), *cada* (chaque) ont les mêmes formes pour les deux genres et sont dépourvus de pluriel. *Todo* a le fém. *toda*, le neutre *tudo*. Le masc. *tudo* et le fém. *tuda* ne sont plus usités, voy. FSant. 534, FGuard. 442; *tudo* comme neutre semble manquer encore à d'autres anciens textes, voy. *Port. Kunst- und Hofpoesie* 115.

4. PRONOM PROVENÇAL.

1. Personnel.

Sg. *eu, ieu*	*tu*		*elh*	*elha, ilh, leis*
de me, -i	*de te, -i*	*de se, -i*	*d'elh, de lui*	*d'elha, de lei(s)*
a me, -i	*a te, -i*	*a se -i*	*a elh, a lui*	*a elha, a lei(s)*
me, mi	*te, ti*	*se, si*	*elh, a lui*	*elha, lei(s)*
Pl. *nos*	*vos*		*elhs, ilh*	*elhas*
de nos	*de vos*	*de se, -i*	*d'elhs, de lor*	*d'elhas, de lor*
a nos	*a vos*	*a se, -i*	*a elhs, a lor*	*a elhas, a lor*
nos	*vos*	*se, si*	*elhs, lor, lur*	*elhas, lor*

Remarques. — 1) Pour la troisième personne il faut signaler encore le neutre *o* (lat. *hoc*), d'un radical différent, par ex. *s'ilh es folha, ja ieu non o serai.* Il est quelquefois aussi remplacé par *lo* = franç. *le.* — 2) *Me, te, se* et *mi, ti, si* sont des formes également autorisées. *Boèce* et la *Passion du Christ* ne connaissent que *me, te.* Chez les lyriques on rencontre (à la rime) aussi bien *e* que *i*, Guill. de Poitiers par ex. a *mi*, Bern. de Ventadour partout *me, te, se*, Jaufre Rudel *mi, si*, Folq. de Marseille *mi*, mais dans la même strophe *se Choix* III, 161. A tout prendre la forme en *e* paraît prédominer, elle est en même temps la forme catalane et française. — 3) *Tu* pour *te* dépendant de prépositions (à peine lorsqu'il est indépendant, comme IV, 289) est un abus qui se rencontre chez des poètes d'époques diverses et auquel le provençal moderne offre un pendant pour la première personne (cf. plus bas p. 94). Voyez des exemples *Choix* IV, 303. 395. 398. 435. 443, *LRom.* I, 473, GRiq. p. 67. 100, *GRoss.* 5885. — 4) *Nos en* et *vos en* peuvent s'abréger en *on* et *von*. — 5) Dans le pronom de la troisième personne *elh elha*, d'après une autre orthographe *el ela*, se rencontrent les méthodes espagnole et italienne : il se décline tant avec lui-même qu'avec *lui* ; il a de plus au nom. plur. masc. et au nom. sing. fém. la forme, déjà mentionnée à propos de l'article, *ilh (il)*. — 6) Pour le fém. *lei* on emploie bien plus habituellement *leis*, diphthongué *lieis*, qui, contrairement à *lui*, est aussi employé régulièrement au nominatif[1]. On trouve dans *Agnes* (Bartsch au vers 442) *lui* pour le fém. *leis*, le même mot ou proprement *lu* dans *Seneca* (Bartsch *Denkm.* p. 333), comp. le pronom vieux français. — 7) A côté de *lor* on emploie aussi beaucoup *lur*, bien que la forme en soit moins correcte ; toutefois la poésie lyrique semble l'éviter à la rime. — 8) La composition avec *cum (mecum)* est éteinte ; cette préposition est du reste hors d'usage.

Conjonctifs.

Sing. dat.	*mi, me*	*ti, te*	*si, se*	*li, ill*	*li, ill*
acc.	*mi, me*	*ti, te*	*si, se*	*lo*	*la*
Plur. dat.	*nos*	*vos*	*si, se*	*lor*	*lor*
acc.	*nos*	*vos*	*si, se*	*los*	*las*

Remarques. — 1) *Mi, ti, si* s'emploient aussi bien que *me, te, se*. Ce qui fait la différence entre la forme absolue et la forme conjonctive, c'est moins la voyelle que l'accentuation de la voyelle. Ainsi dans *Boèce* à côté de l'absolu *me* 130 se trouve le conjonctif identique *me* 197. Dans la *Pass. du Christ* à côté de l'abs. *se* 16 etc se place le conj. *ti* 38. Bernard de Ventadour, qui ne connaît que la forme absolue avec *e*, emploie (au moins dans nos textes) pour le rapport conjonctif aussi bien *mi* que *me*, comp. par ex. *Choix* III, 58. 59. — 2) Ici, comme en italien, les voyelles finales tombent devant les voyelles, dans *li* cela se produit non-seulement devant *i* mais devant toute voyelle (*l'avia faicha Choix* V, 86, *l'es ops* III, 373). Mais un fait d'une haute importance est que *mi, ti, si, nos, vos, lo, los*, par une agglutination à une voyelle précédente, perdent leur propre voyelle, de sorte qu'il ne reste que les consonnes *m, t, s, ns, vs* (résolu en *us*), *l, ls*. Ex. *en qual guisam fui natz*;

---

1. La première édition de ce livre avait expliqué ce mot par *illae ipsi* (datif). Delius, avec plus de raison, met l'adverbial *ipsum*, prov. *eis* à la place du pron. *ipse*.

sim ten pres; *ieum tuelh mon dreit*; *d'amar* no*t defes*; *nos pot partir*; *que*s *fan irat*; *quen*s (*que nos*) *ac amor*; *queu*s (*que vos*) *vulhatz*; *queu*s *am eus servis*; *trobal*; *quel veiran* (non pas *qu'el veiran*, comme on l'écrit); *no*ls *er perdonat*; comp. la remarque 2 sur l'article provençal. Ils s'adaptent rarement à une *n* indifférente, comme dans *rompon*s *Ch.* I, 182, ou à une *r*, comme dans *valer*m *degra* III, 23, *a valor*s *cové* IV, 81[1]. Cette abréviation résulte des lois de formation de la langue provençale ; ces petits mots, en perdant par enclise leur existence propre, devaient se soumettre, en leur qualité de finales atones, à la loi générale de la chute médiale et finale des voyelles atones : *guisame, sime, nolos* devaient se réduire à *guisam, sim, nols*. Cette abréviation enclitique des pronoms n'est cependant pas nécessaire : on pouvait se servir des formes complètes ou des deux formes alternativement, par ex. *en tal dompna* mi *fai amors entendre* III, 420 ; *car* laus *ai lauzada e car* la vos *ai ensenhada LR.* I, 340 ; *quo vos am eus vuelh* I, 423. — 3) Le datif *li* ou *ill* dérivé de *illi* perd également sa voyelle par enclise, par ex. *no*l *remá Boéce* 137, *al donat LR.* I, 85[a], *quel lavet sos pes B.* 67 ; cependant *ilh* n'a par lui-même aucune existence, parce que *i* ne fait qu'exprimer le mouillement : dans *noill tanh* il faut prononcer *nolh*, non pas *no-ilh* avec *i* sonore (Bartsch *Jahrb.* VI, 346). Si *lo* ou *la* précèdent on emploie *i* pour *li* ou *ilh* comme suffixe enclitique : *loy defen, lay presen*, cependant *lo li, la li* n'est pas interdit, comp. *lo li rendria Choix* I, 178 ; *lo li tol LR.* I, 545[a] (*le li tol B.* 207)[2].

Le possessif a deux formes comme en espagnol. La forme primitive, celle qui se rapproche le plus du latin, est :
Masc. sing. nom. *mieus, tieus, sieus* Fém. *mia, tua, sua*
    acc. *mieu, tieu, sieu*   *miu, tua, sua*

---

[1]. *Us*, à la place qui lui est régulièrement assignée, a la valeur d'un mot enclitique (non syllabique). Là où par lui-même il fait une syllabe, comme dans *cosselh us quier Choix* V, 333 *no| us blandirai Jfr.* 118a, *no| us voillatz* ibid. 148a, il peut être échangé contre *vos*.

[2]. Cet *i* prov. ne diffère de l'*i* v.ital. (p. 80) qu'en tant qu'il se présente seulement après *lo* et *la* ; l'italien et l'espagnol semblent aussi éviter le contact de deux conjonctifs commençant par des voyelles. Nous avons donc sans doute ici une abréviation euphonique du pronom, et non pas l'adverbe *y*, qui n'exprime pas proprement des relations du datif. Car lorsque Raynouard, *Choix* I, 184, traduit *be i s taing* par *il convient* à lui, il aurait dû dire *il y convient*.

plur. nom. *miei,   tiei,   siei   mias, tuas, suas*
     acc. *mieus, tieus, sieus   mias, tuas, suas*

De plus un neutre *mieu, tieu, sieu*, par ex. *aco es mieu* « cela est à moi ». Pour la possession du pluriel :

nostre, vostre, lor ; *nostra, vostra, lor.*

Remarques. — 1) *Teu, seu* sont évidemment des formes inorganiques produites par *meu*, formations qui se présentent aussi dans l'ital. *tio sio* p. 81. C'est également sur *mia* que sont formés *tia, sia* ; mais ils ne sont toutefois pas proprement entrés dans l'usage, voy. par ex. *Jfr.* 99 [b]. 117 [b], *Brev. d'am.*, *Leys* II, 218. En outre on rencontre, surtout chez les prosateurs, pour les trois personnes le fém. *mieua, tieua, sieua* [1]. — 2) A côté du pluriel *miei, tiei, siei* on emploie encore le pluriel basé sur l'*u* du singulier *mieu, tieu, sieu*. Le développement conforme aux lois de la langue aurait été *mei, toi, soi* : *toi* voy. l'*Évangile de Jean* éd. Hofm., *soi Boèce* 63, tous deux *Pass.* 15. 17. 91. — 3) Pour *nostre, vostre* au nom. sing. on écrit souvent *nostres, vostres. Nos* pour *nostre, vos* pour *vostre* se rencontrent rarement et sont sans doute des gallicismes. — 4) *Lor*, dont une forme parallèle *lur* est fort usitée (comp. par ex. *com* et *cum* de *quomodo*), devait, en raison de son origine, rejeter toute flexion, et c'est ce qu'il fait aussi dans la règle ; mais il n'est pas rare de le voir suivre l'exemple d'autres pronoms et l'on trouve ainsi *lo mons es lurs* (pour *lur*), *lurs coplas* ; dans les *Leys* II, 218, *las lors* est donné comme correct en contradiction avec le classique *las lor Choix* IV, 295.

La forme abrégée du possessif est :

Masc. sing. nom. *mos,   tos,   sos*   Fém. *ma,   ta,   sa*
         acc. *mon,   ton,   son*   *ma,   ta,   sa*
     plur. nom. *mos,   tos,   sos*   *mas,   tas,   sas*
         acc. *mos,   tos,   sos*   *mas,   tas,   sas*

La forme double résulte de la différence de l'accentuation : la première se base sur la voyelle radicale accentuée du mot latin et devient par là elle-même une forme accentuée, la seconde s'appuie sur la voyelle de flexion atone et conséquemment est atone. — Remarques. 1) Dans *mon, ton, son* l'*n* est indifférente. Elle reste intacte devant les voyelles, elle *peut* tomber devant les consonnes, elle *doit*, d'après la prescription des *Leys* II, 226,

---

[1]. On trouve de plus une abréviation *mi* et *si* (pas *ti*), mais elle n'est employée qu'avec le subst. *dons*, qui est ici synonyme du fém. *domina*, ainsi *midons, sidons* ; une abréviation semblable se présente en néerlandais *mevrouw* pour *mijne vrouw*.

tomber devant certaines d'entre elles, *f*, *m*, *n*, *s*, *v*, mais les manuscrits ne connaissent rien de cette règle : on y lit *ton mandamen, ton senhor, mon veiaire* etc. — 2) *Ma, ta, sa* sont quelquefois apostrophés, et cela paraît se produire surtout devant *a* : *m'amor, m'arma, s'anta*, mais aussi devant d'autres voyelles, par ex. *s'onors* et *s'onor Boèce, m'esperansa Choix* III, 178.

3. Démonstratifs. Ceux qui sont composés avec *iste, est, cest* et *aquest* (celui-ci) fléchissent de la manière suivante :

Masc. sing. nom. *est*   Fém. *esta, ist*
accc. *est*   *esta*
plur. nom. *est, ist*   *estas*
acc. *ests*   *estas*

Ceux qui sont composés avec *ille, cel, aicel, aquel* (celui-là) sont un peu plus riches en formes :

Masc. sing. nom. *celh, celui*   Fém. *celha, cilh*
acc. *celh, celui*   *celha, celeis*
plur. nom. *celhs, cilh*   *celhas*
acc. *celhs, celor*   *celhas, celor*

Remarques. 1) On a de plus les neutres *so, aisso* = ital. *ciò*, de même *aco*. — 2) L'orthographe *sest, sel, aissel* est très-usitée, sans mouillement *cel, cela* etc. — 3) *Celor* est rare, voy. *GO*. *Aicelui* et *aquelui* aussi paraissent peu usités, on a un exemple du second *Choix* V, 440. — 4) Il faut remarquer l'échange flexionnel entre *e* et *i* dans *est ist, cest cist, aquest aquist, cel cil, aicel aicil, aquel aquil* ; c'est un fait de flexion : on ne trouve rien dans les lois phoniques qui puisse l'avoir déterminé[1].

4. Interrogatifs et relatifs. *Qui* et *que* sont employés à chaque genre, nombre et cas, mais *qui*, comme relatif, l'est à peine à l'accusatif (*Crist qui claman Choix* V, 12 pour *cui*), mais bien après une préposition. *Cui* au cas oblique singulier et pluriel.

---

1. Mussafia *Macaire* p. vii conjecture ici un procédé analogue à la loi phonique de certains dialectes de la Haute-Italie, suivant laquelle *e* accentué, dans le cas où la syllabe suivante contient un *i*, passe à cette dernière voyelle. Cela fait quelque difficulté, parce que dans les formes plus complètes *eli* et *esti* l'*i* qu'elles contiennent n'a point exercé d'influence sur l'*e*, et aussi parce que le fém. *ist* etc. s'est produit sans qu'aucun *i* y ait exercé d'action régressive. On peut en outre rappeler que le portugais admet pour le démonstratif un échange entre l'*e* et l'*i* radical (*esse isso*). Ces transformations d'une voyelle en une autre qui lui touche de près, qu'on constate souvent dans les formations pronominales, me paraissent en partie d'une nature toute rationnelle : ce sont des formes purement distinctives.

Exemples tirés de *Boèce* : masc. nom. sing. *qui* relat. 17 ss., *que* 146 ; acc. *que* 102. 192 (neutre 89), *cui* 29, *per cui* 3, gén. *cui* 76 ss. ; nom. plur. *qui* 172. 226 ss., *que* 70 ; acc. *que* 199. Fém. nom. sing. *qui* 147. 192. 206 ; acc. *que* 86. 152 ; nom. plur. 77. *Quals* (*cals*) *Boèce* 149. 216, aussi sans *s qual*, acc. *qual*, nom. plur. *quals qual*, acc. *quals*. *Quinh*, *quinha* (mot plus rare).

5. *Autrui* (on trouve abusivement, mais malgré cela très-souvent, devant un pluriel, *autruis* : *dels autruis peccatz LR.* I, 449, *los autruis bes GA.* 3542) se rencontre à peine au nominatif (*LR.* II, 44, mais au lieu d'*altrui* le *Choix* III, 80, donne *altre*), au génitif et au datif généralement sans préposition. Le neutre *al* (*aliud*), qui existe en espagnol, se montre aussi sous la forme paragogique *als*, dont l'*s* a un sens adverbial, comme dans *alques* (*aliquid*). *Totz* nom. sing., acc. *tot*, nom. plur. *tuit* (*tug*) ; fém. *tota*, *totas*. *Qualsque*, acc. *qualque*. *Quecx* (chacun), acc. *quec* ; un féminin *quega* chez Arn. de Marueil *Prov. Les.* 66, 48. Le synonyme *cac* ne fléchit pas, on trouve un féminin *quaqua* dans *Jfr.* 149ᵃ. *Cada* aussi est indéclinable et restreint comme les deux autres au singulier.

Il nous reste encore une observation spéciale à faire à propos de la flexion pronominale. Il est établi que le signe du plur. de la deuxième déclinaison latine, *i*, tombe en provençal. Le pronom présente à cette règle une exception qui a été peut-être causée par la forme de l'article *li*, car tous les exemples sont limités au nominatif pluriel. En effet, *miei*, *toi*, *soi* ne s'expliquent que par le latin *mei*, *tui*, *sui*. Dans *tuit* l'attraction de *tuti* (lat. *toti*) est palpable ; dans le lombard *tucc* aussi *i* s'est fondu avec le thème du mot. Mais on trouve aussi *eli GA.* (toujours disyll., il ne faut donc pas prononcer *elh*), *esti Choix* V, 109, *nostri* IV, 212, *GA.* 1078, et *vostri GA.* 4405, B. 105, 23. *Altri*, avec ou sans substantif, n'est pas sans exemple, par ex. *Choix* IV, 71, *GA.* 4833 etc., *GRiq.* 250, B. 165, *Leys d'am.* souvent ; *li uni GA.* 1267. 3978. Le dernier texte, qui dit *eli*, *altri*, *uni*, dit même ainsi *morti* et *prizi*, par ex. v. 385, et la Poétique de Toulouse qui, dans ce cas, il est vrai, n'est plus compétente, semble concéder de semblables *creysshemens* pour tous les adjectifs, voy. II, 204. On trouve encore plus d'exemples de cette sorte de flexion vocalique dans le dialecte vaudois, qui traite ainsi non-seulement des pronoms et des adjectifs, comme dans les pluriels *illi*, *aquisti*, *moti*, *tanti*, *digni*, mais aussi quelquefois des substantifs, comp. *braci* (disyll.) pour *bratz GA.* 7206.

En **provençal moderne** le pronom personnel a considérablement souffert. *Yeou, tu, eou (ille), ellou* s'emploient aussi comme cas obliques, p. ex. *de yeou, a yeou, per yeou, de tu, a tu, d'eou, a eou*. Pour *nos, vos*, on se sert beaucoup de *nos autres, vos autres*; de là sont sortis dans le dialecte de Nice les formes inséparables *nautre* (franç. *nous*), *vautre* (franç. *vous*). Les conjonctifs sont : dat. sing. *me, te, li*, acc. *me, te, lou, la*; dat. plur. *nous, vous, li, li* (au lieu de *lor*), acc. *nous, vous, leis, leis* (franç. *les*); réfl. *se*[1]. L'enclise des pronoms à la façon ancienne n'a plus lieu dans le dialecte provençal proprement dit, mais en Navarre elle s'est conservée dans les formes *m, t, s, ns, b* (= *v*). — Les possessifs sont : 1) *mioune, tioune, sioune*, fém. *miouno* et même *mievo* etc. 2) *Moun, toun, soun*, fém. *ma, ta, sa* (devant les voyelles on a la forme masculine *toun arribado* = franç. *ton arrivée*), plur. masc. et fém. *meis, teis, seis*. *Noste, voste*, plur. *nosteis, vosteis*, de même *nos, vos*. — Les démonstratifs sont *aqués*, fém. *aquestou*, plur. *aquesteis*; *aqueou*, devant les voyelles *aquel*, fém. *aquelou*, plur. *aqueleis* etc.

Dans l'ancienne langue **catalane**, dans Ramon Muntaner, par exemple, le pronom personnel est *yo* (chez d'autres *jo*), *tu, ell, ella*, acc. *mi ti* (mais *de tu, per tu* etc.), *ell, ella* (*de ell* = *dell*), pl. *nos, vos, ells, elles*, mais il y a de plus à observer le prov. *leys* pour l'acc. *ella*. Conjunctifs : dat. sing. *me, te, li, li*, acc. *me, te, lo, la*; dat. et acc. plur. *nos, vos, los, les*. Les affixes sont, comme en provençal, *m, t, s, l, ns, us, ls* et s'emploient encore maintenant; on trouve aussi *y* pour le dat. *li*, par exemple *atorgaren loy, lay*. — Les deux possessifs sont également provençaux : 1) *Meu, teu, seu*, plur. *meus* etc. fém. *mia, tua, sua*, catal. mod. *meva, teva, seva* = pr. *mieua* etc. *Nostre, vostre, lur* (plur. *lurs*); pour le dernier on a en cat. mod. *son* et aussi l'esp. *su*. Plus tard *nostron, vostron* furent formés sur le modèle de la forme possessive qui suit, de même en dauphinois *notron, votron*. 2) *Mon, ton, son*, plur. *mos, tos, sos*; fém. *ma, ta, sa*, plur. *mes, tes, ses*. — Démonstratifs : *est, esta*, plur. *ests, estes*; *aquest, aquesta*, plur. *aquests (aquestos), aquestes*; *aquell, aquella*, plur. *aquells, aquelles*. — Relatifs : nom. sing. plur. *qui*, acc. *que*; *quin, quina*. — Parmi les autres pronoms, il faut relever *tots, tota*, plur. masc. nom. *tuyt* et *tots*, acc. *tots*, fém. *totes*.

---

1. En limousin *se* remplit aussi l'office de *lui* et *leur*, par ex. *se dissit eu* (lui dit-il), *se dissit ello* (leur dit-elle), voy. Fuchs *Zeitw.* 287.

5. PRONOM FRANÇAIS.

a) Vieux français.

1. Personnels.

Sing.	*jeo, jo, je* etc.	*tu*		*il*	*ele*
	de mi etc.	*de ti* etc.	*de si* etc.	*de lui*	*de lei, de lui*
	a mi etc.	*a ti* etc.	*a si* etc.	*a lui*	*a lei, a lui*
	mi, moi, mei	*ti, toi, tei*	*si, soi, sei*	*lui*	*lei, lui*
Plur.	*nos*	*vos*		*il (els)*	*eles*
	de nos	*de vos*	*de si* etc.	*d'els*	*d'eles*
	a nos	*a vos*	*a si*	*a els*	*a eles*
	nos	*vos*	*si*	*els*	*eles*

Remarques. 1) La langue débute avec les formes *éo* (*ego*) dans les *Serments*, *io* ibid. et dans le *Fragm. de Val.* Cet *éo* s'est ensuite diphthongué en *iéo*, de là *jéo* (assonne avec *bien*, par ex. dans *Gormond* v. 365), enfin soit *jo*, soit *je*. Suivant les dialectes, bourg. *ju* (*je* déjà dans *SB.*), pic. *jou*, norm. *jeo, jo*, qui, du reste, se confondent déjà. — 2) *Mi, ti, si* sont bourguignons (le premier dans les *Serments*), *moi, toi, soi* picards, *mei, tei, sei* normands. — 3) Pour le bourg. *nos* ou *nous*, norm. *nus*, les textes picards emploient au nom. *no*, au cas oblique *nos*, et de même *vo, vos*, distinction inorganique qui se présente aussi au plur. *homme, hommes*. — 4) *Vos* s'abrège quelquefois par agglutination en *os* (*ous*), par ex. *tant qu'os* (*que vos*) *saciez*; *s'ous* (*si vous*) *i ales*; *n'os* (*ne vos*), voy. *Choix* VI, 159. Il faut même quelquefois lire *os* ce qui est écrit *vos*, par ex. *Ben.* v. 2892. 2895. 2900. — 5) La déclinaison de la troisième personne diffère considérablement de la déclinaison provençale. Les cas obliques du singulier sont aux deux genres absolument basés sur les formes du datif *lui lei*, ceux du pluriel sur les formes accusatives *els eles, lor* est étranger aux formes absolues, de sorte qu'au singulier règne la méthode italienne, au pluriel l'espagnole : on n'emploie ni *a el*, ni *a lor*, ce dernier toutefois se rencontre dans la Franche-Comté (Burguy). Voici d'anciens exemples de ce pronom : nom. *il Serm. Eulal.*, *a lui Eulal.*, *lui Fragm. de Val.*, pl. *il* ibid., acc. *els* ibid.; fém. *elle Eulal.*, *lei* ibid. — 6) *Lui* jusqu'au milieu environ du XIIIe siècle n'a été usité que comme masculin (Fallot) ; le dialecte bourguignon se servait pour le féminin de *lei* (ainsi *Grég., SB.*), distinction qui a persisté encore dans le lorrain *lû* et *lei* (bourg. mod. *el* et *lei*). Une forme féminine appartenant à d'autres dialectes est *lié*, par ex. *Ren.* v. 1899. 2028, *Trist. Li* fut aussi peu à peu employé

pour *lui* et *lei*, par ex. *Aucass.*, *MFr. RCambr.* ; c'est sans doute une forme abrégée de *lui* accentué sur la seconde voyelle (t. I, p. 404), distincte du conjonctif *li*. — 7) Pour *ele* beaucoup de textes se servent de l'abréviation *el*, plur. *els* : *el crie NFC.* Jubin. I, 211, *fait-el Trist.* I, 52, *Fl. et Bl.*, *SSag.*, qu'on trouve encore au XVIe siècle, voy. p. ex. *Ancien théâtre* p. p. Le Duc. — 8) Pour *els* on a aussi *als* et *ols SB.* avec les résolutions usuelles de l'*l* : *eus*, *aus*, *iaus*, *ous* etc. *Ils*, qui est devenu la forme du français moderne, apparaît pour la première fois au commencement du XIVe siècle (Fallot).

Conjonctifs.

Sing. dat. *me*	*te*	*se*	*li*	*li*
acc. *me*	*te*	*se*	*lo, le*	*la*
Plur. dat. *nos*	*vos*	*se*	*lor*	*lor*
acc. *nos*	*vos*	*se*	*les*	*les*

Remarques. 1) Les plus anciens exemples sont : *me Serm.*, *Eulal.*, *nos Eulal.* 28, *li Serm.*, *Eulal.. Fragm. de Val.*, *lo Serm.*, *Eulal.*, *la Eulal.*, *lor Fragm. de Val.* — 2) De même que pour l'article (p. 41), on a pour le pronom une forme dialectale *le* pour *la*. — 3) L'usage de l'abréviation, commun au provençal et au vieil espagnol, a été introduit aussi en français : elle est rare pour *me, te, se* : *sim cumbatrai Rol.* p. 87, *nem fesis mal* 79 ; *sit guardarai Ch. d'Al.* 31 ; pour *se* elle se trouve déjà dans les *Serments* : *los tanit*, et *Eulalie* : *poros furet, nos coist* ; plus fréquente pour *lo, le* : *et si lem porroiz ben garrir Part.* II, 47 ; *diex nel veut mie* Roq. s. v. *nel* ; *l* peut alors se résoudre en *u* : *mais se geu (gel) puis Agol.* v. 1133 ; *nou (nol) NFC.* I, 345, *nu* ibid. II, 175 v. 72 (comp. les remarques de Bekker sur *Ferabr.* 172[b]). — 4) Au contraire *les* se fond avec *je, me, te, se, qui, ne, si* et d'autres petits mots, de telle sorte que *l* tombe, et de là les formes *jes, mes, tes, ses, quis* ou *ques, nes, ses*, par ex. *ges (je les) irai tuer* ; *le vent failli ques menoit*.

2. Possessif. Ce pronom a suivi un développement assez différent de celui du provençal, et son histoire n'est pas absolument claire. Les dialectes dont il convient de tenir un compte spécial divergent sur quelques points considérablement les uns des autres, mais ont échangé réciproquement leurs formes[1]. La

---

1. Burguy a traité ce chapitre avec une grande circonspection, les tableaux ci-dessus ont été établis d'après les siens. Ce serait faire un pas en arrière dans la science que de ne pas vouloir tenir un compte

distinction entre un possessif primitif et un abrégé, comme en espagnol et en provençal, ne peut guère être poursuivie ici, car les deux formes se séparent moins clairement ; on fera mieux de les exposer d'après leur valeur syntactique.

Pronom conjonctif bourguignon :

Masc. sing.	nom.	*mes*	*tes*	*ses*	Fém.	*ma*	*ta*	*sa*
	acc.	*mon*	*ton*	*son*		*ma*	*ta*	*sa*
plur.	nom.	*mei*	*tei*	*sei*		*mes*	*tes*	*ses*
	acc.	*mes*	*tes*	*ses*		*mes*	*tes*	*ses*

Remarques. 1) Le picard décline : nom. sing. *mis, tis, sis,* acc. *men, ten, sen,* plur. *mi, ti, si,* acc. *mis, tis, sis* ; fém. *me, te, se,* comme l'article *le* pour *la*. Le normand est identique au bourguignon, sauf que la finale vocalique du nominatif pluriel est ici remplacée par *s, mes, tes, ses*.— 2) Les exemples les plus anciens sont : nom. sing. *meos* Serm. acc. *meon* ibid., *son* (qui permet d'admettre aussi une forme contracte *mon*) ibid.; *suon* Eulal., *sun* Fragm. de Val., *sen, sem* ibid.; fém. *sa* Eulal. *Mes, tes, ses* se sont enfin aplatis du prov. *mos, tos, sos,* comme *les* de *los*. — 3) *Mon, ton, son* sont quelquefois, contre la grammaire, employés comme nominatifs. — 4) *Tei* et *sei* sont évidemment des formations par analogie à *mei*, comme les formes prov. *tiei, siei*. On rencontre à leur place les formes organiques avec *u, tui, sui* et de là *mui* ; en outre *teu, seu* = prov. *tieu, sieu*. Les accusatifs *mes, tes, ses* sont aussi employés comme nominatifs, de même que les formes prov. *mos, tos, sos*.— 5) *Ma, ta, sa* peuvent s'abréger : *m'amie, t'espee, s'amour*. Cependant on remarque déjà des exemples de la forme masculine devant des voyelles initiales : *ton ainrme* (*ton âme*) SB. 525^m, *son impacience* 557°; cette liberté, dont on a placé l'origine au XIVe siècle (p. ex. Monnard *Chrest.* I, 73), remonte donc beaucoup plus haut.

Le possessif absolu a la flexion de l'adjectif ; voici sa forme en dialecte bourguignon :

---

soigneux des résultats de ses recherches assidues qui ont été dirigées surtout vers la distinction des dialectes. Cependant une grammaire telle que la présente, qui doit exposer et, quand cela est possible, expliquer les phénomènes d'un domaine linguistique étendu, ne peut pas examiner systématiquement toutes les différences dialectales qui ne sont généralement fondées que sur les lois phoniques. Elle doit être notamment autorisée, là où, comme en français, on a presque uniquement à faire à des dialectes, à donner la préférence tantôt à l'un, tantôt à l'autre de ces dialectes, selon ses besoins, par exemple pour mieux établir le rapport avec la langue mère.

Masc. sing. n. *miens, tuens, suens* Fém. *meie, teie, seie*
    a. *mien, tuen, suen*   *meie, teie, seie* etc.

Remarques. 1) Il faut observer en picard les féminins *moie* (aussi bourg.) et *mieue* = prov. *mieua, toe tieue, soe* (*souue Eulal.*) *sieue*, en normand les masculins contractes *muns, tuns, suns sons* (voy. *Ch. d'Al.*) à côté de *mens, tuens, suens*. — 2) *Miens* est une dérivation avec le suffixe *ien* = lat. *anus*, il répond à l'all. *mein-ig*. On trouve aussi, comme on peut le croire, pour *tuens, suens*, les formations par analogie *tiens, siens*. Le féminin du fr.mod. *mienne, tienne, sienne* n'a pas encore pénétré, cependant on en trouve des traces, par ex. B. *Chrest. fr.* 321, 12. Au point de vue syntactique sa place est prise par *meie*, qui répond au prov. *mia*, comme *toe* au prov. *tua, soe* au prov. *sua*. Voy. aussi sur l'origine de ce pronom Delius, *Jahrb*. IX, 101.

Le possessif du pluriel est:
    Sing. nom. *nostres, vostres, lor*;
il se décline régulièrement, *lor* est indéclinable. — Remarques. 1) *Nostre* et *vostre* s'abrégent d'habitude, lorsqu'ils sont conjonctifs, en *nos* et *vos* (*noz, vos*), et même ce possessif exprime l'acc. sing. et le nom. plur., comme le personnel (p. 95), par la forme dépourvue d'*s no* et *vo*: *no roi, no fille, no mere, no foi*. On remarque même *nos, vos* employés comme absolus, par ex. *li nos Gar.* 1, 200; *qui mon fieu et les vos destruient Brut*. I, p. 34, ce qui, à la vérité, pourrait s'expliquer par *li de nos, les de vos*. *Vost* dans le *Fragm. de Val.* semble répondre à ce *vos*. — 2) De même que la langue a soumis *nos* et *vos* aux règles ordinaires de la déclinaison, elle l'a fait aussi pour *lor*, auquel elle a ajouté une *s* dans les conditions qui l'appelaient. Mais on ne trouve guère ces formes avant la fin du xiii° siècle.

3. Démonstratifs.

a) Masc. sing. nom. *cist, cestui*   Fém. *ceste, cestei*
    acc. *cest, cestui*   *ceste, cestei*
   plur. nom. *cist*   *cestes*
    acc. *cez*   *cestes*

b) Masc. sing. nom. *cil, celui*   Fém. *cele, celei*
    acc. *cel, celui*   *cele, celei*
   plur. nom. *cil*   *celes*
    acc. *cels*   *celes*

Icist et *icil* fléchissent de même. Remarques. 1) Voici d'anciens exemples: nom. sing. *cil cilg Fragm. de Val.*, acc. *cel* ibid.; nom. pl. *cil* ibid., acc. *cels Eulal.* (comme fém. dans le *Fragm.*

de Val. 63). *Cist* comme cas oblique dans les *Serments,* de même que *ist* qui n'a pas subsisté. On trouve des formes parallèles avec *ch* initial pour *c.* — 2) Pour le nom. sing. *cil* on trouve avec *s cils* et *cis,* pour le nom. plur. aussi *cels* ; au sujet de ce dernier, voy. Raynouard, *Sur le rom. de Rou* p. 78. — 3) Nous venons d'observer le fém. *cels* comme une forme ancienne pour *celes,* mais *cez* pour *cestes* = franç.mod. *ces* est très-usité. — 4) *Cestui cestei, celui celei,* auxquels manque un plur. *cestor* et *celor,* sont les formes habituelles du *SBern.*, on a encore aujourd'hui dans le dialecte bourguignon *cetu, cetei.* A la place de *cestei* et *celei* se montrent de bonne heure les formes picardes *cesti* et *celi* (*chesti, cheli*), qui ne sont du moins que rarement employés comme masculins, par ex. *en cesti hom* Roq. I, 584 b, *fils celi Parton.* I, 12. Pour *celui* employé comme féminin, voy. *Ccy* 2225, aussi *SBern.*

4. Les interrogatifs et relatifs *qui, que, cui* se comportent comme en provençal ; ainsi nom. masc. et fém. *qui* et *que,* p. ex. *qui Serm., que Léger*; acc. *que Serm., Fr. de Val.* (sing. et plur.); *qui* est dans ce cas interrogatif, rarement relatif; gén. dat. acc. *cui Serm.* (à ce dernier cas). A cela s'ajoute l'archaïque *chi* pour *qui* (jamais pour *que*) *Eulal., Fragm. de Val.,* Fragm. d'*Alex.,* Psaut. de la Bodl., *Chants rel., Jahrb.* VI, 362, à peine connu en provençal. *Que* est neutre, ainsi qu'une nouvelle forme *quoi* (*quei*) qui d'abord pouvait aussi représenter des régimes, comme *cui*[1]. *Quels,* fém. *quele* interrogatif, *li quels, la quele* relatif, fléchissent régulièrement.

5. *Autrui* (d'un autre), *aucunui* (de quelqu'un) *Grég.* 438, *nului,* aussi *nelui* (de personne) pour les cas obliques du singulier. *Toz* décline comme le prov. *totz,* ainsi acc. *tot,* nom. plur. *tuit* (déjà dans *Eulal.*), acc. *toz,* fém. *tote, totes. Tanz, quanz* (il n'y a toutefois pas d'exemple de ces formes avec *z,* voy. Burguy), fém. *tante, quante. Alcuns* et *alcuens* aussi bien que *alcons,* acc. *alcun, alcon.*

---

[1]. D'après l'observation de Fallot le nom. sing. et le plur. masc. sont dans le plus ancien bourguignon *qui,* mais le fém. *que.* Dans *Bernard qui* est sans contredit la forme régulière pour le masculin, *que* la forme prédominante pour le féminin, à côté de laquelle *qui* n'est toutefois pas sans exemple, ainsi *compaigniee ki* 524, *li misericorde ki* 537, *li sapience ki* 538, *la quinte qui* 540. Il est en tout cas remarquable que dans ce dialecte *que,* comme sujet, ne représente pas facilement un masculin.

b) Pronom du français moderne.

Un grand nombre des anciens mots a disparu, la distinction flexionnelle entre le cas direct et l'oblique a souffert, en revanche des formes précises se produisent partout et la tendance à rendre sensible la différence du genre et du nombre, sans égard pour le développement historique, se manifeste clairement.

1. Pronoms personnels.

Sing. *je*	*tu*		*il*	*elle*
de moi	*de toi*	*de soi*	*de lui*	*d'elle*
à moi	*à toi*	*à soi*	*à lui*	*à elle*
moi	*toi*	*soi*	*lui*	*elle*
Plur. *nous*	*vous*		*ils*	*elles*
de nous	*de vous*	*de soi*	*d'eux*	*d'elles*
à nous	*à vous*	*à soi*	*à eux*	*à elles*
nous	*vous*	*soi*	*eux*	*elles*

Remarques. 1) La place des nominatifs qui, par leur union étroite aux personnes du verbe, ont perdu peu à peu leur individualité, est prise, lorsqu'on veut insister sur le pronom, par les accusatifs : *il est, c'est lui*. Pour plus de détails, voyez la syntaxe. — 2) *Lui*, dans le sens absolu, a été restreint au masculin et a été remplacé au féminin par *elle*, par là la conformité des deux genres a été détruite, mais on est arrivé à les distinguer d'une manière précise[1].

Les formes conjonctives sont :

Sing. dat. *me*	*te*	*se*	*lui*	*lui*
acc. *me*	*te*	*se*	*le*	*la*
Plur. dat. *nous*	*vous*	*se*	*leur*	*leur*
acc. *nous*	*vous*	*se*	*les*	*les*

Remarques. 1) Devant les voyelles on a *m', t , s', l'*, ce dernier pour *le* et *la*. — 2) L'unique innovation est le remplacement de l'ancien *li* par la forme absolue *lui*. C'est à la syntaxe d'enseigner dans quelle circonstance *me, te* sont de la même manière remplacés par *moi, toi*.

2. Parmi les possessifs *mes* etc. se sont maintenus sous la forme de l'acc. *mon* et *mien* qui n'est employé que comme

---

1. Sur le fait que dans les dialectes *je* prend devant le verbe la place de *nous* (*j'avons* = *nous avons, j'sommes* = *nous sommes*), voy. Oberlin, *Pat. lorr.* 165, Schnakenburg, *Tableau etc.*, Fuchs, *Zeitw.* 295. 316, Mignard, *Idiome bourguignon* 170.

absolu et avec l'article; on lui a maintenant aussi ajouté un féminin.

Leur flexion est :

Masc. sing.	*mon*	*ton*	*son*	Fém. *ma*	*ta*	*sa*
plur.	*mes*	*tes*	*ses*	*mes*	*tes*	*ses*
sing.	*notre*	*votre*	*leur*	*notre*	*votre*	*leur*
plur.	*nos*	*vos*	*leurs*	*nos*	*vos*	*leurs*

Remarque. Il n'est plus permis d'apocoper le fém. *ma, ta, sa*; c'est la forme du masculin qui est partout employée pour éviter l'hiatus : *mon amie, ton épée, son habitude*; c'est le sacrifice le plus considérable que la forme pût faire à l'euphonie. Le possessif absolu est masc. *mien, tien, sien*, fém. *mienne, tienne, sienne*, et pour le rapport du pluriel : *nôtre, vôtre* (avec circonflexe), *leur* pour les deux genres; tous ont un pluriel régulier.

3. Démonstratifs : *ce* ou *cet*, ce dernier devant les voyelles ou une *h* muette, fém. *cette*, plur. *ces* pour les deux genres (v.fr. *cest*); *celui*, plur. *ceux*, fém. *celle*, plur. *celles* (v.fr. *cel*). *Ce* est employé adjectivement, *celui* ne l'est plus que substantivement; *cet* uni à la particule *là* adaptée au substantif sert maintenant de compensation à l'adjectif perdu *cel* : v.franç. *cil livres, cele plume*, franç. mod. *ce livre-là, cette plume-là*, et pour désigner une proximité plus grande *ce livre-ci*. *Celui-ci* remplace de la même manière le mot perdu *cestui* et *celui-là* se rapporte à son tour à un objet plus éloigné. Les neutres sont *ce, ceci, cela*.

4. Les interrogatifs et relatifs sont plus rigoureusement limités qu'auparavant dans leur signification. *Qui* comme interrogatif est complet, comme relatif il est restreint au nominatif et à l'union avec des prépositions (*de qui, à qui, sans qui* etc.), mais au nominatif il est même neutre (*ce qui*). *Que* comme interrogatif est peu usité et ne l'est qu'au nominatif et à l'accusatif, comme relatif il l'est à l'accusatif seulement. Le neutre *quoi*, qui n'était proprement chez les anciens qu'une forme parallèle de *que*, et que le provençal ne connaît pas du tout, est complet comme interrogatif, mais ne doit s'employer comme relatif qu'avec des prépositions. *Cui* est éteint. Le tableau de ces pronoms est actuellement le suivant (c. p. = cas prépositionnel) :

	Interrogatif.		Relatif.	
Masc. fém. nom. *qui*	Neutre *quoi, que*	M. f. *qui*	N. *qui*
acc. *qui*	*quoi, que*	*que*	
c. p. *qui*	*quoi*	*qui*	*quoi*

Le pluriel comme le singulier. — *Quel*, plur. *quels*, fém. *quelle*, *quelles* est un adjectif interrogatif (*quel homme?*); précédé de l'article c'est le relatif habituel comme dans les autres langues et en même temps un substantif interrogatif.

5. *Autrui* est restreint au génitif et au datif; *nului* s'est perdu. *Tant*, *quant* sont des neutres indéclinables. *Chaque*, *chacun*, fém. *chacune*, de même que *quiconque*, ne s'emploie qu'au singulier. *Quelque* et *quelconque* ont développé les pluriels *quelques*, *quelconques*.

6. PRONOM VALAQUE.

1. Personnel.

Sing. *eu*	*tu*		*el*	*ia*
al mieu	*al teu*	*al seu*	*a lui*	*a ei*
mie	*tzie*	*śie*	*lui*	*ei*
pre mine	*p. tine*	*p. sine*	*p. el*	*p. ia*
Plur. *noi*	*voi*		*ei*	*iale*
al nostru	*al vostru*	*a sęi*	*a lor*	*a lor*
noao	*voao*	*śie*	*lor*	*lor*
pre noi	*p. voi*	*p. sine*	*p. ei*	*p. iale*

Remarques. 1) Aucune des autres langues ne possède le pronom personnel sans genres avec des formes aussi complètes que le valaque, mais ce n'est pas la déclinaison de la langue mère. Le génitif est représenté ici par le possessif accompagné de l'article, *al mieu*, par exemple, signifie proprement « du mien », et a passé à la signification de « de moi ». Nous avons ainsi dans cet idiome une répétition d'un procédé de la langue mère, dans laquelle le génitif du pronom personnel (*mei*, *tui*, *nostri*, *vestri*) est également tiré de celui du possessif. Le datif *mie* renvoie clairement à *mihi*; *tzie* et *śie* ont pu se former sur lui. L'accusatif *mine* etc. est redevable de sa forme à un modèle étranger, car le bulgare dit aussi à l'acc. *méné* (le serbe de m.), 2e pers. *tébê*, 3e *sébê*, le grec mod. έμένα à côté de μέ, έσένα à côté de σέ. — 2) Le datif plur. *noao*, *voao* est particulier vis-à-vis du nominatif *noi*, *voi*, connu aussi de l'italien. Nous avons vu la même distinction de forme, non point, il est vrai, dans la flexion casuelle, mais dans celle du genre, à propos du nom de nombre *doi* (*duo*), *doao* (*duae*). Les formes bulgares sont *nam*, *vam*. — 3) Pour *śie*, *sine*, *lor* on dit aussi avec un *śi* ajouté *śieśi*, *sineśi*, *loruśi*. — 4) On peut encore comparer le valaque du sud. *Eu, a njui, a nja, mine*; *noi, a nostror,*

a nao, noi. Tu, *a tui, a tzea, tinc*; voi, *a vostror, a vao, voi.* Elu, *a lui, a lui, elu*; *elji, a lor, a lor, elji.* Ia, *a ljei, a ljei, ia*; *ele, a lor, a lor, ele.* Les divergences sont peu importantes. *Njui* et *nja* ne sont qu'un *mieu* et qu'un *mie* prononcés différemment (t. I, p. 444). *Nostror, vostror* confirment l'insertion de formes possessives.

Conjonctifs.

Sing. dat.	*mi*	*tzi*	*si*	*i*	*i*
acc.	*me*	*te*	*se*[1]	*lu*	*o*
Plur. dat.	*ni*	*vi*	*si*	*li, le*	*li*
acc.	*ne*	*ve*	*se*	*ii*	*le*

Il faut observer : 1) Ici aussi le pronom sans genres est caractérisé par une distinction du datif et de l'accusatif qui est étrangère aux langues sœurs. Le valaque partage cet avantage avec le bulgare, où ces petits mots sont également au datif *mi, ti, si, ni, vi*, à l'accusatif *me, te, se, ne, ve*. — 2) Le datif singulier et l'accusatif pluriel du pronom variable se sont abrégés de *li* = val. du sud *lji*, ital. *gli*, par une aphérèse usitée, en *ii* ou *i*. — 3) L'accusatif *lu* (= ital. *lo*) s'abrège par enclise en *l* devant une voyelle finale : *l'am purtat* « je l'ai porté », *tremitel* « envoiele ». On pouvait s'attendre à avoir pour féminin de ce cas *la* ou *a*; au lieu de cette forme s'est introduit *o* (qui, d'ailleurs, est aussi employé comme article indéfini féminin), dans le val. du sud *u*.

2. Possessif.

Masc. sing.	*mieu*	*teu*	*seu*	Fém. *mea*	*ta*	*sa*
plur.	*miei*	*tei*	*sei*	*meale*	*tale*	*sale*
sing.	*nostru*	*vostru*	*lor*	*noastre*	*voastre*	*lor*
plur.	*nostri*	*vostri*	*lor*	*noastre*	*voastre*	*lor*

Remarque. Ces pronoms n'apparaissent sous cette forme qu'après leur nom, auquel est alors uni l'article, ainsi *vecinul mieu* mon voisin, dat. *vecinului mieu*, voc. *vecinule mieu*; *fratzii miei* mes frères, dat. *fratzilor miei*, voc. *fratzii miei*. S'ils précèdent le nom, ce qui n'a lieu presque qu'au nominatif et à l'accusatif, ils prennent le préfixe *a* devant l'article : nom. *al mieu frate*, acc. *pre al mieu frate*, nom. plur. *ai miei fratzi*, acc. *pre ai miei fratzi*; fém. *a* (pour *aa*) *ta sore* ta sœur, *ale tale sore*[2].

3. Démonstratifs. *Insu* (même) est joint au pronom personnel, et

---

[1]. Au lieu de *se* quelques grammairiens, notamment Clemens, emploient *se*; de là cette dernière forme qui revient dans toutes les parties du présent livre.

[2]. Voyez aussi sur *seu* et *teu* Mussafla, *Ruman. Vocalisation* 147.

alors il est accompagné des enclitiques de ce pronom : *eu insumi* (gén. *a mieu insumi*, dat. *mie insumi*), *tu insutzi, el insusi,* plur. *noi insine, ei insisi,* fém. *eu insami,* plur. *noi insene* etc. *Dunsul* (ital. *desso*), fém. *dunsa* fléchit comme un adjectif, il en est de même du synonyme *trunsul*. *Est, cest* (celui-ci), fém. *aste, ciaste, aciaste* déclinent de la manière suivante :

Masc. sing. nom. *acest (acesta)*   Fém. *aciaste*
        dat. *acestui*   *acestii*
     plur. nom. *acesti*   *aceaste*
        dat. *acestor*   *acestor*.

Cel et *acel* (celui-là) fléchissent :
Masc. sing. nom. *acel (acela)*   Fém. *acea (aceaja)*
        dat. *acelui*   *aceii (aceija)*
     plur. nom. *acei*   *aceale*
        dat. *acelor*   *acealor*.

4. Interrogatifs et relatifs. *Ce* (ital. *che*) indéclinable ; *cine* (ital. *chi*), dat. *cui*, plur. *cine*, dat. *ceror*. *Care* (ital. *quale*), par l'emploi de formes déjà citées, décline de cette manière :

Masc. sing. nom. *care, carele*   Fém. *carea*
        dat. *cerui*   *cerii*
     plur. nom. *cari*   *care*
       dat. *ceror (cerora)*   *ceror (cerora)*.

5. *Alt, altul* (l'autre) fléchit comme *un* (p. 50), par conséquent dat. *altui*, plur. *altzii*, dat. *altor* ; fém. *alte*, dat. *altei*, plur. *altele*, dat. *altor*. *Nime* ou *nimenea* (personne), dat. *nimenui* et *nimurui*. *Niste* (un certain), *niscare* (aucun) sont indéclinables. *Tot* (tout), dat. *tot* (pas *totui*), plur. *totzi*, dat. *tuturor* ; fém. *toate, toatëi*, plur. *toate, tuturor*. *Atuta* (autant que), plur. *atutzi* et *atutza*, fém. *atutea*. *Cut* (combien), plur. *cutzi* ; fém. *cute*, plur. *cute* sans datif ; d'après Barcianu p. 95, cependant, on a *cutor*, et de même *atutor*.

DEUXIÈME PARTIE.

CONJUGAISON.

I. Rapport avec la conjugaison latine.

La flexion du verbe, si on la compare à d'autres langues anciennes, notamment au grec, nous apparaît en latin déjà à un degré inférieur ; aussi s'en faut-il que tous les rapports dont le verbe est susceptible, en tant qu'ils se produisent par voie de flexion, trouvent ici leur représentation. Le duel est éteint, les temps doivent en partie déjà être obtenus par la périphrase, il manque parmi les modes l'optatif, parmi les voix le moyen. Néanmoins cette partie du discours présente encore des formes richement développées. La question que nous avons maintenant à nous poser est celle-ci : quelles vicissitudes le verbe a-t-il éprouvées sur le sol roman ?

1. ACTIF.

Indicatif. Le présent, l'imparfait et le parfait se sont partout conservés dans les langues écrites : ital. *canto, cantava, cantai*; esp. *canto, cantaba, canté*; port. *canto, cantava, cantei*; prov. *chant, chantava, chantei*; franç. *chante, chantais, chantai*; val. *cŭnt, cŭntăm, cŭntai*. Dans quelques dialectes le parfait a souffert, en ce sens qu'il n'a conservé que quelques-unes de ses formes personnelles, comme par exemple en roumanche[1] ; ou bien il a tout-à-fait disparu et est remplacé

---

1. C'est-à-dire *udí* de *audivi*, *udít* de *audivit*, *udinan* probablement pour *udiran* de *audierunt*.

par la périphrase avec *habere* et le participe passé, comme en piémontais et en milanais, ou même avec *facere* et l'infinitif, comme dans un dialecte des Vosges : *el fé remesser* (*il fit ramassser*) = *il ramassa*, comme l'anglais *he did love*. Le plus-que-parfait n'a plus en italien d'autre exemple que *fora* (*fueram*), l'ancienne littérature italienne en offre d'autres, et il semble aussi persister dans un des dialectes sardes. Ce temps existe complètement en espagnol et en portugais où sa forme est *cantara*, en provençal où elle est *chantera*. On le remarque aussi en vieux français. Il ne reste du futur simple que l'ital. *fia* (*fiam*) et le prov. et franç. *er* (*ero*).

Subjonctif. Le présent est resté dans toutes les langues : ital. *canti*, esp. port. *cante*, prov. *chan*, franç. *chante*, val. *cunt*. L'imparfait est partout éteint. C'est en vain aussi qu'on cherche le parfait : nous examinerons plus tard s'il faut admettre sa présence dans le valaque du sud *calcarim*, qui lui ressemble jusqu'à faire illusion. Le plus-que-parfait est demeuré partout : ainsi ital. *cantassi*, esp. *cantase*, prov. *chantés*, franç. *chantasse*, val. *cuntasem*.

On ne pouvait s'attendre à ce que l'*impératif* se conservât dans ses deux temps. On ne trouve que le premier, encore le sud-ouest paraît-il être seul à posséder une forme propre pour son pluriel, que les autres langues ont emprunté au présent de l'indicatif : ital. *canta, cantate*, esp. *canta, cantad*, port. *canta, cantai*, prov. *chanta, chantatz*, franç. *chante, chantez*, val. *cunte, cuntatzi*. Mais en roumanche aussi l'impératif *canteit* se sépare du présent *canteits*, de même en sarde *cantade* de *cantades*. L'*infinitif* n'a sauvé que le présent : ital. *cantare*, esp. port. *cantar*, prov. *chantar*, franç. *chanter*, val. *cuntà*. Le *gérondif* existe sous la forme de son ablatif : ital. esp. port. *cantando*, prov. *chantan*, franç. *chantant*, val. *cuntund*. Les *supins* manquent et n'ont laissé une trace qu'en valaque ; leurs fonctions ont été prises en général par l'infinitif. On a conservé des *participes* le présent, presque toujours avec une valeur d'adjectif, ital. *cantante* etc. ; le futur dans peu de cas, en général comme latinisme.

On doit reconnaître que le verbe actif est sorti passablement complet du grand naufrage des formes grammaticales ; combien il était facile que des procédés de formation d'invention nouvelle, qui menacent toujours l'organisme d'une langue, amenassent une désorganisation encore plus grande des anciennes formes ! La grammaire du grec moderne n'a sauvé que le présent, l'imparfait et un aoriste, celle de l'allemand ne peut présenter que le présent et un prétérit. Trois temps, l'imparfait du subjonctif, le parfait du même mode et le futur simple ont disparu du domaine tout entier, sauf quelques légères traces de leur existence antérieure ; mais quelques-unes des langues ont sauvé, comme nous l'avons vu, le plus-que-parfait de l'indicatif et le futur antérieur (d'après une autre opinion le futur du subjonctif). On a expliqué la disparition de ces divers temps par leur ressemblance plus ou moins exacte avec d'autres formes temporelles : dans *cantarem* par ex. une prononciation négligée de la voyelle de flexion *e* pouvait bien facilement confondre cette forme avec *cantarim*, *cantaram*, *cantabo* avec *cantabam*, *audiam* futur avec *audiam* présent. Il semble que c'est à la coïncidence de *ere* (lat. *eram*) avec *er* (*ero*) que le vieux français doit attribuer la perte des deux formes. On renonça donc à ces temps aussitôt qu'on eut trouvé un dédommagement, ou plutôt l'ancienne forme vécut encore un certain temps à côté de celle qui la remplaçait jusqu'à ce qu'on la congédiât comme superflue et gênante. Ce remplacement ne pouvait guère se faire autrement que par la périphrase, à laquelle servit le verbe *habere*, qu'on joignit soit au participe, soit aussi à l'infinitif d'un verbe donné. Par ce moyen on gagna même, au point de vue de la représentation extérieure, quelques temps de plus que ceux qu'offrait la grammaire latine ; mais il n'est pas besoin d'expliquer combien la nouvelle langue perdit par là en ce qui touche l'intensité de l'expression. 1) Pour exprimer plusieurs temps du passé on employa *habere* uni au participe passif, et ainsi l'it. *ho cantato*, par ex. (c.-à-d. *habeo cantatum*), prit la place de *cantavi* ; *habere* se dépouilla de sa signification individuelle et servit comme auxiliaire à désigner les rapports subjectifs (personnels) de l'action exprimée par le verbe au participe. Outre l'action du verbe, le participe n'a plus été chargé que d'exprimer en général le passé, dont l'auxiliaire a encore eu pour fonction d'exprimer la détermination précise et graduée : ital. *ho, aveva, ebbi cantato*. Ce qui peut surprendre dans cette méthode périphrastique, c'est seulement l'emploi du participe passif, comme dans la phrase italienne *ho cantato quell' eroe* « j'ai chanté ce héros », mais comme *habere* était à l'origine un verbe actif, il n'y avait qu'un participe passif qui pût s'unir avec lui. On sait que cette périphrase n'était pas inconnue au latin : on lit par ex. dans Cicéron *habeo perspectum, habeo cognitum, satis dictum habeo*, et avec l'adjonction d'un régime *habeo absolutum epos, bellum diis indictum habuit* tout-à-fait ou à peu près synonymes de *perspexi, cognovi, dixi, absolvi, indixit*. Du Cange donne des exemples du bas-latin, s. v. *habere*, comme *postquam eam sponsatam habuit*, et Pott spécialement de la *L. Sal.* p. 145 et de la *L. Long.* p. 350. Ici le verbe auxiliaire apparaît déjà clairement dans son passage à la signification abstraite, mais il possède encore sa force active, il exige que le régime soit à l'accusatif, et cette construction n'a pas encore disparu en italien et en français. Il y a proprement dans cette sorte de périphrase une petite ellipse : *habeo absolutum epos* devrait être expliqué par *habeo a me absolutum epos*, s'il était besoin d'une explication aussi recherchée pour un phénomène aussi naturel que l'emploi abstrait de l'idée fondamentale de *habere*. Dans *ho cantato* le participe est donc à l'accusatif, dans *sono cantato*, l'expression passive pour le masculin (voy. plus bas), il est au nominatif. Cette différence se manifeste aussi dans quelques dialectes par la forme : prov. actif *ai lauzat,* passif *sui lauzatz* et encore aujourd'hui en roum. *hai ludau, veng ludaus*. Les Espagnols et les Portugais ont même chargé le verbe bien plus précis *tenere* de cet emploi de *habere*. En allemand *haben* sert de même à la construction des temps du passé et plus anciennement aussi *eigan* (posséder), en grec mod. souvent ἔχω (τα ἔχω γραμμένα je l'ai écrit), ce qui n'était pas inconnu à l'ancienne langue.— 2) C'est encore le verbe *habere* qu'on emploie pour la périphrase du futur. Conformément à la formule du passé, on aurait pu choisir le futur du participe passif : *habeo cantandum aliquem* « j'ai à chanter quelqu'un » aurait été aussi bien en droit d'exprimer l'idée : « je chanterai quelqu'un ». Mais la syntaxe latine elle-même offrait ici un expédient plus pratique dans l'infinitif uni à *habere*; cette construction, connue aussi du grec, était peut-être plus familière à la langue populaire qu'à la langue écrite. Du Cange *l. c.* en donne des exemples empruntés au latin du moyen âge. La formule *habeo audire* revient exactement à *habeo audiendum* ou *habeo quod audiam* « j'ai à entendre, je dois entendre » (Voss. *Arist.* 7, 51); mais on sent combien « avoir à entendre » est près de « vouloir entendre » et « devoir entendre ». Au point de vue de la forme, on n'a ici que le renouvellement d'un procédé qu'on remarque souvent dans l'histoire des langues : le verbe auxiliaire, après être devenu un simple mot *formel*, s'agglutina peu à peu comme un suffixe avec l'infinitif et finit par former un seul corps, qui, sous les dehors d'un temps simple, remplaça le futur latin, produit en partie par une construction semblable (*ama-bo* de *ama-fuio* c. à d. *aimer serai*): car l'it.

canterò n'est pas autre chose qu'une contraction de *cantar ho*. Le gothique peut aussi exprimer de même le futur par la périphrase, il rend par ex. ποιήσω par *taujan haba* ; le même phénomène se produit en slave et dans l'un des dialectes albanais. En sarde le verbe auxiliaire a pris sa place *devant* l'infinitif, aussi cette fusion ne s'opéra-t-elle pas ; le futur de *cantar* est par ex. dans le dialecte de Campidano *hapu cantai* et non *cantarhapu*, dans celui de Logudoro l'infinitif est même dans cette combinaison précédé d'une préposition : *hapo a cantare*. On peut encore reconnaître aux traits suivants que le futur roman a été réellement créé de la manière indiquée : 1) par l'accord de la flexion du présent de *habere* et du futur nouvellement créé [1] ; 2) en italien spécialement, par l'archaïque *canteraggio*, où on retrouve dans *aggio* une forme parallèle bien connue de *ho* ; 3) en espagnol, portugais et provençal par la séparation possible des deux éléments : *cantar-te-hé, cantar-te-hei* etc.[2]. Voici quelles sont actuellement les formes du futur de l'indicatif dans les différentes langues : ital. *canter-ò*, esp. *cantar-é*, port. *cantar-ei*, prov. *chantar-ai*, franç. *chanter-ai*. Le plus ancien exemple roman se trouve dans le plus ancien texte roman : *salvarai, prindrai* ; un exemple du xe siècle est le *daras* pour *dabis* que l'historien Aimoin met dans la bouche de l'empereur Justinien ; pour d'autres exemples anciens, voy. *Choix* I, 71, et cette grammaire, t. III, 1re sect., chap. 9, § 6. — Au moyen de la même méthode on créa ensuite avec *habebam* un second temps, qui, pour le sens, répond à peu près à l'imparfait du subjonctif latin. Cette combinaison se fondit aussi en une forme unique bien qu'un peu moins reconnaissable : ital. *canter-ia* (pour -*avia*), esp. port. *cantar-ia*, prov. *chantar-ia*, franç. *chanter-ais*. Une troisième combinaison synonyme avec le parfait *habui* appartient exclusivement à la grammaire italienne, la forme qui en résulte est *canter-ei*. Des dialectes italiens, par exemple le milanais, ont obtenu au moyen de *habuissem* une quatrième forme qui a la même signification, car que sont *cantaréss, -ésset, -éss, -éssem, -éssef, -éssen* sinon *cantar-*

---

[1]. Elle diffère en wallon, par ex. inf. *stopé*, fut. *stopret*, prés. du verbe auxiliaire *a* : au contraire cond. *stopreu*, d'accord avec l'imparfait *aveu* du verbe auxiliaire.

[2]. C'est, d'après Blanc, *Ital. Gramm.* 360, Antonio de Nebrija (1492) qui, le premier, a reconnu la formation du futur. Plus tard, Castelvetro fit la même observation. On ne comprend pas comment Gayangos, *Calila é Dymna* p. 5 note, peut encore expliquer le cond. *amar-ia* par *amar-y-a*, lequel *y* serait identique au franç. *y*.

avess = cantare habuissem? — Ni le roumanche ni le valaque ne prennent part à ces combinaisons avec *habere* : celui-là obtient le futur au moyen de *venire* : *veng a cantar*; celui-ci au moyen de *velle* : *voiu cuntà*.

A l'égard de la formation de la conjugaison romane il reste encore à mentionner, outre la disparition de plusieurs temps et leur reconstruction dans un autre style, le déplacement du sens, c'est-à-dire le passage d'une forme de temps ou de mode à une autre. La cause de cette importante modification réside surtout dans le fait que beaucoup de temps, grâce à l'inévitable empiètement de la méthode périphrastique, existaient en double, sous la forme synthétique comme sous la forme analytique; la dernière, en vertu de sa plus grande clarté matérielle, eut la prépondérance et délogea une partie des temps simples. 1) L'imparfait du subjonctif, en raison de sa flexion moins expressive, parut ne plus pouvoir être employé, ainsi qu'il a été observé plus haut; la place de ce temps fut prise alors par le plus-que-parfait du même mode, lui-même supplanté par son concurrent périphrastique: *cantassem* équivalut à *cantarem*, et un ancien grammairien roman, Faidit, lui conserve le nom de plus-que-parfait. En valaque, cependant, ce temps fut conservé au même degré, mais il passa à l'indicatif après qu'il se fût produit une lacune dans ce mode[1]. — 2) Le plus-que-parfait de l'indicatif persiste en espagnol, en portugais et provençal, mais avec une signification indécise : en vieil espagnol et en portugais il remplit parallèlement, en espagnol moderne et en provençal exclusivement l'office de l'imparfait du subjonctif: la signification « j'avais chanté » a passé à celle de « je chanterais ». — 3) Le futur antérieur, propre seulement aux langues du sud-ouest, a été employé comme un futur du subjonctif. — 4) Si parmi les composés avec *habere* le présent *cantare habeo* exprimait le sens de «*j'ai* l'intention de chanter », l'imparfait aurait dû logiquement prendre celui de « *j'avais* l'intention de chanter », mais l'usage se prononça pour le sens « *j'aurais* l'intention de chanter », et le fait que cette énonciation a passé du mode de la réalité à celui de l'hypothèse ne saurait plus étonner après les exemples que nous avons cités ci-dessus. On n'est pas d'accord sur le nom de ce nouveau temps. On pourrait le nommer futur imparfait : il répond en effet, dans sa significa-

---

1. La forme parallèle latine du parf. du subj. *-ssim* (*locassim* pour *locaverim*), formée sur l'infinitif, ne peut élever aucune prétention sur l'imparf. du subj. roman, car la conjugaison forte l'exclut : l'ital. *avessi* se laisserait à la vérité tirer de *habessim*, mais jamais l'esp. *hubiesse*, prov. *agues*, val. *avusem*.

tion, à la forme latine *cantaturus essem,* qui consiste en un futur et un imparfait. Mais la pratique s'est généralement prononcée pour l'expression *conditionnel* (ital. *futuro condizionale,* esp. *condicional*, franç. *conditionnel*), parce qu'il joue un rôle dans la phrase conditionnelle, et bien que ce nom ne soit rien moins que juste, puisque ce temps exprime proprement un souhait et qu'il a été nommé pour cela par les plus anciens grammairiens romans, tels que le provençal Faidit, *optatif*, cependant nous le garderons, en considérant que la terminologie romaine qui nous a été transmise et qui est généralement acceptée n'est pas exempte de semblables défauts. — 5) Enfin on a attribué au gérondif le rôle du participe présent, ce qui a eu pour suite la perte de ce dernier. — Outre le déplacement des temps, la formation par analogie d'une forme sur une autre a eu une grande influence sur la configuration de la conjugaison. Non-seulement des personnes ont été façonnées d'après des personnes correspondantes d'autres temps, mais des temps entiers ont emprunté la forme de temps correspondants. On remarque ce procédé dans tous les cantons du domaine : plus fréquent ici, il l'est moins là ; des dialectes très-rapprochés manifestent souvent sur ce point un penchant très-différent. Le latin du plus ancien moyen-âge est déjà entré dans cette voie ; lorsque les scribes de la *L. Sal.* se permettaient *pendiderit, incendederit,* c'est que *vendiderit* ou un analogue était présent à leur esprit.

Tableau comparé des temps et des modes simples et composés :
1) simples :

LAT.	ITAL.	ESP.	PORT.	PROV.	FRANÇ.	VAL.
canto	*canto*	*canto*	*canto*	*chanti*	*chante*	*cynt*
cantabam	*cantava*	*cantaba*	*cantava*	*chantava*	*chantais*	*cyntam*
cantavi	*cantai*	*canté*	*cantei*	*chantei*	*chantai*	*cyntai*
cantaram	—	*cantara*	*cantara*	*chantera*	—	—
cantabo	—	—	—	—	—	—
cantaro	—	*cantare*	*cantar*	—	—	—
cantem	*canti*	*cante*	*cante*	*chante*	*chante*	*cynt*
cantarem	—	—	—	—	—	—
cantarim	—	—	—	—	—	—
cantassem	*cantassi*	*cantase*	*cantasse*	*chantés*	*chantasse*	*cyntasem*
canta	*canta*	*canta*	*canta*	*chanta*	*chante*	*cynte*
cantare	*cantare*	*cantar*	*cantar*	*chantar*	*chanter*	*cyntá*
cantando	*cantando*	*cantando*	*cantando*	*chantan*	*chantant*	*cyntynd*
cantans	*cantante*	*cantante*	*cantante*	*chantans*	*chantant*	—
cantatus	*cantato*	*cantado*	*cantado*	*chantat*	*chanté*	*cyntat*

2) composés :

LAT.	ITAL.	ESP.	PORT.	PROV.	FRANÇ.	VAL.
cantare habeo	canterò	cantaré	cantarei	chantarai	chanterai	—
cantare habebam	canteria	cantaria	cantaria	chantaria	chanterais	—
cantare habui	canterei	—	—	—	—	—

Traits formels. — 1. Dans la *flexion personnelle* les sons, bien entendu, sont soumis aux même lois et aux mêmes permutations qu'on observe aussi en dehors de la flexion. Nous allons résumer ici rapidement ces cas et les appuyer par quelques exemples du latin vulgaire. Le traitement de la voyelle *a* est extrêmement variable et ne peut pas encore être expliqué ici. *I,* quand il ne tombe pas, se change généralement en *e* : it. *cantate* (*cantatis*), *pose* (*posuit*), esp. *cantades* arch., *sientes* (*sentis*) etc.; cependant *i,* surtout pour distinguer une forme d'une autre, reste quelquefois intact. *U* passe habituellement à *o* : ital. *cantiamo* (*cantamus*), *cantarono* (*cantarunt*); esp. *tememos* (*timemus*), *cantaron*; pr. *agron* (*habuerunt*) et plus affaibli encore *agren,* franç. *eurent*; val. *auzirę* (*audierunt*). Des chartes et des inscriptions des premiers siècles présentent déjà cet obscurcissement des voyelles *i* et *u* atones; on lit par ex. πϲουετε (*posuit*) au IVᵉ siècle (Lanzi, *Ling. etrusc.* I, 425), *cepet, ceset* (*gessit*), *vicet, fecet* (Struve, *Lat. decl. u. conj.* p. 154), *emet, fecet* (Reines. *Inscr. in ind. gramm.* e *pro* i); Quintilien 1, 4, 16 cite *dederont, probaveront* comme archaïques, et le premier se rencontre aussi dans une inscription (comp. Gruter, et t. I, p. 156); φειχαερομ (*fecerunt*) se trouve dans une très-ancienne charte (Maffei *Istor. dipl.* p. 166). Les consonnes de flexion sont *m, s, t, n.* L'*m* finale tombe dans la conjugaison, comme dans la déclinaison; le valaque est la seule langue qui la supporte encore. Des exemples latins de cette chute sont *attinge, recipie* pour *attingam, recipiam* dans Festus (comp. Schneider I, 307). Pour le traitement de l'*s* les langues se séparent; celles de l'ouest l'admettent à la 2ᵉ pers. des deux nombres : esp. port. *cantas, cantais* (*cantas, cantatis*), prov. *chantas, chantalz,* franç. *chantes, chantez*; celles de l'est ne l'admettent pas : ital. *canti, cantate,* val. *cyntzi, cyntatzi.* A la 1ʳᵉ pers. du plur. elle est tantôt conservée, tantôt mise de côté; esp. port. *cantamos,* v.fr. *chantomes,* ital. *cantiamo,* prov. *cantam,* val. *cyntęm.* Comp. sur *m* et *s* ci-dessus p. 9. *T* final tombe : ital. *cantava* (*cantabat*) etc.; le français seul est enclin à le garder, bien qu'il ne favorise d'ailleurs pas cette finale, de là *chantait, chantât*. La même apocope qui existait déjà dans le volsque et l'ombrien *fasia façia* = lat. *faciat* peut au moins être citée comme un phénomène parallèle. Mais aussi dans le plus ancien latin on trouve *dede* pour *dedit*, plus tard *fece* pour *fecit* (Corssen). Dans un manuscrit du Vatican de la *L. Long.* on remarque fréquemment cette tendance à supprimer le *t* (Pott, *Ueber longobard. Ges.*). On constate cette chute, du moins après *n*, dans d'autres sources latines : une inscription du ve siècle (Lanzi I, 423) a *exposuerun*, on trouve ailleurs *fecerum* et d'autres formes semblables (Grut. *in ind. gramm.*), φειχαερομ a déjà été cité plus haut. L'allemand a éprouvé cette chute du *t* après *n*, car *geben* 3e pers. plur. était plus anciennement *yebant*. Le *t* médial est soumis à un traitement très-différent et qui dépend des règles spéciales de chaque langue. L'*n* se conserve ou ne tombe que dans des formes secondaires : ital. *cantarono cantaro*, prov. *chanteron chantero* ; cette chute rappelle l'épigraphique *dedro = dederunt*, ital. *diedero*. « La chute du *t* final dans les formes verbales est un phénomène qui nous apparaît comme très-répandu sur le sol des anciennes langues italiques. Les formes du pluriel ont ensuite, après la chute du *t*, laissé tomber l'*n* devenue finale. » Corssen I, 184, 2e éd. Seul le dacoroman rejette l'*n* avec le *t* qui la suivait : *cyntare, cyntase* etc. — Voilà une esquisse à grands traits du sort des lettres de flexion ; une étude plus détaillée doit être réservée pour le moment où il sera question de chaque langue en particulier. Malgré un si grand affaiblissement de la flexion, le roman, au moins dans la partie sud de son vaste domaine, distingue toujours encore avec assez de précision, par la voie de la flexion, la personne et le nombre : le pronom personnel *ego* etc. n'est donc point un compagnon indispensable du verbe. Combien le présent espagnol, surtout sous sa forme ancienne, n'est-il pas près de son modèle : *amo, amas, ama, amamos, amades, aman* ! Ce sont les langues du sud-ouest qui distinguent avec le plus de soin, mais celles de l'est ne leur cèdent que peu ; au degré le plus bas se trouve le français moderne, aussi ne peut-il se passer du pronom. Le plus grand dommage a été causé par la chute de l'*m* et du *t* final, qui eut pour résultat la confusion fréquente de la 1re et de la 3e pers. sing. ; la perte de la quantité laissa l'impératif se confondre avec le présent : ainsi ital. *ama* (*amā*) est identique à *ama* (*amăt*).

2. Une stricte observation de l'*accent* primitif est étrangère à la conjugaison romane, mais les diverses langues suivent des principes très-différents. Les points suivants sont les plus importants : 1) Si en latin au présent l'accent est sur la troisième syllabe avant-dernière, il avance en roman sur la syllabe suivante ; l'italien seul ne se soumet pas à cette règle (voy. des exemples plus bas). 2) La 1re et la 2e pers. plur. du présent de l'indicatif accentuent toujours la voyelle de flexion, même lorsqu'elle est brève en latin : *credĭmus credĭtis, tendĭmus tendĭtis* sont en roman *credēmus credētis, tendēmus tendētis* ; quelques formes seulement, telles que *dicĭtis, facĭtis*, à en juger par l'ital. *dite, fate*, franç. *dites, faites*, ont conservé dans certaines langues l'accent sur le radical. En valaque nous remarquerons une exception qui s'étend plus loin. 3) Au parfait de l'indicatif la 1re pers. plur. avance à l'inverse l'accent de la troisième avant-dernière à l'avant-dernière : ital. *facémmo (fecimus)*, esp. *hicímos*, prov. *fezém*, v. franç. *fesimes*. Cependant cela n'est pas sans restrictions : si deux voyelles se rencontrent, la première peut de nouveau attirer à elle l'accent : ainsi ital. *cantámmo*, esp. *cantámos*, prov. *chantém*, franç. *chantâmes* de *cantávimus* pour *cantáximus* ; en outre ital. *fummo* (esp. *fuimos*), prov. *fom*, fr. *fûmes* de *fuimus* et des cas analogues. La 3e pers. reporte dans la plupart des langues l'accent de l'avant-dernière sur la troisième avant-dernière : on prononce ital. *fécero (fecērunt)*, prov. *dólgron (doluērunt)*, franç. *tinrent (tenuērunt)*, val. *tęcúrę (tacuērunt)*. On a déjà souvent observé que les poètes latins abrègent souvent cet *e* : *stetĕrunt, abstulĕrunt, defuĕrunt* (d'autres exemples dans Voss. *Arist.* 2, 21) ; on pourrait en conclure que la prononciation populaire était favorable à cette abréviation. Cependant cela n'est pas même commun à tout le domaine roman, car l'espagnol et le portugais s'en abstiennent presque absolument, ils prononcent en effet *hiciéron = fecērunt, hubiéron = habuērunt*. 4) La 1re et la 2e pers. plur. de l'imparfait du subjonctif (plus-que-parfait latin) reportent également l'accent, dans les langues de l'est et du sud-ouest, d'une syllabe en arrière : ital. *cantássimo cantáste*, val. *cyntásem cyntásetzi*, esp. *cantásemos cantáseis*, au contraire prov. *chantessém chantessétz*, franç. *chantassións chantassiéz (cantavissēmus, ētis)*.

3. Un usage étranger à la grammaire latine est la *diphthongaison* de la voyelle radicale, lorsqu'elle est *e* ou *o*, rarement lorsqu'elle est *i* ou *u*. Elle se produit d'après des règles générales

développées dans la phonétique, mais elle a pris plus d'extension dans une langue que dans l'autre. Les détails de ce procédé seront expliqués plus bas. L'*apophonie* au contraire, dont la langue mère donnait déjà l'exemple, est commune à tous les dialectes et a fait dans quelques-uns, comme l'espagnol et le portugais, d'importants progrès ; ce procédé de flexion intérieure doit être considéré, partout où il est actif, comme un avantage. L'*attraction,* qui offre les mêmes avantages que l'apophonie, a aussi influé sur la flexion du verbe, bien que dans une mesure beaucoup moins grande.

2. PASSIF.

La flexion de cette voix a péri ; seul le participe du parfait (car celui du futur a tout-à-fait passé dans la classe des adjectifs) s'est conservé, et est employé, quoiqu'il serve déjà de compensation à différents temps actifs, à former aussi avec l'aide du verbe *esse* le passif tout entier. C'est la langue latine qui elle-même a dû susciter cette périphrase, car elle remplaçait de la même manière les temps du passé. Le verbe auxiliaire est ici aussi destiné à exprimer par sa forme la personne, le nombre, le temps et le mode, le participe donne l'idée, mais il maintient, ce qui n'a pas lieu à l'actif, ses droits comme adjectif, c'est-à-dire qu'il a genre, nombre et cas (nominatif). L'idée du temps toutefois l'a abandonné : *amatus* veut dire simplement « qui a part à l'amour » ; *amatus sum* ne signifie donc plus « je suis un homme qui a été aimé », mais « je suis un homme qui est aimé, je suis aimé » et répond au présent *amor* ; de même *amatus eram* « j'étais aimé » = *amabar,* non pas « j'avais été aimé » ; *amatus fui* « j'ai été aimé » = *amatus sum* ; *amatus ero* « je serai aimé » = *amabor* et de même aussi au subjonctif.

Outre *esse,* d'autres verbes encore qui expriment un état général, une manière de se comporter, de se trouver, un devenir, peuvent de la même manière être employés à la périphrase du passif. *Stare* sert presque partout à cet usage. En roumanche c'est *venire,* construit comme *esse,* qui est le moyen propre de formation : *veng ludaus* = *laudor, vegniva ludaus* = *laudabar, sunt vegnieus ludaus* = *laudatus sum* ; et comme il sert en même temps à la périphrase du futur, il se présente à ce temps du passif sous une double forme, comme l'allemand *werden* : *veng a venir ludaus, ich werde gelobt werden* « je serai loué ». Dans les dialectes du nord de l'Italie, *fieri* se trouve employé pour cette périphrase. Dans Bonvesin, par ex., *fi asalio* (est assailli), *fin sustentai* (être entretenu), *fiva digio* (était parlé). Sur l'expression du passif en valaque au moyen du réfléchi *se*, voyez plus bas la conjugaison de cette langue.

Si le passif s'éteignait, le *déponent* n'avait pas de meilleur sort à espérer. Les nouveaux dialectes ont conservé beaucoup de déponents, mais ils les ont mis sous la forme active ; le latin du premier moyen âge, la *L. Sal.*, par ex. (Pott 142), en offre de nombreux exemples. Le latin archaïque aussi en employait encore beaucoup sous la forme de l'actif : ainsi, pour ne citer que ceux qui se trouvent encore dans les langues filles, *fabulare, jocare, luctare, nascere, consolare*, d'après Priscien (sans exemples) aussi *dignare, mentire, partire, precare, testare*. Il devait être d'autant plus facile au dialecte populaire qui se détachait de la langue écrite de soumettre tous les verbes de cette classe à une semblable transformation ; il ne s'agissait que de leur créer un nouveau participe. C'est ainsi que *nascor, natus sum, nasci* est devenu maintenant en ital. *nasco, nacqui, nato*, en esp. *nazco, naci, nacido*, en franç. *nais, naquis, né*; *sequor, secutus sum, sequi*, en ital. *seguo, seguii, seguito*, en en esp. *sigo, segui, seguido*, franç. *suis, suivis, suivi*. — Les semi-déponents aussi (neutres passifs) durent échanger leurs temps passifs contre des temps actifs nouvellement créés ou les perdre. *Gaudeo gavisus sum* est en ital. *godo godei, soleo solitus sum* en ital. *soglio* sans parfait, car *solito* est adjectif et *solei* est tout aussi impossible qu'un provençal *solc*.

3. MODES DE FLEXION.

Lorsque nous considérons le parfait de la conjugaison romane dans ses différentes formes, une distinction frappante, un complet dualisme de la flexion se présente à nous. Si l'on part de l'italien, on observe que ce temps est basé en partie sur la voyelle caractéristique de l'infinitif, comme dans *cant-ái, vendéi, partii*, mais qu'en partie il est construit de telle manière que ces voyelles ne sont plus du tout en jeu et qu'au radical ou au thème est jointe la terminaison personnelle soit immédiatement, comme dans *vid-i*, soit encore par l'intermédiaire d'un autre élément, comme dans *pian-s-i, par-v-i, tacq-u-i*. La distinction principale entre ces deux modes de flexion consiste en ce que dans le premier c'est la flexion (proprement la voyelle qui précède) et que dans le second c'est le radical qui reçoit l'accent. Quelle différence de sons entre *vendéi* et *piansi*, *vendérono* et *piánsero*! L'accentuation de la voyelle radicale, conformément à la constitution de ce dialecte, n'est pas, il est vrai, soutenue dans toutes les flexions du parfait, elle n'a lieu que dans trois cas (*piansi, pianse, piansero*), mais elle gouverne encore dans un des autres dialectes un autre temps (pr. *féira* = *feceram*) et se répète au participe passé. Quant à l'élément additionnel, il règne (sauf en italien) dans tous les temps dérivés du parfait : esp. *puse, pusiese, pusiera, pusiere*, prov. *ars, arses, arsera*; *poc, pogues, pogra*, franç. *mis, misse*, val. *prinsęi, prinseasem*. On comprend que cette méthode de flexion a sa source en latin, bien que les langues filles aient développé de grandes particularités dans son application : l'accent notamment décida tout ici. La langue mère formait originairement le parfait soit par réduplication, comme dans *cucurri*, soit par modification de la voyelle de flexion, comme dans *feci*. Mais afin d'éviter une confusion avec le présent, lorsque le changement de voyelle ne pouvait avoir lieu, elle unissait le radical du verbe au parfait du verbe substantif (*esi*), comme dans *sum-si, man-si*. Tous les verbes de cette classe sont primitifs. Les verbes dérivés ont formé leur parfait au moyen d'un autre mot auxiliaire, *vi* pour *fui*, qui s'est uni aussi aux voyelles longues $\bar{a}, \bar{e}, \bar{i}$, comme dans *amā-vi, delē-vi, audī-vi*. Mais ce suffixe s'adapta aussi immédiatement aux verbes primitifs, sous la forme *ui*, comme dans *col-ui, tac-ui, aper-ui*. Les anciens grammairiens ont formé avec les verbes dérivés les Ire, IIe et IVe conjugaisons, avec les primitifs la IIIe, mais il se produisit beaucoup d'exceptions, parce qu'on se laissait guider par la forme de l'infinitif. Les verbes primitifs, qui sont un des ornements les plus réels de la langue, n'eurent pas dans la grammaire romane un sort aussi favorable. Ils furent ici séparés des autres, qu'on nomma seuls réguliers, et furent traités comme irréguliers. On eut raison de les séparer, mais on eut tort de les nommer irréguliers ; du moins la grammaire historique ne peut pas admettre ce point de vue, car ils sont également réguliers : seulement ils se divisent en plus petits groupes. Ils devraient systématiquement précéder les soi-disant réguliers ; nous les plaçons, afin de ne pas trop nous écarter de la tradition, à la suite de ceux-ci. Ce n'est que sur le nom des deux classes qu'on peut être embarrassé. *Forme primitive* et *dérivée*, *ancienne* et *nouvelle*, désignerait plutôt leur rapport historique que leur caractère linguistique. *Formes à radical accentué* et *à flexion accentuée* sont des expressions que nous devons appliquer aux variétés d'accentuation de toutes les conjugaisons et de tous les temps et non restreindre à celui dont il est ici question. Dans la première classe, la flexion, ainsi que nous l'avons vu, est caractérisée par l'apophonie de la voyelle radicale elle-même ou par un suffixe qui renforce le radical, la terminaison personnelle n'est plus essentielle et tombe dans quelques langues, de sorte qu'il ne reste plus que ce seul radical renforcé, comme dans le prov. *aucis* de *occīdit, dolc* de *doluit,* ital. *uccise, dolve dolse* ; dans la seconde classe l'intégrité de la flexion est assurée par l'accent. On pourrait donc nommer celle-là, à bon droit, la flexion *intensive*, celle-ci l'*extensive*, sans la lourdeur de ces expressions. La grammaire allemande nous en offre de meilleures. On y a nommé la conjugaison primitive, parce qu'elle se produit par apophonie dans le radical lui-même, *forte,* la conjugaison dérivée, parce qu'elle a besoin de la composition, *faible.* Il est bien vrai que la construction des conjugaisons primitives allemande et latine diffère, en tant que la dernière dans sa seconde période a admis, comme la conjugaison faible allemande, des verbes auxiliaires (*fui* ou *esi*), mais son caractère intensif qui vient d'être observé et qui est encore plus marqué en roman qu'en latin lui mérite aussi bien le nom de conjugaison forte, et en fait on le lui a appliqué de différents côtés. Or, si la grammaire comparée a reconnu les expressions de parfait fort ou de verbe fort pour la langue mère du roman, ce serait rétrograder dans la science que de vouloir persister pour le roman dans le système traditionnel, puisque la grande division qui domine la conjugaison du latin continue à être palpable dans les langues filles. A l'autre flexion, qui s'étale davantage, nous appliquons le terme correspondant de faible. Répétons encore qu'on ne prétend pas dire par cette terminologie que la forme forte et faible latine ou romane ait le même caractère que la forme allemande ; il ne s'agit pour nous que d'un terme qui désigne quelque chose de semblable. Il y a aussi quelque chose de semblable dans le fait que les deux modes de flexion dans les deux domaines s'affirment le plus décidément au parfait et au participe que les nouvelles langues emploient dans la formation périphrastique des temps ; et de même dans le fait que les verbes nouveaux prennent seulement la forme faible. La simple marque distinctive des deux modes de flexion est donc, en roman, que la 1re et la 3e pers. sing. du parfait (celle-ci le plus constamment) reçoivent dans la flexion forte l'accent sur le radical, dans la faible sur la flexion. L'importance de l'accent, qui a pris une si grande part à la formation des langues néo-latines, est encore ici aussi confirmée, ainsi que nous l'avons vu. Si l'une d'entre elles déplace l'accent, elle se dépouille elle-même du verbe fort : c'est ce qui s'est produit dans une grande proportion en français et en valaque. Le parfait du participe aussi connaît les deux formes, mais elles ne concordent souvent pas avec celles du parfait de l'indicatif, par ex. ital. *crebbi* (fort), *cresciuto* (faible); *morii* (faible), *morto* (fort); dans ce cas nous laissons le parfait seul, dont l'enchaînement avec d'autres temps accroît l'importance, décider le mode de flexion. Des contradictions dans la flexion se présentent aussi dans les verbes latins primitifs.

1. **Flexion faible**. — Les trois conjugaisons avec les infinitifs *āre*, *ēre*, *ĭre* se retrouvent dans les nouvelles langues. La conjugaison en *A* doit aussi être nommée la première, la conjugaison en *E* la deuxième; cette dernière est toutefois seulement formée en roman par l'accession de verbes forts, comme l'ital. *temere* (*timere*), tandis que des faibles, comme *delere*, l'ont abandonnée. Mais comme beaucoup de verbes forts avec *e* bref sont aussi devenus faibles, on les range également dans la deuxième, qui compte ainsi des infinitifs avec *e* long et bref (au sud-ouest seulement avec *e* long). Enfin la conjugaison en *I* forme ici la troisième. Cette dernière doit être divisée en deux classes; une classe pure ou simple et une classe mélangée. Celle-ci, qui n'est inconnue qu'au sud-ouest, intercale au présent des trois modes la syllabe *isc* (*esc*) entre le radical et la flexion, par ex. ital. *flor-isc-o,* et sans la voyelle, prov. *flor-isc,* franç. *fleur-is,* val. *flor-esc*; les 1re et 2e pers. plur. demeurent en général fidèles à la flexion simple. L'origine de cette flexion dans l'inchoatif latin est évidente; son immixtion dans la IVe conjugaison s'explique par ce besoin d'une forme plus expressive qui s'est montré actif partout où l'occasion se présentait. En effet, un grand nombre de verbes de la deuxième conjugaison latine avaient parallèlement des formes inchoatives : le génie de la langue mettait leurs formes accentuées sur la flexion à la place de celles qui avaient l'accent sur le radical afin de faire ressortir plus distinctement la flexion : on conjugua le présent de *clarere, florere, stupere* à la façon romane *claresco, floresco, stupesco* au lieu de *claro, floro, stupo*, et l'on fit enfin passer ces verbes avec beaucoup d'autres de la deuxième à la troisième (quatrième latine); peu à peu divers hétérogènes vinrent se joindre

à ceux-ci. La première contient seulement des mots latins, en partie même de la deuxième et de la troisième conjugaison; la deuxième classe en majorité des mots étrangers ou formés à nouveau avec des éléments latins; un grand nombre d'entre eux prennent part aux deux modes de flexion, entre autres des étrangers, comme l'ital. *forbire, impazzire,* prov. *gequir, gurpir.* En français, la forme inchoative s'est encore approprié d'autres temps que le présent. — Au sujet des divers temps, nous avons préalablement les points suivants à observer.

Le *présent* pousse en général la régularité jusqu'à supprimer tout-à-fait les voyelles caractéristiques *e* et *i* (ind. *eo, io,* subj. *eam, iam*) : ital. *godo goda* (*gaudeo, gaudeam*), *temo tema* (*timeo, timeam*), *sento senta* (*sentio, sentiam*), esp. *temo tema, siento sienta* etc. Ces voyelles cependant sont restées dans quelques verbes faibles et constituent une petite déviation au paradigme.

L'*imparfait* de la deuxième conjugaison ne conserve qu'à l'est la voyelle *e* (ital. *taceva,* val. *teceam*), au sud-ouest et en provençal il suit la forme de la troisième (*podia*). La forme primitive de la troisième (lat. quatrième), *iebam,* aurait pu être rendue par *ieva, iea* ; cependant *iva* ou *ia,* qui est entré dans l'usage, n'est pas plus mauvais que la contraction *ībam,* comme dans *audibam, nutribam, scibam, servibam, vestibam* et d'autres encore (voy. Voss. *Arist.* 5, 34).

La flexion du *parfait avi, evi, ivi* a subi partout et absolument la syncope du *v*[1], qui ne se produisait en latin qu'à la 2ᵉ pers. sing. et aux 2ᵉ et 3ᵉ pers. plur. de la première et de la deuxième conjugaison et dans tout le parfait de la troisième : ital. *amai amasti, temei temesti, sentii sentisti,* esp. *amé amaste, sentí sentiste* etc. La forme caractéristique de la deuxième était *evi,* mais l'italien seul l'a maintenue dans la contraction *ei,* les autres langues ont en général formé ce temps d'après la troisième.

Le *participe* de la première et de la quatrième latines, *atus, itus,* fut fidèlement reproduit par *ato, ito* et les formes correspondantes. Mais comment celui de la deuxième, qui exigeait également une voyelle longue, pouvait-il être rendu ? Régulièrement on aurait eu *eto,* mais la langue mère n'offrait que peu

---

1. En vieil italien on écrit cependant quelquefois *v* entre deux *i,* comme dans *partivi,* chez Dante aussi *audivi Inf.* 26, 78, *givi Purg.* 12, 69; c'est d'après Nannucci *Lett. ital.* I, 54. 108 un pur latinisme.

d'exemples avec *ētus*, et ceux-là mêmes s'étaient perdus en passant à la conjugaison en *l* (ital. *empito* de *impletus*, prov. *delit* de *deletus*). On prit en conséquence la terminaison *ūtus*, contractée de *uitus*, à laquelle l'oreille était habituée par un nombre bien plus considérable d'exemples (*argutus, consputus, consutus, dilutus, imbutus, indutus, minutus, secutus, solutus, statutus, tributus*), bien que la voyelle soit en contradiction avec celle du parfait (*e* ou *i*, *u* seulement en valaque). En bas-latin elle apparaît de très-bonne heure appliquée à des verbes nouveaux : *incenduta* L. Sa!. cod. par. tit. 75, *pendutus* L. Alam., *forbattutus* Decr. Childeb. vers 595. *decernutum* charte de 761 Mur. *Ant.* III, 759, *sternutus* pour *stratus* vers 790 Mur. *Script.* II, 2, 1095, *reddutus* charte de 796 Mur. *Ant.* III, 1015. Plus tard l'espagnol et le portugais ont de nouveau renoncé au participe *udo* et ont choisi, comme pour le parfait, la forme de la troisième conjugaison *ido*.

Beaucoup de verbes latins ont, en passant au roman, échangé une conjugaison faible contre une autre, procédé qui ne pouvait guère être évité et que nous devons nous borner à indiquer ici. Voici quelques exemples : lat. *cambire*, ital. *cambiare* etc.; *catulire*, franç. *chatouiller*; *grunnire*, ital. *grugnare*; *pavire*, franç. *paver*; *tussire*, franç. *tousser*; *bombitare*, franç. *bondir*; *pigrare*, ital. *pigrire*; *tinnitare*, v.franç. *tentir*. On n'est pas toujours sûr, il est vrai, qu'un nom n'ait pas servi d'intermédiaire, ce qui pour *cambiare* par ex., puisqu'il existe encore un substantif *cambio*, b.lat. *cambium*, est fort possible.

2. **Flexion forte**. — Il faut observer tout de suite que cette flexion a considérablement souffert, soit par son mélange avec la flexion faible, soit par son passage à celle-ci. 1) La conjugaison mixte était déjà entrée profondément dans la langue latine, où de nombreux verbes forts formaient certains temps d'après la première, la deuxième et la quatrième conjugaison. Il va de soi que cette transformation a exercé la plus grande influence sur les langues filles. Relevons les points suivants: *a*) Le mélange avec la première conjugaison n'est pas fort usité en latin : il se produit par ex. dans les infinitifs *crepare, cubare, fricare, juvare, lavare, plicare, secare, sonare, tonare, vetare*. En roman la forme forte fut ici tout simplement remplacée par la faible, l'italien fléchit *suonai, suonato*, l'espagnol *soné, sonado*, le français *sonnai, sonné* ; il est toutefois vrai

que quelques-uns de ces verbes possédaient déjà en latin une forme faible à côté d'une forte. *b*) Le mélange avec les formes de la deuxième conjugaison est très-usité, en sorte que le parfait et le supin suivent la flexion forte, le présent et l'infinitif la faible ; cependant de nombreuses formes secondaires des deux derniers temps établissent l'existence primitive d'une flexion forte : c'est ainsi qu'on trouve à côté de *ferveo fervēre, frendeo frendēre, fulgeo fulgēre, oleo olēre, strideo stridēre, tergeo tergēre* aussi *fervo fervĕre, frendo frendĕre* etc.; le composé de *ridēre irridere* peut avoir un *e* bref et le *tondo* pour *tondeo* qu'on trouve dans une inscription semble au moins avoir été populaire ; il n'est pas certain qu'on ait dit *sorbo* pour *sorbeo* (Struve, *Lat. decl. und conj.* 188-194) ; on trouve également des exemples de *respondĕre* (Voss. *Arist.* 5, 35). En roman les verbes de cette classe ont généralement la forme avec *e* bref, comp. ital. *férvere, fúlgere, rídere, assórbere, rispóndere, strídere, térgere, tóndere* ; prov. *rire, respondre, térser, tondre* ; val. *fearbe, ryde, respunde, tunde*. *c*) *Aperire, fulcire, salire, sentire, sepelire, venire, vincire* et autres offrent le mélange avec la quatrième. Ces verbes, ou maintiennent leurs formes fortes telles qu'ils les ont en latin, comme *aperire, venire* (en italien encore *fulcire, sepelire*), ou se rangent, comme *salire, sentire*, exclusivement à la quatrième. — 2) La transformation de la forme forte en faible s'était probablement produite assez souvent déjà en latin, bien qu'on ne puisse en signaler que des exemples peu nombreux, mais dans les langues filles cette réforme qui est liée au besoin bien connu de l'unification des flexions prit une extension peu commune. La langue allemande en a également souffert. L'italien est encore la langue la plus favorable à la flexion forte, l'espagnol et le portugais lui sont tout-à-fait antipathiques. *a*) Un petit nombre de verbes seulement ont passé à la première conjugaison : *consumare* ital. etc. de *consumere* ; *fidare* ital. etc. de *fidere* (dérivé de *fidus*, il aurait plutôt développé le sens de « rendre fidèle » que celui de « confier ») ; *mear* esp., *mijar* port. de *mejere* (mais *mejare* est déjà cité par un ancien grammairien ; voy. t. I, p. 16) ; *menovare* ital., *menguar* esp., *diminuer* fr. de *minuere*, voy. mon *Dict. étym.* ; *scerpare* ital. de *discerpere* ; *torrar* esp. de *torrere* ; *tremare* ital., *tremar* v. esp. de *tremere* ; aussi les verbes v. ital. *spegnare* pour *spegnere* et *stringare* pour *stringere PPS*. En français les exemples sont nombreux : *affliger, arguer, céder, consumer, corriger, ériger, négliger, résister* etc.; mais la grande majorité des verbes ainsi traités sont nouveaux. *b*) Le passage à la troisième (romane), qui était déjà plus rapprochée de la deuxième, est d'une bien plus grande importance. α) Exemples avec un *e* originairement bref : ital. *cucire (consuere), fuggire, concepire, morire, rapire, seguire, convertire*; esp. *cusir, concebir, fingir, frangir, huir (fugere), morir, parir, seguir, convertir*; prov. *cobir (cupere), fugir, legir, morir, seguir, vertir*; franç. *agir, fléchir (flectere), frémir, fuir* etc.; parmi ceux-ci *fugire* et *morire* (le port. seul a *morrer*) sont communs à tout le domaine roman [1]. Il faut ici remarquer que d'anciens écrivains romains ont *moriri*; le prov. *cobir* et l'esp. *parir* se retrouvent aussi dans les anciennes formes latines *cupire* et *parire* pour *cupĕre, parĕre*. Des infinitifs qui suivent à la fois la troisième et la quatrième conjugaison ne sont pas du tout sans exemples : *fodere fodire, linere linire, sallere sallire* etc. β) Exemples avec *e* originairement long : it. *fiorire, olire, pentire (poenitere), sorbire*; esp. *lucir, nocir, pudir (putere); florir, luzir, merir, comonir, penedir, poirir (putrere), sorbir, taissir (tacere)*; franç. *fleurir* etc.[2]. *c*) Un nombre encore plus grand reste fidèle à l'*e* de l'infinitif et appartient néanmoins à la forme faible; ces verbes forment maintenant la deuxième conjugaison romane; voyez des exemples plus bas pour chaque langue.

En présence de ce penchant décidé des langues pour la forme faible, le passage de verbes faibles à la forme forte est un fait à peine possible[3]. Les verbes forts romans renvoient donc tou-

---

1. A propos de ce passage à la conjugaison en *I*, Mussafia, *Beitr. zur Gesch. der rom. Spr.* p. 12, renvoie à l'influence de la formation du présent latin : ital. *capire, fuggire, concepire, rapire* résultent sans doute avant tout de *capio, fugio, concipio, rapio*.

2. Bas-latin *resedire, permanire* (charte italienne de l'an 685, Mur. *Ant.* V, 367), *havire* (de l'an 721, ibid. III, 567), *avire, possedire* (de l'an 703, ibid. III, 1009, charte franque de l'an 628, Bréq. n. 67), dans les *Serments* encore *savir* et *podir*, prov. *saber, poder*.

3. Un fait de ce genre semblait se produire dans *arrogere, -osi, -oto* (ajouter), quand on le dérivait de *arrogare* : on avait pu tirer d'un parfait fort bas-latin *arrogitus* (la *L. Sal.* connaît *rogitus*) la forme *arroto* et lui ajouter ensuite le parfait *arrosi*. Mais l'étymologie de *adaugere* récemment découverte par Delius (*Jahrbuch* IX, 108) satisfait à la phonétique (comp. mon *Dict. étym.* I, *argine*) et sauve le principe. Cependant l'orthographe avec deux *r* peut être empruntée à *arrogare*. Le verbe se trouve aussi dans quelques-unes des langues sœurs.

jours à des verbes forts latins; toutes les nouvelles créations avec des éléments latins ou étrangers furent accommodées à la forme faible et, avec plus de restriction encore, exclusivement aux conjugaisons en *A* et en *I*, comme il était déjà arrivé en latin. Ce n'est que dans le domaine du nord-ouest qu'on constate parmi les verbes de la deuxième conjugaison quelques nouvelles créations.

Au sujet des temps primitifs de la flexion forte il faut encore remarquer spécialement les points suivants.

Infinitif. 1) Il y a une tendance évidente à abréger l'*e* long, non-seulement dans les formes secondaires latines citées ci-dessus, mais encore dans beaucoup de cas d'une autre nature. Qu'on examine l'ital. *árdere, lúcere, mórdere, muóvere, mólcere, nuócere, tórcere* (torquere); prov. *ardre, aerdre* (adhaerere), *somonre* (summonere), *mordre, moure, tórser*; val. *arde, adaoge, mulge, toarce*. Parmi ces verbes *árdere, mórdere, móvere, tórquere* sont communs à plusieurs langues. — 2) L'allongement de l'*e* bref est rare; des accentuations communes à tout le domaine roman sont: *cadēre, capēre, sapēre*. — 3) Le passage de *e* à *i* s'effectue très-rarement dans la flexion forte; ainsi dans l'esp. *decir* (dicere), *ducir* (ducere); le prov. *tenir* à côté de *tener* (J. G. Voss, *Arist.* 5, 35, suppose un lat. *tenire*); le franç. *courir, tenir* et quelques autres. — 4) Des infinitifs avec *e* bref (accentués sur le radical) sont soumis à une forte contraction; la dernière consonne du radical, en tant que les lois de chaque langue le permettent, est syncopée avec ou sans la voyelle suivante: ital. *fare* (facere), *bere* (bibere), *porre* (ponere); esp. *ver* (videre); port. *pôr*; prov. *faire, rire* (de ridere), *aucire* (occidere); fr. *faire, taire* (tácere), *boire, rire*. Il s'entend que cette contraction affecte aussi les temps composés avec l'infinitif.

Au *présent*, l'*i* ou l'*e* de dérivation (*capio, facio, sapio, debeo, doleo, habeo, pareo, teneo, valeo, video* etc.) a donné lieu à des irrégularités et à des doubles formes. Il va de soi que chaque langue traite ces terminaisons, c'est-à-dire la voyelle de dérivation avec les consonnes du radical, d'après ses lois phoniques, sans introduire par là de nouveaux modes de flexion (comp. tome I le chapitre de l'hiatus). Mais les terminaisons même dans un seul domaine ne prennent pas tout-à-fait la même forme. Quelquefois la voyelle est expulsée et demeure sans action sur la forme; quelquefois au radical, d'après l'exemple donné par d'autres verbes, est ajoutée une voyelle de dérivation, ce qui a dû se produire notamment dans *cado, pono, traho,* comp. ital. *caggio, pongo, traggo,* esp. *caygo, pongo, traygo,* port. *caio, ponho* (c'est-à-dire *ponio*), *trayo,* prov. subj. *chaia, ponga, traia.*

Parmi les différentes formes du *parfait,* la forme réduplicative a disparu, car on ne saurait mettre en ligne de compte *dedi* ou *steti*[1]. En renonçant à ce moyen de formation le roman s'accorde donc encore avec l'allemand et le grec moderne. Au reste la réduplication était en latin déjà en train de disparaître. De *scicidi, tetini, tetuli* on avait déjà fait *scidi, tenui, tuli* et à côté de *pependi, peperci, pepuli, pupugi, spopondi, tetendi, tutudi* on trouve *pendi, parsi, pulsi, punxi, spondi, tendi, tusi* ou *tunsi* employés par certains écrivains ou cités par des grammairiens (Voss. *Arist.* 5, 20). Un exemple du latin du plus ancien moyen âge est *tunderit* pour *totonderit,* voy. *Clodovechi capit.* Pertz IV, p. 3 (entre 500 et 511). Dans le langage populaire les derniers restes de cette importante forme avaient disparu; on chercha à la remplacer de différentes manières. Les autres moyens de formation du parfait continuèrent à être employés, mais l'un prit souvent la place de l'autre. 1) La classe qui modifie la voyelle radicale a été réduite à un petit nombre de cas, comme *feci, veni, vidi.* — 2) L'emploi de l'*s* a été non-seulement presque partout continué, mais encore a supplanté les autres moyens de flexion dans beaucoup de verbes. Certains parfaits notamment qui ou se confondent absolument avec leur présent, ou, comme cela arrive en partie dans la première classe, ne se distinguent de ce dernier que par la quantité de la voyelle radicale, furent, au moins en italien (car les langues ne s'accordent pas complètement), attribués à cette classe : ainsi *accendit, occīdit, offendit, lēgit lēgii, mŏvet mŏvit, pendit pependit, prendit, descendit, abscondit, respondet respondit, tendit tetendit, volvit,* ital. *accese, uccise* etc. Quelques parfaits furent distingués d'une autre manière, ainsi ceux qui ont déjà été cités *vĕnit vēnit, vĭdet vīdit,* ital. *viene venne, vede vide,* ainsi *bĭbit, plŭit,* ital. *beve bevve, piove piovve.* Déjà chez les Romains la flexion avec *s* avait fait de visibles progrès. *Neglēgi* par ex. qui,

---

1. Je me permets de ranger ces deux verbes parmi les anomaux de la première conjugaison, car leur parfait réduplicatif ne se plie bien à aucune des divisions de la conjugaison forte, tandis que leur supin et leur infinitif renvoie décidément à la conjugaison en *A,* comp. *circumdătum, praestĭtum,* ital. *circondăto, prestăto.*

d'après le témoignage de Diomède et de Priscien, était encore employé par les anciens, se transforma en *neglexi*, de même *dilegi, intellegi* en *dilexi, intellexi* (*Arist.* 5, 27). *Emo* fait *ēmi*, mais dans les composés *dēmo, prōmo, sūmo* l'allongement de la voyelle au présent avait rendu impossible la formation d'un parfait par apophonie ; on obtint alors ce temps au moyen de l's : *demsi, promsi, sumsi*. Pour *praemordisset* Plaute emploie *praemorsisset*, ital. *morsi*. Dans beaucoup de circonstances la forme *s* se présente au moins à côté d'une autre : *pangere pegi panxi*, de là l'ital. *impinsi*, prov. *empeis* ; *vellere velli vulsi*, ital. *svelsi* ; *connivere connivi connixi* (Priscien) ; *verrere verri versi* (ibid.). Pour le parfait de *cudere* les grammairiens hésitaient entre *cudi* et *cusi* (Voss. *Arist.* 5, 26). A ces exemples s'en ajoutent un grand nombre d'une époque postérieure. Ulpien emploie le parfait déjà cité *pulsi* (voy. *Arist.* 5, 28), comp. l'ital. *espulsi*. Les auteurs africains de la vulgate (Lachmann, *Comment. in Lucret.* p. 350) écrivaient *collEximus* et *collExistis*. *Punxi* est cité par les grammairiens et il se reproduit dans l'ital. *punsi*, le pr. *pois*, le val. *punsęi*. Priscien dit qu'on a cru devoir former *fissi* de *findere* et à cette forme répond l'ital. *fessi*. *Sorpsi* pour *sorbui* est également mentionné par des grammairiens et Velius Longus dit à ce propos : *ut potius* sorbui *dicamus quam* sorpsi, *cum recens haec declinatio sordidi sermonis virus ceperit* (Putsch p. 1234 ; de même Flavius Caper ibid. p. 2240) : *sorpsi* appartenait donc à la langue populaire, bien qu'on admette que Lucain a employé *absorpsi* ; l'italien a *assorsi*. Flav. Caper avertit de ne pas dire *absconsi* pour *abscondi* (Putsch p. 2240), c'était donc sans doute un diœisme qui s'est conservé dans l'ital. *ascosi*. *Decisimus* pour *decidimus* se trouve au moins chez les arpenteurs I, 391, le *Glossarium vetus Class. auct.* VI, 513 explique *caesit* par *cecidit*. Dans les textes du moyen âge les flexions en *s* sont extrêmement fréquentes, mais nous ne pouvons en citer qu'un petit nombre d'exemples. *Occiserit* pour *occiderit* dans un manuscrit de la *L. Sal.*, *occisisset* Mur. Ant. II, 237 (de l'an 870), comp. ital. *uccisi* etc. *Offersi* Tir. 63ᵃ (885), de même en italien. *Effosserit* pour *effoderit* L. Long. *Infusit* pour *infudit* Esp. sagr. XI, 132 (ɪxᵉ siècle), ital. *fusi*. *Priserit* pour *prehenderit* L. Sal., Pact. Child. et Chlot. (vers 593), *preserit, presissit* L. Long., *presimus* Esp. sagr. XL, 362 (de l'an 757), XXVI, 445 (804), *porprisi* Marc. form. app. 33,

porpriserunt HLang. I, 36 (812), comp. ital. *presi* etc.
Punxerit L. Sal., L. Long., *punxisti* Gl. cass., comme
chez les anciens grammairiens. *Solserit* L. Sal., *solserant*
Polypt. d'Irmin. II, 344 (828), *absolsi* Tir. 28ᵇ (780),
absolserit L. Long., *persolsisse* Mar. 124 (564), *persolserimus* Mur. Ant. III, 1022 (823), *transolsisse* Marc. Form.
2, 18, comp. prov. *sols*, ital. *assolsi*. *Contanxit* Fum. 100
(799), prov. *tais*. *Tollesimus* pour *sustulissemus* Mur. Ant.
V, 915 (771), ital. *tolsi* etc.; part. *tulta* pour *sublata* Esp.
sagr. XI, 223 (ixᵉ siècle), *abstultum* Marc. Form. 1, 32.
Plusieurs verbes, qui formaient déjà en latin leur parfait avec *s*,
présentent certains changements de forme. *Remasisse* pour
remansisse dans des *tabulae ceratae* du iiᵉ siècle, voy. Massmann *Libellus aurarius* p. 9 et § 160, ital. *rimasi* etc. On a
trouvé dans les inscriptions *posi* pour *posui* (Grut. *in ind.
gramm.*), de là l'ital. *posi*, prov. *pos*, val. *pusęi*[1]. Priscien
attribue au verbe *quaeso*, forme plus ancienne de *quaero*, un
parfait *quaesi*, auquel se rapportent exactement l'ital. *chiesi*,
esp. *quize*, prov. *quis*, en b.lat. *quisistis* Gl. cass., *conquiset*
Brun. 493 (de l'an 737). — 3) La forme avec un *u* intercalé
est plus ou moins respectée et reproduite de très-diverses manières, selon les différents génies des langues; observez les
vicissitudes de cette voyelle dans les formes suivantes : ital.
tacqui, val. *tęcúi* (*tacui*); esp. *supe*, prov. *saup* (*sapui*);
prov. *volc*, franç. *vaulus* (*volui*).

Le *participe* a plus souffert que le parfait. C'est la forme -*sus*
qui s'est le mieux conservée, ensuite -*ctus*, -*ptus*. *Itus* est
éteint; son souvenir vit encore dans les substantifs italiens
comme *pérdita*, *réndita*, *véndita*.

3. Des verbes *anomaux*, le roman a gardé *esse*, *posse*,
velle, *ferre*, *fieri*, *ire*. 1) *Esse* règle son infinitif sur la troisième
conjugaison latine, ital. *éssere*, prov. *ésser*, franç. *estre*, la
forme *esse* dans des dialectes italiens est apocopée de *essere*[2].

---

1. Dans *posui*, il est vrai, l's de flexion n'est qu'illusoire, car elle n'est pas autre chose que la consonne initiale de *sinere*, *po-sui* = *po-sivi*. Cette dernière forme primitive, employée encore par Plaute, ne s'est pas continuée jusqu'au roman : elle aurait été en ital. *posii* dont on aurait formé un infinitif *posire*.

2. L'ital. *sono* au sing. du prés. ind. contient encore un faible écho de l'ancienne *m* de flexion (*esum*, εἰμί, ἐσμι), qui toutefois s'est changée en *n*, comme dans l'allem. *bin* de l'ancien *bim*, si cette comparaison n'est pas déplacée.

Comme ce verbe est incomplet et que le passif, à l'expression périphrastique duquel il sert, exige qu'il soit complet, les formes qui manquaient ont été soit créées par analogie, comme le gérondif *essendo*, le participe présent *essente*, soit empruntées à d'autres verbes, comme le participe passé *stato* de *stare* ; et même, outre *stare*, *sedere* et *fieri* ont dû remplir le vide des formes qui manquaient au latin ou qui s'étaient perdues depuis, voy. la conj. esp. et valaque[1]. — 2) *Posse* n'a pas formé un inf. *póssere*, comme *éssere* de *esse*, il l'a dérivé à nouveau de la syllabe *pot* contenue dans *potest* etc., savoir ital. *potére*, esp. port. prov. *poder*, franç. *pouvoir*, val. *puteà* ; l'imparfait *poteram* a passé, avec d'autres temps, à la terminaison de la deuxième conjugaison (*poteva*, *podia*) et déjà une charte franque du VIIe siècle a *podibat* Mar. p. 100, la *L. Long.* *potebat*. D'autres exemples du bas-latin pour l'histoire de ce verbe sont *poteret*, *potemus*, *possat Dict. étym.*, *possamus HPM.* n. 71 (de l'an 950). Le gérondif et le participe présent ont été créés sur le modèle de la deuxième conjugaison. — 3) *Velle* fut également assimilé à la deuxième : ital. *volére*, prov. *voler*, franç. *vouloir*, val. *vreà*. Ce mot manque au sud-

---

1. Les langues romanes qui témoignent de la conservation de tant d'anciens mots latins ne posséderaient-elles pas les formes archaïques de *esse*, c'est-à-dire *siem* et *fuam* ? A la première qui, du reste, d'après l'observation de Cicéron, était également admissible à côté de *sim* (voy. Otfr. Mueller *in Varronem* 9, 77), s'adapte sans peine par ex. l'ital. *sia*, mais la source propre de la forme italienne reste douteuse, car *sim* a pu se développer de la même manière, ainsi que le prouvent *dia*, *stia* de *dem*, *stem*. *Sia* est du reste fort ancien, *siamus* voy. Mur. Ant. III, 1028 (de l'an 848). *Fuam* manque absolument, le val. *fiu* répond à *fiam*. La forme parallèle *forem* a aussi disparu : ital. *fora*, esp. *fuera* etc. sont sortis de *fueram*. On ne peut pas davantage justifier l'explication du v.franç. *esmes* de *esumus* (voy. conj. franç.). Fuchs a même cherché dans le mil. *hin* (lat. *sunt*), qu'on doit juger comme l'ital. *enno* (voy. plus bas au verbe *essere*), une forme primitive latine ou étrurienne = grec ἐντί, zend *henti*. Il ne faudrait pas exagérer l'admission de flexions archaïques dans les langues filles. Tout nous indique que les flexions de la langue écrite ont été aussi essentiellement celles de la langue populaire. Nous avons déjà dû plus haut éviter de tirer l'origine de l'imparfait du subj. roman de la forme latine du parfait -*ssim*. L'espagnol n'a pas non plus emprunté son futur antérieur à cette forme en s, on dit en v.esp. *amaro* et non *amasso*. Une autre forme du parfait, *dixti*, *scripsti* etc., n'a pas davantage laissé de traces en roman. En latin archaïque les voyelles *oi*, *oe*, *u* sont hésitantes dans un seul et même mot, par ex. *oino*, *oenus*, *unum* ou *moiro*, *moero*, *murum* (Corssen I, 199); le roman ne connaît d'autre forme que la forme classique.

ouest, mais d'anciens composés espagnols, *si-vuel-qual, si-vuel-quando, si-vuel-que,* permettent de supposer son existence antérieure[1]. Le provençal seul conserve une trace de *nolle* ; *nol* (*non vult*), *nolc* (*noluit*) d'après GO., *nolon* Ch. relig. n. 3, 2, mais on trouve aussi un wallon *nolu* (= *nolle*)[2]. Malle a dû disparaître de bonne heure, car les anciens glossaires lui consacrent déjà une explication, par ex. *malebat volebat, malles velles aut magis velles* Gloss. paris. éd. Hildebrand. — 4) *Ferre* ne se trouve que dans les composés et a passé à la troisième conjugaison, ital. par ex. *offerire, preferire* etc., mais il a généralement un parfait et un participe forts et un présent diversement traité, le provençal a tout-à-fait l'infinitif latin dans *pro-* et *referre*. — 5) *Fieri* n'existe que dans le val. *fi* (comme substantif *fire*), et encore est-il défectif. Des dialectes de l'Italie du nord le possèdent plus complètement. Bonvesin par ex. fléchit : prés. *fio* et *fizo, fi, i,* 3ᵉ plur. *fin* ; imparf. *fiva, fivi* ; subj. prés. *fiza, fizan* ; fut. 3ᵉ sing. *firà,* inf. *fi.* L'italien littéraire ne conserve que le futur défectif *fia*. — 5) *Ire*, en sa qualité de mot trop peu expressif, a perdu la plupart de ses temps ; le valaque, où l'infinitif n'aurait pu avoir que la forme *i*, l'a complètement abandonné. L'idée a été surtout exprimée par *vadere* et par un verbe nouveau qui est en ital. *andare,* esp. port. *andar,* prov. *anar,* franç. *aller.* Vadere, déjà défectif en latin (le parfait et le supin sont inusités), n'est appliqué qu'au présent ind., subj. et impér., et seulement dans les cas où l'accent doit être sur le radical (ital. *vo, vai, va, vanno,* non pas *vadiamo, vadete*); il a été remplacé aux autres personnes de la conjugaison en italien, en provençal, et en français par *andare,* qui, par là, devint lui-même défectif, en espagnol et en portugais par *ire* et *esse* ; dans ces dernières langues,

---

1. Les langues qui le possèdent encore diffèrent sensiblement dans sa reproduction. Le prés. ind. ital. *voglio, vuoli, vuole, vogliamo, volete, vogliono* répondrait à peu près à un latin *voleo, voles, volet, voleamus, voletis, voleunt,* le prov. *vuelh, vols, vol, volem, voletz, volon* à un latin *voleo, vols, volt, volemus, voletis, volunt.* Le parf. ind. ital. s'écarte décidément du lat. *volui,* qui se trouve fidèlement copié dans le prov. *volc,* comme *volueram* (par l'intermédiaire *volvram*) dans le prov. *volgra. Vis,* qui ne se laissait pas façonner commodément, manque tout-à-fait, de même que *velim.*

2. On ne peut pas rigoureusement affirmer que le lat. *nolle* ait persisté dans ces formes, car une combinaison romane de *no voler* en *noler* est tout aussi possible : dans *no-us* ou *nos* Ch. relig. n. 20, 18 de *non vos* on a une combinaison semblable.

andar a une existence indépendante avec une flexion complète. Ce verbe peut être rapporté à *aditare,* employé par Ennius, mais cette étymologie n'est pas universellement admise.

II. Conjugaison des diverses langues.

1. ITALIEN.

Sur la *flexion personnelle* voici ce qu'il faut seulement observer : 1) Toutes les consonnes finales tombent : *credi (credis), cantava (cantabam), canta (cantat)*. Des chartes italiennes favorisent ces finales vocaliques à une époque assez reculée, le *t* notamment est souvent mis de côté au VIIIe siècle, où on écrit par ex. *corre (currit), consta, manea* etc. — 2) *N* se fait suivre d'un *o* euphonique, comme dans *cantano*, et c'est un *o* qu'on a employé, à ce qu'il semble, parce que le latin lui-même donnait *u* comme voyelle, au moins au parfait fort, ce qui servit de modèle pour les autres temps : de *feceru-nt* est sorti *fecero* et sur cette forme s'est réglé *cantano*. — 3) La règle est que la 2e pers. du sing. se termine en *i*, celle du plur. toujours en *e* et ainsi on a même fait *canti* de *cantas, cantavi* de *cantabas*. — 4) Dans la langue archaïque et dans la langue poétique, un *e* ou un *o* paragogique s'adapte aux voyelles accentuées finales : ainsi dans *hóe, stóe, cantóe, potéo, coprio, fúe, canteróe, canteráe, háe* pour *ho, sto, cantò, potè, coprì, fu, canterò, canterà*[1]; on met de même *e* pour *i* au présent ind. et subj. et à l'imparfait subj. : *cante, cantasse* pour *canti, cantassi*. — 5) Mais il faut surtout remarquer que la terminaison *iano* qui se présente dans divers temps peut passer à *iéno*, par ex. *fiéno, siéno, moviéno* (: *piéno Purg.* 10, 79), *canteriéno*. C'est ainsi que l'on trouve aussi au sing. devant des affixes *ié* pour *ia*, par ex. *condoliémi Purg.* 21, 6, *diriélo* etc., voy. Blanc 349, 364. De *iano* se sera d'abord développée la forme plus facile *ieno* (et beaucoup de personnes accentuent encore aujourd'hui ainsi) et de là en avançant l'accent, pour produire une diphthongue familière, *iéno*[2].

---

1. De semblables voyelles paragogiques s'attachent aussi, pour rappeler cela en passant, à des mots d'autres classes et se renforcent elles-mêmes par des consonnes : *ha hae hane, piè piene, qui quine, là lane, nò none, sì sine, me mee mene* et *meve, te tee tene teve*.

2. Un étrange accident a atteint la flexion personnelle dans certains

L'*infinitif* a la forme complète *-re*, qui ne s'affaiblit que dans les dialectes. Il existe trois temps composés avec l'infinitif, savoir le futur en *-rò* (v.ital. *-raggio, -rabbo = aggio, abbo* de *avere*); un soi-disant conditionnel en *-ria*, mais qui ne possède que la 1ʳᵉ pers. sing. peu usitée, la 3ᵉ et aussi la 3ᵉ plur. *-riano* (*rieno*) et est surtout employé par les poètes[1] ; un deuxième conditionnel complet en *-rei* ; il faut remarquer dans ce dernier la forme double de la 3ᵉ pers. plur. *-rébbero* et *-rébbono* moins usité.

Le *présent* de l'indicatif et du subjonctif de toutes les conjugaisons fait à la 1ʳᵉ pers. plur. *-iamo*, le présent du subjonctif à la 2ᵉ pl. *-iate* : *cantiamo, cantiate, vendiamo vendiate* etc. Est-ce un emprunt fait à la troisième et quatrième conjugaisons latines (*faciamus, audiamus*)? Indubitablement, car le procédé que les grammairens grecs nommaient συνεκδρομή s'est profondément implanté dans l'organisme du verbe du domaine roman. Le vieil italien employait encore, au moins à l'indicatif, *cantamo, vendemo, facemo, partimo*. — 2) Le présent de tous les modes offre dans quelques cas, outre la diphthongaison dont nous avons encore à parler, un changement de voyelles particulier, en vertu duquel la voyelle radicale se maintient seulement à la place de l'accent, mais éprouve à la 1ʳᵉ et 2ᵉ plur., lorsque ce dernier avance, une modification admise aussi par les autres temps. Ces cas sont *devo, odo, esco*, plur. *dobbiamo, udiamo, usciamo*, inf. *dovere, udire, uscire*. Des motifs de différente

patois. Nous avons vu comment un pronom dépendant du verbe peut s'unir à lui et s'adapter à lui comme affixe. Mais dans des dialectes de la Haute et de la Basse-Italie on unit le pronom indépendant de la 2ᵉ pers. à la même personne du verbe comme une partie inséparable de la flexion, auquel cas il va de soi que le pronom peut encore être répété devant le verbe. Quelques-uns de ces dialectes restreignent cette flexion au singulier, d'autres au pluriel, d'autres encore l'appliquent aux deux genres. Exemples : mil. *ti te porte-t* (ital. *tu porti*), *ti te portave-t* (*tu portavi*), viàlter *portáve-f* (*voi altri portavate, f* pour *v*); à Reggio *portáve-f*; nap. *vuje amáve-vo, vuje amáste-vo* ; calabr. *vui capisti-vu* etc. Voyez pour plus de détails Fuchs, Biondelli, Wentrup et d'autres encore. Mais le phénomène qui, d'après Biondelli p. 16 et 31, se produit en bergamasque doit être mis au nombre des plus bizarres : la flexion de la 1ʳᵉ pers. plur. de tous les temps est ici séparée du radical et placée *avant* lui, *nóter ampórta = noi altri portiamo*. (Mussafia a depuis constaté le même fait dans Bonvesin, *Beiträge zur Gesch. d. rom. Spr.* p. 23.)

1. Le dialecte milanais l'a au complet : *cantarias, -iet, -ia, -iem, -ief, -ien.*

nature peuvent avoir influé sur cette modification phonique[1]. — 3) L'accentuation primitive est observée, de là *récito récitano, mérito méritano, régolo régolano,* et l'on ne prononce pas comme à l'ouest *recito, merito, rególo,* bien qu'à la 3ᵉ pers. pl. l'accent recule sur la quatrième avant-dernière. Le déplacement de l'accent est très-rare et se produit surtout dans des mots non populaires: *estímo, imíto, impéro, impiégo (implico), incíto, intímo, invóco, repúto (réputo* est plus usité); *comprímo, dirígo, dirímo, discúto, divído, elíce, ripéto* et d'autres encore. Des poètes prononcent aussi *celébro, occúpo, provóco*[2]. — Le pluriel de l'*impératif* se confond avec celui du présent: *cantate* est pour le lat. *cantate* et *cantatis,* son origine demeure par là incertaine. Dans *essere, avere, sapere* et *volere* l'impératif n'est qu'un subjonctif: au lieu de *siete, avete, sapete, volete,* qu'on était en droit d'attendre, on a introduit *siate, abbiate, sappiate, vogliate,* parce qu'on est parti de cette idée que l'être, l'avoir, le savoir et le vouloir ne pouvaient être que souhaités et non commandés.

L'*imparfait* s'est mieux conservé que dans les autres langues, car son *v* = lat. *b* existe aussi à la deuxième et à la troisième conjugaison: *cantava, faceva, sentiva*. A côté de la 1ʳᵉ pers. sing. *-va* se trouve une forme *-vo,* maintenant vieillie, mais encore très-usitée dans la conversation. *Cantavi, vendevi, partivi* pour *cantavate* etc. ne sont pas moins populaires. Ce temps subit à la 1ʳᵉ et 2ᵉ pers. plur. un déplacement de l'accent, comme en espagnol, c'est-à-dire *cantávamo, cantávate* pour *-ámo, -áte,* mais ce trait aussi est seulement populaire. Dino Compagni accentue aussi *voleáno, dormiáno.*

---

1. Delius, *Jahrbuch* IX, 102, donne l'explication suivante. La langue a changé *devere* contre *dovere* afin de ne pas donner à *de* l'apparence d'une particule. (Mais quel sens *de vere* aurait-il exprimé? C'est bien plutôt la labiale dans *devere* qui semble avoir provoqué cet échange de l'*e* contre *o,* ainsi que cela s'est du reste aussi produit dans d'autres syllabes atones, comp. ital. *piéve, piováno* du lat. *plebs, plebanus*.) *Udire* a été introduit parce qu'on aurait pu prendre *o* dans *odire* pour l'interjection *oh*. (Mais l'échange entre *o* et *u* initiaux, encore dans les syllabes atones, est un fait si ordinaire, qu'il n'est pas nécessaire de penser à la particule *oh*.) On a dit *uscire* parce que l'*e* dans *escire* pouvait facilement être considéré comme prothétique. (Il semble bien plutôt que l'*u* a sa source dans le substantif *uscio,* de même que le franç. *ussir* a à côté de lui un subst. *us,* voy. mon *Dict. étym.* I, *escire*.)

2. Il ne faut pas omettre ici les observations de Mussafia sur la formation du présent en italien (*Beitr. zur Gesch. der rom. Spr.* p. 1-17).

Le *parfait* est soumis, dans des points essentiels, à un traitement particulier qui doit être étudié à propos de chaque conjugaison. A la 3ᵉ pers. plur. se produisent des abréviations considérables et tout-à-fait permises, comme *cantarò cantar, venderò vender, partirò partir*. L'*imparfait du subjonctif* a à la 1ʳᵉ et 2ᵉ pers. sing. une même forme, *-ssi*, au lieu de laquelle les anciens employaient encore à la 1ʳᵉ pers., en se tenant plus près du latin, *-sse*; au pluriel ce temps change l'accent : *cantássimo, cantaste* (qui par là se confond avec le parf. ind.) de *cantassēmus, cantassētis* : la 3ᵉ pers. se termine en *-ssero*, affaiblissement de l'ancien *-ssino, -ssono* (lat. *-ssent*).

Le plus-que-parfait du subjonctif latin, passé à la signification d'un imparfait du subjonctif ou d'un conditionnel (p. 110), n'existe pas : la langue, ainsi que nous l'avons vu plus haut, possédait déjà à cet effet deux temps. Un débris du plus-que-parfait est *fora* de *fueram*. On peut être, il est vrai, facilement tenté de dériver cette forme de *forem*, mais cette explication est contredite par le fait qu'elle répond sous tous les rapports au prov. port. *fora*, esp. *fuera*, qui est indubitablement sorti de *fueram*. Du reste la langue italienne, dans sa période primitive, connaissait aussi ce plus-que-parfait conditionnel, ainsi que ses grammairiens le reconnaissent enfin, voy. par exemple Bianchi sur le passage du *Par.* 21, 93. C'est chez Ciullo d'Alcamo qu'on le remarque le plus souvent : *tagliára* (*se tanto addivenissemi, tagliarami le trezze*) Nann. *Letter. ital.* I, 6, *fara* ibid., *móvera* 9, *dignara* 10, *chiamarano* ibid., *potera* 12. Chez d'autres écrivains *disperéra, vedéra, soffondúra, gravára, parlára, allegráran, convenéra, giovára* etc. *Soddisfára* aussi, dans le passage cité de Dante, est regardé par quelques-uns comme un temps de ce genre. On ne le trouve employé, d'après ces exemples, qu'à la 1ʳᵉ et 3ᵉ pers. sing. et à la 3ᵉ plur. On l'obtient, lorsqu'à la 3ᵉ pers. plur. du parfait de la conjugaison faible on change la terminaison *ono* en *a* : *dignarono dignara, poterono potera*. Dans la conjugaison forte il devrait se fonder sur la même personne, il n'y aurait alors qu'à changer l'*o* final en *a*, ainsi *fécero fécera, móssero móssera*, mais la forme de l'infinitif s'est implantée ici et l'on dit *fara, móvera*. Peut-être que ce temps tout entier, employé seulement par les poètes, n'est autre chose qu'un rejeton provençal greffé sur le conditionnel défectif, en ce sens qu'on fit rentrer les terminaisons *-ria, -riano* dans *-ára, -árano, -éra, -érano*; *disperéra* a même conservé l'*e* provençal.

Finale du radical[1]. 1) Les verbes qui ont devant la terminaison de l'infinitif *are* la gutturale *c* ou *g* changent ces lettres devant les voyelles grêles *e* et *i* en *ch* ou *gh*, par ex. *peccare, pecchi, peccherò*; *legare, leghi, legherei*. Ceux qui se terminent devant la finale de l'infinitif *ere* par une palatale la conservent devant *e* et *i*; ce n'est que devant *i* qu'on trouve la gutturale (*ch, gh*) à la 2ᵉ pers. sing. du prés. du subj. comme forme secondaire : *torcere, torco, ci, ce, ciamo, cete, cono,* subj. *torca, chi, ca, ciamo, ciate, cano*; *conoscere, conosco, sci, sciamo, scono* etc.; *spargere, spargo, gi, ge* etc. — 2) Devant *i* ou *e, i* tombe après des sons chuintants : *lascio, lascerò; fregio, fregi; bacio, baci*. L'*i* atone tombe de même devant un second *i* : *glorio, glorino,* non pas *gloriino*; à la finale on a l'habitude d'écrire *j*, par ex. *glorj* pour *glorii*. — 3) *J* tombe de la même manière devant *i* : *abbajo, abbai, abbaino,* au lieu de *abbaji, abbajino*; *nojo, noi* au lieu de *noji*. — 4) Après *gn, i* tombe à la 1ʳᵉ pers. sing. du prés. ind. : *sognamo* de *sognare*, tandis qu'il persiste au subjonctif : *sogniamo*.

Les *pronoms enclitiques* (avec les adverbes *ne, ci, vi*) ont une certaine influence sur la forme verbale. Savoir : 1) après *m, n* et *r* simples *o* tombe à la 1ʳᵉ et 3ᵉ pers. plur. : *amiamci* (aussi *amiamoci*), *vedonlo, preserla*. Après *nn* on a de plus la chute de la seconde de ces lettres. La finale *m* (pour *mo*) peut passer à *n* : *andianne* pour *andiamone*, *diangli* pour *diamogli*. — 2) A la 3ᵉ pers. sing. *e* tombe après *l* et *n* : *vuolsi, conviensi*. — 3) L'infinitif perd de même sa voyelle finale et en outre, lorsque deux *r* précèdent, il perd la seconde : *lodarlo, dirgli, porla* pour *porrela*. Chez les anciens l'assimilation de l'*r* avait lieu aussi, comme en espagnol, par ex. *lodallo, vedella*. — 4) Les finales *ai, ei, ii* au parfait ind. et au conditionnel peuvent perdre la seconde voyelle : *quetámi, rendéle*.
— Il faut aussi observer l'archaïque *fostu, vedestu* pour *fosti tu, vedesti tu*.

Le *verbe auxiliaire* pour l'actif est *habere*, pour le passif *essere*.

1. *Avére*. — Ind. prés. *ho, hai, ha, abbiamo, avete, hanno*. Imparf. *aveva, avevi, aveva, avevamo, avevate, avé-*

---

[1]. Les règles qui la concernent s'appliquent tout aussi bien à la finale des verbes dérivés. J'entends ici par radical le thème auquel sont ajoutées les flexions.

vano. Parf. *ebbi, avesti, ebbe, avemmo, aveste, ébbero*. Fut. *avrò, avrai, avrà, avremo, avrete, avranno*. Subj. prés. *àbbia, abbia* (*abbi*), *abbia, abbiamo, abbiate, àbbiano*. Imparf. *avessi, avessi, avesse, avessimo, aveste, avessero*. Cond. *avrei* (*avria*), *avresti, avrebbe* (*avria*), *avremmo, avreste, avrébbero* (*avriano*). Impér. *abbi, abbiate*. Gér. *avendo*. Part. *avente* ; *avuto*. Il possède aussi comme verbe indépendant, non comme auxiliaire, les temps périphrastiques *ho avuto* etc. Voici des formes archaïques ou poétiques : *aggio abbo* (pour *ho*), *have hae* ; *avei* (*-evi*), *aveamo* ; *abbi* et *ei* (*ebbi*), *happe* (*ebbe*) ; *arò* (*avrò*) etc.; *aggia* (*abbia*) ; *aggi* ; *abbiendo, abbiente, abbiuto*[1].

2. *Éssere*. Ind. prés. *sono, sei, è, siamo, siete, sono*. Imparf. *era, eri, era, eravamo, eravate, érano*. Parf. *fui, fosti, fu, fummo, foste, fúrono*. Fut. *sarò, sarai, sarà, saremo, sarete, saranno* (copié sur le futur *starò* de *stare*). Subj. prés. *sia, sia* (*sii*), *sia, siamo, siate, siano sieno*. Imparf. *fossi, fossi, fosse, fossimo, foste, fossero*. Cond. *sarei* (*saria*), *saresti, sarebbe* (*saria*), *saremmo, sareste, sarébbero* (*sariano*). Impér. *sii, siate*. Gér. *essendo*. Part. *essente* ; *stato*. La périphrase est effectuée par le même verbe : *sono stato, stata* etc. Des formes archaïques ou poétiques sont par ex. *so* (*sono*), *ei, ee este* (cette dernière fréquente chez les anciens), *somo PPS*. I, 271, *enno* (*sono*) ; *eramo, erate* et *savamo, savate* ; *fusti, fo, fom, fuste, foro furo* ; *serò* etc., de même *fia* (pour *sarò*, rare), *fia* (*sarà*), *fiano fieno* ; *sie* (*sia*) ; *fussi* etc. ; *fora* (pour *sarei*, rare), *fora* (*sarebbe*), *forano* ; *sendo, suto essuto*. — *Sei, siete, savamo* (pour *sevamo*), *sendo, suto* sont des formes créées avec l'initiale *s*, *enno* avec l'initiale *e* : cette dernière répond à *è* comme *hanno* à *ha*, *cantorono* à *cantò* (voy. plus bas première conjugaison), c'est-à-dire que la 3ᵉ pers. plur. s'est réglée sur la 3ᵉ sing.[2].

---

[1]. Nannucci a réuni dans son *Prospetto di verbi anomali e difettivi* (Fir. 1853) une immense quantité de formes archaïques ou dialectales de ce verbe et du suivant.

[2]. Un idiotisme remarquable qui se présente pour ce verbe dans l'ancienne langue, *sono avuto* pour *sono stato*, et que le provençal, le vieux français, le catalan et le vaudois connaissent aussi, a été étudié par Mussafia, *Beitræge zur Gesch. der roman. Spr.* p. 24 ; comp. aussi Bartsch dans ses remarques sur *Agnes* p. 68.

CONJUGAISON ITALIENNE.

TABLEAU DE LA CONJUGAISON :

	I.	II.	III a.	III b.
Ind. prés.	cant-o	vend-o	part-o	fior-isco
	cant-i	vend-i	part-i	fior-isci
	cant-a	vend-e	part-e	fior-isce
	cant-iámo	vend-iámo	part-iámo	fior-iamo
	cant-ate	vend-ete	part-ite	fior-ite
	cánt-ano	vénd-ono	párt-ono	fior-iscono
Imparf.	cant-áva	vend-éva	part-íva	fior-iva
	cant-avi	vend-evi	part-ivi	(= partiva)
	cant-ava	vend-eva	part-iva	
	cant-avámo	vend-evámo	part-ivámo	
	cant-avate	vend-evate	part-ivate	
	cant-ávano	vend-evano	part-ivano	
Parf.	cant-ái	vend-éi	par-tii	fior-íi
	cant-asti	vend-esti	part-isti	(= part.)
	cant-ó	vend-è	part-ì	
	cant-ammo	vend-emmo	part-immo	
	cant-aste	vend-este	part-iste	
	cant-árono	vend-érono	part-irono	
Fut.	cant-erò	vend-erò	part-irò	fior-irò
	cant-erai	vend-erai	part-irai	(= part.)
	cant-erà	vend-erà	part-irà	
	cant-eremo	vend-eremo	part-iremo	
	cant-erete	vend-erete	part-irete	
	cant-eranno	vend-eranno	part-iranno	
Subj. prés.	cant-i	vend-a	part-a	fior-isca
	cant-i	vend-a, i	part-a, i	fior-isca
	cant-i	vend-a	part-a	fior-isca
	cant-iámo	vend-iámo	part-iámo	fior-iámo
	cant-iate	vend-iate	part-iate	fior-iate
	cánt-ino	vénd-ano	párt-ano	fior-iscano
Imparf.	cant-íssi	vend-essi	part-issi	fior-issi
	cant-assi	vend-essi	part-issi	(= part.)
	cant-asse	vend-esse	part-isse	
	cant-ássimo	vend-éssimo	part-íssimo	
	cant-aste	vend-este	part-iste	
	cant-ássero	vend-éssero	part-issero	
Cond.	cant-eria	vend-eria	part-iria	fior-iría
	—	—	—	(= part.)

	I.	II.	III a.	III b.
	cant-eria	*vend-eria*	*part-iria*	
	—	—	—	
	cant-eriano	*vend-eriano*	*part-iriano*	
2.	*cant-eréi*	*vend-eréi*	*part-iréi*	*fior-iréi*
	cant-eresti	*vend-eresti*	*part-iresti*	(= *part.*)
	cant-erebbe	*vend-erebbe*	*part-irebbe*	
	cant-eremmo	*vend-eremmo*	*part-iremmo*	
	cant-ereste	*vend-ereste*	*part-ireste*	
	cant-erébbero	*vend-erébbero*	*part-irébbero*	
Impér.	*cant-a*	*vend-i*	*part-i*	*fior-isci*
	cant-ate	*vend-ete*	*part-ite*	*fior-ite*
Inf.	*cant-are*	*vénd-ere*	*part-ire*	*fior-ire*
Gér.	*cant-ando*	*vend-endo*	*part-endo*	*fior-endo*
Pc.	*cant-ante*	*vend-ente*	*part-ente*	*fior-ente*
	cant-ato	*vend-uto*	*part-ito*	*fior-ito*

Temps périphrastiques : Ind. *ho canto,* plur. *abbiamo cantato*; aussi *aveva c.*; *ebbi c.*; *avrò c.*; subj. *abbia c.*; *avessi c.*; *avrei c.*; inf. *aver c.*; gér. *avendo c.* — Passif : ind. *sono cantato, a,* plur. *siamo cantati, e*; de même *era c.*; *fui c.*; *sono stato c.*; *era stato c.*; *fui stato c.*; *sarò c.*; *sarò stato c.*; subj. *sia c.*; *fossi c.*; *sia stato c.*; *fossi stato c.*; *sarei c.*; *sarei stato c.*; inf. *esser c.*; *essere stato c.*; gér. *essendo c.*; *essendo stato c.*

On ne voit nulle part les trois conjugaisons se distinguer par l'application soutenue des voyelles caractéristiques *a, e, i* d'une manière aussi tranchée que dans cette langue, de là aussi les parfaits réguliers *ai, ei, ii*; il n'y a que le futur de la première conjugaison qui change *a* en *e* et l'impératif de la deuxième qui a *i* pour *e*.

Ire Conjugaison. — Au *présent* quelques verbes diphthonguent leurs voyelles radicales *e* et *o* en *ie, uo*. Paradigmes : *niega, nieghi, niega, neghiamo, negate, niegano*. Subj. *nieghi, nieghi, nieghi, neghiamo, neghiate, nieghino*. Impér. *niego, negate*. Ces verbes sont, outre celui qui vient d'être cité, *notare nuotare* (lat. *natare*), *pregare, provare, sonare, tonare, trovare*. Au subjonctif de ce temps on emploie dans la poésie *cante* pour *canti*.

Au *parfait* on pouvait s'attendre à avoir à la 3e pers. sing. *cantà* : au lieu de cela la langue a préféré *cantò*, qui pourrait venir de *cantau-it* pour *cantavit* (comp. *oca* de *auica* pour *avica*). Mais il est difficile d'admettre que la langue populaire conservât le *v* de la conjugaison faible, qui déjà en latin tombait souvent aux autres personnes de ce temps. Elle n'a fait qu'ajouter à la forme sourde *cantà* un *o* comme voyelle d'appui, de même qu'elle a ajouté cette voyelle dans *cantan-o* : *cantò* est donc syncopé de *cantao*, comme *vo* de *vao* = *vado*. C'est l'explication de Delius *l. c.*[1]. La 3ᵉ pers. plur. répète la même voyelle dans l'archaïque *cantorono*, contr. *cantorno* et même *cantonno* pour *cantarono*. On connaît par Dante, *Inf.* 26, 36. 33, 60, *levorsi* pour *levoronsi*.

Le *participe passé* d'un nombre assez considérable de verbes rejette les lettres *a* et *t*, qui en contiennent précisément l'essence, *cercato* s'abrége en *cerco*, à côté duquel persiste du reste la forme complète. Des participes de ce genre sont : *adorno, avvezzo, carico, chino, colmo, compro, concio, desto, dimentico, gonfio, guasto, lacero, mozzo, netto, pago, pesto, privo, sazio, scemo, scevro, schivo, stanco, stracco, tocco, tronco, trovo* et beaucoup d'autres. La grammaire latine ne connaît pas cette abréviation. On lit bien *opta* pour *optata* dans une inscription (Gruter, *ind. gramm.* : *syllabae duae in unam coalitae*), mais cette forme peut bien n'être qu'une inexactitude. Festus dit : canta *pro* cantata *ponebant*, mais il ne s'agit ici que du participe fort pour le faible. On ne trouve qu'un seul exemple qui concorde avec l'usage italien : *Naevius*, remarque Aulu-Gelle, obliteram *gentem pro* obliteratam *dixit*. Les langues sœurs ne sont que légèrement atteintes par cet accident[2]. L'existence parallèle d'un grand nombre d'adjectifs latins en *us* ou de participes forts et de participes en *atus* dérivés de ces derniers, comme *albus albatus, decorus decoratus, dictus dictatus*, poussa la nouvelle langue à abréger de cette manière des participes de la première conjugaison avec une signification transitive.

---

1. Il faut rappeler ici la forme *ao* (*cantao* pour *cantò*) employée par des écrivains napolitains et d'autres encore dans les collections connues d'anciens lyriques italiens. Le dialecte calabrais emploie *amau, passau* pour *amò, passò*, mais aussi *farau, stau* pour *faranno, stanno*, voy. Fernow, *Ital. Mundarten* 323.

2. Les exemples provençaux *adorn, clin, guast, sem* répondent, il est vrai, aux exemples italiens *adorno, chino, guasto, scemo*, mais sont sans aucune force verbale. De plus *clin, aclin*, v. esp. *enclin*, franç. *enclin* (comme sans doute aussi l'ital. *chino*) peuvent avoir leur source dans l'adj. lat. *clinus*, qui se trouve au moins dans *re-clinus*.

Un petit nombre seulement avaient leur modèle en latin, comme *desto, lacero, netto, pesto, privo* dans *excitus, lacer, nitidus, pistus, privus*. Tous ces mots expriment un sens d'adjectif, mais sont aussi susceptibles d'une signification verbale : *egli é dimentico* « il est oublieux », *l'ho dimentico* « je l'ai oublié » (Fernow § 263).

Verbes isolés. Anomaux : 1) *Andare* uni à *vadere* : *vo, vai, va, andiamo, andate, vanno* ; *vada, vada, vada, andiamo, andiate, vadano* ; *va, andate* ; *andava* ; *andai* ; *andassi* ; *andrò* ; *andrei* ; *andando* ; *andato*. Archaïque ou poétique *vado* (aussi *vao*), *vadi, vadono* et *ando, andi, anda, andano* ; subj. *andi, andino* ; impér. *anda*. Un parfait populaire formé sur *dare* qu'on croyait percevoir dans *andare* est *andiedi, e, emo, ero* et *andetti, e, ĕmo, ero*. Les composés *ri-* et *tras-andare* fléchissent régulièrement.. — 2) *Dare* reste fidèle à la flexion latine : *do, dai, dà, diamo, date, danno* ; *dia = sia* ; *da', date* ; *dava* ; *diedi, desti, diede, demmo, deste, diedero*, poët. *diei, diè, dierono dienno denno* et *detti, e, ĕro* ; *dessi* (rom. *dassi*) ; *darò* (non pas *derò*) ; *darei* ; *dando* ; *dato*. Les composés fléchissent comme *dare*, par ex. prés. *addò, addai* ; *circondare* est régulier. — 3) *Stare* fléchit comme *dare*, seulement le parfait est *stetti* et non *stiedi*. *Contrastare, restare, soprastare = cantare* ; *ristare = stare*. — *Fare*, voy. à la première classe de la flexion forte.

IIe Conjugaison. — Voici les verbes réguliers qui lui appartiennent, presque tous avec l'*e* de l'infinitif atone : *báttere, bévere bere* (*bibere*), *cédere, con-cépere, cérnere* arch., auj. *scernere, ri-cévere, in-, suc-cómbere, crédere, féndere, fóndere, frémere, gémere, godére* (*gaud.*), *ri-lúcere* (sans part. pas.), *miétere, s-pándere* (*exp.*), *páscere, péndere, pérdere, ém-, cóm-piere* (*complere*), *pióvere* (*pluere*), *prémere, récere* (*reicere*), *réndere, sedére, in-sistere, soléree* (défectif, voy. plus bas), *sólvere* (part. *soluto*), *spléndere, strídere, temére, téssere, véndere*. Dans ce nombre, *concepere concepire, compiere compire, empiere empire* fléchissent en même temps d'après la troisième, chez les anciens il en était de même pour *avire, fremire, gemire, parire* (*parēre*), *savire* (*sapēre*), voy. par ex. Nann. *Lett. ital.* I, 65. 72. *Bevere, cedere, fendere, fondere, piovere, rendere, spandere* appartiennent également à la flexion forte.

L'*imparfait* éprouve à la 3e pers. une syncope du *v* : *eva ea*, *evano eano*, qui se produit rarement à la 1ʳᵉ et 2ᵉ sing. *eva ea, evi ei*, par ex. *potei Inf.* 15, 112. Les anciens disaient même *ia, iano (iéno)*.

Au *parfait* cette conjugaison possède une forme secondaire avec *tt*, étrangère aux autres, mais qui est restreinte aux 1ʳᵉ et 3ᵉ pers. sing. et à la 3ᵉ plur., par ex. *vend-etti, vend-ette, vend-ettero*. Les verbes qui la possèdent sont : *battere, cadere, con-cepere* et *ri-cevere, chiudere (claud.), credere, dovere, fendere, fremere, gemere, godere, lucere, mietere, pendere, potere, perdere, premere, recere, rendere, sedere, serpere, re-sistere, solvere, spendere, splendere, stridere, per-suadere, pre-sumere, temere, vendere*, parmi lesquels beaucoup suivent en même temps la flexion forte. Dante fléchit aussi *sette* et *convenette Inf.* 25, 42, *Par.* 9, 24. 141 de *seguire, convenire*. D'où vient maintenant cette forme ? On pourrait penser à des parfaits latins terminés en *idi*, comme *credidi, perdidi, reddidi, vendidi*, avec l'accent avancé *crediddi*, enfin *credetti*. Mais cela n'est pas convaincant, car la langue ne trahit nulle part d'appréhension pour *dd*, qu'elle ne durcit jamais en *tt*, comp. *caddi, cadde, caddero*, jamais *catti* etc. En revanche deux verbes de l'usage le plus fréquent avec leurs parfaits qui appartiennent à la deuxième conjugaison *stetti* et *detti* ont pu être les instigateurs de cette flexion. Du lat. *steti* en effet est sorti *stetti*, car *t* est souvent redoublé, et *dare*, qui a une flexion analogue, a suivi ce modèle dans *detti*, forme secondaire de *diedi*[1].

Verbes isolés. 1) *Dovere* (lat. *debere*) présente un changement de la voyelle radicale (t. I, p. 163) : *devo deo debbo, devi dei debbi, dobbiamo debb-, dovete, devono deono debbono; deva dea debba; doveva* etc.; *dovrò*. Anc. *devere*;

---

1. Blanc p. 353 suppose que *-et* est venu du lat. *-uit*: *timuit* aurait donné d'abord *temét*, ensuite pour l'euphonie *temette*, comme *Josafat Josafatte*, et l'on trouverait aussi *finette* etc. Mais cette admission de la flexion *t* que la France seule connaît, et de plus cette translation de l'accent sur une syllabe aussi légère que *it* semble entièrement contraire au génie de la langue italienne. De même la translation à la 1ʳᵉ pers. d'une caractéristique aussi décidée à 3ᵉ est difficile à accorder. — Delius explique dans une pénétra analyse qu'on a introduit ce *tt* d'après l'analogie des verbes forts (eb seppe, tenne, venne). En ce qui concerne *stare*, l'ancienne forme aurait été *stei*, et c'est seulement de là que serait sorti *stetti*, comme *vendetti* de *vendei*. En fait cependant on trouve *stetti* employé par des écrivains du commencement du XIIIᵉ siècle, voy. par ex. dans Nann. *Lett. ital.* II, p. 15.

poët. *deggio, i, iamo, iono* ; *deggia*, de même *dee* (pour *deve*), *denno*. — 2) *Sedere* diphthongue la voyelle radicale : *siedo seggo seggio, siedi, e, sediamo seggiamo, siedono seggono seggiono, sieda segga seggia* etc. — 3) *Potere* (*posse*) change la finale du radical : *posso, puoi, può puote, possiamo, potete, possono ponno* ; *possa* ; *poteva* ; *potei* ; *potrò* (anc. *però*). Les anciens étendaient beaucoup plus l'application de *ss*, car ils disaient *possete, possea, possetti, possendo, possuto* et encore aujourd'hui on a *possente* (franç. *puissant*) comme adjectif. — 4) Les composés avec *sistere assistere, esistere* etc. forment leur participes d'après la troisième (-*sistito*). — 5) *Concepere* a le participe faible *conceputo* et le fort *concetto*. *Esigere* et *mescere* ont seulement *essatto, misto* (anc. *mesciuto*). — 6) Il y a beaucoup de verbes défectifs et poétiques. *Angere* ; seulement *ange*. *Cólere* ; seulement *colo, cole* ; *cola* ; *colente* ; *colto culto*. *Decére* ; *dece* ; *decesse* (est à peine usité). *Férvere* ; *fervi, ferve, fervono* ; *ferva, fervano* ; *ferveva*. *Latére* ; *late* ; *latente*. *Lécere* ; *lece lice* ; *lecito*. *Lúcere* presque complet. *Mólcere* (lat. *mulcere*) ; *molce*. *Párcere* arch. ; *parco, parcete* ; *parca*. *Répere* ; *repe*. *Sérpere* ; *serpe* ; *serpa* ; *serpendo*. *Siléere* ; *sili* ; *silente* ; *silendo*. *Soléere* ; *soglio, suoli, e, sogliamo, solete, sogliono* ; *soglia* ; *soleva* ; (*sono solito* comme parf.); *solessi* ; *solendo*. *Tépere* ; *tepe*. *Vigere* ; *vige* ; *vigeva* et d'autres encore.

IIIe Conjugaison. — Les quelques verbes qui appartiennent exclusivement à la troisième pure sont : *aprire* avec *coprire* (voy. flexion forte, deuxième classe), *bollire* (*bullire*), *cucire* (*consuere*), *dormire, fuggire, morire, pentirsi* (*poenitere*), *seguire, sentire, servire, sortire, udire* (*aud.*), *uscire* (*ex-*), *per-vertire, vestire*. — Les verbes qui ont en même temps la forme pure et l'inchoative sont : 1) des simples et primitifs : *ferire* (anc. *fedire*), *garrire, gemire, lambire, languire, mentire, muggire, nutrire, partire* (*parto* je romps, *partisco* je partage), *perire, putire, ruggire, salire, scaltrire* (*scalpturire*, voy. mon Dict. étym.), *sortire* (tirer au sort), *tossire* ; 2) des composés et des verbes nouvellement formés : *of-, sof-ferire* (voy. flexion forte, deuxième classe), *forbire* (v.h.allem. *furban*) *in-, tran-ghiottire* (*gluttire*), *abborrire* (*abhorrere*), *ap-, com-, s-parire* (voy. flexion forte troisième classe), *com-* et *ri-partire, impazzire, impietrire, com-* et *em-pire* (aussi *cómpiere, émpiere*), *applau-*

dire (poét. *appláudere*), *as-*, *ri-salire*, *seguire* dans ses composés, *assorbire*, *assordire*, *av-*, *con-*, *di-vertire*. Un grand nombre de ces verbes à double forme préfèrent de beaucoup l'*o* simple : ainsi *offro*, *soffro*, *gemo*, *mento*, *seguo*, *-verto*. D'autres favorisent *isco*.

L'*imparfait* de cette conjugaison est syncopé comme celui de la deuxième : *iva ia*, *ivano iano* (*ieno*).

Verbes isolés. 1) *Udire* et *uscire* offrent au présent le changement de voyelle déjà indiqué (p. 131). *Odo, odi, udiamo, udite, odono*; *oda, udiamo, odano*; *odi, udite*; *esaudire* a *-isco*. *Esco, esci, e, usciamo, uscite, escono*; *esca, usciamo, escano*; *esci, uscite*; *usciva* etc.; les anciens employaient encore souvent *-esc* pour *-usc*. *Riuscire* fléchit comme *uscire*. — 2) *Seguire* et *morire* (anc. *moréré*) ont aussi bien la voyelle simple que la diphthongue. *Seguo sieguo*. *Muoro muojo moro, muori mori, muore more, muojamo moriamo, morite, muojono morono*; *muoja mora* etc.; *morrò* (*morirò* par ex. Ger. 2, 86) ; et le parf. fort *morto*. *Redire* voy. au n. 5. — 3) *Fuggire*; *fuggo, fuggi, e, fuggiamo, fuggite, fuggono*; *fugga*. — 4) *Assorbire* a *assorbito assorto*. Pour *pentito* on trouve en v.ital. *pentuto* Purg. 31, 66, et aussi l'infinitif *pentére*; pour *ferito feruto* (prov. *ferut*) et d'autres cas analogues. — 5) Défectifs : *folcire* (*fulcire*); seulement *folce*; *folcisse*. *Ire*; *ite* impér.; *iva, iva, ivano*; *iremo, ete, anno*; *ito*. *Gire* (de *de-ire*?) est presque complet, cependant le prés. ind. n'a que *gimo, gite*; subj. *giamo, giate*; impér. *gite*; gér. *gendo* archaïque. Pour *gli* parf. Dante et d'autres anciens poètes ont employé aussi *givi*, pour *partii* aussi *partivi*, pour *udii* on trouve le latinisme évident *audivi*, voy. Nannucci Letter. I, 108. *Redire* et *riédere* : *riedo, i, e, ono*; *rieda, a, a, ano*; *rediva, ivamo, ivate, ivano*; *redii* etc.; *redisse* etc.; *redirò*; *redirei* etc.; on attribue aussi des temps à la forme purement orthographique *reddire*. *Olire*; *olivi, a, ano*.

La troisième conjugaison *mixte* ne présente la formation inchoative qui lui est propre qu'aux personnes du présent accentuées sur le radical; cependant le langage populaire se permet aussi *-ischiamo, -isciamo* aux deux modes et *-ischiate* au subjonctif, on trouve aussi des exemples du participe *-iscente*, comme dans *appariscente*. Tous les verbes qui ne sont pas comptés dans la conjugaison pure, c'est-à-dire la plupart des verbes, adoptent cette forme, par ex. des verbes pris aux deuxième et troisième latines : *arguire, capire, fallire, fiorire, aderire, influire, proibire, languire, com-* et *em-pire* (*-plere*), *rapire, scolpire, in-serire, sorbire, stupire* ; de la quatrième *finire, obbedire, impedire, punire, seppellire* ; formations nouvelles : *bastire, brunire* (v. h. allem. *brûnên*), *gradire, ar-rostire* (*rôstan*), *schermire* (*skirman*) etc.

Il y a peu de choses à dire sur les verbes isolés : 1) *Inserire, scolpire, seppellire* ont un double participe *inserito inserto, scolpito sculto* ; *scalfire* a *scalfitto*. — 2) Pour *capire* on admet aussi un infinitif *cápere* ou *capére*, auquel répondent les formes archaïques *capi, cape* ; *capeva* ; *capette* ; *cappia* ; *capesse* ; *caputo* et *catto*.

Flexion forte. — Aucune des langues romanes ne possède une aussi grande quantité de formes fortes que l'italien ; le nombre des parfaits des verbes primitifs s'élève à cent vingt à peu près, parmi lesquels il s'en trouve, à la vérité, qui sont étrangers à la langue ordinaire.

L'*infinitif* échange souvent l'*e* long latin contre un *e* bref, ainsi dans *álgere, árdere, indúlgere, fúlgere, lúcere, mórdere, muóvere, múngere* (*mulgere*), *nuócere, rídere, rispóndere, tórcere*, l'inverse se présente rarement, comme dans *cadére, sapére*. Il faut observer à propos de la formation intérieure de ce mode ce qui suit : 1) Il était naturel de syncoper l'*e* atone en même temps que la consonne précédente, ainsi dans *dicere dire, facere* (inusité) *fare, adducere addurre* (on ne trouve pas *lucere lurre*), *ponere porre, cogliere corre, scegliere scerre, bevere bere* et d'autres encore. — 2) L'interversion de *ng* en *gn* est fréquente et connue par la phonétique : *fingere* et *fignere, giungere giugnere* etc. — On doit remarquer au sujet du *futur* : 1) La syncope de la voyelle et l'assimilation dans *parere parrò, vedere vedrò, calere carrà, dolere dorrò, valere varrò, volere vorrò, tenere terrò*. — 2) Si l'infinitif a deux formes, il en est généralement de même du futur : on dit *addurrò, porrò, berò*, en outre *scioglierò, toglierò* à côté de *sciorrò, torrò* ; cependant *coglierò, sceglierò, svellerò* sont plus usités que *corrò, scerrò, sverrò*.

Présent de l'indicatif. La 1re pers. sing. conserve encore dans de nombreux cas la voyelle de dérivation *i* (*e*) qui tombe dans les deuxième et troisième conjugaisons régulières (*temo* de *timeo*, *odo* de *audio*). Rarement, il est vrai, dans l'orthographe, comme dans *abbia* ou *sappia* ; plus souvent sous la forme adoucie de *l* ou *n* ou durcie en *g*, comme dans *doglio dolgo* (*doleo*), *vaglio valgo* (*valeo*), *rimango, tengo, vengo* ; ou bien aussi sous la forme d'une palatale, comme dans *faccio, giaccio* (et plus haut p. 141 *deggio, seggio*). La syncope de la voyelle a produit des formes telles que *nuoco, torco* au lieu de *noccio* (*noceo*), *torcio* (*torqueo*). D'autres reposent sur l'intercalation d'une voyelle de dérivation, comme *chieggio chieggo* à côté de *chiedo* (lat. *quaero*), *pongo* (*pono*), sans doute aussi *traggo* (*traho*). Les 2ᵉ et 3ᵉ pers. sing. suivent simplement leur modèle latin : *duoli, giaci, vedi, nuoci, torci, dici, duci, leggi* ; dans *chicyge, tragge* le double *g* de la 1ʳᵉ pers. s'est introduit. La 1ʳᵉ pers. plur., en ce sens qu'elle ajoute également un *i* au radical (*cant-i-amo*), concorde dans sa formation intérieure avec la même personne du singulier, de là *dogliamo, vagliamo, pajamo, giacciamo* ; cependant le *gh*, durcissement de l'*i*, et le *ch* ne s'introduisent d'ordinaire pas ici, ainsi *rimaniamo, poniamo, teniamo, vediamo*, non pas *rimanghiamo* etc.; et *nociamo, torciamo, diciamo, duciamo, leggiamo*, non pas *nochiamo*. La 2ᵉ pers. plur. revient au radical fixé à l'infinitif; la 3ᵉ plur. suit la 1ʳᵉ du singulier : *dogliono dolgono, rimangono, nuocono, torcono, leggono* etc. — Le *présent du subjonctif* concorde presque absolument au singulier avec la 1ʳᵉ pers. de l'indicatif, à la 1ʳᵉ et 2ᵉ plur. avec la 1ʳᵉ plur., à la 3ᵉ avec la 3ᵉ pers. du même mode.

La reproduction des flexions primitives du *parfait* est relativement assez fidèle. 1) La flexion avec un simple *i* ajouté au radical compte ici plus d'exemples que dans aucune des langues sœurs : *bevvi* (*bĭbi*), *caddi* (*cecĭdi*), *feci, piovve* (*plŭvit*), *ruppi* (*rŭpi*), *vidi veddi* (*vīdi*), *venni* (*vēni*) ; l'abréviation de la voyelle radicale par redoublement de la consonne suivante sert à distinguer plus exactement le parfait du présent, car dans *beve, cade, piove, vede* les deux temps se confondraient. On mit encore dans cette classe *tenni* (*tenui*), *volli* (*volui*), *ebbi* (*habui*), *seppi* (*sapui*) ; les deux derniers exemples avec le changement en *e* sont vraisemblablement des formes différentielles vis-à-vis des impératifs *abbi, sappi*, car l'élision de l'*u* ne peut aucunement motiver le changement de l'*a* en *e*[1]. *Crebbi* et *conobbi* n'appartiennent pas à cette classe, car ils ont eu

---

[1]. Cependant Blanc et Delius retrouvent dans ce changement de voyelle le phénomène habituel par lequel la voyelle du radical s'aiguise au parfait.

pour modèle *cre-vi* et *cogno-vi*. Les autres parfaits avec un simple *i* ont été réunis à la classe suivante, ainsi *accesi, corsi, fessi, fransi, fusi, lessi, mossi* etc. — 2) La flexion *si* n'a pas seulement persisté, elle s'est encore, comme partout, beaucoup étendue. — 3) La flexion *ŭi* ou *vi* a disparu en ne laissant que quelques débris (*giacqui, nocqui, piacqui, tacqui, parvi, crebbi, conobbi, v* durci en *bb*); ou bien l'*u* est tombé comme dans les mots cités *tenni, volli, ebbi, seppi*, ou a été supplanté par *s*, comme dans *calse* (*caluit*), *valsi* (*valui*).

La flexion personnelle de ce temps est originale et entièrement étrangère aux autres domaines. Nous avons déjà constaté à propos de *dovere, udire* et *uscire* que la langue italienne conserve à toutes les personnes accentuées sur la flexion le thème donné par l'infinitif quand elle le modifie dans celles qui ont l'accent sur le radical. Le même fait se produit aussi au parfait fort, où l'on distingue les formes accentuées sur le radical de celles qui le sont sur la flexion. Mais à ces dernières, d'après une loi commune à tout le domaine roman, appartient aussi la 1ʳᵉ pers. du pluriel (p. 114).

feci	*rimasi*	*tacqui*
facesti	rimanesti	tacesti
fece	*rimase*	*tacque*
facemmo	rimanemmo	tacemmo
faceste	rimaneste	taceste
fécero	*rimásero*	*tácquero*

Les seules exceptions se trouvent dans *essere, stare* et *dare*, parf. *fui fosti, stetti stesti, diedi desti*, non pas *essesti, stastí dasti*; de même dans l'archaïque *fei festi* pour *facesti*. Cette flexion spécialement italienne qui admet une si importante immixtion de formes faibles (le parfait complètement fort aurait été par ex., lettre pour lettre, *tacqui, tacquesti, tacque, tacquemmo, tacqueste, tacquero*, comme *placui,* prov. *plac, plaguest, plac, plaguem, plaguetz, plagron*) est née en même temps que la littérature de cette langue. Tous les dialectes de l'italien, sauf le sarde, reconnaissent cette flexion[1]. On ne trouve que çà et là chez les anciens ou comme idiotisme de la langue populaire la 1ʳᵉ pers. plur. avec une forme forte et avec l'accent sur la première, comme dans *ébbimo, ársemo, giúnsemo,*

---

[1]. Ce n'est pas une preuve sans importance pour la nature italienne du vaudois moderne que d'y voir représentée la même flexion, non au parfait, car ce temps lui manque, mais au moins à l'imparfait du subjonctif : *metessen* par ex. se distingue nettement du prov. *mesesson*.

léssamo, méssamo, trássamo de *ebbi, arsi, giunsi, lessi, misi, trassi* : ce ne sont vraisemblablement que des flexions nées un peu au hasard et sans base historique. A l'égard de la 3ᵉ pers. plur. il faut encore relever une seconde forme syncopée à laquelle du reste la plupart des langues sœurs prennent part. La syncope affecte l'*r* : de *déderunt, fécerunt, rúperunt, díxerunt, tráxerunt, remánserunt, tácuerunt* sont sortis *diédono, féciono, rúppono, díssono, trássono, rimásono, tácquono*, en traitant *nt* comme dans *amano*. La cause de la syncope peut se trouver dans la tendance à ramener cette personne au même rapport avec le singulier qui existe dans d'autres temps. Au reste cette flexion est vieillie et n'est généralement permise qu'aux poètes. — Il faut encore remarquer qu'on trouve chez les anciens beaucoup de parfaits forts qui ont en même temps la forme faible : ainsi *assumei, cadei, crescei, conoscei, dirigei, distinguei, leggei, mettei, movei, nascei, piacei, redimei, rompei, tacei* et *tacetti, tenei, torcei, vedei*. La langue familière est très-portée vers cette forme.

La flexion de l'*imparfait du subjonctif* a aussi un caractère original. Ce temps ne dérive pas de la 1ʳᵉ pers. du parfait italien ou du plus-que-parfait latin, mais elle est, en conformité avec les trois formes faibles du parfait, tirée à nouveau de l'infinitif; sa flexion est par conséquent faible : *facessi, -essi, -esse, -essimo, -este, -essero* et ainsi *rimanessi, tacessi*, non pas *fecessi, rimasessi, tacquessi*, ainsi que l'exigerait la règle de flexion des langues sœurs[1]. Il va de soi qu'ici aussi *essere, stare* et *dare* (*fossi, stessi, dessi*) font exception, et on attribue même à *fare* l'archaïque *fessi*. — Ainsi, d'après ce que nous avons observé, on peut établir comme un des principes de la conjugaison italienne que tous les mots accentués sur la flexion doivent à l'égard de leur formation concorder dans cette langue avec l'infinitif, mais que ceux qui sont accentués sur le radical peuvent s'en écarter.

Le *participe* s'éloigne déjà plus de son type que le parfait. 1) La flexion *sus*, ital. *so* est celle qui persiste le mieux, et il

---

1. Cet imparfait du subjonctif italien concorde la plupart du temps avec le parfait ou le plus-que-parfait du subjonctif latin en *ssim, ssem*, également tiré de l'infinitif (voy. plus haut p. 110 note) : *habessim* équivaudrait orthographiquement à l'ital. *avessi*; mais des formes telles que *faxim, faxem, dixim, induxim, occisim, extinxem, traxem* comparées à *facessi, dicessi, inducessi, uccidessi, stinguessi, traessi* contredisent cette origine de la manière la plus décisive.

n'y a que peu d'exceptions ; dans *rimasto, nascosto, visto*, et dans *risposto* qui a passé à cette classe elle s'est renforcée d'un *t* (comp. lat. *comesus* et *comestus*). — 2) *Ctus, ptus* se conservent aussi en général : *cinto, detto, fatto, giunto, scritto*. — 3) *Ĭtus* au contraire est tout-à-fait éteint, car *libito, licito, solito* sont des adjectifs ; sa place est prise assez souvent par la flexion *so* : *parso* (*paritum*), *reso* (*redditus*), mais surtout par *uto*, qui est appliquée à la deuxième conjugaison faible, comme dans *caluto* (*calitum*), *conosciuto* (*cognitus*), *nociuto, taciuto, tenuto, valuto*. Cette flexion a affecté aussi quelques autres participes, parmi lesquels *vissuto* et l'archaïque *valsuto* se font remarquer par l'addition de la terminaison au parfait *vissi, valsi*, comp. prov. *remazut, temsut*. — 4) On ne peut méconnaître une certaine tendance à uniformiser le parfait et le participe : des participes tels que *franto, pinto, risposto* semblent s'être réglés sur les parfaits *fransi, pinsi, risposi*, et les parfaits comme *accesi, corsi, fusi, fessi* sur les participes *acceso, corso, fuso, fesso* : c'est là un principe de formation qui, il est vrai, n'a pas été soutenu.

Liste des verbes [1].

Ire Classe. — Perf. -*i*. BIBERE : *bévere bere* ; *bevvi* (*bevei*, poét. *bebbi*) ; *bevuto*. — CADERE : *cadére* ; *caddi* ; *cadrò* ; *caduto*. Poét *caggio, caggi, e, caggiamo, caggiono* ; *caggia* ; *caggendo*. — FACERE : *fare* ; *fo, fai, fa, facciamo, fate, fanno* ; *faccia* ; *fa, fate* ; *feci, facesti* ; *farò* ; *fatto*. Anc. *facere* ; *faccio* ; *fea* (pour *faceva*) ; *fei, festi, fe, femmo, feste, ferono fenno* ; *fessi*. — HABERE voy. p. 134. — PLUERE : *piovere* ; *piovvi* (*piovei*, poét. *piobbi*) ; *piovuto*. — RUMPERE : *rompere* ; *ruppi* ; *rotto*. — SAPERE : *sapére* ; *so, sai, sa, sappiamo, sapete, sanno* ; *sappia, sappi, sappiate* ; *seppi, sapesti* ; *saprò* ; *saputo*. Anc. *sappo saccio, sapi, e* ; *sapente saccente* ; *sappiendo*. — TENERE : *tengo, tieni, e, teniamo, tengono* ; *tenga, teniamo* ; *tieni, tenete* ; *tenni, tenesti* ; *terrò* ; *tenuto*. Arch. *tegno* ; *tegna* ; *tegnendo*. — VIDERE : *vedere* ; *vedo veggo veggio, vedi, e, vediamo veggiamo, vedete, vedono veggono veggiono* ; *veda vegga veggia, vediamo veggiamo* ; *vidi, vedesti* ; *vedrò* ; *veduto*, poét. *visto* ; *vedendo veggendo*. Anc. *veo* ; *veddi* (à peine *viddi*) ;

---

[1]. Pour faciliter la comparaison des verbes forts dans les différentes langues, j'ai placé la forme latine avant la forme romane. L'espace a manqué pour citer tous les composés.

viso. — Velle : *volére* ; *voglio (vo'), vuoi, vuole, vogliamo* ; *vogli, vogliate* ; *volli, volesti* ; *vorrò* ; *voluto*. Arch. *volsi* ; *volsuto*. — Venire = *tenere*.

IIe Classe. — Parf. *-si*, part. *-so, -to*. Algere : *álgere* défectif : seulement *alsi, e* ; *algente*. — Aperire voy. *perire*. — Ardere : *árdere* ; *arsi* ; *arso*. — Augere dans *arr-ógere* (c.-à-d. *ad-augere*), défectif : *arroge* ; *arrogeva* ; *arrosi, e, ero* ; *arroto* ; *arrogendo*. Voy. plus haut p. 123 note. — Caedere (*-cidere*) dans *an-, de-, re-, uc-cidere* etc. ; *-cisi* ; *-ciso*. — Calere impers. (se soucier) : *cale* ; *caglia* ; *caleva* ; *calse* ; *calesse* ; *calerà (carrà)* ; *caluto*. — Cedere : *cessi* (presque seulement poét.) ; *cesso* ; aussi de la conjugaison faible. — Cendere* dans *accendere, incendere* ; *-cesi* ; *-ceso*. — Cernere dans *discernere* et *scernere* ; *-cersi* ; sans participe. — Claudere : *chiudere* ; *chiusi* ; *chiuso*. — Cingere : *cignere (ng)* ; *cinsi* ; *cinto*. — Condere dans *ascondere, nascondere* (lat. *abscond*.) ; *-cosi* ; *-coso -costo*. — Cooperire voy. *perire*. — Coquere : *cuocere* ; *cuoco, ci* ; *cossi* ; *cotto*. Parf. anc. *cocqui*. — Currere : *correre* ; *-corsi* ; *-corso*. — Cutere* (*quatere*) dans *percuotere, scuotere* ; *-cossi* ; *-cosso* (sur *uo* pour *o* voy. t. I, p. 155). — Dicere : *dire* ; *dico, dici di', dice, diciamo, dite, dicono* ; *di', dite* ; *dissi, dicesti* ; *dirò* ; *detto*. Anc. *dicere* ; *dicerò*. — Dolere : *dolgo, duoli, e, dogliamo, dolgono*, poét. *doglio, dogliono* ; *dolga (doglia)* ; *dolsi* ; *dorrò* ; *doluto*. Anc. *dolvi* pour *dolsi* ; *dolto* ; *dogliendo*. — Ducere : *durre* dans les comp. *-duco* ; *-duceva* ; *-dussi, -ducesti* ; *-ducessi* ; *-durrò* ; *-dotto*. Arch. *-ducere* ; *-ducerò* ; *-dutto*. — Dulgere* dans *indulgere* déf. : *indulgo, e* ; *indulsi, e* ; *indulgente*. — Emere dans *redimere* ; *redensi* ; *redento*. — Fendere* dans *de-, of-fendere* : ital. *dif-, off.* ; *-esi* ; *-eso*. — Ferre dans *of-, prof-, sof-ferire*, aussi *of-, soffrire* ; *offero offro, proffero, soffero soffro* ; *-fersi, -feristi* ; *-ferto*. De même *of-, profferisco* ; *of-, prof-, sofferii soffrii* ; à peine *offerito, profferito*. Un infinitif archaïque est *offérere* etc. Les composés *con-, dif-, in-, ri-, tras-ferire* appartiennent à la troisième mixte. — Figere : *figgere* ; *fissi* ; *fisso fitto* (t. I, p. 13). Les composés *af-, croci-, pre-figgere* n'ont au participe que *fisso*. — Findere : *fendere* ; *fessi* ; *fesso*. — Fingere : *fignere (ng)* ; *finsi* ; *finto*, poét. *fitto*. — Flectere dans *in-, ri-flettere* etc. *-flessi* ; *-flesso (riflettei, uto)*. — Fligere dans *af-, in-fliggere* ; *-flissi* ; *-flitto*. — Fluere dans *influere* ; *-flussi* ; *-flusso* ; aussi *influire*. — Frangere : *fragnere (ng)* ;

fransi; *franto*. — FRIGĚRE : *friggere* ; *frissi*; *fritto*. — FULGERE : *fúlgere* déf. *fulge* ; *fulgea*; *fulse, ero* ; *fulgente*. — FUNDERE : *fondere* ; *fusi*; *fuso* ; aussi de la conjugaison faible. — JUNGERE : *giugnere* (*ng*); *giunsi*; *giunto*. — LAEDERE : *ledere*, *lesi*; *leso*. — LEGERE : *leggere*; *lessi, letto*. Voici des composés : *cógliere corre* (*col-ligere*), *scégliere scerre* (*ex-eligere*); *colgo, cogli, colgono*, poét. *coglio, cogliono* ; *colsi, cogliesti* ; *coglierò corrò* ; *colto* ; de même *negligere* ; *negligo* ; *neglessi* ; *negletto*. — LUCERE : *lúcere* ; *lussi*; sans part.; *rilúcere* est plus usité, parf. aussi *rilucei*. — LUDERE dans *al-, de-, il-ludere*; *-lusi*; *-luso*. — MANERE dans *ri-manere*; *rimango*; *rimasi*; *rimarrò* ; *rimaso rimasto*. — MERGERE : *mersi*; *merso*. — MITTERE : *mettere* ; *misi*; *messo* ; v.ital. aussi *messi* ; *misso*. — MORDERE : *mórdere* ; *morsi* ; *morso*. — MOVERE : *muóvere* ; *mossi* ; *mosso*, arch. *moto*. — MULGERE : *múngere* ; *munsi* ; *munto*. — NECTERE dans *connettere*, *-nessi* (*-nettei* plus usité); *-nesso*. — NEGLIGERE voy. *legere*. — PANDERE dans *spandere* (*ex-p.*); *spansi spasi*; *spanto spaso*; ordinairement *spandei, -uto*.— PANGERE dans *impignere*, abrégé dans *pignere* (*ng*); *pinsi*; *pinto*. — PELLERE dans les comp. *-pulsi* ; *-pulso*. — PENDERE dans *ap-, sos-, vili-pendere* ; *-pesi* ; *-peso*.— PERDERE : *persi* ; *-perso* ; aussi de la conjugaison faible. — PERIRE dans *aprire, coprire* (*a-perire, co-op,*); *apro, cuopro* ; *apersi, cop.*; *aperto, cop.* parfait aussi *aprii, coprii*. — PINGERE : *pignere* (*ng*); *pinsi*; . *pinto*, poét. *pitto*; cf. *spegnere* (*ex-pingere*); *spensi*; *spento*. — PLANGERE : *piagnere* (*ng*); *piansi*; *pianto*. — PLAUDERE dans *applaudere*; *-plausi*; *-auso* ; ordinairement *applaudire, -ii, -ito*. — PONERE : *porre* (*pon.*); *pongo, poni, e, poniamo, pongono* ; *posi* ; *porrò* ; *posto*. Anc. *pono* pour *pongo*. — PREMERE : *premei* ; *premuto* ; poét. *pressi* ; *presso* ; de même *spremere*. *Com-, de-, es-, op-, re-primere*, seulement *-pressi, -presso*. — PRENDERE : *presi* (*prendei*); *preso*. — PUNGERE : *pugnere* (*ng*); *punsi*; *punto*. — QUAERERE : *chiedere* ; *chiedo chieggo* ; *chieda chiegga* ; *chiesi* ; *chiesto* (*chieso*); *chiedendo*. Poét. *chieggio, gge, ggiono*; *chieggia* etc. *Cherere* est archaïque, de là *chero, i, e, ono* ; *chera*; *cherendo. Con-quirere* : *conquidere* ; *-quisi* ; *-quiso*. — QUATERE voy. *cutere*. — RADERE : *rasi* (*radei*); *raso*. — REDDERE : *rendere* ; *resi* ; *reso* ; aussi *rendei, uto*. — REGERE : *reggere* ; *ressi* ; *retto*. Composés *dirigere, cri-*

gere de même; *ac-, s-corgere, ergere, porgere, surgere sorgere; accorsi; accorto* etc. — RIDERE : *ridere; risi; riso.* — RODERE : *rosi; roso.* — SCANDERE dans *scendere, discendere; scesi; sceso.* — SCINDERE : *scissi scinsi* douteux, c'est *scindei* qui est usité, on a toutefois *rescissi,* voy. Blanc 443; *scisso. Prescindere* suit la deuxième conjugaison. — SCRIBERE : *scrivere; scrissi; scritto.* — SIDERE dans *assidere; -sisi; -siso.* — SOLVERE appartient à la troisième; *as-, dis-, ri-solvere; -solvei; -soluto;* poét. *-solsi; -solto.* — SPARGERE : *sparsi; sparso,* poét. *sparto;* de même *aspergere.* — SPONDERE dans *ri-, corri-spóndere; -sposi; -sposto.* — STINGUERE : *stinsi; stinto.* — STRINGERE : *strignere* (*ng*); *strinsi; stretto.* — STRUERE dans *distruggere* et *struggere; strussi; strutto.* — SUADERE seulement poétique; usités *dis-, per-suadere; -suasi; -suaso.* — SUMERE dans *as-, con-, de-, pre-sumere; -sunsi; -sunto; presumere* aussi *presumei.* — TANGERE dans *attignere* (*ng*); *insi; -into.* — TEGERE dans *proteggere; -tessi; -tetto.* — TENDERE : *tesi; teso.* — TERERE dans *intridere; -trisi; -triso.* — TERGERE : *tergere; tersi; terso.* — TINGERE : *tignere* (*ng*); *tinsi; tinto.* — TOLLERE : *togliere torre; toglio tolgo, togli, toglie, togliamo, togliono tolgono; toglia tolga; tolsi; torrò; tollo.* — TORQUERE : *tórcere; torco, ci, ce, ciamo, cete, cono; torsi; torto.* — TRAHERE : *trarre; traggo, trai, e, trajamo* (*traggiamo*), *traete, traggono; trassi, traesti; tratto.* Anc. *traere traggere; traggi, e, traggiamo; traggendo.* — TRUDERE dans *intrudere; -trusi; -truso.* — UNGERE : *ugnere* (*ng*); *unsi; unto.* — VADERE dans *e-, in-vadere; -vasi; -vaso.* — VALERE : *valgo* (poét. *vaglio*), *vali, valiamo, valete, valgono vagliono; valga vaglia, valiamo vagliamo; valsi; varrò; valuto,* anc. *valso, valsuto.* — VELLERE dans *svellere svegliere sverre; svello svelgo, svelli, svelliamo, svellono svelgono; svelsi; sveglierò sverrò; svelto. Avellere* défectif : *avello, i, e, ono; avella, ano; avulsi, e, ero; avelto avulso;* de même *convellere.* — VERTERE dans *con-, sov-vertere; -versi; -verso;* suit aussi la troisième conjugaison. — VIDĔRE* dans *dividere; -visi; -viso.* — VINCERE : *vinsi; vinto.* — VINCIRE dans *avvincere* déf.; *-vinsi, e, ero; -vinto*[1]. — VIVERE : *vissi; vivuto*

1. Cependant il n'est pas absolument certain que *avvincere* se soit réellement développé de *vincire,* car le verbe n'existe ni en italien ni

vissuto, anc. *visso*. — Volvere : *volgere* (*lv*); *volsi*; *volto*.
— La langue ancienne ou poétique présente encore plusieurs
parfaits en *si* que nous avons omis ici : par ex. *cersi* (de *cernere*), *suffolsi* (de *soffóicere*), *mulsi* (*mólcere*), *salsi* (*salire*),
sculsi (*scolpere*), *assorsi* (*assorbere*), comp. plus bas *parere*.
Dante *Pg*. 32, 32 a même dit *crese* pour *credette*.

IIIe Classe. — Parf. *-ui, -vi, -bbi*. Crescere : *cresco, i,
iamo, crescono*; *crebbi*; *cresciuto*. — Jacere : *giacere*;
giaccio, giaci, giacciamo, giacete, giacciono; *giacqui,
giacesti*; *giaciuto*. — Nasci : *náscere*; *nacqui*; *nato*, anc.
nasciuto. — Nocere : *nuócere*; *nuoco, ci*; *nocqui, nocesti*;
nociuto. — Noscere dans *conóscere*; *conobbi*; *conosciuto*.
— Parēre : *pajo, puri, e, pajamo, parete, pajono*; *paja*;
parvi; *parrò*; *paruto*; chez des poètes encore *parsi*; *parso*.
Des composés de la troisième, comme *apparire*, fléchissent en
même temps comme *parere*. — Placere : *piacere*, fléchit
comme *giacere*. — Tacere, aussi comme *giacere*.

Le domaine étendu de la conjugaison ouvre à la langue un champ
libre pour des créations multiples. C'est ce que confirment aussi
les dialectes italiens, et nous avons eu l'occasion de parler de plusieurs traits qui leur sont propres. Parmi eux les dialectes *sardes*,
dans cette partie aussi de la flexion, réclament surtout notre
attention à cause de leur empreinte absolument étrangère à l'italien, de leur mélange et de leur déplacement des temps, et ce n'est
qu'à eux que nous pouvons nous arrêter un instant. Les flexions
sont établies d'une manière assez différente, car même les dialectes principaux ont leurs particularités selon les localités. Nous
donnons ici deux tableaux de la conjugaison faible, le premier en
dialecte de Logudoro d'après Spano, le second en dialecte de
Campidano d'après Spano et Porru; dans le dernier la IIIe conjugaison, sauf à l'infinitif et au participe, se confond absolument
avec la IIe. La IIIe mixte est aussi inconnue au sarde qu'à
l'espagnol; elle ne se présente pas non plus dans les statuts
de Sassari.

dans aucune des langues sœurs. La transformation de -*ire* en -*ere* n'a
jamais lieu et même la signification « envelopper » semble à peine
convenir. Peut-être que le rapport entre le synonyme *cinghiare* et *cingere* a conduit à introduire dans la langue à côté de *avvinchiare* (de
vinculum) aussi *avvincere* qu'on a fléchi comme *cingere*.

152   CONJUGAISON ITALIENNE.

Ind. prés.	cant-o	tim-o	fin-o	cant-u	tim-u
	— as	— es	— is	— as	— is
	— at	— et	— it	— at	— it
	— amus	— imus	— imus	— aus	— eus
	— ades	— ides	— ides	— ais	— eis
	— ant	— ent	— int	— ant	— int
Imparf.	cant-aia	tim-ia	fin-ia	cant-amu	tim-emu
	— aias	— ias	— ias	— asta	— iasta
	— aiat	— iat	— iat	— át	— iat
	— aiamus	— iámus	— iámus	— amus	— emus
	— aiazis	— iázis	— iázis	— astis	— estis
	— aiant	— iant	— iant	— ánta	— iant
Parf.	cant-esi	tim-esi	fin-esi		
	— esti	— esti	— esti		
	— esit	— esit	— esit		
	— emus	— ésimus	— emus		
	— ezis	— ezis	— ezis		
	— esint	— esint	— esint		
Subj. prés.	cant-e	tim-a	fin-a	cant-i	tim-a
	— es	— as	— ast	— is	— as
	— et	— at	— at	— it	— at
	— emus	— amus	— amus	— éus	— áus
	— edas	— edas	— edas	— éis	— áis
	— ent	— ant	— ant	— int	— ant
Imparf.	cant-ere	tim-ere	fin-ere	cant-essi	tim-essi
	— eres	— eres	— eres	— essis	— essis
	— eret	— eret	— eret	— cant-essit	— essit
	— éremus	— éremus	— éremus	— éssimus	— éssimus
	— érezis	— érezis	— érezis	— éssidis	— éssidis
	— erent	— erent	— erent	— essint	— essint
Impér.	cant-a	tim-e	fin-i	cant-a	tim-i
	— ade	— ide	— ide	— ái	— éi
Inf.	cant-are	tim-ire	fin-ire	cant-ai	tim-iri
Gér.	cant-ende	tim-ende	fin-ende	cant-endu	tim-endu
Part.	cant-adu	tim-idu	fin-idu	cant-au	tim-iu

Dans le dialecte de *Logudoro* le *t* de flexion devient muet devant les consonnes et s'adoucit devant les voyelles ou à la fin de la phrase (Spano, I, 26). Dans la terminaison *nt* il devient également muet dans le langage familier, et la dernière voyelle, en vertu d'une particularité de la langue, se fait encore une fois entendre après l'*n*, c'est-à-dire que *amant, faghent, benint*, doivent se prononcer *amana, faghene, benini*. Mais cet *nt* est tout-à-fait étranger au texte de Sassari qui ne connaît que les terminaisons *an, en, in* (Delius, p. 10). — Au présent règne souvent l'accentuation espagnole (voy. plus bas), on prononce *consideras, toléras, continúat*. L'impératif a ses formes propres et ici aussi le sarde concorde avec l'espagnol. — L'imparfait de la Ire conjugaison semble être redevable de sa forme à une sympathie pour la IIe et la IIIe. On peut trouver des exemples d'un ancien *cantava, avas, ara* etc. — A la place du parfait, ainsi qu'on le reconnaît le mieux à la IIe conjugaison, s'est introduit le plus-que-parfait du subjonctif latin. Le même phénomène semble aussi s'être produit dans quelques formes personnelles de dialectes de la Haute-Italie, par ex. en bergamasque, parf. *cantè, ésset, è, éssem, éssef, è*. En valaque ce temps a pris la place correspondante à l'indicatif. Au lieu de la flexion citée on remarque aussi une flexion poétique plus primitive, *isi, isis, isit*. Dans le texte de Sassari on ne trouve pas encore *esi* ou *isi*, mais seulement *it* pour *isit*. Mais plus anciennement ce dialecte possédait encore le vrai parfait *cantai, cantasti, cantáit*. — L'imparfait du subjonctif *cantere* est dans la langue populaire *cantera, as*, etc.; dans des chartes du XVe siècle on trouve aussi *aret* à côté de *eret* (*batizaret*, Spano, II, 99, *lavoraret* 100). Cette forme a une analogie frappante avec l'imparfait du subjonctif latin, mais il est peu probable que ce temps, exclu de partout, ait été accueilli ici. On fait mieux d'y voir le conditionnel roman emprunté au plus-que-parfait (*cantara, era*), car il se règle, à part *essére*, sur le parfait, non pas sur l'infinitif, par ex. *factére* (inf. *fághere*), *balzére* (inf. *bálere*). Ce dialecte sarde a donc mis *cantere* à la place de *cantessi* et a transporté ce dernier au parfait de l'indicatif qui l'attirait en quelque sorte par des formes analogues (it. *asti, aste*). Les temps composés avec l'infinitif (it. *-rò, -ria, -rei*) manquent, de la pauvreté de la conjugaison sarde.

Pour ce qui concerne la flexion personnelle dans le dialecte de *Campidano*, Purqueddu écrit *at* et *a, it* et *i*, pl. *anta* et *an, inti* et *in*. — L'imparfait est évidemment mêlé au parfait, et le singulier *amu* doit être dérivé du pluriel *amus*; cependant on dit aussi à la deuxième conj. *timia*. — Le parfait est remplacé par la périphrase *happu cantau*. Pourtant à Cagliari, dont l'idiome est représenté dans la grammaire de Purqueddu, aussi bien qu'à Oristano, on se sert de la flexion *esi, esis, esit*, etc., pour laquelle Fernow donne les formes *esi, asti, esit, esius, astis, esinti*. — L'imparfait du subjonctif est celui de toutes les langues romanes. Mais, là où il remplit le rôle du parfait de l'indicatif, il est remplacé par une périphrase : *ia a fai* = it. *far-ia*. — Même la troisième conjugaison a à l'infinitif un *i* atone (*finiri*); il y a là un recul de l'accent qui se présente aussi dans les dialectes de la Haute-Italie, par ex. crémon. *dórmer, mórer, párter*. — Le gérondif a souvent la forme paragogique *énduru* (*canténduru*, etc.).

Les verbes de la flexion forte ont en sarde un cachet très-différent de l'italien. L'infinitif prend l'accent sur la troisième avant-dernière, par ex. en logudor. *nárrere* (*narrare*), *bálere* (*v*...*ere*), *dévere, dólere, offérrere* à côté de *offerire, quér*-*e, abbérrere* (*aperire*), *bénnere* (*venire*). Au présent l'*e* ou *i* latin se change devant *o* en *z* (campid. *g*) : *abberzo, balzo* et *balo, benzo* (*venio*), *dolzo dolo, ferzo* (*ferio*), *morzo* (*-ior*), *parzo* (*-eo*), *sezzo* (*sedeo*), *tenzo* (*-eo*); cependant dans quelques mots comme *bibo* (*video*), *devo, fato* (*facio*) ce ne s'est pas introduit, dans d'autres comme *curzo* (*curro*), *ollerzo, ponzo* = it. *pongo, querzo* = *chieggio, rezo* = *reggio, trazo* = *traggo,* sa présence est contraire à l'organisme de la langue. Seule la première personne est, comme en espagnol, susceptible de ce renforcement. Sur cette personne du présent se règlent, à l'exception de l'imparfait de l'indicatif, tous les autres temps, en ajoutant les terminaisons connues, ainsi *benz-o, ben-s*, etc., imparf. *ben-ia*, parf. *benz-esi*, subj. prés. *benz-a, as*, imparf. *benz-ere*. Il faut remarquer l'intercalation d'un *f* qui n'a lieu presque que dans les verbes qui ont un parfait latin en *ui* : *dolvo* (à côté de *dolzo*), *dolfa, dolfesi, dolfere* (comp. v.ital. *dolfi* pour *dolvi*), *parfesi* (*parui*), *balfere* (*valueram*), mais aussi *querfesi* (*quaesivi*). Des débris de la flexion forte sont *dei* (*dedi*), et chez d'anciens écrivains *posi, riposi, rosi, visi* pour *vidësi, piaqui* et d'autres encore. Le participe s'est mieux conservé que le parfait, comp. *cobertu, fatu, mortu, postu, tentu* à côté de *ténnidu, tratu*, plus anciennement (Spano II, 135 ss.), *accessu, offesu, mossu, resu, bistu* (auj. *bidu*), *cintu, iscritu*, etc.

2. CONJUGAISON ESPAGNOLE.

Flexion personnelle. 1) *S* s'est partout conservée, mais *t* est tombé à la finale [1]. — 2) La 2ᵉ pers. pl. (excepté au parfait, ce dont il sera parlé plus bas) a eu d'abord la terminaison *des*

---

[1]. Dans le *Fuero Juzgo* le *t* persiste quelquefois : *tienent, facent, tiement*, p. VIIIb, *ayant* XIIIa, *perdent, sofret* XIIIb, aussi dans le *Poem. d. Cid* v. 664 *prendend*.

pour *is* : *cantádes, cantábades, cantásedes*, etc,, enfin le *d* est tombé et l'*e*, pour produire une diphthongue, a passé à *i* : *cantáis, cantábais, cantáseis*. Déjà dans le *Canc. gener*. on trouve les deux formes l'une à côté de l'autre, le trisyllabique *digades* à côté du disyllabique *digais*, et ce rapport a duré à peu près jusqu'au temps de Cervantes. L'ancien *d* a le plus longtemps persisté dans les cas où il est précédé d'une voyelle atone et où par conséquent la diphthongue devait échoir à une syllabe atone. Montemayor par ex. dit *pouéis, vereis* mais *érades, ibades*, Cervantes *sepáis, echéis*, mais *seriades, durmiésedes*. Calderon ne semble plus connaître de *d*. Au lieu de *éredes* les anciens prononçaient aussi *érdes* : *fezierdes, dierdes*, Bc., Rz., *pudierdes* encore dans Garcilaso *Epist*., au lieu de *eis* aussi *és* : *valés, tenés, sabrés* dans le *Canc. gener*. — 3) A côté de *ia ie* était anciennement presque également autorisé : *cantie, cantarie, habrie, perderiemos, veriedes, sentien*[1]. — 4) Il est à peine nécessaire d'observer que les anciens laissaient tomber à leur gré la voyelle finale *e*, comme dans *fues, matest, parist, exient* : ils le faisaient pour toute espèce de mots. — 5) Le déplacement de l'accent est un phénomène très-fréquent : partout, sauf au présent et au parfait fort, l'accentuation de la 1re et 2e pers. pl. se conforme à celle de la 1re sing., de là *cantába cantábamos cantábais, cantára cantáramos cantárais, cantáse cantásemos cantáseis*. Même dans les plus anciennes œuvres poétiques on ne découvre aucune trace de l'accent primitif.

L'*infinitif* apocope l'*e* et se termine en *ar, er, ir*[2]. Le *futur de l'indicatif*, et le conditionnel en *ria* tolèrent ou toléraient jadis la séparation de la flexion au moyen d'un pronom intercalé, et par là ils reviennent à leur état primitif, auquel ils doivent leur existence : *decir te han, haber les hemos*, dans le *Poem*.

---

1. Il faut remarquer l'accentuation, d'ailleurs rare, de *ponién, hacién, servién* qui riment avec *bién, Belén*, voy. *Flor*. n. 23, ainsi comme en italien.

2. L'*e*, dans la terminaison *are* (*cantare*), dont les anciennes romances usent souvent à la rime, n'est qu'une syllabe musicale complémentaire, comme encore dans d'autres finales (*reale* etc.), et ne se présente pas à l'intérieur du vers. C'est aussi l'explication de Los Rios *Lit. esp.* ll, 596 ss. Nebrija avait déjà dit : *Los que lo cantan, suplen o rehacen lo que falta... en fin de la palabra... é por corazon é son dicen corazone é sone*. Par conséquent là où l'*e* manquait dans l'écriture le chanteur l'ajoutait. Ibid. 628. Voyez à ce sujet une observation de Ferd. Wolf, *Jahrb*. V, 127.

d. Cid. dar le ien, fer lo yen sont synonymes de *te decir-an, les habr-emos, le dar-ien, lo far-ien.*

Pour le *présent* des trois modes on doit observer les points suivants. 1) La diphthongaison est ici, comme partout dans cette langue, extraordinairement favorisée ; toutefois elle se produit d'après une règle incertaine. De *e* et *o* brefs latins proviennent *ie* et *ue*, mais en même temps de ĭ et ŭ. La diphthongue se produit plus sûrement lorsque l'*e* ou l'*o* se trouve devant *l, m, n, r, s* qui font position avec une autre consonne, comp. tome I, 142, 151. — 2) L'accent repose toujours au singulier et à la 3ᵉ pers. pl. sur l'avant-dernière syllabe : *imagíno, determíno, notifíco, suplíco, articúlo, anímo, imagíne* etc., imp. *imagína*. Pour bien placer l'accent, il faut, il est vrai, savoir quelle est l'avant-dernière syllabe, ce qui ne peut être douteux que là où la flexion est précédée d'une voyelle, parce qu'alors celle-ci peut former une diphthongue avec la voyelle de flexion. On prononce *desafío, invío,* mais *agrávio, aprémio, limpio, précio.* Ce n'est que par une syncope que l'accentuation correcte est préservée, comme dans *cargo (cárrico), colgo (colloco), curto (cóntero), huelgo (fóllico).* — Le pluriel de l'*impératif* ne se confond pas, comme à l'est et au nord-ouest, avec la personne correspondante du présent de l'indicatif; il a sa forme propre : *cantad, haced* se distinguent avec précision de *cantais, haceis. Cantade* pour *cantad,* qu'on trouve chez les anciens (voy. surtout Alfonse XI dans Janer), se rapproche du portugais *cantai.* Dans *habere, esse, sapere* l'impératif emprunté au subjonctif est inconnu à l'espagnol ; il dit *habe, habed,* etc. On supprime çà et là la finale *d,* comme dans *andá, serví.*

A l'*imparfait* b ne s'est conservé qu'après *a* : de *ebam, ibam* on a fait *ia,* dans l'ancienne langue, ainsi qu'il a déjà été observé, aussi *ie* : *avie, avien*

Le *parfait* diphthongue à la 2ᵉ pers. pl. *es* en *eis* : *cantasteis, hicisteis,* plus anciennement *cantastes, hicistes.* Cet *eis* ne résulte donc pas de *edes* : *cantastedes,* dont l'existence à quelque époque que ce soit est malaisée à admettre, bien que l'Académie le cite, supposerait un latin *cantavistitis.* C'est une formation par analogie à la terminaison générale *-is,* et elle n'a été introduite, ainsi qu'on l'a observé plus haut, p. 155, que lorsqu'on a contracté les syllabes atones *edes* en *eis*[1]. — Le

---

1. Pour la terminaison du pl. *ieron* ou *eron* l'auteur de l'*Alexandre,* de même qu'un ms. du *Fuero Juzgo,* emploient volontiers la forme *ioron,*

plus-que-parfait primitif (*cantara*) n'est plus aujourd'hui employé qu'avec le sens conditionnel, mais anciennement il l'était encore avec sa signification primitive, ce dont il sera question dans la syntaxe. — L'espagnol, avec le portugais, possède encore un temps simple de plus que les autres langues, un *futur du subjonctif*. Sa flexion à la première conjugaison est *are, ares, are, áremos, áreis, aren*. Mais anciennement la 1ʳᵉ pers. se terminait souvent en *o* au lieu de *e*, et cette terminaison témoigne en faveur de son origine du futur antérieur latin, avec les fonctions duquel le temps espagnol a les rapports les plus étroits (comp. syntaxe, IIᵉ section, chap. Iᵉʳ). Voici des exemples avec *o*: *tornaro* Bc. *S. Or.* 104, *podiero Mil.* 248. 657. 704, *fuero* 658, *fallesciero* 527, *sopiero* 248, *oviero, soviero Alx.* 102. Le *Poema d. Cid.* emploie sans voyelle *visquier* 251, *dixier* 538, *mandar* 699, se rapprochant ainsi de l'usage portugais [1].

Le *participe présent* n'est plus en usage; on le rencontre encore chez les anciens, mais même chez eux il est rare.

Finale du radical. Règles orthographiques. 1) Pour conserver la prononciation gutturale, *c* et *g* après *e* passent toujours à *qu, gu*: *toco toque, pago pague*. — 2) Pour favoriser l'aspiration *g* se change devant *a* et *o* en *j*: *coger cojo coja, fingir finjo finja*. — 3) Afin de rendre muet aussi devant *a* et *o* l'*u* de *qu* qui devant *e* et *i* ne se fait pas entendre, on échange *qu* contre *c*: *delinquir delinque delinco delinca*. — 4) Devant *e* et *i z* se change en *c*: *fuerzo fuerce*. — 5) Entre deux voyelles on écrit partout *y* pour *i*: *caer cayó cayeron, poseer poseyere, huir huyo*.

L'*enclise* du pronom personnel atteint quelquefois la forme

---

par ex. *cuntioron, ixioron, pudioron, dixioron, pusioron*. On peut nommer cette forme léonaise, voy. Sanchez Collecc. III, xxxvi, comp. aussi Gessner 24. Elle a été appelée par l'*o* de flexion de la 3ᵉ pers. sing. et répond à la forme italienne en *orno* (*cantorno* voy. plus haut p 138), qui s'explique d'autant plus sûrement par la 3ᵉ pers. sing. (*cantò*) qu'elle est tout-à-fait restreinte à la première conjugaison.

1. Delius *l. c.* préfère expliquer ce temps par le parfait du subjonctif, en ce sens qu'en renvoyant à l'ital. *cantavo* pour *cantava*, il voit dans l'*o* critique un moyen de distinguer la 1ʳᵉ personne de la 3ᵉ. On pourrait s'accorder sur ce point si la langue espagnole présentait un penchant marqué à distinguer par la forme la 1ʳᵉ personne de la 3ᵉ. En outre le futur antérieur latin lui semble d'un usage trop rare pour permettre de supposer qu'il s'est continué dans les langues populaires. Mais on le trouve cependant fréquemment employé en bas-latin.

du verbe. 1) L'*r* de l'infinitif s'assimile à l'*l* suivante : *amalla, hacello, sentillo* pour *amarla* etc. — 2) Au pluriel de l'impératif *d* tombe devant *os* (pour *vos*) : *alegráos* pour *alegrados, arrepentios* pour *arrepentidos* ; il change de place avec l'*l* qui s'appuie sur lui : *amaldo, haceldo* pour *amadlo, hacedlo*, ce qui toutefois est vieilli. — 3) A la 1re pers. plur. du présent du subjonctif *s* tombe devant *nos* : *alegrémonos* pour *alegrémosnos.*

Les *verbes auxiliaires* sont *haber* et *ser*, au lieu de *haber* on admet, sous certaines restrictions, *tener*. *Haber* sert à la périphrase des deux autres et par conséquent de tous les verbes.

1. *Haber.* — Ind. prés. *he, has, ha, hemos, habeis, han.* Imparf. *habia, habias, habia, habiamos, habiais, habian.* Parf. *hube, hubiste, hubo, hubimos, hubisteis, hubieron.* Fut. *habré, habrás, habrá, habremos, habreis, habrán.* Subj. prés. *haya, hayas, haya, hayamos, hayais, hayan.* Imparf. *hubiese, hubieses, hubiese, hubiésemos, hubiéseis, hubiesen.* Fut. *hubiere, hubieres, hubiere, hubiéremos, hubiéreis, hubieren.* Cond. 1. *hubiera, hubieras, hubiera, hubiéramos, hubiérais, hubieran.* 2. *habria, habrias, habria, habriamos, habriais, habrian.* Impér. *habe, habed.* Gér. *habiendo.* Part. *habido.* — Remarque. Formes vieillies *aves, ave, aven* pour *has, ha, han* ; *habemos* pour *hemos*; *hobi, hobo* pour *hubi, hubo* dans *Poema del Cid* même *off.*

2. *Ser.* — Ind. prés. *soy, eres, es, somos, sois, son.* Parf. *era, eras, éramos, érais, eran.* Imparf. *fui, fuiste, fué, fuimos, fuisteis, fueron.* Fut. *seré, serás, será, seremos, sereis, serán.* Subj. prés. *sea, seas, sea, seamos, seais, sean.* Imparf. *fuese, fueses, fuese, fuésemos, fuéseis, fuesen.* Fut. *fuere, fueres, fuere, fuéremos, fuéreis, fueren.* Cond. 1. *fuera, fueras, fuera, fuéramos, fuérais, fueran.* 2. *seria, serias, seria, seriamos, seriais, serian.* Impér. *sé, sed.* Gér. *siendo.* Part. *sido.* Périphrastique *he, habia sido* etc., où *sido*, parce qu'il dépend de *habere*, reste infléchi. — Remarques. 1) Il faut observer le mot spécialement espagnol *eres* pour *es*[1] ; *sois* (*estis*) se place à côté de l'ital.

---

[1]. Burguy, *Gramm.* I, 269, compare un v.franç. dialectal *ters* pour *es* qui concorde exactement avec *eres*. Delius le dérive avec assurance du futur *eris*, devenu superflu, qu'on aurait transporté ici afin de distinguer la 2e personne de la 3e. Cependant, comme l'ancienne langue espagnole emploie l'imparfait indicatif aussi avec le sens du présent, on pourrait peut-être voir avec plus de raison dans *eres* la forme

siete. Formes archaïques : *so = soy, sodes = sois, fust = fuiste, fo = fué,* de même *foron, fos* et d'autres analogues.
— 2) A côté de *fui* on avait encore un second parfait *sóvi* Bc. *Mill.* 751, *sovist* Bc. *Mill.* 115, *sovo suvo PC.* Bc. *Alx.*, *sovieron PC.*, *sovioron Alx.*, *soviesse PC.* v. 1769, *soviessen Alx.* — 3) En espagnol, de même qu'en portugais, *esse* s'est mêlé non pas à *stare,* mais évidemment à *sedere* ; c'est ce que prouvent : *a)* le sens de *ser,* qui quelquefois encore se confond avec celui de *sedere,* comme dans le *PCid* v. 3129 : *sed en vuestro escaño* « soyez assis » ou « restez sur votre siége » ; *b)* la forme : pourquoi *esser* se serait-il abrégé en *ser?* *Ser* a bien plutôt existé anciennement sous la forme *seer* (disyll.) et renvoie à *sedere,* comme *ver,* anc. *veer,* à *videre* ; le *d* latin persistait même encore sans que le verbe eût pour cela nécessairement le sens de s'asseoir. Exemples : *ya mas alegre seyo Apol.* 515, *seo bien pagado* Bc. *Mil.* 816, *en la su merced seo Sil.* 757 « je suis », *siedes* « tu es » Bc. *Mill.* 146, *que de linage sedes* « vous êtes » *Apol.* 412, *sieden* « ils sont, ils vivent » Bc. *Sil.* 303, *sedia* « il resta, il demeura » *Alx.* 155, *sedie* « était » *PC.* 3565, Bc. *Mis.* 9, *Mill.* 151, *Alx.* 1026, *sedien* « ils étaient assis » *PC.* 1009, « ils étaient » 3607, Bc. *Mis.* 11. 13, *seian* « ils étaient assis » *Alx.* 315, *seyendo* « étant » *PC.* 2163, *FJ.* 55ª, *seyer* « être » *Apol.* 117. 512 (comp. *veyer* de *videre* dans le même poème). Le parfait *sovo* aussi, qui vient d'être cité, appartient à *sedere* et n'est pas plus difficile à rattacher à *sedit* que *estovo* à *stetit, crovo* à *credidit* (voy. plus bas). Le portugais disait également dans l'ancienne langue *seer* et intercalait aussi un *v* : *sever* est *sedero* avec le sens de *for,* et de même *see, seede, scente,* formes qui ont été plus tard contractées. *Sedere* a donné à *esse* le présent du subjonctif (*seya,* plus tard *sea*), l'impératif (*sey sé, seed sed*), l'infinitif, le gérondif et le participe (*seido sido*); ses autres formes ont fini par disparaître. La synonymie de *esse* et *sedere* résulte de la façon la plus claire de passages où les deux verbes sont mis en rapport l'un avec l'autre, comme dans les vers portugais des *Trovas e cantares* p. 6 : *Todas as outras donas non* son *ren contra ela, nen an ja de* seer, « elles ne *sont* pas et ne *seront* pas ». La double signification de *seer* a été sans doute aussi cause qu'on a introduit, pour rendre sa

---

existante un peu modifiée *eras,* au lieu de *eris,* qui n'existe pas en espagnol.

signification primitive, une autre expression, *estar sentado*.
Comp. aussi mon *Dict. étym.* I, s. v. *essere*.

TABLEAU DE LA CONJUGAISON (avec les accents usités) :

	I.	II.	III.
Ind. prés.	*cant-o*	*vend-o*	*part-o*
	cant-as	*vend-es*	*part-es*
	cant-a	*vend-e*	*part-e*
	cant-amos	*vend-emos*	*part-imos*
	cant-ais	*vend-eis*	*part-ís*
	cant-an	*vend-en*	*part-en*
Imparf.	*cant-aba*	*vend-ia*	*part-ia*
	cant-abas	*vend-ias*	*part-ias*
	cant-aba	*vend-ia*	*part-ia*
	cant-ábamos	*vend-íamos*	*part-íamos*
	cant-ábais	*vend-íais*	*part-íais*
	cant-aban	*vend-ian*	*part-ian*
Parf.	*cant-é*	*vend-í*	*part-í*
	cant-aste	*vend-iste*	*part-iste*
	cant-ó	*vend-ió*	*part-ió*
	cant-amos	*vend-imos*	*part-imos*
	cant-ásteis	*vend-ísteis*	*part-ísteis*
	cant-aron	*vend-ieron*	*part-ieron*
Fut.	*cant-aré*	*vend-eré*	*part-iré*
	cant-arás	*vend-erás*	*part-irás*
	cant-ará	*vend-erá*	*part-irá*
	cant-aremos	*vend-eremos*	*part-iremos*
	cant-areis	*vend-ereis*	*part-ireis*
	cant-arán	*vend-erán*	*part-iran*
Subj. prés.	*cant-e*	*vend-a*	*part-a*
	cant-es	*vend-as*	*part-as*
	cant-e	*vend-a*	*part-a*
	cant-emos	*vend-amos*	*part-amos*
	cant-eis	*vend-ais*	*part-ais*
	cant-en	*vend-an*	*part-an*
Imparf.	*cant-ase*	*vend-iese*	*part-iese*
	cant-ases	*vend-ieses*	*part-ieses*
	cant-ase	*vend-iese*	*part-iese*
	cant-ásemos	*vend-iésemos*	*part-iésemos*
	cant-áseis	*vend-iéseis*	*part-iéseis*
	cant-asen	*vend-iesen*	*part-iésen*
Fut.	*cant-are*	*vend-iere*	*part-iere*

CONJUGAISON ESPAGNOLE.

	I.	II.	III.
	cant-ares	vend-ieres	part-ieres
	cant-are	vend-iere	part-iere
	cant-áremos	vend-iéremos	part-iéremos
	cant-áreis	vend-iéreis	part-iéreis
	cant-aren	vend-ieren	part-ieren
Cond. 1.	cant-ara	vend-iera	part-iera
	cant-aras	vend-ieras	part-ieras
	cant-ara	vend-iera	part-iera
	cant-áramos	vend-iéramos	part-iéramos
	cant-árais	vend-iérais	part-iérais
	cant-aran	vend-ieran	part-ieran
2.	cant-aria	vend-eria	part-iria
	cant-arias	vend-erias	part-irias
	cant-aria	vend-eria	part-iria
	cant-ariamos	vend-eriamos	part-iriamos
	cant-ariais	vend-eriais	part-iriais
	cant-arian	vend-erian	part-irian
Impér.	cant-a	vend-e	part-e
	cant-ad	vend-ed	part-id
Inf.	cant-ar	vend-er	part-ir
Gér.	cant-ando	vend-iendo	part-iendo
Part.	(cant-ante)	(vend-iente)	(part-iente)
	cant-ado	vend-ido	part-ido

Périphrase. Ind. *he cantado*, plur. *hemos cantado*; de même *habia c.*; *hube c.*; *habré c.*; subj. *haya c.*; *hubiese c.*; *hubiere c.*; *hubiera c.*; *habria c.*; inf. *haber c.*; gér. *habiendo c.* — Passif : ind. *soy cantado, a*, plur. *somos cantados, as*; *era c.*; *fui c.*; *he sido c.* (*sido* reste infléchi); *habia sido c.*; *hube sido c.*; *habré sido c.*; subj. *sea c.*; *fuese c.*; *haya sido c.*; *hubiese sido c.*; *fuere c.*; *hubiere sido c.*; *fuera c.*; *hubiera sido c.*; *seria c.*; *habria sido c.*; inf. *ser c.*; *haber sido c.*; gér. *siendo c.*; *habiendo sido c.*

Ire Conjugaison. — Le *présent* diphthongue dans beaucoup de mots *e* en *ie* d'après le modèle suivant :

Ind. *niego, niegas, niega, negamos, negais, niegan.*
Subj. *niegue, niegues, niegue, neguemos, negueis, nieguen.*
Imp. *niega, negad.*

La voyelle radicale *o* passe de même à la diphthongue *ue*.
1) Les verbes qui diphthonguent *e* sont : *alentar, calentar,*

es-carmentar, cegar, de-centar, cerrar et *en-cerrar, a-certar, con-certar, cimentar, a-crecentar, a-destrar, sosegar, com-enzar* et *empezar, con-fesar* (non pas *profesar*), *fregar, gobernar, helar, herrar, in-fernar, invernar, en-, enco-, reco-mendar, mentar, merendar, negar, nevar, a-pacentar, em-pedrar, pensar, des-pertar, plegar, a-pretar, quebrar, regar, ar-rendar, der-rengar, segar, sembrar, sentar* et *a-sentar, serrar, temblar, tentar, a-terrar, des-terrar, en-terrar, a-testar, tropezar, a-, re-ventar, atra-vesar.* — 2) *O* (*u*) est diphthongué dans *agorar, colar, colgar, des-collar, contar, en-, res-contrar, a-, en-cordar, costar, a-costar, encovar, forzar, re-goldar, degollar, en-grosar, holgar, jugar, a-molar, re-molcar, al-morzar, mostrar, re-novar, desollar, des-ovar, poblar, em-porcar, a-postar, probar, a-probar, der-rocar, rodar, a-solar, con-solar, soldar, soltar, sonar, soñar, tostar, tronar, a-vergonzar, volar, volcar* et *re-volcar*.

Le *parfait canté* s'explique, comme en italien, par *cantavi, cantai*, la 3ᵉ pers. *cantó* correspond aussi complètement à celle de cette dernière langue. Un inconvénient est la coïncidence de ce temps avec le présent à la 1ʳᵉ pers. plur. *cantamos*. Il faut encore remarquer la terminaison *este* pour *aste* dans le *Poem. d. Cid*, par ex. 341. 347. 359. 361, *salveste* = prov. *salvest*.

Verbes isolés. 1) *Andar* est complet, mais il a formé le parfait *anduve* d'après *estuve*, et ainsi *anduviese, anduviere, anduviera*. Pour *anduvo* on trouve anciennement *andido* Bc., *Alx., FJ.* (*andidiste PC.*, *andidieron* ihid., 658, Bc. *Mill.* 141) ou *andudo FJ.* 101ᵃ, plur. *andodieron Alx.*, et de même *andodiera Cal. éD.*, qui est encore une formation par analogie à *estar*; on trouve aussi *andaron* pour *anduvieron*, voy. *Alx.*[1] — 2) *Dar*, prés. *doy, das, da, damos, dais, dan*;

---

1. D'après l'opinion de l'Académie *anduve* doit être divisé en *and-hube*, comme *estuve* en *est-hube*, c'est-à-dire le radical de *andar* ou de *estar* et le parfait de *haber*. Le verbe auxiliaire s'unit bien à l'infinitif, mais son union à des radicaux de verbes serait dans ce domaine quelque chose de nouveau, et si un parfait avait dû être créé au moyen de *haber*, combien n'était-il pas conforme au génie de la langue de dire *andar-hube*, comme elle dit *andar-hé*. En continuant dans cette voie on a de même récemment cherché à voir dans *tuve* un composé de *ten-hube*, en sorte que de *tener* il ne serait resté que la consonne initiale : l'espagnol aurait ainsi mangé l'*n*, tout-à-fait contre son habitude. Avec quel verbe auxiliaire aurait-on donc composé la deuxième forme de *andar, andido*?

subj. *dé*; parf. *di, diste, dió, dimos, disteis, dieron*, et ainsi *diese, diere, diera*. — 3) *Estar* = *dar*, seulement au parfait *estuve* comme *hube*, de même *estuviese, estuviere* (*estevier FJ.* p. iv[a] à la façon portugaise), *estuviera*. En vieil espagnol on trouve, outre *estove*, encore un second parfait construit sur *steti estido* (3e pers.) *PC.* 3641, Bc. *Sil.* 71, *Mis.* 99, *Alx.* etc. (de là *estidiere FJ.* 36[a]), qui est certainement la flexion la plus ancienne ; aussi *estudo* = v.franç. *estut Alx.*, Rz (de là *estodiera Alx.*). Dans Berceo on trouve aussi les formes correspondantes *catido* de *catar* et *entrido* de *entrar*, dans Ruiz *demandudieres* de *demandar*.

IIe Conjugaison. — La distinction, encore persistante à l'ouest et au nord-ouest, des deuxième et troisième conjugaisons latines est ici complètement supprimée ; l'infinitif ne connaît que la seule flexion *-ér*. L'espagnol, après la chute du second *e*, n'a pas dû favoriser la finale atone en *r* ; au lieu de *conócer, quérer, lámer*, il préféra prononcer *conocér, querér, lamér*. Aussi haut qu'on remonte dans l'histoire de cette langue, on ne découvre aucune trace de l'*e* atone. Les verbes sont nombreux et il n'est pas besoin de les enumérer, car on peut se rendre compte facilement de ce qui est resté à la flexion forte : ainsi *batir* (*batuere*), *concebir* (*concipere*), *confundir*, *erguir* (*erigere*), *gemir*, *hervir* (*fervere*), *morir, ar-repentir, regir, rendir, vivir*; en vieil espagnol au contraire on a encore *confondér, ergér, morrér, rendér* ss., voy. l'*Alx.* et Berceo.

Cette conjugaison se confond presque absolument avec la suivante, ce n'est qu'au pluriel du présent qu'elles se distinguent par la voyelle caractéristique, mais elles redeviennent identiques à la 3e pers., parce qu'elles affaiblissent toutes deux le lat. *unt* et *iunt* en *en* : *serbent* pour *serviunt*, par ex., se lit déjà dans une charte du ixe siècle *Esp. sagr.* XI, 280. La voyelle caractéristique persiste aussi au futur. Mais d'abord la deuxième se distinguait aussi au moyen du participe roman *utus*, qui ensuite a été peu à peu remplacé par celui de la troisième *ido*. C'est ce que prouvent beaucoup d'exemples dans d'anciens textes où les deux formes coexistent ; ainsi *a-batudo Alx., per-cebudo FJ.* 2[b], *Alx., en-cendudo FJ.* 136[a], *cernudo* Bc. *Sil.* 457, *defendudo FJ.* 13[a], 62[b], *metudo PC., Alx., FJ.* 30[b]. 35[a], *prometudo* ibid. x[a]. *con-nozudo* 34[b]. 56[a], *pendudo* Bc.,

---

Mais *ici* on se résigne à admettre une imitation de *estido*. Pourquoi ne pas l'admettre aussi pour *anduvo*?

perdudo Bc., *Alx.*, *prendudo FJ.* 123[b], *cor-rompudo* 182[b], *sabudo Alx.*, *spendudo FJ.* 107[b], *estavlezudo* xiv[b], *costrenudo* 14[a], *temudo Alx.*, *en-tendudo FJ.* 2[a], *tenudo* ibid. 27[a]. 104[b], *contenudo* 12[b]. 48[a], *a-trevudo Alx.* 595, Rz., *vendudo FJ.* 126[a], *venzudo PC.* 3656, *FJ.* 31[b], Bc. *Mill.* 119. Dans la langue actuelle cette flexion est éteinte, à l'exception de *tenudo* dans l'expression *ser tenudo* « être obligé ».

Présent. 1) Diphthongaison de la voyelle radicale accentuée dans les verbes suivants : a) *e* en *ie* : *en-cender, cerner, de-fender, heder* (*foetere*), *hender* (*findere*), *perder, a-scender, tender, a-tender, verter*; b) *o* en *ue* : *cocer, doler, llover* (*pluere*)*, moler, morder, mover, oler* (prés. *huele*), *soler, ab-, di-solver, torcer, volver*, v.esp. *toller* (subj. prés. *tuelga FJ.* 11[b]).

Verbes isolés. 1) *Caer* (*cadere*); *caygo, caes*; *cayga*; arch. *cayo*; *caya*. *Valer*; *valgo, vales*; *valga*; *valdré, ás* etc.; prés. arch. *valo*; *vala*. — 2) Les verbes en *-cer* précédé d'une voyelle (lat. *scere*) forment le présent en *zco*, subj. *-zca* : *nacer*; *nazco, naces, nace, nacemos, naceis, nacen*; subj. *nazca* etc. A cette classe appartiennent en outre *pacer* (*pascere*), *encarecer* (*incarescere**), *empobrecer, crecer, conocer* et beaucoup d'autres. — 3) Les verbes suivants ont un double participe, un faible et un fort : *prender, prendido preso*; *romper, rompido roto*; *proveer* (*providere*), *proveido provisto*. D'autres participes forts, comme *defeso, nato, suspeso, compulso, extenso, absorto, resuelto, convicto* ont abandonné leur signification verbale et sont devenus adjectifs; la signification verbale n'appartient plus qu'aux formes faibles *defendido, nacido* etc. Les anciens employaient encore un nombre considérable de ces participes forts, par ex. *asconso* (*absconditus*) *Canc. de B.*, *enceso* (*incensus*), *cocho* (*coctus*), *contrecho* (*contractus*), *espeso* (*expensus* avec le sens actif dans Bc. *Mill.* 215). — 4) *Solver* n'a qu'un parfait fort *suelto*; sur *ver*, voy. la conjugaison forte. — 5) Défectifs : *soler*; *suelo* etc. (*suelgo Canc. de B.*); *solia* etc.; *soli* etc. (rare). *Yacer*; *yace, yacen*. Sur ce dernier et sur *placer*, voy. aussi la flexion forte.

IIIe Conjugaison. — L'espagnol ne connaît pas le mélange avec des formes inchoatives ; tous les verbes suivent le tableau ci-dessus. Par là disparaît l'irrégularité de la troisième conjugaison, mais elle trouve son équivalent dans une modification particulière de la voyelle radicale, qui n'atteint pas seulement le présent, mais aussi d'autres temps. Il y a deux classes de verbes sujets à cette modification. 1) Le présent diphthongue de la manière connue *e* en *ie*, *o* en *ue*, mais dans les formes accentuées sur la flexion *e* passe à *i*, *o* à *u*, pourvu que la syllabe suivante ne contienne pas un *i* accentué. Paradigmes :

Ind. prés. *siento, es, e, sentimos, sentis, sienten.*
Imparf. *sentia, sentias, sentia* etc.
Parf. *senti, sentiste, sintió, sentimos sentisteis, sintieron.*
Fut. *sentiré*; comme aussi *sentiria*.
Subj. prés. *sienta, as, a, sintamos, sintais, sientan.*
Imparf. *sintiese* etc. et aussi *sintiere*; *sintiera*.
Impér. *siente, sentid*.
Gér. *sintiendo*. Part. *sentido*.

Nous avons déjà indiqué au tome I, p. 181, de quelle manière des raisons d'euphonie ont influé sur ce mode de flexion. Les verbes avec la voyelle radicale *o* ont une flexion correspondante, savoir : *dormir*; *duermo, es, e, dormimos, is, duermen*; *duerma, as, a, durmamos, ais, duerman*; *dormia* etc.; *dormi, iste, durmió, dormimos, isteis, durmieron*; *dormiré* et *dormiria*; *durmiese*; *durmiere*; *durmiera*; *duerme, dormid*; *durmiendo*; *dormido*. Il n'y avait point, il est vrai, de raisons euphoniques qui s'opposassent à la conservation de l'*u*, car *durmimos* aurait aussi bien sonné que *dormimos* : les quelques verbes de cette espèce n'ont donc fait que suivre le courant des autres. Les verbes avec *e* sont *erguir* (*erigere*) où l'on écrit *ye* pour *ie* (*yergo, erguimos, irguió*), *con-, de-, di-, in-ferir* (*conferre* etc.), *di-, in-gerir, herir* (*ferire*), *ad--herir* (*adhaerere*), *hervir* (*fervere*), *mentir, ar-repentir* (*poenitere*), *ad-querir, in-quirir* (le seul qui ait un *i* radical), *di-scernir, sentir, ad-, con-, contro-, di-, in-vertir*. Ceux en *o* sont *dormir, morir*[1]. — 2) D'autres, en général ceux dont la voyelle radicale *e* provient d'un *i* latin, ne se distinguent de la première classe que parce qu'ils présentent, même au présent, un *i* à la place de *ie*, ainsi *pido, es, e, pedimos, is, piden*; subj. *pida, as, a, amos, ais, an*; il n'existe pas de verbes correspondants avec *o*. Ce sont : *con-cebir* (*concipere*), *ceñir*

---

1. En vieil espagnol il faut sans doute aussi mettre de ce nombre *contir* (*contingere*) et *nocir* (*nocere*); au moins trouve-t-on les formes suivantes : prés. *cuenten*, parf. *cuntió*; prés. *nuecen*, parf. *nució*; mais aussi l'inf. *cuntir, nucir*.

(*cingere*), *freir* (*frigĕre*), *gemir*, *en-greir*, *henchir* (*implere*), *heñir* (*fingere*), *co-*, *e-legir*, *des-leir*, *medir* (*metiri*), *pedir* (*petere*), *com-petir* (*competere*), *regir*, *reir* (*ridere*), *rendir* (*reddere*), *reñir* (*ringi*), *der-retir* (*deterere*), *seguir*, *servir*, *con-streñir* (*constringere*), *teñir* (*tingere*), *vestir*. D'anciens textes, par ex. *Cal. é D.*, étendent ce changement de la voyelle à divers cas aussi de la conjugaison forte, comme dans *dixe*, *dexiste*, *dixo*, *deximos* etc.; *fice*, *feciste*; *quise*, *quesiste*.

Verbes isolés. 1) *Asir* (*apisci*); *azgo*, *ases*; *azga*. — *Oir* (*audire*); *oygo* (anc. *oyo*), *oyes*; *oyga, as* (*ozga FJ.* 26[b], *ozca Alx.* 346, comp. port. *ouça*). — *Salir* (*salire*); *salgo*, *sales*; subj. *salga*; impér. *sal* (sans *e*), *salid*; *saldré*. — *Exir* v.esp. (*exire*); *exco*; subj. *ygamos iscamos*; impér. *ix* (voy. les glossaires de Sanchez). Comparez plus haut ital. *esco* et plus bas prov. *esc*. — 2) Les verbes en *ucir* sont traités au présent de la même manière que ceux en *cer* (deuxième conjugaison), bien que dans *conducir conduzco*, *luzir luzco*, par exemple, la finale *sco* n'existât pas dans le type latin. — 3) Les verbes suivants ont un double participe: *o-*, *su-primir*, *-primido*, *-preso*; *prescribir*, *-scribido*, *-scrito*; *inxerir* (*ingerere*), *-xerido*; *-xerto*; en outre il existe encore beaucoup de participes forts avec un sens d'adjectif, comme dans la deuxième; ainsi *deciso*, *incluso*, *incurso*, *ben-*, *mal-dito*, *ficto*, en vieil espagnol aussi *cinto* pour *ceñido*, *repiso* pour *repentido*, *tonso* pour *tundido Canc. de B.* — 4) Ont le participe fort: *abrir abierto*, *cubrir cubierto*; *escribir escrito*; *freir frito*; *morir muerto*. — 5) Défectifs. *Ir* s'unit à *vadere* et *esse* de la manière suivante: *voy*, *vas*, *va*, *vamos* (anc. *imos*), *vais*, *van*; *vaya*, *vayas* etc.; *ve*, *vayamos* et *vamos*, *id*; *iba*; *fui* et de même *fuese*, *fuere*, *fuera*[1]; *iré*; *iria*; *yendo*; *ido*. *Podrir pudrir* (*putrere*); *pudre*, *pudren*; *pudre*, *pudrid* (imp.); *podria*, *podrian*; *podriré* etc. et *podriria* etc.; *podrido pudrido*.

Flexion forte. — Elle est éteinte, sauf quelques débris. Mais les textes des XIIe et XIIIe siècles en présentent encore des exemples plus nombreux, qui peuvent faire suivre la décadence progressive de cette forme.

---

1. Aussi dans des chartes espagnoles, par ex. *ego fui ad domum S. Jacobi et petivi benedictionem* etc. *Esp. sagr.* XIX, 370 (xe siècle). Voyez des passages analogues dans les dictionnaires latins.

L'infinitif ne souffre aucune contraction ; on dit *decir* (*dicere*), *hacer* (*facere*); la contraction se présente au futur : *diré, haré* pour *deciré, haceré*.

La terminaison *eo eam, io iam* du *présent,* en comprenant les verbes des conjugaisons régulières, n'est plus sensible que dans *haya* (*ha*[*b*]*eam*), *huyo* (*fu*[*g*]*io*), *salgo* (*salio*), *tengo valgo, vengo*; on a aussi *quepo* pour l'attraction *caipo* (*capiam*), *sepa* pour *saipa* (*sapiam*), *plegue* pour *plaica* (*placeat*). Il y a des formations inorganiques, telles que *pongo, caygo, traygo,* comme si ces mots avaient été produits par *ponio, cadio, trahio*. Les 2ᵉ et 3ᵉ pers. sing., de même que le pluriel tout entier, se tiennent rigoureusement, sauf la diphthongaison, à la forme de l'infinitif, ainsi *tengo, tienes, tiene, tenemos, teneis, tienen* ; les verbes déjà cités de la deuxième et de la troisième conjugaison en *-cer, -cir* se comportent de même.

Parfait. 1) Flexion avec changement de la voyelle radicale et suffixe personnel dans *hice, pude, vine,* v.esp. *vide*. — 2) Avec *s, x* : *quise, puse, dixe, duxe, traxe* et beaucoup d'autres formes qui ne sont plus usitées. Dans quelques cas l'ancienne langue retournait *x* (*cs*) en *sc* : de *traxit* est sorti *trasco,* de *vixit visco*; et à ces derniers s'adjoignit *nasco,* pour lequel le latin ne donnait pas de parfait[1]. — 3) Dans *hube* (*habui*), *plugo* (*placuit*) et *supe* (*sapui*) on ne peut méconnaître l'influence de la flexion *ui* : les anciens mettaient *o* pour *u* et cet *o* représente la diphthongue *au* produite par attraction : *habui haubi hobe*. Le portugais confirme ce fait. D'après *hube* se forma le parfait des autres verbes auxiliaires : *tuve, estuve* et l'archaïque *suve* ou *sove,* enfin *anduve.* D'après le même modèle on fit de plus *cupe* en conjuguant *capio capui* comme *sapio sapui*; une charte de 886 *Esp. sagr.* XVII, 236 emploie *capuimus,* une autre de 1032 *capuerit* ibid. XL, 412, qui se retrouve également dans la *L. Sal.* (éd. Merkel p. 60). La forme secondaire *truxe* pour *traxe* doit également avoir sa source dans *traxui* pour *traxi*. Dans *pude* (*potui*) l'attraction est douteuse, on fait donc mieux de le ranger dans la première classe. La flexion de ce temps est la suivante :

---

1. L'interversion de *x* en *sk* est reconnue par la phonétique romane et se montre aussi en dehors de la flexion verbale, comme dans l'esp. *escaminar* (*examinare*), *lascar* (*laxare*); aux parfaits cités s'ajoutent aussi par ex. le cat. *trasch,* le prov. *visquet* (*vixit*), *elesquet* (*elexit* pour *elegit*), le v.fr. *benesquit* (*benedixit*).

Sing. *supe*   Plur. *supimos*
supiste   *supisteis*
supo   *supieron*

Pour *e* à la 1re pers. sing. on remarque encore dans la plus ancienne langue *i*, qui est sans doute la forme primitive : ainsi *vidi, prisi, sovi, trasqui, visqui* (esp.mod. *vivi*). Il est difficile d'expliquer l'*o* de la 3e sing. autrement que par une influence de la conjugaison faible, dont l'*o* correspondant est du reste accentué. La 3e pers. plur. se distingue de la pratique des autres langues par l'observation de l'accent latin. Mais l'espagnol, dans d'autres cas d'accentuation, par exemple à l'infinitif, suit aussi sa propre voie. Cependant à côté de la forme usitée on trouve encore, pour *dixieron, hicieron, pusieron, traxeron*, une forme populaire accentuée sur le radical : *dixon, hizon, puson, traxon*; voy. à ce sujet Mayans II, 114, Sanchez III, xxxvi, Monlau *Dicc. etim.* 39. 40. Cette forme du pluriel est évidemment sortie de la 3e pers. sing. *dixo, hizo, puso, traxo*. Nous avons déjà vu p. 156 dans *pudió pudioron* etc. un exemple d'une semblable influence[1]. — On a tiré du parfait l'imparfait et le futur du subjonctif, de même que le premier conditionnel : *supiese, supiere, supiera*.

Le *participe* des verbes se termine tantôt par *to* (*cho*), tantôt par une forme faible; on a déjà mentionné ci-dessus quelques verbes à parfait faible dont le participe se termine en *so* ou *sto* (*preso, supreso, visto*).

Liste des verbes en vieil espagnol et en espagnol moderne.

Ire Classe. — Parfait avec un simple suffixe personnel.
FACERE : *hacer*; *hago, haces*; *haga*; *haz* (comp. *face* dans Plaute etc.), *haced*; *hice*; *haré*; *hecho*. Des formes vieillies en partie contractées sont *far* et *fer* (*hacer*), *faz* Cal. é D. et *fay* (*hace*) Rz., *femos* (*hacemos*) *PC.*, *feches* (*haceis* = *facitis*) ibid., *fed* ibid. et *fech* Bc. (*haced*); *fiz* (*hice*) Cal.

---

1. D'après Delius la forme secondaire citée *dixon* etc., doit être regardée comme la primitive, syncopée de *dixĕrunt*, et la forme actuelle comme une nouvelle création d'après l'analogie de la conjugaison faible : comme *vendieron* s'est basé sur *vendevĕrunt* et non pas sur *vendidĕrunt, dixeront* de même proviendrait de *dixevĕrunt*; car on ne saurait trouver d'exemples du latin *-ĕrunt* en roman. Je ne puis partager cette opinion, et l'exemple de l'archaïque *foron*, en tant qu'il concorde lettre pour lettre avec *fuerunt*, n'apporte pas un témoignage valable pour cette origine du mot, car cette forme s'explique aussi bien par le singulier, c'est-à-dire que *fo foron* peuvent se comporter comme les formes citées *pudió pudióron*.

é D. *Satisfacer* a à l'impér. *satisfaz -ce.* — Posse : *poder*; *puedo, es, e, podemos, eis, pueden*; *pueda*; *pude*; *podré*; *podido.* Une trace de la flexion faible, comme en italien, dans Berceo qui écrit *podió* pour *pudo*. — Venire : *venir*; *vengo, vienes*; *venga*; *ven, venid*; *vine, viniste, vino, vinimos, vinisteis, vinieron*; aussi *veniste, venimos, venisteis*; *vendré* (anc. *verné*); *venido*. — Videre : v.esp. *veer*; *vidi* Bc., *vido* Bc. *Sil.* 226, *vio* (: *rio*) *Mil.* 85, *Alx.* 281, encore dans le *Canc. gen.* et même chez Garcilaso et Montemayor (au contraire dans *Mar. Egipc.* déjà *vió*, voy. Gessner, *Altleonesisch* p. 25), *vidieron* Bc. *Loor* 28 ; *visto.* Esp.mod. *ver*; *veo, ves, ve* etc.: *vea*; *veia via* imparf.; *vi, viste, vió* etc.; *viese*; *viera*; *visto. Proveer*; part. *provisto* et *proveido*, ainsi qu'il a été observé plus haut.

IIe Classe. — Parf. *-se, -xe.* Cingere : *ceñir* : v.esp. parf. *cinxo PC.*; *cinto Alx.* esp.mod. *ceñi, -ido.*— Dicere : *decir*; *digo, dices, dice, decimos, decis, dicen*; *diga*; *di, decid*; *dixe, dixeron*; *diré*; *diciendo*; *dicho. Ben-, maldecir*; *-dice* impér.; *-deciré*; *-decido* et *dito*, arch. *-dicho. Contradecir*, impér. *-dice.* — Ducere : *ducir*; *duzco, duces, ducimos*; *duzca*; *duce duz, ducid*; *duxe, duxeron*; *ducido*, arch. *aducho (adductus).* — Fugere : v.esp. *fuir*; *fuxo FJ.* 11ª, *Apol.* 386, *fusso* Bc. *Mill.* 121. 130. Esp.mod. *huir*; *hui*; *huido.* — Manere dans *remaner*; anc. *remanso.* — Mittere : *meter*; anc. *miso* Bc. — Ponere : *poner*; *pongo, pones*; *ponga*; *pon, poned*; *puse* (anc. *pose, poso Cal.*), *SPart.*; *pondré* (anc. *porné*); *puesto.* — Prendere : *prender*; v.esp. parf. *prisi* Bc. *Mil.* 191. 204 (*pris PC.* 543), *priso PC.*, Bc. *Sil.* 62. 84, *apriso* Bc., *deprisso Canc. de B.*, *prisieron PC.* 1107; *prisiese Cal. é D.*; part. *preso* aussi en espagnol moderne. — Quaerere : *querer*; *quiero, quieres* (poét. *quies*), *queremos, quieren*; *quise*; *querré*; *quisto* seulement dans *bien q., mal q.*, d'ailleurs *querido.* — Radere : *raer*; anc. *raxo* parf. *PC.* 3667 (on n'aurait pas de sens satisfaisant en supposant *raxó* de *raxar*). —Ridere : *reir*; anc. *riso* Bc. *Mil.* 182. 353. — Scribere : *escribir*; v.esp. parf. *escripso* Bc.; part. *escrito* aussi en espagnol moderne. —Spondere dans *responder*; anc. *respuso PC.* —Tangere : *lañer*; anc. *tanxo PC.* — Trahere : *traer*; *traygo, traes*; *trayga*; *traxe, traxeron*; *trayendo*; *iraido.* Anc. *trayo*; *truxe troxe* = port. *trouxe*, de même *trasqui* Bc. *Mil.* 250, *trasco* (cat. *trasch*) etc. — Vivere : *vivir*; anc. *vesqui CLuc.* 20, *visco*

Bc. *Sil.* 80; *visquiese FJ.* 5ª; *visquiere PC.* 251, *FJ.* 61ª. 103b, *SPart.*

IIIᵉ Classe. — Parf. par attraction. CAPERE : *caber*; *quepo, cabes*; *quepa*; *cupe* (anc. *copo* 3ᵉ pers.); *cabré*; *cabido*. — CREDERE : *creer*; *crovo* (fr. *crut*) *PC.*, *descrovo* (*dis-credidit**) Bc., *crovieron*; *croviese PC.* — HABERE : voy. plus haut p. 158. — JACĒRE: *yacer*; anc. *iogui, iogo* Bc.; *yoguies Alx.*; fut. *iazredes PC.* 2644; *iazdrie* Bc. *Mil.* 203 etc. — NOSCERE dans *conocer*; v.esp. *conuvo PC.* = esp. mod. *conoció, connuvieron* Bc. — PLACERE : *placer* impers. et défectif; *place*; *plegue* (pourquoi pas *plega*, comme dans le *PC.* 2284?); *placia*; *plugo* (anc. *plogo*); *pluguiese*; *pluguiera*; *pluguiere*; arch. *plazrá*. — SAPERE : *saber*; *sé, sabes*; *sepa*; *sabe, sabed*; *supe* (anc. *sope*); *sabré*; *sabido*. — SEDERE : anc. *seer*; *sovo* voy. plus haut p. 158. — STARE : *estar* voy. plus haut p. 163. — TENERE: *tener*; *tengo, tienes*; *tenga*; *ten, tened*; *tuve* (*tove Cal. é D., FJ.* etc.); *tendré* (anc. *terné*); *tenido*.

3. CONJUGAISON PORTUGAISE.

Elle concorde dans ses traits essentiels avec la conjugaison espagnole, et nous n'avons qu'à effleurer ici bien des points qui ont été étudiés là.

En ce qui concerne la *flexion personnelle* 1) on a, ici aussi, employé encore jusqu'à la fin du XIVᵉ siècle -*des* (voy. SRos. s.v. *dedes*); ainsi dans le *Canc. ined.* et chez dom Diniz *matades, queredes, perdedes*, dans le *Canc. gen.* déjà *guardays, diryeis, quisereys* ou aussi *metes* pour *meteis*, comme en vieil espagnol. Dans une lettre d'Alphonse V († 1481) on lit déjà *ereis, podeis, sabeis, habeis*, et dans un acte analogue de Jean Iᵉʳ de 1384 on trouve encore *quissessedes, sabedes, fasedes* (voy. Balbi, *Statistique du royaume de Portugal*, t. II, app.). Le *d* primitif s'est conservé en s'appuyant sur *n* dans quelques verbes (*pondes, tendes, vindes*), et généralement en s'appuyant sur *r* au futur du subjonctif et à l'infinitif (*cantardes*); mais régulièrement il est tombé, et l'*a* qui le précédait a passé à *e* quand il n'était pas fortifié par l'accent: *cantáis cantaríeis*. Les anciens écrivaient aussi *aes* pour *ais* : *cantaes, sofraes* et de même à l'impératif *cantae* pour *cantai*. — 2) La 3ᵉ pers. plur. se termine par une *n* nasale, qui est tantôt rendue par des voyelles, tantôt par *m*, comme dans *cantão* et *cantem*; au lieu de la première forme on employait aussi anciennement *am*, *om*, *um* et même un simple *o*: *chamaro*, *foro* SRos., comp. t. I, p. 356.

La grammaire portugaise possède un trait spécial dans la flexion toute verbale de l'*infinitif,* qui se produit de la manière suivante : *ter*, *ter-es*, *ter*, *ter-mos*, *ter-des*, *ter-em*, en sorte qu'elle concorde absolument avec celle du futur *tiver* (dans les verbes faibles elle ne se distingue même pas du futur par la forme intérieure). *Ter* est employé pour rapporter l'idée d'avoir à la 1ʳᵉ pers. (pour mon avoir), *teres* pour la 2ᵉ (pour ton avoir) : *vio teres* « il t'a vu avoir ». Les plus anciens textes connaissent déjà cette désignation des rapports personnels : le *Canc. ined.* dit par ex. 44ᵃ : *de viverem tan sen sabor* « qu'ils vivent d'une façon si insipide »; voy. la Syntaxe. — Au *futur*, la séparation de la flexion et du radical ou plutôt de l'infinitif n'est pas moins usitée qu'en espagnol : *dar mo ha, ser hei* est identique à *mo dará, serei*; et elle se produit de la façon la plus absolue, de telle sorte *a*) qu'on ne revient pas à la forme de l'infinitif et que *me dirá, me fará* est séparé en *dir-me-ha, far-me-ha* et non en *dizer-me-ha, fazer-me-ha*; *b*) qu'on ne se tient pas davantage à la forme de *habere* et qu'on dit par conséquent *dir-te-hemos, dir-me-heis* et au deuxième conditionnel *dir-te-hia, dir-te-hião* au lieu de *havemos, haveis, havia, havião*.

Le *présent* n'éprouve, selon les lois de cette langue, aucune diphthongaison ; au contraire le changement de la voyelle radicale a une certaine importance. L'accentuation est la même qu'en espagnol. — L'impératif a ici aussi, au singulier comme au pluriel, sa flexion propre; celle du pluriel est en général *i*, par ex. *cantai* (= esp. *cantad*), *dizei* (= esp. *decid*), syncopée de *cantade, dizede*, avec diphthongaison de *ae, ee* en *ai, ei* : dans le *Canc. ined.* on lit encore *mandade* 44ᵇ, *dizede* 55ᶜ et ce *d* s'est encore conservé dans *crede* (*credite*), *lede* (*legite*), *ponde* (*ponite*), *ride* (*ridete*), *tende* (*tenete*), *vede* (*videte*), *vende* (*venite*).

Le portugais aussi possède un *plus-que-parfait* primitif, qui n'est pas seulement employé comme conditionnel, ainsi que cela a lieu en espagnol, mais encore avec sa signification originaire : *cantara* (*cantaveram*) signifie « j'avais chanté » et « je chanterais ». Pour conserver l'uniformité, nous assignons à ce temps la place qu'il occupe en espagnol et en provençal. Le portugais possède aussi un *futur du subjonctif* correspondant au même temps espagnol, mais qui ici rejette l'*e* de flexion et se confond généralement à la 1ʳᵉ et à la 3ᵉ pers. sing. avec l'infinitif.

Le *participe présent* est éteint aussi dans cette langue et est remplacé par le gérondif; dans d'anciens textes on trouve encore *seente, vinte* etc.; il va de soi qu'il persiste comme adjectif.

Finale du radical. 1) *C* alterne avec *qu, g* avec *gu* : *saco saque, pago pague*; 2) *g* avec *j* : *dirigir dirijo*; 3) *qu* avec *c* : *delinquir delinco*, tout cela comme en espagnol; 4) *c* avec *ç* : *conhecer conheço*.

L'*enclise* a ici aussi influé sur la forme du verbe, savoir : 1) *r* tombe devant un pronom commençant par *l* ou s'assimile à cette consonne : *amálo, dizélo* ou *amallo, dizello*; 2) *s*, quelque part qu'elle soit, tombe dans les mêmes conditions : *amalo, vendelos, damolhe, comprailas* pour *amaslo* etc.

Les verbes auxiliaires sont : pour l'actif, *haver* et *ter* (*tenere*); pour le passif, *ser*. *Ter* a enlevé à *haver* presque toutes ses prérogatives et sert même à la périphrase de ce dernier.

1. *Ter.* — Ind. prés. *tenho, tens, tem, temos, tendes, tem.* Imparf. *tinha, tinhas, tinha, tinhamos, tinheis, tinhão.* Parf. *tive, tiveste, teve, tivemos, tivestes, tiverão.* Fut. *terei, terás, terá, teremos, tereis, terão.* Subj. prés. *tenha, tenhas, tenha, tenhamos, tenhais, tenhão.* Imparf. *tivesse, tivesses, tivesse, tivéssemos, tivésseis, tivessem.* Fut. *tivér, tiveres, tiver, tivermos, tiverdes, tiverem.* Cond. 1. *tivera, tiveras, tivera, tivéramos, tivéreis, tiverão.* 2. *teria, terias, teria, teriamos, terieis, terião.* Impér. *tem, tende.* Inf. *ter, teres, ter, termos, terdes, terem.* Gér. *tendo.* Part. *tido.* Temps auxiliaires : *tenho, tinha tido* etc.

2. *Haver.* — Indic. prés. *hei, has, ha, havemos (hemos), háveis (heis), hão.* Imparf. *havia (hia), havias, havia (hia), haviamos, havieis (hieis), havião (hião).* Parf. *houve, houveste, houve, houvemos, houvestes, houvérão.* Fut. *haverei, haverás, haverá, haveremos, havereis, haverão.* Subj. prés. *haja, hajas, haja, hajamos, hajais, hajão.* Imparf. *houvesse, houvesses, houvesse, houvéssemos, houvésseis, houvessem.* Fut. *houvér, houveres, houver, houvermos, houverdes, houverem.* Cond. 1. *houvera, houveras, houvera, houvéramos, houvéreis, houverão.* 2. *haveria, haverias, haveria, haveriamos, haverieis, haverião.* Impér. *ha* (inusité), *havei.* Inf. *haver, haveres, haver, havermos, haverdes, haverem.* Gér. *havendo.* Part. *havido.* Les formes entre parenthèses sont vieillies ou ne servent plus qu'à la périphrase, citée ci-dessus, du futur. Temps auxiliaires : *tenho havido* etc.; dans quelques

cas seulement, comme au subj. *houvesse* et *houvera havido*, ce temps se conjugue d'ordinaire avec lui-même.

3. *Ser.* — Ind. prés. *sou, es, he, somos, sois, são*. Imparf. *era, eras, era, éramos, éreis, erão*. Parf. *fui, foste, foi, fomos, fostes, forão*. Fut. *serei, serás, será, serémos, seréis, serão*. Subj. prés. *seja, sejas, seja, sejamos, sejais, sejão*. Imparf. *fosse, fosses, fosse, fóssemos, fósseis, fossem*. Fut. *for, fores, for, formos, fordes, forem*. Cond. 1. *fora, foras, fora, fóramos, fóreis forão*. 2. *seria, serias, seria, seriamos, serieis, serião*. Impér. *se, sede*. Inf. *ser, seres, ser, sermos, serdes, serem*. Gér. *sendo*. Part. *sido*. Temps auxiliaires : *tenho sido* etc. — Remarque. Formes anciennes : *seer, seente, see = ser, sente, se* SRos.; *são* pour *sou*, aussi *sejo* GVic. (de *sedeo*); *siades* pour *sejais*; *seve* pour *foi* D. Din. n. 125; *sever* pour *for* FGuard. 422, *severem* 401. Pour d'autres formes, voy. *Port. Kunst- und Hofp.* p. 115. 116.

TABLEAU DE LA CONJUGAISON :

	I.	II.	III.
Ind. prés.	cant-o	vend-o	part-o
	cant-as	vend-es	part-es
	cant-a	vend-e	part-e
	cant-amos	vend-emos	part-imos
	cant-ais	vend-eis	part-is
	cantão	vend-em	part-em
Imparf.	cant-ava	vend-ia	part-ia
	cant-avas	vend-ias	part-ias
	cant-ava	vend-ia	part-ia
	cant-ávamos	vend-iamos	part-iamos
	cant-áveis	vend-ieis	part-ieis
	cant-avão	vend-ião	part-ião
Parf.	cant-ei	vend-i	part-i
	cant-aste	vend-este	part-iste
	cant-ou	vend-eo	part-io
	cant-amos	vend-emos	part-imos
	cant-astes	vend-estes	part-istes
	cant-árão	vend-érão	part-irão
Fut.	cant-arei	vend-erei	part-irei
	cant-arás	vend-erás	part-irás
	cant-ará	vend-erá	part-irá
	cant-aremos	vend-eremos	part-iremos

	I.	II.	III.
	cant-areis	vend-ereis	part-ireis
	cant-arão	vend-erão	part-irão
Subj. prés.	cant-e	vend-a	part-a
	cant-es	vend-as	part-as
	cant-e	vend-a	part-a
	cant-emos	vend-amos	part-amos
	cant-eis	vend-ais	part-ais
	cant-em	vend-ão	partão
Imparf.	cant-asse	vend-esse	part-isse
	cant-asses	vend-esses	part-isses
	cant-asse	vend-esse	part-isse
	cant-ássemos	vend-éssemos	part-issemos
	cant-ásseis	vend-ésseis	part-isseis
	cant-assem	vend-essem	part-issem
Fut.	cant-ar	vend-er	part-ir
	cant-ares	vend-eres	part-ires
	cant-ar	vend-er	part-ir
	cant-armos	vend-ermos	part-irmos
	cant-ardes	vend-erdes	part-irdes
	cant-arem	vend-erem	part-irem
Cond. 1.	cant-ara	vend-era	part-ira
	cant-aras	vend-eras	part-iras
	cant-ara	vend-era	part-ira
	cant-áramos	vend-éramos	part-íramos
	cant-áreis	vend-éreis	part-íreis
	cant-arão	vend-erão	part-irão
2.	cant-aria	vend-eria	part-iria
	cant-arias	vend-erias	part-irias
	cant-aria	vend-eria	part-iria
	cant-ariamos	vend-eriamos	part-iriamos
	cant-arieis	vend-erieis	part-irieis
	cant-arião	vend-erião	part-irião
Impér.	cant-a	vend-e	part-e
	cant-ai	vend-ei	part-i
Inf.	cant-ar	vend-er	part-ir
	(= fut. subj.)		
Gér.	cant-ando	vend-endo	part-indo
Part.	cant-ado	vend-ido	part-ido

Périphrase à l'actif : *tenho cantado,* plur. *temos cantado*; *tinha c.*; *terei c.*; subj. *tenha c.*; *tivesse c.*; *tiver c.*; *tivera c.*; *teria c.*; inf. *ter c.*; gér. *tendo (havendo) c.* — Passif : ind. *sou cantado, a,* plur. *somos cantados, as* ; *era c.*; *fui c.*; *tenho sido c.* (plur. *temos sido cantados, as*); *serei c.*; *terei sido c.*; subj. *seja c.*; *fosse c.*; *fora c.*; *seria c.* etc.

Ire Conjugaison. — Des verbes qui diphthonguent dans le sens roman ne peuvent pas se présenter en portugais : au contraire à la première conjugaison, dans les verbes en *ear*, on ajoute d'ordinaire à l'*e* allongé, après lequel est tombé une consonne, un *i* au *présent*, lequel *i* sert en quelque sorte à soutenir la quantité, comme dans *alheio* pour *alhêo* (*alienus*) : ainsi le présent de *semear* (*seminare*) se conjugue : *seméio, éias, éia, eámos, eáis, éião*, subj. *seméie*. Quelquefois des verbes en *iar* sont traités de la même manière : *mediar*, prés. *medéio, éias, éia, idmos, idis, éião*, subj. *medéie, éies, éie, iémos, iéis, éiem*[1].

Verbes isolés. 1) *Andar* est complet et fléchit régulièrement ; on ne trouve pas de forme correspondante à l'esp. *anduve*. — 2) *Dar* fait au prés. *dou, das, da, damos, dais, dão* ; *de, des* etc.; parf. *dei, deste, deo, demos, destes, derão* ; *desse* ; *der* ; *dera*. — 3) *Estar* = *dar*, seulement au prés. subj. *esteja* (anc. *esté*) ; parf. *estive, estiveste, esteve, estivemos, estivestes, estiverão* ; *estivesse* ; *estiver* ; *estivera* ; pour *esteve* une charte de 1286 SRos. a *stede* = v.esp. *estido*.

IIe Conjugaison. — L'infinitif ne connaît, comme en espagnol, que la seule terminaison *er* ; mais le passage à la troisième a lieu plus rarement ici : *bater, conceber, ferver, gemer, morrer, arrepender, reger, render, viver* présentent *e* au lieu de l'*i* espagnol; le contraire a lieu dans *cahir, possuir*, cependant on disait en v.port. *caer* par ex. D. Din. 86.

Au *présent* la finale latine *sco* est rendue par *ço* : *crecer creço, conhecer conheço, padecer padeço* (*padesco* D. Din. 195), *nacer naço, pacer paço* ; mais aussi *cocer coço, torcer torço, vencer venço*.

Au *parfait* la 3e pers. sing. (*vendéo*) se distingue par l'accentuation de la forme espagnole (*vendió*). Autrefois pour *o* on écrivait aussi à cette personne *u*, les recueils des lois et

---

1. A la 3e pers. sing. du présent du subjonctif le *Canc. ined.* et dom Diniz emploient toujours *perdon* pour *perdone, pes* pour *pese*. C'est un vrai provençalisme.

D. Diniz ont par ex. *recebeu, meteu, perdeu, scriveu, tulleu, vendeu, viu* (comp. la troisième conjugaison).

La confusion de la deuxième et de la troisième conjugaison ne se produit pas aussi souvent qu'en espagnol; ces conjugaisons se distinguent encore au parfait et aux temps qui en sont dérivés par les voyelles caractéristiques *e* et *i*. Dans les plus anciennes sources on trouve encore de nombreuses traces du participe *utus*, appliqué dans tout le domaine roman à la deuxième conjugaison, qui ne permettent pas de douter de l'emploi antérieur de cette forme. En voici : *adudo* (*additus*) SRos., *avudo FGrav*. 391, *FSant*. 536, *batudo* SRos., *recebudo FGuard*. 437, *decorudo* SRos., *creudo FTorr*. 624, *Canc. ined* 44[a], *aduzudo* de l'ancien *aduzer* SRos., *estabelesçudo FSant*. 578, *desfaleçudo* SRos., *deffendudo FGuard*. 414, *fudutdo FGrav*. 390, *liudo* charte de 1295, *Esp. sagr*. XXXXI, 381, *perleudo* SRos., *metudo FSant*. 548. 559, *FMart*. 589, *FTorr*. 614. 625, *sometudo* ibid. 608, *movudo FBej*. 756, *conhoçudo* ibid. 457, *FGrav*. 386, *FMart*. 581, *perdudo FMart*. 589, *FTorr*. 610, *FBej*. 460, D. Din. 152, *enquerudo* ibid. 605, *regudo* ibid. 597, *sabudo FGuard*. 409, D. Din. 152, *abscondudo* SRos., D. Din. 168, *costrangudo FMart*. 81 (*constreniudo FGrav*. 384), *sofrudo* D. Din. 168, *persolvudo FSant*. 531. 539, *tanjudo* SRos., *temudo FMart*. 606, *estendudo* SRos., *teudo* de *ter* souvent, *vençudo FGuard*. 408, *FSant*. 539, *FTorr*. 621, *vendudo FSant*. 532. 534, *vertudo FSant*. 532. Pour des exemples tirés du *Canc. ined*. voy. *Choix*, VI, 268. On ne doit cependant pas manquer d'indiquer qu'à côté de cette forme celle en *ido* est usitée aussi : ainsi le *FBej*. a, p. 458, *vendudo* et, p. 496, *vendido*.

Verbes isolés. 1) Les verbes suivants présentent de légères différences au présent : *Crer* (*credere*); *creio, cres*; *creia, creias*; *cre, crede*. *Ler* (*legere*) = *crer*. *Perder*; *perco, perdes*; *perca*. *Valer*; *valho, vales*; *valha*. — 2) Les verbes suivants ont un double participe : *Escrever* (*scribere*), *escrevido escrito*. *Morrer, morrido morto*. En vieux portugais aussi *cozer* (*coquere*), *cozido cóito*; *despender, despendido despezo*; *aducer* (*-cir*), *aduzido aducho*. Pour *ver* voy. la flexion forte. — 3) Défectifs : *Feder* (*foetere*) est dépourvu de toutes les formes qui ajoutent au radical un *a* ou un *o*. *Soer* (*solere*) n'a que le prés. *soes, soe, soem*; l'imparf. *soia, as, a, ão*; le gérond. *soendo*.

IIIᵉ Conjugaison. — La forme inchoative ne s'est pas non plus introduite ici. Les verbes qui modifient la voyelle radicale se divisent en deux classes, ceux qui échangent *e* contre *i*, et ceux qui échangent *u* contre *o*. 1) Le changement affecte dans les premiers la 1re pers. sing. du *présent* ind. et le présent subj. tout entier, ainsi *sinto, sentes, sente*; *sinta, sintas* etc.. Ce sont *despir* (*de-expedire*), *ferir, fregir* (*frigĕre*), *digerir, mentir, repetir, seguir, sentir, servir, advertir, vestir* et sans doute d'autres encore ; ils se retrouvent aussi en espagnol comme verbes qui diphthonguent ou changent la voyelle radicale. — 2) Dans la seconde classe l'*o* apparaît à la 2e pers. sing. du présent ind. et s'étend en outre à l'impératif et au participe : *subo, sobes, sobe, subimos, subis, sobem*; *suba*; *sobe, subi*; *sobido*. Les verbes où ce phénomène se produit sont *bulir, cubrir, acudir* et *sacudir* (*ac-, suc-cutere*), *cuspir* (*conspuere*), *engulir* (de *gula*), *fugir, construir, subir, sumir, consumir, surgir, tussir*. Ces verbes n'ont pas de correspondants en espagnol. Mais les deux classes ne présentent pas même d'analogie entre elles, car les deux voyelles pures *i* et *u* se trouvent précisément dans un rapport inverse : *e* se change en *i*, mais *u* se change en *o*. Dans *despir* et *cuspir* le changement se produit même dans la particule de composition. Il faut encore remarquer quelques verbes avec un *o* radical. *Dormir* = *subir* (*durmo, dormes, durma*). *Sortir*; *sorto, surtes, e, sortimos, is, surten*; *surta*.

La 1re pers. sing. du *parfait* était encore écrite jusqu'au XVIe siècle *ii* : *crii, lii, corrii, vii* SRos.; pour la finale *io* de la 3e pers. on employa aussi *iu* : ainsi *feriu, partiu, serviu, oyu* (comp. la deuxième conjugaison).

Verbes isolés. 1) De petites différences se présentent au présent de *induzir* ; 3e pers. *induz. Luzir* de même : *luz. Medir* (*metiri*); *meço, medes*; *meça. Ouvir* (*audire*); *ouço* (*ouvo* GVic.), *ouves*; subj. *ouça. Pedir* (*petere*); *peço, pedes*; *peça. Parir* (*parĕre*); *pairo, pares*; *paira. Rir* (*ridĕre*); *rio, ris, ri, rimos, rides, rim*; impér. *ri, ride. Cahir* (*cadĕre*); *caio, cahes* etc.; *caia. Sahir* (*salire*), comme le verbe précédent. — 2) Verbes avec participe fort : *abrir, aberto*; *cubrir, cuberto*; *fregir, frito*; *surgir, surto*; cependant *abrido, cubrido, fregido, surgido* sont aussi usités. D'autres participes forts, tels que *electo, erecto, exemto, extincto, inserto, omisso, opresso*, renvoient bien à *elegir, erigir, eximir, extinguir, inserir, omitir, opprimir*, mais ils n'ont pas de signification active. — 3) Défectifs : *Ir* (aussi *hir*) qui, comme en espagnol, se complète par le mélange avec *vadere* et *esse* : *vou, vas, vai, vamos (imos), ides* (anc. *ys*), *vão*; subj. *vá, vas, vá, vamos, vais, vão*; impér. *vai, ide*; imparf. *hia*; parf. *fui*, et de là *fosse, for, fora*; fut. *irai*; gér. *indo*; part. *ido*. *Monir* (*monere*) ne possède que des formes dérivées avec *i*. On cite aussi comme défectifs *carpir, submergir, compellir, comprir, discernir*.

Flexion forte[1]. — Au *présent* la terminaison *eo eam, io iam* s'est conservée ou du moins est encore sensible dans *tenho tenha, venho venha, caibo caiba* (*capio*), *vejo veja* (*video*). Des exemples de verbes devenus faibles sont *saio, valho, pairo*, comp. aussi *ouço* (*audio*) et les formes archaïques *arço* (*ardeo*) G. Vicente III, 262, *menço* (*mentior*) D. Din. 110. A la 3ᵉ pers. sing. quelques verbes laissent tomber leur *e* de flexion : *tem, vem, diz, faz, jaz, praz* (comp. plus haut *induz, luz*).

L'*imparfait de l'indicatif* dans les trois verbes *pôr, ter, vir* présente les flexions tout-à-fait particulières *punha, tinha, vinha*, avec déplacement de l'accent et changement de la voyelle radicale. On a probablement reculé l'accent afin de mieux consolider l'*n* radicale, qui, sans cela, serait tombée comme à l'infinitif : on a dit *pónia* (écrit *ponha*) pour ne pas être obligé de perdre l'*n*, et l'on a changé *o* et *e* contre *u* et *i* pour distinguer ce temps du présent du subjonctif. Toutefois il existait autrefois des variantes usitées sans *n*, comme *teeya* à côté de *tinha, via* à côté de *vinha*, voy. SRos. D'autres exemples d'un tel transport de l'accent de la flexion sur le radical, si l'on excepte le traitement de l'infinitif, se présentent à peine dans les langues romanes écrites.

Les *parfaits* sont : 1) *fiz, pude, vim, vi*; 2) *disse, puz, quiz*; 3) *coube, houve, jouve, prouve, soube, trouxe* (*traxui traxxi**), ensuite *tive*, forme qui résulte de la simple chute de l'*n*, et *estive*, d'une formation analogue. *Houve, jouve, prouve* (pour *jougue, prougue*) avec leur diphthongue lèvent tous les doutes à l'égard de l'attraction établie plus haut pour le verbe espagnol : *houve*, par exemple, ne peut reposer que sur *haubi* pour *habui*. — La flexion de ce temps ne s'accorde pas tout-à-fait avec l'espagnol. La 1ʳᵉ sing. prend un *e* ou rejette tout-à-fait la voyelle; cependant dans l'ancienne langue on trouve

---

1. D'autres formes anciennes, qui ne sont pas indiquées ci-dessous, se trouvent dans le livre intitulé *Port. Kunst- und Hofp.* p. 117-120.

encore de nombreux exemples de l'*i* latin : *figi* (*feci*) FBej. 503, *pozy* charte de 1273 SRos., aussi *pugy* 1312 ibid. (*posui*), *jogui* (*jacui*), *digi* (*dixi*) *Canc. ined.*, *benedixi Canc. vat.* éd. Varnh. n. 7, chez D. Diniz *dixi* 89. 110, *pudi* 92. 104, *quigi* 72. 97, *uvi* 81. L'*o* espagnol est étranger à la 3ᵉ pers. : elle emploie *e* ou rejette toute voyelle, d'où il résulte que dans quelques cas, comme en provençal, la 1ʳᵉ et la 3ᵉ pers. se confondent, tandis qu'elles se distinguent dans d'autres par le changement de la voyelle. Dans les plus anciens textes on trouve aussi quelques traces de l'*o* : ainsi dans le *Canc. ined. fezo*, dans le *Canc. vat.*, par ex. dans les poésies de D. Diniz 64, *quiso*, dans le même recueil aussi *prugo* (*placuit*) Varnh. n. 46. Il y a donc quatre formes de ce temps :

houve	*pude*	*quiz*	*fiz*
houveste	*pudeste*	*quizeste*	*fizeste*
houve	*pode*	*quiz*	*fez*
houvemos	*pudemos*	*quizemos*	*fizemos*
houvestes	*pudestes*	*quizestes*	*fizestes*
houverão	*puderão*	*quizerão*	*fizerão*

Vir a à la 3ᵉ sing. une forme divergente *veio* : ce verbe s'incline ainsi vers la flexion faible. Les temps dérivés du parfait se règlent sur la 1ʳᵉ sing. : *pudesse, puder, pudera*; *fizesse, fizer, fizera*.

Le *participe* se comporte à peu près comme en espagnol.
Liste des verbes.

Iʳᵉ Classe. — FACERE : *fazer*; *fazo, fazes, faz*; *faza*; *faz, fazei*; *fiz*; *farei*; *feito*. — POSSE : *poder*; *posso, podes*; *possa*; *pude*; *podido*. — VENIRE : *vir*; *venho, vens, vem, vimos, vindes, vem*; *venha*; *vem, vende*; *vinha* imparf.; *vim, vieste, veio, viemos, viestes, vierão*; *viesse*; *vier*; *viera*; gér. et part. *vindo*. Anc. imparf. *via, vina*, fut. subj. *viner* SRos. — VIDERE : *ver* (anc. *veer*); *vejo, vês, vê, vemos, veis, vem*; *veja*; *vê, vêde*; *via*; *vi* (contracté de *vidi vii*), *viste, vio, vimos, vistes, virão*; *visse*; *vir*; *vira*; *vendo*; *visto*.

IIᵉ Classe. — DICERE : *dizer*; *digo, dizes, diz, dizemos*; *diga*; *dize, dizei*; *disse, disse*; *direi*; *dito*. Benzer (*bened.*) a les participes *benzido* et *bento*. — DUCERE dans *aduzir*; parf. 3ᵉ sing. *aduh. adusse* D. Din. n. 42 = esp. *duxo*; part. *aducho* SRos. comme en v. esp. — PONERE : *pôr*; *ponho, poens, poem, pomos, pondes, poem*; *ponha*; *poem, ponde*; *punha* imparf.; *puz, puzeste, poz, puzemos, puzestes, puzerão*; *puzesse* etc.; *porei*; *pondo*; *posto*. Arch. *pono* pour *ponho*. — PRENDERE : *prender* ; parf. 3ᵉ sing. arch. *pres,* d'après *preser Trov.* n. 115 = v.esp. *pris* (cependant aussi *prendi Trov.* 78) ; part. *preso,* aussi en port.mod. — QUAE-RERE : *querer* ; *qu o, queres* (aussi *ques*), *quer* ; *queira* ; *quiz*; *quererei* ; *querido*. — SPONDERE dans *responder* ; parf. 3ᵉ sing. arch. *respos* et *resposse* Alfonse X = v.esp. *respuso*.

IIIᵉ Classe. — CAPERE : *caber*; *caibo, cabes*; *caiba*; *coube*; *cabido*. — HABERE voy. p. 172. — JACERE : *jazer* ; *jazo, jazes, jaz*; *jaza*; *jouve*; *jazido*. — PLACERE : *prazer* impers.; *praz* ; *praza* ; *prouve* etc. ; *prazido*. Anc.parf. *prougue FSant.* 531; *prouguesse* D. Din. 84 ; *prouguer* ibid. 59, *FSant.* 537. — SAPERE : *saber*; *sei, sabes* ; *saiba*; *soube*; *sabido*. — STARE voy. p. 175. — TENERE p. 172. — TRAHERE : *trazer* (anc. *trager*); *trago, trazes, traz* ; *traga* ; *trouxe* (dans des chartes *trouve,* comme *jouve* de *jazer*); *trarei*; *trazido*. — VALERE : *valer* ; on peut inférer un parfait v.port. *válvi* des temps dérivés *valvesse, valvera, valver* = prov. *valc, valgues, valguera,* voy. *Port. Kunst.-und Hofpoesie* p. 120.

4. CONJUGAISON PROVENÇALE.

Si la déclinaison de cette langue ne se sépare en général de celle du vieux français que par les résultats que produisent les lois phoniques, sa conjugaison se distingue de celle du français et des autres langues en bien des traits par la nature même de sa flexion. Cela est vrai surtout de la flexion forte, où la langue n'a pas conservé l'empreinte latine, mais a développé, en général par l'emploi de flexions faibles, des formations d'une nature particulière. Dans l'étude qui suit sur la conjugaison nous ne nous occupons régulièrement que des formes strictement provençales telles que l'ancienne poésie lyrique nous les fait le mieux connaître. Aux frontières du nord et de l'est il existait des dialectes qui trahissent, quelques-uns dans de très-anciens textes, la plus forte influence des langues voisines, et même dans l'intérieur du pays il n'a pas manqué de poètes qui, par goût pour les mots étrangers ou aussi pour obtenir des rimes, se sont servis de flexions verbales non provençales. Nous ne pouvons accorder une attention particulière à ces écarts du type classique, bien qu'il nous soit aussi impossible de les laisser absolument de côté.

Sur la *flexion personnelle* il y a seulement à observer : 1) A la 2° pers. des deux nombres l's latine reste, mais *tis* se contracte en *tz* : *chantatz* de *cantatis*, et alors une *s* précédente tombe : *chantetz* pour *chantestz (cantastis)*, comp. l'adj. *tritz* pour *tristz*. Au lieu de ce *tz = stz* on écrit de temps en temps aussi *st* : ainsi dans *vos aguest (habuistis)* M. 305, 3, *romazest (remansistis)* ibid. 305, 2, *retenguest (retinuistis)* 121, 3. — 2) La 3ᵉ pers. ne conserve plus le *t* qu'au parfait : *chantet, mordet, sentit*, et ce *t* est souvent remplacé par *c*, ce qui n'est pas usité d'ordinaire : *anec, donec, preguec, cazec, mordec, bastic, faillic, moric.* — 3) La 1ʳᵉ pers. plur. laisse tomber absolument la syllabe *us* : *chantam (cantamus)*. Dans la déclinaison l's au moins reste (*rams* de *ramus*); dans la conjugaison le génie de la langue trouva le pluriel de la personne suffisamment exprimé par une simple *m*. — 4) Dans les finales atones de la 3ᵉ pl., il est à peu près indifférent de placer devant la caractéristique propre de cette personne, *n*, l'une ou l'autre des voyelles *a, e, o,* bien qu'au présent cela puisse être préjudiciable à la distinction du mode. En effet, à la place de la finale primitive *an* on a introduit aussi *on* et *en* : *chantan, on, en*; de même pour *chantavan, vendian, chantéran, chantarian*; *vendan, on*; pour *en* on a de la même manière *on* : *chanten, on, chantessen, on*; pour *on* en : *vendon, en, chanteron, en.* Des chartes de l'an 960 environ et d'une date postérieure écrivent par ex. *tolrion, tolrian, tolon, sian, podun, tolguessan, tolguessun, voliun, avion* Choix II, 44. 48. 52. 71. 72. Mais *Boèce* ne connaît aucune autre terminaison que *en* : *repairen, derramen, venen, potden*; *apellaven, tenien*; *faliren, foren*; *passen* subj. prés.; *creessen*; *aurien*. La terminaison *on* peut même perdre son *n*, comme dans *chantols auzellos, plazo l'arquier*, voy. t. I, p. 374 note [1]. — 5) Pour la finale *ia* on prononce assez souvent *ie*, pour *ian* de même *ien*, ainsi *sentie, sentien*, ce qui rappelle un phénomène analogue en italien et en espagnol, p. 130, 155. Cette forme est,

---

[1]. Il ne faut pas oublier d'indiquer que Faidit emploie aussi *au* pour *an* : *aurau, serau, amarau* à côté de *auran* etc. Dans les coutumes d'Alais de 1216 et 1221 (Beugnot, *Les Olim* III, 2) on lit de même *siau, poirau* etc. pour *sian, poiran*. Les *Leys*, II, 394. 402, connaissent aussi *haiau, amarau, amariau*, mais regardent ces formes comme fautives. Cependant elles ne semblent pas tout-à-fait imaginaires. Si l'on suppose que l'*n* est tombée, on se trouve en présence de l'usage d'un manuscrit qui emploie *aun* pour *an* (t. I, p. 362) et qui, par conséquent, ne laisse pas tomber l'*n*. Un ms. italien se comporte de même, voy. *Jahrb.* XI, 32.

il est vrai, propre à des écrivains postérieurs, toutefois elle se trouve déjà dans *Boèce,* ainsi que nous venons de le dire, par ex. *tenien, aurien.*

L'*infinitif* laisse tomber l'*e* final après *ar, er, ir* ; il ne persiste que dans le cas où un *e* atone est tombé devant l'*r* (comp. *téisser* avec *bat're*) et quelquefois à la troisième conjugaison. Les temps composés sont les mêmes qu'au sud-ouest : *chantar--ai,* qui est aussi remplacé dans certains dialectes par *-ei* et quelquefois par *-é,* et *chantar-ia.* La chute de la voyelle caractéristique est extrêmement fréquente et nous ne pouvons pas l'étudier ici jusque dans ses détails.

Présent. 1) Une particularité de la 1re pers. sing. de l'ind. est la terminaison *i,* qui toutefois manque la plupart du temps et ne se présente même pas du tout dans certains textes, *Boèce* par ex. (*cuia, plor, faz, posc*). Il se peut qu'elle ait été d'abord restreinte aux cas où la consonne précédente exigeait une voyelle d'appui, comme dans *sofr-i* de *suffero,* comp. le substantif *lair-e* de *latro,* et que l'usage en soit devenu peu à peu plus général. En place de *i* on trouve aussi *e,* surtout lorsque le radical contient déjà un *i,* ainsi *albire, cossire, dezire, remire, sospire, vire* : on ne dirait pas bien *albiri* etc. — 2) L'accentuation du présent est identique à celle de l'espagnol, on prononce donc *seména* (*seminat*), *tremóla, cambia Choix* V, 146. 207, *contraria* IV, 443, *galia PO.* 258, *inebria* B. 83. Mais d'autres formes renvoient à un *i* primitivement accentué, comme *castía PO.* 367 (*castīgat*), *fadia Choix* V, 283 (*fatīgat*). — 3) La diphthongaison peut se produire ou ne pas se produire : *levar, leva lieva* ; *trobar, troba truep* ; *segre, sec siec* ; *colher, colh cuelh* ; *morir muer, muera* et *moira,* ce dernier par attraction (*moriatur*) ; de même *ferir, fiera feira* (*feriat*). Il y a aussi des textes, comme *Boèce,* qui n'emploient pas du tout les diphthongues *ie* et *ue.* — L'impératif, contrairement à l'usage des langues du sud-ouest, emprunte son pluriel à l'indicatif : *amatz* = lat. *amatis, amate*[1]. Cependant *aver, esser, saber, voler* sont dépourvus au singulier et au pluriel de formes propres, et se servent de celles du subjonctif : *àias aiátz, sias siátz, sápchas sapchátz, vuélhas vulhátz* ; *auzir, vezer* et *dire* emploient aussi le subjonctif *auiatz* au lieu de *auzetz, veiatz* au lieu de *vezetz, digatz* au lieu de *dizetz.*

---

1. *Mete-us* pour *metetz vos* dans GRiq. p. 90 est identique à l'esp. *mete-os*; *coverte-us* pour *covertetz vos* p. 237 à l'esp. *converti-os.*

Le *parfait* a à sa 3ᵉ plur. la même accentuation que l'italien. — L'*imparfait du subjonctif* se distingue à la 1ʳᵉ et 2ᵉ plur. de l'accentuation italienne et espagnole : *temessém, -sétz* (*timuissemus, -etis*), de là la contraction fréquente: *acsém Choix* V, 303, *pocsém* IV, 403, *saupsém Fer.* 2602, *acsétz Choix* II, 282, *jacséz* V, 139, *saupsétz* III, 456, *volsétz* pour *volcsétz* V, 426 de *aguessem, poguessem* etc.[1]. Une forme non classique de ce temps, condamnée même par les *Leys* II, 396, et dont se servent par ex. la *GAlb.* et *S. Agnes*, est celle qui applique l'*a* à la flexion personnelle : *anessa, anessas, anessa, anessam, anessatz, anessan*, mais déjà l'*Ev. de Jean* éd. Hofm. connaît, à côté des formes usitées, *amássaz, jaguessa, aguessaz*. Le *conditionnel* tiré du plus-que-parfait de l'indicatif (*chantera*) a perdu sa force comme temps passé et est ainsi identique au temps espagnol correspondant. Ce n'est que dans *G. de Roussillon* qu'on le trouve encore avec sa signification primitive, comme en vieux français, par ex. *fora* 2652, *levera* 3011, *dizera* 3902, *guidera* 3906, *vira* 5771 (mais *viratz* 5781 conditionnel)[2]. Faidit nomme ce temps simple, *chantera*, aussi bien que le temps composé cité sous l'infinitif, *chantaria*, optatif (*obtatiu*).

Finale du radical. — 1) L'alternance orthographique de *c* et *qu*, de *g* et *gu* etc. a lieu à peu près comme en portugais. — 2) Échange entre une consonne douce et une dure : *cridar crit, segre sec secs, recebre receup, salvar salf, plazer platz*, voy. t. I, p. 370. *V* s'échange de même contre *u* : *dever deu, levar leu*. — 3) Après *n*, *t* ou *d* tombe, souvent aussi *f* après *l* ou *r* : *brandir blan, chantar chan, salvar sal, servir sier*. — 4) Une chute qui atteint plus profondément l'organisme de la langue est celle de *z* (= lat. *d*) ou *ç*; elle se présente à la finale, comme souvent aussi à l'intérieur du mot : *lauzar lau, auzir*

---

1. L'auteur de *Jaufré* emploie une fois à la façon espagnole *anásem* : *amenássem* 134ᵇ pour *anessém amenessém*, comp. *laissésam* = esp. *dexásemos GA.* 8298. *Véncson* pour *venguésson* voy. M. 190. 3. — Le 2ᵉ cond. accentue au plur. -*riám*, -*riátz*. Mais G. Riquier p. 94 prononce également à la façon espagnole *poiriatz* : *fariatz* : *auziriatz* et à l'imparfait de l'indicatif *veziatz*, de même p. 113 *estariam* : *caziam*. Cette accentuation se présente aussi chez Guilhem de Tudèle à la césure, par ex. 5778. 8761.

2. Dans la *GAlb.* 3208 on lit aussi *pel senhor qu'en la crotz fora mitz* (*qui fut mis en croix* Fauriel), par conséquent avec le sens du parfait, mais il faut lire *fo ramitz* (goth. *hramiths*). Dans le *Ferabras, foretz* et *foratz* 1433. 1440. 1444. 4992 ont véritablement ce sens.

au, vezer veiam (vejam), chazer chaia, nozer nueia à côté de *noza* etc.

Les *verbes auxiliaires* ordinaires sont *aver* et *esser*, dont la flexion est la suivante :

1. *Aver.* — Ind. prés. *ai (ei), as, a, avem, avetz, an.* Imparf. *avia, avias, avia, aviám, aviatz, avian.* Parf. *aic Bth.* et *agui (aigui), aguest, ac* et *aguet, aguem, aguetz, ágron.* Fut. *aurai, auras, aura, aurem, auretz, auran.* Subj. prés. *aia (aja), aias, aia, aiám, aiatz, áian.* Imparf. *agués, aguesses, agues, aguessém, aguessétz, aguéssen.* Cond. 1. *agra, agras, agra, agrám, agrátz, ágran.* 2. *auria, aurias, auria, auriám, auriátz, aurian.* Impér. *áias, aiátz.* Gér. *aven.* Part. *aven-s, agut (avut).* La périphrase s'opère avec le même verbe : *ai agut, avia agut.*

2. *Ésser.* — Ind. prés. *sui soi (son), est iest (siest), es, sem* et *em* (à côté de ces deux formes on trouve aussi *esmes,* voy. Bartsch *Chrest. prov.* p. 9, 47), *etz, son.* Imparf. *era, eras, era, erám, erátz, éran.* Parf. *fui, fost, fo (fon), fom, fotz, foron.* Fut. *serai* (aussi *er), seras, sera (er), serem, seretz, seran.* Subj. prés. *sia, sias, sia, siám, siátz, sian.* Imparf. *fos, fosses, fos, fossém, fossétz, fóssen.* Cond. 1. *fora, foras, fora, forám, forátz, fóran.* 2. *seria, serias, seria, seriám, seriátz, serian.* Impér. *sias, siátz.* Gér. *essén.* Part. *essén-s, estat.* La périphrase se fait avec *aver* : *ai estat, avia estat* etc. — Remarques. 1) Outre les formes citées, il y a encore beaucoup de formes secondaires. Pour *esser*, par ex., *estre* est usité devant les voyelles, et alors sa finale *e* tombe : *estr' emperaire* III, 348, *estr' amatz* B. 105, 18, mais on trouve aussi *esser amatz.* On se sert de cette même forme, où s'est intercalé un *t*, devant un mot commençant par *r*, comme dans *estre ric* IV, 294, GA. 4925. *Fuist* pour *fost Jfr.* 73; pour *sia* aussi *seya* = esp. *sea*, port. *seja Choix* III, 129. — 2) Les formes latines *es* et *est* ont ici interverti leur place. Mais *est* devait s'abréger en provençal en *es*, car la 3° pers. ne tolère pas de *st*, comp. *fos* pour *fost (fuisset)* etc.; la 2° pers. a eu alors besoin d'un signe distinctif, qui s'est présenté sous la forme d'un *t* ajouté, lettre qui trouvait ailleurs aussi une place à la 2° sing., sinon au même temps *(fost, aguest, partist)*; on sait combien profondément la tendance à uniformiser les flexions a pénétré dans l'organisme de la langue[1]. En provençal moderne, cette

---

1. Delius, en renvoyant à l'ital. *fos-tu* (pron. *fos-tù*), suppose que le

personne est *siés*. L'*s* ajoutée, ou l'*s* tombée, celle-là dans *siest*, celle-ci dans le plur. *em*, s'expliquent facilement par les initiales latines *s* et *e*. — 3) *Er* pour *ero* est un débris précieux de l'ancien futur, mais la langue l'a plus tard abandonné.

TABLEAU DE LA CONJUGAISON.

	I.	II.	III. a.	III. b.
Ind. prés.	*chant, -i*	*vend, -i*	*part, -i*	*flor-isc (is)*
	chant-as	*vend-es, ven-s*	*part-es, part-z*	*flor-isses*
	chant-a	*vend*	*part*	*flor-ís*
	chant-ám	*vend-ém*	*part-ém*	*flor-ém*
	chant-átz	*vend-étz*	*part-étz*	*flor-étz*
	chánt-an, on	*vénd-on*	*párt-on*	*flor-iscon(ss)*
Imparf.	*chant-ava*	*vend-ia*	*part-ia*	*flor-ia*
	chant-avas	*vend-ias*	*part-ias*	(= *part.*)
	chant-ava	*vend-ia*	*part-ia*	
	chant-avám	*vend-iám*	*part-iám*	
	chant-avátz	*vend-iátz*	*part-iátz*	
	chant-ávan	*vend-ian*	*part-ian*	
Parf.	*chant-éi, -iei*	*vend-éi, -i*	*part-í*	*flor-í*
	chant-est	*vend-est*	*part-ist*	(= *part.*)
	chant-et	*vend-et*	*part-i, -it*	
	chant-em	*vend-em*	*part-im*	
	chant-etz	*vend-etz*	*part-itz*	
	chant-eron	*vend-eron*	*part-iron*	
Fut.	*chant-arái*	*vend-rái, -erai*	*part-irai*	*flor-irai*
	chant-aras	*vend-ras*	*part-iras*	(= *part.*)
	chant-ará	*vend-rá*	*part-irá*	
	chant-arem	*vend-rem*	*part-irem*	
	chant-aretz	*vend-retz*	*part-iretz*	
	chant-aran	*vend-ran*	*part-iran*	
Sj. pr.	*chant-e, chan*	*vend-a*	*part-a*	*flor-isca*
	chant-es	*vend-as*	*part-as*	*flor-iscas*
	chan	*vend-a*	*part-a*	*flor-isca*
	chant-ém	*vend-ám*	*part-ám*	*flor-iscám*
	chant-étz	*vend-átz*	*part-átz*	*flor-iscátz*
	chánt-en	*vénd-an*	*párt-an*	*flor-iscan*
Imparf.	*chant-és*	*vend-és*	*part-is*	*flor-is*
	chant-esses	*vend-esses*	*part-isses*	(= *part.*)

prov. *est* pourrait être abrégé de *es-tu*. Une objection (qui n'est pas décisive) se présente : aurait-on sacrifié aussi facilement l'*u* accentué?

	I.	II.	III. a.	III. b.
	chant-es	*vend-es*	*part-is*	
	chant-essém	*vend-essém*	*part-issém*	
	chant-essétz	*vend-essétz*	*part-issétz*	
	chant-éssen	*vend-éssen*	*part-íssen*	
Cond. 1.	*chant-éra*	*vend-éra*	*part-íra*	*flor-íra*
	chant-eras	*vend-eras*	*part-iras*	(= *part*.)
	chant-era	*vend-era*	*part-ira*	
	chant-erám	*vend-erám*	*part-irám*	
	chant-erátz	*vend-erátz*	*part-irátz*	
	chant-éran	*vend-éran*	*part-iran*	
2.	*chant-aria*	*vend-ria*	*part-iria*	*flor-iria*
	chant-arias	*vend-rias*	*part-irias*	(= *part*.)
	chant-aria	*vend-ria*	*part-iria*	
	chant-ariám	*vend-riám*	*part-iriám*	
	chant-ariátz	*vend-riátz*	*part-iriátz*	
	chant-arian	*vend-rian*	*part-irian*	
Impér.	*chant-a*	*vend*	*part*	*flor-is*
	chant-átz	*vend-étz*	*part-étz*	*flor-étz*
Inf.	*chant-ar*	*vénd-re*	*part-ir*	*flor-ir*
Gér.	*chant-an*	*vend-en*	*part-en*	*flor-en*
Part.	*chant-ans*	*vend-ens*	*part-ens*	*flor-ens*
	chant-at	*vend-ut*	*part-it*	*flor-it*

Périphrase : *ai, avia, aic, aurai, aia, agues, agra, auria, aver, aven chantat.* — Passif : *sui chantatz*, fém. *chantada*; plur. *sem chantat, chantadas* etc.

Iʳᵉ Conjugaison. — Le *présent de l'indicatif* conserve à la 3ᵉ pers. sing. sa caractéristique *a* : *chan* pour *chanta* est une donnée inexacte de Raynouard, comme il s'en trouve beaucoup dans ses tableaux de conjugaison, voy. *Altrom. Sprachd.* p. 60[1]. Le *subjonctif* à la 1ʳᵉ et à la 3ᵉ sing. laisse arbitrairement tomber son *e* de flexion après les consonnes, même les muettes, de même qu'après les diphthongues, par ex. *an, man* (à côté de *mande*), *azir, labor, pes, esguart, crit, guap, salf Choix* IV, 196, *lieu* pour *liev, assai, domney, folhey, grey* (de *grevie*) *LR.* I, 382. Après une voyelle simple cette apocope est

---

[1]. Il est possible qu'on rencontre quelques exemples où manque l'*a*, par ex. *LRom.* I, 382 *qu'om tan gen no s'estui* pour *estuia* ; *Choix* V, 256 *qui ben lia, ben deslí* pour *deslia* (proverbe, cat. *qui be lliga, be deslliga*), si ce n'est pas un subjonctif qu'il faut voir ici ; ibid. III, 35 *huei fai que platz, deman que pes* pour *pesa*.

même régulière : on dit *perdó* (à côté de *perdone*), *afi, cambi, casti, detri,* non pas *afie* etc.[1]. La 2ᵉ pers. sing. aussi élide souvent son *e,* lorsqu'il n'en résulte pas un son trop dur, par ex. *tricx* pour *trigues Choix* III, 111, *moticx* pour *motigues* IV, 397, *denecx* pour *denegues* 398, *castics* pour *castigues PO.* 358, *enseyns* pour *ensenhes LR.* I, 569ᵇ.

Au *parfait* et aux temps qui en dérivent, l'*a* de flexion, conservé par toutes les langues sœurs, a été remplacé par *e* : le plur. *chantem, chantetz* s. confond par là avec les formes correspondantes du présent du subjonctif. Comme le provençal ne trahit nulle part d'aversion pour l'*a,* on doit admettre qu'en ce cas la première conjugaison a suivi la deuxième, afin de distinguer ce temps avec plus de précision du présent. Mais dans certains dialectes *a* a dû persister, car on trouve des exemples disséminés, comme *dassetz* M. 24, 4, *tardasetz* III, 7, *trobassetz Choix* IV, 31, *laisasem Jfr.* 86ᵃ, plus fréquents dans la *GAlb.* en prose, texte, il est vrai, très-postérieur.

Verbes isolés. 1) *Anar* (*andar* dans les composés comme *sobrandar*) ; *vau vauc, vas, vai Bih. va, anam, anatz, van* ; *ane* etc., aussi *vaza, vazas, vaza, vazan*[2] ; *vai* et *va* ; *anava* ; *anei* ; *anarai* ; *anat.* A côté de *anar* et *anarai* on trouve aussi *ir* et *irai.* — 2) *Dar* ; *dau, das, da, dam, datz, dan* ; le subj. *de, des, de* n'est pas usité, plur. *dem* B. 13, 13, *GA.* 4752, *detz* (*des*) *PO.* 363 ; *dei, dest, det, dem, detz, deron* ; *des* ; *dera* ; *darai.* Le présent est à peine usité, on le remplace par *do = don* (lat. *dono*), de même que le subj. sing. par *do, dones, do.* — 3) *Estar* ; *estau estauc, estás, estai está* etc.; *estia, estias* etc.; *estei* etc.; *estés, estesses* ; *estarai* ; *estat.* Pour *estia* au subj. *estei* 1ʳᵉ et 3ᵉ sing. est très-usité, par ex. *Choix* III, 33. 114. 212. 285, aussi *esteia,* 201, 282, 299 etc.; celui-là n'est pas abrégé de celui-ci : c'est une forme allongée de *esté* (lat. *stem*)[3].

IIᵉ Conjugaison. — Elle distingue, comme en italien,

---

1. On trouve cependant dans B. 27, 2. 80, 15 *trie* pour *tri.*

2. Ajoutez encore *enga* dans un passage de B. de Born IV, 177, que Raynouard traduit par *aille,* mot rare, il est vrai, mais confirmé par la forme populaire *enge* ou *ange* (Ampère, *Format.* 369). Si *enga* a été corrompu de *anga,* il répond au v.franç. *alge* : tous deux ont pris une forme de la conjugaison forte.

3. Une quatrième forme du subjonctif, rare, est *eston estó,* elle ne se trouve qu'au singulier, voy. *GA.* 7838, *Choix* IV, 155, B. 105, 30. Elle semble formée d'après le subjonctif complémentaire du verbe *dar do.*

mais aussi arbitrairement, la deuxième et la troisième originaires à l'infinitif par l'accentuation de la terminaison ou du radical. A cette conjugaison appartiennent *batre, es-, res-condre, cóser (consuere), creire, rez-emer (redimere), fendre, de-, of-fendre, pro-, re- ferre, fondre, medre meire (metere), molre, mordre, espandre, párcer*[1], *re-splandre* (comp. *Leys* II, 402), *pendre, penedre (poenitere), perdre, rendre, segre (sequi), dei-sendre, escois-sendre (scind.), solér* (sans parfait ni infinitif d'après les *Leys* II, 388[2]), *re-spondre, teisser (tex.), temér, tendre Choix* V, 207, *tondre, véncer, vendre, de-vire (dividere)*, en outre un verbe nouveau, *braire* (voy. mon *Dict. étym.* II. c.), et sans doute aussi *bruire (bruia* V, 108, part. *bruens* P. Corb. v. 67). Parmi ces verbes, il en est qui suivent en même temps la troisième, par ex. *coser cosir, referre referir, penedre penedir, segre seguir, resplandre, resplandir, devire devezir*. D'autres, tels que *rezemer, respondre, temer, atendre* suivent également la conjugaison forte.

Le *présent*, selon la nature de ses consonnes, est soumis aux mêmes contractions qui seront remarquées à propos de la flexion forte : *creire*, par ex., a à l'indicatif *crei, cres, cre, crezem, crezetz, crezon*, au subjonctif *creza creia*, de même au futur *creirai*. A la 2e pers. sing. de l'indicatif, l'élision de l'*e*, pourvu qu'elle n'engendre pas de son dur, est partout permise, par ex. *secs, tems*.

Verbes isolés. 1) Dans *vencer* la finale du radical hésite entre la gutturale et la sifflante : prés. 1re pers. *vens* et *venc*? 3e pers. *vens*, plur. *vensem* ; subj. *venca Choix* IV, 94, *PO.* 63, *vensa Choix* III, 313 ; parf. *venquei venqui, venquet Pass.* 94 ; *venques Choix* V, 404 ; *vencut*[3]. — 2) Quelques verbes,

---

1. Pour ce verbe, omis par Raynouard, on ne peut pas savoir s'il n'appartient pas à la flexion forte, car il ne semble pas qu'on ait des exemples du parfait. Il signifie ménager, souffrir, *se parcer* patienter. Ainsi *parcer GO.* sans exemples: *parc* prés. 1re sing. *Choix* IV, 177, M. 95; *partz* 3e pers. M. 124; *parces* imparf. subj. M. 228; *parcen* gér. *LR.* I, 398; *pars* part. *Choix* III, 358; *LR.* I, 391, *m'en fora pars* M. 826, 6.

2. Le présent remplit en même temps l'office du parfait, voy. par ex. *Choix* III, 69. IV, 68. 202. 204. 275. Raynouard donne un parfait *sols,* mais sans preuve. L'infinitif ne manque pas du tout.

3. Les formes suivantes sont incontestablement de la conjugaison forte : parf. *vens*, qu'on est en droit d'admettre d'après le subjonctif *vences Choix* V, 290 ; part. *vens GRoss.* 4939 de *vinctus* pour *victus* (ital. *vinto*), proprement *venhs.* Mais *venc* dans *LR.* IV, 482 vient de *venit* et

comme *naisser, paisser, viure,* présentent au parfait la finale *-squi, -squet,* au participe *-scut,* voyez plus bas les anomaux.
— 3) D'autres ont un parfait fort, en général à côté d'un faible, ainsi *es-* et *res-condre, escost* GA. 602, *rescos Choix* III, 247, PO. 112, *rescost Choix* V, 162, *es-, rescondut* ; *pro-, referre, -fert* ; *comordre, comors* V, 35 ; *parcer, pars* ; *deissendre, deissendut deisses* (au moins dans GA. 5032 *deiches*); *despendre, despes Flam.* 984 et *despendut* ; *rompre, rot romput* ; *devire, devis.* La déformation de *tremere cremer* a le participe *crems* V, 37. — 4) Défectifs (outre *soler*) : *frire* (*frigēre*) avec le participe *frit* et *fregit,* et par conséquent aussi l'infinitif *fregir* ; *frire* (*frigēre*), à la place duquel s'introduit *frezir* (*frigescere*) ; *pruzer* (*prurire*), prés. *pru* ; *ruzer* (*rudere*), prés. *rutz*.

IIIᵉ Conjugaison. — Un petit nombre de verbes seulement appartiennent à la troisième pure, ce sont les mêmes qu'en italien : *auzir* (*audire*), *blandir, cozir* (aussi *cóser*), *cubrir* avec *ubrir* (voy. la flexion forte), *culhir* (*colligere*), *dormir, eissir* (*exire*), *falhir, ferir, pre-ferir, of-frir* et *suf-frir* (voy. la flexion forte), *fugir, gronir, legir* (prés. *lieg, liegon*), *luzir* (*lutz,* subj. *lueia* (*lueja*) LR. I, 339), *mentir, su--mergir, merir, morir, re-pentir, querir* (voy. la flexion forte), *seguir* (aussi *segre*), *sentir, re-splandir* (aussi *resplandre*), *traïr trahir* (*tradere*), *tremir* LR. V, 414, GRiq. p. 71, *vestir.* Le *Breviari*, de même que les *Leys,* fléchit aussi *regir*, prés. *rieg.* Un nombre considérable de verbes ont en même temps la flexion pure et l'inchoative, comme *escantir, garentir guirentir* (ind. *garentis,* subj. *guirenta*), *garir* (*garisc guerisc, guier Fer.* 417), *gemir* (prés. *gem, gemem,* gér. *gemen*), *gequir* (*giec, gequisc*), *gurpir* (*gurp grup, gurpisc*), *jauzir* (*jau, jauzisc,* subj. *jauia* [*jauja*], *jauzisca*), *partir* (*partisc Choix* II, 199, III, 84), *perir* (*pier* IV, 462, *peris* LR. I, 458), *plevir* (*pliu Choix* III, 193, *plevon, plevisc,* imp. *pleviscat* dans une charte latine *HLang.* II, n. 191), *pudir* (*put* LR. I, 399, *pudo* 469, *pudisca* 535[a]), *punir* (*punisc Choix* V, 69, *punes* B. 231, 28), *querir* voy. la flexion forte, *salhir* (*salis* LR. I, 337), *servir* (*servisc* B. 143, M. 211, 4, *servis* PO. 141, *servisca* GRiq. p. 248. 251), *trahir* (*tradere*), sans doute aussi *crupir*, prés. *crup* et

---

non de *victus,* voy. le passage dans le mémoire *Ueber die Minnehœfe* 118.
Delius admet à côté de *vencer* une seconde forme *vencre*.

crupisc? La plupart d'entre eux préfèrent toutefois la forme pure. Cependant beaucoup de verbes comptés dans la première classe se rencontrent aussi quelquefois avec la flexion inchoative, ce qui, ici comme en italien, ne pouvait manquer de se produire, ainsi *blandir, aculhir* Choix V, 205, *sofrir* IV, 177, *falhir* M. 233, 4, *mentir* Choix IV, 41, *cossentir* V, 115, B. 41, *vestir* Choix IV, 441, aussi le verbe fort *aucir* (*aussisc* I, 171), comp. *Leys* II, 398. 366.

Il y a peu de chose à observer sur chacun des temps en particulier. Le *futur* supprime souvent l'*i*, surtout entre deux *r* : *ferir ferrai, garir garrai, murir murrai, partir partrai, plevir pliurai, vestir vistrai.* — Le *présent de l'indicatif* à la 2ᵉ pers. sing. syncope la plupart du temps sa voyelle de flexion : *fiers, mens, cuelhs.* — La 1ʳᵉ pers. sing. du *parfait* a la terminaison *i*, et ce n'est que contre la règle qu'elle est parfois remplacée par *ic*, forme secondaire de la 3ᵉ pers. (voy. plus haut p. 181) : ainsi dans Boèce déjà *servic* pour *servi*, voy. Altrom. Sprachd. p. 56, comp. à la conjugaison forte *ieu vic* pour *vi*. Pour la 3ᵉ pers. cette forme secondaire est donnée par la doctrine grammaticale postérieure (R. Vidal p. 84) comme la forme normale : on doit dire *partic, parti* est fautif. La syncope du *d* au *participe* est une licence permise (*complia* pour *complida*).

Verbes isolés. 1) *Auzir* ; *aug* et *au* (*aus* B. 29, 14. 222, 29), *aus, au, auzem, auzetz, auzon* ; subj. *auia* (*auja*) *auga* Fer. 2445; impér. *au, auiatz* (*aujatz*)[1]. *Eissir issir* (*exire*); ind. prés. *esc* ou *iesc* (dont on ne trouve pas d'exemple), 3ᵉ pers. *eis ieis*, plur. *issem, issetz, ieisson* ; subj. *iesca*, où *sc* provient de *x*, ital. *esca*, v.esp. *isca* ; fut. *istrai*. *Ir* ne se présente qu'à l'infinitif et au futur, voy. plus haut p. 187[2]. — 2) Des verbes avec la voyelle radicale *e* remplacent volontiers cette voyelle dans la conjugaison par *i*, lorsqu'elle n'est pas suivie d'un *i* accentué : ainsi *gequir*, pr. *gic* ; *legir, ligetz* ; *merir, mirens* ;

---

1. Il existe un défectif *abau* (*pertinet*) auquel Raynouard donne l'infinitif *abaver*. *Abau* appartient au verbe *ab-auzir* pour *ob-auzir*, lat. *obaudire*, et se comporte, au point de vue de l'idée, comme le v.h.allem. *hôrjan* (*pertinere*), allem.mod. *gehören*. Comp. à l'égard de la forme *abdurat* de *obduratus*.

2. Ce verbe présente une petite curiosité : à la 3ᵉ pers. sing. du prés. ind. *eis* il ne lui est resté du latin *exit* que la particule *ex* qui seule aussi a été conservée dans le valaque *eis — ex-eo*. C'est un cas rare assurément.

plevir, pliu etc.; *conquerir, -quirens*; *sentir, sintetz LR.* I, 511 ; *servir, sirves, sirvén,* comme l'esp. *servir, sirves, sirviendo.* Mais cet échange n'autorise pas à admettre des infinitifs comme *ligir, sintir* etc. — 3) *Morir* a un participe fort, *mort* (prés. *muer*; *mueira*). *Sumergir* a *sumergit* et *sumers*. — 4) Des participes formés d'après la deuxième sont *ferut Jfr.* 111ᵃ, *Fer.* v. 517, *GA., vestut Fer.* 505, ainsi comme en français, mais *ferit, vestit* sont plus usités.

Quant à la classe *mixte,* la forme inchoative se restreint aux cas déjà cités à propos de l'italien (p. 142), prés. sing. 1ʳᵉ, 2ᵉ, 3ᵉ, plur. 3ᵉ pers.; il est rare que l'on sorte de ces cas : cela arrive la plupart du temps au gérondif ou au participe présent et s'explique par une influence française : *Boèce* 197 emploie déjà *aïssent* (*haïssant*), d'autres exemples sont donnés par *G. de Ross.* etc. La 2ᵉ pers. *florisses* dans le tableau est donnée d'après Faidit p. 20 (*tu fenisses*); les *Leys* II, 368 écrivent *-isshes.* Un grand nombre des verbes de cette conjugaison, en partie ceux que le français forme d'après la première, dérivent des deuxième et troisième latines, ainsi *arguir, es-charpir, suc-cedir, eis--cernir, cobir* (*cup.*), *es-condir* (voy. la flexion forte), *delir* (c'est-à-dire *delere,* verbe qui manque à l'ital. et à l'esp.), *esculpir, estatuir, a-figir, flechir, florir, fremir, di-gerir, pro-hibir, languir, re-lenquir, di-minuir, so-monir, ab-olir, ab-orrir, es-pandir, com-pelir, penedir, es-perir* (*ex--pergere*), *re-petir, com-, em-, su-plir* (d'après les *Leys* I, 172 il suit aussi la première classe), *poirir* (*putrere*), *regir, renhir* (*ringi*), *re-sistir, sorbir, re-splandir, con-sumir, trazir* (*tradere*), *con-tribuir, envazir* (*invadere*), *vertir* (*a-, con-, re-*), *di-vidir*; *es-clarzir* et d'autres inchoatifs.

Flexion forte. — Le provençal est après l'italien la langue qui compte le plus de verbes forts. L'étude de sources plus riches que celles qui nous sont ouvertes jusqu'ici permettra seule de les déterminer ; mais on peut dès à présent tracer une caractéristique d'ensemble de ce mode de flexion.

Infinitif. 1) Il hésite entre l'*e* bref et l'*e* long ou aussi entre *e* et *i*, sans que ces doubles formes aient toujours impliqué une double conjugaison, par ex. *querre* (pour *quérere*) *querér, remanér remanre, jazer jazir, tener tenir.* — 2) La terminaison *ire* s'abrège aussi en *ir* : *aucire aucir, dire dir, lire lir.* Les *Leys* II, 404 exceptent *frire* et *rire,* mais voy. *rir LR.* V, 98. — 3) Un certain nombre de formes multiples reposent sur des variétés dialectales, et ces variétés dominent la conjugaison tout entière du mot en question. Dans les verbes dont le thème se termine par *rg* on trouve aussi *rz* : *sorger sorzer, terger terzer*. Si le thème se termine par *nh* on trouve ici aussi *z* pour *h*, mais la forme secondaire *ng*, comme en italien, est plus usitée, ainsi *cenher ceinzer, franher franzer, onher onger, planher planger*; quelques textes emploient aussi *nd*, comme en français : *jonher joindre*. — 4) La syncope de la finale du radical (lat. *c, d*) s'opère dans un grand nombre de verbes et exerce une influence sur les flexions; la consonne supprimée reparaît au pluriel du prés. ind. (il est indiqué chaque fois dans la liste qui suit plus bas), de même qu'à l'imparfait ind., au participe prés. et au gérondif, par ex. on a de *dire* (*dicere*) *dizem, dizetz, dizon*; *dizia*; *dizens, dizen*. — Le futur syncope encore plus fortement : *poirai, veirai, conoirai, chairai, jairai, plairai* appartiennent à *poder, vezer, conoisser, chazer, jazer, plazer*. L'intercalation d'un *d* est rare, comme dans *valdrai* Choix V, 320, *voldria* 391 au lieu de *valrai, volria*.

Présent de l'indicatif. 1) L'influence du lat. *eo* ou *io* est prouvée par les terminaisons *lh, nh, nc* (en tant qu'elles ne sont pas déjà contenues dans l'infinitif) : *valh valc* (*valeo*), *tenh tenc* (*teneo*), *remanc* (*remaneo*), *somonc* (*summoneo*); *vuelh* (*volo*), *trac* (*traho*) etc. rentrent dans ce groupe. Cette *h* ou ce *c* se restreint, comme en espagnol, à la 1re sing., on conjugue *tenc, tenes, ten, tenem, tenetz, tenon*, non pas *tengon* comme l'ital. *tengono*. Dans *ai, sai, dei, vei*, l'*i* repose également sur *io, eo* : *ha[b]eo, sa[p]io, de[b]eo, vi[d]eo*, comp. l'esp. *he, sé* de *hai, sai*. — 2) L'emprunt de la forme du présent à l'infinitif s'opère assez régulièrement : *aerdre aert, escodre escot, prendre pren, jazer jatz*. La 1re sing. prend aussi part à la forme *nh* : *franher franh, jonher jonh*. Mais la forme secondaire *ng* ne lui est pas appliquée, on ne trouve donc pas *frang, jong*, pas plus qu'en italien *frangio, giungio*. De *rg* ou *rz* = lat. *rg* se développe généralement *rc*, par ex. *erger erzer erc, terger terzer terc*; à la 3e pers. *ertz, tertz*. — 3) Si l'infinitif est syncopé, le présent l'est aussi, et dans ce dernier temps la syncope a fait encore plus de progrès, ainsi que le prouvent *ai, dei, sai, chai, plai, vei* de *aver, dever, saber, chazer, plazer, vezer*. Mais la syncope ne s'étend qu'au singulier et n'atteint même pas toujours ici la 2e pers., car on dit bien par ex. *as* (*habes*), mais non pas *sas* (*sapis*), qui se prononce *sabes saps*. Le pluriel, comme on l'a remarqué, maintient les consonnes finales : ainsi par ex. dans *aucizem, zeiz, zon* de *aucire (occidere), trazem, zetz, zon* d'une forme ancienne *trazer* ; ce n'est que dans *an* et *fan* que la 3ᵉ pers. suit l'exemple du singulier. — 4) La chute de l'*o* de flexion a souvent eu pour conséquence la confusion de la 1ʳᵉ et de la 3ᵉ pers. sing. Ici la terminaison *i* aurait été à sa vraie place à la 1ʳᵉ, mais c'est dans la flexion forte que la langue emploie le moins ce procédé, bien que *dic* et *dici, escriu* et *escrivi, fenh* et *fenhi*, par ex., soient considérés comme synonymes par Faidit, *venc* et *veni* par les *Leys* II, 362 ; elle cherche plus volontiers à obvier à cette confusion par un renforcement de forme de la 1ʳᵉ pers., comme dans *estauc, fauc, vauc, puesc* ou *posc, dau*, à côté de la 3ᵉ pers. *estai, fai, vai, pot, da*. — Il va de soi qu'ici aussi la 2ᵉ sing. peut élider son *e* : *ardes artz, soles sols, vales vals*. — A propos du *présent du subjonctif* il faut rappeler : 1) Les terminaisons latines *eam* et *iam* se laissent encore en général facilement reconnaître, soit sans modification dans le trisyllabique *capia Choix* IV, 432, *sapia* V, 102, *Flam.* 7029, de même dans *aia* (*ha[b]eam*), soit sous la forme d'*h* ou de son durcissement *g*, ou d'une autre manière dans *duelha, valha, tenha tenga, venha venga, remanha remanga, sapcha* à côté de *sapia*. Du reste ici encore il ne manque pas de mots avec un *i* ou un *g* inorganique : on prononçait en trois syllabes *cremia* (*tremiat* pour *tremat*) *LR.* I, 546, *prenga* pour *prenda Bth.* 89, même *conogua* pour *conosca LR.* I, 503 etc. — 2) Trois verbes dont le radical se termine en *l, doler, tolre, voler* diphthonguent d'habitude leur voyelle radicale devant *lh*, à la tonique, en *ue* et la changent simplement en *u* à l'atone : *vuelh, vuelha, vulham*. Leur exemple est suivi par *poder* devant *sc* : *puesc, puesca, puscatz*. — 3) Ce temps procède régulièrement de la 1ʳᵉ sing. de l'indicatif : *fatz fassa, esparc esparga, beu beva, estrui estruia*[1].

---

[1]. Si nous récapitulons les immixtions de sons gutturaux qui se présentent à la 1ʳᵉ sing. du prés. ind., nous en trouvons quatre espèces. 1) Ind. *c*, subj. *g* du lat. *io, eo* : *tenc* (*teneo*) *tenga, venc* (*venio*) *venga, remanc* (*remaneo*) *remanga, somonc* (*summoneo*) *somonga*. Si le parfait se termine par *c*, cette lettre manque au présent, ainsi *valh* (*valeo*) et non pas *valc*, qui est la forme du parfait. Elle est admise cependant lorsqu'une forme du parfait présente le changement de la voyelle radicale : prés. *tenc* (*teneo*) parf. *tenc* et *tinc*. — 2) Ind. *c*, subj. *g*, tous deux du lat. *g* : *erc* (*erigo*) *erga, esparc* (*spargo*) *esparga, terc* (*tergo*) *terga, planc* (*plango*) *planga*,

Le *parfait* fort (dans sa forme originaire) se distingue du faible en ce que ses 1⁰ et 3⁰ pers. sing. ne prennent aucune terminaison personnelle, et fléchissent simplement avec le radical. 1) Le mode de flexion qui en latin ajoute uniquement un *i* a été complètement abandonné, sauf dans *fis* (*feci*), *vi* (*vidi*), car sa représentation, après la chute de cet *i*, était devenue plus difficile ; les parfaits de ce genre ont passé pour le plus grand nombre à la classe suivante : *aucis, rezems, frais, pres, empeis, respos, resols*, comme en ital. *uccisi, redensi, fransi, presi, impinsi, risposi, risolsi* ; d'autres comme *bec* (*bibi*), *sec* (*sedi*), *vinc* (*veni*) partagent le sort de la forme en *ui*. — 2) La forme en *s* est absolument maintenue, de là *ars, aers* (*adhaesi*), *claus, escos* (*excussi*), *dis* etc. ; de *coxi* seul est sortie la forme *coc*, qui répond au v.ital. *cocqui*. Un phénomène que nous avons déjà observé en v.esp. (p. 167) se renouvelle ici : dans quelques verbes *x* s'est interverti en *sc*, c'est-à-dire que de *vixi vixit* est sorti *visc*, de *surrexit surresc*, de *elexit* (*-git*) *elesc*. D'autres, tels que *nasc, pasc, irasc*, pourraient être directement motivés par le *sc* du latin. — 3) La flexion *ui* a été la plus difficile à traiter ; ce n'est que dans *caup* (*capui* pour *cepi*), *saup* (*sapui*), *receup* (*recipui* pour *recepi*), *ereup* (*eripui*) que s'est produite l'attraction que nous avons vue en espagnol. Les autres cas présentent la terminaison *c* ou *g* pour *ui*, c'est-à-dire que de *dolui doluisti* est d'abord sorti *dolgui dolguist*, où l'*u* atone a été traité comme un *w* allemand (et en fait il exprimait dans cette combinaison le même son), et enfin *dolc*, et de même de *habui* s'est développé *hagui*. Ces cas sont *calc* (*caluit*), *colc* (*colui*), *dolc, valc, volc, tinc, cuberc* (*cooperui*), *parec* pour *parc* (*parui*) ; avec une tendance vers la flexion faible, *aic* (*habui*), *dec* (*debui*), *poc* (*potui*), *jac*

---

estrenc (*stringo*) *estrenga* et d'autres, aussi *trac* (*traho*) *traga* qui résulte d'un durcissement qui s'est produit de bonne heure de l'*h* en *g*, de là aussi l'ital. *traggo*, l'esp. *traygo*. *Prenc* (*prehendo*) *prenga*, de même que *perc* (*perdo*) = port. *perco ponc*? (*pono*) sont des formes inorganiques. — 3) Une formation libre dans les deux modes est *puesc* (*possum*) *puesca*, aussi en v.catal. *pusc pusca puexca*. — 4) Les doubles formes *estau estauc* (*sto*), *vau vauc* (*vado*), *fau fauc* (*facio*) se restreignent à l'indicatif. La finale *au* n'attire d'ailleurs jamais à elle un *c* guttural : de *audio* est sorti *au*, non pas *auc*, de *claudo clau*, non pas *clauc*. On doit se ranger à l'avis de Delius qui pense qu'on a ajouté le *c* parce qu'on croyait y voir une caractéristique de la 1ʳᵉ pers., comme dans *tenc, trasc* etc. Cette caractéristique est propre au provençal; le valaque présente aussi la terminaison *au* dans *dau* et *stau*.

(*jacui*), *noc* (*nocui*), *plac* (*placui*) ; de *v conoc* (*cognovi*), *crec* (*crevi*), *moc* (*movi*), *pac* (*pavi*), *ploc* (*pluvit*), en outre les exemples déjà cités *bec, sec, vinc, coc* et *cazec* (*cecidi*), *correc* (*cucurri*) formés comme *parec*. *Tollere* a reçu la forme *tolc*, parce que l'on a conjugué *tollui*, et de même *suffrir* a reçu *suferc* = *sufferui* auquel *cuberc* a pu donner l'exemple ; en italien avec *s* : *tolsi, suffersi. Tems* (*timui*), *sols* (*solvi*), *vols* (*volvi*) seuls préfèrent l'*s*.

Flexion personnelle de la deuxième et de la troisième classe :

pres	*saup*	*dec*
presist, -est	*saubist, -est*	*deguist, -est*
pres	*saup*	*dec*
presém	*saubém*	*deguém*
presétz	*saubétz*	*deguétz*
préiron	*sáupron*	*dégron*

Exemples. 1re sing. *dis* Choix V, 119, *quis* III, 259, Jfr. 102b, *pris* R. Vaqueir. « *Senher marq.* », Flam. 1030, *muec* Choix IV, 365, *poc* Jfr. 83a, (*puec* Choix III, 245), *saub* PO. 235, *linc* Choix V, 425, *venc* PO. 43, *vinc* Jfr. 125a, *volc* 95b ; 2e *preissist* Jfr. 71b, *rempsist* LR. I, 448, *volguist* Bth. 57, *receubist* Pass. du Christ 17, *venguest* PO. 305, Choix V, 102 ; 3e *dis* PO. 217, *trais* 234, *receup* Choix IV, 310, *saup* V, 162, *volc* ibid.; 1re plur. *prezem* Jfr. 59a, *saubem* Choix V, 427, *aguem* ibid., avec *i venguim* V, 343 ; 2e *mesetz* PO. 273, *venguetz* ibid., *poguetz* Choix V, 427 ; 3e *auciron* IV, 103, *preiron* III, 166, V, 97, *meyro* Fer. 1832, *remairo* (*remanserunt*) GRoss. 2722, *saupro* Choix V, 229, *conogro* GA. 5138, *vengro* 427, *jagron* Jfr. 172a. — A ce propos il faut encore observer ceci : 1) La 2e sing. laisse quelquefois tomber son *t*, comme dans *aguis* Choix V, 229, *moguis* IV, 456, souvent dans GRoss. — 2) Un fait que nous avons observé en italien et en espagnol, la chute de l'*r* à la 3e plur., se produit ici aussi : on dit *remazo* pour l'inusité *remas'ron* GA. v. 253, *tensen* pour *tens'ron* Choix V, 105, *traissen* pour *trais'ron* 263, *agon* pour *agron* 258, *corregon* pour *corregron* GA. 2673, *mougon* pour *mogron* 2670, *receubon* pour *receubron* B. 254. — 3) La deuxième classe syncope en général son *s* à la même personne (ce que fait aussi la première avec *s* ou *z* radical dans *feiron* = *fecerunt*). Dans d'autres cas l'*s* est restée et a été unie à l'*r* moyennant un *d* ou un *t*, comme dans *mesdren* Bth. 27 ; *mesdrent* Pass. 22, *presdrent* 39, *traistro* GRoss. 8005, *mistrent* GA. 1930, *aucisdron* 493. Si l'*s* était précédée d'une *m*, comme dans *rezems* ou *tems,* la forme abrégée *rezenson, tenson* était indiquée (voy. n. 2)[1]. — 4) Un trait important de la conjugaison provençale est la *flexion mixte* de ce temps. En effet, comme il n'existe entre la 1ʳᵉ et la 3ᵉ sing., sauf peut-être dans *aic ac,* aucune différence de forme, on s'est mis à donner une flexion faible à la 1ʳᵉ pers. en accentuant l'*i, presi, presist, pres,* et ainsi *fezi, quesi, dissi, conogui, mogui, pogui, saubi, tolgui, vengui, volgui,* même *vigui* (de *vic* pour *vi*) *GA.* 358. L'accentuation de cet *i* est confirmée par le fait qu'il fournit une rime masculine comme *respozi : mentaugui : lati* dans G. de Poitiers *Choix* V, 119, *aigui : mi* chez un autre poète *LR.* I, 410, tandis que la rime féminine (*quézi : prézi, mógui : conógui*) n'apparaît nulle part. Mais les anciens grammairiens donnent cette flexion en *i* comme la seule (*GProv.* 20, *Leys* II, 386 ss.) et, sauf *aic, fis, tenc, venc,* ils ne font pas mention de l'autre, qui ne se trouve, il est vrai, que dans un petit nombre d'exemples[2]. Quelquefois aussi les 3ᵉ pers. sing. et plur. ont passé à la flexion faible: *vengué* (pour *venguét*) *Pass.* 24, *aguét aguéron, presét preséron* et de même *aucizéron Choix* II, 297, *conduisséron* V, 165, *disséron* B. 155, *meséro LR.* IV 222, *preséron Choix* V, 89, *traisséron* 88[3]. Les parfaits cités plus haut qui

---

1. Pour ce qui touche à la troisième classe, Delius prétend que dans ces parfaits en *c,* le *gu* qui répond au *c* avait un *u* sonore, ainsi *conoc* (d'après lui de *cognovui*), *conogüest, conogüem* etc. Mais à supposer qu'on ait d'abord prononcé *conogüest,* il semble naturel d'admettre que l'on a cherché à rapprocher les formes accentuées sur la flexion de ce temps de celles qu'offraient les autres parfaits forts, c'est-à-dire que de même que l'on disait *pres presist, saup saubist* on a prononcé aussi *conoc conoguist* (avec *u* muet). L'orthographe *volc volghes* dans de bons manuscrits vient à l'appui de cette opinion.

2. Faidit remarque seulement à propos de *asis* et d'autres verbes en *is* qu'ils peuvent être semblables à la 1ʳᵉ et à la 3ᵉ pers., c'est-à-dire que l'on peut former la 1ʳᵉ comme la 3ᵉ. — Les *Leys* III, 136, contrairement à l'accentuation constatée plus haut et reconnue aussi par le catalan, accentuent *águi : lágui.* On remarque aussi quelquefois cette prononciation à la césure épique : ainsi *véngui GRoss.* (à moins qu'il ne faille voir ici un présent); ailleurs, en supposant le texte correct, *destrúzi Fer.* 848, *prézi* 1660, au contraire *corregui* 600. Si les deux accentuations sont certaines, celle du radical doit immédiatement au latin son *i* (*destrúzi = destruxi*) et est par conséquent la plus ancienne, ou bien elle le doit à une addition comme dans le présent *chánt-i.* La persistance d'un *i* final latin semble toutefois ne pas convenir tout-à-fait au génie du développement de la langue provençale.

3. On peut donc établir en théorie pour cette deuxième classe quatre formes de la 3ᵉ pers. plur. : *preiron; presdron* = franç. *prirent; preson*

se terminent par *sc* et qui tous ne se rencontrent pas sous une forme aussi simple, sont dans la règle revêtus d'une flexion faible, ainsi *vesqui* (*iei*), *visquet, visqueron*. — *L'imparfait du subjonctif* de même que le *conditionnel* se tiennent exactement à la forme du parfait : le premier, qui fléchit *es, esses, es, essem, essetz, esson* (rarement *is* etc.), peut se tirer de la 3e pers. sing. (*vi vis, dis disses, tems temses, ac agues, vesqui visques*), le dernier de la 3e plur. (*viron vira, feiron feira, saupron saupra, arseron arsera, visqueron visquera*)[1].

Le *participe* a trois formes. 1) La forme *s* est surtout sortie du latin *sus*, elle se confond donc avec celle du parfait : *ars, aers, claus* ; on a mis aussi dans cette classe *somos* (*summonitus*), *respos* (*responditum*) et d'autres encore. — 2) *T* provient de *ctus, ptus, rtus : dit, fait, trait, rot, escrit, tort, ubert* (*apertus*), de plus *tolt*. *T*, en tant qu'il provient de *ct* ou *pt*, est d'après une règle générale remplacé aussi par *ch* ou *g : fait fach, eleit eleg, escrit escrich*. — 3) *Ut*, en général de *itus*, pour tous les verbes dont le parfait se termine en *p* ou *c*, et cette flexion s'ajoute non au thème mais à la forme elle-même du parfait (trait spécial à ce dialecte), ainsi *saup-ut*, non pas *sab-ut*, et de même *ereub-ut, receub-ut, calg-ut, dolg-ut, volg-ut, conog-ut, mog-ut, beg-ut, seg-ut, cazeg-ut, tolg-ut, visc-ut*. Ce suffixe se remarque moins fréquemment dans des parfaits de la deuxième classe, comme dans *remaz-ut, tems-ut, trames-ut, re* et *conques-ut*.

Liste des verbes[2].

Ire Classe. — Parfait sans lettre de dérivation. FACERE : *faire* et *far* ; prés. *fatz fau fauc, fas, fai fa fatz* (sing. 1re, 2e, 3e ; Bth. *faz, fas, fai*), *fazem* et *faym Choix* IV, 280. 390, *fam PO.* 123, *fazetz Fer* 3372 et *faitz, fan* ; *fassa* (*faça* Bth.); *fai, faitz* ; *fazia* ; *fetz fis Choix* III, 243. 283 et *fi* IV, 84 etc.,

---

= ital. *presonu*; *preseron* = v. esp. *pristeron*; pour la troisième classe trois : *agron* ; *agon*; *aguéron*.

1. Quelques cas se présentent où l'imparfait subj. se distingue du parfait, ainsi dans *plaingues* pour *plaisses Choix* IV, 63. 211, *prengues* pour *preses* V, 157. Ces cas se rapportent aux parfaits fautifs autorisés par les *Leys* II, 386. 388 (du dialecte de Toulouse?) *plangui, prengui. Feignes* pour *feisses* = ital. *fignessi* est employé par Zorgi « Mal aia cel » ms., et *creises* pour *cregues* par G. de Borneil *PO.* 124 (var. *cregues*). Sur *tanguis* pour *taissés*, voy. *Poésies relig.* n. 30, 9.

2. On peut facilement trouver à cette liste, comme à celle des verbes du vieux français qui suit plus bas, un supplément dans les chrestomathies de Bartsch (*Tabl. somm.*).

fezist et *fist*, *fetz* et *fey* IV, 362, *fezem* et *fem* V, 426 (*fim* 427), *fesetz* et *fetz* III, 202. 426, *feiron*; *fezes* et *fes* III, 427, IV, 218, *fezessetz* et *fessetz* III, 85. 456, *fezesson* et *fesson* 375; *feira fera*; *farai*; *fait*. Con-, escon-, descon-*fire*; -*fis*; -*fit*. On ne peut pas prouver l'existence d'un verbe *far* de *fari*. LR. III, 278 voy. mon *Dict. étym.* II. c. *faire*. — VIDERE : *vezer*; *vei*, *ves*, *ve*, *vezem*, *etz*, *on*; *veia* (*veja*); *ve*, *veiatz*; *vi* (*vic* Choix III, 371, IV, 345 et souvent, *vit* 280 etc.), *vist*, *vi*, *vim*, *vitz* et *vistes*, *viron*; *vezes* V, 447, *vezesem*, *vezeson* V, 327, ou *vis*, *visses*, *vis*, *vissem*, *vissetz*, *visson*; *vira*; *veirai*; *veiria*; *vis vist* (*vegui* IV, 50, *vezut* V, 232, *PO.* 163, *veut Bth.* v. 106).

IIᵉ Classe. — Parf. -s, part. -*s*, -*t* (*ut*). ARDERE : *ardre* (*ardér* = v. franç. *ardoir* GRoss. 4687); *ars*; *ars*¹. — CAEDERE : dans *aucire* (*occ.*); *auci*, *is*, *i*, *aucizem*, *zetz*, *zon*; *auciza* et *aucia*; impér. *auci*; *aucizia*; *aucis*, *auciro* GRoss. 6313 et *auciseron*; *aucizes*; *aucis*. Quelques formes semblent se rapporter immédiatement à une forme d'*occidere* où le *d* serait tombé : ainsi *auci* à *occidi*, *aucies PO.* 106 pour *aucizes* à *occidissem*. De même aussi *circoncire*. — CENDERE* dans *acendre*; *azéis* Choix V, 412; *acendut*. Encendre; part. *eces GA*. 3496. — CINGERE : *cenher ceinzer*; *cenh*; *cenha*; *ceis* Choix IV, 276, *Flam.* 7290; *ceint*. — CLAUDERE : *cláuzer claure*; *clau*, *claus*, *clau*, *clauzem*; *claus*; *claus*. Cluire dans les composés a le parf. et le part. *clus.* — CUTERE* (*quatere*) : *escodre* (*ex-c.*); *excos Pass.* 40; *escos*, *ssa*. De même *rescodre* et *secodre* (*succ.*); aussi un parfait faible *secodet*; on ne trouve pas d'exemples pour toutes les formes fortes. — DICERE : *dire*; *dic*, *dizes ditz*, *ditz* et *di*, *dizem*; *diga dia*; *di*, *digatz*; *dis*; *disses*; *dissera* et *dira*; *dirai*; *dit dich*. De même *escondire* (b. lat. *excondicere*), cependant prés. aussi -*disc* et *ditz*. Benezir; -*zisc*, -*zem*; part. *benezeit*. — DUCERE : *duire*; *duc*, *dui dutz* 3ᵉ, *duzem*; *duga*; *duis*, *duisseron*; *durai*; *duit duch*. — EMERE dans *rezémer* P. Corb. 166, aussi *rezemér* Choix IV, 445 et *reembre* (*redimere*); *redems* Bth., *rezems* IV, 93 (*remps LR*. I, 448); *rezemt*. Faible *rezemei*, -*et*; *rezemut*. — FINGERE : *fenher*; *fenh*; *feis* Choix V, 78, *feins* 181; *feint fench* (*feit* B. 185). —

---

1. Il est clair qu'il faut effacer dans le *LRom.* I, 142 *auger* (lat. *augere*) : le part. *augutz* donné comme preuve n'est pas autre chose que l'adj. *augustus*, *tz* pour *stz*.

Fodere : *fozer foire*; *fo Flam.* 4687, *fozem, etz, on*; *fos* Faid.; *fos, ssa*. — Frangere : *franher*; *frais*; *franherai*; *frait* (*franh* = v.franç. *fraint* Choix IV, 396). — Haerere dans *aerdre* (*adh.*); *uers* Faid.; *aers*. — Jungere : *jonher*; *jois* Faid. et *jons* Jfr. 53ª; *joint*. — Manere dans *remanér remanre* (*remanir* M. 592, 2); *remanh remanc*; *remanga*; *remas* Choix V, 51, *remans* (d'après *remanses* subj. V, 81), *remairon*; *remas* IV, 129, *Fer.* 4255 (plus] usité *remazut remansut* Choix V, 321, *remangut*). — Mittere : *metre*; *mes*; *mes, messa* (*tramesut* GRoss. 4052). — Monere dans *somonér somonre*; prés. *somonc?* parf. *somos* et *somost* Chx. IV, 125. *Somonir* fléchit d'après la troisième conjugaison; prés. *somonis* IV, 100¹. — Mulgere : *mólzer* GO., prov.mod. *mouser*; parf. 3ᵉ pers. *mols* « *mulsit* » GProv. 54ª; part. *mols* GO. — Pangere dans *empenher* (*im-ping.*); *empeis*; *empeint*. — Pingere : *penher*; *peis peins* (comp. le subj. *peinsses* M. 393, 3); *peint*. — Plangere : *planher*; *planh planc*; *planha*; *plais* Jfr. 135ᵇ, Choix V, 387; *plaint*. — Ponere : *ponre pondre* V, 235; prés. *ponc?* *pons, pon*; re--pona III, 91, *ponga* GRiq. p. 170; *pos*; *post* (*pre-ponut* Choix V, 388). Avec *b* aussi *rebondre* GA. 945; *rebost* 1324. — Premere : *premer*; *prens*, comme en v.franç. (Faid.); *prems preins* Choix V, 247, aussi *apremut, depremit*. — Prendere : *prendre prenre penre*²; *prenc*; *prenda prenga* (*prena*); *pres*, aussi *pris, preron* et *prezéron*; *prezes*; *pres*. — Pungere : *punher*; *pois poins*; *point*. — Quaerere : *querre*; *quier*; *queira*; *ques* et *quis*; *ques quis* et *quist*, de même *quesut* V, 408, GRoss. 4058. 4061, *quesit* GFaid. « *Pel joi* » Ms., GRoss. 5953. Ce verbe suit aussi la conjugaison de *parer* : *querer*; *querec* Choix V, 182, IV, 168; *queregra* M. 700, 2. 208, 5; *queregut* Choix V, 216. Il suit la troisième dans *querir*; *queri* parf. IV, 299, Jfr. 141ª ; *con-*, *en-querit* Choix IV, 433, III, 78. — Quatere voy. *cutere*. — Radere : *raire*; *rai, razem*; *rais Flam.* 1333, *ras* GRoss. 5948; *ras*. — Regere dans *erger* (*e-rig.*); *erc*; *erga*; *ers*; *ers* (*ert?*); de même *derger* (*di-rigere*, b.lat. *dirgere Form. Marc. app.*); prés. *ders*; parf. *ders* (*dert* GO.) Comp. plus

---

1. Le part. *somogut* LR. IV, 254 appartient à *somover* = ital. *sommuovere* exciter.

2. La dernière forme, très-usitée, ne peut se présenter qu'aux temps où il y a une *r* de flexion, ainsi *penras*, mais non pas *penes* pour *prenes*.

bas *surgere*. — RIDERE : *rire* ; prés. *ri, ris, ri, rizem* ; subj. *ria* ; *ris* ; *ris*. — RODERE : *rózer roire* ; *ro, rozem rozem* ; parf. *ros* Faid.; part. *ros*. — SCRIBERE : *escriure escrire* ; *escriu, escrivem* ; *escris* (*escrius GA*. 1349) ; *escrit escrich* (*escriut Choix* V, 123). — SIDERE dans *assire* (*as-sid.*); *assis* ; *assis* (*asses* IV, 131). — SOLVERE : *solver solvre* ; prés. *sol, solvon* ; *sols* ; *solt sout.* — SPARGERE : *esparger esparzer* ; *esparc, -ges* ; *esparga* ; *espars*. — SPONDERE dans *respondre* ; *respon* ; *respos* ; *respos respost*. — STINGUERE : *estenher* ; *esteis* ; *esteint*. — STRINGERE : *estrenher* ; *estrenc* ; *estrenga, estreis* V, 440. *Flam.* 4506 ; *estreit destreit* (*estreint*). De même aussi *destrenher*. — STRUERE dans *destrúire destrurre* (*de-str.*); prés. *destrui, -uzem, -uizon* ; *destruia -uza* ; *destruis Choix* V, 425 ; *destruit*. Ensuite *detsruïr* IV, 389 ; part. *destrusit GA*. 3304. *Costruire* voy. *LR*. — SURGERE : *sorger* ; prés. 3° *sortz* V, 34 (*sors* III, 367); *sors* ; *sors* ; de même *resorger* ; *ressors* ; *ressors*. Mais aussi *sorzir M*. 212, 5 et *ressorzir* ; *-zi* ; *-zit*. — TANGERE : *tanher* ; *tanh* ; *tais Jfr.* 136[b] ; *taisses* GRiq. p. 177 ; *taissera* ibid. 202 ; part.? Compos. *atanher atenher* (*at-ting.*); *atais* B. 220, *ateis Choix* III, 145, IV, 277 ; *ateint atenh*. — TENDERE : *tendre* ; *tes* V, 194 ; *tes* ; aussi d'après la deuxième conjugaison. — TERGERE : *térger terzer* ; *tierc, tiers* B. 89 ; *ters* ; *ters*. — TIMERE : *temér* ; *tems* et *tens Choix* V, 105, subj. *tensses* M. 62, 1 ; *temsut* (*temegut Leys* III, 166). — TINGERE : *tenher* ; *teis* Faid.; *teint*. — TORQUERE : *tórser* ; *tortz* ; *torsa* ; *tors* parf. Faid.; *tort* (*estors LR*. I, 157[a]). — TRAHERE : *traire* : prés. 1re *trac* et *trai* (R. Vidal p. 82 ne veut pas de ce dernier), *tras, trai* (*tra Bth.*, *trag Choix* III, 391, *tratz* GRiq. p. 250), *trazem* ; *traga traya* ; *trazia* ; *trais* ; *trait trach*[1]. — UNGERE : *onher* ; *ois* ; *oint*. — VINCERE : *vencer* voy. la deuxième conjugaison. — VOLVERE : *vólver volvre* M. 320, 6 ; *volf* (*vol*), *volvem* ; *vols* Faid.; *volt vout*.

IIIe Classe. — Parf. *-c, -p*, part. *-gut, -but*, dans beaucoup de cas un simple *t*. BIBERE : *beure* ; *beu, bevem* ; *beva* ; *bec* ;

---

1. Ce verbe dérivé de *trahere* s'est de bonne heure confondu avec *trair* (lat. *tradere*), parce qu'il a pris le sens de ce dernier, par ex. *sol fin amors nom traya Choix* III, 179 pour *traïsca* ; *anc no galiet ni traïs son amic* P. Vidal p. 45 pour *traï* ; *traytz sui per lonc entendemen* M. 229, 2 pour *traïtz*. Cependant *trair* aussi pour *trdire* n'est pas sans exemple, ainsi *traïsca* pour *traga LR.* V, 399. Comp. mon *Dict. étym.* I. s. v. *tradire* (mais il faut y lire « mélangé avec *tráire — trahere* »).

begues; *beurai*; *begut*. — CADERE : *chader chazer* et es--*chazer*; *chatz chai* 3ᵉ pers. prés., *chazem*; *chaia*; *chazec* 3ᵉ pers. parf.; cond. *chazegra* (*escazegra*); *chairai*; *chazegut* (*eschagut* Choix III, 73). De même parfait *cazet* V, 425, *cazeron* Fer. 1132; imparf. subj. *cazes* Jfr 53ᵃ; *chazut* (*caeh* GRoss. = v. franç. *chaoit*). — CALERE : *caler* impers.; prés. *cal*; subj. *calha*; parf. *calc*; *calgra* cond.; fut. *calra*; part. *calgut*. — CAPERE : *cabér*.; *caup*; *caubut?* compos. *con-, de-cebre* etc. (*con-, de-cipere*); *-ceup, -ceubro, -ceubut*. — COLERE : *colre*; *colc* GRiq. p. 62; *colt*. — COOPERIRE : voy. *perire*. — COQUERE : *cozer coire*; *cotz* prés. 3ᵉ pers.; *coc, cueit*. — CRESCERE : *créisser*; *cresc*; *cresca*; *crec*; *cregut*. — CURRERE, SUCCURRERE : *correr corre*; parf. *cors*; *so-cors* Choix IV, 276, V, 98; *corregut* (*cors* d'après Rayn. Choix I, 298). — DEBERE : *dever*; *dei, deus, deu, devem*; *deia*; *dec*; *degra*; *deurai*; *degut*. — DOLERE : *doler*; *duelh*; *dolc*; *dolgut*. — FERRE dans les composés *pro-* et *re-ferre*, *offrir* et *suffrir*; prés. par ex. *sufér* et *suéfri*; subj. *sufiera* et *suefra*; parf. *proferc* GRoss. 3921, *suferc* Choix IV, 271; part. *fert*. Ces mots fléchissent souvent faiblement et *suferc* etc. semble même n'exister qu'à la 3ᵉ pers., un subjonctif *sufergues* pour la forme usitée *sufris* ne se montre nulle part; mais déjà l'infinitif *-ferre* présente, mieux que tout autre, la caractéristique de la flexion forte. — HABERE, voy. p. 184. Il faut aussi mettre ici le composé *mentaure* (mentionner, *mente habere*); prés. 1ʳᵉ et 3ᵉ *mentau, mentavem*, parf. *mentauc, mentac* Faid.; part. *mentagut mentaugut* (*-but* Choix V, 444). — JACERE : *jazér* (*jazir* V, 301); prés. *jatz*, 3ᵉ *jatz jai*; *jassa jagua* V, 208; parf. 3ᵉ *jac*; *jagra*; fut. *jairai*, IV, 150; *jagut*. — LEGERE dans *eleger*; *elec*; *elegut*, aussi *eleit* et *elegit*, voy. les anomaux. — LICERE : *lezér*; *letz*; *leza*; parf. *lec* PO. 356, Faid. GRoss. 4847, *lic* M. 212, 1.; *legut*. — MERERE : *merir*; *mier*; *meira*; *merc?*; *mergut*, de même *merit*. — MOLERE : *molre*; parf. *molc* Faid.; *molgut?*, d'ailleurs *molut* (*mout* Leys I, 312). — MOVERE : *movér moure*; *mou*; *mova*; *moc* (*muec*), *mogro*; *mogut*. — NOCERE : *nozér*; *notz*; *noza* LR. I, 465, *nueia* 339, *nogua*; *noc*; *nozerai*; *nogut*. — NOSCERE dans *conoisser*; *conosc, conois*; *conosca*; *conoc* (*-uc* Choix III, 266), *conogron*; *conoisserai conoirai*; *conogut*. — PARESCERE* : *pareisser*; *paresc* LR I, 348, *pareis, pareisson*; *paresca* Choix IV, 159; *parec* parf. 3ᵉ pers. *paregues* III, 316 (*aparegues* Pass. du Christ 110); *paregra*; *paregut*; concorde ainsi avec *conoisser*. A ces formes se mêle le primitif *parer*; prés. *par, paron*; part. *parut* = fr. *paru GRoss*. 4328, *aparut Fer*. 2804. — PASCERE : *paisser*; *pasc* (*paissi Leys* II, 362); *pasca*; *pac* Faid. 22; *pagra* ibid 56; *pagut paisut Chx*. III, 100; voy. plus bas les anomaux. — PERIRE * : dans *cubrir* (*cooperire*) et *ubrir*; *cuberc* Faid., *uberc*; *ubrigues LR*. I, 560; *cubert, ubert*. D'ailleurs aussi d'après la troisième conjugaison. — PLACERE : *plazér*; *platz plai* 3ᵉ pers. prés.; *plassa plaia*; *plac*; *plairai*; *plairia* (*plazeria*); *plagut*. — PLUERE : *ploure*; *plou*; *plueva*; *ploc*; *plogut*. — POSSE : *podér*; *puesc, podes* et *potz, pot, podem*; *puesca, puscam, -atz, puescan*; *poc puec*; *pogut*. — RAPERE dans *erebre*, aussi *erebir* (*e-ripere*); *ereup*; *ereubut*. — SAPERE : *sabér*; *sai* (*sap Choix* III, 74), *sabes saps, sap, sabem*; *sapia sapcha*; *sápchas, -chatz* impér.; *saup* (aussi *saubi*), *saubron* (*saubon*); *sabrai*; *saubut*. — SEDERE : *sezér* et *seyre*; *seti* prés. 1ʳᵉ pers. *sieu* 3ᵉ *GRoss*.. 3782; *sec* (*sis GRoss*., comme en franç.); *segut*. De même *assezer*. — TACERE : *tazer* et *táisser taire*; 1ʳᵉ pers. prés. *tatz* et *tais*, 3ᵉ *tatz tai*; *taissa taia*; parf. *tais GO*. (aussi *tac?*); *taisses*; *taizit* qui suppose un inf. *taizir*. — TENERE et ses composés : *tener tenir* (sur ce dernier, proprement sur *re-* et *mantenir*, voy. R. Vidal 85); *tenc tenh, tenes tens, ten*; *tenga tenha*; *tenc tinc* et *tec* Faid., *GRoss*., *sosteg Pass. du Christ* 2; *tengues tegues* et *retegues Bth*. 95; *tengut*. — TOLLERE : *tolre*; *tuelh, tols*; *tuelha*; *tolc*; *tolrai*; *tolgut*, de même *tolt tout*. — VALERE : *valer*; *valh, vals, val*; *valha*; *valc*; *valrai*; *valgut*. — VELLE : *volér*; *volh vuelh, vols, vol*; *volha vuelha, vulham*; *volc* (*volgui*), *volgron*; *volrai voldrai*; *volgut*. Sur *nolle* voy. p. 129. — VENIRE : *venir* = *tener*.

Sont *anomaux* beaucoup de verbes qui appartiennent par leur parfait *sc* (pour *cs*, p. 194) à la conjugaison forte, par la terminaison plus usitée de ce temps *squei squi*, à la deuxième faible, par leur participe *scut*, également à la deuxième faible ou à la troisième classe forte. 1) Avec radical terminé en *g* ou *v*. — LEGERE : *legir*; le parf. *lesc* manque, mais il peut être admis d'après le cond. *lesgera GProv*. 60; part. *lescut LR*. IV, 43, *GRoss*. 6552. 8181; suit d'ailleurs la troisième faible. *Eleger*; *elesqu--et LR*. I, 550ᵃ; *elescut*.— SURGERE : *sorger*; *surresc GRoss*. 2109; voy. la deuxième classe. — VIVERE : *viure*; *visc* GRiq. p. 17. 39, d'ailleurs *vesqui, visquet Pass*. 91 etc.; *viscut* — 2) Avec la finale du radical *sc* ou *x*. IRASCI : *iráisser*; prés. 1ʳᵉ *irasc* LR. I, 454, 3ᵉ *irais*; *irasquet* GRoss. 3711; *irascut* (*irat* adj.). — MISCERE : *méisser GO.*; prés. *mesc* voy. « *Cabrit al mieu* » Tenz.; subj. *mesca* P. Mula « *De joglars* »; *mesc* parf. GRoss. 2094, de même *mesguet* (*mesquet?*) GRom. 61; *mescut* manque. — NASCI : *naisser*; prés. 1ʳᵉ pers. *nasc* Leys II, 362, 3ᵉ *nais, naisson*; *nasca*; parf. 3ᵉ pers. *nasc* Choix IV, 188, GRiq. p. 17. 109, d'ailleurs *nasquiei* Choix III, 423, *nasqui* LR. I, 495; *nascut* et *nat*. — PASCERE : *paisser*; *pasquei* (*pasques* 2ᵉ plur. Choix IV, 424); *pascut* R. Vidal « *En aquel temps* »; prés. *pasc, pais,* voy. la troisième classe. — TEXERE : *teisser*; prés. 3ᵉ *teyh* LRom. (lis. *teys?*); parf. *teissei* (3ᵉ *teisset*); part. *tescut* et *tes*.

Jetons encore un regard sur les *dialectes modernes*, afin d'y voir la suite du développement de la conjugaison, mais en nous restreignant naturellement aux idiomes qui sont les plus rapprochés des anciennes formes, notamment l'occitanien et le provençal proprement dit. A propos de la flexion personnelle il faut relever l'affaiblissement général de l'*m* de la 1ʳᵉ pers. plur. en *n*, qui nous rappelle le même phénomène en haut allemand. — L'infinitif, sauf dans la terminaison *re*, a perdu l'*r* caractéristique : on dit *laouzá, tratá, aná, náisse, apréne, plágne, auzi, vení; faire, escrieure, plooure, roumpre, toundre, atendre*. Dans quelques cas l'accent a reculé sur le radical : *saoupre, seire, veire* (*sabér, sezér, vezér*); ces deux dernières formes sont, il est vrai, déjà connues des anciens. — Le futur est resté fidèle à la forme ancienne : *amarai, as, a, en, es, an*. — Le présent ind. se termine maintenant toujours en *i* ou *e* : *laouzi, pregui, veze* (*video*), *vole, sabe, preni, sente, veni*. Il fléchit donc à la 1ʳᵉ pers. : *am-i* (*e*), *as* (*es*), *o* (*ou*), *an, as, o* (*ou, oun*); à la 2ᵉ *pren-i, es, pren, en, es, oun*. Le subjonctif de la première conjugaison fléchit *am-e, es, e, en, es oun*. Aux deuxième et troisième conjugaisons la version de la GAlb. en prose (le ms. est d'après Bouquet du XVᵉ ou du XVIᵉ siècle) conserve encore l'*a*; Brueys (vers 1600) fléchit en général déjà *pren-i, es, e, an, as* (*es*), *on* (*en, an*). — L'imparfait de la première conjugaison est *am-ávi* (*avo*), *áves, ávo, avián, avids, ávoun*; celui de la deuxième *pren-iou, iés, ié, idn, iás, ién*, ainsi chez Brueys déjà. — Le parfait est le temps qui est resté le moins fidèle à sa forme ancienne. A Toulouse on fléchit *am-éri, éros, ét, éren, érets, éroun*, et ce sont aussi les terminaisons de la deuxième conjugaison; ailleurs on conjugue *êre, éres, é, én, és, érou*.

Il n'y a pas lieu de penser ici à l'immixtion de l'ancien *amera*, car ce temps existe encore avec sa forme et sa signification dans Brueys, qui déjà connaît aussi le parfait *ameri* : *lasséra* (je laisserais), *paguera* (je paierais), *aguera* (j'aurais); c'est donc la 3ᵉ plur., *améroun*, qui doit avoir occasionné ce mode de flexion. A son influence vient encore s'ajouter une circonstance particulière. Nous savons qu'anciennement déjà *ac, poc, venc* etc. ont dégénéré en *aguet, poguet, venguet*, et la GAlb. en prose écrit aussi habituellement de cette façon, mais elle étend déjà ce *gu* à d'autres cas, comme dans *foguet* pour *fo, feguet* pour *fetz, veguet* pour *vi* (3ᵉ plur. *vegueron*), en suivant, il est vrai, l'exemple donné par d'autres sources plus anciennes, par ex. *Fer.*, la GAlb., pour *foc, fec, vic*. Ce *gu* chez les modernes a été également affecté de la terminaison *ere* : on fléchit *pouguêre, pouguêres, pougué, pouguén, pougués, pougueron*, et de la même manière *fouguêre, feguêre, veguêre, bisquêre* (prov. *visquei*), *nasquêre*. Les *Leys* II, 384 mentionnent encore une autre flexion surchargée du parfait, qu'elles regardent comme propre au *toulousain* et au *gascon*. De même qu'on a dit pour *amet amec*, pour *dis diset* et peu à peu *disec*, on a fini par étendre cette forme gutturale au parfait tout entier : *am-egui, am-eguist, am-ec, am-eguem, am-eguetz, am-egueron* ; *diss-igui, diss-iguist, diss-ec, diss-iguem, diss-iguetz, diss-igueron*. L'extension d'une seule forme personnelle au temps entier a agi d'une manière si extraordinaire que de *dis* est d'abord sorti *diss-i* et ensuite *diss-i-gui*[1]. — Le participe rejette partout son *t* au masculin : *laouzá, redú, aoussi*, il reste d'ailleurs fidèle aux anciennes flexions : ainsi *agu, bugu, avengu, vougu, couneigu, courrigu, nascu*, v.prov. *agut, begut, avengut, volgut, conogut, corregut, nascut*. A côté de cela on trouve des formes allongées avec *s* ou *g* : *pouscu, planigu, pougnegu*, c'est-à-dire *pogut, plaint, point*. — La troisième conjugaison mixte appartient maintenant tout-à-fait à la forme française en *ss*, ainsi *finissiéou, iés, ié, ián, iás, ián*.

---

1. Égaré par la prétendue composition espagnole *and-hube* (p. 162), on a supposé aussi dans le prov.mod. *amegui* une combinaison *am-egui* = *am-habui*, sans faire attention que cet *egui* ne s'ajoute pas seulement au thème des verbes, mais aussi au parfait foi *i*, car *dissigui* reviendrait à *dix-habui*, et qu'on aurait ainsi deux parfaits l'un à côté de l'autre, tandis que cette forme, d'après l'opinion exprimée plus haut, n'offre pas un phénomène plus singulier que si le lat. *dixi* avait dégénéré en *dixivi*.

La conjugaison de l'**ancien catalan** diffère peu de celle du vieux provençal. L'infinitif, par exemple, est le même dans les deux dialectes ; mais le catalan moderne, en vertu d'une singulière confusion, ajoute une seconde *r* à la terminaison *re* : *batre bátrer, perdre pérdrer, vendre véndrer*. — Le présent ind. de la première conjugaison est *cant, cantes, canta, cantam, cantats* (en cat.mod. *cantau*), *cantan* ; celui de la deuxième *met, mets, met, metem, metets, meten* ; le présent subj. *cant, cantes, cant, cantem, cantets, canten* ; *meta, metes, meta, metam, metats, meten* ; l'impératif *canta, cantats* ; *met, metets*. — Imparfait *cantava, aves, ava, ávem, ávets, aven*. — Le parfait et les temps qui en dérivent ne changent pas l'*a* caractéristique de la première conjugaison en *e*, comme cela a lieu en provençal, par ex. *cantá cantáren, cantásen, cantára* = prov. *cantét, cantéron, cantéson, cantéra*, cependant la 2e pers. sing. du parfait est *cantést* et la 3e quelquefois *cantét*. Le parfait fort appartient à la forme qui, à la 1re sing. et à la 3e plur., prend la flexion faible : *haguí, haguist, hach, haguem, haguets, hagueren*, et ainsi *tenguí, tench, tengueren* ; *dixí, dix, dixeren*, mais cependant *fiu*, (prov. *fetz*), *fist? feu, fem, fetz, feren*. En catalan moderne la 3e pers. a aussi la forme faible : *agué* (pour *aguet*), *caygué, escrigué, mogué, paregué*. Imparfait subj. *cantás* etc., *cantásem, ásetz, asen*. — Gérondif *cantant, valent, servint*. — La troisième conjugaison mixte, qui manque en espagnol, se produit ici, par ex. *patixch, -eixes, -eis*, subj. *-eixcha* et d'autres formes encore.

Nous donnons encore ici le tableau de la conjugaison en *catalan moderne* d'après Pau Ballot y Torres (Barcelona 1815). On a conservé les accents. Le premier conditionnel espagnol (*amara*), de même que le futur du subjonctif (*amare*) manquent.

Ire Conjugaison. — Ind. prés. *amo, amas, ama, amam, amau, aman*. Imparf. *amava, amavas, amava, amavam, amavau, amavan*. Parf. *amí, amáres, amá, amárem, amáreu, amáren*. Fut. *amaré, amarás, amará, amarém, amareu, amarán*. Subj. prés. *ame, ames, ame, amem, ameu, amen*. Imparf. *amás, amásses, amás, amássem, amásseu, amássen*. Cond. *amaria, amarias, amaria, amariam, amariau, amarian*. Impér. *ama, amau*. Inf. *amar*. Gér. *amant*. Part. *amat*.

IIe Conjugaison. — Ind. prés. *temo, tems, tem, temem,* *temeu, temen.* Imparf. *temia, temias, temia, temiam, temiau, temian.* Parf. *temí, teméres, temé, temérem, teméreu, teméren.* Fut. *temeré* etc. Subj. prés. *tema, temas, tema, temám, temau, teman.* Imparf. *temés, temésses* etc. Cond. *temeria* etc. Impér. *tem, temeu, teman.* Inf. *témer.* Gér. *tement.* Part. *temut.*

IIIᵉ Conjugaison. — Ind. prés. *cumplo, cumples, cumple, complim, cumpliu, cumplen.* Imparf. *cumplia* etc. Parf. *cumplí, cumplíres, cumpli, cumplirem, cumplireu, cumpliren.* Fut. *cumpliré* etc. Subj. prés. *cumpla* etc. Imparf. *cumplis, cumplisses, cumplis, cumplissem, cumplisseu, cumplissen.* Cond. *cumpliria* etc. Impér. *cumple, cumpliu.* Gér. *cumplint.* Part. *cumplit.* — IIIᵉ Conjugaison mixte. Ind. prés. *agrahesch, agraheixes, agraheix, agrahim, agrahiu, agraheixen.* Imparf. *agrahia* etc. Subj. prés. *agrahesca, agrahescas, agrahesca, agrahescam.*

Haver fait à l'ind. prés. *he, has, ha, havem (hem), haveu (heu), han.* Parf. *haguí, haguéres* etc. Fut. *hauré.* Subj. prés. *haja (hage, hagia).* Impér. *hagues.* — Ser ou Esser : ind. prés. *só, ets, es, som, sòu, son.* Imparf. *era.* Parf. *fuy, fores, fou* et *fonch, forem, foreu, foren.* Fut. *seré.* Subj. prés. *sia.* Imparf. *fos, fosses, fos.* Impér. *sias, siau.* Gér. *sent* et *essent.*

5. CONJUGAISON FRANÇAISE.

a) Vieux français.

Flexion personnelle. — 1) Nous avons vu, pour les langues que nous avons étudiées jusqu'ici, qu'à l'exception du sarde, ainsi que du provençal dans un seul cas, elles rejettent toutes le *t* final de la flexion ; nous observerons le même fait en valaque. Le français est la seule des langues écrites qui ait eu le courage de conserver ce signe de flexion, bien qu'elle ne fût pas disposée à soutenir partout ce principe[1]. — 2) Pour la 1ʳᵉ pers. plur., qui en provençal laisse tomber la finale *us*, il existe ici trois formes correspondantes au moderne *ons* (non pas *ions*) : *omes, om (um, on), ons.* Parmi elles, c'est la première

---

1. Un inconvénient est l'intercalation, qui se présente quelquefois, d'une *s* devant le *t*, ce qui peut amener des confusions ; c'est ainsi qu'on écrit *destruist* (forme du parfait) au lieu de *destruit* (forme du présent).

avec sa finale *mes* qui se rapproche le plus du type latin, cependant ce n'est pas celle qui apparaît le plus anciennement dans les textes. *Eulalie* se présente avec *oram*, qui, malgré le lat. *oramus*, rejette la finale *es*, *Léger* offre *cantomp cantumps*; mais *posciomes* dans le *Fragm. de Val.* pour *puissions* est muni de la terminaison complète. Les sources postérieures, en partie au moins, s'en tiennent assez exactement à une seule et même forme. Les textes bourguignons, par exemple, emploient *ons* : *veons, savons* Grég. ; *poons, faisons, veons* SB.; *faisons, ovrons, offrons LJ*. Dans les textes normands on trouve *ums* : *vivums, esjodums, irums Lib. psalm.*, mais d'ordinaire *um*, *ums*, *uns* alternent, par ex. *avum, preiums, aiuns Ch. d'Alex.*; *fuium, avum, fuissums LRs.*; *laissums, ferum, lançuns Rol.*, *porterum, devums Charl*. Dans d'autres sources le disyllabe *omes* alterne avec des formes monosyllabiques, par exemple dans *Aubri* (*Fer.* 168[a]) *servirons vos tot à vostre talent, je et mes oncles vos serviromes tant*. Ainsi *diromes* et *dirons Trist.* I, *lairomes lairon PDuch.*, *seromes* et *poons Rob.* etc. Cette terminaison *omes* est en général attribuée au dialecte picard. Mais ce qui ici doit tout spécialement attirer notre attention, c'est que l'*o* contenu dans ces syllabes de flexion (car l'*u* n'est qu'une variante) remplace l'*a*, l'*e* et l'*i* latins dans *amus, emus, imus*, l'*a* et l'*e* provençal dans *am* et *em*, et ce n'est qu'au parfait qu'il n'a pas été introduit. Il est positif que dans la conjugaison romane la simplification des flexions joue un rôle important, et que cette simplification s'opère surtout par le procédé de l'analogie. En italien aussi la finale *iamo* a supplanté à la même personne les deux autres, et en français cette réduction se présente aussi au pluriel de la 2ᵉ et de la 3ᵉ pers. du même temps. On peut, il est vrai, s'étonner ici de voir la voyelle *o*, qui en français est absolument étrangère au latin, régner exclusivement. Le franç. *somes* = lat. *sumus*, en vertu de son emploi très fréquent, aurait-il ici servi de type? Des dialectes de la partie orientale du domaine n'ont pas donné accès à cet *o* devenu dominant ailleurs : ainsi le wallon, où *stopan* par ex. répond au franç. *étoupons*, *stopen* au franç. *étoupions* (imparf. ind.). Pour des exemples d'autres régions, voy. Schnakenburg p. 68. On trouve au contraire en italien des traces de *om* pour *am* : ainsi dans le dialecte de Reggio le prés. ind. *purtóm*, le subj. *purtomm* = *portiamo*[1].

---

1. Delius s'exprime sur notre question de la manière suivante.

La flexion *iemes* ou *iens*, qui se trouve à la place du franç.mod. *ions* et est analogue à la 2ᵉ pers. *iez*, s'est moins éloignée de la voyelle primitive. *Iemes* est la forme propre du picard, *iens* celle du dialecte bourguignon : *aliemes*, aussi *eussiens Brand.*; *aviemes*, *saviemes*, *cuidiemes* Guill. d'Angl. ; *fussiemes*, aussi *fussiens* dans des chartes de la Flandre ; *abreviens*, *eswardiens*, *gisiens* imparf. *SB.*, de même aussi dans le *LJ.* (ou *astiemes* 453ᵘ, comme ailleurs *avomes*, semble une immixtion picarde). On trouve aujourd'hui encore *iens* dans des patois. — 3) A la 2ᵉ plur. le lat. *tis* s'abrège en *z* = prov. *tz*, picard en *s*. Cependant la voyelle persiste avec la finale *s*, lorsque *st* précède, ainsi *chantastes* et non *chantaz* comme en provençal *chantetz*. Les terminaisons varient selon les dialectes et les temps du verbe : *eiz, iez, ez, és*. On rencontre aussi *ois* pour *és*, comme dans *sachois, prenois* Aye d'Av. — 4) La terminaison générale de la 3ᵉ plur., lorsque l'accent repose sur l'avant-dernière, est *ent*, qui répond au prov. *an, en, on*, et qui se montre déjà sous cette forme aplatie dans *Eulalie* (*getterent, voldrent*); des formes telles que *volunt, alessunt* dans *Léger* semblent appartenir à l'élément provençal de ce texte.

L'*infinitif* rejette toujours l'*e* après l'*r*, sauf lorsque cette dernière ne peut se passer de la voyelle, comme dans *prendre*. — Au *futur* l'*r* de flexion, empruntée à l'infinitif, attire souvent à elle une *r* du thème, et il arrive alors qu'une consonne précédente peut être assimilée, par ex. *livrer liverrai, monstrer monsterrai; mener merrai, faillir farrai, gesir gerrai*. A l'égard de ce temps il faut observer encore qu'il emploie, comme en provençal, dans certains dialectes (en Berry etc.) *ei* pour *ai*, *chanterei* pour *chanterai* et de même *oiz* pour *eiz*, ce qui se présente plus rarement dans d'autres temps (voy. ci-dessus) : *venroiz* Er., *ferois* GVian., *serois* RCam., *aurois* Parton., *rendroiz* Trist., *orrois, porrois* Aye d'Avignon.

Le *présent* est aussi dans cette langue soumis à de fortes modifications dans ses formes, ce dont il sera question à propos de chaque conjugaison. L'*impératif* se comporte, quant à son

« L'énigme s'explique par les terminaisons abrégées *am* (*ams*), *em* (*ems*) et *im* (*ims*) où la nasalisation, lorsqu'elle s'y est introduite, a pu troubler les trois voyelles et les fondre dans le son sourd *o* ou *u*, *om* ou *um*. Comme, d'après les règles de la phonétique, un *u* latin atone tombe purement et simplement en français, sans aucune compensation, à ce point de vue aussi *chantomes* ne semble pas formé directement de *cantamus*, mais allongé de *chantom* ou *chantoms*. »

origine, comme en provençal. Sur la 1re plur. (*chantons*), voy. la Syntaxe.

Imparfait de l'indicatif. Seules quelques anciennes sources emploient le *v* primitif = lat. *b*, comme dans *parlevet, sentivet*; d'ailleurs *oi* et *ei* dominent toutes les conjugaisons.

Le *parfait* apocope à la 2e sing. le *t* qui persiste encore en provençal : *chantas* (*cantasti*), *desis* (*dixisti*). La 1re plur. est désignée par *m*, comme dans les autres langues, mais de bonne heure on a employé à cette fin *sm* (*chantasmes, vendismes, desismes*), probablement par analogie à l'*st* de la 2e plur. (Burguy I, 229)[1]. — Le *plus-que-parfait de l'indicatif*, qui est resté à l'espagnol et au portugais, ne s'est pas conservé en français ; il existe cependant dans les premiers textes des traces de son existence primitive, et il a le sens non pas du conditionnel, mais du passé. *Eulalie* nous présente d'abord *rovéret, füret, auret, vóldret, póuret, Alexis* a *firet* ; mais on pourrait bien facilement admettre que ces formes doivent leur existence à une imitation de la 3e plur. : ce procédé a eu lieu si souvent dans la conjugaison. Ce n'est que l'*a* de la flexion, fréquent dans la *Passion* et *Léger*, qui renvoie plus explicitement au plus-que-parfait, *vidra* à *viderat*, *fisdra* à *fecerat*, car ces deux textes n'admettent nulle part d'*a* qui ne soit motivé par le latin. — L'*imparfait du subjonctif* perd souvent au pluriel son *i* de flexion (*Rol.*, Ben., *Trist.* II, MFr. etc.), ainsi dans *fussomes, peussons, delitassez, tenisez, euses, fusez* pour *fussiomes, peussions, delitassiez, tenisiez, eusies, fusiez*. Ce fait se présente aussi au présent du subjonctif et même encore au XVIe siècle (Mätzner, p. 209).

Le *gérondif* et le *participe présent* ont adopté aussi à la deuxième et à la troisième conjugaison l'orthographe *ant* pour *ent* qui est déjà constamment appliquée dans *Léger* : *ardant, ardanz, percutan*(*t*). Le *participe passé* dans les anciennes sources conserve d'ordinaire son *t* étymologique (norm. *d*), fém. *d*, cependant le *Fragm. de Val.* écrit déjà *venu* à côté de *perdut*.

Finale du radical. 1) *D* alterne souvent avec *t*, *v* avec *f* et aussi *t* avec *c* : *garder gart, prendre prent, boivre boif,*

---

[1]. Delius remarque que « *chantasmes* a certainement été amené par la tendance à donner à l'*a* le son de l'*a* en position afin de le préserver du passage à *e* auquel la 3e pers. *chantarent,* avec le temps, n'a pas pu échapper. »

crever crief, rent renc, met mec. — 2) Le *d* ou le *t*, lorsqu'il est précédé d'une *n*, tombe quelquefois à la façon provençale : *defend defen, ment men.*

Le français est parmi toutes les langues sœurs celle qui a le plus effacé les différences des conjugaisons. Le présent ind. au pluriel, le présent subj. tout entier, l'imparfait ind. (pas dans tous les dialectes) et le gérondif sont identiques dans toutes les conjugaisons.

L'*auxiliaire* pour l'actif est *avoir*, pour le passif *estre*. On ne relèvera ici que quelques formes de ces deux verbes qui diffèrent assez notablement de la langue actuelle. *Avoir* ; parf. *oi, ot, orent* bourg., sing. *eui* et même *euc* picard (*c* de *i*, voy. Burguy), *oui* norm.; dans *Léger* 3e sing. *oct oth aut*, plur. *augrent aurent*; dans le Fragm. d'*Alex.* souvent *ab* 3e sing.; plus-que-parfait *auret* (voy. ci-dessus p. 209); imparf. subj. *oüsse eüsse oüsse, auuisset Eulalie*; *ouist Léger*; fut. *arai*. — *Estre* (de *essere*-comme *tistre* de *texere*); prés. *es* pour *est Fragm. de Val.*, plur. *emes esmes* == prov. *em* Orelli 195[1]. L'imparfait est *estoie esteie*; ce temps doit être une formation nouvelle d'après l'infinitif *estre*, et non répondre au lat. *stabam*, parce que dans ce cas la forme normande aurait été *estowe estoe* et non *esteie*, voy. Littré, *Hist. de la langue franç.* II, 201, G. Paris, *Acc. lat.* 79. 132, Delius dans le *Jahrb.* IX, 226. *Eram*, commun à tout le domaine roman, se trouve ici aussi, franç. *ere*, par ex. *Trist.* II, v. 777, 3e pers. *ere* et *ert* (*eret Eulalie, Fragm. de Val.*), plur. *erium* Ben., *eriez* ibid., *erent Fragm. de Val.* etc.; des dialectes le possèdent encore aujourd'hui. Le futur latin, qui nous est connu par le provençal, est aussi très-usité, par ex. *er Serments* (*iere Alexis*, LRs etc.), *iers* LRs 33, *iere* et *iert, iermes TCant.* p. 24, *Ogier* v. 1637, *ierent Fragm. de Val.* etc. Un second futur rare est *estrai*, par ex. *ma fille estres* Orelli 196, *estront deslogiez Sax.* II, 124. *Esserai* est fréquent dans *RCam.*, voy. aussi *GNev.* 84, *Trist.* II, 242. Un débris du plus-que-parfait se trouve dans *furet*.

---

1. Burguy voit dans *esmes* un rejeton indubitable de l'ancien mot latin *esumus* cité par Varron. La chose ne semble pas toutefois aussi indubitable; au contraire, il ne paraît pas indiqué de revenir à une forme perdue qui, même en italien, n'a laissé à ma connaissance aucune trace. *Esmes* a été modelé avec le même droit sur la 2e pers. *estes* que par ex. *chantasmes* sur la 2e pers. *chantastes*, seulement il va de soi que dans le premier cas le radical aussi a dû être modifié.

TABLEAU DE LA CONJUGAISON (en dialecte bourguignon)[1].

	I.	II.	III. a.	III. b.
Ind. prés.	chant (e)	vend	part	flor-is (ix)
	chant-es	ven-s (z)	par-s (z)	flor-is
	chant-et	vend-et, vend	part-et, part	flor-ist
	chant-ons[2]	vend-ons[2]	part-ons[2]	flor-issons[2]
	chant-eiz[3]	vend-eiz[3]	part-eiz[3]	flor-isseiz
	chant-ent	vend-ent	part-ent	flor-issent
Imparf.	chant-eve[4]	vend-oie	part-oie	flor-issoie
	chant-eves	vend-oies	part-oies	flor-issoies
	chant-evet	vend-oit	part-oit	flor-issoit
	chant-iens[5]	vend-iens[5]	part-iens[5]	flor-issiens[5]
	chant-iez	vend-iez	part-iez	flor-issiez
	chant-event	vend-oient	part-oient	flor-issoient
Parf.	chant-ai	vend-i	part-i	flor-i
	chant-as[6]	vend-is	part-is	(= part.)
	chant-at	vend-it	part-it	
	chant-ames	vend-imes	part-imes	
	chant-astes	vend-istes	part-istes	
	chant-arent, er-	vend-irent	part-irent	
Fut.	chant-erai	vend-rai	part-irai	flor-irai
	chant-eras[7]	vend-ras[7]	part-iras[7]	(= part.)
	chant-erat	vend-rat	part-irat	
	chant-erons	vend-rons	part-irons	
	chant-ereiz	vend-reiz	part-ireiz	
	chant-eront	vend-ront	part-iront	
Subj. prés.	chant-e	vend-e	part-e	flor-isse
	chant-es	vend-es	part-es	flor-isses
	chant-et	vend-et	part-et	flor-isset
	chant-iens	vend-iens	part-iens	flor-issiens
	chant-iez	vend-iez	part-iez	flor-issiez
	chant-ent	vend-ent	part-ent	flor-issent
Imparf.	chant-asse[8]	vend-isse	part-isse	flor-isse
	chant-asses	vend-isses	part-isses	(= part.)

1. D'après le texte le plus important de ce dialecte, les *Sermons de Bernard*, et, lorsqu'ils ne suffisent pas, le *Livre de Job*. La place nous manquait ici pour donner des tableaux d'autres dialectes ; mais le bourguignon nous a semblé mériter d'être pris ici en considération parce qu'il sert le mieux d'intermédiaire entre le provençal et le français. Des divergences importantes d'autres dialectes ont été notées ci-dessous.

2. -omes. — 3. -iez, ez, és, ici et partout pour eiz. — 4. -oe, -oie, 3° plur. -cent, -oient. — 5. -iemes, -ions. — 6. -ais, 3° pers. -ait. — 7. -erais etc., 3° pers. -erait etc. — 8. Sur ai et e pour a, voy. les Remarques sur la première conjugaison.

	chant-ast	vend-ist	part-ist	
	chant-assiens	vend-issiens	part-issiens	
	chant-assiez	vend-issiez	part-issiez	
	chant-assent	vend-issent	part-issent	
Cond.	chant-eroie	vend-roie	part-iroie	flor-iroie
	chant-eroies	vend-roies	part-iroies	(= part.)
	chant-eroit	vend-roit	part iroit	
	chant-eriens	vend-riens	part-iriens	
	chant-eriez	vend-riez	part-iriez	
	chant-eroient	vend-roient	part-iroient	
Impér.	chant-e	vend	part	flor-is
	chant-eiz	vend-eiz	part-eiz	flor-isseiz
Inf.	chant-eir, -er	vend-re	part-ir	flor-ir
Gér.	chant-ant	vend-ant	part-ant	flor-issant
Part.	chant-eit, eie	vend-uit, uie	part-it, ie	flor-it, ie

Ire Conjugaison. — Une forme secondaire importante de l'*infinitif* est *ier*, surtout après des nasales et des dentales : *cerchier, fichier, tochier, changier, jugier, mengier, nagier, targier, engagier, laissier, prisier, brisier, dansier, froissier, comencier, chacier, lacier, quitier, exploitier, respitier, aidier, vuidier, cuidier*[1]. Cette forme existe encore aujourd'hui dans des dialectes, surtout en picard : *laissier, atisier, brisier, aidier*, ainsi que le remarque aussi H. Étienne, *Hypomn* p. 31, pour son époque : *hanc pronuntiationem* (aidier *pro* aider) *nonnulli ex Picardis hodieque retinent*. On trouve déjà dans les plus anciens textes cette terminaison diphthonguée de l'infinitif, qu'on doit sans doute distinguer de la terminaison disyllabique *i-er* : *Eulalie* à *lazsier, Léger parlier, laudier*, mais aussi *lauder*, et cette hésitation se présente encore ailleurs. Nous avons ici le même phénomène qui s'est produit dans d'autres espèces de mots où la finale *ier* renvoie au lat. *ari* ou *are*. Cet infinitif n'a eu presqu'aucune influence sur la forme du futur, mais il est certain que le participe passé a été formé comme lui, voy. plus bas. — Le *futur* sacrifie souvent la

---

1. Bartsch a depuis déterminé avec plus d'exactitude les deux points suivants : 1) *ier* se produit après *ç, ch, g*, de même qu'après *l* et *n* mouillées ; 2) après *d, t, n, r, s, ss*, en tant que la syllabe précédente contient un *i* ou une diphthongue formée au moyen de cette voyelle, comme dans *vuidier, afaitier, deraisnier, empirier, envoisier, laissier*. Voyez la discussion critique entre Bartsch et Mussafia sur ce problème de la grammaire française (*Germania* VII, 178, VIII, 51. 369, *Jahrbuch* VII, 115).

forme stricte à l'euphonie. 1) Il intervertit d'habitude *rerai* en *errai* : *ouverrai* (*ouvrerai*) *FC.* I, 116, *deliverrai* 91, *monsterrai* 105 (comme l'anc.ital. *moste rò* Blanc 362), *enterroit* (pour *entreroit*) ibid., *comperront* (*compreront*) *Gar.* I, 137 ; 2) il syncope d'ordinaire *e* entre deux *r* : *demorrons FC.* I, 79, *jurrai* (*jurerai*) *Partonop* I, 2, *durra* 107 ; 3) l'assimilation dans *merrai, dorrai* pour *menerai, donnerai* a déjà été indiquée plus haut.

Le *présent de l'indicatif* à sa 1re pers. sing. se passe en général de toute flexion : ainsi dans *be* (de *beer*), *pri, otroi, eskiu* (*eskiver*), *apel, remir, jur, aim, tiesmon* (*témoigne*) GNev. 52, *bais, pens, mand, dout. E* se montre quelquefois, comme dans *aproche, proie, aleve SB.* 584ᵘ. 573°, *devine RMont.* 347, 1, principe qui devient dominant à partir du xv° siècle, cependant Marot emploie encore *je pri* pour *je prie*. Mais la 3° pers. ne devait pas perdre cette voyelle, car elle provient ici de *a*. La plus ancienne forme ou orthographe de cette personne est *et*, par ex. *eskoltet, enortet, ruovet Eulal., aproismet Pass., peiset, dunet, purpenset Alex., ostet, semblet, regnet, embrazet, parolet SB., loet, commandet LJ., desired* et d'autres dans le *LRs* ; enfin la dentale devenue muette tomba ; Raynouard a cité de cette chute plusieurs exemples du *Rom. de Rou* : *mand, pens, acord, os, kuid*. — La 3° sing. du subjonctif laisse tomber son *e* de flexion, comme en provençal, toutes les fois que les lois phoniques le permettent, mais le *i* persiste, même là où l'indicatif a déjà rejeté le sien. *Eulalie* dit encore avec *e degnet, raneiet* (*reneget*), mais déjà aussi *laist* pour *laisset*. Dans la rencontre avec *t* la consonne précédente peut aussi être soumise à des modifications et même tomber. C'est ainsi par ex. que *dt, çt, cht, gt, vt* peuvent être remplacés par *st*[1] ;

---

[1]. La façon dont *tt, dt, tht* dans d'autres langues (non romanes) passent à *st* est bien connue. Il était facile au français de soumettre encore à cette loi les chuintantes ; elle n'a été que rarement étendue aux labiales : il ne faut voir dans ces derniers cas qu'une imitation des autres. Mais le plus ancien texte français offre déjà un exemple de ce genre dans la forme connue *dist*, qui ne peut décidément pas être un autre mot que le lat. *debet*, répondant à l'allem. *scal*. Burguy, auquel cette forme ne plaît pas, lit sans plus *dift*, d'après le fac-similé où cependant *st* est exactement formé de même que dans *testatus, dist di, cist, geleistit. Debet* se serait ainsi changé en ce *dift*, le passage de *b* à *f* va de soi. Eh bien ! cela ne va pourtant pas, car *ft* n'est pas plus une combinaison française qu'une combinaison latine, italienne ou espagnole. Au contraire la dérivation de l'authentique *dist* de *debet* n'est pas un

mt par *nt*; *lt* par *ut*; *nt*, *llt*, *pt* par un simple *t* : *aïder aïst, cuider cuist cuit, comander comanst, eswarder eswarst eswart, enforcer enforst, culchier culst, heberger herbert, raviver ravist, grever griet, amer aint, aler aut, ajorner ajort, atorner atort, travailler travalt, merveiller merveilt, eschaper eschat*. De là *salt, conselt* dans les formules ordinaires d'affirmation *se dex me salt* « pourvu que Dieu me sauve », *se dex me conseut* « pourvu que Dieu me conseille ».

Imparfait. La forme la plus ancienne est *-eve* qui est dans le même rapport avec le prov. *-ava* que *feve* avec *fava* (*faba*) : ainsi *avardevet* dans le *Fr. de Val.*, *regnevet* dans *Léger*. Cette forme est restée dans les anciens textes bourguignons, par ex. *amevet, habiteivet, mostreivet, encombrevent, parlevent* SB., *purgievet, atochievet* LJ. Cependant la 1re et la 2e pers. plur. ne sont pas *chanteviens, chanteviez*, mais, en raison de l'abréviation (syncope du *v*) produite par l'avancement de l'accent, *chantiens, chantiez*. À côté de cette flexion s'en place une autre, propre surtout au dialecte normand, *oe* ou *oue*, qui se laisse dériver de la première, en admettant que le *v* s'est résolu en *u* et que la diphthongue qui en est résultée a passé à *o* puis à *ou*, comme dans *encloer enclouer* de *inclavare* et d'autres analogues. On conjuguait donc : *chantoue, -oues, -out, -ouent*, par ex. *amoue, esperoue, aloue, estout, trouvout, amoent* Rou, *enmenoe, quidoue, amot, quidout, alouent* MFr., *contot, mandot, priout* Trist. I, comp. *adunouent* Pass. du Christ 43. Le *Lib. psalm.* écrit *parlowe, parlot, parlowent*. A la 1re et à la 2e pers. plur. *iens* pour *iomes* est ici aussi la flexion usuelle. Enfin ce temps a renoncé à sa propre forme et s'est accommodé à celle de la troisième conjugaison, procédé dont nous n'avons trouvé d'exemple dans aucune des langues sœurs. On remarque déjà dans les anciens textes bourguignons des traces de ce passage, comp. *trespassoit* Grég., *demoroit* LJ.

Le *parfait* se distingue de celui de la langue jumelle en ce qu'il conserve l'*a* primitif. Dans les dialectes (en bourg. de l'est Burguy I, 225) on trouve, il est vrai, *ai* pour *a* : *chantais, chantait*, et la voyelle de la 3e plur. se change plus généralement en *è, èrent*, mais on emploie aussi en v. bourg. *arent* : ainsi *cuidarent, onorarent* SB., *rasarent, repairarent* LJ. Rabe-

---

plus grand miracle que celle de *prust* de *probet*; les voyelles des deux mots romans sont même analogues entre elles.

lais emploie encore *donnarent, aidarent, retournarent.* Dans cette conjugaison la langue moderne a enlevé à la 3ᵉ sing. la finale *t* qu'elle lui a laissée dans les deux autres : il va de soi que l'ancienne langue conservait le *t* ici aussi. — L'*imparfait du subjonctif* présente aux 1ʳᵉ et 2ᵉ pers. plur. une forme secondaire en *i* (qui, d'après Burguy I, 242, provient du picard du nord) pour l'*a* atone, par ex. *parlissions, amissiez* Auc. et Nic., *esgardissies, irevissies, herbergissies* Parton., *allisiez* GVian., *regardisez, dunisez (donnassiez) Trist.*; *aymissions, gardissions* se trouvent aussi dans Froissart. Robert Étienne fléchit encore *aimasse, -asses, -ast, aimissions, -iez, aimassent,* ce que son fils Henri *Hypomn.* p. 200 n'approuve pas précisément. *E* ou *ai* dans quelques textes est moins étonnant : *dottesses, abreviest, atemprest* SB., *atempraist, ostaist* LJ., *alaissent, ostaissent* Brand., *gardaise, quidaise* GNev.

Le *participe passé* se termine au masculin en *é*, mais aussi en *ié* lorsque l'infinitif prend la terminaison *ier* (voy. plus haut). Le féminin de cette dernière terminaison est *iée*, mais l'abréviation *ie* est beaucoup plus usitée, comme dans *essillie, despoillie, ensaignie, tranchie, cangie, atargie, comencie, brisie, gastie, desploie, peçoie* qui riment avec *vie, baronie, hardie* etc. Si, tandis qu'on disait *tranchié* au masculin, on n'a guère dit au féminin *tranchiée,* mais plutôt *tranchie,* en mêlant la troisième conjugaison à la première, il faut reconnaître là une préférence accordée à l'*i*, qui se présente aussi en dehors de la conjugaison, comme dans l'adj. *lie (laeta),* masc. *lié* ou dans le subst. *oublie (oblata)* pour *oublée.*

Verbes isolés. 1) *Aler* (*aner* = prov. *anar,* voy. *Choix* VI, 300) a pour *aille* subj. une forme parallèle normande avec *ge* (voy. plus bas à la flexion forte) *alge auge,* 3ᵉ pers. *alt aut,* par ex. *Alexis* 27, *LRs, Rol.* etc. Tous les dialectes ont en commun une forme en *s* avec un changement de la voyelle radicale, *vois* pour *vai,* subj. *voise, voises, voist, voisent,* par ex. *SB., LJ., Brand., GNev., LRs,* MFr., et encore au XVIᵉ siècle. — 2) Le prov. *dar* n'a pas de correspondant usité en vieux français où l'on ne trouve de ce verbe que quelques traces, comme le fut. *dera* = prov. *dara* dans le *GRoss.* français éd. Mich. p. 289, *derion* = *dariam* Ben. I, p. 253. Sa place a été remplie par *doner* (voy. ci-dessous) et sa signification se trouve déjà rendue par *donare* dans la *L. Sal.* (Pott p. 156). — 3) *Ester* (bourg. *asteir*) a donné à *estre* le gérondif et le participe présent, mais ce verbe avait eu d'abord son existence indépendante, par ex. prés. *estois LRs* 310, *estas, estat esta Eracl.* 4397, Ruteb. II, 32, plur. 1ʳᵉ pers. *estonz Gayd.* p. 10, 3ᵉ plur. *estont Ren.* II, 173; impér. *esta Trist.* II, 154, *estez Rou* II, 219; subj. *estoise* Ruteb., de même *estace* Ben.; parf. *estai, estas, esterent* et comme forme secondaire *estui*, 3ᵉ pers. *estut*; imparf. subj. 3ᵉ sing. *estast* Ben. et *estust*; fut. *esterai* et *esterrai Gaufrey* p. 48 *LRs*[1]. *Arester* a à côté du parfait *arestai* aussi *arestui* (*-ut FC.* II, 79, *Parton.* II, p. 94, MFr. I, 70), à côté du participe *aresté* aussi *arestu GNev.* p. 59, *Berte* p. 107, *Havel.* p. 59. — 4) Nous venons de constater dans le présent de *aler* l'introduction d'une *s* inorganique; on remarque encore ce même procédé dans quelques verbes de la première conjugaison qui ont en provençal une flexion régulière. *Rouver* (*rogare*); prés. *ruis* pour *ruef*, qu'on ne trouve pas, 2ᵉ *rueves* etc.; subj. *ruisse*, 3ᵉ *ruist*, par ex. *Trist.* I (*rois* p. 69), *Partonop., FC.* I, 106 (picard). *Trouver*; *truis, trueves, trueve*; subj. *truisse, truist*, par ex. *MGar.*, *MFr., LG.* (*troisse trusse*), *LRs, TCant. Prouver*; *pruis Chev. d. l. charr.* p. 128; subj. *prust LG.* § 44. — 5) *Doner* se forme aussi bien avec *g*, comme *auge*, par ex. prés. subj. *doinge* et *doigne Barl.* 249 (*dunge LG.* § 5, *duinge LRs* 164) qu'avec *s*, comme *vois*: ind. *doins*; subj. *doinse, doinst* (*duinst*), par ex. *SB., GVian., Trist.* II, *FC.* I, 106, *LRs, Ch. d'Alex., TCant., Charl.*; *doint* encore chez Cl. Marot, Montaigne et Rabelais[2]. — 6) A côté de *manger* on

---

[1]. *Estois* = lat. *sto, estons* = *stamus, estont* = *stant* sont des formes bâtardes qui répondent aux formes légitimes provençales *estau, estam, estan.* Le français a dû peu à peu mettre le présent de *stare* en harmonie avec celui de *aler*: *estois* = *vois* (franç. mod. *je vais*), *estons* = *allons*, *estont* = *vont*, *estoise* = *voise*, car l'idée d'aller et celle de se tenir sont apparentées ou se rapprochent au moins en ce que l'une est la contradiction de l'autre: l'allem. *gehen* et *stehen*, plus anciennement *gangan* et *standan*, se sont aussi rapprochés dans leur conjugaison. D'ailleurs un franç. *est-ant* = prov. *est-an* aurait été une flexion sans exemple dans cette langue. — Dans le *LJ.* se trouve un imparf. *estisoit*, où Burguy I, 298 voit un verbe nouveau et même un verbe grec, ἵστημι. Il faudrait lui savoir gré de cet enrichissement du matériel étymologique français, si l'on pouvait seulement accorder ces deux verbes, mais ἵστημι n'aurait pas pu donner d'autre forme que *ester*, imparf. *estoit. Estisoit* doit être une mauvaise prononciation pour *esistoit existoit.*

[2]. Dans *vois voise, estois estoise, ruis ruisse, truis truisse, pruis pruisse, doins doinse*, il n'y a à expliquer que l's introduite qui, contrairement à l's paragogique usitée plus tard de la 1ʳᵉ sing. du prés. ind. (*je meur-s*),

emploie aussi *manjuer menjuer*, qui a le subj. prés. *menjuce* Ren. II, 90, comp. mon *Dict. étym.* I, 262. — 7) *Amer* = franç.mod. *aimer* ne présente généralement *ai* qu'aux formes accentuées sur le radical : prés. *aim, aimes, aimet, amons, amez, aiment. Claimer* fléchit de même. — 8) Pour *laisser* les anciens employaient aussi *laier*, mais ces deux verbes ont une origine différente. — 9) Pour *bailler* on trouve le futur *baudrai Gaufr.* 264 fait sur le modèle de *faudrai*.

IIe Conjugaison. — L'infinitif a la terminaison *re*, non pas *er* (= franç.mod. *oir*) qui échoit à la flexion forte. Cette conjugaison ne se distingue de la troisième pure que par la forme citée de l'infinitif, ce qui amène aussi une différence dans le futur et le participe passé *ut* ou *u*. Il y a de plus à observer que l'*i* de dérivation du parfait se présente aussi dialectalement sous la forme diphthonguée *ie* : ainsi dans *espandiés Lib. psalm.* 88, 44, *rumpiés* 73, 16 ; *espandiét* 104, 37 ; *abatiéd Rol.* p. 6 (M.), *respundié Gorm.* v. 350, *vesquié* Ben. I, 273, *perdié AAvign.* p. 56, *entendié Og., Gayd.*; *perdierent Lib. psalm.* 105, 32, *espandierent* 78, 3. — Des verbes nouveaux qui appartiennent à cette conjugaison sont *braire, bruire, croistre* (part. *croissu*); *grondre* (lat. *grunnire*) aussi est venu s'égarer ici ; ils semblent tous défectifs. *Sevre* bourg. (b.lat. *pro-severe Form. Mab.* pour *pro-sequi*), pic. *sivir suir* hésite entre la deuxième et la troisième conjugaison : prés. *sieu, sieus, sieut* ; subj. *sive (siue)*; parf. *sivi siuvi* ; part. *seut*, de même *sivi (suï)*. — Quelques-uns, tels que *rompre*, ont un parfait fort à côté d'un faible, *romput* et *rout. Soloir* est défectif, prés. *suel, suelt, solons* ; on ne trouve pas d'exemple du parfait (Burguy II, 114), comp. le prov. *soler* p. 188[1].

---

se présente aussi au subjonctif et semble être d'une autre nature. D'après Burguy I, 244 l's dans *doinse* provient du *g* dans *doinge*, mais des doubles formes de ce genre ne sont pas du tout usitées en français. J'aimerais mieux expliquer *doinst* par l'immixtion connue d'une *s* (p. 213) dans *doint* et la transmission de cette forme aux autres cas du présent. Delius suppose dans l's insérée des verbes cités une tentative de renforcer le radical terminé par une voyelle ou une nasale par la finale inchoative *is* dont l'*i* s'est diphthongué avec la voyelle radicale : *ruisse* etc. renverrait clairement à *finisse* ; mais une terminaison diphthonguée ou nasale n'aurait pu s'accommoder que d'une *s* simple, de là *voise, doinse.* C'est là une explication de ce cas difficile dont il faut tenir compte.

1. Bartsch, *Chrest. franç.* 494, note il est vrai *sot* comme parfait fort du verbe mentionné ci-dessus (*que ele tant regreter sot Fl. et Bl.* p. 79).

IIIᵉ Conjugaison. — Voyez au chapitre du français moderne des exemples de verbes de cette conjugaison. L'hésitation entre la forme pure et mixte est fréquente ici, comme en provençal, par ex. *emplir* (*emple* pour *emplist* Ruteb. II, 486), *en-fouir* (*enfuent* pour *enfuissent RCam.* p. 187), *gemir* (part. prés. *gemmanz LJ.* 465ᵘ), *guerpir* (prés. *gerpun, gerpent*, subj. *gerpe*, de même *gerpissez, -issent* Ben.), *jouir* (prés. *joit joient FC.* II, 188. 189, *joist Part.* II, 66, *GNev.* 184).

L'*imparfait de l'indicatif* possède en commun avec la deuxième conjugaison la flexion *oie* ou *eie*. Cette dernière forme, où l'on doit reconnaître la forme primitive, a pu certainement aussi bien dériver de *ea* (*eva*, lat. *ebam*) que de *ia* (*iva, ibam*), si l'on compare *meie* du lat. *mea*, *veie* de *via*; mais le fait que le provençal, comme l'espagnol, a transporté la flexion de la troisième conjugaison à la deuxième permet de supposer aussi un procédé semblable en français, et ici cette forme a même pénétré jusque dans la première conjugaison. D'anciens exemples de l'imparfait sont : dans le *Fragm. de Val. saveiet, doceiet* (*ducebat*), *penteiet, fisient* (*faciebant*); dans la *Passion aveie aveit, aveien*, avec un coloris plus provençal *soliet, voliet*. *Bernard* présente ici souvent une orthographe avec *v*, par ex. *sentivet* pour la forme d'ailleurs usitée *sentoit* 546ᵘ, *servivet* 557ᵐ etc.

Verbes isolés. 1) *Faillir*, voy. flexion forte deuxième classe. *Haïr*, prés. *has* et *hé, hes, het, haons, haez, heent*; subj. *hace hee*; imparf. *haoie*; fut. *harrai*. *Ir* est défectif comme en français moderne; mais le composé *issir ussir* est complet, aussi *istre* (*ex-ire*), par ex. prés. *is, is, ist, issons*, ou *eis, eissons*; subj. *isse GNev.* p. 34; impér. *is, issiez*; imparf. *issoie TCant.* 94; parf. *eissi issi*, 3ᵉ aussi *issut*; *ississe*; fut. *issirai* et *istrai*; part. *issi FC.* II, 102, de même *issu*[1]. *Oïr* (*aud.*); prés. *oi, os, oit ot, oons, oez, oient oent*; subj. *oie*;

Cependant, comme le manque du parfait dans ce verbe est général, il reste à examiner si *sot* ne pourrait pas être identique au présent *soit*.

1. Burguy suppose dans la forme de l'inf. *istre* une imitation du fut. *istrai*. Delius contredit cette supposition en observant qu'une semblable formation de l'infinitif serait un étrange renversement des faits : on a bien plutôt reculé l'accent sur la première syllabe afin de protéger le radical trop faible dans *issir*, ce qui a donné *istre*. A cela on pourrait répondre qu'un radical composé de trois lettres peut à peine être nommé faible; ensuite qu'on ne peut admettre sans plus que l'inf. *istre* ait précédé le fut. *istrai*. Il était même plus difficile de passer immédia-

impér. *oi* (*od Brand* p. 100), *oez* (*oiez* tiré du subj. comme le prov. *aujatz*); imparf. *ooie*; parf. *oï, oïst, oït, oïmes; oïsse*; fut. *orrai*; part. *oï*. — 2) Divers verbes ont un participe en *u*, d'ordinaire à côté d'un autre en *i*, par ex. (outre *issir*) *ferir feru* (prés. *fier, ferons*, subj. *fiere fierge*), *repentir repentu* Ben. I, 387, *consentir consentu* Trist. I, 153, *revertir revertu* Ben. I, 230, *vestir vestu* (-*i* Gar. I, 273). — 3) *Ofrir, soufrir, couvrir, ouvrir* ont un participe fort en *ert* : *ofert* etc. (prés. souvent avec la diphthongue *uefre*, inf. *offerre, soufferre*, voy. Ruteb. II, 86. 96). *Cueillir* a comme forme secondaire *cueilleit* TCant. de *collectus*.

IIIe Conjugaison mixte. — Nous avons vu que la forme inchoative n'a agi en italien et en provençal que sur le présent, mais qu'elle n'a pas même influé sur ce temps en espagnol et en portugais. En français, cette flexion s'est emparée non-seulement du présent tout entier, mais aussi de l'imparfait et du gérondif, en sorte que, en dehors de l'infinitif, le parfait avec l'imparfait du subjonctif qui en est dérivé et le participe passé sont seuls demeurés fidèles à l'ancienne forme. Mais chez quelques écrivains elle a atteint aussi le parfait avec l'imparfait du subjonctif, comp. *deguerpesis = deguerpis* L. psalm. 9, 10, *hunesistes = honistes* MFr. II, 148, *choisisismes = choisismes* 151, *garesist Ignaur.* p. 12, *suffrisist Havel.* 31, *guaresis Rol.* p. 92. 120, *gehesist Bert.* 124, *hounesisse Poit.* 10, *conquesissies Ccy.* 1034, *guerpesis RCam.* 141, *nouresis* 142, *NFC.* II, 141.

Flexion forte. — Dans l'ancienne langue, elle comprend presque les mêmes verbes qu'en provençal. On ne trouve pas par ex. *ac-cendere, colere, coquere, fodere, e-rigere, e-ripere, rodere, tendere, timere*, qui suivent en partie en italien aussi la flexion faible; au contraire le vieux français possède comme verbes forts *augere, fallere, mordere, despicere* et encore quelques autres qui en provençal ont un parfait faible. Un certain nombre de verbes de la classe forte peuvent présenter deux ou plusieurs formes; elles n'ont pas partout seulement un caractère dialectal. Le français moderne doit à son esprit d'économie de n'admettre partout qu'une *seule* forme.

---

tement de *issir* à *istre* que de *issirai* à *istrai*, car il s'agissait d'expulser, dans le premier cas, un *i* accentué, dans le second un *i* atone (*issir issirai israi istrai, istre*).

Infinitif. 1) A la finale *re* s'ajoute encore la finale *oir* (lat. *ēre*), norm. *er, eir* (*aver, crere, saver saveir* Charl.) qui désigne exclusivement des verbes forts. L'ancienne langue au moins trahit une hésitation entre *oir* et *re* : ainsi dans *ardre ardoir, criembre cremoir, maindre manoir*[1]. Mais celle du dialecte picard, qui est surtout une tendance vers la troisième conjugaison, a plus d'importance : *ardre arsir, chaoir cheïr, courre courir, criembre cremir, manoir manir, plaire plaisir, seoir seïr, taire taisir, veoir veïr*; déjà dans les *Serments podir* et *savir*. Des flexions telles que *lisirent, valirent valissant, aparissant* présentent aussi la caractéristique de la troisième conjugaison. Les modes de flexion se mêlent par là très-fortement : *tolre* ou *tolir* par ex. a le triple parfait *tols, tolui, toli*. — 2) La syncope se produit à peu près comme en provençal, mais la réintroduction de la consonne disparue dans les formes accentuées sur la flexion est moins autorisée. — A propos de la formation de ce mode il faut rappeler aussi l'intercalation d'un *t* entre *s* et *r*, d'un *d* entre *n* et *r, l* et *r*, en vertu de laquelle de *crois're* est sorti *croistre*, de *semon're semondre*, de *mol're moldre*. Au provençal *nh* répondent ici le bourguignon et le picard *gn* et le français moderne *ind*, comp. *oygnre, oindre* avec *onher*. — Pour le *futur* la forme de l'infinitif *oir* ou *eir* était trop lourde, ce temps la rejette. Il intercale également entre *nr* et *lr* un *d* euphonique : ainsi dans *valoir valdrai, tenir tiendrai, venir viendrai*. Dans les deux derniers mots, il faut remarquer la diphthongue *ie* étrangère à l'infinitif : elle a été introduite pour empêcher la prononciation *tandrai, vandrai*.

Présent de l'indicatif. 1) Les traces du latin *eo* ou *io* sont un peu plus cachées qu'en provençal, car si l'on sent même dans les petits mots *ai, sai, voi* la voyelle de dérivation (*hab-e-o* etc.), elle échappe à notre observation dans d'autres comme *tien* ou le fr. mod. *vaux* (*valeo*). — 2) La diphthongaison (aux 1re, 2e et 3e sing. et à la 3e plur.) s'est produite assez rarement

---

1. Burguy II, 34 est disposé à considérer les infinitifs avec *e* syncopé comme des dérivations du futur, de sorte que la forme *maindre* par ex. aurait son origine dans *maindrai* pour *main'rai*. En principe il n'y a rien à objecter à cette explication et nous venons de la reconnaître à propos de *istre* (où il s'agissait d'un *i*). A côté de cela on ne doit cependant pas perdre de vue que les langues romanes violent souvent la quantité de cet *e* d'une manière générale, et là aussi où le futur n'a pas pu en être la cause, comme par ex. en italien.

et n'est pas commune à tous les dialectes : 3ᵉ sing. *crient, quiert, siet, tient, vient*, 1ʳᵉ plur. *cremons, querons, seons, tenons, venons* ; 3ᵉ sing. *muert, muet, puet, vuelt*, 1ʳᵉ plur. *morons, movons, poons, volons* ; *chielt, chiet*, inf. *chaloir, choir* etc. Dans d'autres cas la diphthongue semble reposer sur la syncope de la finale du radical, ainsi dans *doi* à côté du plur. *devons*, dans *reçoif* à côté de *recevons*, où la diphthongue *ei* (*oi*) a été produite par *e-e* et *i-i* dans *de[b]eo, reci[p]io*, comme *ai* dans *sa[p]io*. — 3) La 1ʳᵉ plur. concorde dans sa formation intérieure avec la forme de l'infinitif, comp. *ocions* (*ocire*), *cloons* (*clore*), *raons* (*raire*), *tordons* (*tordre*), *prendons* (*prendre*) ; seulement le *d* euphonique dans *ldr, ndr* n'a pas été attribué au présent, de là *molons* (*moldre*), *solvons* (*soldre soudre*), *ceignons* (*ceindre*). Quelquefois cette personne renvoie à un *ç* latin qui a été syncopé à l'infinitif, comme dans *disons* (*dicimus*), *faisons* (*facimus*), *despisons* (*despicimus*) et, d'après ces formes, d'autres comme *circoncisons* et *lisons*. La 2ᵉ plur., à l'exception de *dites* et *faites*, se règle absolument sur la 1ʳᵉ plur. La 3ᵉ plur., excepté dans *font* et *ont* vis-à-vis de *faisons* et *avons*, conserve partout la consonne de la 1ʳᵉ plur. — *Présent du subjonctif.* 1) On trouve encore des traces précises de la voyelle de dérivation dans *deuille, vaille, viegne, sache, plaise, face, aie* etc. Dans certains dialectes, surtout en normand, le mouillement dans les groupes *ill, gn* a passé ici à *g* palatal, comme en provençal à *g* guttural, par exemple *tenget* (prov. *tenga*) Alexis, *vienge, tienge* LG., *vienge* LRs, *vauge* (*valeam*) Ben. *Rg* se présente dans *apierge* (*appareem*), *moerge* (*moriar*), comp. dans la troisième conjugaison faible *dorge* (*dormiam*), *fierge* (*feriam*). Enfin le son chuintant a atteint aussi la finale simple *am* et même des mots de la première faible, par ex. *courge* (*curram*), *querge, auge* (p. 215), *doinge* (216), *devorge* (*devorem*), *demurge* (*demorer*), *paroge* pour *parolge* (*parabolet*). Un autre développement réduit à quelques cas, qu'il ne faut pas confondre avec l's dans *voise*, est *c*, comme dans *mece* (lat. *mittam*) Ren. IV, 104, G. d'Angl. (*meche* FC. I, 218. 237, dans des chartes de la Flandre *messe*), *chiece* (*cadam*) FC. IV, 244, Ruteb. I, 287, *siece* (*sedeam*) FC. IV, 59. — 2) Ce temps se dérive moins facilement de la 1ʳᵉ sing. de l'indicatif qu'en provençal, car il s'est tenu plus près de la forme originaire. Il concorde en général dans sa formation avec la 3ᵉ plur. du mode cité, ainsi, pour employer des exemples du français moderne, dans *boivent boive, tiennent tienne* ; sont exceptés *fasse, aie, sache, puisse, vaille, veuille*. La 1ʳᵉ et la 2ᵉ plur. se règlent, pour leur voyelle radicale, d'après les personnes correspondantes de l'indicatif : *buvons buvions, mourons mourions* (mais la 3ᵉ pers. est *boivent, meurent*), exceptés *faisons fassions, avons ayons*.

Parfait. 1) La simple flexion latine *i* ne comprend que quatre cas, *fis* (*feci*), *vi* (*vidi*), *ving* pour *vin* (*veni*), *ting* pour *tin* (*tenui*), aussi avec l'orthographe *tinc, vinc* Lib. psalm. — 2) La flexion en *s* s'accorde presque partout avec les cas latins : *ars, aers* (*adhaesi*), *ceins* (*cinxi*), *clos* (*clausi*), *escos* (*excussi*), *dis* etc., en outre *ocis* (*occidi*), *creins* (*tremui*), *raiens* (*redemi*), *semons* (*summonui*), *empeins* (*impegi*), *pris* (*prehendi*), *sis* (*sedi*), *atains* (*attigi*) et d'autres encore. La plupart des verbes avec la finale du radical *l* ou *ll* usent généralement de la forme en *s* : ainsi *chalst* (*chaloir*), *fals* (*falloir*), *sals* (*saillir*), *tols* (*tolir*), *vols* (*voloir*), comp. ital. *calse, salsi, tolsi, volsi* ; cependant cette forme est plus usitée à l'imparfait subj. qu'au présent de l'indicatif. Ici aussi, de même qu'en provençal et en espagnol, l'*x* latin s'est interverti dans quelques mots en *sq*, mais il n'a produit que des formes faibles : de *vixi* s'est développé non pas *vesc*, mais *vesqui*, et sur cette forme s'est réglé *nasqui* ; *benedixi* a donné *benesqui*. — 3) *Ui*, v.fr. soit *ui*, soit *oi*, embrasse, sauf quelques exceptions, les cas latins et encore beaucoup d'autres. La forme française est tout à fait nationale et l'on ne peut en aucune façon la tirer du provençal. Elle conserve l'*i* de la finale, ce que ne fait pas la deuxième classe. Il faut à ce propos observer que la flexion attire à elle l'accent. Il eût été absolument contraire au génie de la langue française de traiter comme atone la lourde syllabe finale, et le provençal lui-même n'a sauvé l'accent de la syllabe radicale qu'en consonnifiant la terminaison (*dolc* de *dolui*). Ce déplacement de l'accent ne s'accommode pas avec la nature de la flexion forte, ainsi que nous l'avons reconnu plus haut. Néanmoins si l'on veut établir la conjugaison romane sur les fondements de la conjugaison latine, on ne peut pas ranger les verbes de cette classe parmi les verbes faibles, parce que le trait caractéristique de la flexion faible au parfait, *avi, evi, ivi* leur manque, et que l'on ne peut pas introduire une nouvelle conjugaison de cette nature sans bouleverser l'organisme de l'édifice de la flexion romane. On doit au moins les reconnaître comme verbes incomplètement forts, demi-forts ; au reste la construction de la langue tout entière apparaît, comparée à celle de l'italien et de l'espagnol, comme moins parfaite et comme plus dégradée vis-à-vis de celle de la langue mère. A cette raison de principe, fondée sur la caractéristique *u*, s'ajoute encore cette considération : la loi suivant laquelle les verbes de cette classe sont accentués sur la flexion n'est même pas sans restrictions, ainsi que nous allons le voir, car il existe des cas où la voyelle radicale se fond en *un son* avec l'*u* de flexion et où, par conséquent, il ne peut être question d'une accentuation de cette voyelle. Il faut remarquer que plusieurs verbes de la forme en *u* se sont emparés aussi de la forme en *s* et manifestent par là une tendance à représenter plus complètement le principe fort.

La flexion personnelle de la deuxième et de la troisième classe (*faire* de la première appartient pour la pratique à la deuxième) est la suivante :

di-s	*d-ui*
de-sis — de-is	*de-us*
di-st	*d-ut*
de-simes (-sism.) — de-imes (-ism.)	*de-umes (-usm.)*
de-sistes — de-istes	*de-ustes*
di-strent (-sr.), dirent; disent	*d-urent*

Remarques à propos de *dis* : 1) *Desis* etc., avec un *e* radical est une formation euphonique pour *disis*; de même *mesis* pour *misis* et d'autres cas encore. — 2) *Desis, desimes, desistes* avec *s* (surtout du dialecte picard) doivent être regardés comme les formes primitives, *deïs, deïmes, deïstes* comme les formes syncopées. Si une consonne précède, la sifflante acquiert une position plus solide et ne tombe pas : *arsist, remansist* et non *arist, remanist*. Cette syncope de l'*s* est un trait spécial de la conjugaison française. *S* ne tombe d'ailleurs pas dans cette langue entre des voyelles. A-t-on peut-être regardé ces trois personnes comme suffisamment désignées par les terminaisons *is, imes, istes*, de telle sorte qu'on a cru pouvoir leur enlever la première *s* ? Par là on les a ramenées au mode de flexion de la deuxième et de la troisième conjugaison. — 3) La 3e plur. se montre sous diverses formes. Ou bien l'on intercale de la manière connue un *t* euphonique entre *s* et *r*, comme dans *distrent (doistrent, presdrent Lég.)*, ou bien ce *t* n'est pas du tout appliqué, comme dans *disrent*, forme que les anciens aussi prononçaient déjà *dirent*, ou encore l'*r* de flexion elle-même est expulsée, ce qui entraîne aussi la disparition du *t*, et l'on dit *disent* (*dissent*), *fisent, misent, oïsent* etc.; nous connaissons déjà cette dernière forme, qui appartient surtout au dialecte picard (voy. p. ex. Fallot p. 480), par l'italien, l'espagnol et le provençal où elle apparaît en partie aussi appliquée à la III⁰ classe[1]. — Remarques sur *dui* : 1) La finale du radical succombe à l'influence de la finale lourde *ui*. Exemples : *a*) les liquides seules résistent à la chute, comp. *dolui, molui, tolui, valui, corui, morui, parui*; *b*) les muettes au contraire sont rejetées avec la voyelle radicale précédente, en sorte qu'aux personnes primitivement accentuées sur le radical (1ʳᵉ, 3ᵉ sing., 3ᵉ plur.) il ne reste du radical que l'initiale : *bui* (*bibi* modifié en *bibui*, de là prov. *bec*), *crui* (*credidi*), *reçui* (*recepi*), *dui* (*debui*), *jui* (*jacui*), *lut* (*licuit*), *nui* (*nocui*) et de même les parfaits avec *u* provenant de *v*, comme *crui* (*crevi*), *mui* (*movi*), *conui* (*cognovi*); *c*) il existe cependant quelques cas auxquels ne peut pas s'appliquer cette théorie sur la formation du parfait : ce sont ceux où la voyelle radicale, qui ici est presque toujours *a*, n'est pas élidée, mais forme avec l'*u* suivant une diphthongue; car *aui, paui, plaui, saui*, d'où, avec condensation de *au* en *o*, *oi, poi, ploi, soi*, ne peuvent être rapportés qu'à *ha[b]ui, pavi, pla[c]ui, sa[p]ui*, et *poi* aussi doit être expliqué par *po[t]ui*. — 2) Pour la finale *i* le dialecte picard emploie aussi *c*, qui semble consonantifié de *i* et qui au moins ne peut être identique à la gutturale provençale, qui domine le temps tout entier : *peuc, seuc, vauc* (*volui*), *conuc*, voy. Burguy II, 50. 96. 101. — 3) *Uit* pour *ui*, par ex. dans *buit SB.* 542, *reconuit* 551.

L'*imparfait du subjonctif*, comme on peut s'y attendre, participe à la double forme du parfait de l'indicatif. On l'obtient de la même manière que celui de la conjugaison faible par l'addition de la syllabe *se* à la 2ᵉ pers. sing. du dernier temps :

de-sisse	*de-isse*	*de-usse*
de-sisses	*de-isses*	*de-usses*
de-sist	*de-ist*	*de-ust*
de-sissiens	*de-issiens*	*de-ussiens*
de-sissiez	*de-issiez*	*de-ussiez*
de-sissent	*de-issent*	*de-ussent*

[1]. Comparaison des formes (celles qui sont en caractères romains sont les formes usitées).

ital.	présero	présono	—	—
esp.	—	príson	—	prisiéron
franç.	*pristrent*	prisent	prirent	—
prov.	*presdron*	*preson*	*preiron*	*preseron*
val.	prinsęre	—	—	—

Sur une forme bourguignonne *duisse*, voy. Burguy II, 6. La chute de l'*e* à la 3ᵉ sing. est ancienne. *Eulalie* a, il est vrai, encore *auuisset*, mais *Léger* a *ouist*, *vidist*, *opresist*, le *Fr. de Val. fesist, percussist*.

Participe. 1) Le lat. *sus*, rarement *tus* ou *itus*, produit *s*, par ex. *clos, aers, remes* (*remans*.), *mis, ocis, pris, quis*, de même *semons* (*summonitus*), *despis* (*-spectus*), *sors* (*surrectus*). — 2) *Ctus, ptus, rtus* ont donné en français *t, rt*: *çaint* (*cinct*.), *dit, beneoit* (*benedictus*), *duit, fait, frait, escrit, covert* etc. Sur *beneoit* se sont réglés *cheoit* et *toloit*.— 3) La place de *itus* a été prise en général par *ut*, abrégé en *u*, et alors la finale du radical, lorsque c'est une muette, est élidée (comp. le parfait), mais la voyelle radicale n'est généralement représentée que par un simple *e* : prov. *pagut*, v.franç. *paü peü* (*pastus*), pr. *conogut*, aussi *conegut*, v.fr. *coneü*. Au reste la voyelle elle-même est souvent tombée avec les consonnes radicales, en sorte que *mu* représente le prov. *mogut*.

Liste des verbes (sans distinction rigoureuse des dialectes).

Iʳᵉ Classe. — Facere : *faire* déjà dans *Eulal.*; *fas* et *fais, fais, fait, fasons faisons* (aussi *faimes*, comp. plus bas *dimes*), *faites* (*faistes*), *font*; *face* (3ᵉ *facet Serm.*); *fai* (*fais*); *fesoie* (*faisoie*); *fis, feimes*; pl.q.p. *fisdra Léger, firet Ch. d'Alex.*; *ferai* (norm. *frai*); *fait*. — Tenere : *tenir*; *tieng*; *tiegne tienge*; *ting, tenis, tint, tenimes, tindrent*; *tenisse*: *tenroi* (ndr, rr); *tenu*. La 3ᵉ pers. du parfait *tenuit SB* est particulière; imparf. subj. *tenussent* ibid. qui s'accorde avec le lat. *tenui* (prov. *tenc*) *tenuissent*. — Venire : *venir* = *tenir*. — Videre : *veoir*, pic. *veïr*; *voi, veons*; *vi, veïs, veïmes*; pl.q.p. *vidra* et *vidret Pass.*; imparf. subj. *veïsse*, 3ᵉ *vidist* et *vist* (*vesist SB*. formé d'après *fesist*); *veü*.

IIᵉ Classe. Parf. en *s*. Ardere : *ardre ardoir*; parf. *ars, arst*; *arsisse*; *ars*. *Ardir* suit la flexion faible : *ardi*; *ardisse* etc. — Augere dans *aoire B. Chrest. franç.* 339, 31 (*ad-augere*); parf. *aoist* (d'après le latin *auxit*) *Lib. psalm.* p. 156; part. *aoit?* — Caedere dans *occire* (*oc-cid.*); prés. *oci Parton.* I, 93, *ocis, ocit, ocions, ocient*; *ocis*; *ocis*. — Calere voy. la troisième classe. — Cingere : *ceindre*; *ceing, ceins, ceignons*; *ceigne*; parf. *ceins, ceinst* (faible *ceignit*); *ceinsisse*; *ceint*. — Claudere : *clore*; *clo, clos, clot, cloons*; *clos, clostrent* (*cloirent*); *clos*. — Cutere* (*quatere*) : *escorre* (*exc.*), *rescorre* (*re-exc.*), aussi *es-*, *rescolre*; part.

es-, *rescos* ; part. *es-rescos*, fém. *-sse*. D'après ces formes, on pourrait aussi admettre *se-corre* (*succutere*), mais on ne trouve que le part. *secous* = prov. *secos* et cela seulement à une époque postérieure (chez Marot et d'autres), voy. Burguy II, 154. Le *Fragm. de Val.*, à l'imparf. subj., a *percussist*. — DICERE : *dire*; *di*, *dis*, *dit* et *dist*, ce dernier par ex. dans le *Fragm. de Val.*, *Parton.* II, 59, *disons* (*dimes*), *dites* (*distes*), *dient* (encore chez Marot) ; *die* (usité aussi chez des écrivains postérieurs) ; *dis*; *dit*. Comp. plus haut p. 223. *Es-con-dire* se comporte comme le mot provençal correspondant. Sur *beneistre* (*bened.*) voy. les anomaux. — DUCERE : *duire* ; *dui*, *de--duient Trist.* II, 42; *con-duie* ibid. 61 ; *con-duioie*; *de-duis FC.* II, 53, *duist* Fragm. d'*Alex*. 94. 100, *Rol.* p. 9 (*doist Léger*); *con-duisist Parton*. I, 27 ; *duit* (aussi dans le sens d'habile, instruit, de *ductus* et non de *doctus*). — EMERE dans *raembre raiembre* (*red-im*), ce dernier dans MFr. I, 248 ; prés. 1re plur. *raembons* ; parf. *raiens*, *raienst* ; fut. *raiendrai* ; *raient* part. Ben. III, 259. — FALLERE : *faillir* ; *fals* (qu'on peut admettre d'après la 2e *falsis*); *falsisse* (d'après la 3e *falsist*); du reste faible *failli* et *faillu RMont.* p. 36; *faillist*. — FINGERE : *feindre* ; *feins Rol.* p. 88°; *feint*. — FLIGERE dans *aflire* (*af-fligere*) *Alex*. 82, 35. 83, 7; parf. *aflis*, *aflistrent Lib. psalm.* 16, 10; part. *afflicz Léger* 28 (faible *aflijé* voy. Roq.). — FRANGERE : *fraindre* (*ei*) ; prés. 3e *fraint*, *fraignons* ; parf. *freins Rol.* p. 51 ; *frait* et *fraint* = ital. *franto*. — HAERERE dans *aerdre* (*adh.*); prés. *aert* ; parf. *aers*, *aerst*, *aerstrent* ; part. *aers*. L'*r* dans *aers* est inorganique, aussi n'existe-t-elle pas dans le fréquentatif *adeser*. — JUNGERE : *joindre* ; *joint*, *joignons* ; *jons juns Trist.* II, 110 ; *joint junt*. — LEGERE voy. la troisième classe. — MANERE : *manoir* et *maindre*; *main*, *manons*, *mainent* ; *maigne*; *mes*, *mest* (*meist* Grég.) *remest remist* et même *manuit SB.* 563°; *mainsisse maisisse* ; *maindrai* ; *remes*, de même *remansu Bert.* 89 et *remasu RCam.* 59, comme le prov. *remazut*. — MITTERE : *metre* (bourg. *mattre*); *met*; *mete* (*mece G. d'Angl.* comp. plus haut p. 221); *mis* ; *misdrent*; *mesisse* ; *mis*. — MONERE dans *semondre* (*summ.*); *semons* (*semonut SB.* 523°); *semons Trist.* I, 168, *GNev.* 125. — MORDERE : *mordre maurre* ; *mors Rol.* str. 56; *mors* part. encore chez Cl. Marot et d'autres, voy. *LRom.* IV, 265. — PANGERE dans *empeindre* (*im-ping.*); *empeins Rol.* p. 50 ; *empeint*. — PINGERE : *peindre* = *ceindre*. — PLAN-

GERE : *plaindre* ; *plaing* ; *plains pleins* MFr. II, 495 ; *plaint*. — PONERE dans *repondre rebondre* ; *repuns* (*repunstrent* Psaut. de *Trin. Coll.*) ; *repost repuns* (*reponuit SB.* 523, *reponu Gaufr.* p. 210). — PREMERE et ses composés : *priendre* ; prés. *priem* Ben. I, 213 ; parf. *depriens LRs* 203. 281 ; part. *prient* Ben. I, 241, *espriens*. — PRENDERE : *prendre prenre*, bourg. comme prov. *penre* ; *pren* (*preng* etc.), *prendons, prendent prennent* ; *preigne prenge* ; *prenoie* (*nd*) ; *pris* et *prins, prensis* etc. *pristrent* (*prindrent*) ; pl.q.p. *presdre presdra Pass.*, *Léger* ; imp. subj. *presisse preisse* ; part. *pris prins*. — PUNGERE : *poindre* ; *point* prés. 3ᵉ, *poignons* ; *poins* et *pois Rou* v. 913, Ben. I, p. 176 ; *point*. — QUAERERE : *querre*, seulement depuis la fin du xiiiᵉ siècle *querir* (Burguy) ; *quier, quiers, querons, quierent* ; *querge* ; *quis, quesis* ; *quis* (pour une forme faible *queru* voy. *RMont*. 445).— RADERE : *raire* ; *rai, rais, rait, raons* ; *res Brut.* II, 514 ; *res*. — RIDERE : *rire* ; *ris* ; *ris*. — SALIRE : *saillir* ; le parf. *sals* ne se trouve pas, on ne rencontre que l'imparf. subj. *sausist Trist.* I, 46. — SCRIBERE : *escrivre escrire* ; *escrif, escrivons* ; parf. *escris, escrist* (*escriut Mousk.*) ; *escrisse* (déjà aussi *escrivisse*) ; *escrit escriut*. — SEDERE : *seoir*, pic. *seïr* ; *siet, sieent* ; *siee* (*siece*) ; *sis* (3ᵉ *sist Fragm. de Val.*), *sistrent sisent* ; *seisse* ; *serrai* ; *sis*. La différence entre *sedēre* et *sidĕre*, pr. *sezer*, parf. *sec*, et *sire*, parf. *sis*, ne se fait plus sentir en français. — SOLVERE : *solre* (*ldr, rr*) ; *sol soil, sollent* ; *solle soille* ; parf. *sols* ; part. *sols* (*solt*) et *solu* ; le parf. postérieur *solus* semble formé sur ce dernier. — SPARGERE : *espardre* ; *espars* ; *espars* ; voy. Orelli 214. — SPECERE dans *despire* (*de-spicere*) ; *despi, despit, despisent* MFr. II, 63 ; *despise* ; *despisoie Poit.* 26 ; *despist* parf. 3ᵉ MFr. II, 449 ; *despit*. — SPONDERE dans *respondre responre* ; *respon, -ondent -onent* ; *respons* (d'après le subj. *responsist* Ben. II, 39) ; d'ailleurs faible *respondi* ; part. *respondu*. — STINGUERE : *estaindre* ; *estains*? etc.— STRINGERE dans *estreindre* et *destreindre* ; *estreins Havel.* p. 14 ; *estreit*. — STRUERE dans *destruire* ; *destrui, -uient* ; *destruioie* ; *destruis* ; *destruit*. — SURGERE : *sordre* ; *sort, sordent* ; *sors, sorst* ; *sors* (d'où le subst. *source*), part. prés. *sordant*. *Resordre* ; parf. *resors*, on emploie aussi la forme empruntée au latin : *surrexi* 3ᵉ pers. *FC*. II, 399, *surrexis* 2ᵉ pers. *PDuch*. p. 75, *resurrexis Rol.* p. 92 ; part. *surrexis* (*-ectus*) *Roncisv.* 56, *QFA.* v. 792. — TANGERE dans *ataindre* (*at-ting.*) ; *atains* ;

ataint. — Tergere : *terdre* ; *ters Grég.* ; *ters.* — Tingere : *teindre* ; *teins Trist.* II, 99 ; *teint.* — Tollere : voy. la classe suivante. — Torquere : *tordre* ; prés. *tort tuert* ; subj. *torge* ; parf. *tors, detuerst Rol.* Mich. 62 (*dis-torsit*) ; *tors Ren.* II, 302. — Trahere : *traire* ; *tráis, tráistrent* Ben. I, 228 ; *trait.* — Tremere : *cremre* norm., *cremoir* bourg., *cremir* pic. ; de *cremre* est sorti *crembre*, enfin *crendre* ; prés. *criem, criens, crient* ; parf. *creins, creinstrent*, de même *cremui* de *cremoir* et *cremi* de *cremir* ; part. *crient Trist.* II, 138 (= *tremitum* dans Priscien), de même *cremu*. — Ungere : *oindre* ; *oing* ; *oins Trist.* II, 99 ; *oint.* — Velle voy. la classe suivante. — Volvere : *voldre* Orelli 243 ; parf. *vols* ; part. *vout* (*volsu RMont.* 134, 9).

IIIe Classe. Parf. *ui, oi*. Bibere : *boivre*, plus tard *boire* ; *boif, bois, boit, bevons, -ez, boivent* ; *bui, beverai* (*vr*) ; *beü*. Peu à peu se montrent des formes avec *u* radical, comme dans *buvoie, buvrai.* — Cadere : *chaoir cheoir*, pic. *keïr cheïr* ; *chiet* (diphthongué de *chet*), *chaons, chieent* (*chient Er.* 5909) ; *chiee*, pic. *chiece* ; *cheü, cheürent*, aussi *chaï FC.* II, 55, *chaïrent* ; *charrai* ; part. *cheü* et *chaït LJ.* 507^u, de même *chaoit cheoit* (*de-chaet Trist.* II, 28). — Calere : *chaloir* impers. (importer) : *chalt* (*chielt Eulal.*) ; *chaille* ; *chaloit* ; *chalut* ; avec une flexion en *s*, subj. *chalsist* ; *chaldra* ; *chalu.* — Capere dans les composés comme *recevoir reçoivre* (*re-cip.*) etc. ; *-çoif* et *-çoi* ; *-çui* ; *-ceü.* — Credere : *croire* ; *croi, creons, croient* ; *crui* et *creï Part.* II, p. 67. 95, 3e pers. *creï GNev.* p. 6 ; *creüsse* et *creïsse FC.* II, 108, *GNev.* 18 ; *crerrai* ; *creü.* — Crescere : *croistre* pic., *crui* (*creis* Orelli 210) ; *creü.* — Currere : *courre* et *courir, courui* ; *couru.* Il faut observer *encursist* pour *encourust Trist.* II, 91, comp. ital. *corsi.* — Debere : *dovoir* bourg. pic. ; *doi, devons* etc. ; *doive* ; *dui* ; *deü.* — Dolere : *doloir* ; *duel, doil, duelent* ; *dolui* (subj. *dousisse Chev. au lyon* p. 231 qui renvoie à un parfait en *s*, ital. *dòlsi*) ; *doldrai* (*rr*) ; *dolu.* — Habere p. 210. Composés : *mentevoir* et *mentoivre, ament-, rament-* (remémorer) ; *-mentui Ignaur.* 13, *menteü Parton.* II, 133, *GNev.* 54. — Jacere : *gesir* ; *gis* (*gies*), *gis, gist, gisent* (*giesent*) ; *gise* (*giese*) ; *jui, jut* ; *geüsse* ; *gerrai* ; *geü.* — Legere : *lire* (*leire SB.*) ; *li, lis, lit list, lisons* ; *lise* ; *lui, leüs, lut*, mais aussi d'après la deuxième classe *lis, leïs, list, listrent*, comme ital. *lessi* ; *leüsse* et *leïsse* ; *leü* et *lit* (*leit*). — Licere : *loire* ; *list loist* ; *loise* ; *lisoit* ; *lut* ; *leüst* ; *loira* ;

leü = prov. *legut* ne se trouve pas. — Molere : *molre* (*ldr, rr*); *molui*; *morrai* etc.; *molu*. — Mori : *morir*; *muir muer* etc. (Burguy), *muers, muert*; *muire muere moerge*; *morui* et même *mori* (Orelli); *morusse morisse*; *mort*. — Movere : *movoir* (*muevre* = prov. *mourre*, ital. *muóvere*); *mui*; *mouverai*; *moü meü*. — Nocere : *nosir* pic., bourg., enfin *nuisir*; norm. *nure*, enfin *nuire*; *nuist, nuisent*; *nui*; *neüsse* (*nuisse* Ben. I, 401); *nurrai*; *neü*. — Noscere dans *conostre conoistre*, *conois*, -*essons*, -*oissent*; *conessoie*; *conui*; *coneü*. — Parēre : *paroir*; *part peirt pert, perent*; *pere perge*; *parut*; *parra perra*; *parant*; *paru*. *Paroistre*, comme *conoistre*. — Pascere : *paistre*; *paist* 3ᵉ près.; *paui peui poi*; *peüsse*; *paü* etc. — Placere : *plaisir* TCant. et *plaire*; *plais, plaist, place plaice*; *plaisoie*; *plaüi pleüi ploi, plot, plorent*; *pleüsse*; *ploü pleü*. — Pluere : *plovoir*; *plut*; *pleü*. — Posse : *pooir*; *puis, pues, puet, poons, pueent*, aussi *pois, poz, pot, poent*; *puisse poisse*; *poi, pot* (*pod poth* Léger), *porent*; pl.q.p. *póuret* Eulal.; *poüsse peüsse* (*peuisse*); *peü* ¹. — Sapere : *savoir*; *sai, ses, set siet seit, savons, sevent seivent*; *saiche*, pic. *sace*; *saü soi, sot, sorent* (*souurent* Léger); *saüsse seüsse*; *saverai sarai*; *seü*. — Solere : *soloir*; *suel, suelt, solons* etc.; défectif, on ne trouve pas, par ex., le parfait (Burguy II, 114), comp. le prov. *soler*. — Stare : *ester*, qu'on cite ici à cause de son parfait *estut*, voy. plus haut p. 215. Le même parfait appartient aussi à un verbe impersonnel *estovoir* (être nécessaire), qui fléchit comme *povoir pooir* : près. *estuet*; subj. *estuisse FC*. II, 66, *Part*. II, 91; *estovoit*; *estut* (*estot Trist*. II, 89. 90); *esteüst Part*. II, 135; *estovra*; sur l'hypothèse qui rattache ce mot à *studere* voy. mon *Dict. étym.* II. c. — Tacere : *taisir*

---

1. Dans *SB*. on trouve trois fois le parfait *polt* (528ᵘ, 548ᵘ, 551ᵐ) qui répond à l'imparfait et au parfait *poterat, potuit* du texte latin. Il se rencontre aussi assez souvent chez des écrivains postérieurs (*poelt, peult*, plur. *poellent, puellent*), sûrement encore au xviᵉ siècle. Burguy, II, 51 le dérive sans hésiter du latin *pollere*. Mais on ne doit pas invoquer sans nécessité un verbe que la langue française seule posséderait et dont cette langue elle-même ne pourrait présenter qu'une forme unique. Il ne m'échappe pas que *pollere* est revendiqué aussi pour le domaine italien, mais l'archaïque *puoli, puole*, dont la diphthongue dément déjà la dérivation de *polles pollet*, semble formé d'après *vuoli vuole*. Le franç. *polt* peut de même être formé sur *volt*; et Burguy lui-même nous explique aussi la forme du v.franç. *solt* (*saputt*) par l'analogie du même *volt*.

et *taire* comme *plaire*; parf. par ex. *toü* 1re pers. *LJ*. 473º (pour *toüi*), *taüt SB*. 548, *taürent*. — Tollere : *tolre* (*ldr*), *tolir* est beaucoup plus usité (déjà dans *Eulal.*), et montre une flexion richement développée, par ex. prés. *tol*; *toille*; parf. *tolui, tolut*, aussi *toli*, en *s tolst tost NFC*. II, 14, *tolrent*; *tolusse tolisse tolsisse*; *tolrai* (*ldr, rr*); part. *tolu*, de même *toloit toleit LJ.* 469ⁿ, *Grég., Rol.*, Ben., *Rou.*, *Trist.* — Valere : *valoir*; *val*; *valle vaile vauge*; *valui, valut FC.* II, 10; *valsisse, valsist*, on ne trouve pas d'indicatif *vals*; *valrai* (*ldr, rr*); *valant* et *valissant*; *valu*. — Velle : *voloir*; encore un verbe à formes multiples, par ex. *voil vuel, vols vuels, volt vuelt, volons, vuelent*; *voille* etc., on trouve des parfaits aux formes avec *s*, *vols, volsis* (même *valsis*), *volst volt, volsimes* (*voss.*), *volstrent volrent voldrent Eulal.*; d'autres avec un *u* de dérivation, comme en français moderne, depuis la fin du XIIIᵉ siècle seulement; subj. *volsisse* (*valsisse*) : d'après H. Étienne, *voussisse* est aussi autorisé que *voulusse Hypomn.* p. 205; *volrai voldrai* (*valrai*) ; *volu*.

Anomaux. Benedicere : (norm. et encore dans des dictionnaires du XVIᵉ siècle) *beneistre benistre*, d'ailleurs *beneir*; prés. 3ᵉ *beneist*; parf. *benesqui LRs* 144, *Havel.* 27, *Charl.*, MFr. II, 475; fut. *beneisterai*; part. *benescut* ibid. 430, d'ailleurs *beneoit benoiet*, prov. *benezeit*. — Vivere : *vivre*; parf. *vesqui* (*vist = vixit* semble être un latinisme : *la fu e vist tresque la fin Rou.* II, 61); part. *vescut* et même *vesquit*. — Irasci : *iraistre*; parf.? part. *irascu Trist.* I, 153, de même *irié*. — Nasci : *nastre naistre*; *nasqui*; *nascu* Ben. II, 83, aussi *neit* (*nasquit* voy. Orelli, dans P. Ramus on trouve même l'inf. *nasquir*).

b) Conjugaison du français moderne.

Flexion personnelle. 1) La 1re pers. sing. a dans la plupart des cas pris une terminaison qui n'est connue ni de la langue mère, ni d'aucune des langues sœurs, ni même du français dans son état le plus ancien. Cette terminaison est *s*, et les cas où elle se trouve appliquée sont les suivants : *a*) Au présent de la deuxième et de la troisième conjugaison, y compris les verbes forts : v.franç. *crien, vend, sent, fai, voi, di*, franç.mod. *crains, vends, sens, fais, vois, dis*. Le verbe *ai* (*habeo*) s'est préservé de cette *s*, de même que *cueille* et *saille*, dont la terminaison concorde avec celle de la première conjugaison. Le singulier de l'impératif n'a pas été mieux traité : *croi, pren, reçoif*; *crois, prends, reçois*; même à la première conjugaison il ne peut se passer de cette *s* devant les particules *en* et *y*, comme dans *donnes-en, portes-y*. Dès le XIIIe siècle cette *s* apparaît fréquemment à ce temps, mais au moins jusqu'à l'époque de Racine l'application n'en était nullement indispensable ; on écrivait l'impératif avec ou sans *s*, ainsi que l'observe aussi R. Étienne *Hypomn*. p. 197. *b*) A l'imparfait de l'indicatif et au conditionnel: v.fr. *chantoie, chanteroie*, fr.mod. *chantais, chanterais*. La terminaison *e* est encore très-usitée au XVIe siècle, par ex. chez Marot, R. Étienne et Ramus, au moins à la 1re pers.; on conjuguait *j'aimoye, tu aimois, il aimoit*, mais déjà aussi *j'aimois*. *c*) Au parfait de la IIe et de la IIIe conjugaison et dans toutes les formes fortes de ce temps : v.franç. *rendi, dormi, fi, corui*, franç.mod. *rendis, dormis, fis, courus*; cette *s* aussi se remarque déjà vers le milieu du XIIIe siècle. L'*e* muet, sauf le cas cité de l'impératif, ne prend pas cette finale, et là où elle s'est introduite l'*e* a été absorbé, comme dans *chantais*, non pas *chantaies*. La flexion *ai* (*chantai*) ne prend pas non plus l'*s*. Maintenant comment se rendre compte de cette lettre paragogique ? Pour le présent, on pourrait dire que l'*s* de la troisième conjugaison mixte (*fleuris*) a donné l'impulsion, mais les autres cas ne s'expliqueraient pas de cette façon. Une autre cause pourrait exister dans l'hiatus qui se produit devant des voyelles initiales et que la langue française aurait évité en ajoutant à la finale vocalique une *s*, comme elle fait dans un autre cas en ajoutant un *t*. On prononçait par ex., comme Ramus, p. 28, l'observe en indiquant cette cause, *je ris et pleure*, bien qu'on écrivît *je ri et pleure*. Une troisième explication semble plus acceptable. Comme l'*s* ajoutée fait concorder la 1re et la 2e pers., on l'a expliquée par un transport de la 2e à la 1re. De semblables assimilations ne semblent pas s'être produites dans les autres domaines romans ; en français la désignation explicite *je* et *tu*, devenue usuelle, pouvait, il est vrai, favoriser cette identité de forme, car ces petits mots avaient pris en quelque sorte le rôle de la flexion. Divers dialectes français attribuent même à tout le singulier et à tout le pluriel une seule et même forme[1]. — 2) Le *t* de flexion

---

[1]. Dans le domaine des langues germaniques aussi il y a beaucoup d'exemples de semblables empiètements d'une personne sur l'autre, et ils commencent à se montrer déjà en gothique ; un phénomène qui cadre surtout avec notre cas français c'est l'envahissement en suédois

est resté partout au pluriel ; au singulier il s'étend à quelques cas du présent ind., à l'imparfait des deux modes, au parfait de la deuxième et de la troisième conjugaison, de même qu'au conditionnel. Mais si la 3ᵉ pers. se termine par une voyelle et qu'elle soit suivie d'un mot enclitique avec une initiale vocalique, on intercale toujours un *t*, où il est difficile de ne pas reconnaître un débris de l'ancienne flexion (t. Iᵉʳ, p. 175) : ainsi dans *a-t-il, viendra-t-elle, aime-t-on*. Les anciens ne craignaient pas l'hiatus plus ici qu'ailleurs, ils employaient par ex. *sera il, verra on* avec la valeur de trois syllabes. Bèze p. 36 enseigne, il est vrai, que le *t*, même là où il n'est pas écrit, doit cependant être prononcé, *parle-il, ira-il* comme *parlet-il, irat-il*, c'est ce que Ramus dit pour l'*s*, et il n'y a pas à le contester pour leur époque. — 3) La 1ʳᵉ du pluriel n'a conservé la finale *emes* (sauf au parfait) que dans *sommes*. — 4) La 2ᵉ plur. se comporte comme dans l'ancienne langue : *es*, au lieu de la forme dominante *ez*, est conservé au parfait (*chantâtes*) et là où le radical a l'accent, c'est-à-dire dans *êtes, dites, faites*. — 5) La flexion de la 3ᵉ plur. devient absolument muette, comme l'enseignent déjà les grammairiens du xvıᵉ siècle, de sorte que *chantaient* par ex. est disyllabique et donne une rime masculine. Mais en vieux français cette rime est féminine, par conséquent on entendait au moins la voyelle. Charles d'Orléans encore emploie *doivent* comme disyllabe, *avoient* comme trisyllabe. Alain Chartier prononce *firent* en deux syllabes, Villon *percent, voyent* en deux syllabes, *estoient* en trois, mais déjà *vouldroy--ent, aimoi-ent* en deux, Cl. Marot *sentent, eussent* en deux, *estiment* en trois, mais *soient* en une, *estoi-ent, voulloi-ent, sembloi-ent* en deux syllabes. Des dialectes prononcent encore aujourd'hui *chantont, mettont* etc.; en vieux français on trouve même des terminaisons telles que *fussient* et *fussant*, voy. Burguy I, 266.

Il y a peu de remarques générales à faire sur les modes et les temps après ce qui a été dit plus haut à propos de l'ancienne conjugaison et ce qui sera indiqué plus bas dans le tableau. Au futur l'assimilation est plus restreinte que chez les anciens. En ce qui concerne l'impératif, *avoir, être, savoir* et *vouloir* empruntent les 2ᵉˢ pers. sing. et plur., en partie un peu modifiées, au subjonctif : *aie* (subj. *aies*) *ayez, sois soyez, sache sachez*

---

et en danois de la 1ʳᵉ pers. sing. du prés. ind. par l'*r* (= *s* goth. et lat.) réservée en vieux norois à la 2ᵉ.

(subj. *saches sachiez*), *veuille veuillez* (subj. *veuilles vouliez*). A la 1re plur. du parfait la voyelle de dérivation reçoit maintenant toujours le circonflexe, en raison de l'ancien *sm* inorganique : *chantâmes, fûmes*.

Finale du radical. 1) Il est à peine nécessaire de rappeler que *c*, quand il a le son sifflant, est muni de la cédille devant *a, o, u* : *placer, plaçais, plaçons*; *recevoir, reçu*; et aussi que *g* dans le même cas se fait accompagner d'un *e* : *manger, mangea, mangeons*, v.fr. en général *manger, manjons*. *Gu* conserve l'*u* placé devant l'*e* comme signe étymologique, aussi devant *a* et *o* : *distinguer, -gua, -guons* (non pas -*ga*, -*gons*. — 2) *Y* alterne avec *i* de telle sorte que celui-ci se place devant l'*e* muet ou les consonnes, celui-là devant *i* et les voyelles accentuées : *essaie, voie, sois, fuir, croire*; *essayons, voyez, soyez, fuyant, croyons, croyions*. L'*i* radical, lorsqu'il n'appartient à aucune diphthongue, peut s'introduire immédiatement devant l'*i* de flexion, comme dans *riions, priiez*. — 3) Un cas qui ne concerne que la voyelle devant la finale du radical au présent, de même qu'aux futurs de la première conjugaison, est que l'*e* accentué y est marqué du grave lorsqu'il est aigu ou muet à l'infinitif, du circonflexe lorsqu'il a aussi cet accent à l'infinitif : *posséder possède possèderai, mener mènent mènerai* etc.; *l* ou *t* peut dans beaucoup de verbes en se redoublant rendre superflu le signe d'accentuation : *appeler appelle* (*appèle*), *jeter jettent* (*jètent*).

Flexion des *verbes auxiliaires*.

1. *Avoir*. — Ind. prés. *ai, as, a, avons, avez, ont*. Imparf. *avais, avais, avait, avions, aviez, avaient*. Parf. *eus, eus, eut, eûmes, eûtes, eurent*. Fut. *aurai, auras, aura, aurons, aurez, auront*. Subj. prés. *aie, aies, ait, ayons, ayez, aient*. Imparf. *eusse, eusses, eût, eussions, eussiez, eussent*. Cond. *aurais* (= imparf. ind.). Impér. *aie, ayez*. Gér. *ayant*. Part. *eu*. La périphrase s'opère avec le même verbe : *ai eu* etc.

2. *Être*. — Ind. prés. *suis, es, est, sommes, êtes, sont*. Imparf. *étais, étais, était, étions, étiez, étaient*. Parf. *fus, fus, fut, fûmes, fûtes, furent*. Fut. *serai, seras, sera, serons, serez, seront*. Subj. prés. *sois, sois, soit, soyons, soyez, soient*. Imparf. *fusse, fusses, fût, fussions, fussiez, fussent*. Cond. *serais*. Impér. *sois, soyez*. Gér. *étant*. Part. *été*. La périphrase se fait avec *avoir* : *ai été* etc.

Tableau de la Conjugaison.

	I.	II.	III. a.	III. b.
Ind. prés.	*chant-e*	*vend-s*	*par-s*	*fleur-is*
	chant-es	*vend-s*	*par-s*	*fleur-is*
	chant-e	*vend*	*part*	*fleur-it*
	chant-ons	*vend-ons*	*part-ons*	*fleur-issons*
	chant-ez	*vend-ez*	*part-ez*	*fleur-issez*
	chant-ent	*vend-ent*	*part-ent*	*fleur-issent*
Imparf.	*chant-ais*	*vend-ais*	*part-ais*	*fleur-issais*
	chant-ais	*vend-ais*	*part-ais*	*fleur-issais*
	chant-ait	*vend-ait*	*part-ait*	*fleur-issait*
	chant-ions	*vend-ions*	*part-ions*	*fleur-issions*
	chant-iez	*vend-iez*	*par-tiez*	*fleur-issiez*
	chant-aient	*vend-aient*	*part-aient*	*fleur-issaient*
Parf.	*chant-ai*	*vend-is*	*part-is*	*fleur-is*
	chant-as	*vend-is*	*part-is*	(= *part.*)
	chant-a	*vend-it*	*part-it*	
	chant-âmes	*vend-îmes*	*part-îmes*	
	chant-âtes	*vend-îtes*	*part-îtes*	
	chant-èrent	*vend-irent*	*part-irent*	
Fut.	*chant-erai*	*vend-rai*	*part-irais*	*fleur-irai*
	chant-eras	*vend-ras*	*part-iras*	(= *part.*)
	chant-era	*vend-ra*	*part-ira*	
	chant-erons	*vend-rons*	*part-irons*	
	chant-erez	*vend-rez*	*part-irez*	
	chant-eront	*vend-ront*	*part-iront*	
Sub. prés.	*chant-e*	*vend-e*	*part-e*	*fleur-isse*
	chant-es	*vend-es*	*part-es*	*fleur-isses*
	chant-e	*vend-e*	*part-e*	*fleur-isse*
	chant-ions	*vend-ions*	*part-ions*	*fleur-issions*
	chant-iez	*vend-iez*	*part-iez*	*fleur-issiez*
	chant-ent	*vend-ent*	*part-ent*	*fleur-issent*
Imparf.	*chant-asse*	*vend-isse*	*part-isse*	*fleur-isse*
	chant-asses	*vend-isses*	*part-isses*	(= *part.*)
	chant-ât	*vend-it*	*part-it*	
	chant-assions	*vend-issions*	*part-issions*	
	chant-assiez	*vend-issiez*	*part-issiez*	
	chant-assent	*vend-issent*	*part-issent*	
Cond.	*chant-erais*	*vend-rais*	*part-irais*	*fleur-irais*
	chant-erais	*vend-rais*	*part-irais*	(= *part.*)
	chant-erait	*vend-rait*	*part-irait*	
	chant-erions	*vend-rions*	*part-irions*	
	chant-eriez	*vend-riez*	*part-iriez*	
	chant-eraient	*vend-raient*	*part-iraient*	
Impér.	*chant-e*	*vend-s*	*par-s*	*fleur-is*

	chant-ez	vend-ez	part-ez	fleur-issez
Inf.	chant-er	vend-re	part-ir	fleur-ir
Gér.	chant-ant	vend-ant	part-ant	fleur-issant
Part.	chant-é	vend-u	part-i	fleur-i

Temps périphrastiques : ind. *ai chanté, avons chanté*; de même *avais ch.*; *eus ch.*; *aurai ch.*; subj. *aie ch.*; *eusse ch.*; *aurais ch.*; inf. *avoir ch.*; gér. *ayant ch.* — Passif : ind. *suis chanté, ée, sommes chantés, ées*; de même *étais ch.*; *fus ch.*; *ai été ch.*; *avais été ch.*; *eus été ch.*; *serai ch.*; *aurai été ch.*; subj. *sois ch.*; *fusse ch.*; *aie été ch.*; *eusse été ch.*; *serais ch.*; *aurais été ch.*; inf. *être ch.*; *avoir été ch.*; gér. *étant ch.*; *ayant été ch.*

Ire Conjugaison. — L'*r* finale de l'infinitif est muette, mais elle a dû être anciennement sonore, car elle rime, et cela jusque dans le xvie siècle (voy. Quicherat, *Traité de versif. franç.* 2e éd. p. 334), avec des noms en *r* sonore, comme *mer* (lat. *mare*). Le *futur* a un exemple de formation irrégulière dans *enverrai* de *envoyer*. Cependant la langue poétique se débarrasse assez souvent de l'*e* de dérivation : ainsi dans *oublîrai, avoûrai, emploîra*.

Verbes isolés. 1) *Aller, vadere* et *ire* produisent un verbe complet : *aller*; *vais, vas, va, allons, allez, vont*; *aille*; *va, allez*; *allais*; *allai*; *allasse*; *irai*; *irais*; *allant*; *allé*. — 2) Défectifs : *Puer* (*putere*) n'est usité qu'à l'infinitif, au présent et à l'imparfait ind. et au futur. *Tisser* (*texere*) ne s'emploie qu'à l'infinitif.

IIe Conjugaison. — Ses verbes réguliers sont : *battre, coudre* (*consuere*), *fendre, défendre, fondre, mordre, é-* et *ré-pandre, pendre, pondre* (*ponere*), *répondre, rendre, rompre, descendre, tendre, tondre, tordre* (*torquere*), *vaincre, vendre*.

Verbes isolés. 1) Deux des verbes réguliers présentent une certaine irrégularité qui provient de ce qu'ils ont une double forme, d'où résultent des oppositions tantôt inévitables, tantôt arbitraires. *Coudre* est pour *cous're*, de là prés. *couds, cousons* (et non *coudons*); parf. *cousis*; part. *cousu* (lat. *consutus*). *Vaincre* a le prés. *vaincs, vaincs, vainc, vainquons* (pour *-cons*) etc.; le parf. *vainquis*, le part. *vaincu*. — 2) *Suivre* (*sui-v-re* directement de *sui-re* p. 217); prés. *suis, suivons*; parf. *suivis*; part. *suivi* de l'ancien *sivir*, ital. *seguire*. — 3) Beaucoup de verbes autrefois forts, ou qui l'étaient primitivement en latin, mettent, comme dans la conjugaison faible, leur parfait en harmonie avec les formes du présent accentuées sur la flexion, mais conservent leur participe fort. Ce sont : *a*) ceux en -*indre*, lorsque *ind* se fonde sur le latin *ng* ou *m* : *ceindre, éteindre, feindre, en-freindre, joindre, oindre, peindre, plaindre, poindre, a-, re-streindre, con-traindre, teindre, atteindre, craindre* (*tremere*), *empreindre* (*im-primere*). Ils fléchissent : prés. *ceins, ceins, ceint, ceignons, -ez, -ent*; *ceigne*; imparf. *ceignais*; parf. *ceignis*; part. *ceint*, et ainsi *joint, plaint, craint* etc. *b*) Cinq verbes en -*uire* : *cuire* (*coquere*), -*duire* dans les composés (*con-, de-, enduire* etc.), *luire, nuire, -struire* dans les composés (*con-, instruire, détruire*). Flexion : prés. *cuis, cuisons* (de *cocimus* pour *coq.*, comp. *faisons* de *facimus*), *cuisez, cuisent*; *cuise*; *cuisais*; *cuisis*; -*cuit, -duit, -struit*, mais *lui, nui*. *c*) *Écrire* pour *écrivre*; *écris, écrivons, -vent*; *écrivis*; *écrit*. — 4) Défectifs : *Braire*; *brait, braient*; *braira*; *brairait*. *Bruire*; *bruit*; *bruyait, -aient*; *bruyant*. *Frire* (*frigère*); *fris, fris, frit* prés.; *frirai*; *frirais*. *Tistre*, qui a été remplacé aujourd'hui par *tisser*, a chez les grammairiens du xvie siècle les formes *ti, tis, tist, tissons* etc.; part. *tissu* (aujourd'hui encore). Pour d'autres, tels que *clore, paître, sourdre, traire*, voy. plus bas à la flexion forte.

IIIe Conjugaison. — La troisième pure ne peut plus présenter maintenant en fait de verbes complètement réguliers que les suivants : *bouillir, cueillir, dormir, fuir, mentir, partir, repentir, as-saillir, sentir, servir, sortir, ressortir*. Le français moderne ne possède que deux verbes à flexion pure et mixte à la fois, *partir* et *saillir*, car dans *sortir* il semble que deux radicaux différents se sont rencontrés; mais même dans ces deux verbes le mode de flexion dépend de la signification. Le *présent* pour l'euphonie syncope la consonne devant la flexion : *bouillir, bous, bous, bout, bouillons* etc., subj. *bouille*, impér. *bous*; *dormir, dors, dort, dormons*; *mentir, mens, ment, mentons*; *repentir, repens, -nt, -ntons*; *sentir, sens* etc.; *servir, sers, servons*; *sortir, sors, sortons*. *Cueille* et *assaille*, ainsi que nous l'avons remarqué, ne prennent pas d's à la 1re sing. (mais en v.fr. *cuelt, assaut*, comme le fr.mod. *bout*), la 3e fléchit comme la 1re, il en est de même en outre des verbes, qui seront mentionnés plus bas, qui ont un participe en -*ert*.

Verbes isolés. 1) *Vêtir*, part. *vêtu* au lieu de *vêti*; prés. *vêts, vêt* etc. — 2) *Offrir, souffrir, couvrir, ouvrir* ont les participes forts *offert, souffert, couvert, ouvert* ; prés. *offre, souffre, couvre, ouvre*. — 3) Défectifs. *Faillir* (de *fallere*); *faillais* etc.; *faillis* etc.; *faillant* ; *failli*. Comp. *falloir* plus bas p. 229. *Férir* n'est usité que dans la phrase *sans coup férir*. *Ouïr* ; parf. *ouïs* etc.; subj. *ouïsse* etc.; part. *ouï*. *Saillir* s'emploie seulement à la 3ᵉ pers. de quelques temps, comme *saille, saillait* ; ses composés *as-* et *tressaillir* sont complets.

A la troisième **conjugaison mixte** appartiennent des verbes de la deuxième et troisième latines, comme *emplir, fleurir* (où il faut observer *florissais* et *florissant* à côté de *fleur-*), *frémir, jouir, envahir, convertir* ; de la quatrième *finir, hennir, nourrir, répartir, périr, punir, saillir, servir, sortir* qui n'est usité qu'à la 3ᵉ pers., *assortir, ressortir* ; des verbes créés à nouveau sont *choisir, garantir, haïr* etc. Ce dernier est anomal en ce sens qu'au singulier du présent ind. et à l'impératif il ne prend pas de forme inchoative : *hais, hais, hait*, mais plur. *haïssons, haïssez, haïssent* ; *haïsse, haïssions* ; *hais, haïssez* ; *haïssais* ; *haïs* parf. rare ; *haïssant, haï*.

Flexion forte. — Elle a fait des pertes importantes dans la nouvelle langue. Beaucoup de ses verbes ont tout-à-fait disparu de l'usage : ainsi *ardre, escorre, raembre, aerdre, maindre, espardre, despire, terdre, voldre, loire, tolre*. D'autres ont perdu précisément la caractéristique de la flexion forte, le parfait, et sont devenus défectifs ailleurs encore, comme *éclore, semondre, traire, chaloir, gésir, ester* (imparf. *étais*). D'autres enfin se sont rangés à la flexion faible, comme notamment ceux en *-indre* et *-uire* cités plus haut, comme ensuite *écrire*, et plus décidément encore, même au participe, *mordre, pondre, répondre, tordre*. Il en était autrement encore au XVIᵉ siècle ; les grammairiens de cette époque citent par ex. des verbes comme *ardre, chaloir, cheoir* (complet), *douloir, aherdre, semondre, aparoir, raire, seoir* (complet), *sourdre souloir, espandre, tistre* qui ont disparu plus tard.

Le *parfait* de la deuxième classe provient de l'ancienne forme syncopée là où elle existait, seulement la voyelle radicale subit également la syncope. Il en est de même pour celui de la troisième classe, mais ici l'*s* paragogique qui nous est connue supplante la voyelle de flexion *i* qui existait encore en vieux français à la 1ʳᵉ sing. : de *dui* est sorti le moderne *dus*. Du reste la finale *oi* de cette classe est généralement ramenée à *ui*, c'est-à-dire à *us*.

v.fr. *di-s*	fr.mod. *di-s*	v.fr. *d-ui*	fr.mod. *d-us*
de-is	*d-is*	*de-us*	*d-us*
di-st	*di-t*	*d-ut*	*d-ut*
de-ismes	*d-îmes*	*de-usmes*	*d-ûmes*
de-istes	*d-îtes*	*de-ustes*	*d-ûtes*
di-strent	*di-rent*	*d-urent*	*d-urent*

L'*imparfait du subjonctif* fléchit : *disse, disses, dît, dissions, dissiez, dissent* ; *dusse, dusses, dût, dussions, dussiez, dussent*. L's double qui lui est essentielle persiste même lorsque *n* précède, par ex. ind. *tins,* subj. *tinsse, tinsses, tînt, tinssions*. — Il va de soi qu'au *participe* de la troisième classe la voyelle radicale tombe comme au parfait, ainsi *dû* de l'ancien *deü*[1].

Liste des verbes.

Ire Classe. — FACERE : *faire* ; *fais, faisons, faites, font* ; *fasse* ; *fais, faites* ; *faisais* ; *fis* ; *ferai* ; *faisant* ; *fait*. Composés : *con-, suf-fire* : *-fis, -fisons, -fisent* ; *-fis* ; *confit*, mais on a *suffi*. — TENERE : *tenir* ; *tiens, tenons, tiennent* ; *tienne* ; *tiens, tenez* ; *tins, tînmes, tîntes, tinrent* ; *tiendrai* ; *tenu*. — VENIRE : *venir* = *tenir*. — VIDERE : *voir* ; *vois, voyons, voient* ; *voie, voyions* ; *voyais, voyions* ; *vis* ; *verrai* ; *voyant* ; *vu*. Pouvoir et *prévoir* ; fut. *-voirai*.

IIe Classe. — CAEDERE dans *circoncire* ; *-cis, -cisons* ; *-cis* ; *-cis*. — CLAUDERE : *clore* défectif ; *clos, clos, clôt* ; *clorai* etc. ; *clorais* etc. ; *clos* part. *Éclore* déf. ; *éclôt, éclôsent* ; *éclôse, -ent* ; *éclôra, -ont* ; *éclôrait* ; *éclos* part. *Con-* et *ex-clure* complets : *-clus, -cluons* ; *-clus* ; *-clurai* ; *conclu,* mais *exclu* et *exclus*. — DICERE : *dire* ; *dis, disons, dites, disent* ; *dise* ; *disais* ; *dis* ; *disant* ; *dit*. Ainsi aussi *redire* ; les autres composés ont au prés. *-disez* pour *-dites*. *Maudire* ; prés. *-dis, -dissons, -ez, -ent* ; *-disse* ; *-dissais* ; *-dissant* ; pour le reste comme *dire*. *Bénir* suit la troisième mixte ; part. *béni, ie, bénit, -ite*. — MITTERE : *mettre* ; *mets, met, mettons* ; *mis* ; *mis*. — MONERE : *semondre,* n'existe plus qu'à l'infinitif. — PRENDERE : *prendre* ; *prends, prenons, -ez, prennent* ; *prenne, prenions* ; *prenais* ; *pris* ; *prendrai* ; *pris*. — QUAERERE : *querir* ne se présente plus qu'à l'infiniti(f) (c)omplet

---

1. Mais le circonflexe n'est pas applicable partout, comp. *bu, déçu* etc. En général il y a dans la quantité quelque chose d'inégal, de contradictoire. Ainsi on écrit *plaît,* mais *tait* ; *gît,* mais *dit* ; *clora,* mais *éclôra*.

dans *ac-*, *en-*, *re-quérir*; *-quiers*, *-quérons*, *-quièrent*; *-quière*; *-quis*; *-querrai*; *-quis*. Conquérir seulement *-quis* parf. et *-quis* part. — RADERE : *raire*; n'a plus que le participe peu usité *rais*. — RIDERE : *rire*; *ris*, *rions*, *rient*; *rie*; *ris* (*ri*), *riez*; *riais*, *riions*; *ris*; *ri*. — SEDERE : *seoir* déf.; *sied, siéent*; *seyait*; *siéra*; *siérait*; *séant seyant*; *sis* (*seoir, séant, sis* s'emploient dans le sens d'asseoir, les autres formes dans celui de convenir). Asseoir complet : *assieds*, *-seyons*, *-seient*; *-seye*, *-seyions*, *-seient*; *-siérai*, *-sis*; *-seyant*. Surseoir dans les temps suivants : *sursois*; *-soyais*; *-sis*; *-sisse*; *-seoirai*; *-seoirais*; *-soyant*; *-sis*. — SURGERE : *sourdre*, n'est employé qu'à l'infinitif et à la 3ᵉ sing. du présent ind. *sourd*. — TRAHERE : *traire* (seulement dans le sens de tirer du lait, Pott compare le sanscrit *duh*); *trais*, *trayons*, *traient*; le parfait manque; part. *trait*.

IIIᵉ Classe. — BIBERE : *boire*; *bois*, *buvons*, *boivent*; *boive*; *buvais*; *bus*; *bu*. — CADERE : *choir*, seulement à l'infinitif et au participe *chu*. Déchoir complet : *déchois*, *-oyons*, *-oient*; *déchus*; *décherrai*; *déchu*. Échoir défectif : *échoit* prés., c'est la seule forme; *échus* etc.; *échusse*; *écherrai*; *écherrais*; *échéant*; *échu*. — CALERE : *chaloir* déf., seulement le prés. *chaut* dans la phrase *il ne m'en chaut*. — CAPERE dans *con-*, *dé-*, *per*, *re-cevoir*; *-çois*, *-cevons*, *-çoivent*; *-çoive*; *-cevais*; *-çus*; *-cevrai*; *-çu*. — CREDERE : *croire*; *crois*, *croyons*, *croient*; *croie*, *croyions*, *croient*; *croyais*, *croyions*, *croyaient*; *crus*; *cru*. — CRESCERE : *croître*; *croîs*, *croissons*; *crûs*; *crusse*; *crû*, *crue*. — CURRERE : *courir*, aussi *courre*; *cours*; *courus*; *courrai*; *couru*. — DEBERE : *devoir*, comme *-cevoir* (voy. capere), cependant part. *dû, due*. — FALLERE : *falloir* impers.; *il faut*; *falle*; *fallait*; *fallut*; *faudra*; *fallu, il a fallu* etc. Les anciens ne connaissaient que *faillir* (p. 226), *falloir* est un développement postérieur. — HABERE : *avoir*. Le composé *ravoir* ne doit être employé qu'à l'infinitif. — JACERE : *gésir* déf.; prés. seulement *gît*, *gisons, gisent*; imparf. *gisait*; gér. *gisant*. — LEGERE : *lire*; *lis, lisons*; *lisais*; *lus*; *lirai*; *lisant*; *lu*. — MOLERE : *moudre*; *mouds, moulons*; *moule*; *moulus*; *moudrai*; *moulu*. — MORI : *mourir*; *meurs, mourons, meurent*; *meure*; *mourus*; *mourrai*; *mort*. — MOVERE : *mouvoir*; *meus, mouvons, meuvent*; *meuve*; *mus*; *mouvrai*; *mû, mue*. — NOSCERE dans *connaître*; *connais*, *-naît*, *-naissons*, *-naissent*; *connus*; *connu*. — PARERE (PARESCERE*) : *paraître* comme *connaître*. — Pascere : *paître* aussi comme *connaître*, le parfait manque. *Repaître* est complet, parf. *repus*. — Placere : *plaire* ; *plais, plaît, plaisons* ; *plaise* ; *plus* ; *plu*. — Pluere : *pleuvoir* ; *pleut* ; *pleuve* ; *plut* ; *plu*. — Posse : *pouvoir* ; *puis* et *peux, peux, peut, pouvons, peuvent* ; *puisse* ; *pouvais* ; *pus* ; *pourrai* ; *pouvant* (adj. *puissant*) ; *pu*. — Sapere : *savoir* ; *sais, savons, savent* ; *sache* ; *sache, sachons, sachez* impér. ; *savais* ; *sus* ; *saurai* ; *sachant* (adj. *savant*) ; *su*. — Solvere dans *ré-soudre* ; *résous, -sout, -solvons, -solvent* ; *résolus* ; *résoudrai* ; *résolu* et *résous*, ce dernier sans féminin. *Ab-* et *dis-soudre* sans parfait ; part. *-sous, -soute*. — Tacere : *taire* comme *plaire*, mais le présent est *tait* et non *taît*. — Valere : *valoir* ; *vaux, vaut, valons, valent* ; *vaille, valions, vaillent* ; *vaux, valez* ; *valus* ; *vaudrai* ; *valant* (adj. *vaillant*) ; *valu*. *Prévaloir*, subj. prés. *prévale*. — Velle : *vouloir* ; *veux, voulons, veulent* (sur la voyelle *eu* voy. Burguy II, 91) ; *veuille, voulions, veuillent* ; *veuille, veuillons, veuillez* ; *voulais* ; *voulus* ; *voudrai* ; *voulu*.

Anomaux. Vivere : *vivre* ; *vis, vit, vivons* ; *vécus* ; *vécu*. — Nasci : *naître* ; *nais, naît, naissons* ; *naisse* ; *naquis* ; *naissant* ; *né*.

6. CONJUGAISON VALAQUE[1].

Il est remarquable que malgré la dégradation considérable du système phonique primitif et le mélange d'éléments étrangers presque sans exemple qu'a subi la langue valaque, sa conjugaison n'a pas beaucoup plus souffert que celle des autres langues romanes. En fait, bien que l'influence dace se fasse sentir dans cette partie de la grammaire valaque, et lui donne un coloris spécial par le déplacement des voyelles et diverses particularités dans la formation périphrastique des temps, elle est foncièrement romane et se présente, en face de l'albanais, du slave et du hongrois, avec une individualité complète[2].

---

[1]. Mussafia a publié sur ce sujet de nouvelles études riches en résultats (*Jahrb*. X, 360-378). Nous en avons tiré pour le résumé ci-dessus diverses additions et rectifications.

[2]. Bopp dit de l'albanais qu'il se présente à son aoriste tout-à-fait sous l'aspect d'une langue romane : *kendova, kendove, kendoi,* plur. *kendueme, kenduete, kenduene* se comparerait à l'italien *cantava* etc., voy. son traité sur la langue albanaise, note 38. Le valaque n'a emprunté aucune de ces formes.

En ce qui concerne la *flexion personnelle* : 1) *s, t* et *nt* tombent : *cųntzi (cantas), vinzi (vendis), cųntatzi (cantatis), cųntę (cantat), tęcù (tacuit), cųntę (cantant), cųntarę (cantarunt)* ; l'*s* seule peut rester, mais en modifiant sa prononciation : *cųntaseśi (cantasses)*. — 2) Contrairement à toutes les langues de la même famille, le valaque supporte l'*m* finale dans deux temps : *cųntam, cųntasem (cantabam, cantassem)*. — 3) Le principe est que la 2⁰ pers. des deux nombres se termine toujours en *i* et la 1ʳᵉ plur. en *m* : *cųntzi, cųntatzi, cųntęm*. Pour la 3ᵉ pers. des deux nombres une seule et même forme suffit dans la plupart des cas, *cųntà* par ex. pour *cantabat* et *cantabant*. — 4) On peut constater une certaine régularité dans l'emploi de *ę* et *e* ; le premier représente le latin *a*, le second *e* et *i* ; la 1ʳᵉ plur. du prés. subj. constitue une exception : elle suit la forme du présent de l'indicatif.

L'*infinitif* (que l'albanais, le bulgare et le grec moderne ne possèdent pas) avait d'abord la terminaison pleine *-re*, mais aujourd'hui l'emploi de cette forme n'est tout au plus concédé qu'aux poètes, autrement on l'apocope et l'on dit *cųntà, face, auzì* pour *cųntare, facere, auzire*. Ce n'est que comme substantif que ce mode conserve la forme complète : *fi* être (*fieri*), *fire* (fém.) essence, nature, voy. la Syntaxe. Une particularité à remarquer est que la préposition *a* accompagne presque toujours l'infinitif, même lorsqu'une autre préposition précède ; on dit *a scrie (scribere), de a scrie, pentru a scrie*. — Le *futur* est aussi rendu ici par l'union de l'infinitif avec un verbe exprimant le futur, seulement ce verbe n'est pas *habere*, mais *velle* : *voiu cųntà (volo cantare)* et *vream cųntà (volebam cantare)*. Toutefois anciennement la périphrase du futur se faisait aussi avec *habeo* et un verbe à l'infinitif : *avem a dà* « nous avons à donner, nous donnerons ».

Présent de l'indicatif. 1) La 1ʳᵉ pers. se compose du radical seul : *cųnt, vind* ; mais plus anciennement, comme on peut le supposer, elle rendait la voyelle de flexion *o* généralement par *u*, ce qui n'a plus lieu aujourd'hui qu'après *i* et après un groupe de consonnes qui exige l'appui d'une voyelle : *voiu, moriu, suferiu, aflu, implu, intru*, au contraire *alerg*. L'*u* reparaît aussi devant les enclitiques, comme dans le nom devant l'article : *batu-te eu, batu-vę eu* « je te bats, je vous bats ». — 2) Le présent des divers modes est soumis à une modification phonique en partie inconnue aux autres langues : *a*) la diphthongaison est rare : *doare* de *dureà* (*dolere*), *doarme* de *dormì, poate* de *puteà* (*posse*); il existe au contraire des cas où le présent a la voyelle simple vis-à-vis de l'infinitif diphthongué : *cunosc cunoaste, scot scoate* (*excutere*). *b*) Les formes de ce temps accentuées sur le radical contiennent la voyelle primitive, tandis que toutes les autres formes verbales la modifient : *a* passe à *ę*, *au* à *ęu*, *o* à *u*. A cette classe appartiennent *tac tęceà* (*tacere*), *laud lęudà, sbor sburà* (*ex-volare*). Le présent entier de *tęceà* par exemple se conjugue *tac, taci, tace, tęcèm, tęcétzi, tac*; subjonctif *tac* etc.; impératif *taci, tęcetzi*. Mais ce changement ne se produit pas dans *cumpęrà, auzi, pune* etc. — 3) A tout prendre, l'accentuation latine est respectée dans ce temps, de là *cúget* (*cogito*), *cumínec* (*communico*), *dúplec* (*duplico*); cette règle est sujette à des exceptions comme *apléc* (*applico*), *culég* (*colligo*), *suférìu* (*suffero*) et beaucoup d'autres. — Le *subjonctif* ne se sépare de l'indicatif qu'à la 3ᵉ personne; c'est dans les verbes *fi* et *aveà* que cette distinction se fait sentir le plus fortement. — L'*impératif* a au singulier sa forme propre; le pluriel présente la flexion *tzi* de l'indicatif (et du subjonctif) et est en conséquence, comme dans la plupart des autres langues, emprunté à ce dernier temps.

L'*imparfait* élide partout le *b* primitif : *cuntam, vindeam, auzeam*, et l'orthographe *cuntavam* n'est qu'illusoire. On a laissé souvent aussi tomber l'*m* de flexion de la 1re personne du singulier afin de la distinguer de la 1re du pluriel.

Le *parfait* a à sa 1re sing. la terminaison *ái, ìi*, comme en italien, en outre *úi*; ces terminaisons s'écrivaient et s'écrivent encore dans l'orthographe cyrillique *diu, iiu, úiu* et de même *fúiu* (avec *u* muet) pour le lat. *fui*. Ce temps emprunte sa 1re et sa 2ᵉ, peut-être même sa 3ᵉ pers. au pl.q.parf. latin : *cuntárem, cuntárętzi, cuntarę, auzirem, auzirętzi, auzirę* (*cantaramus* etc.), probablement parce que *cuntęm, cuntatzi, auzim, auzitzi* sont déjà employés pour le présent; cet inconvénient disparaît pour la forme *ui*, aussi *tęcum, tęcutzi* sont-ils également usités à côté de *tęcurem, tęcurętzi*. Cependant la dérivation de ce temps du plus-que-parfait n'est pas absolument certaine, car ces formes, ainsi que l'a exposé Mussafia, peuvent s'expliquer aussi d'une autre manière. — Le *plus-que-parfait du subjonctif* n'est pas employé par le valaque comme imparfait du subjonctif, mais seulement comme plus-que-parfait de l'indicatif, ainsi *cuntasem* équivaut pour la forme à *cantavissem*, pour le sens à *cantaveram*. La langue achète cet avantage de posséder un plus-que-parfait simple par le désavantage d'être obligée d'exprimer l'imparfait du subjonctif par une périphrase. Au pluriel de ce temps se produit ici, comme dans les autres langues, le recul déjà connu de l'accent: *cuntásem, cuntásetzi*.

Le *gérondif* s'est conservé; mais la voyelle de ce temps devant *nd* s'obscurcit en *u* sourd : *cuntund, vindund, putund, dicund, legund*; les finales du radical *c* et *g* restent ainsi gutturales. Au lieu de *und* on emploie cependant *ind* d'ordinaire à la troisième conjugaison, ou (pour l'euphonie), lorsque *i* ou *u* précède : *mori morind* (aussi *und*), *suptzijà suptziind, incuià incuind, pune puind,* mais aussi *luà luund*. Si un pronom s'unit au verbe, l'*u* de la flexion reparaît, par ex. *temund, temundu-se*. — Le *participe présent* est éteint. Le participe passé ici aussi peut avoir le sens actif ou le sens passif; mais la construction de ce temps avec la préposition *de* trahit, sous l'apparence du participe, l'existence du *supin* étranger aux autres langues, qui ne pouvait s'en distinguer par la forme : *casa aceasta este de vindut* « cette maison est à vendre », *greu de suit* « difficile à monter », *ușor de purtat* « facile à porter ». Les grammairiens valaques comptent aussi au nombre des participes l'adjectif en *toriu,* qui exprime l'idée du présent, fém. *toare* : *cuntętoriu* = lat. *cantans, invingętoriu* = *vincens, fęcętoriu* = *faciens, puntoriu* = *ponens*. Uni au participe passé *fostu* il sert aussi bien à rendre l'idée du passé : *fostul cuntętoriu* = *cantator qui fuit*.

Finale du radical. 1) Comme en italien, les gutturales devant *e, i* passent aux palatales, par ex. ind. prés. *duc duci, merg mergi mearge*. 2) *T* et *d* se changent devant *i* en *tz* et *z,* à l'inverse *z* devant *e* passe aussi à *d*, par ex. *bat batzi, cuget cugetzi, cad cazi, vez* (*video*) *veade, crez* (*credo*) *creade*. Mais dans quelques verbes le changement du *d* en *z* se produit aussi au gérondif et au participe, ainsi devant *u* et *u* : *cazund, șezund, vezund, cazut* etc., de *cędeà, ședeà, vedeà,* voy. *Lex. bud.* 18. 3) *Sc* passe devant *i* à *șt* : *cresc crești, usc uști*. 4) *I* (*j*) tombe devant *i,* comp. *taiu tai* pour *taji, puiu pui*.

Pour la périphrase du *passif* le valaque diffère considérablement des autres langues. 1) D'ordinaire on emploie l'actif en lui donnant la forme réfléchie : *eu mę laud* (= lat. *laudor*), *tu te lauzi, el sę laudę, noi ne lęudęm, voi vę lęudatzi, ei sę laudę*. L'ital. *io mi lodo* donne un tout autre sens. Le bulgare agit de même, mais son pronom *sù* lui représente, à la façon slave, toutes les personnes, par ex. *fdlè sù* « je me loue, je suis loué », *fáliš sù* « tu te loues, tu es loué » etc. 2) Le passif peut toutefois aussi être formé périphrastiquement au moyen de *esse*; mais alors le participe conserve l'idée du passé, c'est-à-dire que *frate meu este lęudat* équivaut à *frater meus est laudatus* (voy. Alexi *Gramm. valach*. p. 207). La même méthode est connue aussi des langues slaves. 3) Afin d'éviter des confusions, car *mę laud* peut signifier également « je me loue », on dit aussi bien *mę laudę* « ils me louent » (Sulzer 227), et cela aussi a lieu en slave.

Les *verbes auxiliaires* sont *aveà* (*habere*), *fì* (*fieri*, comp., pour la forme, le lat. arch. *firi* Voss. *Arist.* 2, 13. 5, 38), *voiŭ* ou *vreà* (*velle*).

1. *Aveà*. — Ind. prés. *am, ai, are* (*au*), *avem* (*am*), *avetzi* (*atzi*), *au*. Imparf. *aveám, aveai, aveà, aveam, aveatzi, aveà*. Parf. *avúi, avuśi, avù, avuręm, avurętzi, avurę*; parallèlement *avuséi, avuseśi, avuse, avusem, avusetzi, avuserę*. Pl.q.p. *avúsem, avuseśi, avuse, avusem, avusetzi, avuse*; parallèlement *avusésem* etc. Subj. prés. *am* (*aib*), *ai, aibę, avem, avetzi, aibę*. Impér. *aibi, avetzi*. Gér. *avųnd*. Part. *avutoriu, avut*. La périphrase s'effectue comme à l'actif. — Remarque. *Am* pour *habeo* est une forme singulière, car *m* ne procède pas d'ailleurs de *b*; le mot albanais est *kam*, mais il est peu probable qu'il se soit ingéré ici. On s'étonne aussi de trouver *are* pour *habet*.

2. *Fì*. — Ind. prés. *sųnt, eśti, este* (*iaste*), *sųntem, sųntetzi, sunt*. Imparf. *erám, erai, erà, eram, eratzi, erà*. Parf. *fui, fuśi, fù, furęm* et *fum, furętzi, furę*; aussi *fuséi, fuseśi, fuse, fusęm* et *fuseręm, fusętzi* et *fuserętzi, fuserę*. Pl.q.p. *fusésem* (*fusem* manque), *fuseseśi, fusesę, fusesem, fusesetzi, fusesę*. Subj. prés. *fiu, fii, fie, fim, fitzi, fie*. Impér. *fì, fitzi*. Gér. *fiind*. Part. *fiitoriu, fost*. *Fì* opère la périphrase avec lui-même, au parfait seulement avec *aveà* : *am fost* (j'ai été), au contraire *eram, fiu fost* et même *fiu fost fost* (j'aurais été). — Remarque. Les formes communes à tout le domaine roman *essere, essendo, stato* n'ont pas pénétré ici : *fieri* a donné l'infinitif, l'impératif, le gérondif et même le subjonctif présent, tandis qu'il n'a fourni à l'italien qu'un futur (*fia*); de *fui* on a tiré ici un participe *fost* = it. *stato*. Dans le valaque du sud *fieri* (*hire*) s'est plus fortement mélangé. On conjugue : ind. prés. *escu, eśti, eśte* (*é*), *himu, hitzi, suntu* ; subj. prés. *hiu, hii, hibę, himu, hitzi, hibę*. Les formes du présent dans le valaque du nord doivent s'être formées sur la 3º plur. *sųnt*.

3. *Voiŭ* (*voĭ*), *vreà*. — Ce verbe remplit le rôle d'auxiliaire

dans deux de ses temps, savoir le prés. ind. *voiu* (aussi *oiu*), *vei, va, vom, vetzi, vor*, et l'imparf. *vream, vreai, vreà, vream, vreatzi, vreà*.

TABLEAU DE LA CONJUGAISON.

	I.	II.	III a.	III b.
Ind. prés.	cųnt	vind	mintz	flor-esc
	cųnt-zi	vinz-i	mintz-i	flor-esti
	cųnt-ę	vind-e	mintz-e	flor-este (easte)
	cųnt-ęm	vind-em	mintz-im	flor-im
	cųnt-atzi	vind-etzi	mintz-itzi	flor-itzi
	cųnt-ę	vind	mintz	flor-esc
Imparf.	cųnt-ám	vind-eám	mintz-eám	flor-eám
	cųnt-ai	vind-eai	mintz-eai	(=mintz.)
	cųnt-à	vind-eà	mintz-eà	
	cųnt-ám	vind-eám	mintz-eám	
	cųnt-atzi	vind-eatzi	mintz-eatzi	
	cųnt-à	vind-eà	mintz-eà	
Parf.	cųnt-ái	vind-úi	mintz-íi	flor-íi
	cųnt-aśi	vind-uśi	mintz-iśi	(=mintz.)
	cųnt-à	vind-ù	mintz-ì	
	cųnt-áręm	vind-úręm	mintz-íręm	
	cųnt-árętzi	vind-úrętzi	mintz-írętzi	
	cųnt-árę	vind-úrę	mintz-írę	
Pl.q.p.	cųnt-ásem	vind-úsem	mintz-ísem	flor-ísem
	cųnt-áseśi	vind-úseśi	mintz-iseśi	(=mintz.)
	cųnt-áse	vind-úse	mintz-ise	
	cųnt-ásem	vind-úsem	mintz-ísem	
	cųnt-ásetzi	vind-úsetzi	mintz-ísetzi	
	cųnt-áse	vind-úse	mintz-ise	
Subj. prés.	cųnt	vind	mintz	flor-esc
	cųntz-i	vinz-i	mintz-i	flor-esti
	cųnt-e	vind-ę	mintz-ę	flor-eascę
	cųnt-ém	vind-ém	mintz-ím	flor-im
	cųnt-atzi	vind-etzi	mintz-itzi	flor-itzi
	cųnt-e	vind-ę	mintz-ę	flor-eascę
Impér.	cųnt-ę	vind-e, tac-i	mintz-i	flor-este
	cųnt-atzi	vind-etzi	mintz-itzi	flor-itzi
Inf.	cųnt-à	vind-e	mintz-ì	flor-ì
Gér.	cųnt-ųnd	vind-ųnd	mintz-ind	flor-ind
Part.	cųnt-ętoriu	vind-ętoriu	mintz-itoriu	flor-itoriu
	cųnt-at	vind-ut	mintz-it	flor-it

La périphrase présente certaines inégalités ; elle s'opère aussi bien avec *fi* qu'avec *aveà*, et c'est ce qui a rendu ce premier verbe peu propre à représenter le passif. Avec *fi* on a pris le participe dans le sens actif : *fiu cuntat* « que je sois un homme qui a chanté », comme *hortatus sim* ; le slave aussi unit de cette manière le verbe substantif avec le participe passé de l'actif, par ex. en serbe *jesam igrao* « je suis un homme qui a joué ». Les temps périphrastiques sont les suivants : parf. ind. *am, ai, au, am, atzi, au cuntat* etc. ; plus-que-parf. *am fost cuntat*. Fut. *voiu cuntà*. Imparf. subj. *a*) *vream cuntà = cantaturus essem* ; *b*) *as, ai, ar, am, atzi, ar cuntà*. Parf. *fiu cuntat*. Plus-que-parf. *fiu fost cuntat*. Inf. *fi cuntat*, aussi *fi fost cuntat = cantavisse. Cuntetoriu* aussi peut se construire avec *fi*. — Remarque. Au 2ᵉ imparf. subj. la périphrase s'opère aussi avec *aveà*. Ce n'est que pour la 1ʳᵉ sing. qu'on a eu recours au grec moderne ἄς (ἄς γράφη « qu'il veuille écrire », ἄς γράψωμεν « écrivons »), qui est employé aussi en albanais : *as tę skoimę* « allons », voy. Hahn III, 4.

Dans le *valaque du sud* la conjugaison n'offre pas de différences sensibles. Bojadschi donne les temps simples et composés comme suit :

Prés. *calcu* je marche.

Imparf. *calcamu* je marchais.

Parf. *amu calcatę* j'ai marché.

Plus-que-parf. *aveam calcatę* j'avais marché.

Fut. *voi calcare* je marcherai.

Fut. cond. *si calcarimu* si je marchais etc.

si furi ca eu calcu s'il arrive que je marche.

On constate dans ce tableau l'absence du parfait simple (qui toutefois ne manque pas dans la conjugaison forte) et du plus-que-parfait simple. Le présent subj. ne se distingue pas du présent ind., sauf dans les verbes auxiliaires *habere* et *esse*. Mais la particularité la plus remarquable est le futur conditionnel qui fléchit ainsi :

Sing. *calc-arim (u)*   Plur. *calc-arimu*
     calc-ari   *calc-aritu*
     calo-ari   *calc-ari*

et dans les autres conjugaisons : *mintz-irim, vind-urim, arups--erim*. Il semble donc renvoyer au parfait ind., mais il dérive immédiatement du parfait subj. ou du futur antérieur. La forme de la 1ʳᵉ sing. *im* (car l'*u* n'est qu'une addition extérieure et en général il est muet) parle clairement pour le premier, le sens plutôt pour le dernier. On peut croire qu'on a confondu de bonne heure les deux temps latins, car ils ne diffèrent qu'à la 1ʳᵉ sing., et qu'on a dit *cantaverim* pour *cantavero*. Quoi qu'il en soit, nous devons nous en tenir à la lettre et reconnaître ici une forme du parfait subj. que ne possède aucune des langues sœurs [1].

Iʳᵉ **Conjugaison** (Inf. *à* et non *eà*). — Elle compte beaucoup de verbes où la voyelle radicale change, comme *bęgà*, prés. *bag*, *blęstemà blastem* (*blasphemare*), *cęlcà calc*, *lęsà las* (*laxare*), *sęltà salt*, *lęudà laud*, *sburà sbor* (*ex-volare*), *purtà port*, *sculà scol*, *turnà torn*.

Verbes isolés. 1) *Dà* (*dare*) a le prés. *dau*, 3ᵉ *dę*, plur. *dęm* ss.; parf. *a*) *dedęi*, *dedęsi*, *dede*, *dedęręm*, *dedęrętzi*, *dedęrę*; *b*) *dedui* etc. comme *vindui*; plus-que-parf. *dędusem*; part. *dat*. Mais dans les anciens textes on trouve un parfait fort complet: *dedi*, *dedesi*, *deade*, *deadem*, *deadet*, *deaderę*. — 2) *Stà*; *stau*, *stęm*; *stętui* (Barcinu signale un parf. *stetei*); *stętusem*; *stat* et *sicjut* qui rappellent *statui*, *statutus*. — 3) *Andare* manque (de même que *vadere* et *ire*) et est remplacé par *mearge* etc. — 4) Deux verbes, qui syncopent la finale du radical *v*, fléchissent d'une façon très-anomale: *Là* (*lavare*), prés. *lau*; parf. *lęúi*, *lęúsi*, *lęú*, *lęuręm* etc.; *lęúsem*; *lęút*. *Luà* (*levare*); prés. *iau*, *iai*, *ià*, *luom*, *luatzi*, *iau*; subj. de même; impér. *ià*, *luatzi*; imparf. *luam* etc. — 5) *Mųnà* (*minare*); prés. *mųn* et *mųiu*, *mųni mui* etc. — 6) Des verbes qui au présent sing. se terminent par deux voyelles ont à la 3ᵉ plur. non pas *ę*, mais *e*, par ex. *taiu tae* (*taleare*), cette dernière forme à l'impératif aussi; *incuiu*, *-cue* (*includere*).

Il existe de plus dans cette langue une première conjugaison *mixte* où la terminaison *ez* s'adapte aux formes du présent accentuées sur le radical, par ex. ind. et subj. de *lucrà*:

Sing. *lucr-ez*   Plur. *lucr-ęm*
lucr-ezi   *lucr-atzi*
lucr-eaze (*ę*)   *lucr-eaze* (*ę*)

Impér. *lucreaze* (*ę*), *lucratzi*. Ex. *armà armez* (*armare*), *cercetà* (*circitare* *), *cęteramà*, *cętzelà*, *a-dormità* (*dormitare*), *in-dreptà* (*directare* *), *in-fricosà*, *in-frųnà* (*infrenare*), *lęcręmà* (*lacrymare*), *oftà* (*optare*), *pęstrà*, *rųurà*

---

[1]. Il faut ajouter que Mussafia a trouvé ce temps aussi dans des textes anciens du valaque du nord et qu'il a établi son emploi syntactique. Les terminaisons sont ici: sing. *-re*, *-ri*, *-re*, plur. *-rem*, *-ret*, *-re*. Exemples de la conjugaison faible: *intrare* (*introiero*), *ccutari* (*observaveris*), *zidire* (*aedificaverit*), *durmiret* (*dormiatis*), *imblare* (*ambulaverint*); de la forte: *mearsere* (*ambulavero*), *uciseri* (*occideris*).

(*rivulare* *), *in-semnà* (*signare*), *umbrà* (*umbrare*), *tzità* (*citare*). Beaucoup de verbes suivent en même temps la flexion pure et la flexion mixte : ainsi *curm curmez, gat gatez, gust gusiez, mustru mustrez, turbu turbez.*

IIᵉ Conjugaison.—C'est à la 2ᵉ pers. plur. du présent (*vind--etzi*, en face des formes de la première et de la troisième conjugaison, *cunt-atzi* et *mintz-itzi*), et à l'infinitif qu'elle est le plus distinctement marquée. Ce dernier temps, d'accord en général avec le latin, a un *e* soit accentué, soit atone; le premier ne se présente que sous forme de diphthongue, comme en français, par ex. *aveà* = *avoir*. Mais la distinction de la deuxième et de la troisième conjugaison latine se fait encore sentir dans d'autres formes du verbe, et c'est là un trait délicat de la conjugaison valaque. Ainsi au singulier de l'impératif les verbes qui à l'infinitif ont la voyelle accentuée se terminent en *i*, ceux qui l'ont atone en *e*, comme *aveà aibi, tęcea taci, zęced zaci*, mais *bate, preceape, pune* sont à l'impératif également *bate* etc. Ensuite, à la 1ʳᵉ et à la 2ᵉ plur. du présent, les premiers ont un *e* accentué, les seconds un *e* atone, comme en latin : *avém avetzi, zacém zacetzi* (*jacemus, -etis*), aussi *putém putétzi*, mais *bátem bátetzi, precedpem precedpetzi, vindem vindetzi*. Malgré cette distinction délicate, la deuxième conjugaison faible n'existe plus dans l'état actuel de cette langue, car le parfait faible manque. En italien et en provençal ce temps a été construit sur l'*e* de dérivation qui caractérise cette conjugaison à d'autres formes (*vendere vendei*), et ainsi a été établie une vraie conjugaison en E à laquelle seul le participe (*venduto*) ne s'est pas soumis; en espagnol, en portugais et en français ce temps a été simplement assimilé à celui de la troisième; en valaque enfin tous les verbes de cette classe ont passé à la flexion forte *ui* qui ici, comme en français, a attiré à elle l'accent. Ce passage de *e* à *u* avait été préparé à vrai dire par la forme du participe *ut* ; en italien il ne pouvait se produire parce que dans cette langue l'*u* est atone comme en latin, tandis que la conjugaison faible exige un parfait accentué sur la flexion. Ou bien le valaque ne se serait-il pas adressé dès le principe à la terminaison *ui*, qui s'offrait si fréquemment dans les verbes latins ? A cette question on peut en "poser une autre : où la 1ʳᵉ sing. du parfait en *s* de ce dialecte peut-elle avoir pris la terminaison paragogique *ei*, si ce n'est dans la deuxième faible? Car il est raisonnabe de reconnaître dans *ars-ęi* (lat. *arsi*) le même procédé que dans le provençal *visqu--iei* (*vixi*). Ainsi de *vindęi* on a sans doute passé à *vindui*, c'est là un phénomène que nous représente clairement la double forme déjà citée du parfait de *dà*, c'est-à-dire *dedęi* (lat. *dedi*) et *dedui*. L'ancienne flexion a dû en conséquence se présenter sous cette forme :

Sing. *vind-ęi*   Plur. *vind-ęręm*
vind-ęśi   *vind-ęrętzi*
vind-ę̇ (*eà?*)   *vind-ęrę*

IIIᵉ Conjugaison. — Les verbes suivants appartiennent à la troisième pure et ont en partie *iu* pour *u* au présent : *auzì* (prés. *aud*), *a-coperì* (*-eriu*), *dormì* (*dorm, doarme*), *su-ferì* (*-eriu*), *fugì, eś-ì* (*ies, ieśi, iese*), *su-ì* (*sub-ire*, prés. *suiu*), *de-lungì, mintzì* (*mentiri*), *murì* (*moriu, i, e, im, itzi, iu*), *perì* (*peiu*, aussi *per, pier*), *putzì* (*putere*), *pętzì* (*pati*, prés. *palziu*), *despęrtzì* (*-part*), *scuipì* (cracher, pr. *escupir*), *sorbì, sęrì* (*salire*), *venì* ; on voit qu'ici aussi il n'y a presque absolument que des verbes d'origine latine. *Bęlbutzì, florì, mirosì* (s'évaporer, μυρίζειν), *sentzì, śtì* (*scire*), *voiì* (*velle*) etc. ont en même temps la forme pure et la forme mixte.

Verbes isolés. *Venì* ; *vin* et *viiu, vini vii, vine* ; imp. *vinę*. *Śti* (*scire*) ; *śtiu* ; part. *śtiut*.

La troisième *mixte* restreint la flexion inchoative, comme en italien, aux formes du présent accentuées sur le radical. Exemples de la deuxième et de la troisième latine : *albì, acrì, dorì* (*dolere*), *rępì* (*rapere*), *contenì, tuśì* (*tussire*), *vomì* (*vomere*); de la quatrième *lęrgì* (*largiri*), *mugì, nutrì, śerbì* (*servire*); verbes étrangers ou nouvellement formés : *cęrpì* raccommoder, *così* couper, *gųnsì* tourner, *isdęnì* imaginer, *lecuì* guérir, *pęlì* battre, *robì* voler, *vorbì* parler et un grand nombre d'autres.

Beaucoup de verbes d'origine étrangère ont à l'infinitif la finale *ų*, au participe *ųt* ; au présent, la 1ʳᵉ sing. ou n'a pas de flexion, ou se termine en *esc*. A cette classe appartiennent *oborų* jeter en bas, abattre (serbe *obóriti*), *oborųt, obor* ; *omorų* tuer (comp. serbe *umrêti* mourir), *omorųt, omor* ; *ochęrų* outrager (serbe *okárati*), *ochęrut, ocheresc* ; *pogorų* abattre (serbe *pokóriti* soumettre).

Flexion forte. — Le nombre des verbes qui lui appartiennent n'est pas sans importance, mais l'originalité de cette classe a été sensiblement atteinte par l'avancement de l'accent à la 1ʳᵉ sing. du parfait.

Présent. 1) L'*i* ou l'*e* latin de dérivation a laissé moins de traces que dans les langues sœurs : *rẹmụ*-iu par ex. doit avoir son origine dans *reman*-eo, *viu* (à côté de *vin*) dans *ven*-io. Au reste on prononce *tac* (*taceo*) et non *taciu* comme l'ital. *taccio, zac* (*jaciò*) etc. *Puiu* (*pono*) et *voiu* (*volo*) peuvent être rapprochés de l'ital. *pongo* et *voglio*. Les traces de la voyelle de dérivation sont plus fréquentes dans la troisième faible : ainsi dans *acoperiu, moriu, patziu* et quelques autres, voy. la troisième conjugaison. — 2) Au sujet de la flexion il faut surtout remarquer que la finale palatale du radical de l'infinitif revient à la gutturale à la 1re sing. du présent, ainsi inf. *face*, prés. *fac, faci* etc.; *mearge, merg, mergi, mearge*.

Parfait. 1) La flexion exprimée par un simple *i* (ital. *vid-i*) manque ici. Il n'en est pas de même dans le dialecte du sud qui a par ex. *fetze* (*fecit*) et *vine* (*venit*). — 2) Celle en *s* s'est conservée, mais elle se fait accompagner à la 1re sing. du suffixe *ẹi* auquel passe l'accent qui dans les autres cas repose en général sur le radical. Il s'est donc opéré ici un mélange de la flexion forte et de la faible : *scri-s-ẹi* pour lat. *scrip-si*, à peu près comme dans la forme provençale postérieure *di-ss-igui*, qui se laisserait expliquer par un latin *dixivi* pour *dixi* (voy. plus haut p. 204). Le dialecte du sud présente ce temps dans un état beaucoup plus primitif : il ne connaît ni addition de *ẹi*, ni immixtion de *r* au pluriel. Exemple :

Val. du sud *arup-s̀*   Val. du nord *rup-sẹ́i*
  arup-seśi   *rup-sẹ́śi*
  arup-se   *rúp-sẹ*
  arup-sem   *rúp-sem rúp-sẹrẹm*
  arup-set   *rúp-setzi rúp-sẹrẹtzi*
  arup-serẹ   *rúp-serẹ*

Plus-q.-parf. *rup-seásem, rup-seáseśi* etc. — 3) Le parfait en *úi* correspond dans le plus petit nombre des cas au latin *ui*. On remarque encore pour le pl. *úrẹm úrẹtzi* une forme *um, utzi* qui concorde plus exactement avec le latin et qui semble être la seule existante au sud. On trouve toutefois aussi des formes accumulées, c'est-à-dire des formes où le parfait, outre sa terminaison propre, prend encore celle en *sẹi* de la deuxième classe, comme *av-u-sẹi, av-u-seśi* etc., voy. plus haut p. 244 *aveà* et *fi*. — Au *participe* la forme en *s* a pris beaucoup d'extension, plus que ne lui en ont donné les langues sœurs, comp. *adaos, cins, dus, intzeles, zis* etc., dans lesquels *s* doit représenter le lat. *ct*.

Liste des verbes forts.

IIe Classe. — Parf. -*sẹi*, part. -*s*, -*t*. Ardere : *arde*; *arsẹi*;

ars. — AUGERE dans *adaoge*; *adaosẹi*; *adaos*. — CAEDERE dans *ucide*; *ucisẹi*; *ucis*. — CEDERE dans *purcede*; *-cez* prés.; *-cesẹi*; *-ces*. — CINGERE dans *des-*, *incinge*; *-cinsẹi*; *-cins*. — CLAUDERE dans *des-*, *inchide*; *chisẹi*; *-chis*. — CONDERE dans *ascunde*; *ascunsẹi*; *ascuns*. — COQUERE : *coace*; *coc* prés.; *copsẹi*; *copt*. — CURRERE : *curge* (arch. *cure*); *curg* prés.; *cursẹi*; *curs*. De *curr-i-o* pour *curro* est sorti *curgu* et le *g* s'est ensuite fixé dans toutes les formes (Mussafia). — CUTERE * dans *scoate*; *scot* prés.; *scosẹi*; *scos*. — DICERE : *zice*; *zic, zici, zice*; *zì* impér.; *ziceám*; *zisẹi*; *zis*. — DUCERE : *duce*; *duc, duci*; *dù* impér.; *dusẹi*; *dus*. — FERVERE : *ferbe*; prés. *ferb fierb*; *fersẹi*; *fert*. — FIGERE dans *infige*; *-fipsẹi*; *-fipt*. — FRANGERE : *frunge*; *frunsẹi*; *frunt*. — FRIGERE : *frige*; *fripsẹi*; *fript*. — JUNGERE dans *ażunge*; *ażunsẹi*; *ażuns*. — LEGERE dans *alege* et *intzelege*; *-leg* prés.; *-lesẹi*; *-les*. — LINGERE : *linge*; *linsẹi*; *lins*. — MANERE dans *rẹmuneà*; *rẹmun* et *rẹmuiu, rẹmuni, rẹmune*; *rẹmẹsẹi*; *rẹmas*. — MERGERE, EMERGERE : *mearge*; *merg, mergi*; *mersẹi*; *mers*[1]. — MITTERE dans *trimite*; *-misẹi*; *-mis* (*transmittere*). De même dans *sumete*; *-...esei, -mes* (*submittere*), voy. Cihac p. 270. — MULGERE : *mulge*; *mulg, mulgi*; *mulsẹi*; *muls*. — NINGERE : *ninge* (impersonnel); *ninsẹ*; *nins*. — PANGERE dans *inpinge*; *-pinsẹi*; *-pins*. — PLANGERE : *plunge*; *plunsẹi*; *pluns*. — PONERE : *pune*; *puiu, pui, pune, puném, -etzi, pun*; *pusẹi*; *pus*. — PREHENDERE : *prinde*; *prinsẹi*; *prins*. — PUNGERE : *punge*; *pung, pungi*; *punsẹi*; *puns*. — RADERE : *rade*; *rusẹi*; *ras*. — REGERE dans *direge*; *diresẹi*; *dires*; prononcé aussi *drege* etc. — RIDERE : *rude*; *rusẹi*; *rus* - RODERE : *rode*; *rosẹi*; *ros*. — RUMPERE : *rumpe*; *rupsẹi*; *rupt*. — SCRIBERE : *scrie*; *scriu* prés.; *scrisẹi*; *scris*. — SPARGERE : *sparge*; *sparsẹi*; *spart*. — SPONDERE dans *rẹspunde*; *rẹspunsẹi*; *rẹspuns*. — STINGUERE : *stunge* (*stinge*); *stung, -gi*;

---

1. Le sens est « aller ». Delius ne voudrait pas le rapporter au latin *emergere* parce que les idées s'y prêtent peu, mais bien au latin *pergere*. On doit objecter à cela : 1) qu'on a passé ailleurs aussi du sens de « surgir », qui est celui de *emergere*, à celui « d'avancer, se mouvoir en avant » : ainsi au moins dans l'allem. *reisen* qui en v.allem. signifie « s'élever, se dresser » et en allem.mod. « se mouvoir en avant », ou bien, pour citer encore un exemple, dans le gothique *ushafjan sik* (s'élever, s'en aller, μεταβαίνειν); 2) qu'en valaque le changement du *p* latin initial en *m* est inusité.

stunsęi; stuns. — STRINGERE : strunge; strunsei; struns. — SUGERE : suge; supsęi; supt. — TANGERE dans atinge; atinsęi; atins. — TENDERE dans tinde; tinsęi; tins. — TERGERE dans sterge; stersęi; sters. — TONDERE : tunde; tunsęi; tuns. — TORQUERE : toarce; prés. torc, torci; torsęi; tors. De même stoarce. — TRAHERE : trage; trag, -gi; trasęi; tras. — TRUDERE dans petrunde (pertr-); petrunsęi; petruns. — UNGERE unge; unsęi; uns. — VINCERE dans invinge; -vinsę; -ns. — A ces exemples Mussafia ajoute encore quelques par s archaïques : incinsi du lat. incendere, ital. incesi; descins le descendere, ital. discesi; visi de vivere, ital. vissi.

IIIᵉ Classe. — Parf. u part. ut. BATUERE : bate; bętui; bętut. — BIBERE : beà; bę u; bęui; beut. — CADERE : cędeà; cade 3ᵉ prés.; cęzui; cęzui — CAPERE dans in-, preceape; -cep; -cepui; -ceput. De même incapeà; -capui; -caput. — CERNERE : cearne; cernui; curnut. — CREDERE : creade; cred crez, creade; crezui ; cre ut. — CRESCERE : creaste; cresc, cresti; crescui; crescut. — DOLERE : dureà (impers.) : doare 3ᵉ sing., dor 3ᵉ plur.; durut. — FACERE : face; fac, faci, face; fè impér.; fęcui; fęcu — GEMERE : geame; gem; gemui; gemut. — HABERE : av à p. 244. — JACERE : zęceà; zac, zaci; zęcui; zęcut. — JACERE, TRAJICERE? trece; trecui; trecut, synonyme du franç. passer comp. petrece. — NASCI : naste; nęscui; nęscut. — NOSCERE dans cunoaste; cunoscui; -ut. — PARERE : pęreà; pęrù; pęrut, verbe impersonnel. — PASCERE : pastę; pęscui; pęscut. — PERDERE : pearde; perdui; perdut. — PLACERE : plęceà; plęcui; plęcut. — POSSE : puteà; pociu, potzi, poate, putem, putetzi, pot ; subj. pociu, poate; puteam; putui; putut. — QUAERERE : cere; ceiu prés.; cerui; cerut. — SEDERE : sedeà; sez prés.; sezui; sezut. — STERNERE dans asterne; -ui; -ut. — SUERE dans coase (consuere); cos présent; cusui; cusut. — TACERE : tęceà; tęcui; tęcut. — TENERE : tzineà; tziju; tzinui; tzinut. — TEXERE : tzease; tzes; tzesui; tzesut. — TIMERE : teme; temui; temut. — VELLE : vreà; voiu; vrui; vrut, voy. p. 244. — VENDERE : vinde (vunde); vindui; vindut. — VESTIRE dans investe; -vestui; -vestut. — VIDERE : vedeà; vęz, vedem; vezui; vezut.

LIVRE III.

FORMATION DES MOTS.

La formation de mots nouveaux peut s'effectuer de deux façons : ou bien l'on ajoute à un mot dépouillé de sa flexion des lettres qui en modifient la signification, ou bien l'on réunit plusieurs mots pour leur faire exprimer une seule idée. Le premier procédé est la *dérivation,* le second la *composition*. Toutes les classes de mots sont aptes à prendre part à ces deux procédés. Il convient toutefois de réunir, en les examinant successivement à chacun de ces deux points de vue, le substantif, l'adjectif et le verbe : ces classes de mots ont entre elles les rapports les plus étroits et s'éclairent mutuellement ; mais on traitera à part chacune des autres parties du discours, les numéraux, les pronoms et les particules : il s'agit pour la première catégorie des formes en général et en elles-mêmes, pour la seconde on a surtout à examiner des cas individuels.

PREMIÈRE PARTIE.

DÉRIVATION.

Dans la formation des mots par dérivation il y a deux sortes de suffixes à distinguer. Ou bien le suffixe est en même temps le signe grammatical qui caractérise la classe où doit entrer soit le radical, soit le thème qu'on obtient en l'allongeant, ou bien, indépendant de la catégorie grammaticale, il a pour seule fonction de modifier l'idée du radical. On a dans le premier cas une dérivation impropre, dans le second une dérivation propre. Exemples du premier cas : le subst. it. *chiam-o* vient du radical contenu dans le verbe *chiam-are* (lat. *clamare*); *castig-o* du thème *cast-ig* dans le verbe *cast-ig-are* ; le verbe provençal *corn-ar* du substantif *corn*. Exemples du second cas : it. *brun--azzo, nipot-in-o*, où *azz* exprime l'idée de la laideur, *in* celle de la petitesse. Il est vrai que les suffixes de la première espèce, comme *a* dans le latin *adven-a, e* dans *caed-e-s, u* dans *curr-u-s*, considérés au point de vue étymologique, sont également dérivatifs, mais ils ne produisent pas l'impression directe de formes de dérivation propre, et dans la pratique on les comprend parmi les flexions, dans lesquelles ils se perdent souvent tout-à-fait. Dans les langues modernes, après la chute des lettres de flexion, ils en ont souvent pris la place d'une façon tout-à-fait décidée, quand ils n'ont pas eux-mêmes disparu, et par là le sentiment de leur signification primitive s'est éteint : dans l'ital. *frutt-o* de *fruct-u-s,* l'*o* représente l'*u* et l'*s,* dans le verbe *frutt-are* l'ancien *u* de dérivation disparaît tout-à-fait, de même que dans le franç. *fruit*. Si cela se produisait généralement et sans restriction, on serait autorisé à séparer tout-à-fait la formation de primitifs de la dérivation propre, mais comme la force dérivative de ces suffixes se montre toujours active dans des cas particuliers, surtout dans les verbes, il faut également considérer ces suffixes sous le point de vue de la dérivation, sans toutefois les mettre sur la même ligne que les suffixes qui contiennent une idée.

Les langues romanes sont plus riches en dérivations que leur langue mère, le latin. La disparition d'une masse considérable de mots simples, causée la plupart du temps par leur petite dimension ou leur forme incommode (t. I, p. 46), provoquait à de nouvelles créations, pour lesquelles s'ouvrait la voie commode et sûre de la dérivation. En ce sens les langues nouvelles peuvent vraiment être nommées créatrices : pauvreté de racines, richesse de rejetons, voilà ce qui caractérise leur lexique. Cependant il faut établir ici tout d'abord une distinction essentielle. Les suffixes de dérivation fournis par l'ancienne langue se retrouvent, il est vrai, assez complètement dans les nouvelles langues, mais ils ne jouissent pas des mêmes droits quant à leur application aux radicaux. Beaucoup d'entre eux ne sont pas aptes à de nouvelles formations, ils manquent de toute force de production et doivent être considérés comme *pétrifiés*; la langue les a conservés comme des éléments inertes, sans sentir en eux l'instrument de formation ou sans vouloir l'utiliser, parce qu'elle en possédait déjà généralement l'équivalent dans une autre forme. En latin il existait déjà de ces suffixes pétrifiés que l'étymologiste seul peut reconnaître; dans les langues filles leur nombre ne pouvait qu'augmenter et non diminuer, et ceux qui n'ont passé décidément à cette classe que dans les langues filles avaient perdu pour la plupart déjà dans la langue mère de leur vitalité et de leur signification. Ainsi par ex. *bulus* (*patibulum*), *bra* (*latebra*), *elis* (*fidelis*), *monium* (*testimonium*), *ester* (*campester*), *uster* (*paluster*), *uus* (*arduus*). Au contraire la plupart des formes et les plus importantes sont restées, en vertu de leur signification bien sentie, vivantes et *productives*.

Pour la dérivation les points suivants sont les plus importants à remarquer soit pour la forme soit pour le sens.

1. Tout suffixe roman, y compris la voyelle de dérivation (a*bilis*, e*bilis*, i*bilis*), exige deux conditions pour être senti comme tel et être appliqué à de nouvelles formations : il doit être syllabique et avoir l'accent. Aussi lorsque la langue veut employer un suffixe primitivement atone, elle n'hésite pas à lui attribuer l'accent, et même une langue comme l'italien, qui ose à peine faire usage de cette transposition de l'accent pour les flexions, se conforme ici sans difficulté aux langues sœurs. De ĭa, par ex., le roman fait *ía* (*cortesía*), de ĭnus *íno* (*cristállinus*, ital. *cristallíno*), de ĭcus souvent *íc* (*cléricus*, val. *cleríc*), de ĭolus *iólo* (*filiolus*, ital. *figliuolo*); cependant l'accent des mots transmis par la langue mère conserve encore souvent sa place : *angústia* n'est pas prononcé *angustía*. Des suffixes productifs sans accent ne sont pas, il est vrai, sans exemples, mais ou bien leur emploi est très-restreint, comme pour *ĕus* (ital. *prugno*, c'est-à-dire *pruneus*) et *ĭca* (prov. *auca*, c'est-à-dire *avica*), ou bien ils ont un sens obscur, comme le suffixe très-employé *ulus* (ital. *bocciolo, cintolo*); des dérivations semblables datent des premiers siècles de la langue et se présentent maintenant comme des développements purement phonétiques sans signification individuelle.

2. Le suffixe est en général soumis aux mêmes lois phoniques que le radical du mot; cependant des suffixes actifs, pour lesquels il importe d'avoir partout une forme claire et significative, sont

reproduits, autant qu'il est possible, fidèlement et complètement. En portugais, par ex., les consonnes *l* et *r* sont plus fermes à cette place qu'à l'intérieur du mot. Des voyelles accentuées brèves, qu'elles aient eu l'accent primitivement ou qu'elles l'aient reçu plus tard, sont en général considérées comme longues, afin de les faire plus fortement ressortir, c'est-à-dire qu'elles ne passent pas à une autre voyelle : *ia* par ex. devient *ia* et non *éa*, *inus* de même devient *ino* et non *éno*. Dans les formes pétrifiées au contraire la voyelle n'a aucune importance, aussi peuvent-elles être contractées jusqu'à devenir méconnaissables. Combien il est difficile de reconnaître encore dans l'ital. *freddo*, dans le franç. *frêle*, *frigidus* et *fragilis*! On n'attache pas plus d'importance à la consonne elle-même, comme le prouvent l'esp. *frio* de *frigidus*, le port. *limpo* de *limpidus*.

3. Si le suffixe productif conserve partout une forme bien reconnaissable, il doit toutefois se plier à certaines modifications résultant des lois phoniques de chaque dialecte ; au reste ces modifications ne peuvent causer de réel dommage que si elles confondent une forme avec une autre. En valaque *l* passe facilement à *r* et cela n'a pas d'inconvénients dans des mots comme *cęprior* (*capreolus*), *subtzire* (*subtilis*), car la forme primitive est facile à reconnaître ; en portugais *n* se change volontiers en *m*, comme dans *espadim*, qui se laisse ramener sans difficulté à sa forme primitive *espadin*. Mais des mots tels que port. *jogral* (*jocularis*), fr. *airain* (*aeramen*) renvoient faussement aux suffixes *alis, anus*. Il existe en outre des formes romanes, surtout françaises, où sont venues se fondre régulièrement plusieurs formes latines ; dans des mots nouveaux dérivés au moyen de ces suffixes, ainsi que nous le verrons plus tard, on ne peut souvent plus, même en ayant recours à la signification, distinguer la terminaison qui leur appartient historiquement.

4. Dans l'application des suffixes de dérivation à certaines classes de mots les nouvelles langues se règlent avec assez de soin sur le modèle de l'ancienne : la règle étant ici déterminée par l'organisme de la langue, et conservée vivante par de nombreuses formations, il n'était guère possible qu'une déviation se produisît. Il y a cependant quelques exemples de cette déviation. Le fr. *véritable* enfreint la règle latine en vertu de laquelle *bilis* ne doit s'adapter qu'à des thèmes de nature verbale. La dérivation *ura* doit se développer du supin, c'est-à-dire en roman du participe passé (*pictura, usura*), dans les langues filles elle se développe aussi bien des adjectifs : ital. esp. *alt-ura*,

franç. *verd-ure*, val. *cęld-urę*; *or* aussi dans *tor* et *sor* (*amator, cursor*) découle en latin du supin, en roman de l'infinitif : ital. *conoscitore* de *conoscere*, non pas *conosciutore* de *conosciuto*. On ne constate guère ici de limitation nouvelle, mais partout, comme tendance caractéristique, une extension de l'ancienne règle.

5. Ne devait-il pas arriver que des suffixes romans s'appliquassent à des radicaux latins qui n'existaient plus dans des mots primitifs, mais seulement dans des dérivés? On peut à peine s'attendre à ce qu'on ait ainsi dépouillé des dérivés de leur appendice pour utiliser leur radical à de nouvelles créations. Dans des dérivations romanes en *ellus* appliquées à des radicaux latins en *ulus*, comme l'ital. *mart-ello* de *mart-ulus*, il n'est pas bien sûr que nous ayons un procédé de cette nature, car le passage usuel en latin de la dernière dérivation à la première a pu donner l'exemple. Au contraire des dérivés tels que l'it. *pal-ese* de *pal-am*, esp. *cap-ar* de *cap-on*, *acab-ar*, de *cap-ut*, *pant-orrilla* de *pant-ic*, ital. (*o*)*l-ezzo* de *olor*, franç. *papillote* de *papili-on*, ital. *attizz-are* de *titi-on* appartiennent à cette classe; toutefois les exemples en sont rares. Dans de nombreux cas on constate un simple échange de suffixes, comme par exemple dans le franç. *pep-in* de *pep-on*, l'ital. *cost-ume* de *consuet-udin*, ou bien dans le mot qui vient d'être cité *mart-ello* etc. Il arrive beaucoup plus rarement que la dérivation s'attache non au radical mais à la flexion, c'est-à-dire à la forme du nominatif, qui devient ainsi une partie complémentaire du mot. Cela est évident dans l'esp. *dios-esillo* de *deus*, dont la terminaison a été regardée comme appartenant au thème; dans *manos-ear* de *manus*; dans le prov. *pols-os* de *pulvis*, contr. prov. *pols* (mais ital. *polver-oso*); dans le franç. *cors-et* de *corpus* (arch. *cors-el-et, corpusculum*); moins évident dans le franç. *enfoncer* de *fundus*. Dans *plus-ieurs* de *plus*, b.lat. *pluriores*, l'*r* pourrait avoir été changée pour l'euphonie en *s*[1].

---

[1]. Voici encore quelques exemples où la terminaison nominale *us*, ou proprement la voyelle de cette terminaison a été rattachée au thème. Prov. *niu* (*nid-us ni-us*), *fau* (*fa-gus fa-us*); *deu*, fém. *deu-essa*; *mieu*, fém. *mieu-a*, prov.mod. *miev-a*; *juzieu*, fém. *juzieu-a* ; *grieu* (*graec-us grae-us*), fém. *grieu-a*? v.fr. *ciu* (*caec-us*); à cette classe appartient *fieu* (v.h.allem. *fih-u fi-u*). Dans le franç. *antif* (*antiqu-us*, prov. *anti-u*), *mœuf* (*mod-us*), *juif, fief* l'élément primitif de flexion, *u*, s'est même durci en une consonne. Dans *mieua* et *juive* on trouve l'un à côté de l'autre l'*u* mas-

6. Dans les nouvelles formations les voyelles latines de dérivation ou de liaison *i* et *u* ne sont d'ordinaire pas respectées : *moll-i-s* donne en italien *moll-are*, *man-u-s* en provençal *man-al*. Mais dans d'autres cas ces voyelles ont influé sur la formation des mots. Ainsi *i* dans le b.lat. *graviare*, prov. *greujar* de *gravis*, *leviare leujar* de *levis*, franç. *mouiller* de *mollis*, ital. *simigliare* de *similis*, prov. *assuaviar* de *suavis*, esp. *bellaco* (c'est-à-dire *veliaco*) de *vilis*, ital. *cagnotto* de *canis*, *pagnotta* de *panis* ; franç. *flatueux* de *flatus*.

7. Lorsqu'un suffixe commençant par *e* ou *i* se joint aux consonnes *c* ou *g* pour créer de nouvelles dérivations, il s'agit de savoir si ces consonnes suivent la loi commune à tout le domaine roman et perdent leur prononciation gutturale. Cette loi devrait assurément dominer toutes les formations de mots, les anciennes comme les nouvelles, mais il faut admettre une différence à l'égard des formations nouvelles (c.-à-d. qui n'existaient pas encore en latin). Dans les premiers siècles du développement des langues romanes, tant que les organes ont été sensibles à la force assibilante ou palatale des gutturales, les nouvelles dérivations se seront aussi réglées sur la loi générale. On a ainsi prononcé en ital. *foc-ile* de *focus* (et non *foch-ile*), *manc-ino* de *mancus*, *long-itano* de *longus*, esp. *cleric-ia* de *clericus*, *vac-io* de *vacuus*, franç. *larg-esse* de *largus*, val. *dulc-eatze* de *dulcis*. Mais lorsque cette tendance des organes a cessé, les sons gutturaux, même devant les voyelles grêles *e* et *i*, ont gardé leur prononciation naturelle. Par là des mots tels que l'ital. *duch-essa*, *grech-esco*, *sacch-etto*, *largh--ezza*, *lungh-etto*, *luogh-icciuolo*, esp. *duqu-eza*, *borriqu--eño*, *poqu-illo*, *ciegu-ezuelo*, *largu-eza*, franç. *duch-esse*, *sach-et* semblent être d'une époque postérieure. L'ital. *cec-ità* doit être plus ancien que *cech-ità*, *monac-ello* plus ancien que *monach-etto* dont le suffixe appartient d'ailleurs à la période moderne, fr. *français* ou *françois* plus ancien que *franchir* qui est redevable de son *ch* au *k* allemand. Dans les mots allemands qui ont été introduits plus tard cet adoucissement doit à peine se présenter. Il existe cependant quelques exceptions dans des mots non latins. De *branca*, qui du reste peut avoir été introduit de bonne heure, est sorti *branc-icare*, de *daga*

culin et l'*a* ou l'*e* féminin. On peut citer en italien **Pò** (**Pad-us Pa-us**); **Nicolò** (**Nicola-us**).

dag-etta au lieu de *dagh-etta*. — Il y a quelques cas espagnols particuliers où le *ç* (*z*) du primitif redevient guttural devant les voyelles pleines *a, o, u* : *cerviz cervigudo, nariz narigon, perdiz perdigon, rapaz rapagon,* de même aussi port. *narigão, perdigão, rapagão.* Voyez sur ce traitement du *c* et du *g* dans d'autres cas t. I, p. 235.

3. Un trait particulier des nouvelles langues mérite d'être examiné de plus près. Ces langues se servent encore de certains suffixes qu'elles intercalent entre le mot primitif et le suffixe logique proprement dit. 1) *Ç* (*z, s, ś*) a incontestablement une force diminutive et est identique au latin *c* dans *c-ellus* (*au--c-ella*); il s'est répandu de là dans la plupart des formes diminutives romanes. Les cas sont : *a) cico* : esp. *av-ec-ica,* val. *vęl-c-icę*; *b) cello* : ital. *don-z-ello,* esp. *hombr-ec-illo,* prov. *piu-z-ela,* fr. *dem-ois-elle,* val. *domn-ic-ea*; *c) ceolo* ital. *libr-icc-iulo,* esp. *hombr-ez-uelo,* val. *cęn-iś-or*; *d) cino* : ital. *barb-ic-ina,* esp. *vellon-c-ino,* port. *animal--z-inho*; *e) ciatto* : ital. *uom-ic-iatto*; *f) citto* : esp. *muger--c-ita.* Ce n'est que rarement et exceptionnellement qu'on le rencontre privé de force diminutive, comme dans l'ital. *villan--z-one,* franç. *ham-eç-on.* — 2) L'*r* intercalée est étrangère au latin et par là plus difficile à expliquer; l'italien surtout en fait un emploi considérable. Exemples : *a) ria* : ital. *diavol-er-ia, infant-er-ia, leccon-er-ia, podest-er-ia, vant-er-ia* de *diavolo, infante, leccone, podestà, vanto*; esp. *flech-er-ia, porqu-er-ia* de *flecha, puerco*; prov. *parelh-ar-ia, porc-ar-ia, trich-ar-ia* de *parelh, porc, tric*; franç. *diabl-er-ie* etc.; *b) reccio* seulement en italien : *camp-er-eccio, cas-er-eccio, vend-er-eccio* de *campo, casa, vendere*; *c) rello* n'existe également qu'en italien : *acqu-er-ella, oss-er-ello* de *acqua, osso*; *d) rento* : esp. *sed-er-ento* de *sed*; *e) roso* : *nod-er-oso* de *nodo*; esp. *med-r-oso* de *miedo*; *f) resco* : ital. *nav-er-esco* de *nave, nozz-er-esco* de *nozze*; de même prov. *bal-ar-esc* de *bal*; *g) rissa* : fr. *séch-er-esse* de *sec*; *h) ruto* : ital. *nerb-or-uto, nod-or-uto, ram-or-uto* de *nerbo, nodo, ramo*; pr. *camb-ar-ut* de *camba*. Comment l'*r* s'est-elle introduite dans ces formes et dans d'autres encore? Dans quelques-unes d'entre elles évidemment par une fausse analogie, ainsi au moins pour les mots *ia* et *esco*. Des formations organiques comme l'ital. *artiglier-ia, cavaller-ia, tesorer-ia,* esp. *compañer-ia* de *artigliere, cavaliere, tesoriere, compañero,* de même *battaglier-esco, paglier-esco* de *battagliere,*

pagliaro, en ont appelé d'inorganiques comme *infant-eria, diavol-eria, nav-eresco, nozz-eresco* ; les suffixes allemands *ei* et *isch* trahissent presque la même tendance dans *länd-erei, schwein-erei* (= it. *porcheria*), *zier-erei, regn-erisch, wien--erisch* (Grimm II, 97. 377) sans qu'il y ait lieu d'admettre une influence du roman sur l'allemand ; il y a d'autres dérivations allemandes avec lesquelles *r* s'unit volontiers (ibid. 131. 165). C'est ainsi ensuite que l'esp. *med-roso* a pu se former d'après *temer-oso*, le fr. *séch-eresse* d'après *ivr-esse, tendr-esse*. L'*r* dans l'ital. *ruto* a une autre origine, elle a été transplantée de l'ancien pluriel *ora* (*nervora, nodora, ramora*) dans l'adjectif. Mais ni l'une ni l'autre explication ne peut s'appliquer à *reccio* et à *rello* : ici le suffixe, déjà devenu familier au génie de la langue, a été tiré du dehors pour servir à préciser l'idée : *reccio* et *rello* disent quelque chose de plus que *iccio* et *ello*.

9. Il existe des suffixes de dérivation qui sont représentés en roman de deux manières. 1) On peut avoir une simple différence de forme, de telle sorte que l'une des représentations se tienne plus près de la forme primitive et que l'autre s'en écarte davantage : ainsi ital. *cupid-izia* et *cupid-ezza*, esp. *avar-icia* et *avar-eza*, franç. *franch-ise* et *larg-esse*. En général, mais non pas exclusivement, la première forme se présente dans les mots transmis par la langue mère, la seconde dans les mots créés à nouveau, et cette dernière seule est la forme proprement populaire, tandis que l'autre a été répandue et soutenue par l'écriture. — 2) La différence peut porter également sur le fond et servir à exprimer une nuance de l'idée. L'ital. *ivo* par ex. représente sous tous les rapports le latin *ivus* (*fuggitivo*), *io* au contraire, où le *v* a été syncopé, donne en général des substantifs avec une signification intensive (*mormorio*). L'esp. *adgo* (*aticum*) sert à la désignation d'un emploi (*consuladgo*), *age*, qui a la même origine, exprime un sens plus général. Il peut arriver aussi pour la même cause qu'un seul et même mot se présente sous deux formes, comme l'ital. *giust-izia* et le franç. *justice*, *giust-ezza* et *just-esse*.

10. Il ne faut pas oublier qu'on ne poursuit souvent pas d'autre but, au moyen de la dérivation, que de renforcer la forme du mot sans tenir compte du sens, soit, et c'est le cas ordinaire, pour donner plus de poids à un mot court, soit pour distinguer des formes identiques ou semblables. Puisque l'on expulsait de la langue, comme trop brefs, un nombre considérable de mots simples pour les remplacer par d'autres plus expressifs, pourquoi

n'aurait-on pas aussi bien eu recours à l'allongement de ces mots ? Mais des suffixes de signification incertaine, obscurcie, pouvaient seuls servir à ce but, d'autres auraient par trop clairement agi sur le sens. Le franç. *menton* ou *rognon* par ex. n'en dit pas plus que le simple latin *mentum* ou *ren*. On a surtout employé à cette fin d'anciennes formes diminutives dont le sens n'était plus guère sensible. De même qu'on a préféré aux simples *apis, auris, ovis*, à cause de leur trop petite dimension, les diminutifs *apicula, auricula, ovicula*, le français semble avoir allongé aussi *sol, taurus* en *soleil* (= *soliculus*), *taur-eau* (*taurellus*), sans songer à y voir des diminutifs comme petit soleil, petit taureau, car *culus* et *ellus* lui étaient connus par de nombreux exemples comme de simples formules de dérivations ; il serait facile de réunir un grand nombre de ces cas.

11. Il arrive très-souvent qu'un suffixe change sa signification primitive, au moins dans des mots nouvellement dérivés. Cette modification atteint avant tout des suffixes dont le sens ne ressort pas assez clairement et autorisait par là une conception différente. Ainsi *aceus* dans l'ital. *accio* et le franç. *asse* signifie quelque chose de déplaisant (*besti-accia, besti-asse*); *alis* dans l'esp. *al* répond au latin *etum* (*oliv-al* = *oliv-etum*) ; *amen* est collectif en italien ou en espagnol (*carn-ame* tas de chair, *leñ-ame* tas de bois), de même *umen* en italien (*bott-ume* quantité de futailles) ; *ineus* donne dans l'esp. *eño* des noms de famille (*Estrem-eño*); *on* est augmentatif à l'est et au sud-ouest, au nord-ouest diminutif, en sorte qu'il n'y a pas même d'uniformité entre les diverses langues dans l'application des suffixes.

12. A côté des terminaisons latines qu'on renonça tout-à-fait à utiliser pour de nouvelles créations, il en est d'autres dont on s'est servi très-parcimonieusement, comme *bundus, lentus, tus tutis*. A l'inverse certaines terminaisons qui dans la langue mère étaient peu usitées ont regagné tout d'un coup un domaine plus ou moins étendu, soit qu'elles le possédassent déjà en latin vulgaire, soit qu'elles y soient arrivées plus tard à cause de leur commode application. De ce nombre sont : *ia* (ital. *fals-ia*), *ucus* (prov. *fad-uc*), *entus* (esp. *hambr-iento*), *erna* (prov. *bol-erna*), *issa* (franç. *duch-esse*), *iscus* (ital. *pittor-esco*), *aster* (*medic-astro*) etc. On n'a pas partout accordé les mêmes droits aux suffixes qu'on a admis, cela va de soi : l'italien favorise par ex. *occo, ago aginis, umen, ivum*, l'espagnol et le

portugais *eca, icus, entus,* le daco-roman *icus, imen.* Cependant il existe peu de formes qui ne soient employées au moins une fois dans le domaine entier, sauf peut-être dans la dernière langue citée.

13. L'enchaînement de plusieurs suffixes est si familier à toutes les six langues que des exemples paraissent superflus. Comme ces formes sont toutes syllabiques (ital. *besti-ol-ucci--accia, medic-astr-on-zolo,* esp. *moc-et-on-azo, cab-ez-al--ico,* franç. *roi-t-el-et,* val. *natz-ion-al-nic,* lat. *n-ic-ell--ulus*), elles peuvent allonger démesurément un mot, mais elles n'en conservent que plus fidèlement les idées accessoires qu'elles représentent. On trouve même le redoublement, rarement, il est vrai : ital. *cas-in-ina,* esp. *perr-it-ito.* Dans les dérivations doubles et multiples il arrive souvent que celles qui se trouvent le plus près du radical ne sont là que pour servir de passage aux suivantes et ne peuvent sans elles produire aucun mot usité; dans l'ital. *amar-ogn-olo, scoj-att-olo,* dans le fr. *chevr-ill-ard, chambr-ill-on,* les formes *amarogno, scojatto, chevrille, chambrille* ne se comportent pas envers *olo, ard, on* comme des mots primitifs, car elles n'existent pas par elles-mêmes, bien qu'on puisse admettre leur existence indépendante comme possible antérieurement.

14. Les mots allemands prennent part sans restriction à la dérivation romane : ce sont des souches transportées sur le sol roman qui ne le cèdent pas aux souches indigènes pour la richesse de leurs ramifications; c'est un contraste frappant avec ce qui se passe en allemand, où les radicaux étrangers sont presque incapables de dérivation. L'adj. all. *blanc,* p. ex., donne en ital. *bianco, bianc-astro, bianch-eggiare, bianch-eria, bianch--etto, bianch-ezza, bianch-iccio, bianch-imento, bianch-ire, bianc-ol-ino, bianc-uccio* etc. On ne s'étonnera pas de trouver aussi quelques mots romans dérivés de mots allemands (non pas immédiatement de racines allemandes) que le roman ne possède pas, qu'il a donc connus sans se les approprier ou qu'il a accueillis un moment, mais pour les abandonner plus tard. Ex. : ital. *bor--ino,* fr. *bur-il* (v.h.all. *bora*), pr. *galaub-ia* (goth. *galaub*), fr. *guil-ée* (v.h.all. *wasal*), *hul-otte* (*holi*), it. *lav-agna* (*leie*), it. *rocch-etto* (*rock*), *stuzz-icare* (*stutzen*), *tacc-agno* (*zâhi*). Ainsi, à l'époque de l'admission des radicaux germaniques, les lois de formation des langues romanes étaient encore en pleine activité. A ce propos il faut observer que la modification des sons gutturaux dont il a été question au § 7 n'a reçu aucune

ou presque aucune application dans les formations allemandes (voy. t. I, p. 232 note) : ainsi de *bank* se sont développés l'ital. *banch-iere*, l'esp. *banqu-illo*, le franç. *banqu-et* (le diminutif *bancelle* vient peut-être de *banc-selle*) ; de *burg* l'ital. *borghese* etc. (*borg-ese* doit dériver du latin *burgensis*) ; de *marka*, l'ital. *march-ese*, l'esp. *marqu-es*, le fr. *marqu-is*; de *richi*, l'ital. *ricch-ezza*, l'esp. *riqu-eza*, mais le fr. *rich--esse* (*ch* de *ch* d'après t. I, p. 294). Lorsque des dérivations allemandes ont un son analogue aux dérivations romanes, elles sont absolument assimilées à ces dernières et reçoivent l'accent : ainsi *wastel* donne le v.franc. *gastel* ; *pritil* l'ital. *predello* ; *putil* l'ital. *bidello* ; *sperwaere* l'ital. *sparviere*, le franç. *épervier* ; *skepeno* v.sax. l'ital. *scabino*, le franç. *échevin* ; *skilling* v.h.all. l'ital. *scellino*, le pr. *escali*. On conçoit facilement que le même fait s'est produit pour d'autres mots étrangers, par ex. pour des mots arabes.

15. L'extension qu'ont prise les dialectes romans dans le domaine de la dérivation est trop marquée pour que le développement de nouveaux suffixes puisse surprendre. Ces derniers ont tous eu leur origine dans une forme latine quelconque et se sont formés par le simple changement d'une voyelle, au moyen duquel on a cherché à exprimer une nuance de l'idée. C'est ainsi que l'italien a créé en s'appuyant sur *aceus* et *icius* les dérivations *accio, eccio, iccio, occio, uccio*, où toutes les voyelles sont en jeu, l'esp. *acho, icho, ocho, ucho*, le val. *atz, etz, itz, utz*. L'italien a de la même manière ajouté à *ale, ile* une troisième forme *ule*; l'espagnol à *ano, ino* une troisième *uno*, et en s'appuyant sur *iscus* il a obtenu la série *asco, esco, isco, usco*. L'italien possède de plus les formes *atto, etto, otto*, qui passent par trois voyelles. Il n'y a pas lieu de supposer qu'on ait attribué ici de la façon la plus rigoureuse à la voyelle une signification individuelle, cependant *i* et *e* ont évidemment une action diminutive, *o* en général un effet grandissant ou grossissant, *u* traduit quelquefois le mépris, *a* est plus vague. Ainsi les langues modernes, dans leur éloignement progressif de leur source, ont construit, par analogie, sur une lettre primitive des formations qui s'en éloignent sensiblement. Qui penserait encore à propos de l'ital. *canaglia* ou *gentaglia* aux adjectifs *canalis, gentalis* (pour *canilis, gentilis*)? Pour se procurer des mots de ce genre les langues nouvelles n'ont eu recours qu'à leurs propres moyens, et ne se sont pas préoccupées du barbarisme, une fois que le suffixe eut pris une signification bien claire.

16. La surabondance en roman de suffixes de dérivation ne poussait pas à l'acclimatation de suffixes étrangers ; le hasard toutefois en introduisit un certain nombre. L'allemand a fourni *ing, ling, hart, walt* et sans doute d'autres encore ; la langue ibérique semble avoir donné à l'espagnol et au portugais les formes *arra, orra* ; la langue daco-romane, la moins riche en dérivations latines, a emprunté beaucoup de dérivations étrangères, c'est-à-dire slaves, mais on n'a pu tenir compte que des plus importantes, telles que *anie, nic, itzę, av, ov,* dans la liste qui sera donnée plus loin.

17. Il y a encore à observer quelques traits de forme qui concernent la dérivation. 1) Les verbes à infinitif syncopé ne fournissent pas pour la dérivation leur forme syncopée, mais leur forme pleine, telle qu'elle se trouve notamment à la 1re pers. pl. du présent de l'indicatif : ainsi it. *dicitore* de *dire*, fr. *faisable* de *faire*. — 2) Le français rattache les dérivations de la troisième conjugaison mixte à la forme inchoative : ainsi dans *blanchiss-age, blanchiss-erie, blanchiss-eur* de *blanchir* ; *adouciss-ement, banniss-ement* de *adoucir, bannir* (on a à côté de cela *blanchîment* pour *blanchisment*) ; *guérissable* de *guérir*. Ainsi l'extension considérable prise par cette forme a dérobé au français le vrai radical du verbe. Au sujet de l'intercalation d'un *t* pour éviter l'hiatus, comme dans *cafe-t-ier,* nous renvoyons au t. I, p. 175. — 3) En espagnol et en portugais il est d'usage de rendre dans quelques dérivations l'*o* de flexion de l'italien par *e,* ce qui est surtout sensible dans *age* de *aticum* (esp. *viage,* port. *viagem*). Souvent aussi ces langues rejettent la voyelle de flexion de certaines terminaisons telles que *azo, izo, ano, ino,* comp. *aprend-iz, capit-an, espad-in*. Quant aux formes non latines, comme *ald, art, att, ett, ott* (esp. *Rec-alde, estand-arte, uv-ate, bail-ete, amig-ote*), chaque langue était libre assurément de choisir la déclinaison dans laquelle elle voulait les faire rentrer. — 4) Pour le valaque il faut rappeler que l'*a* accentué, lorsque la dérivation attire à elle l'accent, s'y obscurcit en *ę,* exactement comme dans le cas de la flexion : prés. *calc,* de là *cęlcat, cęlcętúrę*. Cette règle n'est toutefois pas sans exception : *ac* et *armę,* par ex., donnent *acúz, armádę,* et non *ęcutz, ęrmadę*.

Nous séparons dans cette étude le nom du verbe, car celui-ci demande à être traité à son point de vue spécial.

I. NOM.

1. Des *substantifs* peuvent procéder d'*adjectifs* sans aucun changement de forme, c'est-à-dire que ces derniers, simples ou composés, passent directement, sous la forme de l'un des deux genres, dans la catégorie des premiers. L'emploi de l'adjectif comme simple substantif est du domaine de la syntaxe et non de la formation des mots. Exemples de substantifs tirés d'adjectifs simples : *albus*, ital. esp. prov. *alba*, franç. *aube* ; *serus*, ital. *sera*, prov. *ser, sera*, franç. *soir* ; *tardus*, esp. *tarde* (avec *e* pour *o*) soir ; *fetus*, pr. *feda* agneau (*feta ovis*). Des exemples de substantifs tirés d'adjectifs dérivés se trouvent en grand nombre dans la liste qui suit. Ce procédé simple fournit une masse de substantifs nouveaux pour représenter des personnes, des objets et des idées abstraites. Les noms d'objets procèdent d'adjectifs qui eux-mêmes étaient dérivés de substantifs du même genre (*fagus, fageus*, de là l'ital. *faggio = fagus*), les abstraits proviennent surtout d'adjectifs féminins. Un petit nombre seulement de dérivations importantes, telles que *bilis* et presque aussi *osus*, ont semblé aux nouvelles langues impropres à former des substantifs. — A l'inverse on gagne aussi des *adjectifs* en ajoutant simplement les formes des genres à des substantifs ; mais ce procédé est plus hardi et par là plus rare. L'apposition peut avoir influé dans beaucoup de cas, mais non pas dans tous. Exemples d'adjectifs empruntés à des substantifs simples et dérivés : *bracke,* all. esp. *braco* camard, camus ; *bordellum* b.lat., esp. *burdel* libertin ; *cinis*, esp. *cenizo* cendré (subst. *ceniza*) ; *ciccum*, esp. *chico* petit ; *crocum*, prov. *gruec* de couleur de safran ; *dominus*, ital. *donno* seigneurial ; *fundus*, ital. *fondo*, esp. *fiondo* profond ; *fur*, ital. *furo* adonné au vol ; *hidalgo* esp. seigneur, adj. *hidalgo* noble ; *latro*, ital. *ladro* adonné au vol ; *Lazarus*, v.franç. *ladre* lépreux ; *mica*, val. *mic* petit ; *pecus*, prov. *pec* niais ; *porcus*, esp. *puerco*, port. *porco*, cat. *porc* malpropre ; *ruina*, esp. *ruin*, port. *roim*, cat. *rui* mauvais ; *trico*, prov. *tric* astucieux ; *vermiculus*, ital. *vermiglio*, esp. *bermejo*, franç. *vermeil* ; *viola*, dimin. roman *violetta*, de là ital. *violetto*, franç. *violet* ; *vulpecula*, prov. *volpilh* lâche. Ce procédé se présente surtout pour les couleurs, et l'all. *bunt* a de même son origine dans le substantif *Bunt* (fourrures).

2. Des *substantifs* procèdent aussi de *verbes* par la simple adjonction d'une terminaison de genre au radical. C'est ce qui

avait déjà lieu en latin, où des verbes de la troisième, de la deuxième, rarement de la quatrième conjugaison, ont produit des noms simples analogues. Ex. : *acuere acus, coquere coquus, incolere incola, currere currus, fallere falla, mergere mergus, premere prema* dans *pulli-prema, rumpere rumpus, trahere traha, trudere trudis, vehere vehes*; *arcere arca, callere callus, censere census, sedere seda* dans *pro-seda*; *advenire advena*; grec ἄρχειν ἀρχός, τείνειν τόνος[1]. Le roman possède aussi une quantité considérable de ces mots qui, au point de vue de leur simplicité, se rapprochent des substantifs allemands formés par de simples variations phonétiques (*band, binde, bund*). Ils appartiennent seulement à la première et à la deuxième déclinaison et sont presque toujours abstraits, en ce sens qu'ils expriment soit l'idée de l'infinitif, soit celle du participe présent : it. *ploro* la plainte, *adorno* ce qui orne (concret), l'ornement. Des mots avec un sens personnel notamment, tels que le lat. *scriba* de *scribere,* semblent se rencontrer à peine parmi eux, ou lorsqu'ils se rencontrent, c'est qu'ils ont passé du sens abstrait au sens personnel, comme l'ital. *scorta* (guide) qui signifierait proprement accompagnement, voy. sur ce point mon *Dict. étym.* I, xxxiii. Nous ne pouvons donner ici que quelques exemples de cette classe considérable de substantifs. La grande majorité appartient à la première conjugaison. —
1) Masculins : lat. *abundare,* ital. *abbondo,* v.esp. *abundo,* prov. *aon*; *adornare,* ital. esp. *adorno,* prov. *adorn*; *aestimare,* ital. *éstimo,* prov. *esme*; *adirare*,* prov. *aïr*; *appellare,* ital. *appello,* franç. *appel*; *baptizare,* val. *botéz*; *blasphemare,* ital. *biasimo,* v.esp. *blasmo,* franç. *blâme,* val. *blęstem*; *cambiare*,* ital. esp. *cambio,* prov. *cambi,* franç. *change*; *castigare,* ital. esp. *castigo,* prov. *chastei*; *clamare,* ital. *chiamo,* prov. *clam*; *cogitare,* v.ital. *coto,* prov. *cug*; *commendare,* ital. esp. *comando,* prov. *coman,* val. *comęnd*; *confortare,* ital. v.esp. *conforto,* prov. *conort,* franç. *confort*; *considerare,* ital. *consiro,* prov. *consire*; *contrastare,* ital. *contrasto,* esp. *contraste,* prov. *contrast,* franç. *contraste*; *desiderare,* ital. *desiro desire,* prov. franç. *désir*; *dubitare,* prov. *dopte,* franç. *doute*; *errare,* ital.

---

1. Grimm III, 785 demande si dans des mots romans tels que franç. *vol* de *voler* etc., il ne faut pas admettre l'influence de l'allemand. comp. *flug* de *fliegen* etc.? On peut répondre non, car le latin avait déjà donné l'exemple de ce procédé de formation de mots.

erro Inf. 34, esp. *yerro*, port. *erro*; *furari*, prov. *fur*; *plorare*, ital. *ploro*, esp. *lloro*, franç. *pleur*; *rogare*, esp. *ruego*; *sperare*, prov. *esper*, franç. *espoir*; *temperare*, esp. *temple*, prov. *tempre*; *tornare*, ital. esp. *torno*, prov. *torn*, franç. *tour*; *volare*, ital. *volo*, esp. *vuelo*, prov. franç. *vol*. — 2) Féminins (seulement de la première déclinaison): *aestimare*, ital. *stima*, esp. *estima*, franç. *estime*; *clamare*, ital. *chiama*; *cogitare*, v.esp. prov. *cuida*; *comparare*, ital. esp. prov. *compra*; *dubitare*, ital. *dotta*, esp. *duda*; *juxtare**, ital. *giostra*, esp. *justa*, prov. *josta*, franç. *joute*; *levare*, ital. *leva*, esp. *lleva*; *ligare*, ital. esp. *liga*; *peccare*, ital. prov. *pecca*; *pensare*, v.franç. *pense*; *purgare*, ital. esp. *purga*; *temperare*, ital. *tempra*, franç. *trempe*; *tornare*, esp. prov. *torna*. Le même procédé s'emploie pour les verbes étrangers en réalité ou en apparence: *gabbare*, ital. *gabbo*, prov. *gap*; *guastare*, ital. esp. *guasto*, prov. *guast*, fr. *dégât*; *badare*, ital. prov. *bada*; *tirare*, ital. esp. *tiro, tira*, prov. *tira*, fr. *tire*; *trovare*, v.esp. *troa*, prov. *troba*. En valaque ce moyen de formation a été peu employé, parce que l'infinitif suffisait en grande partie. — Tous ces exemples sont tirés, ainsi qu'on l'a observé, de la première conjugaison. La dérivation de verbes des autres conjugaisons est si peu commune qu'elle entre à peine en ligne de compte. Des exemples de la deuxième et de la troisième latine sont: *batuere*, v.franç. *esbat*, franç. mod. *rabat*; *bibere*, ital. *beva*; *capere*, ital. *cappa*, esp. *capa*; *cingere*, ital. *cigna*; *colligere*, prov. *escolh*; *dolere*, ital. *duolo* et *doglia*, prov. *dol*, franç. *deuil*; *fallere*, ital. *fallo, falla*, prov. *falha* etc.; *jacēre*, prov. *jatz*; *prendere*, esp. *prenda*; *timere*, ital. *tema*; *retinere*, ital. *rédina*, esp. *rienda*, franç. *rêne*; *tendere*, ital. prov. *tenda*; *tondere*, esp. *tundo, tunda*; *valere*, prov. *val*; *velle*, ital. *voglia*, prov. *vol*, val. *voie*; *posse*, ital. *possa*. De la quatrième, par ex. *assentire*, ital. *assento*; franç. *départir, départ*; lat. *grunnire* (mais en roman aussi *grugnare*), ital. *grugno*, prov. *gronh*, franç. *groin*. Pourquoi la langue s'est-elle en général abstenue de tirer directement des substantifs de verbes de ces conjugaisons? Pour les verbes forts peut-être parce qu'ici s'offrait le participe qui fournissait des mots aussi sonores sans être plus longs; en créant en italien *assumo, chieda, defenda, muova*, par ex., on n'aurait rien gagné sur les mots participiaux *assunto, chiesta, difesa, mossa*. Pour la quatrième, c'est probablement parce que la langue mère n'avait pas habitué à trouver ici entre le verbe et le substantif la relation qui se présentait à la première, bien que ce fût une illusion : car *regnare* émane de *regnum*, l'inverse n'a pas lieu. — La famille romane n'a pas tenté de former des *adjectifs* au moyen de verbes par le même procédé simple, usité en latin dans *dicere male-dicus, fugere pro-fugus, legere sacri-legus, linquere re-liquus, parcere parcus, parĕre ovi-parus, promere promus, suadere suadus, videre pro-vidus, vivere vivus* et dans beaucoup d'autres cas ; elle possédait tant de suffixes de dérivation pour cette partie du discours qu'elle n'avait pas besoin de semblables formations, voy. mon *Dict. étym.* I, xxvi. — Il reste encore à remarquer, à propos de la formation nominale directe sur des verbes, que le nouveau mot se règle sur les formes du singulier du présent de l'indicatif roman ; ces formes sont surtout décisives en ce qui concerne la voyelle des verbes sujets à diphthongaison. Ex. lat. *déstinat*, mais ital. *destína*, subst. *destíno* ; *prædicat*, prov. *prezíca*, subst. *prezíc* ; *rélevat*, ital. *riléva*, subst. *rilévo*, de même v. franç. *relievet, relief* ; *retineo, ritegno* verbe et subst.; *sustineo*, franç. *soutiens*, subst. *soutien* ; lat. *pétit*, esp. *pide* (inf. *pedir*), subst. *pido* ; *jacet*, franç. *gît*, subst. *gîte* ; *trahit*, esp. *trae*, v. esp. *trage* verbe et subst.; *valeo, vaglio*, subst. *vaglia* ; *volo, voglio*, subst. *voglia*. Il est très-rare que le substantif ne s'accorde pas avec le verbe roman, ainsi : lat. *súpplicat*, esp. *suplíca*, subst. *súplica* ; *rétinet*, ital. *ritiéne*, subst. *rédina* diffèrent de *ritegno* ; *torquet*, esp. *tuerce*, subst. *torca, tuerca* et non *tuerza*.

3. A la *dérivation propre* du substantif se prêtent toutes les parties du discours (exemples plus bas dans la liste), le pronom à peine, comme dans l'ital. *identità*, et rarement les particules, comme dans l'ital. *contrada*, fr. *contrée*, ou l'esp. *demasía*. Pour l'adjectif aussi, la dérivation propre s'opère sur toute espèce de mots, et notamment sur des particules, comme dans l'ital. *anziano, sovrano, moderno* de *ante, supra, modo*.

4. Si l'on classe les formes d'après les idées on obtient pour le substantif à peu près l'aperçu suivant (les cas où les langues nouvelles du latin sont indiqués par les capitales). Les personnes sont marquées par ACEUS (val.), *alis, anus, inus, o onis, arius,* ARD, *ista, aster, tor,* TORIUS (val.). Les animaux par : *o onis, arius, inus* etc. Les plantes par : EUS, *aca,* ARIUS, *aster.* Les pays par : *ia*. Le lieu, le séjour par : ARIA, *arium, etum,* ALE (esp.), *ile, toria, torium.* Les objets par : ACEUS, ACEA,

ICIUS, ICIA, *alis, ale, ina, o onis, aria,* ARD, *aster* ; les ustensiles spécialement par : TORIA, ULE (ital.). Abstraits : *ia,* ANIE (val.), *tudo,* AGO (ital. *aggine), ela* (val. *ealę?), mentum, antia, entia, tura,* ARIA, ARIUM (prov.), *or, atum,* ATA, *itia, lio lionis, tas tatis, tus tutis.* Collectifs : IA, ALIA, AMEN, UMEN, ARIA, ATA. Intensifs : UGLIO, IVUM (ital.). Action d'un instrument : ACEUS (esp.), ATA. Emplois : ATICUM (esp. *azgo), atus.* — Pour l'adjectif nous ne signalerons que les formes pour les noms de peuples : *icus* (esp. aussi *iego*), ILIS (esp.), IOLUS (esp.), *anus, inus,* INEUS (esp. port.), *ensis,* ARD, ISCUS etc.

5. Mais les langues romanes, de même que les langues slaves, sont extraordinairement riches en formes pour la *diminution* et l'*augmentation* des idées. Elles ont ainsi acquis un avantage que la langue classique elle-même pourrait leur envier. Les deux formes ne s'étendent pas seulement au substantif abstrait et concret, mais encore à l'adjectif. Le latin ne présentait que peu de formes ; on a obtenu des formes nouvelles de différentes manières. D'une part on a choisi des terminaisons d'adjectifs qui renfermaient l'idée de l'origine ou de la ressemblance auxquelles s'est facilement attachée celle de la petitesse ou de la grandeur, d'autre part on s'est servi de variations de formes appropriées, ou bien encore on a eu recours à des formes étrangères. Il faut à ce propos faire les remarques suivantes : 1) Les dérivés ne se plient pas rigoureusement au genre des primitifs. Le masculin, qui en roman a pris aussi la place du neutre, est évidemment favorisé : it. *casa casone, perla perlino, tavola tavolino, viola violino, camera camerotto, bestia bestiuolo, quercia querciuolo, campana campanaccio* ; esp. *aguila aguilucho, espada espadin, carta cartazo* ; prov. *candela candelet* et plusieurs autres de ce genre, comp. lat. *scutra scutriscum* etc. En grec les formes diminutives sont pour la plupart neutres, en allemand elles étaient d'abord susceptibles de différents genres, mais elles se restreignirent plus tard au neutre. — 2) La force diminutive ou augmentative d'une forme n'est active que lorsque le primitif existe véritablement : s'il disparaît, avec lui s'éteint aussi la modification contenue dans le mot dérivé : l'ital. *anello,* l'esp. *anillo,* le fr. *anneau,* le val. *inel* signifient anneau et non petit anneau, car le primitif manque, et il en est de même pour beaucoup d'autres. Dans l'allemand *veilchen* aussi la petitesse relative a cessé d'être sensible, tandis qu'elle l'est dans *röschen*[1]. Mais

---

[1]. Il est clair du reste que les diminutifs nouveaux n'ont pas toujours

même un primitif persistant doit être considéré comme éteint lorsque sa signification s'est modifiée : l'ital. *fratello* pouvait à peine encore reconnaître son primitif dans *frate* (moine), aussi a-t-il perdu l'idée de diminution. — 3) Les deux genres de suffixes ne peuvent pas, comme l'allem. *lein* et *chen*, être ajoutés à n'importe quel mot : l'usage seul sert ici de guide. De l'ital. *nipote*, par ex., on aurait pu former aussi bien *nipotello* que *nipotino*, mais la langue a choisi l'un de ces mots et non pas l'autre.

6. La diminution est en même temps l'expression de la petitesse relative ; la jeunesse aussi s'adapte à cette idée, bien qu'ici il ne s'agisse pas précisément d'une différence de grandeur, et pour ce dernier rapport on a appliqué çà et là quelques formes répondant au grec ιδεύς : ainsi *atto* presque partout, ital. *lepratto* (λαγιδεύς) etc. ; esp. *ezno* : *lobezno* (λυκιδεύς) ; prov. fr. *on* : *cegonhon* (πελαργιδεύς), *aiglon* (ἀετιδεύς) ; fr. *eau* : *renardeau* (ἀλωπεκιδεύς). On a fait de la diminution l'usage le plus libéral[1], mais elle est éteinte dans beaucoup de mots quant à l'idée qu'elle exprime, et les mots qui ont pris maintenant la place du primitif peuvent être diminués à leur tour : l'ital. *agnello* donne *agnellino*, *coltello coltelletto*, de même que l'ital. *puella* et le grec βιβλίον ont été pour la même raison étendus en *puellula* et en βιβλάριον βιβλαρίδιον. C'est surtout le *c* intercalé, en italien aussi l'*r* (voy. plus haut p. 259), qui sert à faire revivre une diminution éteinte ou affaiblie. — Aperçu des suffixes diminutifs dans les diverses langues. Lat. *ellus, cellus, ulus, iolus, culus, cio* : *agnellus, aucella, sacculus, filiolus, fraterculus, homuncio*. Ital. *ello, cello, rello, olo, uolo, icciuolo, cchio, ino, iccino, atto, etto, otto, uccio* : *campanella, fraticello, sonetterello, rivolo, mazzuolo, libricciuolo, orsacchio, cappellino, cornicino, lepratto, animaletto, passerotto, angeluccio*. Esp. *illo, cillo, uelo, zuelo, ejo, ino, ezno, ato, ete, ito, ote, ico, cico, arro* : *asnillo, montecillo, hijuelo, cornezuelo, animalejo, palomino*,

---

une signification diminutive, mais peuvent passer à d'autres significations. L'ital. *faggiuolo* signifie faîne et non petit hêtre, *manette* menottes et non petites mains, *solecchio* parasol et non petit soleil.

1. Surtout la langue poétique dans les noms de personnes : ici cette forme n'a pas toujours une portée sérieuse, elle ne sert souvent qu'à compléter le vers. Dans les épopées françaises, par ex., une seule et même personne est nommée : *Grifes, Grifon* (nomin.), *Grifonet*; *Otes, Oton, Otinel*; *Richart, Richardin, Richardet*; *Doon, Doolin* et même *Doolin sire vieillart* (hypocoristique).

lobezno, lobato, aleta, señorito, hidalgote, perrico, avecica, chibarro. Le portugais a presque les mêmes formes. Les dialectes du nord-ouest sont plus pauvres en formes diminutives sensibles : le provençal a par ex. *el, on, at, et, ot* : *fablel, auzelhon, passerat, afaret, amigot*; franç. *eau, ceau, on, et, ot* : *ormeau, louveteau, lionceau, aiglon, louvet, Charlot.* La langue qui en possède le plus est la langue valaque, la plus dégradée : *el, cel (śel), rel, or, śor, ul, ic, cic, uc, uic, aś, iśc, uś, utz, itz* etc., ainsi *nepotzel, fręzicel, caluśel, ręurel, sorioarę, cęniśor, pętul, roticę, domnicicę, hainucę, pęsęruicę, degetaś, moriścę, catzeluś, domnutzę, corfitzę.* — Ce sont presque les mêmes formes qui ont été affectées à l'adjectif ; elles restreignent l'idée du radical de la même façon que l'allem. *lich* : ainsi ital. *bellino* mignon, *agretto* aigrelet, *gialluccio* jaunâtre, esp. *amarillejo* id., *cieguezuelo* quelque peu aveugle (v.all. *blintlich*), fr. *brunet, vieillot*, val. *męruntzel* chétif, *albutz* blanchâtre. Même des comparatifs peuvent être diminués : ital. *maggioretto*, esp. *mayorcico*.

7. Pour le contraire de la diminution il existe aussi un grand nombre de suffixes et c'est ici surtout que le domaine roman l'emporte de beaucoup sur les domaines latin, grec, allemand et slave, où l'aptitude à l'augmentation est très-restreinte (lat. *o ōnis*, grec ων, allem. p. ex. *alt, art,* russe populaire *ina, ischtsche*). Cependant l'augmentation romane semble avoir son point de départ dans le lat. *on*, et du reste la voyelle *o* joue ici partout le rôle principal. Exemples : ital. *one, occio (ozzo), occo, otto,* rarement *accio* : *cappellone, fratoccio, gigliozzo, fratocco, casotta, festaccia.* Esp. *on, azo, acho, ueco* (rare), *uco, ote, asco, orro* : *hombron, bobarron, asnazo, hombracho, doncellueca, paxaruco, angelote, nevasca, mazorra.* Val. *oiu, oc* : *omoiu, omoc.* Ces augmentatifs font défaut au nord-ouest. — Exemples d'adjectifs augmentatifs : ital. *brunone, pallidazzo* (*otto* a une action diminutive), esp. *grandazo, grandote* etc. Le roumanche est moins riche en formes des deux espèces que les langues littéraires ; il n'a comme diminutif que *et* et *in* (*figlet, pitschenin*), comme augmentatif *un* et *atsch* (*varrun, cavallatsch*).

8. A la diminution de même qu'à l'augmentation peuvent être ajoutées les idées accessoires d'agréable et de déplaisant. Le *mignon* est voisin du *petit* et ainsi les diminutifs deviennent volontiers des termes caressants (*petit père*); la langue italienne, dans laquelle tout ce trait grammatical s'est développé

de la façon la plus fine, nomme les dérivés de cette signification *vezzeggiativi* et emploie surtout à cette fin la forme *ino*, comme dans *nipotino*, l'esp. *ito*, aussi *ico*, le portug. *inho*: *mozito, mozico, filhinho*. Si l'on conçoit le petit comme mesquin, insignifiant, *avvilitivo*, l'italien l'exprime surtout par *uccio* (*uzzo*), *icc-iatto*, *ónzolo* : *poetuccio, uomicciatto, mediconzolo*; esp. *illo, uelo* : *cosillo, mozuelo*. Le même office est rempli en allemand par le diminutif *ling*, en russe par *itka* et *enka*. On peut de même sous l'idée du grand comprendre le bon, ce qui en italien est quelquefois exprimé par *one, otto*: *vecchione, giovanotto*, de même qu'on y rend d'autre part le grossier et le laid par *accio, occio* : *casaccia, fantoccio*; l'espagnol par *acho, ucho* : *vulgacho, avechucho*. Le grec moderne emploie ici la forme άρα : σπαθί, σπαθάρα. Au nord-ouest ce rapport s'est moins développé. Des diminutifs français peuvent être employés comme mots caressants ; *asse* dans *bestiasse* a une signification décidément péjorative. Il existe également quelques suffixes absolument péjoratifs sans rapport de dimension ; le latin *aster* par ex. est répandu partout ; *ald, art* aussi, en tant qu'ils s'ajoutent à des substantifs, appartiennent à cette classe. — Les adjectifs sont moins affectés par les formes péjoratives, c'est-à-dire qu'ils restent plus fidèles à leur ancienne signification. Ex. ital. *brunas...*) brunâtre, *allegroccio* fort joyeux, franç. *mollasse* ; même *aster* n'exprime ordinairement que la ressemblance.

9. Par l'enchaînement de plusieurs suffixes diminutifs et augmentatifs, on peut, surtout dans l'italien, le plus vif des dialectes romans, faire passer l'idée du primitif par les nuances les plus variées, que les autres langues ne peuvent exprimer que par des adjectifs. Exemples : it. *cagnuolo* petit chien, *cagnuolino* gentil petit chien, *cavallino* petit cheval, *cavallinuccio* mauvais petit cheval, *casetta* maisonnette, *casettina* petite maisonnette, *casuccia* mauvaise maisonnette, *casucciaccia* très-mauvaise maisonnette, *mediconzolo* mauvais médecin, *medicastronzolo* très-mauvais médecin (Fernow § 177). Esp. *hombron* grand homme, *hombronazo* très-grand homme, *hombrecico* petit homme, *hombreciquillo* tout petit homme, *mugerona* grande femme, *mugeronacha* grande femme laide.

10. La langue emploie plusieurs moyens pour établir la *distinction du genre naturel*. 1) Différence de la racine. *Mas, femina* : ital. *uomo* (*maschio*), *femmina*, esp. *varon, muger*, franç. *homme, femme*, val. *bęrbat, fęmeae*. *Pater, mater*

persistent, le valaque seul a *tatę, mamę*. *Frater, soror* : ital. *fratello, sorella* (esp. *hermano, hermana*), fr. *frère, sœur*, val. *frate, sorę*. *Patruus, avunculus, amita, matertera* : le français seul a *oncle, tante*, val. *unchiu, mętusę* (ital. *zio, zia*, esp. *tio, tia*). *Taurus, vacca* : ital. *toro, vacca*, esp. *toro, vaca*, fr. *taureau, vache*, val. *taur, vacę*. *Aries, ovis* : au lieu de ces mots, l'ital. a *montone, pecora*, l'esp. *carnero, oveja*, le franç. *bélier, brebis*, le val. *berbeace, oae* (*ovis*). *Verres, porca* : ital. *verro, porca* (aussi *troja*), esp. *verraco, puerca*, fr. *verrat, coche* (*truie*), val. *porc, scroafę*. *Haedus, capella* : au lieu de ces mots, l'ital. a *becco, capra*, l'esp. *bode, cabra*, le franç. *bouc, chèvre*, le val. *tzap, caprę*. Presque tous les cas où le latin exprimait ainsi la distinction des sexes se retrouvent en roman, bien que d'autres mots se soient souvent mêlés aux mots latins ; mais le nombre de ces cas s'est en outre augmenté de mots nouveaux, parmi lesquels, il est vrai, des mots qui en latin n'avaient qu'une forme pour les deux genres. *Filius, filia* : val. *fiu, fatę*. *Puer, puella* : franç. *garçon, fille*. *Equus, equa* : ital. *stallone, cavalla*, esp. *garañon, yegua*, franç. *étalon, cavale*, val. *cal, eapę* (*equa*). *Cervus, cerva* : franç. *cerf, biche*, val. *cerb, ciutę*. *Lepus* : franç. *lièvre, hase*. *Canis* : port. *cão, cadella*, franç. *chien, lisse*, val. *cuine, cętzę*. *Felis* : franç. *matou, chatte*, val. *cotoc, mętzę*. *Aper, apra* : franç. *sanglier, laie*. *Gallus, gallina* : fr. *coq, poule*, val. *cocos, gęiinę*. *Anser* : fr. *jars, oie*. — 2) Le moyen le plus employé pour changer le genre masculin en féminin est la modification de la forme. Elle s'opère : a) Par le simple changement de la désinence, comme pour l'adjectif : *filius, filia*, ital. *figlio, figlia*, esp. *hijo, hija* etc. Les exemples latins se sont conservés pour la plupart ; on en trouve en outre un grand nombre de nouveaux : b.lat. par ex. *vir, vira* Form. Marc. app. ; ital. *suocero, suocera*, esp. *suegro, suegra* (tiré comme *suocera* du fém. *socrus*) ; ital. *cavallo, cavalla* ; *daino, daina* (de *dama*) ; esp. *palomo, paloma* ; *perro, perra* ; *tortolo, tortola* ; val. *ed, eadę* (*haedus*). On appliqua de même aux neutres la distinction du genre : esp. *mancebo, manceba*, prov. *mancip, mancipa* garçon, jeune fille (*mancipium*), le fém. *mancipiarum* est dans un ms. de la *L. Sal.* ; ital. *testimonio, testimonia* (*-ium*) ; ital. *giumento* bête de somme, *giumenta* jument, esp. *jumento* âne, *jumenta* ânesse, franç. *la jument*, v.franç. *li jument* (*jumentum*). Du féminin *familia* on a tiré un masculin ital.

famiglio, v.esp. *famillo* serviteur, auquel on n'a toutefois pas donné de féminin dans ce sens. *b*) Par l'application de l'*a* féminin à la troisième déclinaison, surtout aux finales *on* et *or*, comme dans *seniora, cantora, hereda, infanta*. De *nepśis* est sorti l'espagnol *nieta*, et de là le masculin *nieto*, mais de *nepos* le provençal a tiré *nebot*, fém. *neboda*. *c*) Par les dérivations en *na* et *ix* : *gallina, regina, imperatrix*, auxquelles on ajouta encore *issa* pour les mots de toutes les déclinaisons, surtout pour ceux de la première (*papissa*), et en franç. *euse*, en val. *itzę*. — Il faut remarquer ce qui suit pour chaque langue en particulier. Italien. *a*) *Dio* a le féminin *dea* et même *deessa*. *b*) Un petit nombre seulement de mots de la troisième déclinaison forment leur féminin au moyen de *a*, comme *barone, barona; gigante, giganta; signore, signora; erede, ereda; cane, cagna; tigre, tigra*. *c*) *Tore* passe è *trice*, à peine à *tora* (comme dans *traditora* à côté de -*trice*) et rarement aussi à *essa*, comme dans *dottoressa, fattoressa, pittoressa*. *d*) *Duca, papa, poeta, profeta, diacono, barone, conte, giudice, oste, principe, elefante, leone, pavone* etc. prennent au féminin *essa* : *duchessa, papessa* etc. Espagnol. *a*) De nombreux mots de la troisième déclin. forment leur féminin en *a* : *diós, diosa* (anc. *deesa* p. ex. *Alx.* 313); *huesped, huespeda; señor, señora; gigante, giganta; infante, infanta*; surtout ceux qui sont des dérivés en *on* : *mocetona, Valona, leona*. *b*) Même *tor* (*dor*) a généralement *tora* : *cantor, cantora; pastor, pastora*; la terminaison latine est restée dans *electriz, emperatriz, ultriz* etc. *c*) *Esa* et *isa* dans *duquesa, poetisa, profetisa, diaconisa, baronesa, condesa, princesa* (masc. *principe*). Le portugais se comporte de même : *deosa, infanta, polirona, leóa* (ici aussi *pavóa*), *cantora, emperatriz, duqueza, baroneza*. Provençal. *a*) La voyelle du féminin ne s'est pas étendue autant qu'en espagnol; *senhor*, par ex., n'a pas pour féminin *senhora*, mais *domna*[1], cependant on fait en général *ona*, il faut aussi remarquer *jayan, jayanda; paren, parenta; martir, martra; can, canha; tigre, tigra; chavan,*

---

[1]. Un second masculin répondant à *domna* est *don*; immédiatement avant les noms propres les deux s'abrégent, *don* en *en*, *domna* en *na, n'*, par ex. *En Barral, N'Ugó, Na Guilhelma, N'Alazais*. Voilà pourquoi Boccace *Dec.* 4, 3 nomme un personnage provençal *Narnaldo*, et Brunetto Latini le roi Alphonse *re Nanfosse*. Raimon Vidal met cet *En* aussi devant les surnoms, comme dans *En Miraval* (« *En aquel temps c'om era jays* »), mais c'est une abréviation, d'ailleurs fort naturelle.

chauana Choix V, 252. *b*) *Dor* (*tor*) a le féminin régulier *iritz*, il est rare qu'il forme le féminin en *a* ou *issa essa* : *emperairitz, pastora, noirissa, trachoressa*. *c*) Cette dernière forme se trouve dans beaucoup de cas isolés, comme *senhoressa, duquessa, comtessa, princessa*. Français. *a*) On a ordinairement le féminin *onne* : *baronne, Saxonne, lionne*; *seigneur* n'a pas non plus ici le fém. *seigneure*, mais *dame*[1]; *chien* fait *chienne*. *b*) *Eur* se change la plupart du temps en *euse* (lat. *osa*) : *danseuse, menteuse, trompeuse*; rarement en *eresse* : *devineresse, pécheresse, vengeresse*, ou en *rice* : *actrice, impératrice* (mais on a dans le *Gloss. de Lille*, *emperresse* contracté de *empereresse*). *c*) *Esse* dans *duchesse, poëtesse* (aussi *femme poëte*), *prophétesse, déesse, diacresse, comtesse, larronnesse, ânesse, paonnesse* arch. En valaque on trouve des particularités importantes. *a*) Beaucoup de noms de peuples et d'animaux ont au féminin *oae*, forme qui quelquefois est augmentative, mais qui ici n'a que la valeur de l'allemand *inn*. Ex. : *Rus, Rusoae*; *Turc, Turcoae*; *lup, lupoae*; *urs, ursoae*; le dialecte du sud, au contraire, se sert de la simple transformation au moyen de *ę* : *Turcę, ursę, lupę*. *b*) Un allongement de cette forme est *oaicę* dans des noms de peuples, comme *Rusoaicę, Serboaicę*; ce *c* s'introduit aussi après une *n* : *Moldovancę, Rumęncę* à côté de *Moldovanę, Rumęnę*. *c*) *Easę* (*isę*) s'attache à des masculins qui désignent une dignité : ainsi *craiu* roi (serbe *krâlj*), *craisę*; *imperat, impęręteasę*; *preot* prêtre, *preoteasę*. *d*) Le slave *itzę* s'ajoute soit à des mots du genre précédent, comme *span* comte (hongr. *ispany*), *spęnitzę*; *cępitan, cępitanitzę*, soit à des noms d'animaux, comme *pęun, paunitzę*; *porumb, porumbitzę*; surtout à *ariu* : *boiariu, boeritzę*; *purcariu, purcęritzę*; *vęcariu, vacęritzę*. — 3) L'augmentation et la diminution ont été employées aussi pour désigner le genre, celle-là pour le

---

1. Lorsqu'en vieux français on emploie *seigneur* en parlant des femmes (*qu'ele devint dame e signor* SSag. 17), ce n'est pas une violence faite au mot. Le vieux portugais l'emploie partout ainsi : *por mia sennor fremosa Canc. ined.* 70[c], *com eu soffro por mia sennor* 44[a], et cet usage a persisté jusque dans le XVI[e] siècle, voy. SRos. v. *senhor, Port. Kunst- und Hofp.* 133. Mais dans cette langue *pastor* aussi doit exprimer la signification du féminin; une chanson commence par *Huma fremosa pastor Canc. vatic.* éd. Varnh. n. 5, D. Din. p. 86. A cela répond l'esp. *buena fablador* pour *habladora Mar. Egipc.* éd. Janer p. 309[a]. En provençal *mi dons* équivaut à *ma domna* (*car morta es mi donz Choix* III, 447) et est dépourvu par là de toute flexion (voy. plus haut p. 38).

masculin, comme le plus fort, celle-ci pour le féminin, comme le plus faible. Ici aussi la forme du féminin procède de celle du masculin. *a*) Masculins. Dans l'esp. et le port. *perdigon perdigão* de *perdiz*, *cabrão* de *cabra* l'augmentatif *on ão* sert à désigner le mâle ; on peut comparer le v.franç. *taion* grand'-père, *taie* grand'mère, et le lat. *copo*, fém. *copa* (qui n'a pas de correspondant *copus*). Dans le franç. *canard* de *cane* le renforcement *ard* a la même action ; comp. *malart* et l'allemand *Gansert*, *Taubert*. En valaque *oiu*, qui répond à l'esp. *on*, remplace souvent le masculin, ainsi dans *siscę* sorcière, *siscoiu* sorcier ; *vulpe*, *vulpoiu* ; *curcę* dinde, *curcoiu* dindon ; il en est de même pour *oc*, formation décidément augmentative dans *cotoc*, *mitzoc*, *motoc* matou, peut-être aussi pour *ac* dans *gęnsac* jars. *b*) Féminins. Diminutifs : port. *cadella* chienne, franç. *chevrette*, *levrette*, de *chevreuil*, *lévrier*. Mais on se sert surtout de la diminution pour des noms propres féminins, comme ital. *Guglielmina*, *Paulina*, *Enrichetta*, franç. *Guillemette*, *Jeannette*, *Charlotte*, *Philippine*. L'allemand aussi considère *Fritzchen*, *Fränzchen*, en tant qu'il s'agit d'adultes, comme noms féminins. — Des féminins dérivés peuvent encore s'unir à d'autres suffixes nominaux, comme en ital. *duca*, *duchessa*, *duchessina*, ce qui n'a lieu dans les suffixes allemands de cette espèce que lorsque le premier suffixe est étranger, comme dans *Äbtissin*, *Princessin*, *Prinzeschen*, masc. *Genueser* etc. Le nombre des mots à une terminaison pour les deux genres et des mots communs a été considérablement restreint depuis que les moyens de changer un genre en un autre par la forme se sont multipliés. Pour les premiers, des mots auxiliaires tels que l'ital. *maschio*, *femmina*, esp. *macho*, *hembra*, port. *macho*, *femea*, franç. *mâle*, *femelle*, val. *bęrbętus*, *muieruscę* servent à opérer la distinction. Voici des exemples de communs qui ont été ou conservés ou introduits à nouveau : ital. *il* et *la artefice*, *consorte*, *erede*, *fante*, *giovane*, *nipote*, *omicida*, *parente*, *testimone*, *tigre* (plus anciennement *tigro*, *a*) ; esp. *el* et *la camarada*, *consorte*, *homicida*, *joven* ; franç. *le* et *la camarade*, *élève*, *enfant*, *esclave*, *interprète*.

Nous faisons suivre maintenant une liste des plus importants suffixes de dérivation avec un choix d'exemples ; d'abord les suffixes purement vocaliques, ensuite ceux qui ont une consonne simple, double et deux consonnes différentes. L'ordre suivi est alphabétique d'après la dernière lettre placée devant la voyelle du genre ou de la flexion ; la terminaison *us*, *a*,

DÉRIVATION. NOM. *EUS, IUS.*

um est la première, ensuite vient *es, is*, puis *eus* ou *ius* et les autres[1].

1. DÉRIVATIONS PUREMENT VOCALIQUES.

ĔUS, ĬUS. 1. Adjectifs : *aëreus, argenteus, aureus, cereus, ferreus, igneus, lapideus, lineus*; *ebrius, nescius, proprius, sapius.* Ces mots, en tant qu'ils désignent une matière, sont chez les modernes généralement poétiques, en provençal (excepté ceux en *i*) ils ne se rencontrent que dans les ouvrages scientifiques. Ital. *aereo, argenteo, aureo, ferreo, igneo*; *ebrio, propio, saggio*; esp. *aereo, aureo* etc.; *necio, propio, sabio*; prov. *aere, argente, aure, cere, igne, lani, lini*; *ibre, nesci, propri, sage.* Le provençal remplace généralement cette forme par *enc* (voy. plus bas), le français dit, au moyen de la périphrase, *d'or, de cire, de fer*, cependant l'*Alexis* et le *Roland* connaissent encore un adjectif *orie*. Ce suffixe manque absolument en valaque. — Il ne s'est pas introduit de formations nouvelles, bien que le latin de la décadence en possède un nombre important (*adipeus, bestius, capreus, classeus, pelleus, pipereus, rupeus, similagineus, uveus, vaporeus, virgineus*); l'esp. *espelteo* constitue une exception. Mais on rencontre un certain nombre de formations analogiques, c'est-à-dire qu'on a donné la terminaison *ius* à des adjectifs simples. Ainsi ital. *crojo* (*crudus crudius*), *fujo* adonné au vol, ombre (*fur*, ital. *furo*, de là *furio*, ou bien lat. *furvus*, de là *furvius*, Dict. étym. II. *a*), *mezzo* (*mitis, -ius*), *rozzo* (*rudis, -ius*). C'est en espagnol que le procédé se montre le plus clairement : *agrio* (*acer*) arch. *agre, crasio, gurvio* (*curvus*), *novio, soberbio* (à moins que ce mot n'ait été formé sur *soberbia*). En latin aussi on remarque des exemples de dérivés de cette forme qui se présentent à côté du primitif, ainsi dans *florus floreus* et *florius, russus* et *russeus*, extrêmement souvent dans des noms de famille, comme *albus Albius, claudus Claudius, fur Furius.* Voyez pour *ceus, neus, rius*

---

[1]. En ce qui concerne les exemples, on s'est attaché surtout à ceux où la forme de dérivation est assurée. Ce n'est qu'à propos de formes plus rares qu'on peut admettre aussi des exemples moins sûrs : il faut les considérer comme des problèmes qui ont besoin d'être soumis à un examen plus rigoureux. On peut joindre aussi aux nouvelles formations les suffixes qui proviennent de modifications des suffixes anciens (lat. *consuetudo,* ital. *cost-ume*).

les dérivations avec des consonnes. — Remarque. Un suffixe qui se rapproche de celui-ci, au point de vue de la forme, mais qui, à ce qu'il semble, n'est pas latin, est le valaque *EU*. Il se montre dans beaucoup de mots appartenant à différentes classes d'idées, comme *biręu* juge (hongr. *birĉ lungęu* homme de haute taille (fém. *lungoae*), *cęlęu* grand cheval, *męcęu* bâton, *pęręu* ruisseau (alb. *pęrúa*) et il concorde à peu près au point de vue logique avec le suffixe *oiu* dont il sera question plus bas à propos de *on*.

2. Au nombre des substantifs on a par ex. *linea, lintea, pinea, vinea*. Les langues nouvelles possèdent beaucoup de substantifs de ce genre, surtout des noms d'arbres. Ital. *faggio* (*fageus*), *leccio* (*iliceus*), *rubbio* sorte de [mesure (*rubeus*), *quercia* (*quercea*), *ansia* (*anxia*), *lenza* bande (*lintea*), *vigna*. Esp. *cereo* arbre de cire, *vidrio* verre (*vitreus*), *ansia, granja* grange (*granea*), *haya* (*fagea*), *juncia* (*juncea*), *viña*. Prov. *ciri* cierge (*cereus*), *grani, papiri* (*papyreus*), *faia, vinha*. Franç. *cierge, cuivre* (*cupreus*), *papier, lange* (*laneus*), *linge* (*lineus*), *grange, neige* (*nivea*), anc. *serorge* beau-frère (*sororius*). — D'autres se rapportent à des adjectifs nouveaux, ainsi par ex. ital. *abezzo* (*abieteus**), *ciriegio* (*ceraseus**), *prugno* (*pruneus**), *endivia* (*intybea**), *croccia* béquille (*crucea**), *ragia* résine (*rasea**), *roccia* (*rupea**?); esp. *cerezo, croza*; prov. par ex. *evori* (*ebureus**); franç. *ivoire, longe* (*lumbea**) etc.

ĬA. 1. Dans des noms communs (souvent joint à d'autres suffixes): *angustia, fallacia, gratia, invidia*; ital. *angoscia, fallacia, grazia, invidia*; esp. *congoxa, falacia* etc.; prov. *engoissa, gracia, enveya* (mais *justizia* M. n. 762, 5, *luxuria* Brev. d'am. I, p. 122); franç. *angoisse, grâce, envie, vendange* (*vindemia*); ces exemples manquent en valaque. — Des dérivations nouvelles se présentent en masse, mais la tendance, observée plus haut (p. 255), des langues romanes à transporter l'accent sur la dérivation leur donne une apparence non latine. Il est vrai que des mots originairement grecs, tels que *abbatía, ristocratía, politía, Alexandría, Antiochía, Nicomedía* de ὑβάτεια, ἀριστοκράτεια (-ία), πολυτεῖα, Ἀλεξάνδρεια, Ἀντιόχεια, Νικομήδεια, ont pris également l'accent sur l'*i*, mais il est impossible de croire que ce petit nombre de mots, dont l'accentuation latine ne s'est pas même partout soutenue (l'italien prononce *Alessándria, Antióchia, Nicomédia*, le *Fierabras* fr. *Alexándre* pour *Alexandrie*), ait été cause de ce déplacement; on pourrait tout au plus attribuer quelque influence à l'accentuation grecque dans ἀστρολογία, ἀστρονομία, μανία, μοναρχία, φιλοσοφία (Prudence prononce *Sophīa*), de là ital. *astrologia, monarchia* etc. Les nouvelles formations sont dénominatives, rarement verbales, et, au point de vue du sens, surtout abstraites ; elles désignent souvent (comme le suffixe *atus*) une dignité et le domaine ou le local qui s'y rattache ; elles sont aussi collectives, rarement concrètes. Exemples : ital. *allegria, falsia, maestria, villania* ; *baronia, castellania, signoria, vicaria* ; *borghesia, cherisia, compagnia* ; *bastia* bastion (verbe *bastire*), *galleria* (*galera*). Esp. *alegria, cortesia, falsia, habladuria* loquacité (*hablador*), *maestria, sabiduria* sagesse (*sabidor*), *valia* (verbe *valer*), *villania* ; *baronia, curaduria* (*curador*), *señoria* ; *compañia* etc. ; en outre *algaravia* langue arabe, *germania* argot. Prov. *cortesia, diablia, falsia, gelosia, vilania* ; *clergia, joglaria, pagania* etc. Franç. comme en italien, v. franç. par ex. *ancesserie* ensemble des ancêtres (*antecessor*), *bogrerie* hérésie, *diablie, estoutie* folie, *maistrie, manantie* richesse, *renardie*. Les dérivations valaques, dont beaucoup ont un sens concret, changent leur *ia* en *ie*, plur. *ii* : *bęcisnicie* misère, *bętzie* ivrognerie, *bucurie* joie, *detorie* dette, *dievolie* diablerie, *ghelosie* jalousie, *grębnicie* hâte, *heredie* descendance, *slębie* faiblesse, *tęrie* force ; *apostolie* apostolat, *archimandrie* abbaye, *baronie, boerie* noblesse, *pęgynie* paganisme ; *grecie, lętinie, ungurie* langue grecque, latine, hongroise, avec *i* atone *romęnie* langue valaque (comp. esp. *algaravia* etc.) ; *avutzie* avoir, *bętęlie* combat, *cęlętorie* chemin, *cympie* champ, *hęrbie* menton. — L'immixtion d'une *r* avant le suffixe *ia* est fréquente, surtout là où il s'agit d'exprimer une occupation, ou le lieu de cette occupation, ou son résultat, et alors la dérivation prend un sens collectif ; dans ces derniers cas et dans d'autres l'*r* a la plupart du temps son origine dans des mots personnels de la forme *arius*. Exemples italiens : *braveria* courage, *ciarleria* babil (*-iere*), *diavoleria* diablerie, *diceria* bavardage (verbe *dire*), *furberia* fourberie, *gofferia* gaucherie, *porcheria* saleté ; *fonderia* fonderie, *pellicceria* pelleterie, marché de fourrures (*-iere*), *pescheria* pêche, marché au poisson, *podesteria* charge ou maison du podestat ; *argenteria* argenterie, *biancheria, drapperia, ferreria, teleria* ; *artiglieria, cavalleria, sbirreria, prateria* prairies. Esp. *bellaqueria* coquinerie, *fulleria* tromperie (*-ero*), *majaderia* grossièreté (*-ero*), *porqueria* ; *blanqueria* blanchisserie (*-ero*), *funderia, horneria* métier de boulanger, boulangerie (*-ero*), *joyeria* joaillerie (*-ero*), *secretaria* cabinet (*-ario*), *artilleria* (*-ero*), *compañeria* (*-ero*), *flecheria* corps d'archers (*-ero*), *juderia* juiverie, *moreria* pays des Maures. Prov. *leujaria* étourderie (*leuger*), *tricharia* tromperie (*trichaire*), *truandaria* à côté de *truandia* vagabondage; *cavalaria, porcaria* etc. Franç. *bigoterie, diablerie; bijouterie, boulangerie, fonderie, lingerie, oisellerie, soierie, trésorerie, verrerie, cavalerie, juiverie, ladrerie*, comp. Mätzner *Franz. Gram.* p. 280. Val. *arginterie* argénterie, *purcęrie* étable à cochons, etc.

2. Les noms géographiques en *ia* conservent, de même que les noms communs, leur accent primitif, comme ital. *Asia, Bologna* (*Bononia*), *Bretagna, Calabria, Dalmazia, Francia, Gallia, Germania, Grecia, Italia, Lamagna* (*Alemannia*), *Marsiglia*, au contraire *Soria* (*Syria*); esp. *Asia, Bretaña, España, Gaula* etc.; prov. *Alamanha* (*Magna Choix* IV, 118), *Antioca, Bretanha, Fransa*, mais *Arabia, Etobia, Soria*; franç. *Allemagne, Boulogne, Bretagne, France, Gaule, Grèce, Marseille; Asie, Dalmatie, Germanie, Italie*; val. *Armenia, Francia, Ghermania*. — Les nouvelles dénominations suivent tantôt l'ancienne, tantôt la nouvelle accentuation. A la première appartiennent: it. *Baviera* (*Bavaria*), *Borgogna* (*Burgundia*), *Curlandia* (sans *i Olanda, Zelanda, Fiandra*), *Persia* (mot nouveau pour *Persis*), *Polonia, Prussia, Russia, Svezia*. Esp. *Baviera, Borgoña* etc. Prov. *Frisa* pour *Frisia, Sansonha* (*Saxonia*), *Savoya*. Franç. *Bavière, Bohème, Bourgogne, Courlande, Hesse, Perse* (v.franç. *Persie Poit.* 65), *Pologne, Prusse, Suède*. Val. *Boemia, Bulgaria, Polonia, Rusia, Slavonia*. A la seconde: ital. *Lombardia, Schiavonia, Tartaria, Turchia, Ungheria, Valachia*. Esp. *Andalucia* etc. Prov. *Lombardia, Murcia, Normandia, Ongria, Romania, Turquia*. Franç. *Lombardie, Normandie, Picardie, Turquie, Valachie*.

IUM, appliqué à des substantifs, tels que *convivium, imperium, refugium*, a provoqué quelques imitations. Ainsi ital. *abbominio* (= *abominatio*), *assassinio* (comp. *homicidium*), *rimproverio* (*improbatio*), *rovinio* (*ruina*), *stridio* (*stridor*). Esp. peut-être *lacerio* peine (*laceratio*), *murmurio* (*-ratio*). Prov. *concordi* (*-ium* déjà dans les *Pand.*), *discordi*, aussi ital. *discordio*.

UUS, surtout appliqué à des adjectifs: *aequus* avec *iniquus, antiquus, arduus, assiduus, congruus, conspicuus, conti-*

nuus, exiguus, fatuus, mortuus, mutuus, nocuus, obliquus, praecipuus, st. enuus, vacuus, viduus, de même (avec changement de *u* en *v*) *parvus, salvus*. En roman ces mots et d'autres se sont conservés pour la plus grande part, mais ils sont peu usités, les mots populaires évitent en partie l'hiatus contenu dans *uu*. Ainsi ital. *antico*, prov. *antic*, v.franç. *antif* (pour *antiu*); ital. *continovo*, esp. *continō*; prov. *fat fada*, franç. *fat fade* (voy. à ce sujet mon *Dict. étym.* I); ital. *morto* etc.; pr. *oblic*, ital. *biecc*; pr. *vac GO*.; ital. *védovo*, esp. *viudo*, franç. *veuf veuve*, prov. *veuva*, aussi *vezoa*. Le provençal sauve *assiduus* et *continuus* en changeant le suffixe *uus* contre *osus*. Il ne s'est pas produit de formations nouvelles. Un cas du latin de la décadence est *reciduus* pour *recidivus*.

2. DÉRIVATIONS AVEC UNE CONSONNE SIMPLE.

Nous entendons par là non-seulement les dérivations simples qui procèdent immédiatement du primitif, mais aussi celles qui procèdent d'une autre dérivation, comme dans *at-icus*. Ces dérivations ont dans les deux cas presque toujours besoin d'une voyelle de liaison.

C.

ACUS. 1. Adj. *ebriacus, meracus, opacus*; ital. *briaco*; v.esp. *embriago*; prov. *ebriac ebriaic ybriai* III, 169. Sur ce modèle semblent s'être formés ital. *vigliacco* lâche, esp. *bellaco*, port. *velhaco* coquin (*vilis*); de plus port. *famaco* affamé, prov. *lecai* friand (*lec*), *niaic* pris au nid (*nidus*), *savai* méchant (*saevus*), *verai* vrai, franç. *vrai*.

2. Subst. *cloaca, lingulaca, pastinaca, portulaca, verbenaca*, ainsi surtout des mots du règne végétal, comme aussi *arboraca* dans Isidore. Des substantifs de la terminaison *ac* (ital. *acc*) des deux genres ne font pas défaut au roman, mais on ne voit pas partout clairement si cette terminaison est dérivative. Ex. : ital. *baracca* (*barra*), *bomberaca* (de *gommarabica*?), *bulimaca* bougraine, *caracca* caraque, *casacca* sorte d'habit (*casa*), *citracca* sorte de plante (*citrus*), *guarnacca* robe de chambre, *lumaca* limace (de *limax*), *meliaca* espèce d'abricot (*armeniăca*), *patacca* et *patacco* monnaie, *trabacca* tente (*trabs*), *verminaca* (pour *verbenaca*), *zambracca* femme de mauvaise vie (*zambra*). Esp. *barraca*, *burjaca* sac (*byrsa*?), *carraca, casaca, espinaca* épinard

(*spina*), *matraca* crécelle (arabe), *pataca, urraca* pie, *verdolaga* (de *portulaca*); port. *cavaca* gâteau, *ervilhaca* vesce (*ervum*). Franç. *baraque, casaque* etc. — Remarque. Il faut mettre à part quelques suffixes étrangers ou éléments qui ont le même son. 1) Le val. *AC* dans *gęnsác* jars, *omac* sorte de plante, *ortac* compagnon, *bęracę* bruine rappelle la terminaison slave *ak* (Dobrowsky, *Inst. ling. slav.* p. 214). — 2) Un suffixe gaulois qui s'applique aux noms de lieu est *AC, IAC*, comme dans *Tornācum, Juliācum*; prov. *Bragairac, Cauzac, Galhac, Moissac, Salvenhac*; franç. [AY de *ac*, Y de *iac*] *Cambray* (*Camaracum*), *Antony* (*Antoniacus*), *Chauvency* (*Calviniacum*), *Jouy* (*Gaudiacus*), comp. t. I, 228. — 3) Nous ajoutons encore un cas qui présente la douce au lieu de la forte. Les noms de familles espagnols en *ÁGA* et *ÁYA*, comme *Amoraga, Arechaga, Arriaga, Arteaga, Estenaga, Gonzaga, Madariaga, Urteaga, Zamarraga, Anaya, Arnaya, Celaya, Minaya, Osnaya, Salaya,* pourraient avoir leur origine dans la langue ibérique. D'après G. de Humboldt (*Prüfung* p. 39, comp. p. 31) la terminaison *aga* est extraordinairement fréquente en basque; on trouve aussi *aya* dans des noms communs tels que *arraya* poisson, *ibaya* rivière, *zabaya* scène.

EC. Cette terminaison s'applique à un nombre considérable de mots, mais la plupart sont d'une origine si obscure qu'on ne peut rien dire de certain sur la nature de la terminaison, qui au reste ne semble exprimer aucune idée. Dans beaucoup d'entre eux *ec* ne doit évidemment pas être regardé comme un suffixe. Ital. *bacheca* écrin, *cerboneca* et *-nea* mauvais vin, *mocceca* niais (de *moccio*), *ribeca* rebec (arabe), *spizzeca* ladre. Esp. *babieca* niais, idiot (*babia*, prov. *bavec*), *charneca* térébinthe, *holleca* sorte de petit oiseau, *muñeca* poignet (*muñon*, franç. *moignon*), *pasteca* poulie de grande drisse (aussi en italien), *xaqueca* migraine (arabe); port. *boneco* marionnette, *faneco* circoncis (verbe *fanar*), *marreco marreca* canard sauvage, *aiveca* oreille de charrue, *caneca* canette (b.lat. *cana*), *folheca* flocon de neige, *foreca* cahier de papier SRos., *pateca* melon d'eau (arabe). Prov. *bavec* (= franç. *bavard*), *manec* domicilié (verbe *maner*), *musec* (pour *mozaic*, franç. *mosaïque*), *senec* (*senex*), *ufec* orgueilleux (esp. *ufo, ufano*), *varec* (chaume *LR.*), *caveca* chouette *GO*. (moy.h.allem. *chouh*), *taleca* sac (esp. *talega*, port. *taleiga*).

ICUS. 1. Adj. *apricus, mendicus, pudicus*; ital. *aprico, mendico, pudico*; esp. *mendigo, pudico*; pr. *antic, mendic*;

franç. *antique, pudique*; manque en valaque. — 2. Subst. *amicus, umbilicus, formica, lectica, urtica, vesica, posticum*; ital. *amico, ombelico, formica, lettiga, ortica, vescica*; esp. *amigo, ombligo, hormiga, lechiga* arch., *vexiga, postigo*; prov. *amic, formit,* (pour -*ic*), *ortiga, vesiga*; fr. *ami, fourmi, ortie, vessie*; val. *buric, furnicę, lefticę, urzicę, beśicę*. On ne trouve pas de mots nouveaux avec cette dérivation.

ĬCUS. 1. Adj. *modicus, publicus, rusticus, unicus, laïcus* (λαϊκός), *gallicus, germanicus, italicus*; ital. esp. [ĭco] *modico, laïco, italico*; prov. *canorgue (canonicus), domestic, láic, public, tenerc (tenebricus)*; franç. [ĭc, ĭque] *public, unique, germanique* avec déplacement de l'accent (voy. t. I, p. 473). Dans les mots populaires le provençal supprime aussi le suffixe tout entier et prononce *domini (-icus), gramdzi (grammaticus), indi (-icus), ruste (-icus)*, aussi le franç. *lai* à côté de *laïque*, et le v.h.allem. *leigo*, allem.mod. *leie*. On n'a pas créé sur ce modèle d'autres dérivés de cette espèce, sauf des noms de peuples, comme ital. *bavarico, sassonico*, et peut-être *foresticus*, prov. *foresgue* sur le modèle de *domesticus*[1]. — Remarques. 1) Au sud-ouest on remarque souvent un suffixe *ÉGO, IEGO* semblable au latin *ĭcus*, ainsi : esp. *aldaniego* villageois, *andariego* bon marcheur, *borrego* jeune agneau, *cadañego* annuel, *cristianego* de chrétien, *frailego* monacal, *niego* faucon niais (*nidus*), *palaciego* courtisan, *pinariego* de pin, *veraniego* d'été; port. *ardego* ardent (pour *ardiego*?), *labrego* campagnard (*lavra*), *ninhego* (= esp. *niego*). L'origine de cette forme est encore à trouver. On connaît du nom de *Gallego*, qui a manifestement le même suffixe, les formes très-anciennes *Gallaecus, Gallaicus*; on ne peut guère douter que -*aec* ne dérive de l'une des anciennes langues du pays, car aucune des langues sœurs ne connaît ce suffixe; le caractère populaire de cette terminaison n'autorise pas à y voir une formation latine, sur le modèle par ex. de *Graecus*. Faut-il avoir recours au suffixe celtique *ig* (kymr. *mynydd* montagne, *mynydd-ig* qui concerne la montagne)? Cela inspire peu de confiance. Un second nom de peuple en *ego*

---

1. En lombard on trouve des mots nouveaux avec la finale *igh*, par ex. *bródigh* malpropre (*broda*), *értigh* étroit (*arto*); mais cet *igh* semble être l'allemand *ig*, et quand on le trouve uni à des radicaux allemands, comme dans *zartig*, cette origine est difficilement contestable. L'italien *ostico* paraît venir du grec.

est *Manchego* ; à la même terminaison appartient *Judiego* (*Judaïcus*); le nom de rivière *Mondego* (anciennem. *Munda*) semble avoir le même suffixe ; il en est de même des noms de familles comme *Castaniega, Noriega, Savariego*. — 2) Au valaque appartient exclusivement la forme de dérivation *NĬC* (Dobrowsky 314), empruntée au slave, qui est ajoutée à des radicaux tant latins qu'étrangers. Adjectifs, par exemple *crutzálnic* économe (verbe *crutzà*), *dárnic* libéral (*dare*), *dórnic* désireux (*dor*, ital. *duolo*), *dumeástnic* apprivoisé, *glásnic* retentissant (serbe *glâs* voix, *glasnic* messager), *pácinic* pacifique, *silnic* violent (serbe *silă* violence), subst. *camętárnic* usurier (*camętę* = κάματος), *cásnic* hôte, *pustnic* hermite (serbe *pûstinic*).

2. Subst. *africus, medicus, porticus, syndicus, fabrica, manica, musica, pedica, pertica, toxicum*. De là it. *affrico, medico, sindaco, manica, tosco* etc.; esp. *ábrego, médico, fábrica, pértiga, tósigo* ; prov. *metge, fabriga, manga, musica* (*musica Flam.* p. 163), *perga* ; franç. *miege* arch. *porche, manche, piége, perche, fabrique, musique*; val. *cleric, médic, vitrég* (*vitricus*), *beseáricę* (*basilica*), *cýntecę* (*canticum*), *mýnecę, peddecę*. — Les nouvelles formations, presque exclusivement des féminins. sont rares et la voyelle de liaison ne s'est pas conservée dans toutes. Prov. *auca*, ital. esp. *oca*, franç. *oie* (*avis, avica*) ; ital. *barca* barque (*bárica* de βάρις?) ; b.lat. *caudica* (*caudex*) ; ital. *cotica* couenne (*cutis*); b.lat. *gránica* grange (*granum*); ital. *mollica* mie (*mollis*); prov.mod. *murga* souris (*mus muris*); sic. *nasca* narine (*nasus*); ital. *natica*, prov. *natge* (*natis*); franç. *rache* (*rasis*) ; ital. *rocca* roche (*rupes, rupica?*); pr. *tóriga* femme stérile (*taura*), c'est la variante *turga* qui indique l'accentuation ; ital. *vasca* bassin (*vas*). Masculin : ital. *spago* ficelle (*spartum, sparticum*). Pour plus de détails sur ces mots, voy. mon *Dict. étym.*

ĪC. Forme diminutive en espagnol, en portugais et en valaque, étrangère aux autres langues. Exemples. 1. Adj. : esp. *bueno bonico, llano llanico, menudo menudico, moreno morenico*; avec un *c* intercalé *ciego cieguecico* ; port. (plus rare) *morenico* etc. — 2. Subst. : esp. *animal animalico, asno asnico, perro perrico, abeja abejica, barba barbica, tixera tixerica*, noms propres *Juan Juanico, Pedro Perico, Sancha Sanchica*; avec *c aire airecico, arbol arbolecico, ave avecica, muger mugercica* ; port. *amores amoricos, bacia* bassin, *bacinica*, *Ana Anica*. Val. *cęciulę cęciulicę*, *roatę roaticę*; avec *c floare floricicę*, *vale vęlcicę*. Il y a des cas où aucune diminution ne se fait sentir, de même que dans d'autres suffixes de cette espèce, comp. esp. *hocico* museau (*hoz*, *faux*), *pellico* habit de peau (*piel*), *villancico* chanson populaire (*villano*), *dedo meñique* petit doigt (*minimus*). — Il n'existe pas de latin *īcus* ou *ĭcus* avec cette signification. Le domaine celtique possède, il est vrai, dans le kymri *ic* un suffixe diminutif qui ne se présente plus aujourd'hui que dans les féminins (Zeuss I, 304); mais cette origine ne se concilie pas bien avec le fait que *ic* n'est pas populaire au nord-ouest, tandis qu'il l'est au sud-ouest, et même à l'extrême est, si toutefois *ic* valaque est le même que *ic* espagnol. Au point de vue géographique le suffixe v.h.allem. *ihh*, v.sax. *ik*, auquel répondrait un gothique *ik* (*Gibihho*, *Siphihho*, *anihho* avus, *armihha* paupercula, *Manniko*, *Sahsiko*), aurait d'un peu meilleures prétentions à faire valoir; mais cette forme, même en allemand, n'a été, sauf dans des noms propres, que peu appliquée. — Remarque. Beaucoup de mots français présentent un suffixe *QUIN* qui est emprunté au *kîn* du v.néerlandais et n'affecte aussi que des mots étrangers : *bouquin* (*boeckîn?*), *brinquin* esquille (Berry), *dolequin* arch. épée courte, *hellequin* (*hellekîn?*), *lambrequin* (*lamperkîn*), *mannequin* (*mannekîn* et *mandekîn*), *ramequin*, *vilebrequin*, voy. ces mots dans mon *Dict. étym.* En picard le suffixe allemand s'attache aussi à des mots latins, surtout à des noms propres, comme dans *pénequin* mauvais pain, *verquin* petit verre, *Pierrequin*, *Josquin*. Carpentier cite aussi *morequin* sorte d'étoffe, *musequin* sorte d'arme. Esp. *botequin* petit canot, *maniquí*.

AT-ĬCŬS. 1. Adj. *fanaticus*, *lunaticus*, *silvaticus*, *volaticus*; ital. esp. port. *fanático*, *lunático* etc.; prov. *lunătic*, franç. *fanatique*, *lunatique*; val. *lunătic*, *sęlbătic*. — Mots nouveaux : it. *fiumatico* (qui équivaut à *flumineus*), *lugliatico* (de *julius*). Esp. *bobatico* niais, *friatico* frileux, *tematico* têtu. Val., avec la diminution, *bętręnatic* vieillot, *roseatec* rougeâtre, *surdatec* à demi sourd, *vęratec* d'été. — 2. Subst. tiré de substantifs. Ital. *baliatico* salaire de nourrice, *camarlingatico* office de chambellan, *compagnatico* ce qu'on mange avec le pain, *palancatico* palissade, *stallatico* fumier, *terratico* fermage, *maggiatica* jachère, *panatica* provision de bouche. Esp. [ADGO AZGO] désigne surtout des charges et des impôts : *alguaciladgo -azgo*, *almirantadgo -azgo*, *cabdelladgo*

-azgo, cardenaladgo -azgo, consuladgo -azgo, mayorazgo majorat, *cillazgo* droit sur les récoltes de dîmes, *colodrazgo* impôt sur le vin, *terrazgo* redevance du fermier, ensuite *hallazgo* trouvaille, *hartazgo* rassasiement etc.; port. [ADEGO] *vinhadego* vignoble; v.port.. comme en espagnol, pour des charges, des droits et des impôts, comme *achadego* récompense à celui qui a trouvé quelque chose (esp. *hallazgo*), *eiradega* impôt de l'air (*eira*), *montadego* droit de pâturage, *terradego* (esp. *terrazgo*), *taballiadego* notariat, voy. Santa Rosa qui accentue partout *adégo*. — Cette dérivation est déjà très-familière au latin du plus ancien moyen âge. On lit dans une charte de 444, Mar. p. 108 *de fundo Partilatico*. Dans une charte franque de 629, ibid. p. 97, *navigios portaticos, ipsos rivaticos, retaticos, vultaticos, themonaticos (temonaticos), chespetaticos* etc. Il y a en Toscane un lieu du nom de *Campagnatico*.

A côté de ces dérivations on trouve dans d'anciens mots vraiment romans une forme produite au moyen d'un *g*, dont l'identité avec *aticus* ne peut soulever aucun doute. Le latin du moyen âge a rendu d'abord les substantifs de cette classe par *aticum* : on trouve ainsi : *brenaticum -agium, carnaticum -agium, herbaticum -agium, paraticum -agium, vassolaticum -agium*[1].
1) Les adjectifs sont rares : ital. [AGGIO] *selvaggio (silvaticus)*; esp. [AGE] *salvage*; port. [AGEM avec une *m* paragogique] *salvagem*; pr. [ATGE] *salvatge, volatge (volaticus)*; franç. [AGE] *sauvage*, v.franç. *evage (aquat.), ombrage (umbrat.)*; cette forme manque au valaque. Mots nouveaux : seulement prov. *ramatge*, v.fr. *marage* (voy. Hofmann sur le v. 1301 d'*Amis*), *ramage* sauvage (*ramus*) etc. — 2) Un substantif originairement latin est *viaggio (viaticum)*. Le nombre des substantifs nouveaux est considérable : dérivés de substantifs, ils expriment des idées abstraites, concrètes et quelquefois même personnelles. Ital. *baliaggio* bailliage, *carnaggio* mets de viande, *coraggio* courage, *dannaggio* dommage, *erbaggio* mets de légume, *formaggio* fromage, *linguaggio* langage, *messaggio* message,

---

1. *Agium* est un exemple de ces « mots latins refaits sur les mots vulgaires » (*Jahrb.* VIII, 121), à peu près identique au barbare *lodium* du franç. *lodge (loge)*, qui n'aurait été représenté que par *laubia*. Il vaudrait la peine de rechercher à quelle époque cet *agium* a commencé à se montrer. Hincmar († 882) disait encore : *de praeliis atque, ut nostratium lingua dicitur, de vassaticis*, ce qui, il est vrai, ne prouve rien contre l'existence de *vassatge*.

messager, *oltraggio* outrage, *omaggio* hommage, *ostaggio* otage (*obstaticus* pour *obsidaticus*), *padronaggio* patronage (aussi *-atico, -ato*), *paraggio* parage, *pedaggio* péage, *personaggio* personnage, *vassallaggio* vasselage, *villaggio* village, hameau, *visaggio* visage. Esp. *barnage* Alx. *barnax* PC. (prov. *barnatge*), *brebage* breuvage, *carnage, cordage* cordage, *fardage* bagages, *homenage, hospedage, lenguage, mensage, orage* orage, *parage* situation, emplacement, *personage, ultraje, ventanage* fenêtrage (l'ensemble des fenêtres d'une maison), *village*. Ici la forme *-g* a été moins souvent appliquée et l'on peut même présumer qu'elle est venue du nord. Dans certains mots cette origine est clairement reconnaissable et la terminaison *e* pour *o* parle aussi en faveur de cette hypothèse (comp. la forme *azgo*). Maria egipc. écrit même avec *tg*, tout-à-fait à la manière provençale, *domatge, oratge, paratge*. Au reste Berceo écrit *o* pour *e* dans *bevragio*. Port. *carnagem, hervagem, homenagem, lingoagem, mensagem, ultraje*. Ils sont féminins évidemment parce qu'ils ont une forme commune avec *-agem* = lat. *ago aginis*. Prov. *amiguatge* amitié, *antigatge* antiquité, *auranatge* aération GO., *auratge* souffle de vent, *barnatge* noblesse (pour *baronatge*), *beuratge, carnatge, coratge, damnatge, lenguatge, linhatge* race, *malage* maladie, *messatge, omenatge, outrage, parage, vassalatge* bravoure. Franç. *breuvage* (pour *beurage*), *carnage, courage, dommage, fagotage, fromage, hommage, langage, ménage* (pour *maisonnage*), *message, ombrage, orage* (pr. *auratge*), *outrage, parage, passage, personnage, usage, visage, voisinage*. Ils sont particulièrement nombreux dans cette langue et ils dérivent en grande partie de verbes, comme *abordage, accommodage, affinage, afforage, ajoutage, amarrage, apanage* (v.franç. *apaner*), *arrivage, arrosage, assemblage, attelage, avalage*. — Remarque. A côté de *aticus* l'italien a aussi *OTICUS* comme suffixe productif, bien que dans un petit nombre de mots seulement, comme *falotico* fantasque, *malotico* méchant. Ce sont des mots grecs tels que δεσποτικός qui ont dû leur servir de modèle. On trouve aussi quelques imitations de *ETICUS* et *ITICUS*. De même de *ASTICUS* (*monasticus, scholasticus*) : ainsi dans *animastico* d'animal, *chiesolastico* dévot, *prosastico* prosaïque.

OC. Il n'est pas tout-à-fait certain qu'il ne faille pas écrire *occ* qui est donné par tous les exemples italiens. Mais cette langue favorise le redoublement dont on peut au moins prouver l'existence dans *alocco*, *pitocco* et dans le nom propre *Enocco* (*Henoch*), comp. aussi *bajucca* à côté de *bajuca*, *sandracca* à côté de *sandraca*. Exemples : ital. *baciocco* niais (lat. *bac--eolus?*), *balocco* badaud, *barocco* usure (*baro*), *bizzocco* bigot, tête faible, *marzocco* lourdaud ; en outre *allocco* hibou (*ulucus*), *bajocco* monnaie de cuivre (*bajo*); augmentatif *frate fratocco*, diminutif *anitra anitrocco*. En espagnol on trouve *doncellueca* vieille fille, *morueco* bélier, *ballueca* mauvaise herbe ; port. *pardoca* femelle du moineau. Prov. *budoc* nigaud. Val., augmentatifs, *cal çeloc*, *mitzu mitzoc*, *om omoc*.

UCUS. 1. Adj. *caducus*. Seul le provençal connaît ce suffixe d'adjectif, mais il ne traite pas toujours la consonne de même. En effet si une voyelle vient s'y joindre *c* peut rester, ou passer à *g* ou même à *ch*, ce qui rappelle proprement le latin *ct*. Les cas sont : *astruc* heureux (fém. *-uga*, à en juger d'après *malastrugamen*), *baluc* (le sens?), *caluc* camus *GO*., *craüc* pierreux ibid. 78[1], *damnuc* détérioré, *faduc* ennuyeux (fém. *-uca*), *faichuc* gênant, *frevoluc* frileux, *GO*. (dans Goudelin *fredeluc*), *pauruc* craintif (fém. *-ucha*, mais on trouve toutefois *paurug--os*), *pezuc* accablant (*-uga*). Dans les autres dialectes on peut encore remarquer : catal. *poruc* (*paoruc* encore chez A. March) ; esp. *astrugo* (= prov. *astruc*, franç. *otru*) Bc. Loor. 76, *machuco* de sens rassis (*macho*), *maluco* maladif. Le valaque emploie *uc* pour la diminution : *bun bunuc*.

2. Subst. *albucus*, *sambucus*, *balluca* (ibér.), *carruca* (celt.), *curruca*, *eruca*, *festuca*, *lactuca*, *mastruca* (sarde), *verruca* ; ital. *sambuco*, *carruca*, *lattuga* etc. ; esp. *sauco*, *carruco*, *oruga*, *lechuga*, *verruga* ; port. *charrua*, *verruga* etc. ; prov. *sambuc*, *festuc festuga*, *eruga*, *verruga* ; franç. *fêtu*, *charrue*, *laitue*, *verrue* ; val. *festucę*, *lęptucę*. — On trouve des mots nouveaux de cette terminaison. Ital. *verduco* lame d'épée (de l'esp. *verdugo?*), *bajuca bajucca* plaisanterie (*baja*), *fanfaluca* flammèche (*pompholyx*), *feluca* felouque, *marruca* buisson d'épines, *pagliuca* brin de paille (*paglia*), *perrucca* (voy. mon *Dict. étym.*), avec *g tartaruga* tortue (esp. *tortuga*). En espagnol ces dérivés sont plus fréquents, et le primitif y est la plupart du temps clairement reconnaissable : *abejaruco* mésange bleue (mangeur d'abeilles), *almendruco*

---

[1]. La forme de ce mot n'est pas absolument sûre, car le *Donatus prov.* 53[b] prononce *cráucs*. Cependant il est possible que la forme *craücs* ait précédé, car le suffixe composé de *c* seul serait inintelligible.

DÉRIVATION. NOM. C : *AÇ, EÇ, ÏÇ, ĬÇ, OÇ.*

amande verte, *besugo* sorte de poisson, *fabuco* fruit du hêtre (pour *faguco*), *mendrugo* pain des pauvres, *paxaruco* gros oiseau, *tarugo* cheville, *tasugo* blaireau, *verdugo* gaule (*verde*), *carruca* verdier, *faluca, galuca* une pierre précieuse Alx., *mazuca* iris, *pechuga* estomac de volaille, *tortuga* (voy. mon *Dict. étym.*). V.port. *massuca* massue. Catal. *peùc* soque. Prov. *bauduc* querelle, *palhuc* (ital. *pagliuca*) GO., *ferruga* limaille de fer, *tartuga*. Franç. *massue, tortue*, anc. *sambue* housse de cheval (v.h.all. *samboh*). Val. *bulbuc* vessie, *bętucę* estomac de volaille, *męciuce* (franç. *massue*), *męimucę* singe; d'ailleurs diminutif, comme dans *hainę hainucę*; en outre le suffixe également diminutif -ŭıcɛ, par ex. *cęmarę cęmęruicę, pasęre pęsęruicę*. On trouve encore ici *ug*, dans *belciug* caveçon, *beteśug* maladie etc., qui rappelle l'ancien slave *ug* (Dobrowsky 311). — Remarque. L'italien connaît encore un suffixe diminutif *ÚC-OLO*, par ex. *fera ferucola, finestra finestrucolo, leggiero leggierucolo* etc., dont l'introduction est sans doute due à *bajuc-ola* (de *bajuca*) : ce mot aura été décomposé en *baj-ucola* et on l'aura pris pour un diminutif de *baja* qui a le même sens.

AÇ, EÇ, ĪÇ, ĬÇ, OÇ (*ax acis, ex ēcis ĭcis, ix ĭcis ĭcis, ox ocis*) : *bellax, fallax, fornax, limax, mordax*; et dans le lat. de la décad. aussi *currax, linguax*; *vervex, cornix, junix, perdix, radix*; *cortex, forpex, hirpex, ap-pendix, pollex, pulex, pumex, rumex, salix, sorex*; *atrox, ferox*. Cette forme, à cause de l'obscurité de sa signification, a subi des modifications arbitraires, dont la plus fréquente est le passage à la première et à la deuxième déclinaison. Ital. *capace, ferace, fornace, lumaca, mordace, rapace, verace, berbice, cervice, perdice, radice, cálice, s-corza* (*cortex?*), *appendice, pulce, salcio, sorcio, sóffice* (*supplex*), *feroce, veloce*; esp. *capaz, falaz, feraz, limaza, cerviz, perdiz, raiz, cáliz, apéndice, pomez, pulga, romáza, sauce, sorce, atroz, feroz*; prov. (presque seulement des subst.) *fornatz, rapatz, vivatz* (adv.), *berbitz, cervitz, junega, perditz, razitz, piutz piussa* (pul.), *soritz*; franç. *fournaise, limace, mordache, tenace, vivace, brebis, génisse, perdrix, écorce, herse, pouce, puce, ponce, souris, farouche* (*ferox*); val. *berbeace, cerbice, radiche, foarfeci, purece, salce, soarece*. — Les formations analogiques sont peu nombreuses : ital. *borrace* borax (arabe), *nidiace* pris au nid (*nidio* pour *nido*), *penace* douloureux, *ramace* qui vole sur les branches, *spinace* épinard, *narice* narine, *pendice* penchant, *vernice* vernis, *bóffice* boursouflé. Esp. *barniz*, *lombriz* (*lumbricus*). Divers adjectifs de cette langue et du portugais qui primitivement appartenaient à la dérivation suivante, mais qui ont laissé tomber leur voyelle finale et perdu la caractéristique du genre, se sont rangés maintenant à cette forme : ainsi par ex. esp. *monta̧raz* sauvage, *paloma torcaz* (anc. *torcaza*), port. *beberraz* adonné à la boisson, *lambaz* goinfre, *roubaz* rapace.

ACEUS, ICIUS, OCEUS, UCEUS prennent en roman une double forme : ital. -ccio, -zzo, esp. -zo, -cho, port. -ço, -cho, prov. franç. -s, -ce, val. -cïu, -tz. A l'est *ć* serait le son régulier, *z* se rattache à l'orthographe *tius* qu'on trouve à côté de *ceus* (*arenatius, formatius* datent du plus ancien moyen âge); à l'ouest *ch* (esp. *poblacho* à côté de *poblazo*) est un simple épaississement du son sifflant (t. I, p. 342, 429). Le daco-roman possède encore une troisième forme avec *ś*, dont l'identité avec *ć* et *tz* est confirmée par le fait qu'elle se trouve dans les terminaisons diminutives *sel* et *iśor* = ital. *cello* et *icciuolo* ; pour le sens cette forme diffère quelque peu des deux autres.

ACEUS. 1. Adj. *arenaceus, capillaceus, gallinaceus, lappaceus, vinaceus* ; latin de la décadence *liliaceus, siliginaceus, terraceus*. Ce suffixe a subi dans son application une importante modification : on l'a uni à des adjectifs et, partant de l'idée générale de ressemblance, on lui a fait exprimer le renforcement, qui, dans certaines langues, a été supplanté à son tour par des nuances accessoires. Ital. [ACCIO, AZZO] augmentatif et péjoratif : *bruno brunazzo, grande grandaccio, pallido pallidazzo, povero poveraccio, ricco riccaccio, vecchio vecchiaccio*. Esp. [AZO, ACHO], augmentatif : *ancho anchazo, grande grandazo, poco pocazo* Rc., *rico ricazo ricacho, viejo viejazo* ; *amarillo amarillazo* jaune pâle, *verde verdacho* vert pâle; port. *frio friacho* frais etc. Prov. mod., augm. *bel belas* très-beau, *blanc blancas, jaune jaunas, laid laidas*. Franç. [ASSE] *bon bonasse, mol mollasse*, sans doute aussi *niais*, fém. *niaise* (*nidaceus**, comp. it. *nidiace* (p. 289). Val. [ACÏU, AŚ] intensif : *bęrnacïu* brun noirâtre, *fugacïu* fugitif, *pungacïu* qui aime à heurter, *schitacïu* alerte, *zingaś* sentimental.

2. Les substantifs nouveaux formés avec *aceus* sont nombreux ; ils sont la plupart soit augmentatifs, soit péjoratifs, ou bien ils indiquent la ressemblance et l'origine. Voici quelques

DÉRIVATION. NOM. C : ACEUS.

exemples : ital. *ragazzo* garçon, *codazzo* cortège, *covaccio* tanière, *mogliazzo* mariage, *mostaccio* (*mystax*), *pagliaccio* paillasse, *terrazzo* terrasse, *vignazzo* vignoble, *arcaccia* coffre, *beccaccia* bécasse, *bonaccia* bonace, *corazza* cuirasse, *galeazza* galéasse, *guarnaccia* vêtement de dessus, *spogliazza* déprédation. Péjoratifs : *popolo popolazzo*, *tempo tempaccio*, *uomo omaccio* méchant homme, *acqua acquaccia*, *casa casaccia*, *colomba colombaccia*, *gallina gallinaccia*. Augmentatif : *festa festaccia*[1]. Esp. *espinazo* épine du dos, *grimazo* figure grimaçante, *hormazo* muraille de brique (*formaceus*), *arcaza*, *galeaza*, *hilaza* filasse, *linaza* graine de lin, *mordaza* bâillon, *picaza* pie, *pinaza* sorte de bateau, *terraza* vase de terre, *vinaza* piquette, *coraz-on* cœur ; *capacho* panier, *mostacho*, *muchacho* garçon, *penacho* panache, *borracha* outre, *carnacha* charogne, *garnacha*, *hornacha -aza* fourneau. Augmentatifs : *animal animalazo*, *buey bueyazo*, *gallina gallinaza*, *bezo bezacho*, lèvre épaisse ; péjor. *caballo caballazo*, *muger mugeraza*, *vulgo vulgacho*. Ce suffixe indique aussi l'action d'un instrument : *acicatazo* coup d'éperon et aussi *agujazo*, *dardazo*, *flechazo*, *latigazo*, *manotazo*, *picazo*, *puntillazo*, *zapatazo*. Port., comme en espagnol, *cartaz*, *chumaço*, *embaraço*, *fumaça*, *gallinhaça* ; augm. *cacho cachaço*, *peccado peccadaço* ; dim. *lebre lebracho*, *rio riacho*. Pr. [as. assa] *agras* raisin acide, *barras* traverse, *borras* toile grossière, *sacas* grand sac, *vormas* sorte de maladie, *bonassa*, *carnaza* (= esp. *carnacha*), *crebassa* fente, *gotassa* goutte, *picasa* pioche, *vinassa*, *corass-ó* cœur, *farass-ó* flambeau GO., *vernass-ai* misérable ; *garnacha*. Franç. [as, asse, ace, ache] *bourras*, *coutelas*, *échalas* (b.lat. *carratium*), *embarras*, *fatras*, *plâtras*, *tracas*, *bécasse*, *crevasse*, *cuirasse*, *fouace*, *galéasse*, *grimace*, *lavasse*, *liasse*, *paillasse*, *pinasse*, *tirasse* ; *ganache* (de là ital. *ganascia*), *garnache*, *moustache*, *panache*, *pistache* (*pistacium*), *rondache* ; péjoratifs avec terminaison féminine : bête *bestiasse*, coing *coignasse*, peuple *populace*, tétin *tétasse*, ville *villace*. Val. *rŭyacïu* cerf-volant (insecte), *socacïu* cuisinier (hongr. *szakáts*). Aussi avec *aś* : *a*) personnes agissantes : *aleutaś* violoniste, *arẹndaś* fermier, *armaś* écuyer, *berdaś* charpentier, *celẹraś* cavalier, *sutaś* capitaine ; *b*) diminutifs :

---

[1]. Un trait tout-à-fait italien est l'emploi de ce suffixe seul comme nom : *Quanto siete accio !* combien vous êtes répugnant! Blanc 159.

cęltzun cęltzunaś, carbun cęrbunaś, deget degetaś, inel inelaś; c) oraś ville, porumbaś prunelier etc. Dans beaucoup de cas le valaque aś n'est pas autre chose que le suffixe hongrois as (prononcez asch), très-employé dans des mots abstraits : ainsi dans aldaś bénédiction, aldęmaś pourboire, hongr. áldás, áidomás; mais la présence du latin aceus dans d'autres dérivations peut d'autant moins être mise en doute que les formes voisines iś et uś concordent aussi avec icius, uceus.

ICIUS (iceus). 1. Adj. adventicius, facticius, ficticius, paniceus, pellicius; latin de la décadence fracticius, sementicius, septicius, simulaticius; it. [ICCIO, IZIO] avveniticcio, fatticcio, fittizio; esp. [IZO, ICIO] avenedizo, hechizo, ficticio; pr. [ITZ, IS] aveneditz, faitis; v.fr. [IS] faitis, faintis. — Les mots nouveaux sont en grand nombre. Le suffixe s'unit soit à un participe passé existant ou supposé comme en latin, soit à un nom ou même à un radical de verbe ; quant à la signification qui lui est attribuée les langues diffèrent considérablement. Ital. cascaticcio caduc, covaticcio qui est près de couver, fuggiticcio fugitif, massiccio massif, posticcio supposé ; dimin. alto alticcio, bianco bianchiccio, giallo gialliccio, pallido pallidiccio, rosso rossiccio, secco secchericcio. Une deuxième forme italienne ECCIO a un sens d'appropriation et prend presque toujours r : camporeccio champêtre, casereccio, godereccio (verbe godere), porchereccio, sposereccio, vendereccio (verbe vendere), vernereccio. Esp. achacadizo fourbe, agostizo né au mois d'août, azotadizo qui mérite le fouet, cambiadizo inconstant Bc., castizo pur, huidizo, puente levadizo pont-levis, mestizo métis (mixticius*), pagizo de paille, plegadizo flexible, postizo ; dimin. (rare) blanco blanquizo ; port. abafadiço renfermé, espantadiço craintif, massiço. Pr. fraiditz malheureux, massis, mestis, plegadis, poestadis puissant, a-postíz, tornadis tournant, tortis tordu, voltitz voûté ; fréquent encore dans la langue moderne : baradis, carejadis, cunfessadis, levadis, malautis, mescladis, pauzadis, plegadis. Franç. dans vent coulis, pont levis, bois taillis, d'ailleurs éteint ; avec ch : postiche ; v.franç. poestis, traitis, voutis etc. Val. [ETZ, fém. EATZE] albetz blanchâtre, glumetz badin, lumetz mondain, pęduretz boisé ; avec ś : boldiś piquant, costiś courbé de côté, tzępiś escarpé.

2. Ce suffixe aussi a produit de nombreux substantifs, dont la plupart ont un sens concret et qui sont presque tous de nouvelle formation. Ainsi ital. avanzaticcio résidu, barchereccio

quantité de barques, *canniccio* claie de roseaux, *capriccio* caprice, *carpiccio* volée de coups, *ladroneccio* larcin, *lacchezzo* morceau friand, *lavoreccio* travail, *orezzo* brise, *pagliericcio* brins de paille, *pasticcio* pâté, *terriccio* terreau, *viticcio* vrille, *acquereccia* aiguière, *corteccia* écorce (*corticea*), *muriccia* tas de pierres, *paniccia* bouillie (*panicea*), *pelliccia* pelisse (*pellicea*), *robbiccia* babiole, *salsiccia* saucisse. Esp. [aussi IZ] *aprendiz* apprenti, *caballerizo* palefrenier, *cabrerizo* chevrier ; *acortadizo* rognure, *apartadizo* petit cabinet, *cañizo* claie de roseaux, *carrizo* iris (*carex*), *filadiz* filoselle, *gollizo* gosier, *hechizo* charme (*facticius*), *pasadizo* passage étroit, *agachadiza* bécasse, *caballeriza* écurie, *cañiza* sorte de grosse toile, *corteza*, *hortaliza* légumes, *pelliza* ; *capricho*, *salsicha* ; port. *aprendiz*, *caniço*, *feitiço*, *nabiça* petit navet etc. Pr. *clapadis* combat, *escroichedis* écrasement, *filadis* paquet de fils, *tortis* flambeau, *ortalessa*, *sebissa* haie (de *sepes* LRom.). Franç., en masse : *abattis*, *chablis*, *châssis*, *coulis*, *éboulis*, *gâchis*, *hâchis*, *lattis*, *lavis*, *logis*, *roulis*, *troussis*, v.franç. *ploreïz* pleurs, *soneïz* vacarme ; *pelisse*, *saucisse*. Le diminutif *iche* dans *babiche*, *caniche*, *lévriche*, *pouliche* doit aussi avoir son origine dans *icia*. Val. *cuntęretz* chanteur (*cantatricius**), fém. *cuntereatzę* ; *strungęreatzę* vase à traire ; *męscęriciu* fou, *pogęniciu* bouvier, *poręniciu* orchis ; avec *ś* : *acoperiś* couverture, *ascutziś* tranchant, *beliś* doublure. — Remarques. 1) Les formes françaises et valaques se rencontrent avec la forme sortie de *itia*, comp. *avarice* avec *novice*, *blandeatzę* avec *cęntęreatzę*. — 2) La forme valaque concorde exactement avec le slave *etz*, qui est affecté aux personnes et aux objets, de même qu'à la diminution (Dobrowsky p. 306), cependant elle semble d'origine latine, car elle est analogue aux autres formes romanes. Le domaine slave possède en outre une dérivation féminine *itza* pour les même idées (*doilitza* nourrice, *chodataitza* entremetteuse, *otrokobitza* jeune fille) ; le valaque a *itzę*, qui répond tout-à-fait à la forme slave en servant au même but, et dont le passage du slave au valaque peut à peine être mis en doute. Ce suffixe est employé : *a*) pour former le féminin : *baron baronitzę*, *cępitan cępitęnitzę*, *span spęnitzę*, *grof grofitzę*, *bojariu boeritzę*, *śelariu śelęritzę*, *vęcariu vęcęritzę* ; *bibol* (*bubalus*) *bibolitzę*, *porumb* (*palumba*) *porumbitzę*, comp. serbe *kral kraljitza*, *vuk vutschitza* ; *b*) pour la diminution : *corfę corfitzę*, *gurę guritzę* ; *c*) pour des objets : *acęritzę* étui à aiguilles, *bolnitzę* hôpital, *sęlęritzę* salière, *tarnitzę* selle.

OCEUS [occio, ozzo] désigne en italien la vigueur ou la solidité, c'est une formation libre et non latine. 1) Adj. *allegro allegroccio, bello belloccio* bien fait, *fresco frescozzo, grasso grassoccio*. 2) Subst. *bacio baciozzo, frate fratoccio, giglio gigliozzo, motto mottozzo, petto pettoccio, femmina femminoccia, festa festoccia*. Dans quelques cas l'idée du grossissement n'est plus sensible, ainsi par ex. dans *bamboccio* poupée, *carroccio* char qui portait l'étendard de guerre, *cartoccio* (de là le franç. *cartouche*, l'esp. *cartucho*), *barbozza* mentonnière du casque, *carrozza* (de là le franç. *carrosse*). — Les autres langues ont quelques mots dérivés avec *och* qui en théorie appartiennent à ce groupe : esp. *mazocho* tympan de colonne (*mazo*), *garrocha* aiguillon (*garra*) ; franç. *bamboche* (ital. *-occio*), *caboche, épinoche, galoche* (de là ital. *galoscia*), *filoche, mailloche, sacoche*, v.fr. (Roq.) *guenoche* sorcière, *litoche* berceau, *taloche*. Le prov. *corrotz*, fr. *courroux* (de *cholera*) présente aussi ce suffixe.

UCEUS. 1. Adj., comme dans *pannuceus*. Dans les langues de l'est cette forme est employée pour la diminution, c'est sans aucun doute une variante librement développée de *aceus, icius*. Ital. [uccio, uzzo] *cattivo cattivuzzo, giallo gialluccio, superbo superbuzzo, vago vaguccio*. Val. [utz] *acru acrutz* aigrelet, *alb albutz, bun bunutz, dulce dulcutz, lung lungutz, moale molcutz* (*molliculus*). Ex. esp. [uzo, ucho] *lechuzo* qui tète, *machucho* (= *machuco* p. 288).

2. Subst. ital. qui expriment une diminution méprisante : *angelo angeluccio, anno annuccio, cappello cappelluccio, cavallo cavalluccio, dono donuzzo, foglio fogliuzzo, medico medicuzzo, poeta poetuzzo, bocca boccuzza, febbretta febbrettuccia, gente gentuccia* populace, *donna donnuccia, scherma scaramuccia* escarmouche. Ici aussi il arrive quelquefois que la diminution ne se fait plus sentir, comme dans *cappuccio* capuchon, *corruccio* colère (*collera*), *peluzzo* sorte de peluche (*pelo*). Cette forme unie à des noms de personnes devient caressante : *Anselmo Anselmuccio, Gualtero Gualteruzzo, Pietro Pietruzzo, Laura Lauruzza*. On la trouve en outre jointe à beaucoup de noms de famille dont l'explication n'offre pas de difficulté : *Balduccio, Belluccio, Bertuccio, Biringuccio, Borgaruccio, Carduccio, Falcuccio, Fantuzzo, Fenuzzo, Galluccio, Galluzzo, Masuccio, Rinucc--ino*. Val. avec diminution : *ac acutz, berbeace berbecutz, bętrųn bętrųnutz, foc focutz, frig frigutz, lęmpaś lęmpęśutz, strop stroputz, vas vęsutz, albinę albinutzę, barbę*

bęrbutzę, boambę bombutzę, broascę broscutzę, inimę inimutzę, oalę olcutzę (avec *c* diminutif), scynteae scynteutzę, vacę vęcutzę. On a à côté de cela la forme en *ś* à laquelle n'est pas attaché de sens diminutif : *astupuś* bouchon, *bęrbętuś* mâle (en parlant des animaux), *bętęuś* batteur, *culcuś* couche, *bituśę* housse de selle, *brynduśę* colchique d'automne, *cenuśę* cendre, *mynuśę* gant, *pępuśę* poupée. En espagnol les cas ne sont pas rares, par ex. *Andaluz* et *Guipuz* noms de peuples, *abenuz* ébène, *capuz* (it. *cappuccio*), *orozuz* réglisse, *testuz* occiput, *terruzo* terroir, *caperuza* bonnet ; *capucho* (= *capuz*), *carducha* grand peigne, *garrucha* poulie ; dimin. et péjor. *burrucho* ânon, *aguilucho* sorte d'aigle, *avechucho* vilain oiseau. Fr. *coqueluche* (*cuculla*), *guenuche* (*guenon*), *peluche*.

D.

IDUS. Adj. *albidus, aridus, calidus, cupidus, frigidus, limpidus, nitidus, rancidus, rigidus, sucidus, tepidus, turbidus.* L'accentuation du radical a nui au suffixe, qui a été souvent mutilé. It. *arido, caldo, freddo, nitido netto, rancio, sciapido* (*in-sapidus*), *sucido sozzo, torbido torbo* ; esp. *arido, calido, frio, limpio lindo, raudo* (*rabidus*), *recio, enxabido, sucio, tibio* ; prov. *arre, caut, cobe, freit, orre orreza* (horr.), *humit humida* Brev. d'am. I, p. 213. 266, *net nedea, sabe sabeza, rans, rege, tebe tebeza* ; fr. *aride, chaud, froid, roide rigide, sade* (*sap.*), *tiède* (v.fr. *tieve* TCant. 83 = prov. *tebe*), *timide*, parmi lesquels ceux en -*ide* sont inorganiques, c'est-à-dire sont empruntés au latin ; val. *uręt* (horr.), *umet, limpede, ryncéd, reápede.* — Il n'y a pas de formations analogiques à attendre. La seule certaine est l'ital. *ripido* escarpé (*ripa*), comp. t. I, p. 26 ; *fulvido* pourrait être une modification du synonyme *fulgidus*, on trouve toutefois aussi un latin de la décadence *fulvidus* ; *vincido* (moite, mou) est probablement dérivé de *viscidus* (tenace, visqueux). D'autres exemples du latin de la décadence sont *fungidus*, *helvidus*.

L.

ŎLUS, a, um (*e-ŏlus, i-ŏlus*) avec sens diminutif. 1. Subst. *capreolus, filiolus, gladiolus, urceolus, lusciniola, linteolum, ostiolum.* Nous avons encore ici un cas où l'accent avance, voy. t. I, p. 466[1]. Ital. [υόλο généralement uni à l'*i*

1. Dans des mots grecs tels que *apostolus, diabolus, epistola* ce suffixe

du primitif, I-UÓLO et I-ÓLO, non pas OLO seul] *capriuolo, figliuolo, gladiolo, orciuolo, rosignuolo, lenzuolo, usciuolo,* esp. [UELO] *hijuelo, lenzuelo, orzuelo* (*hordeolus*), *ruyseñor* (d'abord *rosseñol*) ; port. [OL] *lençol, rouxinol* ; prov. [OL] *cabirol, filhol, glaujol, orzol, rossinhol, ussol* ; franç. [EUIL, EUL, OL] *chevreuil, filleul filleule, glaïeul, rossignol, linceuil* ; val. [OR, fém. OARĘ] *cęprior cęprioarę* (*capr.*), *picior* pied (*petiolus*)[1]. Le sens diminutif de ces mots et d'autres mots transmis par la langue mère a tout-à-fait disparu, *figliuolo* ne signifie plus petit fils, mais fils (il en est autrement de l'esp. *hijuelo*). — Des formations analogiques se présentent en masse. Ital. par ex. *appiuolo* pomme d'api, *bracciuolo* bras d'une chaise, *lacciuolo* lacet, *terzuolo* faucon, *vajuolo* petite vérole, *camiciuola* camisole, *ventaruola* girouette ; dimin. *bagno bagnuolo, bestia bestiuola, carezza carezzuola, mazzo mazzuolo, raggio raggiuolo, sasso sassuolo.* Esp. *abuelo* (*avolus* pour *avulus*), *buñuelo* (franç. *beignet*), *pañuelo* mouchoir de poche, *sanguijuela* sangsue, *viruela* (it. *vajuolo*); dimin. *acero acéruelo, herrero herreruelo, hoja hojuela, mozo mozuelo.* Prov. *arestol* poignée de la lance, *auriol* loriot (*aureolus*), *bressol* berceau, *escurol* écureuil, *flaujol* flûte, *pujol* hauteur, *tersol.* Dimin. *orfe orfanol, cambra cambriola, segonha segonhola.* Franç. *aïeul, écureuil, réseuil* (*retiolum* Apul.), *tilleul, rougeole* (*rubeola* *), *vérole.* Val. *alior* (*alliolum* *), *fecior* adolescent, *fecioarę* jeune fille (*fetus*); dimin. *frate fręzior, sorę sorioarę* ; val. du sud *turrólu* tour. — La présence d'un *c* donne à cette forme une action diminutive plus décidée ; ital. [ICCIUOLO] *libro libricciuolo, donna donnicciuola, luogo luoghicciuolo, uomo uomicciuolo, verme vermicciuolo.* Esp. [EZUELO, IZUELO] *bestia bestezuela, cabo cabezuelo, cuerno cornezuelo, paño pañizuelo,* sans diminution : *anzuelo* hameçon (*hamus*). Val. [IŚOR avec *ś* comme *iśel*, voy. sous *cellus*] *cyne cyniśor, frate fręzziśor, turn turniśor, buzę buziśoarę, cadę cędiśoare, fune funiśoare* ; sans diminution sensible : *bęniśor* sorte de monnaie, *brędiśor* genièvre.

2. Adj. *aeneolus, consciolus, ebriolus.* En italien cette

---

reste *olus,* il n'en est pas de même dans *phaseolus* où *eolus* a une apparence diminutive, de là ital. *fagiuólo,* esp. *fasól,* prov. *faisól.*

1. Pour *pediolus* dans Afranius et Celse voy. Düntzer *Lat. Wortbildung* p. 52. Il faut donc que *petiolus* ait été populaire.

dérivation est à peine diminutive, par ex. *acceso accesuolo* un peu ardent ; elle exprime du reste l'appartenance, l'emplacement : *acquajuolo, boscajuolo, campagnuolo, sassajuolo*, qui se trouve dans l'eau etc.; *lugliuolo* qui mûrit en juillet, *marzuolo,* semé au mois de mars. Esp. dimin. *baxo baxuelo, chico chicuelo, graso grasuelo, sucio suzuelo* Bc., nom de peuple : *español,* où la diminution a été annulée par le changement de *ue* en *o*. Formes avec immixtion d'un *c* : ital. *grande grandicciuolo, magro magricciuolo*. Esp. *ciego cieguezuelo*. Val. souvent : *acru acriśor, bun buniśor, mare meriśor, mult multziśor, un uniśor* unique.

ULUS, *a*, *um*. 1. Subst. sans signification diminutive : *capulus, populus, ferula, fibula, fistula, gerula, situla, tabula, tegula, cingulum, speculum, tribulum*. Cette terminaison a été rendue de diverses manières : tantôt on a conservé la voyelle atone de liaison *u*, tantôt on l'a changée contre la voyelle voisine *o*, tantôt on l'a élidée. Ce n'est que dans les deux derniers cas que ce suffixe a un cachet purement roman. Exemples : it. *capolo cappio, popolo, ferula, fibbia, fistola, gerla, secchia, tavola, tegghia, cingolo cinghio, specchio speglio, tribolo*; esp. *pueblo, ferula, fistula, tabla, cingulo, espejo, tribulo* ; port. *magoa* (*macula*), *nodoa* (*notula*) etc.; pr. *poble, ferla, fivela, fistola, selha, taula, espelh, triból* ; franç. *peuple, échandole* (*scandula*), *seille, table, sangle* ; val. *popọr, titul, regulẹ, scundurẹ* (*scand.*), *teglẹ*. En latin la diminution existe souvent d'une façon évidente : *nodus nodulus, pannus pannulus, rivus rivulus, saccus sacculus, luna lunula, pila pilula*. Dans l'ital. *rivolo, saccolo* la forme diminutive est encore active, mais elle ne l'est ni dans *nocchio* (*nod.*), *lulla, pillola*, ni dans le val. *pẹnurẹ, pilulẹ*. — Les mots nouveaux, qui sont presque tous des noms communs ordinaires, excluent l'idée de diminution ou plutôt l'ont abandonnée depuis que des formes plus expressives ont été introduites à cet effet[1]. Ce n'est que dans la langue italienne, qui n'est pas hostile au proparoxytonisme, qu'on fait un fréquent usage de ce suffixe. Exemples (le primitif existe pour presque tous) : *a: tolo* charrue, *avolo* grand-père, *bocciolo* bouton, *bossolo* boîte, *cin*-

---

1. Le **grec moderne**, où les anciennes syllabes diminutives, comme ιον, άριον ont tout-à-fait perdu leur force (ainsi παιδί, grec anc. παιδίον, signifie garçon, ψάρι (ὀψάριον) poisson), peut servir ici de point de comparaison.

tolo ceinture, *fignolo* pustule, *fusolo* tibia, *granchio* écrevisse (*cancrulus**), *guindolo* dévidoir, *orlo* bord, *santolo* parrain, *stroppolo* câble, *truogolo* auge, *teschio* crâne (*testa*), *bugnola* sorte de panier, *coccola* baie, *costola* côte, *cupola* coupole, *donnola* belette (*donna*), *frombola* fronde, *girandola* girandole, *gondola* gondole, *morola* mûre, *seggiola* chaise. Il se présente encore plus souvent dans des suffixes combinés, comme dans *appic-agn-olo, terr-agn-olo, luc-ign-olo, scoj-att-olo*, diminutif : *vi-ott-olo, uom-icci-alt-olo*, péjoratif *medic-on--zolo* et *medic-astr-on-zolo* etc. — Dans les autres langues ces dérivations sont rares et en général empruntées à l'italien : esp. *brúxula* (pour *bux.*), *girándula, guindula, góndola, orla*; franç. *boussole, coupole, girandole, gondole*[1].

2. Adj. *bellulus, blandulus, credulus, pendulus, tremulus, vetulus*, latin de la décadence *raucidulus, tenerulus*; ital. *credulo, pendolo, tremolo, vecchio*; esp. *pendulo* etc. De là l'ital. *mutolo, sdrucciolo, giall-ogn-olo* etc.

AC-ULUS, EC-ULUS, IC-ULUS, UC-ULUS, ou simplement, quand ils sont ajoutés à une consonne, *C-ULUS*; ces suffixes sont abrégés en roman en -*clus* et produisent en partie des formes doubles : ital. CHIO, GLIO, esp. JO, LLO, port. JO, LHO, prov. LH, franç. IL, val. CH. Des expressions liturgiques, telles que *coenaculum, miraculum, signaculum, tabernaculum* et beaucoup d'autres, comme *spectaculum*, n'ont pas été soumises à cette loi phonique : ital. *cenacolo, miracolo* etc. Ces dérivations sont soit verbales, soit dénominatives. Dans la langue mère les noms communs ont une action diminutive, dans les langues nouvelles cette action ne se fait plus sentir que dans certains cas.

AC-ULUS : *graculus, novacula, gubernaculum, miraculum, pentaculum, spiraculum, tenaculum*; ital. *gracchio, miraglio, pendaglio, spiraglio, tanaglia*; esp. *graja, navaja, gobernallo*; port. *gralha, governalho*; prov. *gralha, governalh, ivernalh* (*hibern.*), *miralh, espiralh, tenalha*; franç. *graille, gouvernail, soupirail, tenaille*. — Formations

---

1. Certains patois possèdent des dérivations en *l = ul* placée après une *r*, ce qui leur donne l'apparence d'un suffixe spécial RL. C'est en provençal moderne qu'on les rencontre le plus souvent, par ex. *bossérla* ampoule, *bouterla* baril, *couderla* sorte de champignon, *esquierla* esquille, *capurla* huppe, *chichourla* jujube (ital. *giuggiola*), *ganurla* gorge, *niorla* niaiserie. A cette classe appartiennent aussi ital. *baderla* femme niaise, *postierla* poterne (*posterula*), comasq. *scoterla* fille de joie (*scortillum*), mil. *tamberla* folle, mant. *sgamberla* échasse.

DÉRIVATION. NOM. L : *EC-ULUS, IC-ULUS*. 299

analogiques : ital. *batacchio* battoir, *pennacchio* panache, *serraglio* clôture, *sonaglio* sonnette, *spaventacchio* épouvantail, *travaglio* tourment, *ventaglio* éventail, *ventaglia* visière (b.lat. *ventaculum*). Noms d'animaux, en partie diminutifs : *birracchio* veau d'un an, *buciacchio* jeune bœuf, *mulacchia* corneille, *orsacchio* jeune ours, *poltracchio* poulain, *corbacchi-one* grand corbeau, de même *cornacchia*, *volpacchio* de *cornicula, vulpecula*. Esp. *acertajo* énigme, *badajo*, *cascajo* gravier, *espantajo* (ital. *spav.*), *estropajo* torchon, *latinajo* latin de cuisine, *lavajo* abreuvoir, *regajo* mare, *trabajo*, *migaja* miette, *rodaja* petite roue (*rueda*), *sonaja* (it. *-aglio*); *tinaja* cuve, *ventalla*. Port. *trabalho, tinalha* etc. Prov. *arribalh* abordage, *badalh, defensalh* ouvrage de défense, *demoralh* passe-temps, *espaventalh, esperonalh* éperon, *fermalh, refrenalh* continence, *serralh, sonalh, trabalh, ventalha*. Franç. *épouvantail, fermail, plumail, travail, ventail, sonnaille*.

EC-ULUS, IC-ULUS. 1. Subst. *cuniculus, folliculus, apicula, auricula, clavicula, corbicula, cornicula, vulpecula, periculum*; ital. [ECCHIO, ICCHIO; IGLIO] *coniglio, pecchia, orecchio, cavicchio caviglio, naviglio (navicula), periglio*; esp. [EJO, IJO] *conejo, hollejo (foll.), abeja, oreja, clavija, lenteja (lenticula), oveja (ovicula), vulpeja*; port. [ELHO, ILHO] *coelho, abelha, orelha, chavelha clavilha, corbelha*; prov. [ELH, ILH] *abelha, aurelha aurilh, ovelha, volpilh*; franç. [EIL, IL, IEU] *essieu (axic.), conil* arch., *abeille, oreille, cheville, corbeille, ouaille* pour *oueille* (= prov. *ovelha*), *péril*; val. *urechie* et *ureache, curechiu* (*cauliculus*). — Les dérivations nouvelles sont nombreuses. Ital. *busecchio* intestins, *cernecchio* touffe de cheveux, *coviglio* ruche, *crocicchio* carrefour, *faldiglio* jupe, *giaciglio* couche, *nascondiglio* cachette, *pennecchio* quenouillée, *puntiglio* minutie, *solecchio solicchio* parasol, *bottiglia* (b.lat. *buticula*), bouteille, *giunchiglia* jonquille, *pastiglia* pastille. Dimin. *borsa borsiglio, dottore dottoricchio*. Esp. *abrazijo* embrassement, *acertijo* énigme, *ahoguijo* esquinancie, *armadijo* trébuchet, *azulejo* bluet, *cancrejo* crabe (*cancriculus* *), *junquillo* (ital. *giunchiglia*), *regocijo* réjouissance, *vencejo* lien, *botija*, *lagartija* petit lézard, *molleja* ris de veau, *yacija* (ital. *giaciglio*). Souvent dimin. *anillo anillejo, animal animalejo, arbol arbolejo, cuchilla cuchilleja, cordel cordelejo, lugar lugarejo, zagal zagalejo*. En portugais ces suffixes sont diminutifs sous la forme *ejo* (contraire aux lois phoniques de cette langue ; elle a donc été empruntée à l'espagnol) : *animalejo, castillejo, cordelejo, lugarejo, zagalejo.* Pr. *dosilh* robinet, *estorbilh* tourbillon, *fontanilh, -a* source, *gandelh -ilh* faux-fuyant, *grazilh* grêle, *mostilh* couvent GRoss., *penilh* ibid. (*pubes*), *ramilh -a* feuillage, *solelh* (plus usité que *sol*), *somelh, tendel-ilh* tente, *umbrilh* (*umbiliculus* *), *botilha, frondilha* GO., *jassilha.* Fr. *appareil, dousil, grésil, nombril, soleil, sommeil, bouteille, chenille* (*canicula*), *groseille, jonquille, pointille.* Dimin. : *croustille*, plus des dérivations combinées comme *oi-sill-on, chevr-ill-ard.*

2. Adj. *dulciculus.* Ital. *parecchio*, esp. *parejo*, fr. *pareil* (b.lat. *pariculus*) ; ital. *rubecchio* rougeâtre ; ital. *vermiglio*, esp. *bermejo*, fr. *vermeil* (*vermiculus*) ; prov. *volpilh* lâche (de *vulpecula*). Dimin. esp. *amarillo amarillejo, poquillo poquillejo* Rz.

UC-ULUS dans *veruculum.* On a ramené à ce suffixe plusieurs mots dérivés en *iculus* et *unculus*, c'est-à-dire qu'on a prononcé *annuculus, peduculus, ranuculus, foenuculum, genuculum, acucula, panucula.* Ital. [OCCHIO, UGLIO] *pidocchio, ranocchio, finocchio, ginocchio, agocchia aguglia, pannocchia* ; esp. [OJO, UJO] *añojo, piojo, hinojo* (*foen-* et *gen-*), *aguja, panoja* ; pr. [OLH, ULH] *peolh, granolh, fenolh, genolh, verrolh, agulha* ; fr. [OUIL, OU, UIL] *pou* pour *péou, fenouil, genou, verrou, aiguille, grenouille.* Ce suffixe a suscité des formations analogiques, ainsi ital. *batocchio* battant, *canocchio* échalas, *mazzocchio* liasse, *pinocchio* amande de la pomme de pin, *capocchia* gros bout d'un objet, *conocchia* quenouille, *pastocchia* sornettes ; diminutif [UCCHIO], rare : *bacio baciucchio.* Esp. [aussi ULL] *capullo* paquet, *cerrojo* verrou, *granujo* pustule, *matojo* buisson, *redrojo* enfant retardé, *somorgujo* plongeon, *magullo* meurtrissure (*maca*), *burbuja* bulle de vapeur ; adj. dimin. : *blando blandujo, magro magrujo.*

C-ULUS uni à des consonnes telles que *n, r, s* : *avunculus, carbunculus, portiuncula, ranuncula, cicercula, sororcula, musculus* ; ital. *avunculo, carbonchio, cicerchia, sirocchia, muscolo* ; esp. *carbunclo* etc. ; prov. *avoncle* et *oncle, carboncle, muscle* ; franç. *oncle, escarboucle, muscle* ; val. *unchiu*, de même *genunche, mununchiu, renunchiu* tirés de *geniculum, manicula, reniculus*. — Formations nouvelles, par ex. : ital. *bailonchio* ronde, *belliconchio* cordon ombilical (*umbilicunculus* *), *gavonchio* congre, *nevischio* neige légère, *renischio* sablon. Val. *pętrunchi-os* lourdaud (*petrunculosus** de *petro*), *moriścę* petit moulin. — Sur l'adj. *pauperculus* se modèle l'ital. *soperchio* surabondant, v.esp. *sobejo*, port. *sobejo*.

ELA : *candela, cautela, clientela, parentela, querela, tutela* ; ce suffixe est presque identique en roman, il n'y a à observer que l'esp. *querella* (on trouve en latin aussi une forme secondaire semblable, Schneider I, 414), port. *candêa*, franç. *chandelle, querelle*, val. *candilę*. Il n'existe pas de formations analogiques en italien ni dans toute la partie occidentale du domaine, le b.lat. *conductela* (vi[e] siècle DC.) ne se trouve nulle part reproduit. Le portugais a bien *furtadela* dérobée, *mordidela* morceau, mais la comparaison du correspondant espagnol *illa* dans *hurtadilla* rend cet *ela* suspect. Le daco-roman possède le suffixe EALĘ au moyen duquel il se procure des féminins abstraits en grande quantité : ils proviennent soit de noms, soit de verbes. Ex. : *aborealę* exhalation (subst. *ábore*), *acrealę* aigreur, *amęrealę* amertume, *ascutzealę* tranchant, *asprealę* dureté, *buntuealę* offense (verbe *buntui*), *bęrfealę* fable (*bęrfi*), *bizuealę* confiance (*bizui*), *ferbintzealę* chaleur (adj. *ferbinte*), *indesealę* presse (verbe *indesà*), *indoealę* doute (*indoì* = grec ἐνδοιάζειν), *obrintealę* inflammation (*obrinti*). Concrets : *podealę* planche, *tzesealę* étrille. Il arrive souvent, surtout après des sifflantes, que cette terminaison se contracte en *alę* : *mucezalę* moisissure, *obosalę* lassitude, *putrezalę* pourriture, *runcezalę* rancissure, *ręguśalę* enrouement, *rośalę* rougeur, *sęrbezalę* acidité ; les deux formes se rencontrent aussi dans le même mot. Ce suffixe ne semble pas étranger au latin ; du moins le slave *el* désigne généralement des idées concrètes (Dobr. p. 294) ; on ne peut pas davantage le regarder comme le féminin de *el*, le lat. *ella*, car ce féminin est en valaque *ea* et a une tout autre application. Nous sommes en fin de compte renvoyés à *ela*, dont le sens n'est pas en contradiction avec le suffixe valaque (comp. *aborealę* avec le lat. *sutela* l'action de coudre) et dont la forme ne fait aucune difficulté, car l'*e* long aussi passe quelquefois à la diphthongue *ea* (t. I, p. 140). La question toutefois n'est pas résolue d'une façon certaine. Voy. l'opinion de Mussafia *Vocalisation* p. 134.

ALIS. 1. Adj. *aequalis, capitalis, legalis, mortalis, naturalis* ; ital. [ALE] *eguale, capitale, legale leale, mortale, naturale* ; esp. [AL] *ygual, caudal, legal leal, mortal, na-*

tural; prov. [AL, AU] *engal engau, captal, leial, mortal, natural*; franç. [AL, EL] *égal, capital, légal loial, mortel, naturel.* Le latin de la décadence, surtout celui de l'Église, n'a pas craint d'en former encore beaucoup d'autres, comme *aeternalis, massalis, meridionalis, realis, sapientialis, spiritalis.* — Voici quelques exemples romans. Ital. *celestiale, divinale, estivale, eternale, filosofale, fisicale, paternale, prudenziale, teologale.* Esp. *celestial, divinal, filosofal, fisical, frescal, frutal, mayoral, mundanal, perenal, teologal, terrenal.* Prov. *catholical, comtal, comunal, majoral, pairenal, proismal, publical, vergonhal, vernassal* (lat. *verna*); dans la G*Alb.* on trouve même *colpal, martirial, primairal, romanal, sarrazinal, sciental, segural* et d'autres du même genre, en bonne partie au moins librement créés par l'auteur[1]. Franç. *bannal, baptismal, féodal* (voy. plus bas *-elis*), *continuel, perpétuel, paternel* etc. La langue valaque semble avoir renoncé à cette forme pour l'adjectif.

2. Substantifs de cette terminaison, p. ex. : *canalis, sodalis, animal, cervical, vectigal.* Les langues modernes possèdent un nombre important de ces substantifs, dont une petite partie seulement peuvent s'appuyer sur de vrais adjectifs latins; ils se rapportent soit à des personnes, soit, et c'est le cas le plus fréquent, à des objets. Ital. *caporale* conducteur, *cardinale, ufficiale* employé; *cinghiale* sanglier (*singularis*); *arsenale* arsenal (arabe), *boccale* coupe, *capitale* capital, *casale* ferme, *fanale* fanal, *gambale* jambière, *giornale* journal, *madrigale* chanson, *natale* nativité, *ospitale* hôpital, *pettorale* poitrail, *pugnale* poignard, *quintale* quintal, *segnale* signe, *stendale* drapeau, *stivale* botte, *temporale* orage. Esp. *cardinal*; *arsenal, bocal, casal, portal, quintal, señal* etc.; beaucoup de mots qui répondent à l'idée du suffixe latin *-ētum*, ainsi *espinal* pour *spinetum* et aussi *alcornocal, almendral, alverjal, arenal, cerezal, hinojal, naranjal, peñascal, xaral*; port. de même *cebolal, espinhal, faval, frexenal, funchal, olival, pinhal.* Pr. *cardinal, menestral*; *agual* rigole, *bancal* banc, *casal, cervigal* nuque, *cortal* cour, *cristal* peigne, *fenestral* lucarne, *fogal* foyer, *grazal* bassin, *logal* lieu, *mercadal* marché, *nadal* jour de naissance, *ostal, peitral, portal, quintal.* Fr. *hôtel, journal, nasal, noel, poitrail, portail, signal.* V.al.

---

1. Sur la cause qui a amené l'introduction de mots si longs, comme *catholical, evangelical* etc., voy. *Jahrbuch* V, 408.

capital, *pastoral*, probablement aussi *spinare* épine du dos (*spinalis*). — Remarque. On a observé que les suffixes *alis* et *aris* ont une seule et même signification, que leur emploi respectif est uniquement déterminé par l'euphonie (dissimilation), c'est-à-dire que la langue choisit *alis,* quand le primitif se termine par *r*, et *aris* quand il se termine par *l*, de là *plur-alis*, mais *singul-aris*. Voy. Otto Schulz, *Lat. Gramm.* 178 ; Pott, *Etym. Forsch.* II, 96, 1ʳᵉ édit.; Corssen, *Lat. Auspr.* I, 80. Les langues filles dans leurs nouvelles formations ne transgressent pas non plus cette règle d'euphonie, c'est tout au plus si elles se permettent d'appliquer le suffixe *alis* à la terminaison primitive en *l*, lorsque cette dernière lettre est suivie d'un *i*, comme dans l'ital. *filiale*, le franç. *filial* ou le v.franç. *lilial*, *oblial*. Cependant le portugais prononce *cebolal*, tandis que l'espagnol dit *cebollar*.

ELIS, adj. *crudelis*, *fidelis*, de ce dernier vient le fr. *féal*, *féauté*. Il n'existe aucune formation analogique.

ILIS. 1. Adj. *civilis*, *gentilis*, *juvenilis*, *subtilis* ; ital. [ILE] *civile*, *gentile*, *giovenile*, *sottile* ; esp. [IL] *civil*, *gentil*, *jovenil*, *sutil*; prov. *gentil*, *sutil*; franç. *civil*, *gentil*, *subtil*; val. [IRE] *subtzire*. Ce suffixe n'a été que rarement employé à former des adjectifs nouveaux, car on ne manquait pas de suffixes de la même signification. Ital. *asinile* (-*alis*), *femminile* (-*alis*), *fratile*, *maschile*, *monacile*, *navile* (-*alis*), *pecorile*, *signorile* et quelques autres. Esp. *caballeril*, *cerril* montagneux, *concejil* de la communauté, *escuderil*, *femenil*, *mugeril*, *pastoril* (-*alis*), *señoril*, *varonil*; port. par ex. *granadil* pour -*ino* Lus 3, 114. Prov. *baronil*, *bonil* Flam., *clergil* (-*icalis*), *femenil*, *laironil*, *maestril*, *mongil*, *paganil*, *senhoril*. Le français ne présente aucun exemple.

2. Subst. *bovile*, *cubile*, *foenile*, *ovile*, *sedile*, *suile* ; ital. *bovile*, *covile*, *fenile*, *ovile*, *sedile* ; esp. *cubil*, *henil*, *sedil* ; prov. *suil* ; fr. *fenil*. Il n'y a que peu de substantifs nouveaux en *ile* ou *ilis*. Ital. *bacile* bassin, *badile* hoyau (*batillum*), *barile* baril, *campanile* clocher, *canile* chenil, *cortile* cour, *fucile* pierre à feu, *porcile* étable à porcs, *staffile* étrivière. Esp. *badil*, *barril*, *buril* burin, *carril* sillon, *dedil* dé, *focil*, *fonil* entonnoir (*fundibulum*), *marfil* ivoire (arabe?), *mongil* froc, *pernil* jambon, *pretil* balustrade, *redil* parcage. Prov. *badil*, *bordil* métairie, *camsil* une étoffe, *cortil*, *costil* couche, *fozil*, *majonil* maison de campagne, *nasil* nez Flam., *sardil* étoffe, *vergil* verge. Franç. *baril*, *chenil*, *fournil*, *fusil* (tous

avec l'*l* muette), arch. *bercil* (*vervecile* *), *courtil, mesnil ménil* (prov. *majonil*), *ortil*.

ĬLIS : *facilis, fertilis, fragilis, gracilis, humilis, utilis*; latin de la décadence *currilis, cursilis, vertilis*; ital. *facile, fertile, fragile frale, gracile, umile, utile*; esp. *fácil, fértil, frágil, grácil, útil*, avec avancement de l'accent : *humilde*; prov. *gràile, umil* etc.; fr. *frêle, grêle, humble*, et avec avancement de l'accent (ce qui est un signe d'introduction postérieure) : *facile, fertile, fragile, habile, stérile, utile*, mais en v.franç. *hable, utle*, de même *doille douille* mou (*ductilis*). — Il n'y a point de formes nouvelles.

-*B-ĬLIS* s'applique à des radicaux de verbes simples ou modifiés : *amabilis, amicabilis, flebilis, credibilis, visibilis, volubilis*. Le latin de la décadence semble aussi avoir joint ce suffixe, de même que quelques autres, à n'importe quel verbe : le grammairien Virgile dit sans hésitation : *affirmabilis, ardibilis, confusibilis, incontuibilis, ventilabilis* (Maji *Auct. class.* t. V); on trouve chez d'autres écrivains : *ambulabilis, argumentabilis, audibilis, beabilis* (qui rend heureux), *cantatilis, capabilis, cassabilis, colorabilis, edibilis, gradibilis, meretricabilis* (c'est-à-dire *meretricius*), *orabilis, partibilis, scripturabilis* et d'autres semblables. Les formations analogiques sont extrêmement nombreuses. Ital. [VOLE, VILE, BILE] *bastevole* suffisant, *pieghevole* flexible, *agevole* aisé, *avvenevile* qui sied bien, *cadevole* périssable, *fattibile* faisable etc. Ici *abilis* ne se distingue plus nettement de *ibilis*, les deux suffixes se rencontrent dans la forme *evole*, c'est-à-dire qu'on a dit d'abord *abole*, qu'on trouve encore comme archaïsme (*cambiabole*), ensuite pour faciliter la prononciation *evole*; *ibilis* a passé plus simplement à la même forme. Esp. [BLE] *agradable* agréable, *plegable, agible, convenible, movible* mobile, *sufrible* supportable; port. [VEL] *defensavel* défendable, *saudavel* salutaire, *apracivel* agréable, *temivel* redoutable, *sofrivel*; *impossibil, terribil, visibil*, par ex. *Lus.* 1, 65. 4, 54. Prov. [BLE] *agradable, essenhable* docile etc.; vaud. [IVOL] *amorivol, desirivol, honorivol, rompivol, saludivol*. Franç. [BLE] *agréable, brûlable, forgeable, ployable, amovible, disponible, lisible, risible*. La forme *able* domine et n'est pas restreinte aux verbes de la première conjugaison, comp. *buvable, croyable* (*credibilis*), *mettable, pendable, vendable* (*vendibilis*), *guérissable, haïssable, périssable* ; déjà en prov. *iraissable* (*irascibilis*), *movable* (*mobilis*). — Remarques. 1) Ce suffixe exprime une possibilité passive ; joint à des intransitifs, quelquefois même à des transitifs, il a une signification active, par ex. ital. *manchevole* défectueux, *nocevole* nuisible, *piacevole* agréable, esp. *falible* trompeur, prov. *besonhable* nécessaire, *devorable* absorbant, *enganable* fourbe, franç. *semblable*, *valable*, v.franç. *aidable* secourable, *entendable* raisonnable, *mentable* menteur. — 2) Il s'unit assez souvent aussi à des substantifs : ital. *amorevole*, *fratellevole*, *maestevole*, esp. *hermanable*, *manuable*, *apacible*, franç. *charitable*, *équitable*, *pitoyable*, *véritable*, *paisible*, v.franç. *anguisable*, *esperitable*, *vertudable* ; lat. (rare) *favorabilis*, *rationabilis*.

ULIS : *curulis*, *edulis*, *pedulis*. On trouve ce suffixe comme variante de *alis*, *ilis* dans les substantifs italiens suivants : *baüle* coffre, *favule* tige de fèves, *gambule* cuissard (aussi *gambale*), *gorgozzule* gosier, *grembiule* tablier, *mezzule* pièce du milieu, *pedule* chausson, *sirozzule* gosier.

-LĬA. Un grand nombre d'adjectifs en *alis*, *ilis*, *ilis* (*bilis*) ont produit sous la forme du pluriel neutre des substantifs romans de la première déclinaison : l'idée de pluralité qu'ils contenaient a pris alors un caractère collectif. De *batualia*, *genitalia*, *inguinalia*, *minutalia*, *mortualia*, *muralia*, *nugalia*, *turmalia*, *victualia*, *volatilia*, *mirabilia* on a fait en ital. [AGLIA, IGLIA] *battaglia*, *anguinaglia*, *minutaglia*, *muraglia*, *vettovaglia*, *maraviglia* ; en esp. [ALLA, AJA, ILLA, IJA] *batalla*, *mortaja*, *muralla*, *vitualla*, *volatilia* FJ., *maravilla* ; en prov. [ALHA, ILHA] *batalha*, *muralha*, *nualha*, *vitalha*, *volatilha*, *maravilha* ; en franç. [AILLE, ILLE] *bataille*, *muraille*, *volatille*, *merveille*. — D'autres collectifs de ce genre ont été produits sans l'aide d'un type latin. Ital. *anticaglia* antiquaille, *bagaglia* bagage, *boscaglia* forêt, *divinaglia* divination, *gramaglia* habit de deuil, *nuvolaglia* quantité de nuages, *schermaglia* combat, *spruzzaglia* pluie fine, *fanghiglia* vase, *mondiglia* ordures, *stoviglie* poterie (pluriel). Ce suffixe exprime fréquemment l'idée d'une foule de personnes, souvent avec une intention méprisante : *berrovaglia*, *bruzzaglia*, *canaglia*, *ciurmaglia*, *gentaglia*, *giovanaglia*, *plebaglia*, *poveraglia*, *ragazzaglia*, *ribaldaglia*, *sbirraglia*, *soldataglia*. Esp. *baroja* querelle, *canalla*, *rocalla* rocaille, *remasaja* résidu Bc., *baratijas* (pluriel) babioles. Prov. *baralha*, *cabessalha* tresse de cheveux PO., *comunalha* communauté, *coralha* (le sens ?), *devinalha*, *fermalha* fiançailles ; *ribaudalha*, *sir-*

ventalha, *vilanalha*; *artilha* fortification, *faitilha* sorcellerie (*factilia**), *frechilha* rôtie (*frictilia**), *remazilha* (esp. *remas*.). Franç. *antiquaille, broussailles, entrailles, ferraille, fiançailles, limaille, mitraille, quincaille, rimaille, semailles, tripaille, volaille* (= *volatille*); *canaille, garçaille, gueusaille, marmaille, piétaille* arch., *racaille*; *béatilles, broutilles, fondrilles*. — Remarques. 1) Il existe beaucoup de masculins de cette terminaison qui proviennent de féminins, par ex. ital. *bagaglio* à côté de *bagaglia*, *naviglio* de *navilia*, prov. *navili*. — 2) Le suffixe *cula* est susceptible de la même représentation en roman que *lia* : la stricte division des deux formes est rendue par là difficile et même parfois impossible; seule l'idée collective, caractéristique de *lia*, donne un point de repère. — 3) De même que l'italien possède des dérivations en *ule*, il en possède aussi en UGLIO (non pas *uglia*), savoir *avanzuglio* résidu, *cespuglio* buisson, *garbuglio* confusion, *guazzabuglio* id., *miscuglio* mélange, *rimasuglio* résidu. La question de savoir si les autres langues aussi connaissent des variations de ce genre avec *u* ou *o*, si par ex. les mots prov. *garuelh* babil, *jangluelh* langage insolent doivent rentrer dans cette classe, est encore à examiner.

M.

AMEN, IMEN, UMEN. Sur le traitement en espagnol de la terminaison *-mn* abrégée de *-men* (avec un *e* euphonique : *-mne*), voy. t. I, p. 200.

AMEN : *aeramen, certamen, examen, levamen, ligamen, velamen, vexamen*, latin de la décadence *notamen, siccamen*; ital. [AME] *rame, certame, sciame, legame, velame*; esp. [AMBRE, AMEN] *alambre, certamen, enxambre, velambre, vexamen*; port. [AME, AMEN] *arame, certame certamen, enxame* etc.; prov. [AM] *eram, levam, liam*; franç. [AIN] *airain, essaim, levain, lien*; val. *aramę*. — L'italien, l'espagnol et le portugais attribuent généralement à cette dérivation une idée collective étrangère au latin, et l'emploient dans beaucoup de formations, presque toutes dénominatives, c'est ainsi que l'ital. *velame* signifie voile et quantité de voiles. Exemples : ital. (en partie péjoratifs) *arcame* carcasse, *bestiame* troupeau de bêtes, *bucherame* sorte d'étoffe, *carname* charogne, *catrame* goudron (arabe), *cessame* rebut, *contadiname* réunion de paysans, *corame* cuir, *cordame* cordages, *gentame* canaille, *legname* charpente, *ossame* ossements, *pelame* fourrures, *putridame* pourriture, *saettame* quantité de flèches, *serrame* serrure. Esp. *bestiame, botamen* tonneaux, *cochambre* saletés, *corambre, fiambre* (pour *fri-*) viandes froides, *leñame, osambre, pelambre*; port. *corame, cordame* etc. Prov. *feram* bête sauvage, *mairam* bois de construction (b.lat. *materiamen*), franç. *merrain*.

IMEN: *crimen, farcimen, nutrimen, vimen*; ital. [IME] *vime*; esp. [IMEN, IMBRE] *crimen, mimbre*; prov. [IM] *crim, noirim, vim*; fr. [IME, AIN] *crime, nourrain* pour *nourrin*. — Les formations analogiques sont très-rares et procèdent en partie de verbes de la première conjugaison. Ital. [IME] *concime* restauration (de *conciare*, part. *concio*), *guaime* regain (all.), *guastime* dégât (*guastare guasto*), *lattime* teigne, *saime* (de *sagina*). Esp. [IMBRE] *urdimbre* et *urdiembre* fils étendus sur le métier (*urdir*). Franç. *régime* (*regĭmen*), v.franç. *gaïn*, sans doute aussi *arsin* (= prov. *arsum*, voy. plus bas). Cette forme a été appliquée dans une bien plus grande proportion en valaque [IME], où elle répond au latin *tudo* ou *tas* et s'ajoute aussi à des noms : *acrime* aigreur, *adŭncime* profondeur, *asprime* dureté, *asurdime* surdité, *boerime* noblesse (*bojariu*), *cętęnime* milice (*cętanę* soldat, hongr. *katona*), *desime* densité, *grosime* épaisseur, *inęltzime* hauteur, *integrime* intégrité, *lęrgime* distance, *lungime* longueur, *pęgŭnime* paganisme, *popime* clergé, *tinerime* jeunesse, *Ungurime* le peuple hongrois.

UMEN: *acumen, albumen, bitumen, ferrumen, legumen*; de là ital. [UME] *acume, albume, bitume, legume*; esp. [UMBRE, UME, UN] *betun* (anc. *bitume*), *herrumbre, legumbre*; port. [UME] *betume, legume*; pr. [UM] *album, betum, legum, volum*; fr. [UME] *légume* etc.; val. *legumę*. — On remarque en italien un suffixe très-usité *ume*, qui exprime soit une quantité, soit une qualité (comme lat. *albumen*), ainsi : *acidume* acidité, *agrume* fruits acides, *asprume* âpreté, *bastardume* race de bâtards, *bottume* quantité de futailles, *cerume* cérumen, *fasciume* plâtras, *fortume* goût fort, *frittume* friture, *giallume* couleur jaune, *grassume* graisse, *lagume* marécage, *leccume* bon morceau, *lordume* saleté, *pallidume* pâleur, *saetiume* (= *saettame*), *salvaggiume* gibier, *verdume* verdeur, *vecchiume* haillons. Esp. *cardume* troupe de poissons, *techumbre* toit élevé. Le portugais a plus d'exemples : *azedume* acidité, *cardume, ciume* envie, *estrume* fumier, *fortum* forte exhalaison, *negrume* temps sombre, *ordume* (esp. *ordimbre*), v.port. *ovelhum* troupeau de moutons, *pesume* poids SRos. Pr. *agrum GO.*, *arsum* incendie, *frescum* fraîcheur, *revolum* vacarme *GO.*, *tescum* tissu; prov.mod. *recurun* chute de branches, *roustun* odeur de cuir, *sabourun* vieil os, *sauvajun* (ital. *salv.*) gibier, *trassegun* philtre amoureux, *vieliun* (ital. *vecchiume*). Sur les rapports de ce suffixe avec *udo*, voy. ce dernier suffixe.

N.

ANUS. 1. Adject. *humanus, mundanus, paganus, rusticanus, urbanus*; noms de peuples : *gallicanus, mantuanus, romanus, venetianus*; de là ital. [ANO] *umano, rusticano, romano*; esp. [ANO] *mundano, mantuano*; port. [ANO, ÃO] *humano, pagão, romano*; prov. [Á, AN, fém. ANA] *pagá, mantoá, veneciá*; franç. [AN, AIN, IEN] *humain, moyen (medianus), payen, mantouan, romain, vénitien*; val. [EN, UN, AN] *bẹtrun (veteranus) pẹgun, roman, romun romẹn (daco--romanus)*. — Beaucoup de dérivations en *aneus* ont pris cette forme, voy. plus bas.— Pour former des mots nouveaux, dont le nombre n'est du reste pas très-considérable, ce suffixe se joint à des substantifs, à des adjectifs et assez souvent à des adverbes (comme dans *quotidianus*). Ital. *anziano* ancien (*anzi*), *balzano* taché de blanc (*balza*), *certano* certain, *gabbiano* grossier, *lontano* (*longitanus* *), *mediano* et *mezzano*, *ortolano* qui concerne le jardin, *prossimano* prochain, *provano* opiniâtre, *sovrano* élevé (*sovra*), *sottano* bas (*sotto*), *tostano* prompt (*tosto*), *villano* villageois ; *italiano, padovano, prussiano, russiano*. Esp. *anciano, cercano* proche (prép. *cerca*), *certano, comarcano* limitrophe, *hortelano, jusano* inférieur Alx. (adv. *jus*), *lexano* éloigné (*lexos*), *liviano* léger, *lozano* gai, *soberano, susano* supérieur (*sus*), *tardano* tardif, *temprano* qui vient de bonne heure, *ufano* arrogant, *villano*; *castellano, valenciano, zamorano*. Prov. *albá* blanc, *anciá*, *autá* haut, *aurá* aérien, *certá, derrará* dernier (*retro*), *lontá, propdá* (*prope*, formé comme le précédent), *prosmá, rosá* rose, *sobeirá, segurá* certain, *tarzá, vilá*; *castelhá* et d'autres noms de peuples. Franç. *ancien, certain, hautain, lointain, mitoyen, prochain, souverain, vilain*; *catalan, mahométan, persan, alsacien, athénien, européen, indien, italien, phénicien, prussien*. Val. *cẹsean* domestique, *vigan* alerte; *asian, italian, muscar, moldovan, persian, tzigan* bohèmien. La forme EAN pour *an*, comme dans *cẹsean, muntean* (*montanus*) s'explique par le slave *jan* dans *olovjan*, *usmjan*, *plotjan* (Dobr. 327); un deuxième suffixe valaque *en*, dans *sumén* ivre, *tzeăpen* engourdi, est tout-à-fait slave (ibid. 324).

2. Subst. : *a*) Masc. lat. *decanus* etc.; ital. *barbano* oncle, *capitano*, *cappellano*, *castellano*, *decano*, *guardiano* gardien, *magnano* serrurier, *paesano* paysan, *scrivano* écrivain, *piovano* curé (*pieve*); *alano* dogue, *altano* vent du sud, *caldano* poêle, *pantano* marais, *pedano* souche (*piede*). Esp. aussi AN] *capellan*, *capitan*, *castellan*, *ciudadano* citadin, *decano dean*, *escansiano* échanson Bc., *escribano*, *guardian*, *serrano* montagnard; *gavilan* épervier, *gusano* ver (lat. *cossus*), *milan* milan, *pantano*, *solano* vent d'est, *verano* été; port. *capitão*, *gusano* etc. Prov. *capelá*, *ciutadá* bourgeois, *escolá* écolier; *albá* oiseau de proie, *milá*, *rausá* natte. Fr. *aubain*, *capitaine*, *chapelain*, *citoyen*, *doyen*, *écrivain*, *grammairien*, *parrain*, *paysan*; *milan*, *poulain* (pour *poulin*, prov. *polin*), *autan*, *carcan*. Le suffixe *ĭc*, lorsqu'il désigne un artiste ou un savant, est souvent allongé en *ician* : *académicien*, *logicien*, *magicien*, *médicien* (auj. *médecin*), *musicien*, *physicien*, *rhétoricien*, de *academicus*, *logicus* etc., déjà en prov. *logiciá*, *musiciá*, *phiziciá*, aussi ital. *fisiciano*. Val. *cetętzean* (= prov. *ciut*.), *męsan* convive, *pleban* (= ital. *piov*.), *bostan* courge (serbe *bòstan*), *cętran* poison (ital. *catrame*), *źugan* hongre (*jugum* Cihac), *ligian* bassin (λεκάνη, *Lex. bud.*), *ochean* longue-vue (*ochiu*), *pęrcán* bord (hongr. *párkány*), *puspan* buis (hongr. *puszpáng*), ainsi en partie des mots étrangers. — *b*) Fém. ital. *borrana* (*borrago*), *caldana* chaleur du midi, *campana* cloche, *collana* collier, *diana* étoile du matin, *fiumana* torrent, *fontana*, *majorana* (*amaracus*), *meridiana* méridienne, *pedana* marchepied, *sottana* soutane, *tartana* tartane, *tramontana* nord. Esp. *campana*, *fontana*, *mañana* matin, *mayorana*, *sotana*, *tartana*, *ventana* fenêtre. Prov. *cabana* hutte, *diana*, *fontana*, *laizaná* tache, *lugana* lumière, *meriana*. Fr. *cabane*, *chicane*, *fontaine*, *marjolaine* (ital. *maj*.), *méridienne*, *soutane*, *tartane*. Val. *fŭntŭnę*. — Remarque. Dans beaucoup de mots on observe encore entre le primitif et le suffixe *an* un autre suffixe, ital. *igi*, esp. *es*, franç. *is* : *art-igi-ano* artiste, *cort-igi-ano* courtisan, *part-igi-ano* partisan, *pian-igi-ano* habitant de la plaine, *torr-igi-ano* garde d'une tour, *vall-igi--ano* habitant de la vallée, *march-igi-ano* habitant de la marche, *parm-igi-ano* de Parme; esp. *art-es-ano*, *cort-es-*

-*ano, parm-es-ano*; franç. *art-is-an, court-is-an, part--is-an, parm-es-an*. Cet élément intercalé n'a pas dans tous les cas la même origine. *Artigiano, parligiano, torrigiano* semblent reposer sur *artitus, partitus, turritus* (*artitianus* etc.); *pianigiano* procède sûrement de *planitia* et sur ce mot s'est formé *valligiano*; *parmigiano* vient de *parmensis* (comp. *pigione* de *pensio*); sur *cortigiano* voy. mon *Dict. étym.*

ENUS: *alienus, plenus, arena, avena, catena, habena, sagena, venenum*. Cette dérivation n'a pas été imitée, ou du moins ne l'a été que dans une très-faible mesure. Il ne manque pas, il est vrai, de substantifs romans terminés en *ena*, mais ou bien cette terminaison est le résultat d'une déformation, ou bien les mots qui en sont pourvus sont étrangers et obscurs. Il y a quelques cas communs à plusieurs domaines : ital. prov. *alena*, franc. *haleine* (interverti de *anhelare*); ital. esp. prov. *carena*, port. *crena*, franç. *carène* (*carina*); ital. esp. prov. *patena*, franç. *patène* (*patĭna*). Voici d'autres exemples de cette terminaison : esp. *azucena* lis (arabe), *barrena* vrille (ital. *verrina*), *bofena* poumon d'animal (*bofe* m. s.), *faena* travail pénible, *melena* chevelure; prov. *savena* voile (σάβανον), *vermena* = fr. *vermine*. On trouve dans Isidore : *origanum, quod latine « colena » interpretatur*. Un adjectif de cette terminaison est l'esp. port. *moreno*, prov. *moren* brun foncé (*moro*). Sur le suffixe numéral *enus* voy. les numéraux.

ĪNUS. 1. Adj. *asininus, caninus, cervinus, divinus, marinus; latinus, numantinus, florentinus*; ital. [INO] *asinino, canino* etc.; esp. [INO] *cervino, divino*; port. [INO, INHO] *canino, marinho*; prov. [I, IN, fém. INA] *azeni, cani, capri* (*caprinus*), *colombi*; franç. [IN] *divin, marin*; manque en valaque. — *Inus* a servi à former divers adjectifs qui expriment en général la matière (lat. *-ĕus*) ou l'origine. Ital. *aurino* doré, *quercino* de chêne, *cenerino* cendré, *cittadino* citadin, *contadino* villageois, *miccino* en petite quantité, *piccino* petit, *limosino, sarracino*. Esp. *dañino* nuisible, *paladino* manifeste ; *argelino, granadino, mallorquin, vizcaino*. Prov. *auri, boqui, enteri* entier, *frairi* mesquin, *miseri, prezenti* gentil; *angevi, ansessi, caerci, ermeni, lemosi, peitavi, tartari*. V.franç. *orin, ferrin* de fer L. psalm., *ivorin, fresnin* de frêne, *enterin*; fr.mod. *badin, enfantin, mutin, sauvagin; grenadin, majorquin, messin, philistin, poitevin*.

2. Subst. *a*) Masculins d'après des adjectifs latins : ital.

DÉRIVATION. NOM. N : *INUS*. 311

cugino (*consobrinus*), *mattino* (*matutinum*), *mulino* (*molinum*); esp. *sobrino, molino, pollino* poulain ; port. *sobrinho* ; prov. *cosi, devi* devin (*divinus*), *mati, moli, poli* ; fr. *cousin, devin, matin, moulin*. La plupart sont des mots nouveaux qui expriment des personnes, des objets ou des idées abstraites. Dans le nombre nous ne citons que les exemples suivants. Ital. *bambino* enfant, *padrino* parrain, *vetturino* voiturier ; *mastino* chien de garde, *roncino* cheval de charge, *zibellino* zibeline ; *bacino* bassin, *cammino* chemin, *cuscino* coussin, *fiorino* florin, *giardino* jardin, *rubino* rubis. Esp. [aussi IN] *menino* garçon, *padrino, danzarin* danseur ; *estornin* étourneau, *mastin, rocin* ; *bacin* arch., *camino, festin* fête, *florin, jardin*. Port. *menino, padrinho* ; *mastim, rocim* ; *caminho, festim*. Prov. *pairi* ; *masti, pouzi* (*pullicenus*), *rossi, sembeli*; *aisi* demeure, *baci, barbari* sorte de monnaie, *cami, coissi*. Franç. *coquin, échevin, fantassin, gredin* ; *conin* arch. (*cuniculus*), *lapin, mâtin, poussin, roussin* ; *bassin, butin, chemin, coussin, étoupin, florin, jardin, grappin, tétin, venin* (*venenum*). Val. *melin* troène, et d'autres d'origine étrangère. — *b*) Féminins, aussi bien abstraits que concrets : *gallina, ruina, coquina, farina, resina*, de là en val. par ex. *gęjinę, ruinę, cucinę, farinę, ręṡinę*. Les nouveaux dérivés sont tirés de verbes ou de noms, ceux-là pour la plupart abstraits, ceux-ci concrets. Ital. *agina* hâte, *staggina* dépôt ; *calcina* chaux, *cantina* cave, *collina* colline, *cortina* rideau, *elcina* chêne vert (*ilicina* pour *ilicea*), *fascina* fascine, *fucina* forge, *salvaggina* gibier, *schiavina* esclavine. Esp. *bolina* sonde, *calcina, cantina, colina, cortina, enzina, esclavina, hacina, neblina* épais nuage, *salvagina, zebelina* zibeline ; port. *mofina* mesquinerie, *rebentina* colère SRos., *neblina* etc. Prov. *aizina* commodité, *ataïna* retard, *calina* chaleur, *famina* famine, *plevina* assurance *GO.*, *sazina* possession, *tomplina* tourbillon ; *aiglentina* buisson épineux, *bosquina* forêt, *bruzina* bruine, *caucina* chaux, *pebrina* boisson épicée *GO.*, *peitrina* poitrine, *platina* plaque, *pluvina* pluie fine, *racina* racine, *topina* pot. Franç. *famine, haine* (anc. *haïne*), *routine, saisine* ; *bobine, bruine, colline, gâtine, houssine, narine, poitrine, racine, terrine, vermine* ; v. franç. *aatine* inimitié, *corine* rancune, *gesine, guerpine* abandon, *plevine, uisine* ménage ; *boudine* nombril. Val. *brudinę* gué (slave *brod*), *gęrborinę* courbure (adj. *garbov*) ; *albinę* abeille (*alvina* * sc. *musca* Cihac), *cęp꜀tzinę* crâne (de *caput*), *cortinę, rędęcinę* (franç. *racine*), *smochinę* figue (serbe *smógva*), et des mots purement slaves tels que *živinę* insecte, *maslinę* olive.

ĬNUS. 1. Adj. *cedrinus, crystallinus, laurinus, myrtinus, petrinus*. Les langues nouvelles allongent l'*i* bref, en sorte que cette forme concorde avec la précédente : ital. *cedrino, mirtino, petrino* ; esp. *cristalino* ; pr. *lauri, mirti*. Cependant l'ancienne accentuation persiste lorsqu'il n'y a plus de primitif, ainsi port. *jalne*, fr. *jaune*, val. *gálbin* (*galbinus*), *nóatin* (*annotinus*), *pristin* (*-us*).

2. Subst. *asinus, carpinus, cophinus, dominus, fraxinus, bucina, femina, pagina, patina, sarcina* ; ital. *asino, carpino, cofano, donno, frassino, buccina, femmina, pagina*, au contraire *paténa* p. 310 (immédiatement de *paténa*) ; esp. *asno, carpe, cofre, dueño, fresno, bocina, hembra, página*; prov. *ose, cofre, dons, fraisse, bozina, femna, padéna* ; franç. *âne, charme, cofre, frêne, buisine* arch., *femme, page* ; val. *ásin, cárpin, cúfer, domnu, frásin, bocin, femeae, sárcinę*. — Remarque. L'espagnol possède une forme *EZNO* (*esno*) destinée à marquer l'origine, qui est inconnue aux autres langues, même au portugais : *judio judezno* fils de juif Bc., *gamo gamezno, lobo lobezno, pavo pavezno* Rz., *pecado* (le diable) *pecadesno* ibid., *perro perrezno, vibora viborezno*. Elle a été vraisemblablement contractée de *cĭnus*, c'est-à-dire *ĭnus* précédé d'un *c* diminutif : *lobezno* latinisé serait donc *lupicĭnus*, comp. *rezno* de *ricĭnus*. Ce suffixe s'applique aussi à quelques mots qui désignent des objets, comme *rodezno* roue à aubes, *torrezno* jambon frit = port. *torresmo* (subst. port. *torra*).

INUS a en outre une action diminutive. Cette action est étrangère aux suffixes latins *ĭnus* et *ĭnus*, mais *īnus* contient en lui l'idée d'origine ou de descendance, *sororinus* est le rejeton de *soror, libertinus* de *libertus, amitina* de *amita* ; or, le plus jeune peut facilement être considéré comme le plus petit. On remarque ce suffixe assez tôt déjà en bas latin, p. ex. *Domnulinus* charte de 759 Brun. 566 ; *casis et cassinis et casalinis* ch. de 807 Mur. Ant. III, 1029; *vallina* ch. de 912 *Esp. sagr.* XXXVII, 344; *casina* ch. de 925 *HPM.* I, n. 74. — Exemples romans.

a) Adj. Ital. [INO] *bello bellino, galante galantino, giovine giovinino, novello novellino, parlante parlantino, piccolo piccolino.* Esp. [INO] rare : *verde verdino* vert éclatant; port. [INHO] *azedo azedinho, branco branquinho, brando bran-*

dinho, delgado delgadinho, avec *s* : *doce docesinho*. — *b*) Subst. Ital. *berretta berrettino, cappello cappellino, tavola tavolino* ; uni à des mots personnels il a un sens caressant : *fanciullo fanciullino, nipote nipotino, donna donnina* ; il est souvent joint à d'autres suffixes diminutifs, à *l* dans *braccio bracciolino, cane cagnolino, sasso sassolino*, à *c* dans *corno cornicino, libro libriccino, barba barbicina, donna donnicina, fonte fonticina, bastone bastoncino, canzone canzoncina*, à *tt* dans *cassa cassettino*. Esp. [IN à côté de INO] *ansar ansarino, palomo palomino, espada espadin*. Port. [IM à côté de INHO] *filho filhinho, espada espadim, erva ervinha, Francisca Francisquinha* ; avec *z* : *amor amorzinho, animal animalzinho, bosque bosquezinho, cão cãozinho, camara camarazinha*. En français ce suffixe n'a presque pas gardé de force diminutive, sauf lorsque d'autres suffixes diminutifs lui viennent en aide, comme dans *caisse cassetin, diable diablotin*, ou dans des noms propres comme *Pierre Perrin* ; on sent encore des diminutifs dans *fort fortin, ignorant ignorantin*.

UNUS dans *jejunus, importunus, opportunus*. Le sud-ouest seul se sert de cette dérivation à laquelle il attribue une idée d'origine ou de ressemblance : esp. [UNO] *asnuno* d'âne, *bobuno* de pingouin, et de même *caballuno, cabruno, carneruno, cervuno, raposuno, zorruno* ; port. [UNO, UM] *cabrum, gatuno* etc. Le catalan ne semble pas l'avoir prise. Le latin connaît *aprugnus* qui est écrit *aprunus* dans les scholies de Juvénal (éd. Cramer, p. 178); cependant le roman *uno* ne paraît avoir de rapports ni avec ce dernier suffixe, ni avec *unus* dans *importunus*, mais semble être une simple variante de *ino*, comme *uco* de *ico*.

ED-IN, ID-IN, T-UD-IN.

ED-IN (*edo, edinis*) : *acredo, albedo, dulcedo, nigredo, pinguedo, salsedo, torpedo*, ce sont en partie des expressions d'une époque tardive (Voss. *De vitiis serm.* 1, 16) ; ital. *acredine, albedine, salsedine, torpedine* ; esp. *pinguedo, torpedo*. On a, comme mot nouveau, l'ital. *cavedine* sorte de poisson, dont la forme seule concorde avec *cavedo*.

ID-IN (*ido, idinis*) : *cupido, libido* ; ital. *cupidine*, ital. v.esp. *libidine*.

T-UD-IN (*tudo, tudinis*) procède d'adjectifs : *amaritudo, consuetudo, mansuetudo* ; latin de la décadence *humilitudo, languitudo, marcitudo* ; ital. [TUDINE] *amaritudine, consuetudine, mansuetudine* ; esp. [TUD] *consuetud, mansuetud* ;

port. [TUDE] *plenitude*; prov. [TUT] *multitut Philom.*; franç. [TUDE] *latitude, longitude, mansuetude*, v.fr. *multitudine*.
— On trouve quelques formations analogiques, ainsi : it. *attitudine, certitudine, gratitudine, grettitudine* (adj. *gretto* mesquin), *quietudine, schiavitudine, tortitudine*. Esp. *aptitud, certitud, esclavitud, gratitud, quietud*. En provençal, loin d'employer ce suffixe à former des mots nouveaux, on l'a plutôt changé pour d'autres, comme dans *certeza, molteza*. Fr. *aptitude* et *attitude, certitude, gratitude, quiétude*. Sur les soi-disants mots latins *certitudo* et *gratitudo*, voy. Voss. *l. c. Aptitudo* manque en latin, *ineptitudo* s'y trouve. Cependant cette forme, dans son développement populaire, a subi une forte modification : l'incommode *udne*, par le passage de *n* à *m*, est devenu en ital. UME, en esp. UMBRE, en port. UME, en prov. UMNA, en franç. UME. Il est difficile de ne pas reconnaître là une confusion avec *umen* (dans *albumen*) : c'est ce qui a même rendu masculin l'ital. et le port. *costume*, voy. mon *Dict. étym.* I. *costuma*. Les mots suivants ont leur type en latin : it. seulement *costume* ou *costuma* ; esp. *costumbre, dulcedumbre, mansedumbre, muchedumbre* (multit.), *servidumbre*, v.esp. *firmedumbre, gravedumbre, fortidumbre* ; pr. *cosdumna costuma*, peut-être *amarum* (*amaritudo*); franç. *amertume, coutume*, v.fr. *mansuetume, souatume* et même *souatime* (*suavit.*). Les produits nouveaux avec cette terminaison sont rares et difficiles à distinguer de ceux en *umen* ; on peut, au point de vue du sens, ranger ici l'esp. *pesadumbre, podredumbre* (= *putredo*), le v.esp. *franquedumbre, quexumbre*, le port. *pesadume, queixume*, le pr. *ordumna orduma, pesum* (= esp. *pesad.*), peut-être même *vilhuna* et le v.franç. *vieillune*. Le portugais possède en outre une forme commode, inconnue à l'espagnol, *idão*, qui procède d'une forme antérieure *idon idom*, où l'*o* est sans doute une transformation de l'*ū* latin, et il l'applique à d'anciennes et à de nouvelles formations, comme *amarellidão, esclavidão, escuridão, firmidão, fortidão, frouxidão, grossidão, latidão, levidão, mollidão, mouguidão, multidão, negridão, porquidão, prenhidão, rectidão, servidão, sovejidão*.

AG-IN, IG-IN, UG-IN. Ces dérivations hésitent, surtout au nord-ouest, entre la forme du nominatif et celle de l'accusatif; il leur arrive aussi de perdre l'accentuation légitime. Leurs représentations les plus usitées sont ital. -GINE, esp. -GEN, -GE, port. -GEM, prov. -GE, franç. -GE, -GINE, val. -GINE.

AG-IN (*ago, aginis*) : *farrago, imago, plantago, plum-*

bago, propago, serrago, vorago; it. *farraggine, immagine, piombaggine, propaggine*; esp. *herren* (aussi *farrago*), *imágen, sarten* (*sartago*), *voragine*; port. *imagem, tanchagem* (*plant.*) etc.; prov. *image imagina, plantage, probaina GO.*; franç. *image, plantain, provin* (pour *provain*); val. *plętaginę*. — De nombreux noms de plantes ont été formés par analogie, ainsi ital. *borraggine, capraggine, lentaggine, ulivaggine*; port. *borragem, saturagem* (*satureja*). En outre l'italien tire de substantifs et d'adjectifs, au moyen de cette forme, un grand nombre d'abstraits, p. ex. *asinaggine* ânerie, *bambinaggine, caponaggine, cascaggine, cecaggine, fanciullaggine, fiocaggine, goffaggine, pecoraggine, tristaggine.* Le lat. *ago* ne produit que des mots concrets : aurait-on peut-être donné au suffixe *aggio* = lat. *aticum* (p. 286) cette terminaison du cas oblique *aggine*? Mais le suffixe *aggio* ne se trouve dans aucun mot en même temps que le suffixe *aggine* : à côté de *asinaggine* il n'existe pas de forme *asinaggio*.

IG-IN (*igo, iginis*) : *caligo, fuligo, origo, vertigo*; ital. *caligine, fuliggine, origine, vertigine*; esp. *caligo* arch., *hollin* (*ful.*), *origen, rubin* (*rubigo*); pg. *caligem, fuligem, origem*; franç. *origine, vertige*; val. *funingine, pecingine* (*impetigo*). — Mots nouveaux : ital. *serpigine* dartre, prov. *batige* battement, *felige* jaunisse, franç. *volige*.

UG-IN (*ugo, uginis*) : *aerugo, albugo, ferrugo, lanugo*; ital. *ruggine, albugine*; esp. *orin* (*aer.*), *herrin*; port. *ferrugem, lanugem*; prov. *albuge*; val. *ruginę*. Mots nouveaux : *caluggine* duvet, *capruggine* rainure, *meluggine* pommier sauvage, *peruggine* poirier sauvage; port. *pennugem* duvet. En provençal moderne on trouve fréquemment des dérivations en *ugi* : *blancugi* blancheur, *canugi* flair du chien, *gounflugi* enflure, *jaunugi* jaunisse, *lourdugi* vertige, *raoucugi* enrouement, *rounflugi* ronflement, *secugi* sécheresse, *sourdugi* surdité, *vieillugi* vieillesse.

ON (*o, onis*). 1. Substantifs qui désignent des personnes agissantes, des animaux et des choses de diverse nature, comme *bibo, erro, latro, lurco, praedo*; *capo, falco, leo, pavo*; *carbo, mucro, pulmo, sapo*; ital. [ONE] *beone, cappone, polmone*; esp. [ON] *ladron, halcon, carbon*; port. [ÃO] *ladrão* etc.; prov. [ó, ON] *lairó* etc.; franç. [ON] *larron*; val. [ON, UN, UNE] *cępun* et *clapon* (*capo*), *pęun, cęrbune, sępon*. En outre des féminins, comme esp. prov. *leona*, franç. *lionne*, val. *icoanę* (εἰκών), *plumynę* (*pulmo*). — Le roman emploie *on* dans un grand nombre de dérivations, et ce n'est pas toujours de verbes qu'il tire les mots personnels ; il a fait passer aussi dans cette classe le mot *patronus*, dans Alcuin *patro, onis*, ital. *padrone* etc. Exemples : ital. *briccone* fripon, *buffone* bouffon, *burlone* farceur, *ciarlone* babillard, *leccone* gourmand, *pedone* piéton, *piagnone* pleureur, *spione* espion, *stregone* sorcier; *frosone* sorte d'oiseau, *montone* bélier, *stallone* étalon; *bastione* bastion, *bastone* bâton, *boccone* bouchée, *bordone* bourdon, *calzoni* pantalons, *cantone* coin, *castone* chaton d'une bague, *limone* limon (fruit), *rognone* rognon, *tallone* talon. Esp. *bufon, burlon, buscon* chercheur, filou, *dormillon* dormeur, *espion, holgon* joyeux compagnon, *miron* observateur, *peon, temeron* vantard; *cabron* bouc, *castron* bouc châtré, *huron* furet, *lechon* porc, *moton* Alx., *perdigon* perdreau, *texon* blaireau ; *baston, bordon, canton, caxon, corazon* cœur, *monton* tas, *moron* colline, *rincon* coin, *talon, turbion* averse. Pr. *bailó* bailli, *bricó, pezó* ; *erissó* hérisson, *moltó* ; *bastó, boissó* taillis, *bordó, cambó* champ, *furgó* char, *grelhó* treillis, *mancó* manchon, *mentó* menton, *moló* tas, *peiró* perron. Fr. *biberon, brouillon, bûcheron, espion, forgeron, fripon, piéton, polisson, souillon* ; *cochon, étalon, hérisson, grillon, liron, plongeon, véron* ; *bâton, bouchon, bourdon, brandon, buisson, chiffon, flacon, houblon, jambon, manchon; menton, pignon, perron, rognon*. Le valaque n'a que peu de mots nouveaux en *on* ; ils ont été probablement introduits plus tard, par ex. *bęston, cęltzun*. A la place du suffixe roman se présente ici *oiu*, fém. *oae* (non pas *oaę*), où se cache peut-être le latin *onius*, comp. *puiu* de *ponio* pour *pono* ; le suffixe *tor* a été de la même manière évincé dans cette langue par *torius* (voy. plus bas). Exemples : *śiścoiu* sorcier; *muscoiu* mulet, *porumboiu* pigeon, *vulpoiu* renard (voy. p. 276), fém. *cerboae, epuroae (lepus), lupoae, ursoae* ; *buboiu* (βουβών), *puroiu* pus, *sępoiu* pioche (ital. *zappone*), *sufloiu* soufflet (ital. *soffione*), fém. *cutzitoae* couteau. Sur ce suffixe voy. Mussafia, *Rum. Vocalisation* p. 138. — Ce suffixe se trouve encore employé avec une autre fonction: il sert à l'augmentation de l'idée du primitif dans divers noms de choses qui sont devenus des noms personnels, comme *bucco* joufflu, *mento* qui a un long menton, *naso* grand nez qui répondent au grec γάστρων gros ventre, κεφάλων grosse tête. A cette classe appartiennent ital. *ghiottone*, franç. *glouton* (lat. *glutus*); esp. *bocon* (= lat. *bucco*), *garganton* glouton (*garganta*). Mais le roman s'est servi de *on* comme augmentatif général; dans ce sens toutefois il n'est vivant qu'à l'est et au sud-ouest. It. *casa casone, cappello cappellone, furo furone, giro girone, manica manicone, naso nasone, pesce pescione*; avec *z* : *villano villanzone*. Esp. *caballo caballon, hombre hombron, liebre lebron, tronco troncon, espada espadon, sala salon*; port. *nariz narigão, rapaz rapagão, rato ratão, febre febrão*. Val. *cal cęloiu* (ital. *cavallone*), *om omoiu, mętzu mętzoiu, furcę furcoiu* (ital. *forcone*), *ladę lędoiu*; fém. *casę cęsoae, Ana Anoae*. Au nord-ouest cette forme est, à l'inverse, employée à la diminution, mais elle désigne moins la petitesse que la jeunesse. Pr. *auzelh auzelhó, bastart bastardó, cat cató, cegonha cegonhó, cer (-vus) cervió, galina galinhó, mancip mancipó, mostela mosteló, randola randoló*; le sens diminutif est bien clair dans *un girbaudó filh de girbau* LR. III, 468. Fr. *aigle aiglon, chat chaton, lévrier levron*; surtout uni à un *ill* intercalé : *bœuf bouvillon, nègre négrillon, taureau taurillon*; elle a une action diminutive dans *cruche cruchon, gerbe gerbillon, sable sablon*, et un caractère caressant dans les noms de baptême : *Michel Michon, Françoise Fanchon, Julie Julion, Marie Marion*, prov. *Guillem Guilhamó Leys* II, 58. — Remarques. 1) *On* reste aussi masculin lorsqu'il est joint à des primitifs féminins : ital. *casa casone*, même *donna donnone*; cependant en français il devient féminin quand il désigne une personne féminine, comme dans *laideron, salisson*. — 2) Des noms de peuples, tels que *Brito, Burgundio, Saxo, Vasco*, ont en latin un *o* soit bref, soit long; les langues filles se tiennent d'ordinaire à la dernière quantité : it. *Borgognóne, Guascóne*, mais *Sássone*; esp. *Breton, Valon*; pr. *Bretó, Bramanzó, Frisó, Guascó*; franç. *Bourguignon, Gascon, Lappon, Saxon* (anc. *Sáisne* = ital. *Sássone*). A l'ouest on en tire des féminins en *a*. — 3) Il faut remarquer dans les noms de peuples français le suffixe combiné *ICHON*, par ex. dans *Berrichon, Bourbonnichon, Nivernichon*, formes populaires pour *Berruyer, Bourbonnais, Nivernais*, puis dans les diminutifs *barbichon, cornichon, folichon*; voy. le suffixe *iche* sous la forme *icius* p. 293. — 4) On a observé plus haut, p. 7, que beaucoup de mots de la terminaison *on* ont tiré leurs formes d'accusatifs allemands.

2. *On* se montre dans des adjectifs et il leur donne une signification augmentative. Ital. *bello bellone, grande grandone, grasso grassone*. Esp. *frio frion, mozo moceton*. Val. *greu*

greoiu, sans augmentation : *usturoiu* mordant. Ici le féminin se distingue toujours du masculin : *bellona, mocetona, usturoae*.

ION (*ic*, *ionis*). 1) Masc. *ludio, optio, pusio, tabellio, papilio, scorpio, struthio, titio*, ces mots sont en partie aussi romans. Il existe beaucoup de mots analogues, c'est-à-dire avec un *i*, toujours dérivés de substantifs, mais ils ne sont pas toujours clairement reconnaissables. Exemples : ital. *campione*, franç. *champion* (*campus, campio*); *clerizon* esp., *clerçon* franc. (*clericus, clericio*); *compagnone* ital. etc. (*companio* *); *garzone* ital., *garçon* franç. (b.lat. *garcio*); *infanzon* esp., *enfançon* franç. (b.lat. *infancio*); *Brabanzon* esp., *Bramansó* prov., *Brabançon* fr. (de *Brabantia*). *Cabrion* prov., franç. *chevron*; *carpione* ital. carpe (lat. de la décad. *carpa*); *gorrion* esp. moineau (*gorra*); *limaçon* fr. (*limax, limacio*); *moscione* ital. moucheron (*mustio* *); *oison* fr. (*auca**, *aucio*), *pescione* ital., *poisson* fr. (*piscio**); *pincione* ital., *pinzon* esp., *pinçon* fr. (*pinc, pincio*). *Arcione* ital., *arzon* esp., *arçon* fr. (*arcus, arcio*); *écusson* fr. (*scutum, scutio*); *gonió* prov. partie du vêtement (*gona*); *lampion* fr. (*lampe*); *tronçon* fr. (*truncus, truncio*). 2. Féminins : *legio, opinio, suspicio, unio*. Sur ces mots il ne s'est pas produit de formations analogiques.

T-ION à côté de *S-ION* (*tio tionis, sio sionis*) : *venatio, nutritio, potio, cantio, factio*; *occasio, illusio, mansio*. Ce suffixe s'unit au supin et donne à l'idée de l'infinitif une forme de substantif. Cependant il n'est pas rare que le sens abstrait passe au concret : ainsi dans *mansio, natio, potio, venatio*. Dans les langues filles ce dernier sens a pris encore plus d'extension : *mansio* est le lieu du séjour et non le séjour, *potio* ce qu'on boit et non l'action de boire, *ligatio* le lien et non l'action de lier. Dans ce sens ces mots peuvent aussi devenir masculins, comme ital. *tosone* toison (*tonsio*), fr. *poison* (*potio*), ou les noms personnels ital. *prigione* prisonnier (*prehensio*), fr. *nourriçon* (*nutritio*); formations nominatives : *dédicace, préface* etc.; voy. Gaston Paris *De l'acc. lat.* p. 54. Exemples de la forme *tion* : ital. [ZIONE, ZONE, GIONE] *nazione, ragione, stagione* (*statio*), *venagione, nutrizione, pozione, canzone*; esp. [CION, ZON] *nacion, razon, nutricion, pozon Alx., canzon, desperdicio* (forme nominative); port. [ÇÃO] *nação, canção, facção*; prov. [ZÓ, SÓ] *liazó* (*ligatio*), *nassió, razó, roazó* (*rogatio*), *noirizó, cansó*; fr. [TION, SON, ÇON] *liaison*, *nation, venaison, poison, chanson, façon* ; val. [CIUNE] *inchinęciune* (*inclinatio*) etc., à côté de formes nominatives [TZIE] : *asecurátzie, condítzie, inveántzie* (*inventio*), *nátzie*. Exemples de la forme *sion* : ital. [SIONE, GIONE] *occasione* et *cagione, magione* (*mansio*), *prigione, tosone* ; esp. [SION] *ocasion, prision, tension* ; port. [SÃO] *occaisão, prisão* ; prov. [SÓ] *foisó* (*fusio*), *maisó, ocaisó, preisó* ; fr. [SION, SON] *confusion, maison, occasion, prison* ; val. *comisie*. — Des produits nouveaux en masse. Ital. par ex. *albergagione, alterazione, cacciagione, dimenticagione, salvazione, bollizione, guarigione, guarnigione*. Esp. *embarcacion, guarnicion, salvacion* etc. Prov. *albergazó, plevizó, tenezó, vensezó, vestizó*. Franç. *altération, calcination, cloison* (*clausio**), *cultivation, garnison, guérison* ; beaucoup de mots anciens, comme *chativeson* (*captivatio**), *confundeison, defoulison, douteson, hebergison, hurlison, mustreisun, tardeisun* (dans lesquels *ai* est rendu par *ei, e, i*), sont éteints. Val. *iertęciune* rémission, *plecęciune* condescendance, *uscęciune* sécheresse, *amęriciune* amertume, *minciune* mensonge (pour *mintziciune*), *periciune* ruine, *slębiciune* fragilité. Il n'y a pas de formes nominatives.

ANEUS, INEUS, ONEUS.

ANEUS. 1. Adj. *extraneus, circumforaneus, spontaneus, subitaneus, subterraneus* ; ital. [ANEO, ANIO] *stranio, foraneo, subitaneo* ; esp. [AÑO, ANEO] *estraño, foraño, subitaneo* (*sopitaño* Rz.); prov. [ANH, ANE] *estranh, suhterrane* ; fr. [ANGE, AIN] *étrange, forain, soudain, souterrain* ; val. *strein* (*extr.*, aussi slave). De *aneus* on passe facilement à la forme *anus* : ital. *strano, subitano*, esp. *forano*, prov. *soptá*, lat. *fontaneus* à côté de *fontanus*. — A ces derniers exemples latins s'ajoutent quelques dérivations nouvelles qui procèdent soit de substantifs, soit d'adverbes. Ital. [AGNO] *ciuffagno* qui attrape, *grifagno* de rapine, *mascagno* madré, *taccagno* ladre, *terragno* uni, de même *cutaneo* cutané, *frustraneo* inutile. Esp. *picaño* gueux, *tacaño, cutaneo, frustraneo*. Prov. *grifanh*, v.fr. *grifaigne*.

2. Subst. *aranea, castanea, calcaneum* : ital. *aragna, castagna, calcagno* ; esp. *araña, castaña, calcañ-ar* ; prov. *aranha, castanha* ; franç. *châtaigne*. — Sur ces mots se sont de plus formés : ital. *bargagno* marchandage, *entragno* entrailles (*intraneus* fait d'après *extraneus*), *fustagno* futaine (arabe), *vivagno* lisière, *campagna* campagne, *cuccagna* pays

de cocagne, *montagna*, *pistagna* rebord, *seccagna* bas-fond (de *siccaneus*). Esp. *ermitaño* ermite, *redaño* filet, *fustan*, *campaña*, *entrañas*, *espadaña* glaïeul, *hazaña* exploit, *maraña* confusion, *montaña*, *pestaña* ; port. *murganho* souris, *fazanha*, *louzanha* parure. Prov. *fusanh* fusain, *foganha* fourneau, *malanha* faute, *mesclanha* mélange, *montanha*, *mortanha* charogne GO., *obranha* ouvrage. Franç. *fusain*, *futaine* (ital. *fust.*), *campagne*, *montagne*, arch. *malaigne*, *ovraigne*. — Remarque. Il ne faut pas confondre avec *aneus* le suffixe très-usité en valaque *ANIE*, *ÉNIE*, qui est surtout destiné aux abstraits. Il est emprunté lettre pour lettre au slave, mais il s'unit aussi volontiers aux radicaux latins. Exemples slaves : *tschajanie*, *strachovanie*, *rvenie*, *padenie* (Dobr. p. 284); val. *afurisanie* imprécation, *desperizanie* séparation, *ziganie* animal, *procitanie* leçon, *curętzenie* gentillesse, *rudenie* parenté, *slobozenie* congé, *smerenie* humilité, *vedenie* aspect.

INEUS appliqué à des substantifs, comme dans *cocc-in-eus*, *sangu-in-eus*, *vim-in-eus*, appartient au suffixe *ĕus* et n'a en roman pas plus d'importance que ce dernier, bien que les langues littéraires aient accueilli plusieurs des mots qui lui appartiennent. Le plus populaire est encore ital. *sanguigno*, esp. *sanguino*, prov. *sanguini*, franç. *sanguin*. Subst. ital. *stamigna*, esp. *estameña*, fr. *étamine* (*stamineus*). *Ineus* se mêle d'ailleurs à *ignus*, voy. plus bas; en français il semble quelquefois s'abréger en *inus*, *faginea* en *fágina*, de là *faîne*; *viminea* en *vímina*, de là *venne vanne*.

ONEUS : *err-on-eus*, *id-on-eus*, *pulm-on-eus*, *ultr-on-eus*, dans un glossaire latin de la décadence : *bibonius* ; ital. esp. *idoneo*, v.fr. *idoine*, fr.mod. *erroné*. Des dérivations romanes avec le suffixe OGNO ital., UEÑO esp., ONHO port., = *oneus* qui s'ajoute à des adjectifs et à des substantifs ne sont pas sans exemples. Ital. *affricogno* âpre, *giallogno* jaunâtre ; ce suffixe est généralement uni à *ulus* : *amarogn-olo* un peu amer, *cenerogn-olo* cendré, *verdogn-olo* verdâtre, aussi *giallogn-olo*. Esp. (avec une signification intensive) *halagüeño* flatteur, *pedigüeño* demandeur, *risueño* riant ; port. *enfadonho* ennuyeux, *medonho* craintif, *tristonho* profondément affligé, franç. *ivrogne*. — Subst. ital. *carogna*, *sampogna* chalumeau (*symphonia*); esp. *redruña* main gauche (*retro*), *vidueño* et *veduño* espèce de raisin, *ponzoña* poison, *zampoña*. — Le suffixe *MONIUM* dans *alimonium*, *matri*-

monium, patrimonium, testimonium etc., n'a pas suscité de formations analogiques.

R.

T-URA à côté de *S-URA* dans *factura, natura, pictura, mensura* etc., qui se retrouvent en général dans les langues modernes. Cette dérivation qui s'unit au supin exprime une action, mais il arrive souvent que le sens actif devient passif; c'est ainsi que *pictura* signifie l'action de peindre et l'objet peint. Dans les nombreux produits nouveaux on la trouve aussi unie à des adjectifs, auquel cas sa signification a quelque peu souffert. Ital. [URA] *armatura* armure, *arsura* embrasement, *dirittura* droiture (déjà dans Vitruve *directura*), *forcatura* enfourchure, *guarnitura* garniture, *lettura* lecture, *nutritura* (déjà dans Cassiodore), *ornatura, morsura*; unie à des adjectifs dans *bravura, frescura, largura, pianura, verdura*. Esp. [URA] *Estremadura* pays frontière (voy. Mariana I, 4), *horcadura, lectura, quebradura* rupture, *cerradura* fermeture; *altura, bravura, diablura* (du substantif *diablo*), *gordura, grosura, largura, llanura, roncura, verdura*. Prov. [URA] *ambladura* allure, *arcadura* courbure, *armadura, cabeladura* chevelure, *forcadura, noiridura, orladura* bordure, *morsura, altura, dreitura, falsura, freidura, frescura, laidura, rancura, sornura*. Fr. [URE] *allure* (pour *alleüre*), *armure* (pour *armeüre*), *chevelure* (pour *cheveleüre*), *friture, morsure; droiture, froidure, ordure, verdure*; v.fr. *ambleüre, forcheüre, laideüre, troveüre. Bravoure* pour *bravure* semble être redevable du changement de son *u* en *ou* à une influence italienne. Val. [URE] *adaogęturę* addition, *ạręturę* labourage, *arsurę bęgęturę* coin, *beuturę* boisson, *ferturę* cuisson, *żimbęturę* courbure, *resurę* action de raser, *sęperturę* labour, *spęrturę* déchirure, *tręsurę* traction; *cęldurę* chaleur.—Remarque. Divers mots qui sont sans primitif doivent leur existence à une modification de forme du suffixe *or*; ainsi ital. esp. prov. *ardura* de *ardor*, ital. esp. *calura* de *calor*, ital. *paúra* de *pavor*, ital. prov. *rancura* de *rancor*. Dans d'autres mots le participe fort a été de la manière connue ramené à la forme du participe faible ou aussi du thème verbal, comme dans ital. *cocitura* pour *cottura, premura* pour *pressura, tessitura* pour *testura*, esp. *cocedura, texedura, rompedura* pour *rotura, torcedura* pour *tortura*, prov. *fregidura* pour *fritura* (franç. *friture*); comp. plus bas le suffixe *tor* p. 323[1].

ARIS. 1. Adj. *familiaris, popularis, regularis, saecularis, singularis, vulgaris* ; ital. [ARE] *famigliare* ; esp. port. [AR] *popular* ; prov. [AR] *reglar* etc.; franç. [AIRE, IER] *populaire, vulgaire, régulier, singulier*. Mots nouveaux : esp. *albar* blanchâtre, *filar* qui concerne le fil.

2. Comme substantifs le latin avait *altare, alvear, cochlear, collare, luminare*, dont la plupart sont aussi romans. Il y a beaucoup de mots nouveaux, dont une partie sans type latin. Ital. par ex. *baccalare* (voy. le prov.), *giocolare giullare* bouffon, *scolare* écolier ; *cinghiare -iale* sanglier (*singularis*); *castellare* château, *focolare* foyer, *uccellare* aire d'oiseleur. Ce suffixe est plus fréquent en espagnol, où *ar* remplit aussi l'office de *al*, surtout lorsque celui-ci répond au lat. *etum*. Ex. *escolar, joglar* ; *espaldar* armure de l'épaule, *fontanar* source (-*al* lieu riche en sources), *hogar* (ital. *foc*.), *ijar* (*ilia*), *lugar* lieu, *paladar* palais de la bouche, *pilar* pilier; *muladar* fumier (pour *muradal*), *pajar* grenier à paille, *palomar* colombier ; *manzanar, olivar, pinar* (= *manzanal* etc.). Prov. *bacalar* jeune homme qui n'est pas encore armé chevalier, *joglar* ; *cenglar* ; *anglar* rocher (*angularis*), *bestiar* troupeau, *caslar*. Franç. *écolier* ; *sanglier* ; *oreiller* etc. Val. *celdare* chaudron, *plumunare* sorte d'herbe (*pulmonaris* pour -*arius*), *suoare* aisselle (*subalare*).

OR, ORIS. Subst. *albor, claror* (Plaute), *fragor, olor* odeur (Apul.), *pudor, rancor* (S. Jérôme); ital. [ORE] *albore, chiarore, olore, pudore* ; esp. prov. [OR] *albor, claror, fragor, olor, rancor, tremor* ; franç. [EUR, à peine OUR] *amour, clameur, honneur, labeur labour, pudeur*, v.franç. *amaror, olor, rancor, tevor, tremor* ; val. [OARE] *dulcoare* (*dulcor* Tertull.), *lyngoare* (*languor*), *sudoare*. Pour le genre, voy. p. 16 et 17 ; sur le rapport du suffixe *or* avec le gén. plur. *or*, voy. p. 9. — Les créations romanes procèdent souvent d'adjectifs. Ital. (arch. en grande partie) *alidore* (pour *ar*-), *baldore, bellore, cuociore, dolciore, fallore, fortore forzore, gelore, giojore, incendore, laudore, lucore, riccore, sentore, tenebrore, tristore, verdore*. Esp. *altor* Alx., *blancor,*

---

[1]. Il existe en italien un suffixe *ÚRIA*, restreint à un petit nombre de mots : *maluria* mauvais augure, *peluria* duvet des oiseaux, *santuria* reliques. Le premier d'entre eux se fonde sur *mal-auguria*, le troisième sur *sanctuaria*, mais dans le deuxième le suffixe est tout aussi clair que dans *pen-uria*.

dulzor, largor, loor (= ital. *laud.*), *tristor* arch.; la plupart passent à *ura*; le portugais offre les mêmes exemples. Très-fréquent en provençal : *agror, alegror, baudor, blasmor, brumor, brunor, feror, flairor, folor, fortor, gramor, grevor, iror, largor, lauzor, legor, lugor, negror, parentor* parenté (*parens*, gén. plur. *parentorum* b.lat.), *pascor* printemps (*pascha*, gén. plur. *pascharum*), *pudor* (de *putere*), *raubor, ricor, sanctor, sobror, tenebror, trigor, tristor, velhor, verdor, veror* etc. Franç. assez rare : *ampleur, blancheur, douceur, épaisseur, frayeur, froideur, grandeur, grosseur, hauteur, laideur, largeur, lueur, moiteur, pesanteur, tiédeur, verdeur*; v.franç. *baudor, flairor, folor, iror, pascor, palissor, tenebror, tristor*. Val. *ninsoare* temps neigeux, *plynsoare* plainte, *prinsoare* gageure, *recoare* fraîcheur, *unsoare* oint, *scursoare* passage, *stremtoare* défilé, *veltoare* tourbillon; ces mots sont pour la plupart tirés d'adjectifs et de participes.

T-OR à côté de *S-OR* : *imperator, salvator, conditor, bibitor, traditor, doctor, antecessor*; ital. [TORE, DORE, SORE] *imperadore, traditore, antecessore*; esp. [DOR, SOR] *amador* etc.; prov. [ADOR, EDOR, IDOR, nom. *adre aire, eire, ire*, voy. p. 35] *acoselliadre* Évang. de Jean *acoselhaire, pechadre peccaire peccador, salvaire salvador, beveire bevedor, trahire trahidor, doctor, ancessor*; v.franç. [EOR, nom. *eres* etc. p. 43] *emperere empereor, salverres salveor, traïtres traïtor*; franç.mod. [EUR, TEUR, SEUR] *sauveur, buveur, amateur, docteur, précurseur*. Cette dérivation manque au valaque (*cyntor, creditor* sont des mots étrangers); il la remplace par *torius* : *cyntętoriu, vynętoriu, pęstoriu* = *cantator, venator, pastor*. — Il existe un grand nombre de produits nouveaux, seulement ils ne tirent pas leur origine, comme en latin, du participe passé (proprement du supin), mais du thème du verbe, dont la forme à la conjugaison forte n'est pas la même, et par là se développent, à côté des formes classiques déjà existantes, des formes nouvelles qui ont ordinairement une signification différente. Ex. Ital. *parlatore, nocitore* (et non *nociutore*), *conoscitore, fattore facitore, dicitore* (et non *dettore*), *fingitore, pittore pintore, vittore vincitore, lettore leggitore, divisore divisitore* etc. Esp. *hablador, conocedor, hacedor, decidor, fingidor, pintor, vencedor, rector regidor, cogedor* (*collector*), *comedor* (*comesor*), *provisor proveedor, cursor corredor, seguidor*. Prov. *conoissedor, facedor, vencedor, legedor.* Fr. *mangeur, parleur, batteur, vainqueur* etc.; la forme du gérondif est suivie dans *blanchisseur, buveur, preneur, faiseur, diseur, coureur, rieur.* — Un féminin de ce suffixe est TRIX TRICIS, comme dans *imperatrix, nutrix*; ital. [TRICE, DRICE] *imperadrice, nutrice*; esp. port. [DRIZ, TRIZ] *emperadriz, nutriz*; prov. [IRITZ, DRITZ] *emperairitz, genedris, serviritz*; franç. [RICE] *impératrice* (de l'ital.), *nourrice*. Ce n'est qu'en italien que ce suffixe a conservé son ancienne extension, de sorte qu'à tout masculin à peu près en *tore* on peut donner un féminin en *trice* (*baciatore baciatrice, ballatore ballatrice, beffatore beffatrice, bevitore bevitrice*). En espagnol et en portugais il a été le plus souvent supplanté par DORA (*amadora, pecadora*, à peine *pecadriz*), en français presque toujours par ERESSE et EUSE (*pécheresse, laveuse*); en provençal il s'est assez bien conservé à côté de *eressa* (p. 275), ainsi que le prouvent par ex. les mots non latins *defenderis, salvadris.* — Remarque. Le trait suivant est spécialement espagnol : si le suffixe *ia* s'unit au suffixe *or*, ce dernier se change en *ur*, par ex. *comendador, comendaduria, contador* caissier, *contaduria* comptoir, *corredor* courtier, *correduria* courtage, *curador* curateur, *curaduria* tutelle, *proveedor* fournisseur, *proveeduria* magasin du fournisseur, *hablador* hableur, *habladuria* hablerie, *sabidor* connaisseur, *sabiduria* savoir. En vieil espagnol on se servait encore de *oria*, et c'est la forme qui est restée usuelle en portugais. D'où vient donc cette modification phonique? Y a-t-il eu immixtion de *ura*, a-t-on pensé à *censor censura, mercator mercatura, questor questura* et à d'autres analogues?

ARIUS. 1. Adj. *adversarius, contrarius, primarius*; ital. [ARIO, AJO, IERO] *primario primajo primiero*; esp. [ARIO, ERO] *contrario, lechero* (*lactarius*), *primero*; port. [ARIO, EIRO] *contrario, primeiro*; prov. [ARI, IER] *contrari, primier*; franç. [AIRE, IER] *contraire, premier*; val. [ARIU] *primariu.* — De là procèdent beaucoup de mots nouveaux. Ital. par ex. *forestiero, leggiero* (de *levis*), *plenario.* Esp. *delantero, postrero* (*poster.*), *postrimero* (formé sur *primero*), *verdadero*; un certain nombre appartiennent à l'ancienne langue, comme *baldrero* Bc., *cabdalero* Alx., *cobdiciadero* Bc., *drechurero, poridadero* Bc., *señero* ibid. Sur l'esp. *dero* = port. *douro* voy. plus bas *torius.* Prov. *costumier* accoutumé à (*consuetudinarius* déjà dans Sid. Apol.), *derrier* dernier (*retro*), *domesgier* (*domesticarius**), *drei-*

turier équitable, *leugier, manier* adroit, *plenier, plazentier* plaisant, *sobrier* superflu, *sovendier* fréquent, *ufanier* vain. Franç. *dernier, léger, plénier* etc.

2. Subst. 1) Le masculin désigne surtout des personnes agissantes, comme le v.h.allem. *ari*, quelquefois des animaux et des arbres (*melarius, pirarius L.Sal.*). D'adjectifs latins on a tiré par ex. : ital. [IERE, ARO à côté des formes citées ci-dessus] *argentiere, carbonajo* charbonnier, *porcaro* (*-cajo*) porcher; *levriere* levrier (*leporarius*), *somaro* bête de somme (*sagmarius*); *quartiere* (*quartarius*). Esp. *arquero* archer (*arcuarius*), *carbonero, ollero* potier; [EL] *lebrel*; *quartel* (*quartarius*); port. *arqueiro, oleiro*. Prov. *argentier, arquier, ostiari* portier; *saumier*. Franç. *argentier, charbonnier, huissier*; *lévrier*; *pommier, rosier*. Val. [ARIU] *aurariu* orfèvre, *pelariu* tanneur, *porcariu*; *armęsariu* (*admissarius*), *rębariu* hirondelle (*ripar.*); *fęrtariu* (*quart.*). — Au nombre des mots créés à nouveau se trouvent par ex. : ital. *anellaro -iere* fabricant d'anneaux, *calzolajo* cordonnier, *cavaliere* chevalier, *dardiero* archer, *giojelliere* joaillier, *gonfaloniere* gonfalonier, *lusinghiero* flatteur, *prigioniere* prisonnier; *gineprajo* genévrier. Esp. *caballero, camarero, carnicero* boucher, *portero* portier; *cordero* agneau; [avec ER] *mercader* marchand (v.esp. *-ero*); [avec EL] *laurel* laurier; port. *cavalleiro* etc. Prov. *anelier, cavalier, clamatier* plaignant, *dardier* et *dardassier, lagotier* flatteur, *logadier* mercenaire, *ostalier* hôte, *pautonier* vagabond; noms d'arbres : *noguier, perier, prunier* etc. Fr. *bachelier* (b.lat. *baccalarius*), *chevalier, sorcier* (*sortiarius**) etc.; *abricotier, cerisier, châtaignier, cognassier, coudrier* (*corylus*), *figuier, genévrier, laurier, noyer, peuplier, poirier, prunier, prunellier*. Val. *acariu* aiguiller, *bęrcariu* garde-forêt, *boariu* bouvier, *bojariu* gentilhomme, *calaru* (val. du sud) cavalier, *cędariu* tonnelier, *lęcętariu* serrurier, *plugariu* laboureur, *vęcariu* vacher; *alunariu* coudrier, *artzeariu* érable, *fręgariu* mûrier. — 2) Le féminin fournit des noms de choses de diverse nature, surtout des collectifs, ou des mots qui indiquent l'emplacement du primitif, mais aussi des abstraits; beaucoup procèdent du pluriel neutre et en contiennent l'idée. Nous ne tenons pas compte des mots dont on a simplement modifié la forme de genre. D'adjectifs latins on a tiré : Ital. *ghiandaja* geai (*glandaria*), *colombaja* colombier, *civaja* légumes (*cibaria*), *riviera* rivage, *preghiera* prière (*precaria*).

Esp. *higuera* figuier, *porquera* bauge, *ribera, plegaria* (ital. *preg.*). Prov. *fabieira* champ de fèves (*favaria* L. Sal.), *fumeira* nuage de fumée, *ombreira* place à l'ombre, *ribeira, robeira* bois de chêne, *sentieira* sentier (*semitaria*), *nesseira* besoin (*necessaria*). Franç. *chatière, crinière, rivière, verrière, prière*. — Il y a beaucoup de formations nouvelles : Ital. *abetaja* bois de sapins, *bandiera* bandière, *carriera* carrière, *fanciullaja* marmaille, *giuncaja* jonchère, *lamiera* plastron, *panciera* cuirasse, *sassaja* digue de pierres, *spronaja* plaie faite par l'éperon. Esp. *bandera, barrera* barrière, *carrera, estribera* étrivière, *pancera, ceguera* aveuglement ; port. *oliveira* olivier etc. Prov. *careira, estrubieira, fresqueira* lieu frais, *junqueira* GO., *lamiera* plastron, *lisera* lisière, *lobeira* tanière de loups, *polveira* nuage de poussière, *senheira* étendard, *paubreira* pauvreté, *sobrieira* excès, *volatjeira* légère. Franç. *coutelière, lisière, poussière, rizière, tabatière, tanière, tarière*. — 3) Le neutre indique le lieu où est contenu le primitif : ainsi *apiarium, armarium, columbarium, fumarium, viridarium, vivarium* ; lat. de la décad. *bacarium* vase, *calicularium, capsarium, florarium, herbarium, lignarium, olivarium* (pour *olivetum*) ; ital. *apiario, armario, cucchiajo* (*cochlearium*), *colombajo, erbajo, fumaj-uolo, vivajo, viridario* ; esp. [aussi AR, EL] *armario, granel* (*granarium*), *habar* (*fabarium*), *pomar* (*-ium*), *vergel* (*virid.*), *vivar* ; port. *armario, colher, granel, pomar, viveiro*, ainsi quatre terminaisons ; prov. *apiari, armari, vergier, vivier* ; franç. *achier, chartrier* (*chartarium*), *grenier, verger* etc. ; val. *almariu* (arm.), *dreptariu* proportion (*directarium*), *fumariu, grenariu*. — Formations analogiques, mais en général avec une signification différente : it. *acciajo* acier, *cannajo* claie de roseaux, *formicajo* fourmilière, *rimario* dictionnaire de rimes, *scacchiero* échiquier, *pensiero* pensée. Esp. *acero, hormiguero, xaquel* (ital. *scacch.*), *broquel* (franç. *boucl.*). Prov. *escaquier, formiguier* ; on a ici beaucoup d'abstraits tirés de verbes, comme *acordier, adobier, alegrier, alonguier, caitivier* (de là esp. *cativerio*), *castier, consirier, desirier* (à peu près *desiderarium*), *desturbier, encombrier, espaventier, milhorer, pauprier, pensier*. Fr. *acier, douaire* (*dotarium*), *échiquier, danger* (*damniarium**), *penser, bouclier*. Val. *belegariu* tas de fumier, *boglariu* lame, *cretariu* chassis, *fruntariu* diadème, *frunzariu* berceau de verdure, *ochelariu* lunettes, *peptariu* corsage, *ştergariu* manuel ; mais pour ces mots le type neutre n'est pas assuré.

T-ORIUS à côté de *S-ORIUS*. 1. Adj. *amatorius, adventorius, laudatorius, transitorius, censorius* ; lat. de la décad. *colatorius, contradictorius, disputatorius, privatorius, resolutorius, simulatorius, delusorius, rasorius* et beaucoup d'autres ; ital. esp. port. [TORIO] *amatorio* ; prov. [TORI, DOR] *frustratori, avenidor* ; fr. [TOIRE] *transitoire* ; val. [TORIU, TOARE] *lęudętoriu, lęudętoare*. En ce qui concerne la dernière langue, le participe passé en *s* n'a dans la plupart des cas aucune influence sur la forme de cet adjectif (qui sert en même temps de participe présent) : on dit par ex. *aducętoriu, mergętoriu* d'après le présent de l'indicatif *aduc, merg* (part. *adus, mers*), voy. Clemens p. 215. — On a des adjectifs analogues presque uniquement tirés de verbes, sans que l'intermédiaire d'un substantif en *tor* soit nécessaire, et qui expriment surtout le rapport de la possibilité ou de la nécessité. It. [aussi TOJO] *ambasciatorio* qui concerne l'ambassade, *bravatorio* menaçant, *pensatojo* qui fait penser, *serbatojo* bon à garder, *missorio* qu'on peut envoyer. Esp. *embaxatorio, mortuorio* qui concerne les morts, *narratorio*. Pour exprimer la possibilité, l'espagnol choisit la forme -*dero,* comme dans *casadero* nubile, *duradero* durable, *hacedero* faisable, *fallecedero* périssable, *segadero* qui est en état d'être moissonné, *venidero* futur ; mais ce *dero* n'est probablement qu'une réduction de *duero = dorio* (*e* de *ue,* voy. t. I, p. 151); *asmaduero* estimable Bc. *Mill.* 306 vient à l'appui de cette hypothèse ; Gil Vicente 58[b] emploie *placentorio* pour *placentero*. Port. [DOURO] *casadouro, duradouro, segadouro, vindouro*. Prov. *peridor* périssable ; *aplicadoire, rededoyre* charte de 1382 *FC*. I, 18 ; franç. *dinatoire, secrétoire* ; au reste le nord-ouest est peu porté à la création de nouveaux adjectifs au moyen de ce suffixe. C'est en valaque qu'ils sont le plus communs, car on peut les tirer à volonté de verbes au lieu d'employer le suffixe *tor*.

2. Subst. 1) Féminins : *barbatoria, curatoria, pariatoria* chez des écrivains de la décadence. Exemples romans, la plupart du temps mots nouveaux qui en général désignent des ustensiles ou des emplacements : ital. *cacciatoja* battoir, *cansatoja* refuge, *mangiatoja* crèche, *seccatoja* séchoir, *strettoja* bandage. Esp. *escapatoria* subterfuge, *palmatoria* férule, *pepitoria* sorte de ragoût ; port. *barcadoura* voile, *manjadoira*. Prov. [OIRA] *libradoira* collection de livres, *malventoira*

malheur *GO.*, *manjadoira*, *podadoira* sécateur, *molsoira* baquet à traire *GO.*, *tosoira* ciseaux. Franç. *armoire* (*armarium*), *baignoire, doloire* (*dolatorium*), *écritoire, génitoires* (*genitalia*), *mâchoire, mangeoire, nageoire, cisoire.* Val. *adępętoare* abreuvement, *asunętoare* sorte de plante, *descuietoare* ouverture, *priveghitoare* rossignol (*pervigilatoria**). — 2) Neutres: *auditorium, dormitorium* etc.; lat. de la décad. *accubitorium, purgatorium, signatorium, sufflatorium, strictorium, fossorium, tonsorium.* It. *afferratojo* poignée, *copertojo* couvercle (*coopertorium Pand.*), *refettorio* salle à manger, *romitorio* ermitage, *sciugatojo* essuiemains, *scrittojo* bureau, *serbatojo* réservoir, *rasojo* rasoir. Esp. [généralement DOR] *comedor* salle à manger, *ermitorio, lavador* lavoir, *mirador* observatoire, *obrador* atelier, *refectorio.* Port. [aussi DOR] *amassadouro* pétrin, *cingidouro* ceinture, *comedouro* mangeoire, *fervedouro* agitation, *lavadouro, mirador, obrador.* Pr. *cobertor, escriptori, hermitori, lavador* bassin, *mirador, nozador* nœud, *obrador, refreitor* (*refect.*), *razor.* Franç. *arrosoir, boudoir, comptoir, grattoir, lavoir, miroir, mouchoir, tailloir, tiroir, rasoir.*

S.

OSUS. Ce suffixe, surtout uni à des substantifs, produit des adjectifs qui indiquent une possession ou la plénitude d'une possession, comme *gibbosus, gloriosus, ingeniosus* et d'autres analogues en grande quantité. Beaucoup de ces mots se présentent pour la première fois dans le latin de la décadence, et ceux-là se tiennent moins rigoureusement à l'idée et au mode de dérivation des plus anciens, puisqu'ils se forment même sur des adjectifs. Ex. *aquilosus* (de *aquilus*), *brucosus* plein de sauterelles, *cancellosus* en forme de grille, *catenosus, dissidiosus, falsosus, fastuosus, florosus, gaudiosus, labrosus, somnosus, sonorosus, vigorosus, virtuosus.* A la masse des exemples romans nous n'empruntons que les suivants. It. [oso] *amoroso, coraggioso, geloso, giojoso, maestoso, ontoso, orgoglioso, vergognoso, vigoroso, virtuoso*; avec intercalation d'une *r*: *noderoso* (*nodosus*). Esp. [oso] *amoroso, dichoso, dificultoso, orgulloso, piadoso, temeroso* (non pas *temor.*), *valeroso*; avec *r*: *asqueroso* dégoûtant (*asco*), *medroso*; port. *idoso* chargé d'ans (*aetas*), *iroso, medroso.* Pr. *bausios* trompeur, *boscos, dios* âgé (*dia*), *guiscos* astucieux (*guisca*), *nualhos* mauvais (*nualha*), *orgulhos, sobdos* (lat. *subitus*), *vergonhos, volontos*. Franç. [EUX] *affreux* (*afre* v.franç.), *amoureux, courageux, heureux, honteux, jal*oux (le seul adjectif de cette terminaison), *joyeux, vertueux, vigoureux*. Val. [os] *berbos* barbu, *betegos* maladif, *delmos* ondulé, *decos* colèrique, *obidos* mélancolique.— Un nombre important de mots nouveaux, comme lat. *ebriosus, ridiculosus*, procèdent d'adjectifs et produisent une augmentation de l'idée : ainsi ital. *cuvidoso* (de *cupido*), *freddoso, frescoso, neghittoso* (*negletto*), *sdruccioloso* ; esp. *caudaloso, rancioso* de *caudal, rancio* (qui, il est vrai, ont aussi une valeur de substantif) ; prov. *amaros, assiduos, cobeitos, continuos, melhuros, prosperos, volpilhos*. Quelques-uns semblent aussi être tirés de verbes, comp. ital. *adontoso* (*adontare*), *rincrescioso* (*rincrescere*), prov. *abduros* (*abdurar*), *cremos* (lat. *tremere*). — Substantifs : ital. *maroso* vague (sans adj.), *ventosa* ventouse, esp. port. *raposo raposa* renard, prov. *erbos* gazon, franç. *pel*ouse, *vent*ouse.

T.

ATUS s'unit à des substantifs qui désignent des emplois et des dignités : *comitatus, consulatus, ducatus, episcopatus* ; ital. [ATO, ADO] *contado, consolato, ducato, vescovado* ; esp. [ADO] *contado, consulado, ducado, obispado* ; prov. [AT] *comtat, cossolat, ducat, bispat* ; fr. [É, AT] *comté, consulat, duché, évêché*. *Comitatus, ducatus* et *episcopatus* prennent aussi en provençal et en vieux français le genre féminin, bien qu'ils aient une terminaison masculine, voy. plus haut p. 15. — Sur ces mots se sont formés ital. *anzianato, camarlingato, marchesato, siniscalcato*, même *Genovesato* le territoire de Gênes. Esp. *marquesado, reynado*. Pr. *barnat* (*baronatus*), *renhat*. Fr. *marquisat* (mais *sénéchaussée* fém.), *Dauphiné*, v.fr. *regné*. Au lieu de *atus* l'espagnol emploie, dans ce sens, plutôt *azgo* (p. 285), le val. *ie*, jamais *at* : *baronie, canonicie, episcopie, grofie*.

ATUS, ITUS, UTUS. 1. Adjectifs désignant la possession, qui ont une forme participiale mais procèdent de substantifs : *apiatus* (planté d'ache), *barbatus, cordatus* (de là par abréviation l'esp. *cuerdo*), *auritus, galeritus, pellitus, astutus, cornutus, nasutus*. Il y a un grand nombre d'imitations : le suffixe, au point de vue de l'idée, répond d'ordinaire, dans les formations nouvelles, à l'all. *-ig*. Exemples de la première forme : ital. *bandato* rayé, *brinato* grisâtre (*brina* givre), *erbato* gazonneux, *ficato* rempli de figues, *gibbato* bossu, *golpato* niellé, *ramato* branchu, *sensato* sensé. Esp. *bandado, demasiado* excessif (adv. *demas*), *gibado, sensado, taimado* rusé (sans subst.). Pr. *aurat* aéré, *fezat* fidèle, *senat* prudent. Fr. *endiablé, forcené, orangé, perlé, insensé*. Val. *bogat* riche, *bubat* teigneux, *buzat* lippu etc. — Les exemples de la deuxième forme sont plus rares. Ital. *assillito* piqué par un taon (*assillo*), *malito* maladif, *saporito* savoureux. Esp. *bellido* beau (de l'adj. *bello*, voy. plus haut p. 66), *dolorido* triste, *garrido* joli (arabe), *vellido* velu. Fr. *allouvi* (it. *allupato*). — Ceux de la troisième sont d'autant plus nombreux, et leur fonction dominante, comme dans *nasutus*, est d'exprimer à un degré intense la possession du primitif : it. *carnuto* est identique à *carnosus*, fr. *lippu* à *labiosus*. Autres exemples : it. *barbuto, canuto, ceffuto* qui a un beau museau, *chercuto* tonsuré (*cherico*), *corputo, occhiuto* qui a beaucoup d'yeux, *orecchiuto* qui a de grandes oreilles; avec intercalation d'une r : *nerboruto, nocchioruto, ramoruto*; avec le suffixe de renforcement *accio* : *carnacciuto, linguacciuto*. Esp. *barbudo, cabelludo* chevelu, *cabezudo* qui a une grosse tête, *locudo* insensé Canc. de B., *membrudo* robuste, *ojudo* qui a de grands yeux, *plomudo* rempli de plomb Canc. de B., *sesudo* avisé ; port. *beizudo* lippu, *brazudo* qui a des bras vigoureux. Prov. *brancut, calvut, cambut* et *cambarut* qui a de longues jambes, *canut, crenut, geberut* bossu GO., *golut, griffut* muni de griffes, *lengut, membrut*. Franç. *barbu* (de là *barbue*), *charnu, chenu, chevelu, membru, têtu* ; v.franç. plus souvent encore : *corporu* et *corsu, durfeu* misérable, *griffu, hierbu, ramu* etc. Val. [UT, UNT] *limbut* bavard, *cerunt* (ital. *canuto*, comme *merunt* de *minutus*).

2. Il existe de nombreux substantifs féminins de cette formation, mais ils ont cela de particulier qu'ils n'imitent que la forme participiale de la première conjugaison. Ils désignent surtout : 1) Une masse ou une abondance, mais parfois c'est à peine s'ils dépassent l'idée du primitif. Ital. *brigata* troupe, *derrata* marchandises de toutes sortes, *lombata* lombes, *lunata* entaille en forme de croissant. Esp. *azada* bêche (*ascia*), *cornada* cornes, *dinerada* quantité d'argent, *nuvada* nuages ; port. *cabrada* troupeau de chèvres, *porcada* troupeau de porcs, *ramada* ramée. Pr. *brivada* impétuosité (*briu*), *caraunhada* masse de charognes, *denairada* denrée. Franç. *bouée, denrée, fielée* arch. fiel, *guilée, nuée, risée*. — 2) Ce que le primitif

contient. Ital. *boccata* bouchée, *bracciata* brassée, *carretata* charretée, aussi *camerata* chambrée. Esp. *bocada* (arch.), *brazada, calderada* contenu d'une chaudière, *dedada* ce qu'on peut prendre avec un doigt, *camarada, mesnada* (*meson*). Prov. *carretada, mainada, olada* contenu d'un pot ; franç. *boursée, bouchée, brassée, charretée, chaudronnée, poignée*. Val. *bucatę*. De là ce suffixe en vient à désigner aussi une période de temps, comme ital. *annata* année, *giornata, invernata, mattinata, mesata, serata* ; esp. *añada, jornada, vesperada* Rz.; prov. *jornada, matinada, vesprada* ; franç. *année, matinée, soirée*. — 3) Le produit du primitif. Ainsi ital. *carbonata* grillade, *ragazzata* enfantillage ; v.franç. *araignée* toile d'araignée. Puis surtout l'action produite par un instrument : ital. *coltellata* coup de couteau, *stoccata* estocade ; esp. *cornada* coup de cornes, *cuchillada, espolada* Bc. coup d'éperon ; prov. *balestada, coltellada* ; v.franç. *arbalestée* ; franç.mod. *dentée*. Le kymri emploie son suffixe *ât* (*awt, aut*) dans le même sens, voy. Zeuss II, 809. — 4) A l'inverse ce suffixe peut aussi exprimer une action sur le primitif ; ainsi ital. *facciata* coup sur le visage, *guanciata* coup sur la joue ; prov. *gautada* m.s., *colada* coup sur le cou ; v.fr. *jouée, colée*. — Remarque. Les masculins de cette espèce sont rares (sans verbe roman qui serve de type), ce sont en partie des adjectifs employés substantivement : ital. *costato* côté, *nuvolato* amas de nuages, *pergolato* tonnelle ; esp. *bocado* bouchée, *costado* ; prov. *aurat* air ; franç. *côté, pommé* ; val. *bubat* pustule. Il existe toutefois en espagnol et en portugais un nombre important de substantifs en *ido* qui expriment un bruit ; ils sont tirés de verbes de la première conjugaison : esp. *bramido* mugissement (*bramar*), *graznido* croassement, *ladrido* aboiement, *quexido* plainte, *ronquido* ronflement, *roznido* bruit d'un animal qui mange, *sonido, alarido* clameur. Ils se rattachent aux exemples latins d'une signification analogue qui appartiennent à la quatrième déclinaison, comme *gannitus, hinnitus, rugitus*.

TUS à côté de *SUS* s'attache à des substantifs et procède du participe passé passif. 1) Masculins qui répondent aux neutres latins, comme *fossatum, judicatum, dictum, scriptum, pensum* ; ils se règlent en général sur l'idée de ces neutres, c'est-à-dire qu'ils expriment un passé passif : ital. *pensato* pensée (ce qui a été pensé) ; esp. *candado* cadenas (pour *cadenado* objet enchaîné), *ganado* troupeau (ce qui a été acquis), *hurado* ouverture (ce qui a été percé), *pescado* poisson (qui a été pêché); prov. *vairat* maquereau (qui est taché); fr. *pourpoint* (ce qui a été piqué), *tissu* (ce qui a été tissé). Mais ils passent quelquefois à un présent actif : ainsi le pr. *chausit* est ce qui a été choisi et l'action de choisir, le franç. *couvert* ce qui couvre, le val. *cyntat* l'action de chanter, *cęrat* l'action d'aller en voiture, *cosit* l'action de faucher ; mais on pourrait aussi dans quelques cas admettre l'influence des substantifs latins de la quatrième déclinaison (*latratus, mugitus, piscatus,* val. *latrat, mugit*). — 2) Les féminins sont plus nombreux, et il faut reconnaître en eux une acquisition précieuse des langues modernes; le latin n'en a que quelques exemples, comme peut-être *strata* (sc. *via*) ou *fossa*, qui n'étaient guère en état de provoquer l'imitation. Beaucoup de mots de la troisième conjugaison se règlent dans ce cas sur leur forme primitive, ainsi ital. *bibita* (à côté de *bevuta*); franç. *fuite* pour *fuie* ; ital. *pérdita,* esp. *pérdida,* franç. *perte* ; it. *rendita,* franç. *rente* ; it. *véndita,* esp. *venta,* franç. *vente*[1]. Les mots verbaux de cette espèce ont, lorsqu'ils dérivent de transitifs, soit un sens passif, soit un sens actif, mais passent aussi, surtout dans le second cas, de leur signification abstraite à une signification concrète. Voici quelques exemples : esp. *albergada* hébergement, auberge, ital. *armata,* fr. *armée,* it. *cinta* ceinture (ce qui est ceint), fr. *feinte* (ce qui est inventé), pr. *fenida* fin (ce qui est terminé), ital. *gelata,* fr. *gelée* (ce qui a été gelé), ital. *impronta,* fr. *empreinte* (ce qui a été imprimé), pr. *moguda* élévation (ce qui a été soulevé), fr. *partie* (ce qui est partagé), it. *risposta* (ce qui est répondu), esp. *rociada* rosée (ce qui a été mouillé par la rosée), ital. *tinta* couleur, *veduta* force de la vue. Quant aux intransitifs, ils n'ont d'autre liberté que celle d'abandonner le sens passé pour le sens présent, ainsi ital. *andata* action d'aller, *caduta* chute, *fuggita* fuite, *salita* montée, *volata* vol; esp. *entrada* entrée, *ida* voyage; pr. *errada* méprise, *jauzida* joie; franç. *issue, venue*; concrets : *salita, entrada*, le lieu de la montée, de l'entrée, franç. *allée*. Le valaque prend peu de part à cette formation de substantifs féminins avec des participes. Exemples : *źudecatę* jugement (ital. *giudicato*), *clipitę* clin d'œil (verbe *clipi* cligner). En général c'est le masculin qui leur

---

[1] D'autres féminins français en *-nte*, comme *fente, pente, tente, fonte, tonte* dérivent du thème du verbe avec changement du *d* en *t* et non du participe passé, comp. l'orthographe provençale *tenda, fonda*.

correspond, comme dans c*ę*zut chute = it. *caduta, sfęrsit* fin
= prov. *fenida* — Voici quelques exemples bas-latins : *quarrada* de l'an 629 Mar. p. 97, *parata (mansiones vel paratas)* de 632 Bréq. p. 145ᵃ, *casata* de 704 ibid. 367ᵉ, *casalata* de 731 Brun. p. 486, *circata* pour *visitatio* de 934 Mur. Ant. III, 1051, *ferita Roth. leg.* (souvent). — L'emploi du participe passé valaque comme substantif a été éclairci par Mussafia, *Jahrbuch* X, 378.

ETUM est collectif. Les mots dérivés au moyen de ce suffixe indiquent le lieu de réunion du primitif : *arboretum, cannetum, fructetum, lauretum, myrtetum, olivetum, palmetum, rosetum, salicetum* (lat. de la décad. pour *salictum*), *vinetum*. Dans les langues de l'ouest, cette forme passe souvent au féminin. Ex : ital. [ETO] *arboreto, mirteto, oliveto, palmeto, querceto, salceto* ; esp. [EDO, EDA] *olivedo FJ., viñedo, arboleda, salceda* ; d'autres, masculins, se reconnaissent dans les noms de famille *Cañedo, Figueredo, Pinedo, Salcedo* etc.; port. *arvoredo, vinhedo* ; pr. [EDA] probablement *oliveda* et autres ; franç. [AIE] *cannaie, saussaie*, anc. *olivaie* ; nom de lieu *Châtenay (castanetum)* ; val. [ET] *nucet, sęlcet, spinet (-etum)*. — Des formations analogiques avec *etum* ne se présentent qu'en petit nombre ; d'autres suffixes, tels que *arium, ale* l'ont supplanté. Exemples : ital. *cerreto* (de *cerro*), *ginepreto (juniperetum**). Esp. *acebedo* (*acebo*), *peñedo* (sans idée collective = *peña*), *olmedo olmeda* (*ulmetum **), *alameda* dans le *Canc. de B. -edo* (*alamo*), des noms de famille tels que *Cenedo, Cuñedo, Mezedo, Quevedo, Uzeda* semblent aussi avoir la même origine. Port. *figueiredo* (= *ficetum*, de *figueira*), *penedo, rochedo,* v.port. *lapedo* (*lapidetum ** comme *saxetum*). Prov. *aunei* (*alnetum **), *figareda GO., ulmeda* ibid. Franç. *aunaie*, nom de lieu *Aunay, cerisaie* (*cerasetum **), *chénaie* (*quercinetum** pour *quercetum*), *fûtaie* (*fustetum**); dérivés de noms d'arbres terminés en *-ier* : *châtaigneraie, oseraie, pommeraie* ; v.fr. masc. *aunoi, chaumoi, sablonnoi Jourd. de Bl.* v. 3700. Val. *bręde̜t* (*brad* sapin), *fęge̜t* (*fagetum **), *prune̜t* (*prunetum **). — Ex. b.lat. : *roboreta* de l'an 774 *Lup.* 530ᵉ, *freznedo* de l'an 780 *Yep.* III, n. 17, *buxeta* de l'an 878 *Marc.* p. 800, *in aceveto* de l'an 841 *Esp. sagr.* XL, 375, *castenatos* (faute pour *castanetas*) et *nogaretas* de 876 *Marc.* p. 798, *loco qui vocatur spinareto* de 916 *Esp. sagr.* XIX, 354.

ITA, ITES (grec ίτης). 1) Personnels, comme *eremita*,

Levita et beaucoup de mots d'une date postérieure, comme *Carmelita, Jesuita, Moscovita*. En italien *eremita*, sous la forme *romito*, est devenu un adjectif à deux terminaisons. L'espagnol dit *Morabito* en contradiction avec *Ismaelita*. Le provençal a formé le nom de peuple *Arabit Choix* III, 280 (adj. *caval arabit* M. 312, 7) sur l'arabe *arabî*, et un poète nomme les Maures de l'Andalousie *Andolozitz* IV, 85. Un nom de peuple semblable est *Guarditz* V. 141. En portugais on a un nom commun, *cirita* ermite SRos. (de *sirus*, σειρός fosse). — 2) Noms de choses, comme *haematites, margarita,* it. *matita, margarita* etc. De là *marcassita* it. etc. un minéral (arabe), fr. *castanite, cédrite* et d'autres termes de science, sans doute aussi *calamita* ital. etc. aimant.

T-AT (*tas, tatis*) : *bonitas, civitas, libertas, vilitas, voluntas*. Fréquent dans le latin de la décadence : *animalitas, identitas, limpiditas, miserabilitas, modicitas, palliditas, universalitas, venerabilitas*. De là ital. [TÀ, poét. TATE, TADE] *bontà, città, libertà, viltà, volontà*; esp. [DAD, TAD] *bondad, ciudad, libertad, voluntad*; port. [DADE, TADE] *bondade, cidade, libertade, vontade*; pr. [TAT] *bontat, ciotat, libertat, rustat, viutat, volontat*; franç. [TÉ, anc. TET, TEIT] *bonté, cité, liberté, volonté*; val. [TATE] *bunętate, curiositate, fratzęnętate (fraternitas), greutate (gravitas), pęgynętate (paganitas)*. Ce sont des dénominatifs avec un sens abstrait analogues aux composés allemands avec *heit*, et les formations nouvelles suivent cette règle. Ital. *amistà (amicitas**) et le contraire *nemistà, beltà, giulività* gaieté, *legalità, malvagità* méchanceté, *sovranità* souveraineté. Esp. *amistad (amizat* Alx.), *beldad, certanedad, lealdad, malvestad* arch., *parquedad* économie; port. *amizade, asnidade*. Pr. *amistat, beltat, certanedat, escarsedat* économie, *jolivetat, malvestat, meiandat* moitié. Franç. *amitié, beauté, loiauté, souveraineté*; v.franç. *certaineté, escharseté, forceinetet, joliveté, malvaistiet, meinetet* (pr. *meiandat*). Val. *bogętate* richesse, *caducitate, źumętate* moitié, *miśelętate* misère, *molętate, putzinętate* petitesse, *rȩutate* méchanceté. — Remarques. 1) On trouve quelques formes nominatives, comme ital. *tempésta*, fr. *tempête*; ital. *podésta* à côté de *potestà*. — 2) En provençal la voyelle de liaison latine *i*, lorsqu'elle ne tombe pas, est rendue par *e* (*fermetat, falsetat, nescietat*). Le français hésite dans les mots latins entre *i* et *e*, mais il donne la préférence au premier, surtout dans les adjectifs dérivés, comme ceux en *ilis*. La nature de la consonne qui précède n'entre pas ici en ligne de compte. Exemples : *amabilité, facilité, fertilité, mortalité, probabilité*; *fidélité*; *activité*; *célébrité, célérité, maturité, nudité, obscurité, parité, probité, sincérité, simplicité, variété, vérité, vivacité* ; au contraire *fausseté, fermeté, naïveté* (à côté de *nativité*), *propriété, pureté, sûreté, vileté*. Les nouveaux mots populaires préfèrent évidemment l'*e*, ainsi : *ancienneté, honnêteté, légèreté, netteté, saleté, souveraineté* ; au contraire *frivolité, légitimité, nullité, priorité, supériorité*. — 3) Les dérivations de *tat* se produisent de telle manière que la finale *at* ne compte pour rien. Comparez lat. *aetat*, port. *id-oso* (non pas *idad-oso*) ; *caritat*, ital. *carit-evole* (non pas *caritat-evole*) ; *facultat*, it. *facult--oso* ; *majestat*, ital. *maest-evole, -oso*, esp. *majest-uoso, -oso* ; *veritat*, ital. *verit-iero*, franç. *vérit-able* ; *voluntat*, pr. *volont-os* (auquel le lat. *volunt-arius* a bien pu, il est vrai, servir de type). Ce procédé toutefois n'est pas sans exceptions : on dit aussi en ital. *caritat-evole* et de la même manière *caritat-ivo*, de même *cittad-ino*, esp. *verdad-ero* etc.

T-UT (*tus, tutis*) : *juventus, servitus, virtus* ; ital. [TÙ, poét. TUTE] *gioventù, servitù, virtù* ; esp. [TUD] *juventud, servitud, virtud* ; port. [TUDE] *juventude, virtude* ; prov. [TUT] *joventut, vertut* ; franç. [TU] *vertu* ; val. [TUTE] *vertute*. Sur *servitus* on a formé ital. *schiavitù*, esp. *esclavitud* ; cette forme s'est d'ailleurs pétrifiée.

ATIUS, ITIUS, UTIUS. Sur le rapport des suffixes *-tius* et *-ceus* en roman, voy. plus haut p. 290 ; mais il y a encore pour *-tius* des formes spéciales. 1) *Palatium, solatium* ; ital. [AZZO, AGIO] *palazzo palagio, solazzo* ; esp. [ACIO, AZ] *palacio, solaz* ; pr. [AIS, ATZ] *palais, solatz*. 2) *Capillitium, exitium, hospitium, servitium* ; ital. [IZIO, IGIO] *capillizio, esizio, ospizio, servizio servigio* ; esp. [ICIO] *ospicio, servicio* ; prov. [IZI] *ospizi, servizi*. 3) Il y a une terminaison italienne UGIO qui, d'après les lois phoniques, renvoie à *utius* ou *usius*. *Pertugio* est incontestablement identique à *pertusium, indugie* à *indutiae, minuge* à *minutiae* ; il reste à déterminer si l'on doit voir dans *cenerugio-lo* cendré, *grattugia* râpe, *tafferugia* bagarre, le suffixe *tius* ou *sius*.

ITIA : *avaritia, duritia, justitia, laetitia, pigritia, planitia*. Ce suffixe, destiné aux mots abstraits, se présente sous deux formes : l'une avec la voyelle de liaison *i* se tient plus près du latin, l'autre, plus nationale, change, d'après une règle générale, cet *i* en *e*; aussi est-elle préférée dans les mots nouveaux. Les mots cités ci-dessus ont pris en roman les formes suivantes : ital. [EZZA, IZIA, quelquefois IGIA, comp. *-gione* de *-tionem*] *avarezza avarizia, durezza, giustezza giustizia, letizia, pigrezza pigrizia, pianezza*; esp. [EZA, ICIA] *avaricia, dureza, justicia, leticia, pereza (pegricia Alx.), llaneza*; port. [EZA, IÇA, ICIA] *avareza avaricia, dureza, justiça, pereza*; pr. [EZA, ESSA, ICIA, quelquefois ISSA] *avareza avaricia, dureza, justicia, planissa*; fr. [ESSE, ICE] *avarice, justesse justice, paresse*, v.fr. *planece*; val. [EATZE] *blandeatze (blanditia), moleatze (mollitia).* — Il existe une grande quantité de formations nouvelles qui procèdent régulièrement d'adjectifs. Ital. *alterigia, altezza, amarezza, bellezza, contigia* ornement (*compitia**), *cupidezza cupidigia, destrezza, falsezza, franchezza franchigia, grandezza grandizia grandigia, larghezza, lordizia, novellizia, ricchezza, tenerezza*. Esp. *alteza, amarilleza, ancheza, apteza, codicia, delicadeza, franqueza, largueza, nobleza, riqueza*; port. *escureza, cobiça* etc. Pr. *albeza, apteza, avoleza, baudeza, blaveza, boneza, breveza, cobezeza, fadeza, falseza, franqueza, ladeza, largueza, leveza, liureza, molteza (= multitudo), nienteza, nobleza, pleneza, riqueza, velheza*. Franç. [ESSE, ISE] *altesse, bêtise, convoitise, franchise, jeunesse, largesse, marchandise, noblesse, richesse, sécheresse, sottise, tendresse, vieillesse*, v.franç. *cointise* (ital. *contigia*), *craintise, éternise, faintise, grandesce, manantise, vantise* jactance *FC*. II, 219 (verbe *vanter*). Val. *albeatze, betruneatze* âge, *dulceatze, frumseatze* beauté, *tinereatze* jeunesse, *verdeatze*. — Remarque. La forme secondaire ITIES a été introduite aussi, et a même servi de modèle à de nouvelles formations : ital. [IZIE, rare] *calvizie, canizie, mollizie*; esp. [EZ, fréquent, mais presque tombé en désuétude] *altivez, amarillez, ardidez, avarientez, delicadez, dexadez, durez (durities), grandez, larguez, rigidez*; port. [EZ, ICE] *altivez, aridez, bebedice, candidez, doudice, garridice, guapice, languidez, ledice (laetitia), mudez, planice (planities), velhice*; en français il n'est pas possible de distinguer *ities* de *itia*; val. [ETZ] *pleietz (plan.).*

V.

AVUS dans *octavus*, ital. *ottavo*, esp. *octavo, onzavo* etc.; pr. *octau*, voy. plus bas les noms de nombres.— Remarque. Un suffixe non latin très-usité pour tirer des adjectifs de substantifs et de verbes est le valaque *AV* : *gųngav* qui balbutie (*gųngęi*), *grozav* laid, *zilav* humide, *męrcav* fané, *porav* courageux, *tręndav* fainéant (*tręnd* peau épaisse), *scęrnav* sale (*scęrne*), *śiścav* qui murmure (*śiścę* sorcière); il se présente aussi uni à des substantifs, par ex. *pristav* serviteur. Il est sans aucun doute slave, comme ce dernier mot, voy. Dobrowsky p. 322. Il en est de même du suffixe moins répandu *OV*, dans *citov* tout entier, *gęrbov* courbe, *libov* amour, comp. à ce sujet Dobrowsky 322, 286.

IVUS. 1. Adj. *captivus*, *fugitivus*, *nativus*, *vacivus*; lat. de la décad. *attractivus*, *coctivus*, *compensativus*, *complexivus*, *concretivus*, *descriptivus*, *machinativus*, *pressivus*, *spectivus*; ital. [ívo, ío] *cattivo*, *fuggitivo*, *nativo natio*; esp. [ivo, ío] *cautivo*, *fugitivo*, *nativo*, *vacio*; port. *cativo*, *fugidio* etc.; prov. [iu, fém. iva] *caitiu*, *cuchiu* (*coctivus*), *fuidiu*, *nadiu*; franç. [if, fém. ive] *chétif*, *fugitif*, *natif naïf*. — Les formations analogiques sont nombreuses, surtout en français ; elles procèdent soit de verbes, soit de substantifs et d'adjectifs. Voici quelques exemples : Ital. *attentivo* attentif, *giulivo* gai, *pensivo* pensif, *sensitivo* sensible, *restio* rétif, *solatio* exposé au soleil, *stantio* rance, *tardivo* lent. Esp. *attivo* hautain, *baldio* improductif, *bravio* sauvage, *pensativo* pensif, *sombrio* sombre, *tardio*, v.esp. *radio* égaré Bc., *FJ*.; port. *baldio*, *gentio* payen, *macio* souple. Prov. *adiu* disposé à, *adomniu* soumis, *aiziu* agréable, *altiu*, *antiu* honteux, *asprieu* âpre, *auriu* insensé, *caritatiu* compatissant, *celiu* caché, *esforsiu* fort, *humiliu* humble, *juvatiu* secourable, *joli* (pour *joliu*, fém. *joliva*), *ombriu* ombragé, *pensiu*, *talentiu* désireux, *tardiu*. Franç. *appréhensif*, *attentif*, *craintif*, *dormitif*, *fautif*, *hâtif*, *maladif*, *massif*, *oisif*, *pensif*, *plaintif*, *rétif*, *tardif*; il faut remarquer en vieux français *antif* (*antiquus*), *mendif* et *mendiu* Hav. 17 (*mendicus*), *poesteïf*, *talentif* etc. Val. [iu] *alburiu* blanchâtre (lat. *albor*), *betziu* ivre, *brodiu* niais, *cępriu* olivâtre, *dulcïu* douceâtre.

2. On emploie comme substantifs *gingiva*, *lixiva*, *saliva*, *donativum* etc. En roman, à côté de ces exemples latins, il y a encore beaucoup de mots nouveaux. Ainsi ital. *balivo* bailli, *motivo* motif, *espressiva* expression ; de plus des intensifs, tirés de verbes, avec syncope du *v* : *brulichio* bourdonnement, *calpestio* trépignement, *formicolio* fourmillement, *gorgolio* gargouillis,

lavorio travail, *leggio* pupitre, *mormorio* murmure, *polverio* tourbillon de poussière (sans verbe), *susurrio* bourdonnement, *tentennio* tintement. Esp. *bailio*, *falsio* farce (terme de cuisine), *gentio* foule, *motivo*, *poderio* puissance, *rocio* rosée, *dádiva* présent (avec transposition de l'accent), *visiva* intensité de la vue. Pr. *bailiu*, *caliu* incendie, *comtiu* comté, *donatiu*, *estiu* été, *parentiu* parenté, *auriva auria* folie. Franç. *baillif* bailli, *motif*, *invective*, *missive*, *prérogative*.

3. DÉRIVATIONS AVEC UNE CONSONNE DOUBLE.

CC.

Cette consonne double est douteuse, voy. *oc* plus haut p. 287.

LL.

ELLUS, ILLUS. Ce suffixe, en tant que forme diminutive, a pris une grande extension dans les langues modernes, comme dans *agnellus, cultellus, saccellus, fabella, cerebellum, haedillus, lapillus, furcilla, pocillum*, et a supplanté *ulus* dans la plupart des mots : *martulus, nodulus, ramulus, rotula, tectulum, virgula* sont devenus en vieux français, par ex. : *martel, noiel, ramel, roele, toitel, vergele*. Mais la force diminutive, en raison des circonstances mentionnées plus haut, s'est éteinte presque partout, et seule l'addition de nouvelles formes de diminution peut la faire revivre. Ex. 1. Substantifs : *a*) dont la valeur diminutive est éteinte. Ital. [ELLO] *agnello, anello, battello* bateau, *cappello* chapeau, *cervello, coltello, drappello* drapeau, *fratello, martello, sportello, vitello, sorella*. Esp. [ELO, EL, ILLO] *capelo, modelo* modèle, *batel, tropel* troupe, *ciudadela* citadelle, *anillo, caudillo* chef, *cuchillo, martillo, esportillo, astilla*. Port. [ELO, EL, ILO, ILHO, fém. ELA, EA] *capelo, martelo, modelo, anel, gemêo (gemellus); caudilho, cadela* chienne, *astêa, anguia (anguilla)*. Prov. [EL, fém. ELLA] *anel, cervel, drapel, vedel, escudella*. Fr. [EAU, à peine EL, fém. ELLE] *anneau, bateau, cerveau, flambeau, gruau* (pour *grueau*), *passereau, bordel, écuelle, sauterelle*. Val. [EL, fém. EA] *fustel (fusticulus), vetzel (vitellus), pimpinea*. — *b*) Avec une force diminutive plus sensible : ital. *asino asinello, campana campanella*; intercalation d'une *r* dans *osso osserello, sonetto sonetterello, acqua acquerella, cosa coserella, gente genterella, tacca taccherella* etc. Esp. *animal animalillo, asno asnillo*,

alcoba alcobilla, abeja abejilla, bota botilla, fruta frutilla.
Le portugais n'emploie que très-peu cette forme dans ce sens, ainsi p.-ê. dans *ilhéo* de *ilha*. Prov. *ram ramel, prat pradel, benda bendel, campana campanela, fabla fablel, trossa trossel,* mais la diminution proprement dite n'est pas sûre dans tous les cas. Franç. *larron larronneau, pré préau*; surtout pour de jeunes animaux ou végétaux : *chèvre chevreau, renard renardeau, paon paonneau, pigeon pigeonneau, chêne chêneau, orme ormeau* ; avec intercalation d'une *r* : *lapin lapereau, poêle poétereau* (= ital. *poetastro*), arch. *banque banquereau, porte portereau*. Val. *frate frętzel, nepot nepotzel, oraś oręśel, porc purcel, porumb porumbel, taur tęurel, suflet sufletzel, furcę furcea,* [ILE] *roatę rotilę*; avec *r* : *ręu ręurel.*

2. Adjectifs avec *ellus* diminutif : *misellus, novellus, pulchellus, tenellus.* Ces mots gardent aussi dans les dérivations romanes leur sens diminutif : it. *cattivo cattivello* ; esp. *agrio agrillo, cerrado cerradillo* ; v.franç. *fauve fauvel, rouge roviel* ; val. *męrunt męruntzel, rumean rumenel, tinęr tinęrel, putzin putzinel.*

C-ELLUS, C-ILLUS. 1. Subst. *penicillus, aucella aucilla, penicillum.* Le latin faisait peu d'usage de cette forme diminutive ; elle se recommandait au roman parce qu'elle est accentuée et par là moins sujette à perdre sa signification ; de même qu'il a remplacé *ŭlus* par *ellus,* il a remplacé aussi *cŭlus* par *cellus,* comp. *carbunculus, homunculus, leunculus, ponticulus, reticulum, muliercula, vallicula* avec esp. *carboncillo, hombrecillo,* v.franç. *leoncel, poncel,* franç. mod. *réseau,* esp. *mugercilla,* val. *vęlcea*. Exemples. Ital. [CELLO généralement avec la voyelle de liaison *i*] *fante fanticello, letto letticello, orto orticello, vento venticello, acqua acquicella, grotta grotticella, valle vallicella, bancone banconcello, cagione cagioncella* ; avec *z* : *donzella* ; avec *sc* : *ramoscello* (*ramusculus*), avec *g* : *damigello* ; dans des chartes latines : *corticella HPM.* I, n. 48, de l'an 893, *monticellus Ughell.* I, p. 392 de l'an 959 ; dans les *Cas. litt. campicellus, collicellus, flumicellum.* Esp. [CILLO généralement avec la voyelle de liaison *e*] *aire airecillo, hombre hombrecillo, monte montecillo, ave avecilla, muger mugercilla, abejon abejoncillo.* En portugais ZILHO a été absorbé par ZINHO, on dit p. ex. : *homenzinho, avezinha, molherzinha.* Pr. [CEL] peu usité : *joven jovencel* et quelques autres. Fr. [CEAU, sseau] *arbre arbrisseau, lion lionceau*; v.fr. *faon faoncel, pont poncel, rain raincel, val vaucel.* Val. [CEL, fém. CEA] *domn domnicel, frate fręzicel, pat pętucel, vintre vintricel, doamnę domnicea, peatrę petricea, val vęlcea*; et à côté la forme irrégulière *śel,* affaiblie de *cel* : *blid blidiśel, cal cęluśel, miel mieluśel.* — Le sens diminutif n'a disparu que dans un petit nombre de cas : ital. *ugello uccello, donzello, vascello (vasculum), pulcella (pulius)*; prov. *auzel, donzel, vaissel, piucela*; de plus le nom de peuple français *Manceau*.

2. Adjectifs : lat. *rusticus rusticellus*; ital. *grande grandicello, forte forticello*; esp. *ciego cieguecillo*.

ULLUS, forme diminutive rare, à laquelle appartiennent *homullus, lenullus, satullus,* sans doute aussi *culullus* et *caepulla*. Elle ne s'est pas perdue en roman, mais elle s'y présente quelquefois comme simple variation de *ellus*. Les exemples de ce suffixe sont à peu près les suivants. It. *barullo* marchand de fruits (comp. *bar-occo* usure), *citrullo* imbécile (comp. *citriolo* cornichon), *fanciullo* enfant (aussi *fancello*), *matterullo* fou (aussi *-ello*, de *matto*), *ciancerulla* plaisanterie (aussi *-ella*, de *ciancia*), *maciulla* brisoir (comp. *ammaccare* aplatir). Il est fréquent en sicilien, seulement *ll* passe à *dd* : *ciaca ciacudda* caillou, *petra pitrudda, pezzu pizzudda, zappa zappudda* avec une valeur diminutive. En dehors de l'italien *ull* se présente à peine. L'esp. *casulla* est une modification du bas latin *casula*. En valaque on remarque *pęţul* diminutif de *pat* lit.

RR.

ARR, ORR, URR. Ces suffixes de dérivation ne peuvent pas avoir été tirés du latin. Cette langue a bien le mot *saburra*, mais il n'est pas croyable que les formes romanes assez nombreuses en *urra* et *orra* aient leur origine dans ce mot unique. Au contraire ces formes sont toutes trois très-répandues en basque (*a* est l'article): *bizcarra* colline, *ibarra* vallée, *indarra* fort, *legarra* sable, *lizarra* frêne, *Navarra* nom pr., *quedarra* suie, *leorra* sec, *malcorra* rude, *edurra* neige, *egurra* bois etc., voy. W. v. Humboldt, *Untersuchungen* p. 15, Adelung, *Mithrid.* IV, 284. Comme ces suffixes, dans le groupe des langues romanes, se restreignent presque absolument aux langues espagnole et portugaise, il est permis de supposer que nous avons là un élément ibérique. Les mots avec la terminaison *rr* qu'on trouve en dehors de l'Espagne ont été ou bien tirés de là, ou n'ont avec la finale ibérique qu'une analogie fortuite.

ARR, en partie avec un primitif persistant : esp. *bizarro* élégant, *bobarr-on* niais (*bobo*), *panarra* (masc.) lourdaud, *cocharro* vase (*cocha*), *guijarro* caillou, *mocarro* roupie (*moco*), *cigarra* et *chicharra* (de *cicada*), *cimitarra* cimeterre, *gamarra* martingale, *pizarra* ardoise, *zamarra* simarre; port. par ex. *chibarro* jeune bouc (*chibo*), *homemzarr-ão* homme grand (*homem*). Des noms de famille, comme *Galvarro, Pizarro, Lazarra, Mudarra, Segarra* sont fréquents. Prov.mod. (occit.) *poutarro* lèvre épaisse (*pot*), *putarrou* = v.prov. *putanella*. Ital. *bizzarro*, *ramarro* lézard (dialect. *mar*), *tabarro* manteau (franç. *tabard*), *zimarra*.

ORR, *URR* : esp. *babazorro* lourdaud, *chaborra* jeune fille, *picorro* écuyer (*pica*) *Canc. de B.*; *cachorro* petit des animaux (*cacho*), *machorra* brebis stérile (*macho*), *pitorra* bécasse (*pito*); *aldeorro* petit village (*aldea*), *cimorro* campanile, *mazorra* mailloche (*maza*), *camorra* querelle, *modorra* assoupissement, *pachorra* flegme (*pachon*); adj. *cazurro* sournois; port. par ex. *pitorro* toupie, *gangorra* sorte de bateau (*gango*). L'italien connaît ces terminaisons, par ex. dans *camorro* paysan, *camurra* robe de chambre.

SS.

ISSA, suffixe destiné à former le féminin dans le latin de la décadence, comme dans *sacerdotissa, abbatissa, diaconissa, aethiopissa, arabissa, poetissa, prophetissa*, b.lat. *majorissa L. Sal.* etc.; c'est le grec ισσα dans βασίλισσα. Chez les modernes il a pris de l'extension et s'est ajouté aussi à des noms d'animaux (voy. plus haut p. 275). Ital. [ESSA] *dio deessa* (à côté de *dea*), *diavolo diavolessa, conte contessa, poeta poetessa, signore signoressa* (pour *signora*), *fitone fitonessa* et *fiton*issa, *bue buessa, leone leonessa, pavone pavonessa*. Esp. [ESA, ISA] *dios deesa* (pour *diosa*), *diablo diablesa, duque duquesa, juglar juglaresa, poeta poetisa, principe princesa, profeta profetisa*; port. [ESSA, EZA, IZA] *abbadessa, duqueza, poetiza*. Prov. [ESSA] *comte comtessa, senhor senhoressa* (*seniorissa* de l'an 810 *HLang.* I, 35ⁿ), *amaire amaressa, chantaire chantressa, trachor trachoressa*. Fr. [ESSE] *dieu déesse, diable diablesse, prince princesse, âne ânesse*; plus usité en v.fr. *barateresse, charroieresse, felonesse, jangleresse, serviteresse, tableteresse, tenceresse, troveresse, tumberesse*, c'est-à-dire qu'il forme le féminin des masculins en *ere* (lat. *ator*). Val. [ease, aussi ise] *impęrat impęręteasę, źupęn źupęneasę, craiu craisę, baron baronisę.* — Remarque. Un cas singulier est l'emploi italien de essa pour des objets, avec un sens tout-à-fait étranger à celui de la formation du féminin, comme *brachesse* pantalons, *filatessa* file (*filo*); ce sens est surtout péjoratif, comme dans *ancoressa* mauvaise ancre, *liutessa, madrigalessa, sonettessa, pistolessa*, probablement parce que pour beaucoup d'idées personnelles le mot féminin exprime un degré d'aptitude moindre que le masculin : ainsi dans *dottoressa, medichessa, pittoressa, poetessa*.

TT.

ATT, ETT, ITT, OTT. Cet important suffixe roman, que le valaque seul ne connaît pas, n'est pas latin : l'origine en est obscure. Il est dénominatif et produit aussi des verbes. En général il sert à la diminution. Quelques traces dans le latin du moyen âge témoignent de sa haute ancienneté. *L. Sal. emend.* tit. 5 : *si quis* capritum *sive capram furatus fuerit*; *capritus* est l'ital. *capretto*, l'esp. *cabrito*, le prov. *cabrit*, le franç. *cabri*, et dans les deux dernières langues il a même préservé son *i* du changement en *e* qui est la règle générale. Une charte franque de l'an 542 a *birreto* (allem. *birro*) *auriculari* Bréq. p. 37º, ital. *berretta*. Un évêque espagnol, vers 589, se nommait *Lupatus*, nom qui ne peut être que l'esp. *lobato*, lequel, pour le sens, répond au goth. *vulfila*. On lit dans les gloses d'Isidore : *pililudius qui* pilotello *ludit*, c'est évidemment l'esp. *pel-ot-illa* de *pel-ota*. Voici quelques exemples postérieurs : *villares duos, unum Tuda et alium* Tudeta de l'an 806 *HLang*. I, p. 33ᵘ ; *in Moroza seu in* Morozeta de l'an 981 *HPM*. I, n. 151; *Baleares, quas nunc vulgo* Majoretas *et* Minoretas *vocant* (xiᵉ siècle) *Esp. sagr*. VII, 305. D'après ces exemples la forme originaire serait *t* et non *tt*; mais comme l'italien et le français, qui ne redoublent jamais le *t* latin dans les dérivations, ont cependant appliqué en ce cas la forme *tt* (le *t* simple de l'espagnol ou du provençal n'a que peu d'importance, pouvant être le résultat d'une simplification), c'est cette dernière qui doit être regardée comme la forme proprement romane : elle a pour raison d'être la brièveté de la voyelle précédente. Cette brièveté est prouvée au moins pour la finale *it* par son identité avec *et*. Maintenant, comme le latin ne fournit pas cette forme de dérivation, car on ne peut certainement pas avoir recours ici à *ātus*, *ĭtus*, *ūtus*, il faut en chercher l'origine dans une langue familière au domaine roman. Certains dialectes celtiques ont à la vérité des terminaisons analogues, mais pour l'idée elles ne répondent en aucune façon à notre dérivation. J. Grimm, III, 703, a déjà comparé à cette dernière un suffixe diminutif v.h.all. *z* (d'abord *t*) dans des noms propres, comme *Chuonzo, Thiozo*; il n'est pas sûr que ces deux suffixes soient identiques, mais la dérivation de l'allemand semble être appuyée par le fait que les deux autres suffixes qui ont passé de cette langue au roman, *ald* et *ard*, ont aussi été primitivement affectés à des noms de personnes, puis se sont attachés à des noms communs, et cet emploi n'est même pas inconnu au troisième suffixe de ce genre (*ling*). Des terminaisons semblables, que les habitants des provinces de l'empire entendaient tous les jours et qu'ils avaient eux-mêmes à la bouche, pouvaient bien susciter des imitations; peut-être aussi qu'à l'origine le *t* n'a servi en roman qu'à la diminution des noms propres. La variation causée par les voyelles *a*, *e*, *i*, *o* vient même à l'appui de cette explication, car la diminution allemande ne prescrivait l'application d'aucune voyelle. Pott (*Personennamen* p. 189) a récemment proposé une autre explication par les suffixes également allemands *aht*, *iht*, *oht* (dans Grimm II, 379) qui présentent précisément la même variation que les formes romanes, et en fait *ht* passe bien en italien et en français à *tt*, en espagnol et en provençal à *t* (t. I, p. 299). Ainsi cette origine est admissible quant à la forme; mais pour le sens les deux suffixes ne s'accordent point, car *ht* répond en allemand au lat. *osus* : v.h.all. *chrapfaht* (*uncinosus*), *steinoht* (*petrosus*), angl.sax. *thorniht* (*spinosus*). On aurait droit de s'étonner de voir le roman employer de si bonne heure à former des substantifs des suffixes qui ne sont usités en allemand que pour des adjectifs.

ATT désigne surtout la provenance dans tous les sens du mot; il n'est que rarement employé : ital. [ATTO] *cicatto* mendiant aveugle (*cieco*), *bigatto* ver (pour *bombigatto*), *buratto* blutoir, *lobatto* lobe du poumon (*lobo*), *scojatt-olo* écureuil (*sciurus*), *usatto* botte (*uosa*), *ciabatta* savatte, *culatta* crosse (*culo*), *pignatta* pot; dim. *uomo uom-icci-atto*; ils désignent surtout ce qui est jeune : *cerbio cerbiatto, lepre lepratto, lupo lupatto, orso orsatto*. Esp. [ATO, ATE] *avenate* boisson d'eau d'avoine, *uvate* raisiné, *horcate* collier fourchu; dimin. *cervo cervato, chibo chibato, liebre lebrato, lobo lobato, mulo mulato*; adj. *nuevo novato*. Pr. [AT] par ex. *cerf cer-*

riat, *colom colombat*, *corp corpat-on*, *ironda irundat*, *leo leonat*, *lop lobat*, *mois moissat-ó* GRoss., *passer passerat*. Franç. [AT] *goujat*, *verrat*, *fourcat* (esp. *horcate*); dimin. (arch.) *aigle aiglat*, *loup louvat*, *vile vilate* SB. 550ᵘ, auj. *villette*. D'autres mots français, comme *cedrat*, *mielat*, *opiat* (ital. *cedrato*, *melato*, *oppiato*, non pas *cedratto*, *melatto*, *oppiatto*), sont des noms participiaux.

ETT (*itt*) sert en général à la diminution, qui toutefois est éteinte dans certains mots. 1. Subst. Ital. [ETTO] *animale animaletto*, *muro muretto*, *parola paroletta* ; sans diminution : *corpetto* gilet, *farsetto* veste, *lucchetto* cadenas, *moschetto* mousquet, *sonetto*, *berretta* bonnet. Esp. [ITO, ETO, ETE] *lobo lobito*, *perro perrito*, *mulo muleto*, *arca arqueta*, *camara camareta*, *alfange alfangete*, *baile bailete* ; avec ç : *aguijon aguijoncito*, *muger mugercita* ; sans diminution : *almete* armet, *birrete*, *copete* toupet, *mosquete*, *carreta* charrette, *coleto* collet, *corbeta* corvette (de *corbita*), *trompeta*. Port. [ITO, ETO, ETE] *filha filhita*, *elmo elmete*, *rapaz rapazete*, *graça graceta* ; *anete* anneau, *faceta* facette. Prov. [ET] *afar afaret*, *boc boquet*, *nau naveta*, *tosa toseta* ; sans valeur diminutive : *vaslet* (de *vassal*), *lauzeta* alouette etc. Franç. [ET] *coq cochet*, *cane canette*, *poule poulette* (tous désignent ce qui est jeune), *sac sachet*, *maison maisonnette*, en anc.fr. ce suffixe est volontiers uni à *el* : *enfant enfantelet*, *home homelet*, *mors morcelet*, *nef nacelet*, *sac saquelet* etc. ; forme du féminin (p. 276) : *Louis Louisette*, *lévrier levrette* ; sans diminution : *bouquet*, *juillet*, *loquet*, *navet*, *sommet*, *valet* (pr. *vaslet*), *alouette* (pr. *lauzeta*), *corvette*, *belette*, *navette*. Dans quelques cas isolés on trouve *ett* appliqué aussi à des radicaux de verbes, du moins le primitif nominal fait défaut : ainsi dans *foret* (verbe *forer*), *allumette* (*allumer*), *mouchette* (*moucher*), *sornette*.

2. Les adjectifs en *ett* sont également diminutifs. Ital. *agro agretto* aigrelet, *basso bassetto*, *snello snelletto*. Esp. *agrio agrete* aigrelet, *amarillo amarillito*, *bueno bonito*, avec ç : *ciego cieguecito* ; port. *bom bonito*, *molle mollete*. Prov. *avole aület*, *gens gentet*, *ginhos ginhoset*, *las lasset*, *nut nudet*. Fr. *brun brunet*, *doux doucet*, *jeune jeunet*, *mou mollet*, v.fr. *net nettelet*, *petit petitet*, *soef soavet* et beaucoup d'autres.

OTT exprime une dégénérescence du primitif, surtout en ce qui concerne la grandeur et la qualité, ou bien aussi simplement une appartenance ; mais les langues ne concordent pas dans l'emploi de ce suffixe. Cette détermination précise de l'idée n'est plus, il est vrai, applicable aux dérivés qui ont perdu leur primitif.

1. Subst. It. [OTTO] *arlotto* parasite, *galeotto* galérien (*galea*), *bardotto* cheval de selle (*barda*), *cappotto* capote (*cappa*), *fagotto* fagot, *giavelotto* javelot, *margotta* marcotte (*mergus*), *pillotta* balle; augment. *braccio bracciotto* fort bras, *vecchio vecchiotto* beau vieillard, *borsa borsotto* assez grande bourse, *casa casotta, lancia lanciotta* ; dim. *pane pagnotta, principe principotto, bambino bamberott-olo, nano nancrott-olo* ; sens diminutif appliqué à l'âge : *aguila aguilotto, fagiano fagianotto, passero passerotto*. Esp. [OTE] *arlote, capote, galeote, guillote* vagabond, *garrote* gourdin, *quixote* cuissart, *bellota* gland, *gaviota* mouette, *mayota* fraise, *pelota* ; augm. *angelo angelote, caballero caballerote, picaro picarote, barca barcote* ; dimin. *amigo amigote, hidalgo hidalgote, camara camarote*. Pr. [OT] *galiot, avalot* écroulement *LR.*, *enflabot* torche, *estribot* sorte de poésie, *pilot* dard etc.; ce suffixe est surtout usité en provençal moderne : dimin. *amic amigot*, peut-être *ausberc ausbergot*, *borra borrot*. Franç. [OT] *abricot, bardot, billot, brûlot, cachot, cuissot, escargot, halot, javelot, mulot, pouliot* (*pulegium*), fém. [OTTE, OTE] *capote, culotte, linote, marcotte, pelote* ; dimin. *fièvre fièvrotte, île îlot*, surtout dans des noms de baptême, comme *Charles Charlot, Jacques Jacquot, Marguerite Margot* (euphonique pour *Margrot*). La popularité de cette forme particulièrement répandue en français est prouvée aussi par beaucoup de noms de famille, comme *Abbot, Amelot, Bachot, Barot, Berthelot, Bourdot, Brissot, Chifflot, Clicquot, Cousinot, Estiennot, Frérot, Gallot, Ganot, Gillot, Guiot, Jaillot, Marlot, Mariot, Marot, Melot, Millot, Michelot, Midot, Morisot, Mourot, Oudinot, Palissot, Perrot, Petitot, Richardot, Saintot, Soufflot, Vrillot.*

2. Adjectifs. Ital. dimin. : *bruno brunotto* brunet, *duro durotto* assez dur, *grande grandotto, grosso grossotto*. Esp. augment. : *grande grandote, viejo viejote*. Franç. dimin. *beau bellot, brun brunot, vieux vieillot.*

4. DÉRIVATIONS AVEC UN GROUPE DE CONSONNES.

GN.

IGNUS : *benignus, malignus, larignus, salignus* ; ital.

benigno, maligno; esp. *benigno* (*benino* arch.), *maligno*; pr. *benigne, maligne*; franç. *bénin, malin* (fém. *igne*). — Les mots nouveaux se tiennent à l'idée d'origine ou de ressemblance, mais ils ne sont en partie que de simples modifications de *inus* qu'on semble avoir transformé en *ineus* (de là *igno*). It. [IGNO] *alpigno* (lat. *alpinus*), *asprigno* aigrelet, *caprigno* (*caprinus*), *ferrigno* ferrugineux, *gialligno* jaunâtre, *lupigno* (*lupinus*), *rossigno* rougeâtre, *sterpigno* couvert de broussailles, *terrigno* composé de terre, *verdigno* verdâtre, *volpigno* (*vulpinus*). Esp. [EÑO] *agraceño* de verjus (*agraz*), *aguileño* (*aquilinus*), *alcornoqueño* de liége, aussi *lampiño* imberbe? *borriqueño* qui appartient à l'âne, *cañameño* (*cannabignus**), *halagueño* caressant, *isleño* insulaire, *pequeño* petit, *zahareño* farouche; noms de peuples : *brasileño, burgueño, cubeño, estremeño, madrileño*. Pg. [ENHO] plus rare : *canhenho* gauche (*canho*), *ferrenho* couleur de fer, *pequeno* pour *pequenho*. En provençal c'est *enc* qui représente *ignus*, voy. plus bas *inquus*.

Subst. Ital. *patrigno* beau-père, *gramigno* sorte d'olivier, *macigno* sorte de pierre. Esp. *armiño* hermine, *barreño* vase en terre, *esparteña* espadrille, *campiña* guéret, *rapiña* (*rapina*); port. *azinho* chêne vert ; *ño* a d'ailleurs une action diminutive : *corpiño* corset, *coriña* tendresse, *louvaminha* flatterie.

LD.

ALD. Des noms propres allemands, tels que *Ans-wald*, *Grim--wald*, se présentent comme composés avec *wald* (de *walten*), suffixe qui a été rendu en latin par *oaldus* (*Ansoaldus, Grimoaldus*). De même aussi en italien *Beroaldo, Gesualdo*. Un sentiment d'aversion pour la diphthongue a ensuite simplifié *oald* en *ald* (comme *cornua, batualia* en *corna, battaglia*), et une foule de noms de familles romans ont maintenu ce moyen de dérivation, soit avec des radicaux allemands, soit avec des radicaux latins. Ex. : it. *Ansaldo, Antaldo, Attaldo, Baruffaldo, Bonaldo, Feraldo, Geraldo, Grapaldo, Grimaldo, Maraldo, Monald-esco, Tealdo*, même *Anibaldo* pour *Annibale* (dans Dino Compagni) ; esp. *Lasalde, Recalde* ; franç. *Aillaud, Andrault, Arthaud, Ayrauld, Barrault, Bellaud, Bonald, Bonaud, Brossaud, Brunault, Clairaut, Darnait, Dandault, Ferrault, Féraud, Garsault, Gouault, Guénégaud, Guinaud, Hunauld, Hurault, Hurtaui, Machault*,

Margaud, Mervault, Michault, Mizauld, Nadaud, Nadault, Peyraud, Pinault, Regnault, Rigault, Rohauld, Trigault. A *wald* s'ajoute déjà en ancien allemand la forme secondaire *old* : *Gerold, Reinold* = *Gerwald, Reinwald* (Grimm II, 333. 334); de là aussi ital. *Airoldo, Castoldo, Faroldo, Gazoldo, Riboldo* ; fr. *Farold, Machout, S. Cloud* (*S. Clodoaldus*), tous noms de personnes. Les noms communs sont très-rares en allemand (m.h.allem. *diebolt, roubolt*); en roman où ils se montrent plus fréquents ils sont généralement construits avec des éléments allemands (verbes et substantifs), et l'on peut même croire que ce sont des Allemands qui les ont formés. Ils désignent surtout des personnes, aussi des animaux, et à la plupart d'entre eux est attachée une mauvaise signification ; quelques-uns se laissent employer comme adjectifs. Ital. [ALDO] *araldo* héraut, *mondualdo* tuteur (v.h.allem. *muntwalt*), *ribaldo* coquin, *spavaldo* effronté, *iruffald-ino* bouffon, *briffalda* prostituée ; *cortaldo* courtaud, *rubalda* heaume. En esp. *heraldo* est peut-être le seul exemple. Prov. [AUT] *araut, barrufaut* brocanteur, *pipaut* joueur de flûte, *ribaut, ricaut* fier; *crapaut* ; en outre *gambaut* pas. Franç. [AUD, AUT] *badaud, clabaud, héraut, nigaud, ribaud, richaud ; crapaud, levraut, pataut* ; le vieux francais en possède un bien plus grand nombre : ainsi *brifaud* débauché, *chipault* en haillons, *guinaud* fou, *marpaud* fripon, *sapaud* (sage? voy. Grimm, *Myth*. I, 238).

NC (nq).

INQUUS dans *longinquus, propinquus*. Ce suffixe réclame notre attention parce qu'en provençal un nombre important de dérivations nouvelles s'y rattachent au moins extérieurement : *airenc*, fém. *airenca* concorde exactement avec *probenc, probenca* (*propinq*.). Elles expriment généralement la matière ou la couleur et remplacent exactement le latin *eus* que le provençal n'a pas pu bien plier à ses lois dialectales. Il est remarquable que ces dérivations ne se trouvent presque que chez les prosateurs, surtout dans l'*Elucidari* ; les poètes disent plus volontiers *d'aur* que *aurienc* ou *dure* (*-us*). Ex. 1) Dérivés de substantifs : *aerenc* ou *airenc* (*aëreus*), *albuginenc* (*albugineus*), *astenc* (*hastilis*) GO., *aurienc* (*aureus*) ibid., *cerulenc* (*caeruleus*), *cornenc* (*corneus*), *domanienc* (*dominicus*) GO., *ferrenc* (*ferreus*), *foguenc* (*igneus*), *laitenc* (*lacteus*), *montanhenc* (*montanus*), *pinenc* (*pineus*), *verienc* (*vitreus*), *virginenc* (*virgineus*). 2) Dérivés d'adjectifs (avec une action diminutive) *albenc* (*albineus*), *blavenc*, *falbenc*, *livenc*, *rogenc*, de plus *unenc unenca* uni LRom. (qui ne concorde sans doute que par hasard avec l'anc.all. *eininc*). 3) Substantifs de cette terminaison (aussi chez les poètes) : *fadenc* folie, *gonenc* lamentation, *palenc* palissade, *playssadenc* id., *pastenc* pâturage, *vilhenc* vieillesse. Dans *G. de Ross.* on trouve *ausberc doblenc* (ordinairement *doblier*), *chaval braidenc* (*braidiu*) et beaucoup d'autres de ces mots à la rime, voy. p. 94. 25. 47 éd. Hofm. Le présent suffixe se distingue avec beaucoup de précision de -*ignus* par le *c* qui persiste au féminin, tandis que *igna* donnerait *nh* ; néanmoins comme dans leur application ces deux suffixes concordent (*albenc* = ital. *albigno*, *ferrenc* = *ferrigno*), un durcissement de la forme appropriée au féminin *nh* ou *ng*, sous l'influence de la forme régulière masculine *nc*, ne serait pas absolument impossible, mais cela n'est pas confirmé par des exemples correspondants. — En catalan *enc*, fém. *enca* s'est conservé intact, ainsi dans *agostenc*, *aguilenc* (esp. *aguileño*), *blavenc*, *estivenc*, *famolenc* (*famelicus*), *vernenc*. Subst. *albenc* aubier. Pr.mod. *darieiren* tard, *permieiren* de bonne heure, fém. -*enco*. Vaudois : *Isrelitienc*, *aurienc*, *foguienc*, *polprienc* (*purpureus*), *spinienc* (*spineus*) ; ainsi partout *ienc* pour *enc*[1].

ND.

ANDUS, ENDUS, participes restés dans les langues nouvelles avec la qualité d'adjectifs : it. *adorando, ammirando* etc. — Dans les substantifs l'idée de but à atteindre est en général encore clairement représentée : it. *bevanda* boisson (ce qui doit être bu), *chiudenda* clôture, *faccenda* affaire, *girand-ola* girandole, *iavanda* lavage (lat. *lavand-aria* pour *lavacrum*), *leggenda* légende, *offerenda* offre, *prebenda* prébende, *vivanda* mets (ce qui est destiné à la vie) ; *bevanda* et *vivanda* sont redevables de leur *a* à une influence française. Esp. *bebienda*, *hacienda* (= ital. *facc.*), *lavand-ero*, *leyenda*, *molienda*

---

[1]. Il existe encore une finale, rare il est vrai, *ANC*, qui dans les cas suivants répond à peu près au suffixe *aster* : ital. *lavanco* canard sauvage, *pollanca* dindonneau (*pollo*); esp. *ojanco* cyclope (*ojo*), *potranca* pouliche (*potro*), *tabanco* boucherie ambulante (pour *tablanco* de *tabla* étal de boucher?); pr.mod. *favanco* sorte de fève (*favo*); cat. *pollanca* peuplier noir (*populus*). Autres exemples : ital. *calanca* cale (*cala*), esp. *barranca* ravin.

blé à moudre, *ofrenda, tremenda* effroi ; port. *facenda, lenda, moenda, ofrenda.* Pr. *bevanda, fazenda, liuranda* livraison, *prevenda, rezenda* redevance (*reddenda*), *rozenda* envie de manger (*rodenda*), *vivanda.* Franç. *buvande* arch., *girande, jurande, lavand-ière, légende, offrande, prébende, provende* (*providenda*), *réprimande, viande.* Val. *dobyndę* butin (*debenda* ? la part due à chacun). Ce suffixe indique surtout un local, dont la destination est exprimée par le thème : ital. *filanda* l'endroit où l'on file (de là *filandaja*, esp. *hilandera*, franç. *filandière*), *locanda* chambre à louer ; esp. *vivienda* demeure (endroit où l'on vit) ; prov. *miranda* garde ; le prov. *talhandier*, franç. *taillandier* semble aussi renvoyer à un mot hypothétique *talhanda* (lieu où l'on coupe).— Quelques-uns de ces mots ont été tirés de verbes ou de substantifs étrangers : ainsi ital. *ghirlanda* guirlande, *vicenda* échange, esp. *baranda* garde-fou, *farand-ula* troupe de comédiens ambulants.

UNDUS dans *oriundus, jocundus, facundus, fecundus, secundus, iracundus, gaudebundus, gemibundus, plorabundus* ; lat. de la décad. *conabundus, consolabundus, fumigabundus* plein de fumée, *gemebundus, lapsabundus*, b.lat. *cadabundus, sitibundus* ; ital. [ONDO] *giocondo, iracondo* etc.; esp. [UNDO] *facundo, fecundo* ; pr. [ON] *jauzion* (*gaud.*), *ploriunt* voy. *GO.*; fr. [OND] *vagabond.* — Il existe peu de nouvelles formations avec le suffixe simple *undus.* Esp. [ONDO] *hediondo* fétide (*foetebundus**), *sabiondo* faux savant; les dérivés de substantifs expriment une envie : *cachonda, torionda, verriondo*, qui se disent de la chienne, de la vache et du verrat en chaleur ; sans doute aussi *morondo* tondu, voy. mon *Dict. étym.*, comp. encore *lirondo* pur, *orondo* vain. Prov. *desiron* désireux (*desirar*), *fadion* trompé, désappointé (*fadiar*), *sazion* rassasié (*saziar*), *volon* qui désire (ne s'unit presque qu'avec le subst. *cor*). Le français ne possède aucune formation de ce genre.

NG.

ING, L-ING, dérivation allemande, avec le sens de l'origine et de la parenté, qui persiste encore en roman dans beaucoup de mots originairement allemands : *adaling*, prov. *adelenc* ; *chamarling*, ital. *camarlingo*, esp. *camarlengo*, v.fr. *chambrelenc*, fr.mod. *chambellan* ; *Lodaring*, ital. *Loderingo* nom de famille, pr. *Loairenc*, fr. *Lorrain* ; *sturiling* (*tiro*), prov. *esturlenc GO.* 4ᵇ; *Vlaeming*, ital. *Fiammingo*, esp. *Flamenco*, pr. *Flamenc*, fr. *Flamand*; *vrisking* marcassin, v.fr. *fraissengue*; pour d'autres noms communs, voy. t. I, p. 296. — Beaucoup de mots nouvellement formés, des substantifs et des adjectifs, prennent aussi cette forme. Ital. *maggioringo* le supérieur, *minoringo* l'inférieur, *casalingo* de la maison, *guardingo* circonspect, *ramingo* errant, *solingo* solitaire; noms de familles : *Ardingh-ello, Folengo, Martinengo, Castrengo*; noms de lieux tirés de chartes : *in villa Gating et in Cianingo et in Justingo HPM.* I, n. 69, *Munesingo, Audolingo; Avaringo* ibid. n. 88, *Tornengo* ibid. n. 1. *fundo Redingo* 149, *loco Carpadengo* 151, *fundo Scri. lengo* 162, *cum Salingo Ughell.* III, 30¹. C'est sans doute à c. te classe qu'il faut rapporter aussi les adjectifs milanais de la minaison *engh*, fém. *enga*, comme *brunengh* brunâtre, *invernegh* d'hiver, *maggengh, marzengh* qui concerne le mois de mai ou de mars. Esp. *abadengo* abbatial, *frailengo* monacal, *realengo* royal, *abolengo* descendance (*abuelo*); *marengo* ou ur de la mer; port. *solarengo* vassal (*solar* fonds, sol), *mo herengo* efféminé. En provençal *ing* est difficile à distinguer de *nc* (voy. plus haut); cependant des noms de famille, tels que *ausenc* B. 53, *Mironenc GA.* v. 1221, semblent avoir le premier suffixe. Des exemples du vieux français sont : *reelenc* (esp. *real.*), *meytadenc* sorte de mesure, *Peyronnenc* nom de famille et beaucoup d'autres. L'italien *solingo* concorde tout-à-fait avec le v.h.all. *eininc, maggioringo* et *minoringo* avec *edilinc* et *arminc*. Ce sont les noms de famille qui soulèvent le moins de doutes. — On trouve aussi quelques féminins de cette terminaison. V.fr. *costenge* dépense, de m. *laidenge* vexation ; prov. *lauzenga*, v.fr. *losenge*, ital. *lusinga* flatteries (de *laus*); fr. *vidange*. Pourtant la présence dans ces exemples du suffixe allemand n'est pas sûre : *laidenge* par ex. pourrait avoir été formé sur *blastenge* (*blasphemia*), de même qu'en provençal *blastenh* vient se placer à côté de *laidenha*. Le fr. *mélange*, prov. *mesclanha*, s'explique sans doute mieux par *miscellanea*, car le provençal *anh* ne se prête pas à la dérivation de l'allemand *ing*.

---

1. Steub a dernièrement réuni, dans son ouvrage : *Herbsttage in Tirol* p. 142. 258, une foule de noms de lieux de la Haute-Italie qui présentent ce caractère.

NS.

ENSIS adj., désigne la descendance ou le séjour : *algensis, forensis, lutensis, nemorensis, hortensis, portuensis*; *atheniensis, carthaginiensis, narbonensis, rhodensis*. En roman cette forme est restée active, mais plutôt pour former des noms de peuples que des noms communs. En italien elle sert aux deux genres, les autres langues ont donné au féminin sa terminaison usuelle. Exemples de mots, pour la plupart nouveaux, parmi lesquels quelques-uns sont employés comme substantifs. It. [ESE] *cortese* courtois, *palese* manifeste, *borghese* bourgeois, *forese* paysan, *laudese* louangeur, *marchese* marquis (fém. *esa*), *santese* sacristain, *arnese* bagages, *maggese* jachère, *marese* marais, *paese* pays (*pagensis**), *pavese* bouclier; *ateniese, bavarese, bolognese, calabrese, ferrarese, francese, inglese, milanese, pugliese, senese*; ENSE dans *bremense, comense, estense* etc. Esp. [ES] *cortes* (invariable), *montes* sauvage, *burges, marques, pages* paysan (*pagensis*) Rz., *paves*, avec i : *païs*; *aragones, cordoves, frances, ingles, leones, portugues*; ENSE dans *ateniense, cartaginense, ostiense* etc. Port. [EZ, IZ] *camponez* champêtre, *burguez, pavez, paiz*; *avinhonez, dinamarquez, escocez, francez, inglez, portuguez*. Pr. [ES] *cortes, leones* de lion *GA*. 2918, *pales, borges*; *marques, pages*; *arnes, mares, paes, sirventes* chanson; *agades, albiges, aragones, bederres, campanes, carcasses, frances, genoes, perses* IV, 132, *polhes, ties* (*theotisc.*). A cela s'ajoutent encore des abstraits, comme *fades* niaiserie, *foles* folie, *nescies* ignorance, *omenes* hommage, *vilanes* grossièreté. Fr. [IS, OIS, AIS] *marquis, pays* (anc. *païs*); *bourgeois, courtois, matois, sournois, putois* débauché *Ren*. I, 95, *harnois* (prononcez *harnais*), *pavois* (pr. *paves*); *albigeois, bavarois, carthaginois, danois, gaulois, génois, hongrois, modénois, suédois*, v.fr. aussi *espanois, grezois, sarracinois, tiois*; *anglais, bédarrais, bordelais, carcassais, français, lyonnais, orléanais, portugais*; abstraits du vieux français et du français moderne : *clerquois* langue savante, *guingois, moquois, patois, piois* gazouillement. Val. *angles, holandes* etc., probablement tirés de l'italien. — Remarques.
1) Dans quelques cas *ensis* a pris la place de *iscus* : ainsi dans *francese, frances, français* ou dans *ties, tiois*, tandis que le bas latin ne semble connaître que *franciscus, theotiscus* et non *franciensis* ni même *theotensis*. La preuve que le franç.

ois ou *ais* a également sa source dans *ens* et non dans *isc* est donnée par les formes du féminin *matoise*, *française*, qui autrement devraient être *matoîche*, *françaîche* (comp. *fraîche*). — 2) Le provençal *es* dans les abstraits se rencontre avec *esc*, comp. *omnesc* à côté de *omenes*, *vilanesca* à côté de *vilanes*, aussi *sirventesc* à côté de *sirventes*. — 3) Divers noms de peuples de ce suffixe, et d'abord ceux qui sont dérivés de noms de villes, peuvent aussi s'employer comme noms de pays, par ex. ital. *il Genovese*, esp. *el Milanes*, prov. *lo Tortones*, fr. *le Lyonnais*. Le même fait se produit pour d'autres suffixes.

'NT.

ENTUS dans *cruentus*, *silentus*; ital. esp. *cruento*, prov. *cruent*, v.fr. *cruente*. Des mots formés avec *ent*, dérivés de substantifs, sont assez nombreux dans quelques domaines et ont en partie supplanté le latin *lentus*. La langue littéraire italienne ne fait aucun usage de ce suffixe; il n'en est pas de même de quelques dialectes. En milanais cette finale est très-fréquente : *bauscent* baveux, *sbrojent* bouillant, *pendolent* pendant, *piansgiorent* pleurant, *rampinent* crochu, *rusgenent* rouillé. Dans une partie du nord de la Lombardie ce suffixe a une action superlative et répond absolument à *issimo* : *bonento* = *buonissimo* voy. Monti *Voc. com.* s. v. *assinento*, Biondelli, *Sagg. sui dial. gall. ital.* p. 58. IENTO est très-usité au sud-ouest : *avariento* avaricieux, *calenturiento* fiévreux, *cazcarriento* crotté, *ceniciento* cendré, *hambriento* affamé, *sangriento* = *sanguinolentus* (*sanguinentus Esp. sagr.* XXXVIII, 278, de l'an 992), *sediento* altéré (*sederento Alx.*); arch. *carboniento* sombre *Alx.*, Bc., *doloriento* douloureux *Alx.*, *polvoriento* = *pulverulentus* ibid., *sudoriento* trempé de sueur ibid. port. [ENTO] *avarento*, *bagulhento* cossu, *barrento* argileux, *bolorento* moisi, *choquento* sale, *faminto* affamé, *farelento* plein de son (*farelo*), *fastiento* fastidieux, *ferrugento* rouillé, *fedorento* qui sent mauvais, *sanguento*, *vidrento* de verre, fragile. Prov. *ferrien*, fém. *-enta GO.*, *saboren* et quelques autres.

L-ENTUS : *faeculentus, sanguinolentus, somnolentus, vinolentus, violentus*; la plupart de ces mots sont aussi romans, ainsi ital. *sonnolento*, esp. *feculento*, prov. *sanglen*, GRoss., *vinolen*, franç. [ENT, ANT] *sanglant, violent*. C'est à peine si l'on rencontre quelques formations nouvelles : ital. *famulento*,

DÉRIVATION. NOM. NT : M-ENTUM, ANT, ENT.   353

prov. *famolen*, v.fr. *famolent*, val., d'après Mussafia et Cihac, *flęmṳnd* (= *famelicus*); ital. *puzzolento*, v.franç. *pullent*, aussi *pudlent TCant*. app. p. 5 (= *putidus*); esp. *friolento* (= *frigidus*); pr. *suzolen* (= *sucidus*); si on voulait remettre ces mots en latin on aurait *putidolentus*, *frigidolentus*, *sucidolentus*.

M-ENTUM : *alimentum*, *delectamentum*, *fragmentum*, *frumentum*, *monumentum*, *nutrimentum* ; de là it. [MENTO] *alimento* etc.; esp. [MIENTO, MENTO] *alimento*, *deleitamiento* ; port. [MENTO] *fragmento* ; prov. [MEN] *fromen*, *monumen* ; franç. [MENT] *froment*, *monument* ; val [MṲNT] *acoperemṳnt* (*cooperimentum*), *żuręmṳnt* (*juram*.), *legęmṳnt* (*ligam*.), *pęmṳnt* (*pavim*.). En latin archaïque -*men* était plus usité que -*mentum*, mais celui-ci a pris toujours plus d'extension ; dans les derniers temps on a fait des mots comme *juramentum*, *regimentum*, et le grammairien Virgile, qu'on place au VIe siècle (Mai, *Auct. class.* t.V), emploie *cantamentum cogitamentum*, *declinamentum*, *observamentum*. En roman. cette forme est un instrument puissant de dérivation ; elle s'unit au radical du verbe avec l'aide de la voyelle de dérivation *a* ou *i* (franç. *e*, *i*) et exprime, de même que l'allemand -*ung*, une action ou un état, rarement une idée concrète. Voici quelques exemples : Ital. *andamento* allure, *cambiamento* changement, *cominciamento* commencement, *conoscimento* connaissance, *giudicamento* jugement, *guarnimento* garniture, *parlamento* conférence, *portamento* maintien, *sentimento* sentiment, *tradimento* trahison, *udimento* ouïe. Esp. *abaxamiento* abaissement, *andamiento*, *comenzamiento*, *fallamiento* trouvaille, *parlamento*, *seguimiento* suite, *sufrimiento* patience ; dans ce nombre quelques-uns sont archaïques. Prov. *abrivamen* fougue, *acabamen* achèvement, *anamen*, *auzimen*, *causimen* choix, *comensamen*, *escarnimen* moquerie, *estamen* état, *formimen* exécution, *garnimen*, *jutjamen*, *venjamen* vengeance. Fr. *achèvement*, *battement*, *commencement*, *connaissement*, *jugement*, *parlement*, *sentiment*, *adoucissement*, *bannissement* etc. Val. *apęręmṳnt* protection, *cęzęmṳnt* chute, *crezemṳnt* croyance, *lęrgęmṳnt* largeur.

ANT, ENT (nom. *ans*, *ens*), participe présent éteint presque partout comme tel, mais persistant encore comme adjectif (ital. esp. -NTE, pr. AN, EN, fr. ANT et même AND) ; en valaque seulement il ne paraît y avoir, même dans cette dernière fonction, qu'un exemple : *ferbinte* (*fervens*). Dans quelques langues l'adjectif se distingue du participe aussi par la forme, cf. en français les adj. *puissant, savant, vaillant* et les part. *pouvant, sachant, valant*. Pour quelques-uns des exemples qui suivent on ne trouve pas de verbe correspondant. 1) Adjectifs et substantifs personnels : ital. *brigante*, esp. *bergante*, franç. *brigand* ; prov. *ferran*, v.fr. *ferrant* grisâtre ; ital. *frescante* peintre à fresque ; franç. *friand* ; ital. *galante*, esp. *galan*, fr. *galant* ; pr. *guiren*, fr. *garant* ; pr. *manen*, v.fr. *manant* riche ; ital. esp. *mercante*, fr. *marchand* ; fr. *méchant* (v.fr. *mes-cheant* de *mes-cheoir* mal tomber) ; ital. *pedante* ; ital. *pezzente*, port. *pedinte* mendiant ; ital. *sergente*, esp. *sargento*, prov. *sirven*, fr. *sergent* et *servant* (*serviens*) ; fr. *tenant*. 2) Substantifs qui désignent des objets, et substantifs abstraits : prov. *boban*, v.fr. *bobant* faste ; it. *corrente*, esp. *corriente* courant (fém. sc. *aqua*) ; it. *crescente*, esp. *creciente* accroissement (fém.) ; pr. *crebant* choc ; pr. *eissen* sortie ; pr. *escien* savoir ; port. *enchente* crue des eaux (fém.) ; ital. *entrante*, prov. *entran* entrée ; ital. esp. *levante*, prov. *levan*, franç. *levant* (comme le lat. *oriens*) et de même ital. *ponente*, esp. *poniente*, prov. *ponen* ouest ; fr. *montant* ; prov. *parven* (pour *paren*) idée ; ital. *presente*, fr. *présent* ; ital. *sembiante*, esp. *semblante*, prov. *sembian*, fr. *semblant* ; ital. *sorgente* source (fém. comme *corrente*) ; prov. *talhan* ; prov. *trenchan*, fr. *tranchant* ; prov. *valen* valeur ; prov. *verjan* verdoyant (*viridicans*).

ANTIA, ENTIA dans *ignorantia, obedientia*, dérivés du participe présent. Formations analogiques : ital. [ANZA, ENZA] *accordanza* concorde, *amanza* souhait, *benignanza* bénignité (sans verbe), *cittadinanza* bourgeoisie (*cittadinare* peupler une ville), *disianza* désir, *dottanza* soupçon, *erranza* erreur, *fidanza* confiance, *fratellanza* fraternité (sans verbe), *lontananza* éloignement, *membranza* souvenir, *pietanza* compassion (sans verbe), *speranza* espérance, *stanza* demeure, *vedovanza* veuvage, *venganza* vengeance ; *accoglienza* accueil, *credenza* croyance, *doglienza* douleur, *temenza* crainte, *valenza* valeur. Dans ce nombre il y a plusieurs mots archaïques. Les mots qui ont été tirés du latin offrent généralement encore la finale IA à côté de A, par exemple *ignoranza –anzia, clemenza –enzia*. Esp. [ANZA, ANCIA, ENZA, ENCIA] *acordanza, bonanza* bonace (sans verbe), *erranza, esperanza, estancia, fianza, fragrancia, membranza, venganza* ; *creencia, dolencia, sabenza, temencia* (plusieurs sont archaïques). Port. [ANÇA, ENÇA] *esperança, vengança* ; *crença, doença*. Prov.

[ANSA, ENSA] *acordansa*, *agradansa* agrément, *amansa*, *erransa*, *esmanza* pensée, *esperansa*, *longansa* retard, *membransa*, *molheransa* mariage; *calensa* souci, *cozensa* tourment. Fr. [ANCE] *espérance*, *manigance*, (sans verbe), *nuance* (sans verbe), *séance*; dérivés d'adjectifs en *ent* [ENCE] : *adhérence*, *permanence*, *urgence*, aussi *exigence*. Val. [INTZĘ], aussi des dérivés de verbes de la première et de la deuxième conjugaison, *ażutorintzę* aide (*ażutorà*), *asęuintzę* propriété, *biruintzę* victoire, *cędintzę* bienséance (*cędeà*), *credintzę* croyance (*credeà*), *fiintzę* essence, *priintzę* tendance, *scutintzę* immunité; l'origine de cette forme est assurée par *bunęvointzę* (*benevolentia*), *putintzę* (*potentia*). — Remarque. Le latin *valentia* donne régulièrement ital. *valenza* etc., mais on a, contrairement à la règle, tiré de *valens* une seconde forme accentuée sur l'*i* : ital. esp. pr. *valentia*, qui se rapporte proprement à *valens* comme adjectif. C'est ainsi que l'adjectif provençal *manen* (lat. *manens*) a produit *manentia* et non *manensa*. Les substantifs italiens *agente* et *mercante* ont donné en outre *agenzia*, *mercanzia*.

RD.

ARD, comp. Pott, *Personennamen* p. 203. Ce suffixe, d'un emploi très-fréquent, tire son origine de l'adjectif allemand *hart*, goth. *hardus*. En v.h.allemand on le trouve employé dans des noms propres, comme *Deganhart*, *Eburhart*, *Meginhart Meinhart*, *Reginhart Reinhart*, *Perinhart*, en m.h.allemand et en néerlandais aussi dans des noms communs, généralement avec un mauvais sens : ainsi m.h.all. *nemhart*, *nîthart*, *lüghart*, néerl. *galghaert*, *dronkard*, *dikkert*, *doovert* (Grimm II, 340, III, 706. 707, *Mhd. Wb.* I, 637). En roman *ard* s'attache surtout à des prénoms et à un grand nombre de noms de familles; voici, pour ces derniers seulement, une liste d'exemples. Ital. *Alardo*, *Bernardo*, *Biscardo*, *Bojardo*, *Bonardo*, *Gallardo*, *Guicciardo*, *Guizzardo*, *Mascardo*. Esp. *Guaxardo*, *Pichardo* et sans doute aussi ceux en *arte* comme *Axarte*, *Bayarte*, *Guillarte*, *Huarte*, *Iriarte*, *Lasarte*, *Loarte*, *Posarte*, *Recarte*, *Ricarte*, *Susarte*, *Ugarte*. Franç. très-nombreux : *Abeillard*, *Agard*, *Allard*, *Aymard*, *Baculard*, *Bagard*, *Bayard*, *Béjard*, *Belard*, *Bernard* (prov. aussi *Bernat*), *Bochard*, *Bouchard*, *Briscard*, *Brossard*, *Buffard*, *Chevillard*, *Crochard*, *Dénisard*, *Echard*, *Folard*, *Gambart*, *Giffard*, *Guiard*, *Guettard*, *Guillard*,

Hachard, Havard, Houard, Isnard, Liziard, Maillard, Mangeard, Mellart, Minard, Ouvrard, Passart, Pérard, Péricard, Pinart, Pinsari, Plumard, Poupard, Raffard, Rochard, Rochechouart, Ronsard, Rouillard, Sagard, Sicard, Tachard, Teillard, Thiard, Thoynard, Trussart, Vallart, Veliart, Vétillart, Viscard, Vuyard. Cette forme se montre ensuite dans beaucoup de noms communs masculins et féminins qui dérivent soit de noms, soit de verbes. Ils désignent : 1) Des êtres vivants et prennent en partie aussi la valeur d'adjectifs ; ils ont la plupart du temps, comme en allemand, un sens défavorable. Ital. [ARDO] *bastardo, beffardo* railleur, *bugiardo bugiadro* menteur, *codardo* couard, *falsardo* faussaire, *gagliardo* galliard, *infingardo* lâche, *leardo* blanc, *leggiadro* (pour *-ardo*) gracieux, *leccardo* gourmand, *linguardo* babillard, *musardo* musard, *testardo* entêté, *vecchiardo* méchant vieillard. Esp. [ARDO, ARDE] *bastardo, begardo* hérétique, *cobarde* couard (*-do Alx.*), *galavardo* paresseux, *galuardo, moscarda* taon. Prov. [ART] *auzart* hardi, *bastart, coart, flavart* jaunâtre *GO.*, *ganhart* pillard ibid., *goliart* parasite (traduit d'après l'étymologie supposée dans le traité *De las rimas* par ARD- ens in GULA), *gualiart Choix* IV, 300, *leigart* gourmand *GO.*, *moissart* lâche, *musart, pifart* débauché, *trefart* trompeur, *vilhart* vieillard, *tosarda* jeune fille. Franç. [ARD, ART] très-nombreux : *bâtard, bavard, blafard, criard, couard, fuyard, grognard, gueulard, hagard, mignard, pillard, savoyard* (comme angl. *spaniard*), *vieillard; canard* (*cane*), *chevrillard, jumart, malart, renard*; v.fr. *baillart* bâilleur, *blanchard* blanc, *cornart, huard* crieur, *moflart* nom du vautour *Ren.*, *coquard* galant, *liard* (ital. *leardo*) etc. — 2) Des objets : *bigliardo* billard, *mocajardo* tissu de crin, *petardo* pétard, *stendardo* étendard (verbe *stendere*), *bombarda* bombarde, *chiavarda* grande cheville, *mostarda, nazarda* navette. Esp. *estandarte, petardo, velarte* drap très-fin, *bombarda, espingarda* petite pièce d'artillerie. Prov. *estandart, lugart* étoile du matin etc. Franç. *billard, boulevard* (allem. *bollwerk*), *brancard, brassard, brocard, cuissard, étendard, flambart, poignard, pétard, moutarde*; v.fr. *busart* sorte de vaisseau, *brocart* vase, *fangart* bourbier, *guiard* voile. Cette forme se trouve appliquée dans des noms de villes, mais elle y est le produit d'une assimilation : *Pommard* (*Polmarcum*), *Couard* (*Cucubarrum*), *Mouchard* (*Motkalia*), voy. Quicherat, *Noms de lieu* 18. 22. 26.

RN.

ERNA : *basterna, caverna, cisterna, laterna, lucerna, taberna* ; lat. de la décad. *suterna, usterna* pour *sutrina, ustrina*. Les premiers mots se sont pour la plupart conservés dans les nouvelles langues. Il existe en outre quelques mots non latins de cette terminaison. *Caserna* logis de soldats est commun à tout le domaine roman, en italien ce mot s'est déformé en *caserma* (de *casa*). *Giberna* giberne (dans quelques dictionnaires) est spécialement italien ; esp. *calaverna* tête de mort (*calvaria*). C'est le provençal qui a le plus grand nombre d'exemples : *biterna* citerne *LR.*, *lobernà* peau de loup ibid., surtout pour des phénomènes naturels, comme *bolerna* nuage, *buerna* bruine, *galerna* vent du nord-ouest (esp. *galerno*), *suberna* courant ; il faut séparer de cette classe *esterna* trace, chemin, voy. mon *Dict. étym.* II. c. Franç. *galerne, luzerne, poterne* (*posterula*). — On pourrait citer ici l'adj. *modernus* qui se trouve dans Priscien (de l'adv. *modo*). Sur *quaternus* s'est formé l'ital. esp. *quinterno*.

URNUS dans *diurnus, diuturnus, nocturnus, taciturnus*. La présence de ce suffixe dans quelques mots italiens ne peut être mise en doute. Ce sont : *musorno* musard (*muso*), *piorno* pluvieux (*piova*), *sajorna* espèce de robe (*sajo*). Cette terminaison se montre aussi dans l'esp. *piorno* genêt ; *buchorno* vient de *vulturnus*. Le mot *mensurnus* formé par des écrivains de la décadence sur *diurnus* n'est pas roman.

SC.

ASCUS, ISCUS, USCUS.

ASCUS. 1. Les adjectifs de cette terminaison sont rares : ital. *fuggiasco* fuyard. On la trouve dans quelques noms de peuples, comme *bergamasco, comasco, cremasco* ; esp. *friasco* frais *GVic.* p. 66ᵃ ; port. *chavasco* grossier ; v.fr. *ferasche* sauvage. — 2) Les substantifs sont moins rares : it. *amarasco* griottier, *burrasca* bourrasque. Esp. *peñasco* rocher, *borrasca, carrasca* chêne vert, *chabasca* baguette, *chamarasca* fagot de branches (basque?), *hojarasca* feuillage touffu, *nevasca* grande masse de neige, *verdasca vardasca* baguette ; port. *borrasca* etc. On trouve encore bien plus souvent des noms de lieu de cette terminaison dans les chartes, par ex. *Penianassca HPM.* I, n. 70, *Ruveliasco, Mercoriasco* n. 88, *Farasco* n. 145, *terra Cardanasca* ibid. — Le latin a, il est vrai, *asc* dans *verbascum*, mais la forme romane semble n'être qu'une variation phonétique de *isc*, aussi sert-elle le plus souvent à renforcer l'idée du radical. Au contraire dans *fuggiasco, bergamasco, friasco* l'*a* procède de la même voyelle dans *fugax, bergomas, friatico*.

ISCUS sert surtout à former des adjectifs, tirés pour la plupart de substantifs, rarement d'adjectifs, et exprime généralement, comme l'all. *isch,* la manière, la ressemblance ou l'origine. 1. Ital. [ESCO] *angelesco* angélique, *bambinesco* enfantin, *cagnesco* de chien, *ciechesco* d'aveugle, *donnesco* féminin, *furbesco* rusé, *gentilesco* gentil, *guerresco* belliqueux, *montanesco* montagnard, *mulesco* de mulet, *manesco* vigoureux, *pazzesco* de fou, *pittoresco* pittoresque, *grechesco* à la manière grecque, *dantesco* et *bernesco* à la manière de Dante et de Berni ; *francesco* français, *tedesco* allemand, *turchesco* turc ; aussi [ERESCO] *naveresco, nozzeresco, paglieresco, pazzeresco*. Esp. [ISCO, ESCO] *arenisco* sablonneux (comp. ital. *ren--isch-io* sablon), *blanquisco* blanchâtre, *brivisco* versé dans la Bible, *bruxesco* de sorcière, *caballeresco, chatesco* plat, *frailesco* monacal ; *berberisco* et *barbaresco* de Barbarie, *levantisco* levantin, *morisco* moresque, *tudesco, turquesco* ; le portugais offre les mêmes exemples. Prov. [ESC] *balaresc* qui concerne la danse, *folesc* fou, *joglaresc* à la manière des jongleurs ; *espanesc, francesc, grezesc* et *grezeis, proensalesc, sarrazinesc* (surtout employé en parlant de la langue, comp. cat. *cathalanesc, sarrahinesch* R.Munt. 32. 36). Fr. *barbaresque, grotesque, tudesque* qui sont imités de l'italien, v.fr. *danesche, francesche* Ben., *feleneske* Alex. ; *iscus* passe d'ailleurs à *ensis*. Val. [ESC, fém. EASCĘ] très-usité : *bębesc* de vieille femme, *bęrbętesc* masculin, *domnesc* seigneurial, *ceresc* céleste, *omenesc* humain, *pęgynesc* de payen, *pęmyntesc* terrestre, *ursesc* qui concerne l'ours ; noms de peuples : *latinesc, muscęcesc* moscovite, *romęnesc, sęssesc* saxon, *turcesc, unguresc*.

2. Substantifs. Ital. *fantesca* servante, *bertesca* machine de guerre, *coltellesca* gaîne de couteau, *corsesca* pique, *favolesca* conte, *ventresca* ventre. Esp. *aprisco* bergerie, *parentesco* parenté, *pedrisco* grêle de pierres, *patesca* sorte de poulie, *ventisca* bourrasque. Prov., abstraits : *omnesc* hommage, *parentesc* (esp. -*esco*), *privadesc* intimité, *ufanesc* et -*esca* arrogance, *vilanesca* grossièreté ; *bertresca, verdesca* berceau de feuillage GO. V.franç. *bretesche, maraisch-iere* marais. —

En grec ίσκος était une forme diminutive : ainsi dans ἀμφορίσκος, πινακίσκος, στεφανίσκος, μαζίσκη, παιδίσκη ; le latin emploie *isc* dans certains mots, comme *calathiscus, lentiscus, libyscus, mariscus, syriscus, scutriscum* etc. Au point de vue du sens le suffixe allemand *isch*, v.h.allem. *isk*, ainsi que le font voir les exemples cités ci-dessus, répond mieux au suffixe roman. Mais comme *iscus* existait déjà en latin et que le daco-roman, qui ne s'est approprié aucun suffixe allemand, le possède aussi, on ne peut pas en chercher l'origine en allemand ; toutefois cette langue semble avoir eu une part dans la détermination précise du sens de ce suffixe et dans la grande extension qu'il a prise en roman ; peut-être même cette influence s'est-elle étendue de l'Italie jusque dans le domaine valaque, si cependant ce n'est pas plutôt un suffixe slave -*sk* qui a pénétré ici.

USCUS dans *molluscus* ; à ce mot peuvent se comparer ital. *babbusco* gros et épais ; esp. *negrusco* noirâtre, *pardusco* grisâtre (*pardo*), subst. *borusca* feuilles sèches ; port. *farrusca* épée rouillée.

SM.

ISMUS (ισμός) dans *archaismus*. Ce suffixe a suscité de nombreuses imitations, parmi lesquelles celles qui sont propres à l'italien se terminent par ISMO ou ÉSIMO : *fiorentinismo, gentilesimo* ; l'espagnol donne à cette dérivation une terminaison féminine dans *morisma* ; le v.espagnol a le mot masculin *sofrismo* pour *sufrimiento Trat. de la docir.* ; le français conserve *sm* intact, comme dans *fanatisme, germanisme, solécisme* et non pas *fanatîme* etc.

ST.

AST, dont on constate la présence dans un grand nombre de mots, n'est pas un suffixe de dérivation roman, mais une terminaison due en partie à une modification arbitraire d'autres suffixes. C'est ainsi que l'esp. *banasta*, v.franç. *banaste* semble syncopé de *banastra* (de *banna*), l'esp. *canasta* est une modification de *canistrum, guindaste* du franç. *guindas*, l'ital. *brumasto* de *brumesto* (voy. plus bas). L'esp. *bocaste* moulin à piler le minerai pourrait venir de l'allemand (*pochkasten* pour *pochwerk*?). L'esp. port. *codaste* (étambot) dérive évidemment de *coda*, mais la terminaison est obscure : on peut songer à l'ital. *codazza*, car *coda* non plus n'est pas un mot proprement espagnol.

ESTUS dans *funestus, honestus, modestus, molestus*; ital. esp. port. [ESTO] *funesto, molesto* etc.; prov. [EST, ESTE] *honest, moleste*; fr. [ÈTE, ESTE] *funeste, honnête, modeste*; val. [EST] *honest, modest*. Cette terminaison, dans laquelle *t* et non pas *s* est le suffixe proprement dit, n'a pas provoqué l'imitation. Les seuls adjectifs qui l'ont admise sont : it. *foresto* sauvage (comp. *foresticus* p. 283 et le subst. *foresta* forêt), *rubesto* féroce, v.fr. *rubeste*; l'ital. *rovisto* robuste offre un *i* de dérivation. Subst. également italiens : *agresto* verjus (= esp. *agraz*), *brumesto* et *brumasto* sorte de raisin, avec *u* : *raverusto* raisin sauvage ; napol. *rapesta* rave (de *rapistrum*?). *ESTRIS* est encore plus pauvre en formations analogiques ; il ne se trouve sans doute que dans le mot v.esp. v.fr. *celestre*, ital. *cilestro* formé sur *terrestris*.

ISTA, du grec ιστής, désigne des personnes agissantes : *baptista, evangelista, psalmista* : cette forme, favorisée par les pères de l'église, a pris plus d'extension au moyen âge. Ital. *artista, cambista, criminalista, giurista, legista, papista*; mots tirés de noms propres, par ex. : *dantista* admirateur de Dante etc. Esp. *agonista* agonisant, *alcoranista, artista, bromista* débauché, *fresquista* peintre de fresques, *jurista, legista, papista, gongorista* imitateur de Gongora ; port. *arbitrista, camarista, feudista*. Prov. *legista*. Fr. *artiste, calviniste, dentiste, journaliste, gassendiste* partisan de Gassendi. Val. *oculiste* etc.

ASTER désigne une ressemblance incomplète avec l'idée du thème, aussi a-t-il généralement une valeur péjorative. 1 Subst. lat. *patraster, filiaster* (tous deux d'après les inscriptions), *parasitaster, fulviniaster* imitateur de Fulvinius, *pullastra* jeune poule, *palliastrum* mauvais *pallium* (Apul.), *oleaster, pinaster, mentastrum, salicastrum* plantes sauvages. Exemples romans (la plupart sont des formations nouvelles) : It. [ASTRO] *figliastro, garzonastro* gros benêt, *giovanastro* jeune étourdi, *medicastro* mauvais médecin, *poetastro* mauvais poète ; *gallastr-one* vieux coq ; *olivastro, vincastro* baguette ; *catastro* cadastre, *falcastro* faucille, *pilastro* pilastre ; dim. *pollastro* poulet, *porcastro* jeune cochon (*porcaster*, avec le même sens, déjà dans Aldhelm). Esp. [ASTRO, aussi ASTRE] *padrastro, madrastra* (*noverca* « *matrastra* » dans un glossaire de Reichenau), *hijastro, hermanastro*, mots qui s'appliquent tous au même genre de parenté, *medicastro, sollastre* homme malpropre ; *olivastro* ; *pilastra* ; augm. *pollastro* gros poulet ;

dimin. *cochastro* (fr. *coche*), *camastro* petit lit ; port. [ASTRO, avec déplacement ou chute de l'*r* : ASTO] *padrusto, madrasta, medicastro ; mentrasto.* Prov. [ASTRE], *filhastre, mairastra, coguastr-on* marmiton. V.franç. et franç.mod. [ASTRE, ÂTRE] *parastre, marastre marâtre, fillastre, frerastre* beau-frère, *clergastre* mauvais clerc, *écolâtre, gentillâtre, mulâtre* ; *cadastre.* Val. [ASTRU] *fijastru, sehastru* ermite ; *zugastru* érable, *secastru* tas de foin.

2. Les adjectifs dérivés au moyen de *aster* expriment aussi un rapprochement ou une analogie : ainsi *alicaste, recalvaster, fulvaster, laetaster, novellaster, surdaster, claudaster Gloss. gr. lat.*, voy. DC., *mancaster Gl. par.* éd. Hild. La plupart des mots romans de cette espèce sont nouveaux et conservent l'ancien sens quand ils procèdent d'adjectifs. Ital. *biancastro* blanchâtre, et ainsi *novastro, rossastro, sordastro, verdastro* ; sans adj. roman : *salmastro* salé (*salmacidus*). Le sud-ouest ne semble faire, en ce cas, aucun usage de ce suffixe. Fr. *bellâtre, blanchâtre, bleuâtre, brunâtre, douceâtre, grisâtre, verdâtre* etc. ; sans adjectif qui serve de type, il est péjoratif : *acariâtre, opiniâtre* ; arch. *vilenastre* très-vilain.

II. VERBE.

La dérivation verbale s'opère soit au moyen de suffixes propres, comme dans *caval*-c-*are* ital. de *cavallo*, soit par l'addition des lettres de flexion au thème de n'importe quelle espèce de mot, comme dans *frutt-are* de *frutto, viaggi-are* de *viaggio.* Nous nommons le premier mode dérivation médiate, le second dérivation immédiate. La langue mère, avec ses diverses formes de conjugaison, prend aussi part à ces deux procédés, comme dans *cant-ill-are, pens-are, alb-ere, stabil-ire.* En roman il n'y a généralement que la première et la quatrième conjugaison (nommée ici la troisième) qui soient aptes à servir à la dérivation[1].

2. La *dérivation verbale immédiate*, dont nous nous occu-

---

[1]. En ce qui concerne le développement des diverses classes de verbes romans, ce serait faire des efforts stériles que de vouloir partir toujours de la langue mère. Pour en donner un exemple, il y a des verbes que les grammairiens latins rangent au nombre des verbes dérivés et que la grammaire romane peut sans scrupule concevoir comme primitifs, car elle ne doit pas se refuser à suivre le génie si profondément modifié des langues nouvelles.

pons en premier lieu, s'appuie en roman sur des substantifs et des adjectifs et quelquefois même sur d'autres espèces de mots (it. *intreare* sur le nom de nombre *tres*, val. *asęui* sur le pronom *suus*); le nombre des verbes ainsi acquis par la langue est encore beaucoup plus considérable que celui des substantifs tirés directement de verbes. Cette grande masse de produits nouveaux se partage, comme on vient de le voir, entre la première et la quatrième conjugaison (originaire), sans toutefois qu'on puisse indiquer, soit pour la forme, soit pour le sens, un principe déterminé qui préside à ce partage. D'une part, en effet, des verbes de la conjugaison en *A* et en *I* peuvent dériver d'un nom, quelle que soit la déclinaison à laquelle il appartienne, sans que la voyelle finale de ce nom les détermine d'une manière quelconque : ainsi ital. *franco francare, grado gradire, favore favorire, fine finare*; d'autre part les rapports du verbe avec les autres parties du discours, c'est-à-dire la nature transitive ou intransitive de ce mot, sont également sans influence, tandis qu'en latin la quatrième conjugaison se prête mieux à la valeur intransitive que la première. Les verbes italiens suivants peuvent servir d'exemples : (pour -*are*) *forzare* transit., *vagabondare* intr., *penare* a les deux valeurs; (pour -*ire*) *colorire* transit., *granire* intransit., *aridire* a également les deux valeurs. Toutefois au milieu de cet arbitraire de la langue dans le choix de la conjugaison on ne peut pas se refuser à reconnaître ce fait que c'est surtout à la première conjugaison que sont attribuées les créations nouvelles; elle a pour la formation verbale à peu près la même importance que la première et la deuxième déclinaison pour la formation nominale. La tendance à simplifier autant que possible tous les rapports grammaticaux devait finir par assurer la prépondérance à une forme déterminée. L'attribution à la troisième conjugaison (romane) au contraire se comporte comme l'exception envers la règle. 1) Les diverses langues ne manifestent pas sur ce point exactement le même génie; le valaque surtout concède à la troisième de plus grands droits que les autres langues : ainsi des mots comme *albì, amęrì, cęruntzì, cortenì, domnì, dulcì, fericì, gęlbinì, limpezì, negrì, plinì, ruginì*, ne trouvent dans les langues sœurs que peu de correspondants. 2) Les dérivations tirées d'adjectifs se règlent çà et là sur la troisième, sans qu'il y ait lieu, même dans ce cas, d'attribuer au sens une influence quelconque : ainsi fr. *franchir* est transitif, *tiédir* intransitif, *jaunir* est l'un et l'autre. 3) Dans la composition avec des particules, surtout avec *ad* et *in*, on laisse à la troisième conjugaison un champ d'action beaucoup plus vaste, ce dont il sera question dans la section suivante. 4) En ce qui concerne les formations analogiques basées sur des verbes allemands, il est positif qu'elles échoient en général à la première, mais celles qui sont dérivées avec *i* (*j*) se rangent ordinairement à la troisième romane, avec laquelle cette lettre les mettait naturellement en rapport. Exemples de cette classe : v.h.allem. *frumjan,* prov. *fromir* ; *vurban,* ital. *forbire* ; goth. *hatjan,* franç. *haïr* ; *haunjan,* prov. *aunir* ; *hramjan,* prov. *aramir* ; *kausjan, causir* ; *marzjan, marrir* ; *maúrthrjan,* v.franç. *mordrir* ; v.h.allem. *rôstjan, rostir* ; goth. *satjan, saisir* ; v.h.allem. *skafjan,* prov. *escafir* ; *skarjan,* prov. *escarir* ; v.h.all. *skirmjan,* ital. *schermire* ; *smalzjan,* ital. *smaltire* ; *sturmjan,* ital. *stormire* ; *walzjan, gualcire* ; goth. *vandjan,* prov. *guandir* ; v.h.all. *wankjan, guanchir* ; goth. *varjan, guarir* ; v.h.allem. *werfjan,* v.franç. *guerpir* ; *worfjan,* prov. *gurpir* et un certain nombre d'autres. Ces exemples sont contredits par quelques autres, comme goth. *rakjan,* ital. *recare* ; *zucchjan, toccare.*

3. Exemples de dérivation verbale immédiate. 1) *D'un nom simple,* y compris les suffixes de dérivation pétrifiés ou qui ne sont plus sensibles. *a)* De substantifs : *arbor,* esp. *arbolar,* v.franç. *arbrer* ; *caput,* ital. *capitare* ; *cornu,* ital. *cornare,* prov. *cornar* ; *fatum,* ital. *fatare,* esp. prov. *fadar,* v.franç. *féer* ; *festum,* ital. *festare,* franç. *fêter* ; *finis,* ital. *finare,* esp. prov. *finar* ; *folium,* ital. *fogliare,* prov. *folhar,* franç. *feuiller* ; *fructus,* ital. *fruttare,* esp. *frutar,* prov. *fruchar* ; *furca,* ital. *frugare,* esp. *hurgar,* v.franç. *furgier* ; *fustis,* v.franç. *fuster* ; *pax,* ital. *paciare,* v.franç. *paiser* ; *plumbum,* ital. *piombare,* esp. *plomar,* franç. *plomber* ; *poena,* ital. *penare,* esp. prov. *penar,* franç. *peiner* ; *podium,* ital. *poggiare,* prov. *poiar,* v.franç. *puier* ; *pretium,* ital. *prezzare,* esp. *preciar,* prov. *prezar,* franç. *priser* ; *scutum,* ital. *scudare,* esp. prov. *escudar* ; *spatha,* prov. *espadar* ; *ventus,* ital. *ventare,* esp. prov. *ventar,* franç. *venter.* De la troisième conjugaison : *caput,* franç. *chevir* ; διδάσκαλος, val. *dęscęlì* ; *favor,* ital. *favorire* ; *folium,* v.franç. *feuillir* ; *umbra,* val. *umbrì* ; *vidua,* val. *vęduvì. b)* D'adjectifs : *extremus,* it. *stremare,* pr. *estremar* ; *francus,* ital. *francare* ; *gravis,* ital. *gravare,* esp. *gravar,* prov. *gravar* et *greuer* (b.lat. *graviare*); *limpidus,* esp. *limpiar* ; *mancus,* ital. *mancare* etc.; *minimus,* ital. *meno-*

mare, prov. *mermar*; *mollis,* ital. *mollare,* franç. *mouiller*; *plenus,* esp. *llenar*; *quietus,* ital. *chetare,* esp. *quedar*; *subitus,* prov. *soptar*; val. *uṡor, uṡorà.* A la troisième se rangent entre autres : *altus,* ital. *altire*; *aridus,* ital. *aridire*; *dulcis,* val. *dulcì*; *francus,* franç. *franchir*; *galbinus,* franç. *jaunir,* val. *gęlbinì*; *limpidus,* val. *limpezì*; *plenus,* val. *plinì*; *rigidus,* franç. *roidir.*

4. Dérivation verbale : 2) *D'un nom dérivé.* Toutes les formes ne se prêtaient pas en latin à cette sorte de dérivation verbale ; les langues modernes, désireuses de faire passer à la forme verbale le plus de substantifs possible, ont sacrifié à cette tendance les règles auxquelles s'astreignait l'ancienne langue et se sont peu souciées de briser, par cette dérivation, tous les cadres de la formation des mots. Les composés se prêtent encore plus facilement à cette espèce de dérivation. C'est ainsi qu'on trouve des verbes, qui, si nous voulions les remettre en latin, seraient : *angustiare, viaticare, bilanciare, choleruceare, batualiare, mirabiliare, christianare, medicinare, caponare, occasionare, consuetudinare, extraneare, facturare, contrariare, gulosare, medietare, solatiare, cupiditiare, nominativare, aucellare, vagabundare, parlamentare, sententiare.* Quelques-uns d'entre eux se trouvent, il est vrai, déjà dans le latin de la décadence. Exemples, sous la forme romane, groupés d'après chaque suffixe nominal. IA : ital. *angosciare, graziare, invidiare,* esp. *congoxar, envidiar,* franç. *envier,* v.fr. *gracier,* lat. *fiduciare* dans Tertullien. ATICUM : ital. *foraggiare, oltraggiare, viaggiare,* esp. *ultrajar, viajar,* fr. *fourrager, ménager, outrager, voyager.* ACEUS : ital. *abbonacciare, imbarazzare,* esp. *embarazar,* franç. *crevasser, embarrasser, fatrasser, tracasser.* UCEUS : ital. *corrucciare,* prov. *corrossar,* fr. *courroucer.* EOLUS : ital. *frugnolare,* v.franç. *flageoler,* val. *feciorì.* CULUS : ital. *batacchiare, gracchiare, travagliare, orecchiare,* esp. *trabajar,* franç. *travailler.* ELA : ital. *cautelare, querelare* etc. ALIS : ital. *immortalare,* esp. *ajornalar, igualar,* franç. *égaler.* ILIS : ital. *simigliare, sottigliare,* comp. *humiliare* Tertull. B-ILIS : ital. *agevolare, piacevolare.* ALIA, ILIA : ital. *battagliare, vettovagliare, maravigliare,* esp. *amortajar, batallar, maravillar,* prov. *faitilhar, meravelhar,* franç. *batailler, rimailler, merveiller, vétiller.* ANUS : ital. *lontanare,* prov. *crestianar,* franç. *moyenner,* v.fr. *vilaner.* ĪNUS, ĬNUS : ital. *buccinare, camminare, medicinare, muli-*

nare, rovinare, vicinare (*vicinari* Sidon.), esp. *caminar* etc.,
prov. *doctrinar, trahinar, plovinar GO.*, franç. *assassiner,
badiner, discipliner*, val. *ferinà.* On : ital. *bastonare, capponare*, esp. *baldonar, cantonar*, fr. *bouchonner, chaponner, cochonner.* Tion, sion : ital. *cagionare, tenzonare*, esp.
ocasionar, questionar, pr. *faissonar, ocaisonar, tensonar*,
franç. *façonner, questionner.* Udin : seulement ital. *costumare*, esp. *costumbrar*, franç. *accoûtumer.* Igin : ital. *originare*, esp. *originar*, comp. dans Tertullien *vertiginare.* Ugin :
ital. *arrugginire, capprugginare*, pr. *eruginar*, val. *rugini*,
lat., dans Tertullien, *ferruginans.* Aneus : it. *straniare*, esp.
hazañar, prov. *estranhar*, v.franç. *estrangier.* Ura : ital.
avventurare, naturare, esp. *aventurar, mixturar*, prov.
faiturar, frachurar, val. *imbuceturi*, comp. *feturatus*
Tertull., *mensurare* Veget., *tristurare* Sidon. Arius : ital.
contrariare, manierare, val. *veceri* (de *vecariu*). Osus :
ital. *ventosare*, franç. *jalouser*, v.franç. *doloser, goloser*,
val. *frumoseà*, prov. *orgolhosir.* Tat produit des factitifs,
comme ital. *capacitare* rendre capable, *facilitare, felicitare,
difficoltare, tempestare* tempêter, esp. *agilitar* (mais subst.
agilidad), *capacitar, dificultar, libertar, posibilitar, tempestar* etc., pr. *meitadar* partager en deux moitiés, fr. *faciliter* etc.[1]. Tius : it. *sollazzare*, esp. *solazar*, v.fr. *soulacier.*
Itia : ital. *carezzare, giustiziare, letiziare*, esp. *codiciar,
justiciar*, franç. *caresser, justicier.* Ivus : ital. *coltivare,
motivare*, prov. *aizivar, badivar, calivar, nomnativar*,
v.fr. *joliver*, val. *milostivi*, lat. *captivare* Augustin. Ellus,
cellus : ital. *salterellare, uccellare*, esp. *tropellar* (de
tropel), prov. *calamellar, cotelar, mantelar GO.*, franç.
agneler, oiseler. Att : it. *abburattare, culattare.* Ett, itt :
ital. *banchettare, stilettare*, franç. *chevreter, levreter,
louveter, mugueter.* Ott : ital. *cazzottare*, esp. *balotar*,
franç. *garroter, raboter, saboter.* Ald : franç. *bertauder,
brifauder, nigauder.* Undus : ital. *vagabondare*, prov. *ressaziondar.* Mentum : ital. *alimentare*, esp. *parlamentar*,

---

1. On pourrait objecter que le lat. *debilitare, nobilitare* etc. dérive de
debilis, nobilis et non de *debilitas, nobilitas*. Mais la formation des mots
en roman semble contredire cette hypothèse, car pour *difficoltare* la
seule étymologie possible est *difficoltà* et non *difficul*, adjectif qui n'a
trouvé place dans aucune des langues modernes. Lorsqu'on n'est pas
en présence d'une signification factitive, comme dans *gravitare*, on fait
mieux d'admettre un suffixe verbal.

franç. *complimenter*. ANTIA, ENTIA : ital. *fidanzare*, esp. *esperanzar, reverenciar, sentenciar,* franç. *fiancer.* ARD : ital. *sbugiardare*, esp. *acobardar,* fr. *bavarder, hazarder.*

5. Pour la *dérivation verbale médiate* le latin se servait de divers suffixes auxquels étaient appliquées des significations déterminées. Des suffixes de ce genre sont : ICARE dans *albicare* ; ULARE dans *pullulare* (diminutifs) ; TURIRE, SURIRE dans *empturire, esurire* (désidératifs) ; TARE, SARE (ITARE, SITARE) dans *adjutare, pensare* (fréquentatifs); ILLARE dans *cantillare* (diminutifs); ESSERE, ISSERE dans *capessere, petissere* (méditatifs); ASCERE, ESCERE, ISCERE dans *amarescere, clarescere, ingemiscere* (inchoatifs). Le roman a conservé presque toutes ces formes ; il a renoncé à quelques-unes moins usitées. Ainsi il n'existe ni exemples anciens, ni imitations d'un suffixe roman *essere,* bien que la forme fût facile à traiter ; *urire* n'a provoqué au moins aucune formation analogique. En revanche on a appliqué quelques formes nouvelles, comme *tiare* (*siare*), *attare* (*ettare, ottare*), voy. plus bas. La signification des formes conservées est moins précise qu'en latin [1]. Dans la liste de dérivations verbales médiates qui suit, les verbes qui procèdent directement de supins ou de participes (*tare, sare, -ntare*) ou qui s'y rattachent par l'intermédiaire d'un simple *i* pourront aussi trouver place.

1. DÉRIVATION AVEC UNE CONSONNE SIMPLE.

C.

ICARE tantôt s'ajoute à des noms, et alors il exprime la manifestation ou l'activité du primitif, comme dans *albicare,*

---

1. Des verbes à côté desquels subsistent des substantifs du même radical et du même suffixe doivent, en règle générale, être considérés comme dérivés de ces derniers. On peut prouver historiquement que l'ital. *angosciare* est dérivé de *angoscia*; *travagliare* aussi peut se comporter de la même manière vis-à-vis de *travaglio*. Mais si le verbe présente une dérivation verbale bien établie et si la dérivation correspondante se présente aussi dans un nom du même radical, on est facilement conduit à se demander si le verbe est ou n'est pas un rejeton de ce dernier; quelquefois le sens peut venir en aide, mais cela ne suffit pas. L'ital. *salterellare* (faire de petits sauts) semble dériver de *salterello* (petit saut); au contraire *lardellare* (larder un peu) ne paraît pas venir de *lardello* (lardon), mais tous deux de *lardo*; de même *zappettare* (bêcher un peu) non de *zappetta* (petite bêche), mais tous deux de *zappa*, ou le premier de *zappare*.

DÉRIVATION. VERBE. C : ICARE.   367

amaricare, nigricare, tantôt à des verbes, et en ce cas il est fréquentatif ou diminutif, comme dans *fellicare, fodicare, mordicare, splendicare, vellicare.* Le traitement de ce suffixe en roman est particulier. Outre la forme ordinaire avec *c* ou *g,* il existe encore une forme anomale où ces consonnes sont représentées par *j* (ital. *gg*), c'est-à-dire que *c* tombe et que *j* s'introduit pour obvier à l'hiatus : *icare* devient *iare, ijare* ; le sud-ouest se tient encore à la forme intermédiaire. La dérivation impropre (c'est-à-dire déjà contenue dans le nom) en *ic* a été soumise au même traitement, comme dans *fabricare, impedicare, judicare, masticare* (μάσταξ), *pacificare, villicare, vindicare.* Nous comptons aussi ici les nombreux factitifs composés avec le suffixe verbal *ficus* (de *facere*), comme *mortificare, pacificare, sanctificare,* dont le nombre s'est encore sensiblement augmenté dans le latin de la décadence (*blandi-, miri-, molli-, pulchri-, recti-, speci-, suavi-, tristi-, veri--ficare* etc.). Exemples romans : ital. [ICARE, EGGIARE] *amaricare amareggiare, fabricare, vendicare, albeggiare, villeggiare, verdeggiare, pacificare* ; esp. [CAR, GAR, EAR, EJAR] *fabricar, masticar, albegar, amargar, holgar (follic.), juzgar, vengar, verdear, pacificar*[1] ; pr. [EGAR, EIAR (EJAR), GAR] *fargar, empedegar, jutgar* (aussi *-jar*), *vengar (-jar), verdeiar* ; franç. [CHER, GER, OYER, IER] *mâcher, forger, juger, venger, verdoyer, pacifier* ; val. [ECÀ] *amestecà, zudecà, vindecà.* — Formations nouvelles : 1) avec la forme primitive (*ic, ig*), au nombre desquelles se trouvent des fréquentatifs et des diminutifs. Ital. nombreux : *affumicare* fumer, *arpicare* grimper, *biascicare* mâchonner, *brancicare* tâter, *bulicare* bouillonner, *cavalcare* monter à cheval, *dimenticare* oublier, *fustigare* fustiger, *gemicare* gémir, *navicare* (déformation de *navigare*), *nevicare* neiger, *rampicare* grimper, *rossicare* être rougeâtre, *spilluzzicare* arracher, *stuzzicare* picoter, *trompicare* trébucher, *zoppicare* boiter. Esp. *apesgar* charger (*peso*), *aungar* réunir (*adunicare* *) Bc., *cabalgar, madrugar* se lever matin (anc. *madurgar, maturicare* *), *otorgar* octroyer (*auctoricare* *), *rascar* gratter (*rasicare* *), *saborgar* rendre savoureux Bc., *salgar* saler, *volcar* retourner. Prov. *umolegar* adoucir (port.

---

1. Sur une manière spécialement espagnole de rendre le suffixe *ficare*, en vertu de laquelle de *pacificare* et *mortificare*, par ex., sont sortis *apaciguar* et *amortiguar*, voy. mon *Dict. étym.* II. b. s. v. *santiguar*.

amolgar), *auregar* aérer, *autorgar, bolegar, caussigar* marcher, *cavalgar, domesgar* dompter, *fastigar* fatiguer (pour *fastidiar*), *flamegar* flamber, *fustigar, motigar* railler, *pastorgar* faire paître, *vomegar* vomir. Franc. *chevaucher, fâcher, épancher* (*expandicare* *), *narguer* (*naricare* *), *pencher* (*pendicare* *), v.franç. *clinger* et *clincher* incliner (*clinicare* *), *enferger* enchaîner (*inferricare* *). Val. [aussi GÀ?] *adurmecà* suivre à la trace (*urmę*), *ferecà* ferrer, *fumegà* fumer, *orbecà* tâtonner (*orb*), *sorbecà* humer. — 2) Sous la forme spécialement romane on trouve un très-grand nombre de verbes nouvellement créés, surtout des neutres. Ital. par ex. *aleggiare* battre des ailes, *amareggiare* être amer, *arpeggiare* jouer de la harpe (à côté de *arpicare*), *biancheggiare* être blanc, *corteggiare* courtiser, *dardeggiare* tirer, *fiammeggiare* flamber, *folleggiare* être fou, *guerreggiare* guerroyer, *lampeggiare* luire, *maneggiare* manier, *motteggiare* badiner, *ombreggiare* ombrager, *pareggiare* comparer, *piatteggiare* plaider, *signoreggiare* gouverner, *vaneggiare* divaguer, *veleggiare* faire voile, *venteggiare* faire de l'air, *villaneggiare* bafouer; imitatifs : *donneggiare* faire le seigneur, *poeteggiare* (= *poetizzare*), *tiranneggiare* (= *tirannizzare*). D'anciens poètes ont employé aussi la forme EARE (IARE), comme dans *folleare, guerriare, signoreare, vaneare*, voy. les *PPS.*, Nann. Lett. Esp. *alborear* commencer à faire jour, *blanquear* blanchir, *cortejar, donear, fulsear* fausser, *juguetear* jouer, *guerrear, laborear* labourer (b.lat. *laboricare*), *manear, pleitear, saborear* (= *saborgar*), *señorear, truhanear* faire le bouffon, *tacañear* frauder, *vanear, velejar, ventear, volatear* voltiger; en v.esp. *ejar* était encore plus usité. Port. *branquejar, cortejar, guerrear, manear manejar, senhorear* etc. Prov. *autreiar* (à côté de *autorgar*), *blanqueiar, cobezeiar* désirer, *corteiar, domneiar, formigueiar* fourmiller, *espesseiar* dépecer, *guerreiar, merceiar* remercier, *ordeiar* souiller, *plaideiar, sovendeiar* répéter souvent, *torneiar* joûter. Fr. [IER, OYER] *flamboyer, manier, nettoyer, octroyer*; arch. *blanchoyer, champoyer, donoyer, guerroyer* guerrier, *indoier* paraître bleu, *manoyer, ombroyer, plaidoyer, rimoyer, seigneurier, tournoyer*. — Remarque. On a tiré de la seconde forme, en modifiant la terminaison, une série de substantifs masculins, comme it. *corteggio, maneggio, motteggio, pareggio*; esp. *blanqueo, cortejo, manejo*; prov. *aurei* souffle d'air (le verbe manque), *autrei*, *cortei, domnei, gabei* raillerie (sans verbe), *plaidei, tornei*; fr. *octroi, tournoi,* arch. *gaboi, nobloi* (comp. pr. *nobleiar*). Quelques mots de cette terminaison, comme ital. *carreggio* (lat. *carrago*), *remeggio* (*remigium*), ont été produits d'une autre manière; *oreggio*, dont le verbe manque, peut avoir été formé sur le prov. *aurei.*

L.

ULARE : *aemulari, cumulare, modulari, postulare, pullulare, ustulare*; ce suffixe est tiré de noms ou de verbes comme les précédents. Les verbes romans de cette terminaison ont la même origine; ils ont une signification diminutive ou fréquentative qu'il n'est pas possible non plus de méconnaître dans quelques cas latins, notamment dans *ustulare* (all. *-eln, -ern*). Exemples. Ital. [OLARE] *brancolare* aller à tâtons (*branca*), *brontolare* grogner, *brustolare* griller (*perustulare* *), *cigolare* craquer (vénic. *cigare*), *crepolare* crevasser (*crepare*), *formicolante* fourmillant (*formica*), *frugolare* farfouiller (*frugare*), *gagnuolare* glapir (*gannire*), *mescolare mischiare* mêler, *piangolare* larmoyer, *pigolare* piauler (pour *piv.*), *sventolare* flotter au vent. Beaucoup de verbes, comme *gocciolare, scotolàre, sdrucciolare, strillare* (pour *stridolare*), *tombolare, tremolare*, ont à côté d'eux des noms de la même forme. Esp. [ULAR, OLAR], plus rares : *garrular* (directement de l'adj. *garrulo*), *tremolar, mezclar.* Franç. [LER| *branler, brusler* brûler (ital. *brust.*), *fourmiller, mesler mêler, troubler* (directement de *turbula*), *trembler* etc. Val. URÀ] *scuturà* secouer (ital. *scot.*), *tremurà, turburà* (franç. *troubler*), *vynturà* (it. *sventol.*), comp. pour la forme *usturà* de *ustulare.*

C-ULARE, dans *fissiculare, missiculare*, est souvent employé dans les langues modernes, surtout avec une valeur de fréquentatif et de diminutif. 1) *ACULARE* : ital. [ACCHIARE] *bevacchiare* boire souvent et peu, *foracchiare* cribler de trous, *frugacchiare* (= *frugolare*), *fuggiacchiare* fuir souvent, *giuocacchiare* jouer souvent un peu, *lavoracchiare* travailler un peu, *rubacchiare* voler petit à petit, *scrivacchiare* griffonner, *tiracchiare* tirailler. Ce suffixe paraît étranger au sud-ouest, mais on a en français [AILLER] *criailler, quoailler* remuer sans cesse la queue, *sonnailler, tirailler* (it. *tiracch.*).

— 2) *ICULARE* : ital. [ECCHIARE, ICCHIARE] *morsecchiare* mordiller, *sonnecchiare* sommeiller, *componicchiare* écrivailler, *rosicchiare* ronger légèrement etc. Prov. [ILHAR] peut-être *branquilhar* pousser des branches (subst. *branquilh*), *frezilhar* sautiller, *estendilhar* étendre. Franç. [ILLER] *brandiller, éparpiller, fouiller* (*fodiculare* *), *frétiller* (prov. *frezilhar*), *grappiller, pointiller, sautiller, sémillant, tortiller,* v.franç. *gandiller* gigoter, *petriller* tourmenter. — 3) *UCULARE* : ital. [UCCHIARE] *affattucchiare* ensorceler, *baciucchiare* baisotter (subst. *baciucchio*); à cette classe appartiennent encore *barb*UGLIARE et *borb*OGLIARE murmurer. Esp. [UJAR, ULLAR] *barbullar, mamujar* et *-ullar* mal téter, *mascujar* mal mâcher. Fr. [OUILLER] *barbouiller, bredouiller, chatouiller, gazouiller.*

T.

TARE, SARE dans *adjutare, pensare*. Le fréquentatif se recommandait aux langues modernes par sa forme sonore, et elles ont renoncé en sa faveur à beaucoup de primitifs surtout de la troisième conjugaison : de *adjuvare, canere, cogere, despicere, jacĕre, quatere* par ex. la forme fréquentative est presque généralement la seule qui soit restée en usage. En fait de mots nouveaux on a créé entre autres *ausare, profectare, fressare, refusar, junctare, oblitare, expergitare, conquistare, sarritare, tensare, pertusare, unctare, usare, advisare*, c'est-à-dire ital. *osare, profittare, rifusare, giuntare, obbliare, conquistare, pertugiare, usare, avvisare*; esp. *osar, fresar, rehusar, juntar, olvidar, despertar, aquistar, untar, usar, avisar* ; prov. *ausar, profeitar, refusar, junchar, oblidar, espertar, eissartar, tensar, onchar, usar, avisar* ; fr. *oser, profiter, froisser, refuser, oublier, essarter, user, aviser*, arch. *conquester, tencier, ointer*; ces verbes manquent en valaque. La signification primitive a été conservée. Les verbes non latins ne se sont pas montrés aptes à prendre cette forme. — Les fréquentatifs qui donnent à reconnaître non pas la forme du supin, mais simplement le thème du verbe, comme *agitare, appellitare, palpitare*, lat. de la décad. *crocitare, discitare, doctitare, mergitare*, ont été beaucoup moins imités que les autres. De *taxare* on a fait *taxitare*, c'est-à-dire ital. *tastare*, v.esp. *tastar*, franç. *tâter* (t. I, p. 22), de *vanare vanitare*, ital. *vantare* etc. (ibid. 23). D'autres exemples communs à tout le domaine sont *faltare* pour *fallitare* de *fallere, gravitare* de *gravare*. C'est de *seguire* que doit dériver l'ital. *seguitare* et non du participe *seguito*, car on prononce *séguito* au présent. En espagnol il existe beaucoup de verbes terminés en *itar* : mais comme cette forme répond aussi à l'ital. *ettare* et que ce dernier suffixe est plus commun, il vaut mieux lui rapporter ces verbes. Un prov. *pigritar* faire le paresseux (du lat. *pigrare*) n'est connu que de l'*Elucidari*. Le val. *cercetà* de *cercà* porte tout-à-fait l'empreinte d'un fréquentatif.

TIARE, SIARE. Des participes passés, de même que certains adjectifs en *tus*, ont produit par dérivation, avec la voyelle de liaison *i*, une série de verbes de la première conjugaison à signification transitive ; ils forment une classe de fréquentatifs que ne connaît pas la langue latine : de *captus* on a tiré aussi bien *captare* que *capt-i-are*, de *pensus* aussi bien *pensare* que *pens-i-are*. A cette classe appartiennent les verbes suivants : de *abactus*, ital. *avacciare* ; *acutus*, ital. *aguzzare*, esp. *aguzar*, franç. *aiguiser* ; *altus*, ital. *alzare*. esp. *alzar*, franç. *hausser* ; *captus*, ital. *cacciare*, esp. *cazar*, franç. *chasser* ; *carptus*, v.franç. *jarcer*, franç.mod. *gercer* ? voy. mon *Dict. étym.*; *comtus*, ital. *conciare* ; *curtus*, ital. *scorciare*, esp. *escorzar* etc.; *delicatus*, esp. *adelgazar* ; *ductus*, ital. *docciare* ; *frictus*, ital. *frizzare*, esp. *frezar* ; *minutus*, ital. *minuzzare*, esp. *menuzar*, v.franç. *menuiser* ; *mortus* pour *mortuus*, ital. *ammorzare* ; *pensus*, ital. *pigiare* ; *petit* fr., *appetisser* ; *plicitus* (*plictus*), franç. *plisser* ; *privatus*, franç. *apprivoiser* ; *quartus*, ital. *squarciare* ; *quietus*, prov. *aquezar*, v.franç. *coiser* ; *di-rectus*, ital. *drizzare*, esp. *aderezar*, franç. *dresser* ; *de-spectus*, v.franç. *despicier* (prov. seulement *despeitar*); *strictus*, v.fr. *estrecier* ; *suctus*, ital. *succiare*, franç. *sucer* ; *tractus*, ital. *tracciare*, esp. *trazar*, franç. *tracer* ; *tritus*, prov. *trissar* ; *pertusus*, ital. *pertugiare*, franc. *percer*.

Z.

IZARE. Au grec ίζειν, en tant que cette désinence contient une idée d'imitation, comme dans ἑλληνίζειν, μηδίζειν, φιλιππίζειν, répond le lat. *issare* dans *atticissare, graecissare, patrissare*. Des écrivains latins de la décadence ont introduit aussi des verbes grecs de la terminaison citée, comme *acontizare, baptizare, scandalizare*, ou ont fait un certain nombre de formations analogiques, comme *auctorizare, judaizare, latinizare, psalmizare*. A cet *izare* se rattachent un certain nombre d'exemples romans qui se sont produits en grande partie dans la période littéraire de chaque langue. Les formes sont : ital. IZZARE, EZZARE (*patrizzare, battezzare*), esp. port. IZAR (*bautizar*), prov. IZAR (*polverizar*), fr. ISER (*baptiser*), val. EZÀ (*botezà*). Les verbes de cette terminaison désignent : 1) Une imitation du primitif : it. *giudaizzare, grecizzare, moralizzare, patrizzare, poetizzare* faire le juif etc. Esp. *judaizar, grecizar, moralizar, poetizar*. Prov. non pas *judaizar*, mais *judaigar*. Franç. *fraterniser, judaïser, moraliser, poétiser*, de même *temporiser* = ital. *temporeggiare*. — 2) Le passage de l'idée du primitif à d'autres objets : ital. *latinizzare* mettre en latin, *volgarizzare* mettre en italien, *autorizzare* faire de quelqu'un son *auctor*, *aromatizzare* aromatiser (ἀρωματίζειν), *fertilizzare, polverizzare, soavizzare* rendre doux. Esp. *latinizar, españolizar, autorizar, esclavizar, sutilizar, eternizar, polvorizar, suavizar*, prov. *suauzar*. Franç. *latiniser, franciser, autoriser, pulvériser*. 3) Simplement l'action du primitif sur des objets extérieurs : it. *tirannizzare*. Fr. *tyranniser, favoriser* = ital. *favoreggiare*. — Le valaque rend aussi le grec ἴζειν par ISÌ : *afurisì* (ἀφορίζειν), *evanghelisì* (εὐαγγελίζειν); mais il possède en outre une série de verbes généralement neutres en EZÀ, qui lui appartiennent exclusivement, comme *bumburezà* bégayer, *cutezà* s'enhardir, *runchezà* hennir (de *rhonchissare?*).

2. DÉRIVATION AVEC UNE CONSONNE DOUBLE.

LL.

ILLARE dans *cantillare, conscribillare, sorbillare*, forme diminutive qui a surtout été imitée en italien : *balzellare* bondir (de *balzare*), *canterellare* fredonner (*cantare*), *dentellare* grignoter (*dentello*), *lardellare* larder un peu (*lardare*), *punzellare* picoter, *saltellare* sautiller (*saltare*), *sarchiellare* sarcler légèrement (*sarchiare*), *strimpellare* chiffonner. Esp. par ex. *dentellar, adentellar*. Franc. *chanceler* (*chance*), *chapeler, grommeler, harceler*, arch. *sauteler*.

TT.

ATTARE, ETTARE, OTTARE.

ATTARE semble à peine se présenter comme dérivation verbale propre. Un exemple est l'it. *sciaguattare* rincer (*sciacquare, exaquare* *).

ETTARE est en général diminutif : it. *bombettare* buvotter (*bombare*), *gambettare* gigotter (*gamba*), *linguettare* bégayer (*lingua*), *sculettare* remuer la croupe (*culo*), *zampettare* commencer à marcher (*zampare*), *zappettare* piocher légèrement (*zappare*). Esp. *balitar* bêler continuellement (de *balar*), *escarvitar* gratter souvent (*escarbar*) Bc., *peditar* demander souvent (*pedir*). Fr. *becqueter, chuchotter, écharseter, feuilleter* (subst. *feuillet*), *marqueter*, arch. *gambeter* gigotter.

OTTARE : ital. *barbottare* marmotter (*barba*), *cingottare* balbutier. Esp. *barbotar*. Pr. peut-être *rigotar* friser, *sabotar* secouer, *sargotar* baragouiner. Franç. [OTER, OTTER] *baisoter, buvotter, chevroter, clignoter, frisotter, gobelotter, grignoter, trembloter, vivoter* etc. ; la plupart avec un sens diminutif.

3. DÉRIVATION AVEC UN GROUPE DE CONSONNES.

NT.

ANTARE, ENTARE, dérivation verbale tirée du participe présent ; elle n'est pas latine : *parentare,* par ex., dérive du subst. *parens,* et dans *praesens* (d'où *praesentare*), comme ce mot par sa signification est séparé de *praeesse,* on sentait plutôt un adjectif qu'un participe. Le roman tire ici dans la plupart des cas de verbes intransitifs des verbes transitifs de la première conjugaison : *sedere* être assis, *sedens* étant assis, *sedentare* asseoir ; cependant, malgré l'avantage essentiel que lui promettait ce moyen de formation, il ne l'a employé que pour un petit nombre de verbes, sans même en maintenir partout la signification primitive, car parmi ces dérivations on rencontre quelques intransitifs. It. *dolere dolentare* faire plaindre *PPS.* I, 271, *addormire addormentare* endormir (lat.), *pavere paventare* redouter, *piacere piacentare* caresser, *assedere assentare* faire asseoir ; dérivés d'adjectifs participiaux : *negligentare, roventare*. Esp. *caler calentar* réchauffer, *crecer crecentar* accroître, *hervir herventar* échauder, *huyr ahuyentar* mettre en fuite, *levar levantar* lever, *mamar mamantar* allaiter Bc. (lat.), *metuere amedrentar* effrayer (intercalation d'une *r* comme dans *medroso*), *mollir mollentar* amollir, *pacer apacentar* faire paître, *aparecer aparentar* faire apparaître (lat.), *expavere espantar* épouvanter, *quebrar quebrantar* briser, *enriquecer enriquentar* enrichir Canc. de B., *seer sentar* asseoir (pour *seentar*). Port. *quentar* (= esp.

calentar), *acrecentar, affugentar, endurescer endurentar* durcir SRos. Prov. *crebar crebantar* faire crever, *espaventar* = esp. *espantar, saber sabentar* enseigner. V.franç. *crever crevanter, croire creanier* faire croire, *asseoir assenter,* franç.mod. *épouvanter, plaisanter.* Val. *fearbe infierbęntà* (esp. *herventar*). Nulle part cette dérivation n'a pris autant d'extension qu'en roumanche, où elle exprime surtout un sens factitif, par ex. *beiver buvrantar* abreuver, *fugir fugiantar* (esp. *ahuyentar*), *luar luantar* faire fondre, *mover moventar* mettre en mouvement, *plidar plidentar* adresser la parole, *temer tementar* effrayer, *viver viventar* nourrir. Il faut parfois remonter au latin pour trouver le primitif de ces verbes, et on ne rencontre guère de verbes étrangers qui se soient développés de la même façon, ce qui montre la haute ancienneté de ce procédé de dérivation. Sur quelques verbes de cette espèce auxquels on a donné la forme de la troisième conjugaison, voy. mon *Dict. étym.* I, s. v. *sortir* (1).

SC.

ASCERE, ESCERE, ISCERE, formes inchoatives : *inveterascere, irasci, amarascere, clarescere, dulcescere, frigescere, macrescere, marcescere, nigrescere, stupescere, tepescere, tremescere* et *tremiscere, ingemiscere.* Dans le latin de la décadence les verbes pourvus de ce suffixe sont extrêmement nombreux. En voici quelques exemples : *capillascere, ferascere, grunascere, pauperascere, curvescere, divescere, exstillescere, follescere, fructescere, grossescere, loquescere, morbescere, palmescere, planescere, pravescere, reticescere, rorescere, umbrescere.* Ce suffixe n'est pas traité de même dans chacune des langues modernes. En italien *sc* disparaît partout, sauf au présent ; ce n'est que dans les mots nouvellement introduits, comme *concupiscere, acquiescere, mansuescere,* que ce groupe n'a pas pu être supprimé. Les exemples ci-dessus empruntés au latin classique sont devenus maintenant en italien : *amarire, chiarire, addolcire, ammagrire, marcire, annerire, stupire,* prés. *amarisco* etc. Le valaque concorde exactement avec l'italien : *amęri, chięri, dulci, negri,* prés. *amęresc* etc. L'espagnol et le portugais se rapprochent le plus du latin : esp. *clarecer* (écrit d'abord *clarescer*), *magrecer, negrecer* font au prés. *esco,* à l'imparf. *ecia,* au parf. *eci.* Le dialecte provençal ramène ces verbes, sauf *iraisser* de *irasci,* à la troisième conjugaison : *amarzir, clarzir, doussezir, magrezir, marcezir, negrezir, tebezir* ; par là il a été conduit à redoubler la forme *sc* au présent, parce que le déplacement de l'accent dans *negrezir* (au lieu de *negréisser*) avait effacé le sens de la syllabe de formation *ez* (= *esc*); aussi l'a-t-on ajoutée de nouveau au présent, dérivé de l'infinitif. On a eu ainsi *negr--ez-isc* qui serait littéralement *nigr-esc-esco*, parf. *negrezi*, part. *negrezit*. Il en est de même en français dans *éclaircir, noircir*, prés. *éclaircis* pour *éclairis* ; d'autres verbes, tels que *avilir* (pr. *avil-z-ir, vilescere*), *radoucir*, s'écartent de cette forme. Le verbe *acquiescer*, postérieurement introduit, se règle sur la première conjugaison. — Les formations nouvelles sont extrêmement nombreuses, mais on n'y emploie pas la voyelle de liaison *a*. A l'est, presque tous les verbes latins de la quatrième conjugaison ont pris la forme inchoative. En outre il y a une masse de verbes d'origine étrangère dont il semble inutile de présenter des exemples, comp. p. 141 ss. Il faut remarquer qu'en valaque un grand nombre de ces verbes intercalent un *u* entre le radical et la dérivation, sans que cet *u* ait aucune influence sur le sens, comp. subst. *ceare* d'où *cer-uesc, earbe erb-uesc, glas gles-uesc, leage legi-uesc, mir mir-uesc, pace peci-uesc, pecat pecet-uesc, tip intip-uesc, viatze vietz-uesc*. Au sud-ouest le nombre de ces verbes, qui ici ne se confondent pas avec ceux de la conjugaison en *I*, est beaucoup moins considérable. Ex. : *carecer, enflaquecer, agradecer, amanecer, enmalecer, merecer, obscurecer, padecer, parecer, perecer, empobrecer, envejecer, verdecer*. En vieil espagnol on trouve encore beaucoup d'exemples de l'infinitif *ir* pour *ecer* : par ex. *enflaquir, gradir, padir, perir*, prés. *enflaquesco*, ainsi comme en italien. Le domaine du nord-ouest concorde, il est vrai, avec celui de l'est en ce qu'il donne à presque tous les verbes de la quatrième conjugaison originaire, à certains temps, le suffixe *isc*, mais à côté de cela il forme de nouveaux inchoatifs complets : prov. *alegrezir, brunezir, canezir, carzir, enfadezir, feblezir, enfolezir, afranquezir, frevolzir, malezir, anoblezir, orgolhezir* GO., *paubrezir, empeirezir, entorquezir, velhezir, reverdezir* et dans la deuxième conjugaison *eminéisser* LR. et *paréisser*. Cependant le français n'use que très-modérément de cette dérivation : ainsi dans *acourcir, étrécir* (*strictescere* *), *enforcir* (*fortescere* dans Aulu-Gelle), *obscurcir*, et dans la deuxième conjugaison *paraître* ; les autres verbes se règlent, comme en italien, sur la troisième conjugaison mixte : *brunir, enchérir, affaiblir, enorgueillir, attendrir, reverdir, envieillir* etc. — Remarque. Les verbes dérivés en *sc* perdent souvent leur sens inchoatif : beaucoup sont employés comme transitifs ou, surtout ceux qui procèdent d'adjectifs, comme factitifs : ainsi esp. *apetecer* désirer, *bastecer* pourvoir, *guarnecer* garnir, prov. *atenrezir* attendrir, *avilzir* avilir, franç. *affaiblir*. Cela se produit surtout en italien et en valaque où la forme a, il est vrai, beaucoup souffert, en sorte que c'est à peine s'il peut encore être question de verbes de cette espèce. Un factitif latin est le verbe employé par S. Augustin *innotescere* faire connaître.

Il existe encore plusieurs dérivations verbales d'une importance secondaire ou qui ne se présentent que dans telle ou telle langue. Ainsi : *UCARE* : ital. *impacchiucare* salir, esp. *machucar* briser, esp. prov. *besucar* baisotter, port. *batucar* frapper souvent, prov.mod. *brazucà* tisonner. — *ĘRI* val. fréquentatif : *clętęri* rincer (de *clęti*), *fugęri* mettre en fuite (*fugi*), *gustęri* goûter souvent (*gustà*) etc. — *USARE, USSARE* : ital. *balbussare* balbutier ; esp. *encantusar* cajoler, *engatusar* enjôler ; v.franç. *chantuser*. — *AZZARE* ital. généralement avec un sens diminutif : *ghignazzare* éclater de rire, *innamorazzare* amouracher, *sbevazzare* buvotter, *scorrazzare* courir çà et là, *sparnazzare* éparpiller, *spelazzare* éplucher la laine, *svolazzare* battre des ailes. Esp. *estirazar* étendre. Franç. *croasser, fricasser, rêvasser, rimasser* arch. pour *rimailler*. — De même *UZZARE* : ital. *balbuzzare* balbutier (subst. *balbuzie*), *galluzzare* tressaillir de joie, *tagliuzzare* hacher. Esp. *despeluzar* décoiffer (subst. *-uzo*), *relampaguzar* faire des éclairs (*relampago*). — *ISCAR* esp. dans *mordiscar* mordiller, *pellizcar* pincer, port. *belliscar* arracher (lat. *vellere*), *petiscar* goûter légèrement ; ce suffixe est remplacé par *USCAR* dans *chamuscar* flamber. — *-ZNAR* esp. dans *graznar* (arch. *gaznar*) croasser, *lloviznar* (ital. *piovigginare*) plouviner, *molliznar* m. s., *despeluznar* (= *despeluzar*), *voznar* crier et sans doute d'autres encore.

DEUXIÈME PARTIE.

COMPOSITION.

Tandis que dans la dérivation le sens d'un mot est modifié et déterminé par l'addition de lettres ou de syllabes, dans la composition ce phénomène est produit par des mots entiers. Ces mots déterminatifs précèdent en latin le mot qui contient l'idée principale, comme dans *con-socer, de-fendere,* et cela, lorsqu'ils sont déclinables, soit sous leur forme absolue sans marques de genre et de flexion, comme dans *cor-dolium, fun-ambulus,* soit à l'aide de la voyelle de liaison *i,* rarement d'une autre, comme dans *paci-ficus, monti-vagus, mero-bibus.* C'est là la composition véritable ou propre (synthèse). Au contraire, si deux mots qui se trouvent dans un rapport syntactique sont aussi unis par l'écriture, auquel cas le mot déterminatif peut être placé après le principal, on a alors la composition fausse ou impropre; en voici des exemples : *bene-dicere, res-publica, uti-frui, legis-lator, manu-mittere.* Non-seulement deux mots, mais trois ou un plus grand nombre encore peuvent entrer dans la composition. Les mots qui à leur tour procèdent de composés, comme *de-fensio* de *de-fendere, bene-dictio* de *bene-dicere* (parasynthètes) appartiennent, à la vérité, proprement au domaine de la dérivation, mais comme il n'est pas indifférent de savoir jusqu'où va la langue dans l'emploi de ces sortes de dérivations, il convient de ne pas les exclure tout-à-fait de cette étude.

Dans les langues filles l'aptitude à composer des mots ne s'est pas perdue, on y trouve même de nouvelles espèces de composition. Néanmoins cette partie de la formation des mots n'a d'importance qu'en tant qu'elle se produit au moyen de particules. Des noms et des verbes, il est vrai, sont également employés dans ce but, mais seulement, surtout pour la composition propre, dans une très-petite mesure, et beaucoup de composés qui ont trouvé place dans les dictionnaires sont des formations libres des savants et des poètes et n'ont rien de populaire. En valaque, à part quelques exceptions, on ne peut plus composer qu'avec des particules. Dans la composition avec des mots déclinables la voyelle de liaison *i* est encore usitée, au moins à l'est et au sud-ouest, même dans les formations nouvelles. Exemples : entre substantif et substantif, it. *capi-posto*, esp. *arqui-mesa*; entre substantif et adjectif, ital. *bocchi-duro*, esp. *cabezi--ancho*; entre substantif et verbe, ital. *capi-tombolare*, esp. *mani-obrar*; entre adjectif et substantif, ital. esp. *novi-lunio*; entre adjectif et adjectif, ital. *dolci-canoro*, esp. *alti-baxo*; entre adjectif et verbe, ital. *dolci-ficare*, esp. *dulci-ficar*. Au nord-ouest cet *i* s'est aplati en *e*, comme dans *aigre-feuille*, *aigre-doux*, ou bien s'est tout-à-fait perdu ; ce n'est que rarement, surtout dans des mots nouvellement introduits (*armi--stice*, *cani-cide*), qu'il a conservé sa valeur primitive. Dans le prov. *auri-ban*, *auri-flor* il faut voir plutôt l'adjectif *aureus* (prononcé *aurius*) que le substantif *aurum*, comp. *auria flor* et *auriol* (*aureolus*), tous deux avec *i* au lieu de *e*. Néanmoins la voyelle de liaison n'est aucunement essentielle ; une composition véritable, sensible, peut exister sans elle, soit que le premier mot se présente sous une forme abrégée, comme dans ital. *piant-animale*, esp. *cabis-baxo*, port. *pamp-olho*, soit qu'il conserve sa forme complète, comme dans ital. *croce-via*, *corno-mozzo*, *capo-levare*, esp. *cabra-higo*. Mais la composition impropre est devenue maintenant très-usitée. En général les composés de ce genre ne sont que graphiquement unis ou rapprochés, comme l'ital. *barba-rossa*, le franç. *chef-d'œuvre*, mais souvent aussi certaines modifications de forme leur créent un lien plus étroit et leur donnent l'apparence d'une véritable composition. Ainsi, ou bien la dernière voyelle du premier mot est élidée : ital. *vin-agro*, *verd-azzurro*, esp. *av-estruz*, *ar--golla*, *ric-ombre*, prov. *camb-aterratz*, franç. *lun-di* ; ou bien la consonne du second mot est redoublée : ital. *o-ttarda*, esp. *banca-rrota*, port. *pinta-rroxo* ; ou bien encore le premier mot est plus ou moins transformé ou abrégé : ital. *ca-maglio* (*capo-*), *Mon-calvo* (*Monte-*), *mar-ritta* (*man-*), *tre-muoto* (*terre-*), esp. *bon-varon* (*buen-*), *hi-dalgo* (*hijo-*), fr. *conn--étable* (*comte-*), *cham-part* (*champ-*), *col-porter* (*cou-*), *pla-fond* (*plat-*), *prin-temps* (*prim-*), *tré-fonds* (*terre-*). Le français seul, en certains cas, se sert, pour représenter la composition, d'un signe orthographique.

On distingue, d'après le mot déterminatif, la composition nominale, verbale ou celle qui s'opère avec des particules. Ensuite vient, comme quatrième espèce, la formation de mots au moyen de phrases entières.

I. Composition nominale.

Elle s'opère avec le substantif et l'adjectif (ou le nom de nombre sous une forme d'adjectif). Remarques : 1) Le *genre* des substantifs ainsi produits se règle en théorie sur le mot qui contient l'idée principale; masculins, par ex., it. *man-rovescio,* esp. *av-estruz,* franç. *chef-d'œuvre.* — 2) Si l'idée principale précède, il peut se faire que le substantif qui suit soit accommodé dans sa terminaison au genre du premier mot, comme dans l'it. *ca-maglio* (de *capo* et *maglia*), *capel-venere* (*capello di Venere*). La marque du genre est pour ainsi dire transportée à la fin du groupe. — 3) Dans les mêmes circonstances le second substantif même, le substantif dépendant, peut déterminer le genre : ital. *canna-mele* masculin, esp. *ar-golla* (*aro, golla*) féminin. — 4) Le genre naturel l'emporte sur le genre grammatical : ital. *il buona-voglia* le volontaire, esp. *el palabri-muger* l'homme qui a une voix de femme. — 5) En ce qui concerne la *flexion* en général, il n'y a qu'à rappeler que les véritables composés forment le pluriel comme des mots simples, et les autres d'après les rapports de construction dans lesquels ils se trouvent, ainsi qu'il a été observé plus haut p. 47. Cependant si les deux éléments se sont plus étroitement unis, ou s'il est difficile de distinguer leur valeur relative, il arrive que même les composés impropres fléchissent de la même manière que les mots simples, comp. les pluriels ital. *favo-meli, Buon- -del-monti,* esp. *maestre-salas, avu-tardas, hi-dalgos,* port. *mor-cegos,* franç. *conn-étables,* et non *favi-mele, Buoni- -del-monte, maestres-sala, aves-tardas, his-dalgo* (mais *hijos-dalgo* parce que la composition ici est encore sensible; on trouve une fois en v. port. *filhos-dalgos FMart.* 593), *mores- -cegos, comtes-étable.* — 6) De même qu'en latin, des substantifs peuvent par composition acquérir une valeur d'adjectif : ital. *molti-fronte* comme *atri-color, multi-modus.* — 7) Il arrive que le second membre de la composition est susceptible d'être allongé par un suffixe, ce dont il n'était pas capable à l'état isolé (it. *pani-cuocolo, venti-piovolo,* pr. *prod-omia*). Ce trait se retrouve aussi dans d'autres langues.

1. COMPOSITION AVEC DES SUBSTANTIFS.

1. *Substantif* avec *substantif. a)* Le premier mot exprime la qualité du second et peut en général être échangé contre un

adjectif : lat. *arcu-ballista*. Ital. *ali-osso* osselets, *capi-posto* poste principal, *capo-cuoco* chef de cuisine, *cassa-panca* coffre en forme de banc, *clavi-cembalo* clavecin, *croce-via* carrefour, *ferro-via* chemin de fer, *maschi-femmina* hermaphrodite, *piant-animale* zoophyte. Esp. *arqui-mesa* secrétaire, *arti--maña* tour d'adresse, *carri-coche* chariot, *oro-pel* oripeau (peau d'or), *varapalo* longue gaule. Prov. *aur-pel, cap-casal* métairie principale. Fr. *chef-lieu, ori-peau*. — *b*) Le premier substantif se trouve dans le rapport d'un génitif, comme dans le lat. *cor-dolium*. Ital. *lin-seme* graine de lin, *man-rovescio* revers de la main, *mer-luzzo* merluche (*maris lucius*), *notte--tempo* temps de la nuit, *or-bacca* baie de laurier (pour *lor-*), *ragna-tela* toile d'araignée, *terre-muoto* tremblement de terre, les noms de jours *lune-*, *marti-*, *mercole-*, *giove-*, *vener-dì*. Esp. *cabra-higo* figuier sauvage (*capri-ficus*), *casa-puerta* vestibule, *cervi-cabra* chevrette, *galli-puente* pont sans gardefou (pont des coqs), *mani-obra* métier, *zarza-rosa* églantine, port. *pamp-olho* pousse (pour *pampan-*). Prov. *campo-lieit* lit de camp, *cor-dolor* mal de cœur, *den-dolor* mal de dents, *gal-cant* cri du coq, *sanc-foid* effusion de sang, *terra-tremol* tremblement de terre. Fr. *ban-lieue, cham-part* (pour *champ-*masc.), *chien-dent* (masc.), *flam-berge* (pour *flanc-b.*), *fourmi-lion, mer-luche, terre-noix, tré-fonds* (*terrae fundus*), *lun-*, *mar-*, *mercre-*, *jeu-*, *vendre-di*, noms de lieux : *Abb-eville, Gonne-lieu* (*Godonis locus*), v.fr. *foi-menteur, pan-coussier* etc. — *c*) Les deux substantifs se tiennent l'un à côté de l'autre sur la même ligne, comme dans *usus-fructus*. Ital. *fior-cappuccio* pied d'alouette (aussi simplement *capp.*), *mel-arancia* (aussi simplement *arancia*) orange. Esp. *ajo--queso* ragoût à l'ail et au fromage, *av-estruz* autruche, *cera--pez* cérat, *coli-flor* chou-fleur, *mur-topo* (*mus-talpa*) Rz. Prov. *dombre-dieu* seigneur Dieu, *terra-maire* notre mère la terre, *vers-chanso* poésie de genre mêlé. Franç. *au-truche, bette-rave, chien-loup, chou-fleur, loup-garou, pierre--ponce, ver-coquin, Dam-pierre* nom de lieu (*Domnus Petrus*). Val. *dumne-zeu* (= prov. *dombre-d.*). — *d*) L'idée principale précède, le second substantif suit au génitif. Ital. *canna-mele* canne à sucre, *capel-venere* adiante (*capillus veneris*), *conte-stabile* (*comes stabuli*), *favo-mele* gaufre, *gatto-zibetto* civette, *madre-perla*, nacre de perle, *Monte--Leone* nom de l. Esp. *aguamiel* hydromel, *ar-golla* anneau de fer, *boca-manga* ouverture de la manche, *caña-miel*, *cond-estable, ferro-peu,* fers mis aux pieds, *madre-perla, mayor-domo* majordome, *maestre-sala* maître d'hôtel ; noms de lieux : *Ciudad-rodrigo, Fuenti-dueña, Mon ragon, Villa--diego*. Prov. *aiga-rosa* eau de rose, *ram-palm* dimanche des rameaux (branche de palmier), *vas-vassor* (*vassus vassorum*?), aussi les noms de jours *di-lus, di-mars, di-mecres, di-jous, di-venres, di-sapte*. Franç. *barbe-renard, sang--dragon, conn-étable, fête-dieu, hôtel-dieu, porc-épic* ; noms de lieux : *Chante-merle* (*cantus merulae*), *Chateau--thierry* (*castr. Theodorici*), *Chatell-erault* (*c. Eraldi*), *Fontaine-bleau* (*fons Bliaudi*), *Mont-martre, Mont-dauphin, Plaine-cerf, Bourg-la-reine* (*Burgus reginae*), *Fontenay-le-comte, Nogent-le-roy, Moutier-la-celle* (*monasterium cellae*), *Villeneuve-la-Guiard* (*Villanova Guiardi*), comme on disait *Joyouse la Karlon*, c.-à-d. celle de Karlon, v. franç. *becq-oisel, cab-iscol* (*caput scholae*). — e) Les deux membres sont unis par des prépositions. α) Par DE. It. *briglia--d-oro* qui a une bride d'or, *fior-da-liso* (franç. *fleur de lis*), *spada-d-oro* épée d'or ; noms de fam. *Ben-de-dei, Bocca--di-ferro, Buon-del-monti, Fior-di-bello*. Esp. *hijo-d-algo* et *hi-d-algo* noble (fils de qqch.), *hi-de-perro, hi-de-puta, Val-de-peñas* nom de lieu. Franç. *chef-d'œuvre, corps-de-logis, pied-de-veau* ; quant à ceux qui s'écrivent sans trait d'union, comme *cotte de maille, fleur de lis, clin d'œil*, on ne peut plus les compter ici. β) Par AD. Ital. *Castell-a-mare* nom de lieu. Esp. *agu-a-manos* l'eau qui sert à laver les mains. Franç. *herbe-à-robert, fils-à-putain* ; la plupart sans trait d'union, comme *pot à fleurs, vers à soie*. γ) Par IN. Franç. *arc-en-ciel, croc-en-jambe, paille-en-cul* (masc.), *Arch--am-bray* nom de lieu. δ) Par ANTE : esp. *tramp-ant-ojo* prestige.

2. *Substantif* avec *adjectif*. Le substantif fournit la détermination précise, comme dans le lat. *cani-formis, igni-comus*. Ital. *ali-veloce* qui a les ailes légères, *ambri-liquido* transparent comme l'ambre, *bocchi-duro* qui a la bouche dure, *brigl-indorato* à la bride dorée, *codi-rosso* rouge-queue, *corno-mozzo* qui a les cornes cassées, *giri-tondo* circulaire, *mar-ritto* qui se sert de la main droite, *ori-crinito* aux cheveux d'or, *petti-rosso* rouge-gorge. Esp. *ala-blanco* aux ailes blanches (nom d'un oiseau), *barbi-roxo* à la barbe rouge, *boc-abierto* à la bouche ouverte, GVic. 44ᵇ, *boqui-ancho* à la bouche large, *cabiz-baxo* qui porte la tête basse, *cabez-*

-corbo Alx. 485 m.s., *campani-forme* en forme de cloche, *cari-acedo* qui a l'air aigre, *casqui-blando* qui a le sabot tendre, *cuelli-corto* qui a le cou court, *culi-blanco* cul-blanc, *oji-negro* qui a les yeux noirs, *pasi-largo* qui a le pas long, *peli-corto* qui a les cheveux courts, *punti-agudo* pointu, *zanqui-largo* qui a de longues jambes; port. *fe-perjuro* parjure SRos., *faz-alvo* qui a un chanfrein blanc, *man-alvo*. Prov. *coa-ros* rouge-queue; v.franç. *poil-chenu* qui a les cheveux blancs.

3. *Substantif* avec *verbe* ou adjectif verbal. *a*) Le substantif est au verbe dans le rapport de l'accusatif (régime direct) : lat. *tergi-versari, mero-bibus, paci-ficus*. Ital. *ca-muffare* déguiser (*capo m.*), *genu-flettere* fléchir les genoux, *asti-fero* le porteur d'une lance, *luogo-tenente* lieutenant, *vi-andante* voyageur. Esp. *car-comer* carier, ronger (*carnem comedere*), *fe-mentir* arch. violer sa parole (adj. *fe-mentido*, prov. *fe--mentit*, v.fr. *foi-menti* félon), *mani-atar* attacher les mains, *perni-quebrar* briser les jambes. Prov. *vas-voiar* épancher (vider un vase) GO., *vi-anar* (ital. *andar via*), *ala-pen* qui laisse pendre ses ailes (comp. lat. *libri-pens*). Fr. *arc-bouter*, arch. *fer-vestir* cuirasser (couvrir de fer). Parasynthètes : lat. *belli-gerare, paci-ficare*, ital. *sonni-ferare*, franç. *cham--partir* etc. — *b*) Le substantif est dans le rapport de l'ablatif, comme dans *manu-mittere*. Ital. *cal-pestare* fouler aux pieds (*calce pistare*), *capo-voltare* mettre sens dessus dessous, *mal--levare* garantir (b.lat. *manu levare*), *man-tenere* soutenir (*manu t.*). Esp. *cap-tener* arch. défendre (tenir par la tête?), *man-levar, -tener, mam-parar* défendre (*manu parare*). Prov. *cal-pisar, cap-tener, man-levar, man-tuzar* caresser, *ment-aver* (*mente habere*), *ma-fat* (*manu-factus*). Franç. *cul-buter, col-porter, main-tenir, sau-poudrer*, v.franç. *clo-fichier* attacher avec des clous, *fer-lier* lier avec du fer, *fer-armé* armé de fer ; franç.mod. *ver-moulu*. Le mot *boule--verser* exprime une comparaison. On trouve souvent des parasynthètes comme it. *capi-tombolare*, esp. *mani-obrar, escar--gaitar*.

2. COMPOSITION AVEC DES ADJECTIFS.

1. *Adjectif* avec *substantif*. Ce genre de composition est très-usité. L'adjectif se trouve dans un rapport d'attribut avec le substantif qu'il peut précéder ou suivre. *a*) L'adjectif précède : ital. *bella-donna, bel-vedere, bianco-spino, gran-maestro,*

mala-voglia, mal-ora, mezzo-dì, mi-luogo, mi-mare (= *mezzo del mare*) *PPS.* I, 133, *prima-vera*. Noms de familles : *Buona-fede, Mala-spina, Piccol-uomini*. Esp. *alto-bordo* haut-bord, *bon-varon* nom d'une plante, *buen-andanza* la bonne fortune, *gentil-hombre, mal-entrada* sorte de droit, *medio-dia* (arch. *meydia*), *prima-vera, ric-ombre Alx.* 148 (v. pg. *ric-omem*), noms de familles : *Bona-fé, Bona-ventura, Pinta-flor*, noms de lieux : *Sa-hagun* (*San Facundo*), *Sant--illana* (*Santa Juliana*), port. *Santa-rem* (*Santa Irene*). Pr. *alb-espin, mala-faita, mei-dia, ma-vera, pros-ome*. Franç. *aub-épine, ba-lèvre* (pour *basse-*), *bas-fond, beau--frère, blanc-bec, bon-heur, bon-sens, chauve-souris, faux--bourg, franc-alleu, gentil-homme, grand-père, haute--fûtaie, mal-aise, mal-heur, mi-di, mi-lieu, mi-marz Rut.* II, 24, *petit-fils, prin-temps, prud-homme, rouge-gorge* (= *gorge-rouge*), *sage-femme, sauf-conduit, vif-argent*. Val. *buna-vojintzę, miz-loc* (fr. *milieu*), *primę-vearę*. Le fr. *dé-bonnaire* était originairement une locution au génitif qui a donné un adjectif dans la langue moderne, ital. *bon-ario* sans *di*; v. fr. aussi *de-mal-aire, de-put-aire*. — *b*) L'adjectif suit : *res-publica, ros-marinus*. Ital. *acqu-ardente, barba-rossa, o-ttarda* (*avis tarda*), *vin-agro*, noms de familles : *Braccio--forte, Gamba-lunga*, noms de lieux : *Mon-calvo, Mont--reale, Terra-nuova*. Esp. *av-u-tarda* (avec redoublement du subst., voy. mon *Dict. étym.*), *mel-cocha, turba-multa* noms de lieux : *Campo-frio, Fon-seca, Fuen-mayor, Mont--alegre, Mur-viedro, Rip-alda, Saa-vedra, Torr-alva, Val-verde, Vill-alva* ; port. *mor-cego* (*mus caecus*), *pinta--rroxo* linote. Prov. *arc-vout* voûte, *aus-tarda, argen-viu* (franç. *vif-argent*), *rata-penada* chauve-souris, *reix-pauc* roitelet, *Ferr-agut*. Franç. *bé-jaune, cerf-volant, fer-blanc, gorge-rouge, loup-cervier, rai-fort* (*radix fortis*), *Château-neuf, Château-roux, Roque-fort, Vau-cluse*.

2. *Adjectif* avec *adjectif*. *a*) Le premier adjectif précise le sens du second et se comporte comme un adverbe : lat. *levi--fidus, magn-animus, soli-vagus* (comp. plus bas les composés avec *longi* etc.). Ital. *alti-cornuto, curvi-pedo, dolci-canoro, soli-pede*. Esp. *curvi-lineo*. Franç. *clair-voyant, mort-né, nouveau-né*, v. franç. *chaske-jornal* quotidien *SB.* 540^m. Val. *vegi-occhiu* louche (serbe *védschenje* regard de travers). — *b*) Les deux adjectifs se tiennent grammaticalement sur la même ligne, comme le lat. *dulc-acidus*. It. *agro-dolce, piano-*

-*forte, verd-azzurro, greco-latino.* Esp. *agri-dulce, anchi-corta* épée courte et large, *calo-frio* fièvre. Fr. *aigre-doux, bis-blanc, vert-blanc* etc.

3. *Adjectif* avec *verbe*, comme dans *laeti-ficare* ; it. *dolci--ficare, equi-parare* égaler, *rare-fare* raréfier ; esp. les mêmes exemples ; prov. *digni-ficar* ; franç. *dulci-fier*.

II. Composition verbale.

En grec ainsi qu'en allemand le thème du verbe peut s'unir à un nom : ἀρχέ-λαος, φιλ-άνθρωπος; *Sprich-wort, leb-los*. En latin on ne compose que verbe avec verbe (*obstupe-facere, experge-fieri*), mais peu de mots seulement sont aptes à servir de second membre à une composition de ce genre. On ne trouve pas en roman même ce dernier procédé, d'ailleurs peu important, et la composition verbale tout entière, en tant qu'elle se produit seulement au moyen du radical ou thème du verbe (nous parlerons plus bas de celle qui s'opère avec l'impératif), est inconnue à ce domaine. L'ital. *andi-rivieni* plur. (détours) a, à la vérité, l'apparence d'un mot formé avec le radical d'*andare*, mais si on considère le sens, on voit que pour rendre l'idée d'errer il faut que les deux verbes soient placés sur la même ligne, comme dans l'expression « aller et venir » : un composé formé avec le radical d'*aller* et le verbe *venir* n'aurait aucun sens ; les deux verbes semblent donc être à l'impératif, et *andi* est sans doute pour *anda* (= *va*) qu'on a assimilé à la finale de *vieni*.

III. Composition avec des particules.

Les particules qui se composent avec des substantifs, des adjectifs et des verbes, sont des adverbes, bien que la plupart d'entre eux ne se présentent actuellement qu'avec le sens de prépositions.

1. Les particules les plus importantes sont celles de *lieu* : *ab, ad, ante, circum, cum, de, ex, in, inter, intro, ob, per, post, prae, praeter, pro, retro, sub, subter, super, trans*, de plus des particules inséparables, comme *dis, re, se*. Les langues romanes prises dans leur ensemble les possèdent toutes dans les composés transmis par la langue mère et les appliquent aussi bien dans la formation de composés nouveaux. Seuls *ob, se, subter* et *intro* ne peuvent pas leur servir dans le second cas, mais elles ont acquis d'autre part *extra, foras,*

infra, subtus, supra, ultra, que la langue mère n'employait pas ou presque pas à cet usage. Il faut remarquer les points suivants : 1) Les particules éteintes comme telles continuèrent à servir à la composition : le sentiment qu'on avait de leur aptitude à former des mots n'était pas du tout subordonné à leur existence indépendante. C'est ce qui est arrivé par ex. pour *ante, cum, ex, extra, per, prae, pro, retro, sub, super, trans.* Néanmoins on reconnaît çà et là une préférence pour celles qui ont persisté. — 2) Au contraire les particules nouvellement créées, même les plus simples, restèrent incapables d'entrer dans la composition : leur individualité se montrait encore d'une manière trop palpable pour qu'on pût leur enlever l'accent ; or, le fait d'être affectées de l'accent ne leur permettait de prendre qu'une position séparée. Il est vrai que l'italien compose dans quelques cas avec *avanti, dinanzi,* l'espagnol avec *dentro,* le français avec *avant, arrière,* mais ici *ad* et *de* doivent être considérés comme des allongements mis à d'anciens préfixes : l'esp. *d-entro--traer,* par exemple, est identique à *intro-trahere* avec un *de* préposé. Des composés comme *dopo-mettere, cabe-poner, avec-venir* seraient tout-à-fait contraires au génie de la langue. — 3) Dans la composition, de même que dans la dérivation, le mot ajouté se présente sous deux formes, l'une latine, l'autre romane, celle-ci attribuée de préférence aux formations nouvelles. Les particules *de, dis, ex, in, inter, per, pro, re, sub, trans* ont été ainsi rendues de deux façons différentes. Beaucoup de mots prennent aussi bien le préfixe latin que le roman, d'où résulte quelquefois une différence dans le sens, comme ital. *esame* et *sciame, intermitir* et *entremeter,* franç. *impliquer* et *employer.* — 4) L'union des préfixes avec le mot principal entraîne dans le premier membre diverses modifications qui se produisent le plus souvent suivant les principes de la langue latine, et qui, lorsqu'elles s'en écartent, doivent être étudiées dans la phonétique. Il arrive souvent, surtout dans les mots tout-à-fait populaires, que le préfixe se fond si complètement avec la racine qu'on ne distingue plus nettement ni l'un ni l'autre. Exemples : *consuere,* ital. *cucire,* esp. *cusir,* franç. *coudre ; con-germanus*,* esp. *cormano ; de-ire*,* ital. *gire ; de-orsum,* ital. *giuso* etc.; *de-sitare*,* esp. *dexar,* port. *deixar ; di-rigere,* pr. *derger ; ex-solvere,* ital. *sciogliere ; im-plere,* esp. *henchir ; per--ustulare*,* ital. *brustolare,* v.franç. *brusler ; re-jicere,* ital. *recere ; tra-jicere,* val. *treace?* En italien il peut se faire que la particule tombe tout-à-fait sans que le sens du composé soit

par là obscurci, comme dans *scendere* (*desc-*), *scipido* (*insip.*).
— 5) Observe-t-on dans les nouvelles compositions le changement de la voyelle radicale (a*gere* red*i*gere) qui en latin, s'il n'est pas devenu règle, est tout au moins usuel? Les mots italiens *spignere* et *retropignere* ont été évidemment formés sur *impingere*, l'esp. *mileño* sur *biennis* ou *biennius*; mais, à part ces cas isolés, la particule ne manifeste plus d'action sur la voyelle radicale; c'est ce qu'on voit par ex. dans ital. *forfare*, esp. *deshacer*, franç. *défaire*, val. *desface*, formés comme le lat. *refacere* à côté de *reficere*. Le principe roman a même réagi sur les composés transmis par la langue mère : ainsi *decidere* devient en ital. *decadere*; *excludere* prov. *esclaure*; *refringere* ital. *refrangere*, prov. *refranher*, comme lat. *affrangere*; *exspergere* esp. *esparcir*, pr. *esparser*, comme lat. *inspargere* etc.; *attingere*, prov. *atanher*, comme lat. *pertangere*; *displicere*, it. *dispiacere*, esp. prov. *desplacer*, comme lat. *complacere*; *adsidere*, ital. *assedere* etc., comme lat. *supersedere*; *condemnare*, rom. *condamnare*, comme lat. *praedamnare*; *commendare*, rom. *commandare*, comme lat. *demandare*; *transsilire*, it. *trasalire*, fr. *tressaillir*; *superficies*, fr. *surface*. On trouve déjà dans le plus ancien b.-lat. des formes analogues, comme *recadere* pour *recidere* Mar. p. 199ᵘ, *tradare* pour *tradere* HPM. n. 94 (*tradavi*), et de même *rejacere*, *infrangere*, notamment dans la *L. Sal. adsallire, inclaudere*, comp. Pott, *Plattlateinisch* p. 335. — 6) La signification qu'on a attribuée aux particules dans les compositions nouvelles est, sauf quelques divergences sans importance, tout-à-fait conforme à la signification primitive, mais plus précise et plus palpable, c'est-à-dire qu'elle s'écarte moins du sens de la particule à l'état isolé. A *con*, par exemple, s'unit partout l'idée de société qu'on sentait bien dans *componere*, *confundere*, mais qu'on ne sentait plus dans *concedere*, *condonare*. Néanmoins le roman possède aussi des composés où la particule se manifeste moins clairement; elle sert alors généralement à renforcer l'idée principale, comme par ex. dans l'ital. *compiangere*, *ricercare*, *ringraziare*, *sconfondere*; ou bien elle en exprime une nuance plus délicate. — 7) Il est naturel que la répétition des préfixes soit beaucoup moins fréquente dans l'ancienne langue que dans la nouvelle, à laquelle s'offraient en masse des composés latins susceptibles de servir à de nouvelles compositions, avant tous ceux dont la particule avait plus ou moins perdu sa signification. Ce sont les particules inséparables *dis* et *re* qu'on

emploie le plus souvent, comme en latin déjà, à de nouvelles compositions, ensuite d'autres particules monosyllabiques. Il est aisé de réunir des exemples comme ital. *dis-com-porre, r-ab--bellire, ad-di-mandare, fuor-usc-ito*. Mais il est rare de trouver l'un à côté de l'autre trois préfixes, comme dans *r-in--con-vertire, in-com-in-ciare* (avec un double *in*), ou quatre comme dans *r-in-com-in-ciare*. Si un préfixe est obscurci et s'il n'est plus sensible, il peut même être redoublé, comme dans le mot cité *incominciare*, et encore dans le franç. *con-cueillir* (*con-col-ligere*), dans l'esp. *con-comer* (*con-com-edere*), *cor-cusir* (*con-con-suere*). Dans les exemples italiens *sc-e--gliere* (*ex-e-ligere*), *sc-i-linguare* (*ex-e-lin-guare*) on ne peut donner pour raison l'effacement de la particule *e* = *ex*, car elle persiste sous la forme *e* ou *i*. — 8) Il y a eu échange de préfixe dans un grand nombre de composés, comme ital. *as-sedio* (*ob-sidium?*), *atturare* (*ob-turare*), esp. *a-cechar* (*in-sectari*), *a-hogar* (*suf-focare*), prov. *ab-auzir* (*ob-audire*), *ab-durar* (*ob-durare*), fr. *en-tamer* (*at-tami-nare*). — 9) Le fait que beaucoup de mots, surtout de verbes, ne persistent que dans la composition avec des particules est commun dans toutes les langues et il suffit de remarquer que les exemples se présentent ici en masse. D'autre part on peut à peine s'attendre à voir revivre les simples qui s'étaient déjà éteints en latin (t. I, p. 24). — 10) Il arrive souvent que des prépositions s'unissent comme telles (et non en qualité d'adverbes) avec un substantif pour former un nouveau produit. Cette composition, dont le lien est assez lâche, gagne beaucoup en solidité par l'adoption de tous les attributs grammaticaux du nom ; l'esp. *sin razon* par ex. s'unit de la façon la plus étroite dans *la sinrazon, las sinrazones*. Voici des exemples de ces unions de substantifs avec des prépositions qui les régissent, que le latin déjà n'ignorait pas (*inter-vallum, pro-consul* et des *parasyntheta* comme *trans-tiberinus*). Ad : ital. *ad-agio, affare*, franç. *affaire* (prép. avec infin.). Ante : ital. *anti-cuore* cardialgie, esp. *ante-ojos* lunettes, *ante-pecho* accoudoir d'une fenêtre. Contra : ital. *contra-bando* (contraire à la loi), franç. *contre-poil*. Inter : esp. *entre-cejo* entre-deux des sourcils, prov. *entre-cilh* m.s., *entre-uelh* espace entre les yeux, comp. *inter-scapulas* Gl. cass. Per : franç. *par-terre*. Pro : franç. *pour-boire*. Sine : esp. *sin-razon* injustice, *sin-sabor* dégoût, franç. *sans-culotte*. Sub, subtus : it. *sollione* jour caniculaire (*sub leone*), esp. *so-peña* cavité au pied d'un rocher, *sota-cola* croupière (*sub-cauda*), val. *suptu-soare* aisselle (sous les épaules). SUPER : esp. *sobre-ceja* partie du front au-dessus des sourcils, fr. *sur-tout*. TRANS : prov. *tras-dossa* charge (sur le dos). ULTRA : esp. *ultra-mar* pays au-delà de la mer. — 11) Il existe beaucoup de *parasyntheta*. L'ital. *appartare*, par ex., ne vient pas de *ad* et de *partare*, mot qui n'existe pas, mais de *a parte*; de même *arrivare* de *a riva* ; esp. *a-cabar*, franç. *a-chever* de *á cabo, à chef* ; esp. *a-pear* de *á pié* ; *ant-ojar* de *ante ojo* ; ital. *in-selvare* de *in selva* etc.[1]. Dans la liste qui suit nous ne ferons aucune différence entre ces compositions et les autres.

Liste.

AB sert à peine encore à de nouvelles compositions. De ce nombre sont : ital. *abb-rivare* démarrer (*ab-ripare**), *ab-battere*, franç. *ab-battre*, déjà dans la *L. Sal.*; peut-être aussi le prov. *ab-hibernar LR.* (comp. lat. *ab-hiemare*)? *Ab* s'unit avec un substantif dans *av-ocolo* ital., *av-eugle* fr. (*ab-oculus* comme *ab-normis*). Mais le prov. *ab-durat*, v.franç. *a-duré*, épithète des héros, est une modification de *ob-duratus*, v.esp. *odurado Canc. de B.*, sur le pr. *ab-au* de *ob-au* voy. p. 190. Il faut encore observer ES de ABS dans *es-conder* esp. port., *es-condre* prov., *as-cunde* val. (*abs-condere*), de même dans *es-tener* prov. (*abs-tinere*).

AD. Exemples de composés nouveaux. Ital. *ad-ontare*, *ab-bellire*, *accordare*, *a-divenire*, *a-usare*. Esp. *ad-verar*, *a-cordar*, *divinar*, *arrastrar*, *a-somar*. Prov. *ad-antar*, *a-esmar*, *a-cercar*, *a-manoir*, *a-trobar*. Fr. *ad-monéter*, *a-chever*, *a-dosser*, *affronter*, *a-grafer*, *a-ligner*, *arriver*; v.fr. *a*, aussi devant des voyelles comme dans *a-aisier*, *a-atir*, *a-esmer*. Val. *ad-urmecà*, *a-fumà*, *a-pesà*. — Remarques. 1) Priscien relève dans le latin archaïque *ar* pour *ad* dans *arfari*, *arger*, *arvenire*, *arvolare* etc. On constate une trace de cet *ar* en bas latin dans le mot *armecrariuc*; exemples romans : ital. *argine*, esp. *arcen* (*arger*, c'est-à-dire *adger*, *agger*); vénit. *arfiare* (*adflare*), voy. mon *Dict. étym.* II. a. *argine*. — 2) Certains mots espagnols, surtout des substantifs,

---

1. D'anciens auteurs italiens, notamment Dante, créaient d'eux-mêmes des *perasyntheta* aussi au moyen de noms de nombres, de pronoms et de particules : ainsi *in-duare* (*due*), *in-treare* (*tre*), *in-leare* (*lei*), *in-tuare* (*tu*), *in-forsare* (*forse*), *in-susare* (*suso*), lat. de la décad. *in-duare*, aussi *in-duire*.

présentent souvent un *a* préposé qui ne répond pas à la préposition latine *ad*, mais à l'article arabe, voy. t. I, p. 331 et à la fin de ce chapitre. — 3) *Ad* forme souvent en italien, avec des substantifs et des adjectifs, des inchoatifs et des factitifs de la première et de la troisième conjugaison, comme *abbrunare* et *-ire*, *affiebolare* et *-ire*, *ammagrare* et *-ire*, *ammalare* et *-ire*, *annerare* et *-ire*, *arrossare* et *-ire*, *assetare* et *-ire*, *attristare* et *-ire*; en espagnol des factitifs de la première conjugaison, comme *agrandar, adulzar, aviltar, avivar*; en provençal des inchoatifs et des factitifs de la même conjugaison : *alonhar, amaestrar, anualhar, apriondar, asuavar, asutilhar, avesprar, aveuzar*; en français des inchoatifs de la troisième : *adoucir, agrandir, attendrir, avilir*; des factitifs de la première : *affiner, agréer, attrister, avérer, arrondir, asservir*.

ANTE (ANTI). 1) Verbes nouveaux : Ital. *anti-andare, -giudicare*. Esp. *ante-coger, -ferir, -mostrar*; port. *ante-parar*. Manquent en prov. franç. val. — 2) Noms : ital. *ante-nato, -serraglio, anti-corte, -nepote*. Esp. *ante-brazo, -camara, -sala*; port. *ante-paro, ante-pasto*. Franç. *anti-chambre. -cour, -salle*; v.franç. [ANS, AINS] *ains-né* (auj. *aîné*), *ans--guarde, ains-jornée*. — AB-ANTE : ital. *avanti-camera, -guardia*, aussi *van-guardia*. Esp. *avam-brazo, -pies*. Fr. souvent : *avant-bras, -garde, -midi, -toit* etc.

ANTI (grec ἀντί) dans *Anti-christus* etc.; en roman, déformé quelquefois en ANTE : it. *anti-critico, -papa*; esp. *Ante-cristo, anti-papa, -putrido*; franç. *anti-civique, -pape*.

CIRCUM n'est appliqué en roman qu'à quelques noms : ital. *circum-ambiente, -polare*; esp. *circon-vecino, circumpolar*; franç. *circon-voisin*.

COM, CON. Au point de vue du traitement du préfixe il faut citer entre autres : ital. *coprire*, esp. prov. *cubrir*, fr. *couvrir* (*co-operire*); it. *corcare*, esp. *colgar*, fr. *coucher*, val. *culcà* (*collocare, culcare L. Sal.*); ital. *cucire* etc. (*con-suere*); ital. *cógliere*, esp. *coger*, prov. *cólher*, franç. *cueillir* (*colligere*); esp. *curtir* (*con-terere*); it. *cugino*, fr. *cousin*, mieux conservé dans le roum. *cusrin* (*con-sobrinus*); ital. *gon-fiare*, fr. *gonfler* (*con-flare*). — Cette particule est rarement employée dans les langues modernes, surtout au nord-ouest, où elle ne se présente pas non plus comme préposition. Le val. *cu* est tout-à-fait incapable de servir à la composition : *complot* est un mot français et *cumętrę* est le latin de l'Église *commater*. 1) Uni au verbe *com* désigne un accompagnement ou une société, il est rare qu'il se présente avec un sens moins déterminé, comme par ex., pour fortifier le sens, dans le lat. *con-vadari*. It. *com-baciare* baiser en même temps, *-battere* se battre ensemble, *-binare* réunir (déjà dans Sidoine), *con-farsi* convenir à quelque chose, *-fastidiarsi* se degoûter, *-ficcare* clouer, *-gegnare* assembler, *com-inciare* commencer, *-piagnere* plaindre (souffrir avec quelqu'un), *cor-redare* équiper, *con-tornare* contourner (cf. lat. *con-valiare* entourer), *-validare* confirmer (d'après *con--solidare*), *-vitare* inviter. Esp. *com-batir, -binar, -enzar, con-rear,* cor-*covar* (*con-curvare*), cor-*cusir* (*con-con-suere* p. 387) etc. Prov. *com-batre, -ensar, -planher, con-rear, co-vidar.* Franç. *com-battre, -plaindre* etc. 2) Uni au nom il exprime un rapport de société. It. *com-pagno* (*com, panis*), *-partecipe, con-causa, -sepolto, co-madre.* Esp. *com-paño, co-marca, cormano* (*con-germanus* *). Prov. *com-panh, con-fraire, -torn.* Franç. *com-pagnon, -plot, con-frère, -tour, co-état,* v.franç. *con-temple* (*con-tempora* *).

Contra. 1) Verbes : it. [aussi contro] *contra-fare, contra--sture* (lat. de la décad.), *contro-stampare, contra-urtare.* Esp. *contra-guardar, -hacer, -star.* Pr. *contr-anar, -esperonar, contra-star.* Franç. *contre-faire, -peser, -venir, contra-ster* (de l'italien). — 2) Noms : ital. *contragguardia, contrappeso.* Esp. *contra-balansa, -prueba, -quilla.* Prov. *contra-clau, -par, -pes.* Fr. *contre-garde, -poids, contrôle* (pour *contre-rôle*). Ce préfixe manque en valaque.

De. Exemples anciens : ital. [DE, DI] *di-chiarare, de(di) -collare, di-fendere, di* et *do-mandare* (t. I, p. 163), *di--morare, -mostrare, de(di) -porre, de-signare di-segnare, -venire, d-orare* (*de-aur.*); [DE disparaît devant l's impure] *scendere* (*de-*), *struggere* (*de-struere*); esp. [DE] *de-clarar, de-fender, d-orar* etc.; port. prov. comme en esp.; franç. [DÉ, rarement DE, devant s aussi DES] *dé-clarer, -cliner, -coller, -duire, -fendre, -finir, -livrer, de-mander, -meurer, dessécher, dé-signer, dessiner, dé-tester, de-venir*; val. [DE] rare : *de-florì, -prinde,* des-*cyntà* (*de-cantare*). — Les nombreuses formations analogiques expriment d'ordinaire un éloignement ou une spoliation. Ital. [DI, plus rarement DE] *di-bastare* débâter, *di-boccare* arracher de la bouche, *di(de)-cadere* déchoir (*de-cidere*), *-capitare* décapiter (cf. lat. *de-collare*), *di-gozzare* (= esp. *de-gollar*), *di-gusciare* écosser, *di(de)--gradare* descendre (*de-gr.* dégrader Cod. Just.), *di-roccare* et *-rupare* précipiter d'un lieu élevé, *-rubare* dérober, *destare* réveiller (*de-excitare*). Esp. *de-batir, -caer, -fallecer, -gollar, -gradar, -leznar, -marcar, -parar, -partir, de-xar (de--sitare**). Prov. *de-bastir* (comme lat. *de-moliri*), *-botar, -capitar, -cassar, -cazer, -falhir, -folar, -golar, -gradar, -guerpir, -guisar, -laissar, -marcar, -menar, -partir, -rocar.* Fr. [DÉ] *dé-capiter, -choir, -faillir, -filer, -guiser, -jeûner, -laisser, -marquer, -tremper.* Val. [DE] rare : *de--gerà* geler (*gelu*), *-oche*à ensorceler, *-pertà* éloigner, *-remà* ramifier.

DIS, DI. Exemples anciens : ital. [DIS, DI, devant les consonnes aussi s] *dis-cernere, -crepare, dis-perdere sperdere, di--spergere spergere, diffamare, s-cerpare (dis-cerpere), s-traziare (dis-tract.)*; esp. [DIS, DI] *dis-cernir, -crepar, -famar, di-ferir*; prov. [DIS, DI, DES] *dis-gregar, -pensar, -traire, di-famar, -gerir, -rigir, des-cordar, -sebrar*; fr. [DIS, DI] *dis-cerner, -convenir, -corder, -séminer, diffamer, dis-penser* et dé-*penser*; val. [DES, rarement DIS] *des-chide, -partzi, dis-putà*. — Les langues romanes ont fait un emploi considérable de ce moyen de formation. Il exprime, comme le lat. *dis* ou l'allem. *zer*, une séparation ; il s'emploie aussi pour désigner la cessation d'une activité ou la négation d'une idée, comme dans le lat. de la décad. *discredere* pour *non credere, disseparare* pour *non separare*. Exemples. 1) Verbes. Ital. *dis-bandire sbandire, dis(di)-barbare, dis-battere sb-, dis-(di)-boscare, dis-cadere sc-, dis-caricare sc-, dis-fare, dis--fermare diff-, dis-guardare, dis (di)-nodare, dis(di)-radicare, dis-sennare, -ubbidire, -valere, di-guastare, -menare, -rancare, -trinciare, s-barattare, s-bendare, s-capigliare.* Esp. [DES, rarement DIS] *des-baratar, -cabalgar, -cabellar, -cabezar, -cargar, -cervigar, des(dis)-continuar, des-frazar, -gastar, -guarnir, des-hazer, dis(des)-gustar, dis--minuir, derramar, derrancar, derrocar.* Prov. [DES] *des--cabelhar, -cargar, -cavalgar, -consolar, -faire, -garnir, -lauzar, -poestedir, des-ramar derr-, des-rencar derr-, des--valer.* Fr. [devant les voyelles DÉS, dans quelques mots DIS, devant les consonnes DÉ] *dés-agréer, -équiper, dis-continuer, -créditer, -culper, -paraître, dé-bander, -charger, -faire, -garnir, -jeûner, -ranger.* Val. [DES] *des-armà, -bate, -binà, -face.* La cessation d'une activité est exprimée dans l'ital. *dis-amare*, esp. prov. *des-amar* cesser d'aimer ; prov. *des-anar* ; ital. *dis-credere*, esp. *des-creer*, pr. *des-creire* ;

it. *dis-volere*, pr. *des-voler*, v.fr. *des-voloir* cesser de vouloir (ce mot ne remplace donc pas le lat. *nolle*). Exemples anciens tirés du bas latin : *discargare L. Sal.*, *diffacere Cap. ad L. Sal.*, *discapillare L. Burg.*, *dis-credere* dans Bède. — 2) Noms. Ital. *dis-agio, -amore, -grazia, -gusto, -ordine*; *dis-agevole, -netto*. Esp. *des-amor, -consolacion, -gracia, -maña, -orden*; *des-conforme, -nudo*. Pr. *des-aise, -grat, -poder, -razo, -renc*; *des-lial, -batejat* qui n'est pas baptisé, *-cofes, -covidat, -fezat, -nofezat*. Franç. *dés-arroi, -astre, dé-raison*, dis-*grâce*; *dés-agréable, dé-loyal*. — Remarques. 1) Le latin est hésitant dans l'emploi de *dis* et de *di*. Les langues filles favorisent évidemment le premier en sa qualité de forme plus forte, comp. ital. *disfare*, esp. *disfamar, disminuir*, prov. *desduire* (*diducere*), *desrompre*. — 2) *Dis*, en raison de la précision plus grande de sa signification, supplante souvent *de* qui est plus faible : lat. *dearmare, definire, deformare, denegare, denudare, desperare* sont devenus, en changeant de suffixe, en ital. *disarmare, disfinire, disnudare* (à côté de *def.*, *den.*), en esp. prov. *desarmar, desformar, desnegar, desnudar, desesperar*. — 3) Des collisions entre *de* et *dis* ont dû avoir lieu souvent à cause de la parenté de sens des deux particules, et il n'est pas toujours possible de distinguer laquelle des deux a pris place dans le mot roman. En ital. *di* peut représenter *de* aussi bien que *dis*; toutefois on ne peut guère admettre le second cas avec certitude que dans les mots où parallèlement à la forme abrégée *di* se trouve la forme complète *dis*, comme dans *di-giugnere dis-giugnere, di-mentire dis-mentire*. En français ce criterium n'est même pas applicable à la forme commune *dé* : *débattre* et *déchoir* par ex. répondent aussi bien à l'esp. *debatir, decaer* qu'à l'ital. *disbattere, discadere*. En espagnol *de* se distingue avec précision de *dis, di, des*.

Ex, E. Composés anciens : ital. [ES, S, SCI, E] *es-pandere* et *s-pandere, es-pedire s-pedire, es-pellere, es-porre s-porre, es-piare, estirpare sterpare, es-alare scialare* (*exhalare*), *s-cernere* (*ex-c.*), *sciagurato* (*ex-auguratus*), *scialbare* (*ex-albare*), *sciocco* (*ex-succus*), *asciugare* (*ex-succare*), *uscire* (*ex-ire*), *s-aggio* (*ex-agium*), *e-leggere, e-levare*; esp. [EX, à peine ES, quelquefois ENS, ENX, aussi E] *ex-pedir, -piar, -tinguir, es-caldar, es-pirar, ens-alzar* (*ex-altare*), *ens-ayo* (*exag.*), *enxugar* (*exsucc.*), *en-levar* (*e-lev.*), *en-mendar* (*e-m.*), port. *ex-cluir, es-cavar, ens-alzar, en-secar, enxugar, ens-aio, enx-ame* (*ex-amen*), *e-leger*;

pr. [ES, EIS, IS] *es-calfar, eis-sarnir is-sernir* (*ex-cernere*),
eiss-ir, eis-sugar; fr. [EX, É, à peine ES] *ex-pirer, é-chauf-*
fer, é-lire, é-pandre, es-suyer, ess-ai, a-*mender*; val.
[AS ou A, surtout S] *a-jeptà* (*ejectare*), *a-spumà, a-steptà*
(*exspect.*) *a-sudà, a-lege* (*elig.*), *s-celdà, s-pune, s-toarce.*
— Composés nouveaux. 1) Verbes. Ital. [S, SCI] *s-baire,*
s-commettere, s-forzare, s-merare, s-tracciare (de *ex-*
tractus), *scioperare* (*ex-operare*), *sciorinare* (*ex, aura*);
E dans *e-spiare* pour *es-spiare* (v.h.all. *spehón*). Esp. [ES,
à peine EX] *es-campar, -carmenar, -fogar, -merar, -tirar,*
ex-playar, ens-anchar (*ex-ampliare* *); port. entre autres
ens-anchar, enx-agoar. Pr. *ess-aurar, es-baudir, -cazer,*
-jauzir, -laissar, -merar, -tornar, eiss-orbar. Franç. [É]
é-bahir, -changer, -chapper, -choir, -tonner, efforcer.
Val. [S] *s-bate, s-burà* (*ex-volare*), *s-cedeà, s-cepà, s-pun-*
zurà (ital. *s-penzolare*), *s-temperà.* — 2) Des noms tels que
ex-heres, -lex, -os, -pers, -animis, efferus existent à peine en
roman. En italien l'*s* devant des consonnes se présente souvent
comme un simple renforcement de forme (t. I, p. 325), peut-être
quelquefois est-elle fondée sur *ex*, mais cette dérivation n'est plus
sensible maintenant. Les exemples manquent aussi en espagnol.
En provençal on a quelques cas, comme *es-dreg, -denh, -fré*
où *s* a un sens privatif. Le français moderne désigne par *ex* ce
qu'une personne a été auparavant, comme dans *ex-ministre,*
-recteur, -jésuite, qui expriment un sens autre que le lat.
ex-heres. En bas latin on trouve *ex-canonicare,* mais non pas
ex-canonicus. — Remarques. 1) De même que le roman préfère
dis à *di,* il préfère aussi *ex* à *e,* lorsque le mot commence par
l, m, n, comp. prov. *es-levar* (*elevare*), v.esp. *es-leïr,* prov.
es-lire (*eligere*), prov. *es-mendar* (*em.*), ital. *s-morto,* esp.
es-mortecido (*emortuus*), ital. *s-mungere,* val. *s-mulge*
(*emulgere*), prov. *es-mendar* (*em.*), ital. *s-nudare* (*en.*);
ex peut même être placé encore une seconde fois devant *e* :
ital. *sc-egliere, sc-ilinguare* (p. 387). — 2) En italien *s* peut
représenter *dis* aussi bien que *ex.* Il n'est souvent pas possible
de savoir quelle particule la langue a prise pour point de départ,
et cela ne peut même pas toujours être décidé par l'exemple des
autres dialectes, car les significations des deux particules sont
très-rapprochées.

EXTRA, qui n'était uni en latin qu'à un petit nombre de mots,
a été employé très-souvent par l'italien [STRA, aussi ESTRA] et
cela soit pour *ultra*, comme dans *stra-bere, -cuocere, -sapere,*

-*contento*, -*grande*, -*grave*, soit pour *trans* ou *per*, comme dans *stra-boccare*, -*forare*, -*formare*, -*fugare*, -*volgere* à côté desquels se trouvent aussi *tra-boccare*, -*forare*, *tras--formare*, *tra-fugare*, *tras-volgere*. Les autres langues n'en offrent que peu d'exemples : ainsi esp. *extra-vasar*, -*venar*, -*viar*, -*vagante*; prov. *estra-vagar*; franç. *extra-vaguer*, -*vaser*; val. [STRE] *strę-bate*, -*curà* (c.-à-d. *per-colare*), -*luci*, -*mutà*, -*nepot*, -*unchiu*.

Foris, foras dans les phrases *foris ferre*, *foris dare*, préfixe dans le subst. *forasgero* dans Plaute, sert en qualité de préposition romane à beaucoup de formations avec le sens de « en dehors, au-delà des bornes » : b.lat. *foras-muraneus* Grég. de Tours, *fur-battere* etc. *Leg. Barb.* Ital. [FOR, FUOR] *for-chiudere* exclure, -*fare* mal agir, -*sennare* extravaguer, *fuor-costumanza* mauvaises mœurs, *for-uscito* émigré, *fuor-bannuto* banni. En espagnol cette composition n'est pas entrée dans l'usage, bien que la préposition ne fasse pas défaut; il faut la reconnaître dans *for-agido* = ital. *forbannuto* ; on trouve en outre le v.esp. *for-arado* déterré Bc. *Mill*. 118, *for-fecho FJ.*; elle est absolument étrangère au catalan. Prov. [FOR, FORS] *for-faire*, -*gitar*, *fors-issir*, *for-jurar*, -*jutjar*, -*ostar*, -*senar*, -*venir*, -*viar*. Franç. [FOR, FOUR, HOR] *for--clore*, -*faire*, -*jeter*, -*lancer*, -*marier*, -*ban*, -*cené* (pour -*sené*), *four-voyer*, *hor-mis*; v.franç. *for-banir*, -*beter*, -*conseillier*, -*gagier*, -*jugier*, -*jurer*, -*lignier*, -*mener*, -*traire*, -*voyer*, -*borc*.

In : it. [IN, à peine EN] *in-scrivere* et *i-scrivere*, *in-vitare*, *em-piere* (*implere*), *en-fiare* (*infl.*); esp. [IN, EN] *in-clinar*, *im-buir em-buir*, *im-plicar em-plear*, *im-plorar*, *hin-char* (*infl.*), *en-cantar*, *en-tender*; prov. [EN] *en-vidar*, *em-blar* (*in-volare*), *empetrar*, *um-plir* (*implere*), *un-flar* Brev. LRom.; franç. [IN, EN] *in-viter*, *im-plorer*, *en-fler*, *em-plir*; val. [IN] *in-ceape*, *in-cinge*, *in-pedecà*, *imutà*, *un-flà*, *um--pleà* (comme en prov.). — Les compositions nouvelles existent en grand nombre ; à l'ouest elles présentent la forme EN. Voici quelques exemples. Ital. *in-affiare* (*in-ad-flare*), *amorare*, -*gombrare*, *ricchire*, *illaidire*, n-*ascondere* (de *in-asc.*); subst. *im-busto*. Esp. *en-amorar*, *en-lisar*, *em-barcar*, *em--pachar*, *am-brollar*, *am-parar*, *añ-adir* (pour *ennadir* Bc. = *in addere*); port. *en-amorar* et *n-amorar*. Prov. *en--amorar*, *en-combrar*, *em-bargar*; adj. n-*aut* (*in-altus*). Franç. *en-gager*, *en-richir*, *em-busquer*. Val. *in-caltzà*,

-desà, -elbì, in-binà; adj. *in-alt* et *n-alt* (pr. *naut*). — Remarque. Les inchoatifs et factitifs tirés de substantifs et d'adjectifs sont nombreux ici comme dans la classe des composés avec *ad*, savoir : ital. d'après la première et la troisième conjugaison, comme *incalvare* et *incalvire, incarnare, infangare, infreddare, infrondare, ingrossare, impallidare (-ire), impazzare (-ire), inaridire, ingrandire, ingobbire*; esp., d'après la première, pour la plupart des factitifs : *encoxar, enderezar, endulzar, enfadar, engordar, engrosar*; franç. d'après la première, factitifs et inchoatifs, comme *engrosser, empirer*, d'après la troisième généralement des factitifs : *enchérir, enforcir, enorgueillir, enrichir, envieillir*.

Inde en qualité d'adverbe de lieu s'unit au nord-ouest proclitiquement avec différents verbes, quoiqu'il se présente d'ailleurs partout comme adverbe indépendant (franç. *s'en aller*, ital. *andar-se-ne, cacciar-ne*). Les cas français sont : *en-fuir, -lever, -traîner, em-mener, -porter, s'en-voler*; pr. *en--menar, em-portar* etc. L'italien remplace *inde* par *via* qui est toujours séparé du nom (*andar via*).

Infra. L'italien seul emploie comme préfixe la préposition fra, infra, qui lui représente le sens de *inter* : *fra-mescolare, frammettere* (aussi *infra-*), *fra-ntendere, frappore*. Devant un *t, fra* prend la forme *fras* : *fras-tagliare, -tenere, -tornare* qui a peut-être été motivée par le synonyme du dernier de ces verbes, *tras-tornare*.

Inter : ital. [INTER] *inter-cedere*; esp. [INTER, quelquefois ENTRE] *inter-calar, -ceder, -mitir* et *entre-meter, inter-* et *entre-decir*; port. *inter-ceder, entre-pôr*; prov. [INTER, ENTRE] *inter-polar, entre-meter, entervar (interrogare)*; franç. [INTER] *inter-caler, -céder, -dire*; manque en valaque. — Pour les nouvelles compositions l'italien a préféré *tra*; le domaine de l'ouest en possède un grand nombre, de verbes et de substantifs, et ici *inter* exprime aussi le sens de *se invicem* et *semi*; la forme est partout ENTRE. Esp. *entre-mezclar* entremêler, *-abrir* entr'ouvrir, *-oïr* entr'ouïr; *entre-suelo* entresol, *-ancho* de médiocre largeur, *-fino* de moyenne finesse. Prov. *entre-ferir, -mesclar, -pausar, -prendre, entr-ubrir* entr'ouvrir; *-senh* signe convenu (entre deux personnes). Fr. *entre-mêler, -manger, -voir, entr'ouvrir; entre-mets, -sol*; v.fr. *entre-chenu* à moitié blanc.

Intra, tra en italien seulement, synonyme de *inter* : *intra--chiudere, intra-* et *tra-porre, intra-tessere* = lat. *inter--cludere, inter-ponere, inter-texere*. Dans les formations nouvelles *intra*, comme on l'a observé, prend la place de l'occidental *entre*, surtout dans le sens de *se invicem*. Ex. *intra-* et *tra-lasciare, -mischiare, -mezzare, -ttenere, intra-prendere, tra-confortarsi* se consoler, *tra-cordare* être bien d'accord. — INTRO ne se trouve que dans les mots transmis par le latin, comme ital. *intro-durre*, esp. *entro-meter*, fr. *intro-duire*. L'esp. *dentro-traer* est un mot nouveau.

OB seulement dans des mots latins : ital. *offuscare, o-stare, ovviare,* u*bb-idire,* u*bbliare,* u*ccidere* et an*-cidere* ; esp. *ob-edecer, ob-star, ob-viar* et l'arch. u*-viar* ; prov. *ob-ezir* (*ab-durat* voy. *ab*); fr. *ob-éir, ob-liger* etc.; sur *ob-sèques* pour *ex-sèques* voy. mon *Dict. étym.* II. c.

PER : it. *per-cepire*, esp. *per-cibir*, mais *pre-guntar* (*per-contari*), *por-fia* (*per-fidia*), port. *per-ceber*, pr. *per-cebre, per-ponh* (*per-punctum*), franç. [PER, PAR] *per-cevoir, par-fait,* pour*-point, par-venir*, val. [PRE, PRI] *pre-* et *pri-ceape, pre-cupi, pri-veghea* (*per-vigilare*). — On s'étonne de la rareté des compositions nouvelles ; il est vrai que *per* pouvait être facilement remplacé par d'autres préfixes. Il désigne en général l'accomplissement d'une action, de même que l'allemand *voll* dans *vollenden, vollstrecken*. La liste qui suit est presque complète. 1) Verbes. Ital. *per-donare, -figurare*. Esp. *per-catar, -donar, -filar, -geñar, -longar*, dans d'anciens auteurs comme J. del Encina *per-chufar, -entender, -saber*. Pr. *per-cassar, -colar* embrasser, *-creisser, -donar, -faire, -filar, -forsar, -prendre, -servir*. Parmi ces verbes le b.lat. *perdonare* (1° = *praebere*, 2° = *ignoscere*, comme le v.all. *vir-geban*) est devenu commun à tout le domaine roman. Franç. [PAR, quelquefois PER] *par-donner, -faire, -fournir, -fumer, -semer, per-siffler* ; v.franç. *par-aimer, -croistre, -emplir, -estrangler, -mener, -trouver, -prendre*. Val. *pre-face* transformer, *-linge* pourlécher, *-lungi* prolonger (ital. *perlongare*), *-mundà* retarder, *-será* saler trop (comp. lat. *persalse*). — 2) Un adjectif dans lequel *per* renforce le sens (lat. *perdoctus*) est le v.esp. *per-dañoso Teatr. ant.* éd. Böhl p. 20[b]. Le val. *pre-scurt* ne dit rien de plus que *scurt*. — 3) Substantifs : v.franç. *par-close* clôture, *par-fin* la dernière extrémité (prov. *per-fin*), *par-somme* somme complète.

POST. En fait de mots nouveaux on a seulement : ital. *pos-vedere, -pasto* ; esp. *pos-tergar, -pierna, pest-orejo, pes-cuezo* (voy. mon *Dict. étym.*); fr. *post-communion*, puî*-né* (*post-natus*).

PRAE : ital. *pre-dicare*, esp. *pre-veer*, prov. *pre-servar*, per-*clar* (*prae-*), franç. *pré-server*, val. *pre-żudecà, -pune, -scrie* (pour *prae* et *per-scrib.*), *-tendà* (*prae-tendere*). Formations analogiques, par ex. ital. *pre-accennare*; esp. *pre-determinar*; franç. *pré-dominer*.

PRAETER : ital. *preter-ire* etc. Un composé nouveau est l'ital. *preter-naturale*.

PRO : ital. *prommettere*, esp. *pro-veer*, prov. *pro-bainar* (*pro-paginare*), *pro-longar* et per-*longar*, per-*fon* pre-*on* (*pro-fundus*) etc., franç. [PRO, aussi POUR] *pro-fond* (arch. *par-fond*), *pro-pager, pour-suivre, -voir*, val. *pro-duce*. — Les composés nouveaux sont peu nombreux. Ital. *pro--cacciare, -filare, -fumare, -pensare*. Esp. [PRO, rare ou arch. POR] *pro-hijar* (*porfijado* Bc.), *-mediar, -pasar, por-caszar* Bc. Franç. [POUR] *pour-chasser*, v.fr. *por-ofrir*. — Remarque. Les trois particules *per, prae* et *pro* sont souvent confondues et employées l'une pour l'autre. *Per*, par ex., a été, comme nous l'avons vu, échangé contre *pro* dans l'ital. *profumare*, dans l'esp. *porfia*, dans le franç. *pourpoint*; *prae* a été échangé contre *per* dans le prov. *perclar*; *pro* contre *per* dans le prov. *perlongar* et *perfon*. A l'ital. *profilare* s'oppose l'esp. prov. *perfilar*, au franç. *parfumer* l'ital. *profumare*, au franç. *pourchasser* le prov. *percassar*. Cette confusion a été causée en partie par les formes diverses que prennent ces particules en qualité de prépositions.

RE : ital. [RE, RI] *re-flettere, re-integrare, ri-amare* (red.), *ri-cevere, ri-spondere*, ro-*vescio* (*reversus*); esp. port. [RE] *re-cibir, red-imir*; prov. [RE] *re-cebre* etc., *re--maner* et ro-*maner* et de même en v.cat. ro-*mandre* Aus. M., v.esp. ro-*manecer* Apol. 406, roum. ru-*maner*; franç. [RÉ, souvent RE[1]] *ré-citer, ré-duire, ré-pondre*; *re-conduire, re-cueillir* (mais *ré-colte*), *re-fuge* (mais *ré-fugier*); *ré-créer re-créer, ré-former re-former, ré-partir re--partir* présentent une différence de sens ; val. [RE] *rę-męneà, rę-pune*. — Il y a surabondance de composés nouveaux. 1) Verbes, qui presque partout indiquent une répétition. Ital. [RI, abrégé en R devant *a* et *in*] *ri-andare, -baciare, -cadere, ri (re)-capitare, ri-scaldare, -scontrare, -spignere, r-attenere, r-attristare, r-aunare* (*re- ad-unare*), *r-aumiliare,*

---

1. Barbieux a donné sur *ré* et *re*, de même que sur *dé* et *de*, et sur le conflit qui règne entre ces deux formes, des détails plus précis dans l'*Archiv* de Herrig IX, 172 ss.

r-avvisare, r-imbiancare, r-infondere, r-ingraziare. Rin se montre aussi dans des mots qui antérieurement ne commençaient pas par *in* et où cette particule n'a souvent aucun sens : *r-im-balzare* (non pas *imb-*), *r-im-bambire, r-im-bombare, r-im-piagnere, r-in-culare, r-in-francare.* Au lieu de la forme usitée *rin* certains dialectes se contentent souvent du simple *re.* Esp. *re-alzar, -besar, -caer, -pensar, -soplar; -avivar, -imprimir.* Pr. *re-captar, -gardar, -gazardonar, -issidar, -vironar.* Fr. [RE, abrégé en R devant *a* et *en*, RES devant une *s* pure] : *re-buter, -garder, -hausser, ré-unir, -ussir, r-avoir, r-ajeunir, r-attacher* (mais *ré-ajourner,* et non *raj*.), *r-enfermer, r-enverser; ressentir, ressouvenir;* v.franç. *re-devoir, r-estre, re-povoir, re-voloir* etc. Val. *rę-paosà, -sęri,* généralement *ręs* (*re-ex,* ital. *ris*), ainsi *rę--s-bunę* (ital. *rasserena*), *rę-s-cumperà* (ital. *riscuotere*), *rę-s-picà* (*re-ex-plicare*), *rę-s-turnà* (franç. *renverser*); il faut séparer de ces exemples *ręs* = slave *raz* (= lat. *dis*) dans *ręs-bì* (serbe *ràz-biti*), *ręs-boiu* (russe *raz-boi*), *ręs--coli* (russe *ras-kol*), *ręs-plęti* (russe *ras-plàta*). — 2) Noms. Adj. *re-calvus, -cavus, -curvus, -supinus.* Ital. *ri-alto, -pieno.* En esp. *re* renforce : *re-bueno* fort bon, *re-fino* très-fin, arch. *re-mejor* bien meilleur, *re-peor* bien pire (proprem. encore une fois pire), port. *re-bem* très-bien, *re-bonisimo*[1]. Les substantifs avec *re* sont rares. Ital. *ri-piano,* aussi *di-r--impetto* adv. Esp. *re-bisabuelo* trisaïeul. Prov. *rei-ban* (fr. *arrière-ban*), *re-feu* (arr. *fief*), ce n'est sans doute qu'une abréviation de *reir-.* Franç. *de-re-chef* adverbial.

RETRO. Formations nouvelles : ital. *retro-pignere,* esp. *retro-vender,* prov. *reire-venir, -virar, reir-olhar* et beaucoup de substantifs comme ital. *retro-camera, -guardia* (aussi *dietro-g.*), *-guida* ; esp. port. rien ; prov. *reire-auditor* (franç. *sous-auditeur*), *-cosselh, -garda, reir-avi* ; franç., avec un *a* préposé, *arrière-ban, -fief, -garde, -goût, -neveu* ; comp. *retro-principes Cod. Theod.*

SE (*se-ducere*) seulement dans des mots transmis par le latin.

SUB, selon le génie de chaque langue : SUB, SOB, SU, SO etc. Ital. *sub-intrare, soccorrere, sorridere* ;. esp. [devant *r* et *s* aussi SON, de plus SA, SAN, ZA, CHA] *sub-ornar, su-plicar, so-correr, son-reir, sa-humar* (d'après *suffumicare*), *za-*

---

1. Gil Vicente semble aussi avoir renforcé de la même manière *não* et *si* : *digo te que re-não quero* ; *digo te que si, re-si* I, 226.

-*hondar* (*suffundare*), *cha-podar* (*supputare*); prov. [aussi SE] *so-pleiar, -sunar* (*sub-sannare*), *so-* et *se-codre, so-* et *se-mondre*; franc. [aussi SE] *supplier, sou-rire, se-couer, -courir, -mondre*; val. *su-ferì, -flà*. — Les formations nouvelles avec cette particule sont assez nombreuses et dans plusieurs elle a, comme en latin, une action diminutive. 1) Verbes. Ital. par ex. *sob-bollire, socchiudere, socchiamare, soppozzare, sottoccare*. Esp. *san-cochar* (*sub-coquere*), *so-freir, so-faldar, so-juzgar* (de *sub-jugare*), *so-negar* GVic. 44[b] (le lat. *sub negare* se présente à peine), *so-terrar, son-risar, -rojar, -sacar, za-bullir, -herir, zam-* et *cha-puzar* (ital. *soppozzare*). Les déformations de *sub za, zam, cha* semblent étrangères au portugais et au catalan. Pr. *so-franher, -jornar, -partir*. Franc. *sou-haiter, sé-journer*. Val. *su-grumà, su--gusà*. — 2) Uni à des substantifs *sub* exprime un sens de subordination : ital. *sob-borgo* (comme *suburbium*), esp. *so--prior*. On n'a pas continué à l'employer à la diminution des adjectifs (*sub-acidus*), seul l'*Elucidari* présente des mots tels que *sub-citrin, sub-falb*.

SUBTER est resté aux nouvelles langues dans *subter-fugere*.

SUBTUS prend d'ordinaire en roman la place de *sub*. 1) Verbes : It. [SOTTO] *sotto-giacere, -mettere, -ridere, -scrivere* = *subjacere, submittere, surridere, subscribere*; de plus *sotto--intendere, -spiegare, -stare*. Esp. [SOS, SUBS] *sos-entender, sos-linear, subs-traer*. Pr. [SOTZ, SOS] *sotz-amenar, -intrar, -levar, -terrar, -umbrar, -sos-foire, -metre, -rire, -traire*. Franç. [SOUS, SOU] *sous-louer, -entendre, -traire, sou-lever, -mettre, -rire*, v.fr. *sos-lever, suz-cliner* etc. — 2) Substantifs : ital. *sotto-cuoco*. Esp. [SOTA, à peine SOTO] *sota-banco* acrotère, *-basa, -vento, -capitan, soto-ministro*; port. *sota--capitaina*. Prov. *sotz-baile, -prior*. Franç. *sous-diacre, -lieutenant*.

SUPER : it. [SUPER, SOPRE, SOR] *super-fluo, sopr-eminente, sor-bondare, -venire, -volare, -ciglio*; esp. [SUPER, SOBRE] *super-venir* et *sobre-venir, sobre-nombrar, -cejo*; de même aussi en prov. *sobre-dire, sobr-ondar, sobre-cilh*; fr. [SUPER, SUR] *super-flu, sur-abonder, sur-venir, sour-cil*; manque en valaque. — Les formations (toutes avec la particule romanisée) expriment un excès ou un degré élevé, comme le mot de Tertullien *supersapere*. Ce sont : 1) Des verbes : ital. *sor-giungere, -montare, -passare, -prendere, -quidare* (*cogitare*). Esp. *sobre-beber, -montar, -pasar, -puyar, -saltar, sor-*

-*prender*. Prov. *sobr-amar, -issir, sobre-comtar, -cuiar, -v..'er*. Franç. *sur-hausser, -monter, -payer, -prendre, -vendre*. — 2) Noms, en très-grand nombre: esp. *sobre-cama, -guarda, -tarde, -vesta; -lleno* trop plein, *-natural, -seguro*. Pr. *sobre-baile, -cot, -dent, -pelitz, -sen* déraison, *senher; sobr-altiu, sobre-bas, -cabal, -fer* etc., cat. *sobre-avoncle* RMunt. p. 67. Frauç. *sur-arbitre, -bande, -cot, -face, -plis, -saut; -humain, -naturel*.

Supra. L'italien remplace *super*, qui lui est presque étranger, par supra ou sovra, de même qu'il emploie *intra* pour *inter* : *sopr'-abbondare, sopra-venire, -ciglio* = lat. *super-abundare, -venire, -cilium; sopr-accingere, sopra-pagare, -sperare*; subst. *sopravveste, soprallode*; adjectifs, dans lesquels *sopra* sert à l'augmentation du sens (comme *trans*) : *sopr-acuto, sopra-famoso, -ggrande*. La particule est séparable dans *sopr-arrivare, -aggiungere, sopra-venire* et d'autres analogues. En vieil espagnol on trouve *supra* dans *sobra-bien* Bc., *sobra-grant* ibid., *sobra-mucho* Rz. Les mots franç. *soubre-saut, -veste* ont été empruntés à l'italien.

Trans (tra) pour les verbes et les noms. En roman *trans* persiste dans les mots peu populaires; les autres l'abrègent : ital. [trans, tras, tra] *trans-* et *tras-formare, trans-* et *tra-mutare, tra-montano*; esp. [même forme] *trans-ferir, tras-lucir, tra-ducir, tra-ves* (*trans-versus*); port. *trans--mittir, trans-* et *tras-pór*; prov. [aussi tres] *trans-glotir, tras-* et *tres-salhir, tra-metre*; franç. [trans, tres, tra] *trans-porter, tres-saillir, tra-duire*; val. [tre, tri] *tre-seri* (*trans-silire*), *tri-mite, treace* (*tra-jicere*). — Formations analogiques. 1) Verbes. Ital. *tras-andare, -tornare, tra-boccare, -passare, tras-curare* négliger, *tras-vedere, tran--gugiare*, tram-*bustare*. Esp. *tras-loar* louer démesurément, *-lumbrar, -nochar, -pasar, -tornar, -vestir, -oir*. Port. [aussi tres] *tras-, tres-bordar, -passar, -tombar*. Franç. *transpercer* (arch. *tres-p.*), *tra-vestir, tré-bucher, -passer*, v.franç. *tres-aller*. Val. *tre-veli* (serbe *váljati*). — 2) Cette particule s'unit rarement à des substantifs : ital. *tras-ordine*, esp. *tras-pié, trans-abuelo* bisaïeul, port. *tres-avó*, v.franç. *tres-aive*. Préposée à des adjectifs elle a dans quelques langues une force augmentative : ital. *tras-grande* extrêmement grand, *tra-caro, tra-snello* etc., prov. *tras-annat* très-âgé, *tras-tuit* tous ensemble; franç. *très-grand, très-cher* (aussi sans trait d'union, elle peut s'employer du reste devant tous les adjectifs). — Remarque. En italien *trans* peut se confondre avec *intra* dans la forme commune *tra* : ainsi *tra-mettere* équivaut à *trans-* et à *intra* (c'est-à-dire *inter*) *-mittere*. En port., prov. et franç. *tres* ou *tré* est en même temps nom de nombre, comme dans *tres-dobro, tres-lis, tré-pied*.

ULTRA. 1) Verbes : seulement ital. OLTRA-*passare* ; esp. ULTRA-*pasar* ; prov. OUTRA(E)-*cuiar, -passar, -salhir* ; franç. OUTRE-*passer*. — 2) Noms (adjectifs) : lat. *ultra-mundanus* (Tertull.); ital. *oltra-marino, -montano*, augmentatif: *-maraviglioso, -possente* ; esp. seulement *ultra-marino, -montano* ; prov. *outra-marin*. — Cette particule se rencontre avec *trans* dans la plupart des exemples italiens, comp. *tra-* et *oltra--passare, tra-* et *oltra-montano*. Mais la forme explicite *trans* dans les correspondants espagnols *tras-pasar, tras--montano* prouve que *tra* n'est pas une abréviation de *oltra*.

2. *Adverbes nominaux*. — Nous mettons dans cette classe les deux préfixes tirés de substantifs *archi* et *vice* (en dehors de la composition le premier n'est pas du tout usité, le second ne l'est au moins pas sous cette forme); puis quelques adjectifs adverbiaux, enfin *bis* dont l'origine ne peut être déterminée avec certitude.

ARCHI (ἄρχι, allem. *erz*) dans un grand nombre de composés nouveaux. It. *arci-briccone, -duca, -maestro, -poeta, archi--trave, arc-angelo, -avolo* bisaïeul. Esp. *archi-duque, arci(e)-dianazgo, arz-obispo, arqui-trabe*. Fr. *archi-duc, -échanson*. Val. *arh-angel* etc. — En italien *arci* sert aussi à l'augmentation de l'idée dans des adjectifs et des verbes : *arci--bello, -bellissimo, -ballare, -mentire, arzi-gogolare*.

VICE, dès les premiers temps du moyen âge : *vice-comes, -dominus* (vidame), *-judex*. Ital. *vice-dio, -madre, -rè, vis--conte*. Esp. *vice-almirante, viz-conde, viso-rey* et *vi-rey*. Prov. *ves-coms*. Franç. *vice-roi, vi-comte, -dame*.

BENE, MALE dans *bene-* et *male-dicere, bene* et *male-ficus* et autres formations verbales ; en roman ces particules se sont complètement unies au verbe et au nom. 1) Verbes : ital. *benedire* ; *male(mala)-dire, mal-fare, -menare, -mettere, -trattare*. Esp. *bien-aventurar, -decir, -querer* ; *mal-baratar, -casar, -decir, -fazer* (arch.), *ma-lograr* (*male lucrari*), *mal-parar, -versar, malvar* (*male levare*); port. *bem-fazer* etc. Prov. *benezir* ; *mal-dir, -menar, -merir, -mesclar, -metre*. Fr. *bénir* ; *mal-faire, -mener, -traiter, -verser, mau-dire*, v.fr. MAR-*voyer*. Val. *bine-cuvintă, -voji*. —

2) Noms : it. *bene-stante, ben-venuto, -volere*; *male-stante, mal-cauto, -sano, -vagio, -volere*. Esp. *bien-andanza, -estar* ; *mal-astrugo, -contento*. Prov. *ben-anan, -astruc, -aürat, -estan*; *mal-anan, -apte, -aürat, -azaut, -compazible* GO., *-sabensa, -vais*. Fr. *bien-aimé, -heureux, -venu, -être* ; *mal-ade, -content, -heureux, -propre, -sain, -être, mau-vais, maussade* (*male sapidus*).

Longi-, multi-, omni-, dans *longi-manus, multi-cavus, omni-formis*. Les formations analogiques appartiennent pour la plupart à une époque postérieure : ital. *lungi-saettante*; *molti-fronte*; *onni-scienza*. Esp. *long-animo* ; *multi* (et non *muchi*) *-latero*; *omni-ciencia*. Dans le franç. tout-*puissant* (*omnipotens*) *tout*, à en juger d'après le féminin *toute-puissante*, est adjectif.

Minus, important préfixe roman qui s'unit à des verbes, à des adjectifs, rarement à des substantifs autres que des substantifs verbaux, avec le sens de « ne pas..... bien, d'une mauvaise façon ». Seuls l'espagnol et le portugais lui laissent dans ce cas sa forme grammaticale régulière menos, le prov. et le franç. le syncopent en mes, l'ital. en mis, en sorte que dans cette dernière langue il concorde littéralement avec le synonyme allem. *mis*; une forme secondaire du provençal est mens. Dès le IXe siècle la forme abrégée se présente en bas-latin : ainsi dans *mis-dicere, -docere, -evenire, -facere*. 1) Verbes : ital. *mis-cadere, -conoscere, credere, -dire, -fare, -pregiare, -prendere, -usare*, v.ital. *mi-sperare* (pour *di-*) *PPS*. II, 82. Esp. seulement *menos--cabar, -preciar*. Prov. *mens-creire, -prendre, -prezar, mes-cabar, -caer, -chauzir, -conoisser, -creire, -penre, -prezar*. Franç. *més-allier, -estimer, messeoir, mé-compter, -connaître, -dire, -fier, -prendre, -priser*, v.fr. *mes-aimer, -cheoir* (de là le franç.mod. *méchant*), *-choisir, -conseiller, -errer, -faire, -garder, -haignier, -mener*. — 2) Noms. It. *mis-contento, -leale*, chez les anciens *menes-preso PPS*. I, 14, *minis-fatto* 322. Franç. *mé-content*, v.franç. *mes-aise* (= franç.mod. *mal-aise*), *mes-eür* (-*augurium*).—Dans l'ital. *meni-possente* et dans le v.fr. *mains-né* (*minus natus*) *minus* conserve en même temps que la forme primitive le sens comparatif. — Magis et plus (lat. *pluri-formis*) ne produisent pas de véritables composés; on peut observer peut-être le port. *mais -querer*, le prov. *mais-valensa* (de *mais valer*), le fr. *plus -payé, plu-part*.

Bis (ber, bar), suffixe propre au roman, que le valaque seul ne connaît pas; il signifie proprement « de travers, qui ne va pas ensemble », et par suite « mal, mauvais »; il concorde à peu près avec *dis* ou *mis*. Les cas les plus clairs sont à peu près les suivants : ital. *bis-cantare* fredonner (ne pas chanter tout-à-fait), *bis-tornare* mettre sens dessus dessous, *bis-tentare* être mal à son aise (= *stentare*), *bis-trattare* maltraiter, *bis-canto* angle, *andare a bis-dosso* et *bar-dosso* monter sans selle, *bis-leale* déloyal, *bis-lungo* barlong, *bis-tondo* imparfaitement rond, *bis-unto* crasseux, *ber-lusco* louche, *bar-lume* lueur blafarde. Esp., peu nombreux : *bis(vis)-lumbre* faux jour (= it. *barlume*), *bis(vis)-ojo* louche. Pr. *bes-cambi* échange (*bis-cambiar* Choix II, 48), *bes-caire* forme irrégulière *LR.*, *bes-cantar*, *bes-comtar* mal compter, *bes-tensa* retard, *bes-tornar*, sans doute aussi *be-luga* berlue. V.fr. *bes-couchier* tromper, *bes-tourner*, *bes-ivre* grossièrement ivre, *bes-lei* croyance fausse, *bes-tenc* dispute; fr.mod. *bis-cornu*, *bis-tourner*, *bes-aigre*, *bes-tors*, *bé-vue*, *ber-lue* (pr. *beluga*), *bar-long* (it. *bislungo*). Sur l'origine probable de cette particule voy. mon *Dict. étym.* I, s. v. *bis*.

3. *Adverbes numéraux* et autres noms de nombres. Formations nouvelles : 1) Avec UNI- : *uni-paro, uni-sono, uni-ficare*. Esp. *uni-valvo, uni-vocar*. Pr. *un-engenrat* (= *unigenitus*) GO. Val. *unul-nescut*. — 2) Avec BIS : ital. *bis-avo* (b.lat. *bes-avus* Brun. p. 440 de l'an 715), *bis-nipote, bis-cotto, bi-goncia* (*bis, congius*), *bi-saccia*. Esp. *bis-abuelo, bis-cocho*. Prov. *bes-avi, bes-cueg, be-scaló* double échelon, *bess-on* jumeau (*bis-homo*). Franç. *bis-ayeul, bis-cuit*, v.fr. *bes-ante* grande tante, *bes-oncle, bess-on*. De plus avec AMBO dans le b.lat. *ambi-dexter*, ital. *ambi-destro* etc. — 3) Avec TRI, TRES : ital. *tri-colore, tri-corne, trés-pido trés-polo* (*tres-pes* pour *tri-pes*), TRA-*liccio* et TAR-*liso* (*tri-licium* pour *trilix*, comp. *tra-foglio* pour *tri-*). Esp. *tri-color, tres-añejo* (= *tri-ennis*), sans doute aussi TRAS-*doblo* (*tres-duplex* pour *tri-plex*); port. *tres-panno, tres-dobro*. Fr. *tri-colore, treillis*. Le port. *tartara-neto*, l'esp. *tatara-nieto* (on dit aussi *tatar-abuelo*) se rattachent-ils à *tri* dans *tri-nepos*? — 4) Avec CENTUM : ital. *cento-gambe* (masc.), -*mano* (*centi-manus*). Esp. *ciento-pies* (*centipes*). — 5) Avec MILLE : ital. *mille-latero, -piedi* (*mille-peda*). Esp. *mil-eño* (formé sur *tri-ennis*), *mil-hojas* (*mille-folium*), *mil-grano* Bc. Prov. *mil-grana*. Franç. *mille-pertuis*. — 6) Avec SEMI : ital. *sem-ignorante, semi-poeta*. Esp. *semi-dormido, -putrido*. Fr.

semi-preuve, -ton etc. Une particule plus romane, mais moins appropriée à la composition que *semi*, est MEDIUS. Ital. *mezzo -cerchio, -quarto, mezza-spada*. Esp. *medio-paño, media -cama*. Fr. *mi-parti, à mi-chemin, à mi-sucre*; DIMIDIUM aussi, qui n'appartient qu'au français, remplace parfaitement la particule étrangère *semi* : *demi-cent, -douzaine, -heure, -lune, -pied, -cuit, -mort, -dieu, -savant*.

4. *Particules négatives*. 1) IN dans le sens négatif conserve mieux en roman sa forme que la prép. *in*, qui a dégénéré en *en*. L'italien, l'espagnol et le portugais font très-souvent servir cet IN à de nouvelles compositions. Il n'en est pas de même du provençal, car les rares exemples qu'on en trouve dans l'*Elucidari* et dans des ordonnances (*im-parable, im-material, in-proporció* etc.) paraissent étrangers à la langue populaire. Le français moderne emploie fréquemment cette particule. Le valaque n'en fait aucun usage. — 2) NON s'unit au nord-ouest à des substantifs, à des infinitifs employés substantivement, à des adjectifs et participes, mais non à des verbes : prov. *no-certanedat, non-cura* IV, 122, *-fe, -garda* B. 69, *-re, -sen, -chaler, -plazer* GO., *-saber, no-nede* GO., *non-sabi, no--batejat, -fezat*. V.franç. *non-aage, -plevine, -prix, -puis--sance, -sachance, -chaloir, -pooir, -savoir, -sage*; fr.mod. seulement *non-usage, -pair, -pareil, -chalant* et quelques autres ; en général *non* ne se fond pas avec le nom : *non prix, non solvable, non-intéressé*. On est facilement porté à comparer les locutions grecques ἡ οὐ διάλυσις, ἡ μὴ ἐμπειρία, et allemandes *das Nichtwollen, die Nichterfüllung*. En roumanche *nun* n'est pas seulement employé dans de nouvelles compositions, il remplace aussi *in* dans celles qui proviennent de la langue mère, comme dans *nun-aequal = inaequalis, nun -civil = incivilis*. Dans les autres langues *non* est dans tous les exemples séparé du second élément de la composition, toutefois on écrit en italien *noncurante, nonuso* etc. En v.français on trouve aussi NIENT (= *nihil*) pour le latin *in* : ainsi *nient acoustumeit* (*insolitus*) Grég. Roq. I, 158[a], *nient atochiez* (*intactus*) II, 283[b], *n. savoir* (*nescire*) I, 528[a], *n. sachant* I, 729[a], *niant soiez* (*immaculatus*) Bibl. Roq. I, 289[a]. — 3) NE dans *ne-fas, ne-mo, ne-sapius, ne-scius*; ce n'est qu'en valaque qu'il remplace *in* en qualité de véritable préfixe négatif : *ne-bun, ne-copt* (*incoctus*), *ne-cunoscut* (*incognitus*), *ne-leut* (*illotus*), *ne-plęceare* (inf., comme subst. il signifie déplaisir), *ne-teamere* (id.. bravoure), *ne-sęnętate*. Il

faut rappeler à ce propos que le slave possède le même préfixe et s'en sert dans la même proportion.

Pour finir nous mentionnerons encore la composition de beaucoup de noms romans avec l'*article arabe* AL préposé, qui n'a par elle-même aucun sens. On comprend que c'est au sud-ouest qu'elle se présente le plus souvent. Ce petit mot forme presque sans exception une syllabe atone et s'assimile, comme dans la langue mère déjà, aux diverses consonnes : ainsi dans *ar-roba*, *a-tarfe*, *a-zofar*. Cet élément étranger s'est uni aussi, ce qui était impossible à éviter, avec des mots non sémitiques, ce qui n'empêche pas qu'à côté de ce composé n'ait souvent persisté le mot simple que possèdent les langues sœurs. Ex.: *a-bedul* (lat. *betula*), *al-croco* à côté de *croco*, *a-cipres* à côté de *cipres*, *al-gez* à côté de *yeso* (*gypsum*), *a-laton* à côté de *laton* (fr. *laiton*), *a-laguna* à côté de *laguna*. Quand un mot latin commençait par *a* il est arrivé qu'on a intercalé un *l* après l'*a*, comme dans *al-midon* de *amylum*, *al-mendra* de *amygdala*. Dans d'autres cas on a modifié l'initiale d'une manière différente pour arriver à la forme *al* ou *a*, comme dans *al-matica* Bc. de *dalmatica* Isid., de même dans *a-macena* de *dalmascena*, dans *al-ambre* de *arambre* (de *aeramen*). — On a remarqué au t. I, p. 189 que l'*article roman* s'est combiné aussi quelquefois avec des initiales vocaliques (ital. *lunicorno*, fr. *lierre* etc.). En outre on observe çà et là dans des noms de famille (fr. *Lefebvre* etc.) une union purement graphique de l'article et du nom. Mais jamais l'article allemand n'accompagne les mots allemands qui ont été introduits en roman.

IV. **Composition de phrases.**

Le produit de cette espèce importante de la composition est toujours un substantif, il en a le genre, presque uniquement le masculin, et la flexion ; ces sortes de composés deviennent féminins lorsque le genre naturel l'exige, indéclinables lorsque le nom est au pluriel. Le verbe, condition essentielle de cette composition, est le plus souvent à l'impératif, en sorte que la phrase forme pour ainsi dire un appel adressé à l'objet qu'on a en vue : on trouve ici la vivacité d'expression qui caractérise le langage populaire. A l'opinion qui voit dans ces composés la 3ᵉ pers. sing. du présent ind. (Fernow § 135) s'opposent les formes italiennes *bevilacqua*, *rompicapo* (et non *beve*, *rompe*), et plus formellement encore l'usage des autres langues qui emploient également l'impératif dans ces compositions, telles que l'allemand et le slave (voy. Grimm II, 959 ss., qui a réuni des exemples romans), probablement aussi le grec (ibid. II, 978).

1. *Verbe avec substantif* ou pronom. *a*) Le second mot est dans la dépendance directe du premier, en allem. *Habe-Dank, Störe-Fried, Vergiss-mein-nicht, Zeit-vertreib* (où l'impératif est placé en dernier lieu). A la grande masse de ces expressions nous n'empruntons que les exemples suivants. Ital. *abbraccia-boschi* chèvrefeuille, *accatta-pane* mendiant, *aduna-nubi* qui assemble les nuages (aussi la forme inverse *nubi-aduna*), *ammazza-sette* rodomont, *apri-porta* portier, *bacia-mano* baise-main, *caccia-diavoli* exorciste, *cata-letto* lit de parade, *cava-denti* arracheur de dents, *cerca-brighe* querelleur, *concia-tetti* couvreur, *crepa-cuore* crève-cœur, *fa-ci-danno* faiseur de méchants tours, *fasservizi* entremetteuse, *guarda-corpo* garde du corps, *pappa-lardo* papelard, *para-sole* parasol, *passa-tempo* passe-temps, *rompi-capo* casse-tête, *ruba-cuori* homme à bonnes fortunes, *salva-fiaschi* natte pour garantir les bouteilles, *spazza-cammino* ramoneur ; avec l'article : *bevi-l-acqua* buveur d'eau, *fila-l-oro* tireur d'or, *Creva-l-cuore, Prendi-l-acqua* noms de famille. Esp. *abr-ojo* chausse-trappe (ouvre l'œil), *alza-pié* panneau pour prendre le gibier (lève le pied), *arrebata-capas* voleur de manteau, *ata-piernas* jarretière (fém. comme le synonyme *liga*), *azota-calles* batteur de pavé, *bati-hoja* batteur d'or, *besa-manos, broca-manton* agrafe, *calza-trepas* chausse-trappe, *chota-cabras* tette-chèvre, *espanta-nublados* magicien, *pasa-calle* sorte de danse, *templa-plumas* taille-plumes. Port. *bati-folha, camba-pé* croc-en-jambe, *corri-mão* main-courante, *finca-pé* soutien, *lança-luz* ver luisant, *monda-dentes* cure-dents, *papa-gente* mangeur d'hommes. Prov. *castia-gilos* enseignement pour les jaloux *Choix* IV, 413, *Cerca-l-mon* cherche le monde (nom d'un poète), *cobri-cap* couvre-chef, *creba-cor, garda-cors* cuirasse (v. port. *garda-cos*), *lia-camba* jarretière GO., *pica-plait* chicaneur, *porta-carn* porteur de viande, *porta-selh* porteur de sceaux. Fr. *bé-gueule* (ouvre ta gueule), *boute-feu, caille-lait, chasse-ennui, chauffe-lit, chausse-pied, couvre-chef, crève-cœur, fai-néant, hoche-queue, li-cou* (pour *lie-cou*), *perce-neige, rendez-vous, serre-tête, taille-mer, tourne-main, tire-bouchon, trouble-fête, vade-mecum,* nom de fam. *Tu-bœuf*. En valaque cette espèce de formation de mots n'est pas entrée dans l'usage, bien que le slave la

connaisse : *caca-synge* est l'ital. *caca-sangue*, et c'est probablement sur ce mot qu'a été formé *caca-frice*. — *b*) L'union de l'impératif avec le nom s'opère au moyen de prépositions, comme dans l'all. *Spring-ins-Feld* : Ital. *gir-a-sole* et *torn-a-sole* (de là franç. *tourne-sol*), *dorm-al-fuoco* paresseux, *batt-in-zecca* monnayeur, *canta-m-banco* (= *canta-im-b.*, et le fém. *cantam-banca*) bateleur, *salt-im-banco* m. s., *salt-im-barca* sarrau de matelot, *salta-m-in-dosso* m. s., *Cresc-im-beni*, *Nasc-im-beni* noms de fam. Esp. *gir-a-sol*, *torn-a-sol*, *torn-a-viage* retour, *and-a-rio* hoche-queue, *salt-im-banco*, *salta-m-barca*. Franç. *vole-au-vent*, *piss-en-lit*, *passe-par-tout*; v.fr. *Aide-a-besoignox FC*. II, 116, *bote-en-corroie Ros*. — Remarques. 1) Quelquefois la formule est allongée par l'addition d'un infinitif : ainsi du moins dans l'ital. *lasci-mi-stare* homme qui aime ses aises, ou dans le nom latin moderne de la balsamine *noli-me-tangere*. — 2) Quelques cas paraissent présenter le nom au vocatif : it. *batti-cuore* palpitation (bats, cœur), *trema-coda* hoche-queue, *spazza-vento* lieu aéré (balaye, vent); fr. *gratte-brosse*. — 3) Il y a des exemples dans lesquels, en raison de la signification, on se sent porté à admettre la présence du présent ind. et non de l'impératif[1]. On manque ici de preuves philologiques positives.

2. *Verbe* avec *adjectif* ou adjectif adverbial (all. *Leb-recht*). Ce genre de composition est rare. Ital. *casca-morto* qui meurt d'amour, nom de fam. *Arriva-bene*, *Bene-vieni*, (sii) *Ben-venuto*. Esp. *esta-fermo* sorte de marionnette (tiens-toi droit), *pisa-corto* qui fait de petits pas ; fr. *fai-tard*, v.fr. *chante-clair* nom du coq *Ren.*, *chante-clin* (chante en clignant de l'œil) ibid.

3. *Verbe* avec *particule*, comme dans l'allemand *Kehr-aus* : ital. *vog-avanti* vogue-avant ; fr. *boute-hors*, *chasse-avant*, *pass-avant*, *vogue-avant* etc.

4. Union de *deux impératifs* : ital. *andi-rivieni* (p. 334), *cant-implora* (du franç. *chante-pleure*), *sali-scendi* loquet (lève-toi, baisse-toi). Esp. *alz-aprima* levier (lève et presse, le cat. *als-aprem* est sans doute plus correct, on a aussi en esp. *alz-aprime*, voy. Mayans I, 120), *cant-implora*, *gana-pierde* sorte de jeu (qui perd gagne), *muerde-huye* (dans

---

1. Voy. par ex. Mætzner *Franz. Grammatik* p. 333. 334, Clemm *De compositis graecis* 92. 93, où l'auteur a tenu compte aussi de la composition romane.

Mayans l. c. sans traduction, proprement mords et fuis), *vai -ven* balancement (vas et viens), *quita-y-pon* ornements qu'on met à la tête des mulets (ôte et mets), *pasa-pasa* tour de passe-passe; port. *luze-luze* ver luisant. Fr. *chante-pleure, cligne-musette* (pour *cligne-muce*), *passe-passe* (= esp. *pasa-pasa*); v.fr. *cante-fable* mélange de chant et de récit *FC*. I, 418, *dor-veille* somnolence *Ren*. III, 66; puis l'interjection connue *di-va,* voy. aux Interjections.

En terminant cette section, qu'il nous soit permis de rappeler rapidement une espèce particulière de formation de mots; il s'agit de celle qui s'opère par *redoublement*. Des composés de la sorte existent déjà en latin, bien qu'en petit nombre seulement, comme *furfur, murmur, turtur, carcer, querquerus*. Mais le domaine des langues modernes contient, surtout dans les patois, un nombre important de ces mots qui appartiennent principalement au langage enfantin et qui ont un sens diminutif. Au point de vue de la forme on peut distinguer deux cas. 1) Un mot est littéralement redoublé, comme dans l'esp. *ro-ró* enfant au maillot (de l'interjection *ro*); fr. *bon-bon* (de l'adj. *bon*), dans les patois *doux-doux*; nous avons rencontré plus haut des impératifs redoublés. Généralement le mot qui doit être soumis au redoublement n'a par lui-même aucun sens et n'arrive à en prendre un que par redoublement : ital. *ba-bà* nourrice (comp. *balia*), *po-pò* petit enfant (lat. *pupus*), *bro-brò* brouillon (*brogliare*), *Pe-pè* diminutif de Joseph (*Giuseppe*); esp. *gorri-gorri* chant d'enfant; fr. *do-do* (*dormir*), *fan-fan* (*enfant*), *jou-jou* (*jouer*), *clo-clo* (*cloche*). — 2) La formule se compose de l'initiale seule d'un mot, la voyelle radicale y comprise, puis du même mot complet, ce qui présente quelque analogie avec la réduplication verbale : fr. (dialect.) *pé-père, mé-mère, fré--frère, fi-fille, dé-dei* petit doigt, *bé-bête, Cha-chale* dim. de *Charle, Bé-bèle*; prov. mod. *ma-maou* petite offense (all. *Weh-wehchen*). — Les locutions citées t. I, p. 65, où se succèdent diverses voyelles, se rapprochent de ces composés.

TROISIÈME PARTIE.

FORMATION DES NOMS DE NOMBRE.

1. *Nombres cardinaux*. De 1 à 10 la méthode latine s'est conservée partout : ital. *uno, due (duo* etc.), *tre, quattro, cinque, sei, sette, otto, nove, dieci* (anc. *diece*). Esp. *uno, dos, tres, quatro, cinco, seis, siete, ocho, nueve, diez*. Port. *hum, dois (dous), tres, quatro, cinco* (anc. *cinqui*), *seis, sete, oito, nove, dez*. Prov. *un, dui, trei, quatre, cinc, seis, set, oit (och), nou, dez*. Fr. *un, deux, trois, quatre, cinq, six, sept, huit, neuf, dix*. Val. *un, doi, trei, patru, cinci, śase (śease), śapte (śeapte), opt, noę (noao), zece*. Des inscriptions et des chartes témoignent de l'ancienneté de la forme que le roman a donnée à certains de ces mots, par ex. *cator* Grut., *quator Esp. sagr.* XL, 385 de l'an 697, *cinque* Mur. *Ant.* II, 1008, *dece* Mar. p. 117, VIIe siècle.

De 11 à 19 le système roman diffère du latin en ce qu'on a ajouté les unités à partir de 16 ou de 17, ainsi que le fait le grec moderne déjà à partir de 13, et qu'on a supprimé le procédé de la soustraction pour 18 et 19 : ital. *un-, do-, tre-, quattor-, quin-, sedici, diecisette* et *diciasette, dieciotto diciotto, diecinove dicianove*. Esp. *once, doce, trece, quatorce, quince, diez y seis* jusqu'à *nueve*. Port. *onze, doze, treze, quatorze, quinze, dezaseis, dezasete, dezoito, dezanove*. Prov. *unze, doze, treze, quatorze, quinze, setze, dezset* etc. Fr. *onze, douze, treize, quatorze, quinze, seize, dix-sept, -huit, -neuf*. Il n'en est pas de même en valaque; ici, d'après une règle constante, le plus petit nombre s'unit au plus grand au moyen de la préposition *spre* (à) : *un-spre-zece* jusqu'à *noę--spre-zece*. Nous avons là exactement la méthode slave, suivant laquelle la prép. *na* unit également les unités avec la dizaine (v.slov. *tri-na-desjat'*) et la méthode albanaise où *mpę* remplit le même office (*tri-mpę-dgietę*). Une union du même genre avec *ad* semble s'être produite dans l'ital. *diciasette, dicianove*, dans le port. *dezaseis* etc. (comp. *ad-dere, ad-numerare*).

De 20 à 90 les langues nouvelles reviennent en général à la méthode latine. Ital. *venti, trenta, quaranta, cinquanta, sessanta, settanta, ottanta, novanta* (pour *nonanta*). Esp. *veinte, treinta, quarenta, cinqüenta, sesenta, setenta, ochenta, noventa* (v.esp. *cinqua-, sesa-, seta-enta*). Port. *vinte, trinta, quarenta, cincoenta, sessenta, setenta, oitenta, noventa*. Prov. *vint, trenta, quaranta, cinquanta, sessanta, setanta, ochanta, nonanta*. Les unités sont toujours placées après l'autre nombre : les deux nombres indépendants en latin sont rattachés en roman par une copule : ital. *ventuno, ventidue, ventotto*, esp. *veinte y uno* etc., port. *vinte e hum, vinte e dois*, b.lat. *de annos triginta et uno* Bréq. 290[d][1]. En français cette méthode ne s'étend que jusqu'à 60 : *vingt* (*vingt-un* et *vingt et un, vingt-deux* etc., sans copule), *trente, quarante, cinquante, soixante*. Les autres dizaines sont rendues par le procédé de l'addition : *soixante-dix* (*-onze*), *quatre-vingts* (quatre fois *vingt*; ensuite *quatre-vingt-deux* etc.), *quatre-vingt-dix* (*q.-v.-onze*). Cette manière de compter est de toute ancienneté, mais elle avait pris primitivement une plus grande extension : *treis vinz* (60), *treis vinz et dis* (70), et pour les nombres qui dépassent 100 : *six vinz* (120), *sept vinz* (140), *huit vinz* (160) etc., comp. le *Dict. de l'Acad. fr.* s. v. *vingt*. On comptait donc, tant que cela était praticable, par vingt, comme dans les langues celtiques : en effet, le kymri, par ex., dit dix et vingt pour 30, deux fois vingt pour 40, dix et deux fois vingt pour 50, trois fois vingt pour 60 etc., et cela déjà à l'époque la plus ancienne (Zeuss I, 327, comp. Pott, *Zählmethode* p. 99 ss.). C'est là aussi la méthode du basque. Cependant la méthode vigésimale n'a pas trouvé accès en provençal, car le fait qu'on rencontre quelquefois *quatre-vins*, comme en français, ne saurait rien prouver à cause du contact perpétuel des deux dialectes. Au contraire le français employait d'abord parallèlement aussi *septante, nonante*, rarement *huitante*. En wallon aujourd'hui encore *septantt, utantt, nonantt*, sont seuls usités, en lorrain au moins *septante, nonante* à côté de *qua-*

---

1. L'avant-dernière syllabe des dizaines romanes présente une variation de la voyelle qui n'existe pas en latin. En effet 20 et 30 ont *e, ei, i,* 40 à 90 en espagnol et en portugais ont, il est vrai, *e*, mais en italien et en provençal *a*. Cela a été amené par l'influence de la voyelle précédente : ainsi *vingintï* a donné ital. *venti*, mais *quadraginta quaranta*; *octoginta* s'est réglé sur *septuaginta* ou *quinquaginta*, comp. *octuaginta* t. 1, p. 17, Pott, *Zaæhlmethode* p. 205.

trevette; de même en prov.mod. *setanto, uitanto, nonanto*. Le valaque reconstruit toutes les dizaines en attribuant le sens de *decas* à *decem*, ce dernier considéré comme féminin : *doęzeci* 20 (2 dizaines) jusqu'à *noęzeci*, et avec les unités : *doęzeci śi un* 21, *doęzeci śi doi* 22. Ce procédé est aussi celui du slave (*tri-desjat'*) et de l'albanais (*tri-dgietę*).

100 est en ital. *cento* (*centuno, centodue, centotto, centoquaranta* ou *cenquaranta* etc.), esp. *ciento* (*ciento y uno* etc.), port. *cento* (*cento e hum*), prov. *cen*, fr. *cent* (*cent un, cent deux*). L'expression valaque pour *centum* est le féminin déclinable dérivé du slave *sutę* : ainsi *una* (*o*) *sutę* un cent.

De 200 à 900 on suit également le principe latin, seulement -*genti* est presque toujours remplacé par -*centi* : ital. *ducento* (ici aussi avec *g* : *dugento*), *tre-, quattro-, cinquecento, seicento* et *secento* etc.; esp. *dos-, tre-, quatrocientos, quinientos, seis-, sete-, ocho-, novecientos*; port. *du-, tre-, quatrocentos, quinhentos, seis-, sete-, oito-, novecentos*; prov. *duicens*; fr. *deux, trois cents* etc. Val. *doę sute* 200, *trei sute* 300.

1000 : ital. *mille,* esp. port. prov. fr. *mil,* val. fém. *o mie*. 2000 etc. ital. *due mila* ; esp. *dos mil,* le v.espagnol intercale volontiers le mot *veces* : *sesenta veces mil Alx*. soixante fois mille ; port. *dois mil* ; prov. *dui mil* et au féminin *doas milia GA.* (*doà melia* ibid. 2063); fr. *deux mille* (v.fr. quelquefois *milies*); val. *doę mii*.

Ambo : it. *ambo,* esp. port. *ambos* (arch. *amos*), pr. *ambs,* v.fr. *ans*, val. *ęmbi*. Uni à *duo* : ital. *ambedue, amendue* et même *amendune* ; v.esp. *ambosdos SProv.* 159, esp.mod. *ambos á dos* ; port. *ambos de dos*; v.cat. *amdosos RMunt.* 299°; prov. *ambidoi GRoss.*, *amdui*; v.franç. *andui*; val. *amundoi*; comp. angl.sax. *bâ-tvâ*. Uni à *inter* (ensemble) : ital. *intrambo,* aussi *tramendui,* arch. *trambendui PPS.* II, 47 ; esp. port. *entrambos*. En v.français on rencontre une forme spéciale d'*ambo* : *ambure* (*ambore*). Sur l'origine de cette forme, voy. mon *Dict. étym.* II. c.

2. Dans la représentation des *nombres ordinaux* les langues modernes s'écartent beaucoup plus du système primitif, en même temps qu'elles diffèrent plus entre elles, mais elles s'accordent toutefois dans leur tendance à obtenir ces nombres par la dérivation immédiate des nombres cardinaux. Dans quelques langues

cette tendance est tout-à-fait devenue le principe dominant de la formation, dans d'autres l'hésitation entre l'ancienne et la nouvelle méthode produit un nombre excessif de formes.

L'italien se tient assez près de la langue mère, cependant -*esimus* est presque sans exception ajouté immédiatement aux nombres cardinaux : *primo* [1], *secondo, terzo, quarto, quinto, sesto, settimo, ottavo, nono, decimo, und-, duod-,* ensuite *decimo terzo* jusqu'à *nono, ventesimo* et *vigesimo, trentesimo trigesimo, quarantesimo quadragesimo, cinquant-, sessant-, settant-, ottant-, novantesimo, centesimo, ducentesimo* etc., *millesimo, duemillesimo.* A côté de cela de 13 à 16 on trouve aussi *tre-, quattor, quin-, se-decimo* et *-dicesimo*; de 17 à 19 *diciassett-, diciott-, diciannovesimo.* Parmi les dialectes il faut remarquer l'usage de l'ancien milanais, qui à partir de 5 se sert de la terminaison distributive : *cinqueno, sexeno, seteno, ogeno, noveno, deseno, undexeno, dodeseno,* voy. Bonvesin. — Les ordinaux espagnols sont très-riches en formes. *a)* La forme latine pure embrasse le système entier : *primo* et *primero, segundo, tercio tercero, quarto, quinto, sexto, septimo, octavo, nono, decimo, un-, duodecimo, decimo tercio* jusqu'à *nono, vigesimo,* et de même *tri-, quadra-, quinqua-, sexa-, septua-, octua-, nonagesimo,* mais à partir de 50 on a aussi *cinqüent-, sesent-, setent-, ochent-, noventesimo; cent-, milesimo. b)* La forme distributive *enus* est ajoutée aux nombres cardinaux dans *seteno, dec-, onc-, doc-, trec-, quatorc-, quinc-, veinteno (veintidoseno* etc.), *treint-, quarenteno* jusqu'à *centeno. c)* Quelques-uns sont même dérivés avec *avus* d'après le modèle d'*octavus* : on dit *onzavo, dozavo*; d'autres, comme *quatorzavo, veintavo, centavo,* sont des substantifs (un 14me, un 20me, un 100me). — Port. *primeiro, segundo, terceiro, quarto, quinto, sexto, septimo, oitavo, nono, decimo, un-, duodecimo, decimo terceiro* etc., *vigesimo vintesimo, trigesimo, quadra-, quinqua-, sexa-, septua-, octo(octa)-, nonagesimo, cent-, millesimo.* Ici aussi on trouve quelques distributifs comme *onz-, trez-, quatorz-,*

---

1. *Primus* a, par un phénomène singulier, échangé dans divers patois sa voyelle radicale *i* contre *u* (qu'il faut la plupart du temps prononcer *ü*) : lomb. *prumm*, prov. *prumier* GRoss.; il en est encore aujourd'hui ainsi à Toulouse ; on dit de même en picard *prumier*, wallon *prumir.* Pourquoi ne s'en est-on pas tenu à l'*i*? Ce changement n'est sans doute pas dû au v.h.allem. *frum*, mais plutôt à une influence rétroactive de l'*m* sur l'*i*, voy. t. I, p. 163.

quarent-eno. — Prov. de 1 à 6 : *prim* (*primier* est plus usité, on a aussi *primairan*), *segon, tertz* (*tersier GA.*), *quart, quint, sest.* Pour les nombres 5 et 6 ce dialecte emploie à côté de la première forme la dérivation en *enus* qui est la seule appliquée pour les nombres plus élevés, ainsi : *quinten* (*quinté*), *seisen, seten, ochen* (à côté *ochau*), *noven, detzen, onzen, dozen, trezen* (*tredetzen* B. 317, 23), *quatorzen, quinzen, setzen, dezeseten, vinten, trenten, caranten, cinquanten, centen, milen*. La dérivation en *esimus* ne paraît se présenter que rarement : *sezesme GO.*, *vintesme* etc. *Choix* I, 257. Cet empiétement de la forme distributive se montre aussi en catalan à partir du nombre 6 : *sisé, seté, vuité, nové, desé*, mais *undécim, duodécim,* ensuite *tretsé, catorsé, quinsé, setsé, disseté, divuité, dinové, vinté.* — Le français, à l'exception de *premier* et *second*, dérive simplement cette classe du numéral des nombres cardinaux au moyen du suffixe *esimus* (*ième*, anc. *iesme, isme*) : ainsi *deuxième* (à côté de *second*), *quatrième, neuvième, vingtième* et même *vingtunième*. Les anciens employaient encore *prime* (*premerain*), *altre, tiers, quart, quint, siste, sedme sieme, oidme, noefme, disme*; on les remplaça peu à peu par des mots plus sonores, cependant *tiers* (fém. *tierce*), *quart, quint* s'emploient encore dans certaines locutions comme *la tierce partie, le quart denier, Sixte quint*. — En valaque il n'est pas resté trace du système primitif. On n'emploie ici ni *primus*, ni le roman *primarius*, mais un mot d'origine incertaine, *inteiu* [1]. Tous les nombres suivants sont des nombres cardinaux auxquels on prépose *al*, fém. *a* et qu'on fait suivre de l'article, comme *al-doi-le*, fém. *a-do-a* et de même *al-trei-le* jusqu'à *al-sute-le* et *al-mie-le.* — Il faut encore remarquer la forme roumanche (du pays *d'en haut*) *-avel*, au moyen de laquelle tous les ordinaux à partir de *terzavel* sont tirés soit des anciens ordinaux, soit des cardinaux. Bien que le lat. *-abilis* soit d'ailleurs rendu ici par *eivel* = ital. *evole* (à côté de *abel*), par ex. *culpeivel, culpabel*, on ne voit pas qu'il se présente une autre étymologie : il faudrait alors admettre que *avel* dans cette classe de mots aurait résisté à la dégénérescence en *eivel*.

---

[1]. D'après le *Lex. bud.* de *anterior* (mieux du neutre *anterius*), d'après Mussafia de *antaneus*. On pourrait aussi songer au mot *antarius* (qui est placé en avant) employé par Vitruve et mentionné par Festus et Servius, par conséquent bien attesté. La chute de l'*r* devant *i* se présente aussi en valaque, par ex. dans *coaie* de *corium*, *ceiu* de *quaerio* pour *quaero*.

Ainsi *terzavel, quartavel, tschuncavel* seraient celui qui vient en troisième etc.[1].

3. Les *distributifs* n'existent plus comme tels. Seul *singuli* persiste dans l'esp. *sendos,* le port. *senhos.* Quant à leur forme elle a été employée à faire des ordinaux ou des substantifs. Un assemblage de trois objets de la même nature (pour un emploi déterminé) se dit en ital. *terno,* de quatre objets *quaterno,* et de là *quinterno.* Au reste les langues emploient différents suffixes pour désigner un nombre collectif de ce genre. Ital. *cinquina, settina, decina, dodicina dozzina, quarantina, centina* assemblage de 5, 7, 10, 12, 40, 100 objets. Esp. *cinquena* (non pas *seisena*), *setena* (non pas *ochena, novena*), *decena, docena, vintena, quarentena, centena.* Prov. même suffixe : *uchena, desena, quatorzena, quarantena.* Le français exprime cette idée par *-aine* : *huitaine, dizaine, douzaine, quinzaine* etc.

4. *Multiplicatifs* : ital. *semplice, duplice, triplice* etc.; esp. port. *duplice, triplice.* L'espèce voisine, les nombres proportionnels, ont trouvé plus d'accès : esp. *simple, doble, triple, quádruplo*; fr. *simple, double, triple, quadruple, centuple*; val. *simplu,* ainsi que des participes comme *indoit* (doublé), *intreit, inpetrat, inzecit* (10 fois), *insutit* (100 fois), *inmiit* (1000 fois).

---

[1]. En tout cas l'explication donnée par Fuchs, d'après laquelle *avel* vient du lat. *avus* dans *octavus,* n'avance à rien, car la finale ne peut pas avoir son origine ailleurs que dans le lat. *ilis,* ce qui est presque la même chose que *bilis.*

QUATRIÈME PARTIE.

FORMATION PRONOMINALE.

Les langues dérivées du latin ont conservé de beaucoup la plus grande partie des pronoms. Des pronoms nouveaux ont été formés surtout par la composition d'un pronom avec un autre pronom ou une particule ; les deux éléments se sont quelquefois si complètement fondus l'un dans l'autre qu'il est difficile de les distinguer. Il ne s'en est presque pas produit par la voie de la dérivation. Au contraire on a donné à beaucoup de substantifs et d'adjectifs une valeur pronominale, et nous avons déjà expliqué dans le deuxième livre (plus haut p. 74 ss.) comment quelques mots de cette espèce sont sortis même de génitifs et de datifs. Par là les langues nouvelles se sont beaucoup développées dans cette partie de la grammaire ; un véritable avantage pour elles, ce sont les nombreux mots de cette classe qui sont employés seulement en qualité de substantifs, et qui désignent des objets aussi bien que des personnes : nous ne ferons ici que les mentionner rapidement, en renvoyant à la Syntaxe pour plus de détails.

1. Pronoms *personnels*. Ego : ital. *io*, esp. *yó*, port. *eu* (*ieu* D. Din.), pr. *eu*, *ieu*, fr. *je* (qui vient de *ie* encore usité en Vendée), val. *eu*. — Tu reste invariable. — Se, sibi : ital. pr. *se*, esp. port. *si*, fr. *soi*, val. *śie*. — De plus ille (illic) a donné : ital. *egli*, esp. *él* (anc. *elli*), port. *elle* (anc. *eli*), pr. *el*, *elh*, fr. *il*, val. *el*. Le neutre illud ne se distingue de *ille* par la forme que dans l'esp. *ello* et le v.port. *ello* ; il est remplacé par *hoc* en pr. *o*, cat. *ho*, v.fr. aussi *o* dans le plus ancien texte (*in o quid*), de là ital. esp. *per-ò*, *pér-o* ; la forme plus forte *oc* s'est conservée dans le v.fr. *av-oc*, *por-oc*, *sin-oc*. Compositions purement graphiques avec d'autres pronoms : esp. *nos-*, *vos-otros* ; fr. *moi-*, *toi-*, *soi-*, *lui-*, *lui-même*, *nous-*, *vous-*, *eux-*, *elles-mêmes*.

2. *Possessifs*. Meus : ital. *mio* (anc. *meo*), esp. *mio* et *mi*,

port. *meu*, prov. *mieu* et *mon*, fr. *mon*, val. *mieu*. Les formes avec *i* rappellent le lat. arch. *mius* à côté duquel existait aussi *mis*, comme *alis* à côté de *alius*. — Tuus : ital. *tuo*, esp. *tuyo* et *tu* (v.port. *to*), port. *teu*, prov. *tieu* et *ton*, fr. *ton*, val. *tęu*. — Suus : ital. *suo*, esp. *suyo* et *su* (anc. *so*), port. *seu*, prov. *sieu* et *son*, fr. *son*, val. *sęu*. — Noster : ital. *nostro*, esp. *nuestro* (*nueso*), port. *nosso*, prov. *nostre*, fr. *notre* (anc. aussi *no*), val. *nostru*. — Vester : ital. *vostro*, esp. *vuestro* (*vueso*), port. *vosso*, prov. *vostre*, fr. *votre* (anc. *vo*), val. *vostru*. — Suus : esp. *suyo* et *su*, port. *seu* ; au lieu de cela l'ital. a *loro*, le prov. et le val. *lor*, le fr. *leur*. — Les formes fr. *mien*, *tien*, *sien* ont été produites par dérivation ; elles ne s'emploient qu'au sens absolu.

3. *Démonstratifs*. Iste (istic) : v.ital. *esto*, forme abrégée *sto* (employée encore dans *sta-mane* etc.), esp. *este* (d'abord *esti*), port. *este*, prov. *est*, ce pronom n'est pas représenté en français (les *Serments* ont *ist*), val. *ęst*. Le neutre n'existe que dans l'esp. *esto*, port. *isto*.

Ipse : ital. *esso* (*isso* Par. 7, 92 à la rime), esp. *ese* (anc. *essi*), port. *esse* (anc. *eiso*, voy. *eleiso* SRos.), pr. *eps* Boèce, plus tard *eis*, *eus*, val. *insu* ; manque en français. L'espagnol et le portugais ont aussi une forme neutre : *esso*, *isso*. Un mot spécialement italien pour *ipsissimus* est *muniato* : son origine est incertaine, voy. mon *Dict. étym.* II *a*.

Compositions qui indiquent une augmentation du sens démonstratif. 1) Avec préfixes. *a)* Ille auquel on a préposé ecce ou eccum, ce qui produit des formes avec *c* dental et guttural : *eccu'ille*, ital., avec suppression de l'initiale suivant le procédé connu, *quello* (anc. *quillo*); avec changement de *e* en *a*, esp. *aquel*, port. *aquelle*, pr. *aquel* ; d'autre part *ecc'ille* a donné prov. *aicel* et *cel*. v.fr. *icel*, *cel*, val. *acel*, *cel*. A ces mots s'ajoutent les substantifs personnels ital. *quegli* et *colui* (rom. *quelui*), prov. *aquelui*, *aicelui*, *celui*, fr. *celui* et les neutres esp. *aquelo*, port. *aquillo*. — *b)* Iste avec la même particule : *eccu'iste*, ital. *questo* (anc. *quisto*) et *cotesto*, *codesto* (tiré de *eccoti esto*), esp. port. *aqueste*, prov. *aquest* ; *ecc'iste*, prov. *cest*, v.fr. *icest* et *cest* (dans les *Serments* *cist*), fr.mod. *cet*, val. *acest*, *cest*. Subst. pers. it. *questi*, *costui* (rom. *questui*), *cotesti*, *-ui* ; neutres esp. *aquesto*, port. *aquisto*. — *c)* Hoc avec ecce : *ecce hoc*, ital. *ciò*, pr. *aisso* et *so* (*aizo*, *zo* Boèc.), v.fr. *aezo* Eulal., *iço*, *ceo*, *ço*, affaibli ensuite en *ce* ; *ecc'hoc* a

donné le pr. *aquo* (déjà dans une charte de 989 *Choix* II, 50).
— *d*) Ipse entre dans diverses compositions : *eccu'ipse* seulement
dans l'esp. *aquese*, neutre *aqueso* ; *iste ipse*, ital. *istesso* et
stesso, subst. *stessi Inf.* 9, 58. *Ipse*, dont le sens s'était affaibli,
nécessitait encore un plus grand renforcement : c'est *met* qu'on
a préposé pour l'obtenir : au lat. *ego-met ipse, me-met ipsum,
se-met ipsam* répondent maintenant en prov. *ieu med-eis
(meteis), mi medeis, si medeisa,* la forme la plus ancienne
est *medips* Fragm. d'*Alex.*, *medeps Pass.*; v.port. *medes.*
Dans ces compositions le pronom personnel a pu aussi faire
défaut, parce que *met*, comme en latin déjà, s'unissait simplement à *ipse*, par ex. *dieus medeis*. Pour rendre l'impression
encore plus forte on éleva ce *met-ipse* au degré du superlatif
met-ipsissimus, lequel était aussi connu du latin (= grec
αὐτότατος), de là it. *medesissimo*, mais on abrégea cette expression
par trop longue en *met-ipsimus*, c'est-à-dire ital. *medesimo*,
pr. *medesme*, aussi *meesme* et *mei-me*, v.fr. *meïsme*, fr.mod.
même, esp. *mismo*, port. *mesmo* ; avec une *s* proclitique prov.
s-metesme seulement dans *Boèce*[1]. Une troisième composition
avec *id* est l'ital. *desso* (voy. mon *Dict. étym.* II. *a*), val.
dynsu. — 2) Composition avec suffixes. *a*) Fr. *ci, là* : neutre
ceci, cela. b) Val. *insu* avec des pronoms personnels : *insu-
-mi, -tzi, -si* etc. En roumanche *ez* (*ipse*) s'unit de la même
manière avec des pronoms personnels, mais ceux-ci sont préfixes :
mez, tez, sez, seza équivalent à *mi ez, ti ez, si ez, si eza.
c*) Val. *acela* et *acesta* avec la particule *śi* : *acelaśi, acestaśi.*

4. *Interrogatifs* et *relatifs*. Qui : ital. *che*, à l'ouest *que*,
val. *ce*. Personnels : ital. *chi*, sarde *chini*, esp. *quien*, port.
quem, val. *cine* (de *quinam*?); purement neutres : fr. *quoi*,
ital. *che cosa*. Un interrogatif propre au provençal, qui existe
encore aujourd'hui, est *quinh*, fém. *quinha* ou *quin, quina*
(cette dernière forme est aussi catalane); il a probablement la
même origine que l'esp. *quien* (p. 76). Pour le fém. *quina* on
trouve aussi une forme dialectale *quanha*, voy. *Brev. d'am.*
I, p. 52. 264 etc., de même *cayna LRom.* V, 26 (*S. Honor.*).

---

1. Raynouard, *LRom*, II, 160, emprunte à la littérature vaudoise un adj. *aym* « le même » d'après la phrase *totas cosas son aymas*. Ce mot renvoie à la même source que le mot *eime* contenu dans le pr. *m-eime*, c'est-à-dire *ipsimus*, comp. pour la forme le subst. *ayme NTest.* de *azymus*; *ai* pour *ei* est un phénomène assez connu. Un composé avec *aym* est l'adverbe également vaudois *en ayma* avec les sens de « de même ».

QUALIS : ital. *quale*, esp. port. *qual*, pr. *qual cal*, fr. *quel*, val. *care*.

CUJUS : esp. *cuyo*, port. *cujo*.

5. Pronoms *indéfinis* auxquels s'unissent les numéraux indéfinis dont la flexion dans la langue mère est en général pronominale. Les affixes de formation *ali-*, *-que*, *-cunque* ont aussi passé dans les langues nouvelles, le valaque seul les rejette et les remplace par les préfixes *oare* (quelque), *macár* (aussi, toujours); les suffixes verbaux *libet* et *vis* au contraire ont été partout supplantés par des suffixes nouveaux et de signification analogue, comme ital. *si voglia*, esp. *quiera*, port. *quer*, val. *va* (sur la dérivation de ce suffixe du lat. *vult*, voy. Mussafia, *Vocalisation* p. 126); de même ital. *sia*, fr. *soit*, val. proclitique *fie, fieste* (= *sit*), *vre*.

UNUS : ital. esp. *uno*, port. *hum*, pr. fr. val. *un*[1].

ALTER représente en même temps *alius* : ital. *altro*, esp. *otro*, port. *outro*, prov. *altre*, fr. *autre*, val. *alt*. Subst. ital. *altri*, v.esp. *otri*, v.port. *outri*, port.mod. *outrem*. *Aliud* a donné en v.esp., v.port. *al*, prov. *al*, *als* qui est remplacé aussi par *al res* (*aldres* GA. 1997), v.fr. *el*.

QUIDAM est en général rendu en roman par *certus* : it. *certo*, *certuno*, esp. *cierto*, fr. *certain* ; aussi par *talis* ; val. *oare -care* et d'autres analogues. Une expression isolée est l'esp. port. *fulano* (de l'arabe), esp. aussi *zutano* ou *citano* (voy. mon *Dict. étym.* II. *b*), port. *sicrano* (de *securus*, comme pr. *seguran*).

ALIQUIS adj. : prov. *alque* (*alque novel entresentz* LR. II, 53). Il ne se présente d'ailleurs qu'uni à *unus* : ital. *alcuno*, esp. *alguno*[2], port. *algum*, pr. *alcú*, fr. *aucun* (*aliqui unus*),

---

1. Ce pronom, lorsqu'il est précédé de l'article, offre en anc.catalan une particularité remarquable. La langue, pour rapprocher plus sensiblement le masculin et le féminin, transporte au masculin la forme féminine de l'article, qui dans *la una*, conformément à la règle, reste intact : ainsi *la ú* ou *la hú*, mais on dit aussi *lo hu*. Cet usage a pénétré en provençal où l'on trouve dans quelques textes *la us* (2 syll.), *la una*. Ex. *e ditz la us a l'autre Fer.* v. 385 etc.; *la us a dig a l'autre* GA. 3154; *la us de sai, l'autre de lai Brev. d'am*, LR. I, 519ᵃ; *la us* (une syll.) *l'autre* B. 209, 29 (*Seneca*). G. Riquier aussi dit *la un de dos* p. 209, fém. *la una* 114. Même dans G. de Poitiers on trouve déjà d'après un ms. *la un* M. 171, 5. Suivant les *Leys* II, 74. 116 on est libre de dire *la us* ou *le us*.

2. Les anciens disaient aussi *algun-t* et *ningun-t*, formes qui se rencontrent par hasard avec l'allemand *jeman-d, nieman-d*.

v.fr. *alcuen, alcon* (*aliqui homo*?). Autres expressions : ital. *qualche*, esp. pr. *qualque*, fr. *quelque* (*qualis-quam* comme *quis-quam*); val. *niste* (c'est-à-dire *nis-ce*), *niscare*, qui vient évidemment de *nescio quis, nescio qualis* et qui répond au v.h. all. *neiz wer, neiz welher*.

ALIQUIS comme subst. (quelqu'un) a donné esp. *alguien*, port. *alguem*. Il est remplacé en italien par *qualcuno* et *qualcheduno* (avec intercalation de *ed*), en franç. par *quelqu'un*, en val. par *neŝtine* (c'est-à-dire *nes-cine* = *nescio quis*). — De même que l'all. *man*, HOMO a été pris dans un sens abstrait et employé comme pronom, déjà dans les *Serments* : *si cum om* qui traduit l'all. *sŏ sŏ man*; pour les détails, voy. la Syntaxe[1].

Le neutre ALIQUID devient en esp. port. *algo* (proprement de *aliquod*), en pr. *alque, alques*, en v.fr. *auques*; val. *oare-ce*. Une périphrase très-usitée pour ce neutre et pour d'autres neutres encore s'opère avec CAUSA qui, de très-bonne heure, a remplacé *res* (voy. les remarques d'Eckhart sur la *L.Sal.* et Du Cange) : ital. *qualche cosa*, fr. *quelque chose*. Dans l'ancien roman on employait aussi au même usage RES : esp. prov. *res*, acc. *ren* (p. 35), port. *res, rem*, fr. *riens, rien*; composés v.port. *algorrem* GVic. I, 139, prov.mod. *quauquarren*. Ce mot manque à l'italien, car la phrase *non val rien*, dans les *Cento nov. ant.* n. 61, est évidemment provençale et l'*alcuna rem* de Barberino semble avoir la même origine. Les deux mots *causa* et *res* peuvent, dans le sens pronominal, renoncer au genre féminin.

ULLUS est ancien et rare : esp. *sin ulla dubda PC.* v. 906; v.fr. *ne-uls Serm., ni-ule Eul., ni-ul Fragm. de Val.*

NULLUS : ital. *nullo*, esp. *nulo*, pr. *nulh*, forme intervertie *lunh* (*lhun* B. 120), fr. *nul*, v.fr. nom. *nuls* et *nus* (pr. *nus Chants rel.* 10, 63). On emploie plus volontiers *unus* avec des préfixes négatifs : 1) ital. *niuno* (anc. *neuno*), esp. *ninguno* (anc. *nenguno*), port. *nenhum*, v.port. *neun Canc. ined.* 43[b], cat. *ningú*, prov. *negun*, dans quelques textes *nengun, neun*, v.fr. (encore usité en bourg.) *nun*, val. *nici-un* (v.h.allem. *nih-ein*). Le préfixe est soit *ne*, soit *nec*, avec intercalation d'une *n* : *nenc, neng*, en val. *neque*. D'autres exemples de ces

---

1. Au nombre des différentes formes prises par ce petit mot se trouve aussi la forme souvent employée en v.fr. *en*, en général avec l'article, *l'en* (= *l'on*). Est-ce une contraction de *hoem* (*homo*), à peu près comme *avec* de *avoec* ou *ilec* de *iloec*? Benoît par ex. se sert des deux formes *oem* et *em*.

compositions sont cités au chapitre des particules. 2) Ital. *nessuno* (anc. *nissuno*), pr. *nesun, neisun Flam.* p. 8, v.fr. *nesun, nisun* s'expliquent par l'ancienne particule romane *neis nis* (*ne ipsum*). 3) Le pr. *degun, dengun* (encore auj. *degu*), le v.esp. *deguno FJ.* ont été formés, comme l'a déjà remarqué J. Grimm III, 40, sur le v.h.allem. *dih-ein* (*ullus*). 4) Ital. *veruno*, val. *verun, vreun, vrun* de *vel unus*, voy. mon *Dict. étym.* II. *a.*

Nemo, dans des dialectes italiens *nimo*, sarde *nemus*, val. *nime, nimene*. Les autres langues expriment cette idée de différentes manières. L'italien et le provençal n'ont que des adjectifs négatifs ou des périphrases comme *null' uomo*, *nulhs hom*; l'espagnol emploie *nadie* (de *homo natus*, voy. mon *Dict. étym.* II. *b*), le portugais *ninguem* (*nec-quem*), esp. *ninguien* dans Rengifo s. v. *en*; le français avait d'abord *nului* (aussi pour le nominatif *LG.* 34), plus tard il a choisi *personne.*

Nihil (nil) a été rejeté comme mot de trop petite dimension et remplacé avec l'adjonction d'une négation par des substantifs qui signifient « chose » ou « petite quantité ». De ce genre sont: 1) Res (fr. *rien*) déjà mentionné à propos de *aliquid*, et causa (esp. *no vale cosa*). Le premier mot est uni à *nullus* dans le v.esp. pr. *nulla res*, v.port. *nulha ren Canc. vat.* éd. Varnh. n. 7; en italien on dit simplement *nulla* pour *nulla cosa*; prov. aussi *non-res*. 2) Ens, substantif peu employé en latin, a donné ital. *niente* (*nec ens*, comp. *ch-ente*), chez les anciens aussi *neente, neiente*, pr. *nien* (on trouve dans *Boèce* une forme encore plus primitive *nei-enz*), fr. *néant* (anc. *noient*): ces mots sont analogues au v.h.all. *ni-wiht*. 3) Le mot valaque pour *nihil* est *nemica, nemic* du lat. mica; on a l'analogue de ce mot dans le mil. *nagot*, le roum. *nagut, nagutta*, contrac. *nuot* de gutta. 4) L'expression espagnole et portugaise est *nada* (= *res nata*); en qualité de substantif ce mot est féminin dans le premier de ces dialectes, masculin dans le second.

Quisque a conservé sa forme en v.esp., voy. Bc. *Mil.* 82, *Mill.* 78, *Mis.* 8, et aussi dans le v.cat. *quisque* (quiconque) RMunt. 84°; pr. *quecs* au lieu de *quescs*, acc. *quec*[1], aussi *usquecs* (*unusquisque*); pour *quec* on disait aussi *cac*, de là le fr. *chaque* (voy. mon *Dict. étym.* II. *c*). C'est surtout uni

---

1. On trouve quelquefois le fém. *quega*, par ex. *quega vegada* B. *Lb.* 66, 48, *quega una* Charte de 1140-1144, Gaujal *Études sur le Rouergue* I, 275.

au suffixe *unus* que s'est répandu *quisque* : ainsi it. *ciascuno* (*ci* comme dans *cinque* de *quinque*) et *ciascheduno* (*quisque* et *unus* comme *qualcheduno*), v.esp. *cascuno*, prov. *quascun cascun* (vaud. *un chascun Choix* II, 74), v.fr. *chascun* (ici aussi *un chascun*) à côté de *cascon* (qu'il faut juger comme *alcon* 451), fr.mod. *chacun* (*châcun* serait plus correct); la forme la plus rapprochée du type latin est celle du cat. *quiscú*, fém. *quiscuna* : c'est la seule qui ait conservé l'*i* radical. *Quisque* a été en outre remplacé par un mot roman qui ne se présente comme adjectif qu'au singulier et, comme *quisque*, s'unit volontiers à *unus* : ital. *cada*, dans les composés *cadauno, caduno*, aussi *catauno, catuno*, esp. *cada, cada uno* (*cadaguno José el patr.* Ticknor III), *cada qual*, v.esp. *cada-sc-uno* (*cada quisque unus*?), *quis-cada-uno PC.* 1145, port. *cada, cada hum*, pr. de même *cada, cada un* (encore maintenant *cadun*), v.fr. *kiede* et *che-un*, dans les *Serm. cadhun*. Sur l'origine de *cada* voy. mon *Dict. étym.* I. *Quisque* et *cada* manquent au valaque; la forme du dialecte du sud *cathe-unu* est une imitation du grec καθ-ένας.

QUICUNQUE, seulement en fr. *quiconque* ; au contraire l'ital. a *chiunque*, neutre *cheunque* (*quis, quid unquam*).

QUALISCUNQUE : fr. *quelconque* ; ital. *qualunque* (= *qualis unquam*). Dans cette dernière langue il faut encore remarquer *chente* pour *che ente* « quelque chose que », employé aussi comme adjectif.

QUILIBET, QUIVIS, à ces pronoms répondent l'esp. *quienquiera* (*qui-s-quier PC.* 512, *Alx.* 1062, *quien-se-quier Alx.*), port. *quemquer*, cat. *qui-s-vulla*, v.esp. *si-vuel-que* Bc., it. *qualsivoglia*, esp. *qualquiera*, port. *qualquer*, v.esp. *si-vuel-qual* Bc., pr. *qual-que-s-vuelha Choix* III, 28 ; de même it. *chicchessia*, pr. *qui que sia*, fr. *qui que ce soit*, val. *pe cine* etc.

TOTUS : ital. *tutto*, esp. port. *todo*, prov. val. *tot*, fr. *tout* ; renforcé : pr. *trastot*, v.fr. *trestot*.

OMNIS, seulement en italien dans *ogni* et le composé *ognuno*.

QUANTUS prend aussi la place de *quot*, ce qui avait lieu déjà dans le latin classique : it. esp. port. *quanto*, pr. *quant* (*cant*), v.fr. *quant* ; le franç.mod. ne le possède que dans l'expression *quantes fois*, il est d'ailleurs remplacé par le neutre *combien* ; la forme valaque est *cyt* (d'abord *cynt*?). Composés : it. *quantunque*, v.fr. *quantonque* (*quantus unquam*) ; v.fr. aussi *quanque* (*quantus quam*). Le sens de *tantus* est rendu aussi par le v.esp. *quamaño FJ.*, port. *quamanho* (*quam magnus*).

Tantus est aussi employé pour *tot* : ital. esp. port. *tanto*, pr. *tant*, fr. *tant* neutre ; le mot simple manque au valaque. Esp. *tamaño*, port. *tamanho*, pr. *tamanh* GA. 7119 (*tam magnus*). Des composés dans le sens de « autant que » sont : fr. *autant* (*aliud tantum*); ital. *altrettanto*, esp. *otro tanto*, pr. *atretan*, v.fr. *autretant* (*alter tantus*); pr. *atrestan* (pour *atressi tan* = *alterum-sic tantus*); it. *cotanto*, esp. *atanto*, pr. *aitant*, v.fr. *itant*, val. *aiуta* (*aeque tantus?*).

Aliquantus : ital. *alquanto* et *alquantuno*, v.esp. *alguanto* Bc., pr. *alquan* (*alcan*), v.fr. *auquant* (= *nonnullus* pour le sens); le valaque représente ce pronom par *oare-cųt*, *cųt-va*, *oare-cųt-va*, *vreó-cųt-va*.

Multus : ital. *molto*, esp. *mucho*, port. *muito*, prov. v.fr. *molt*, *mout*, val. *mult* ; on a aussi ital. *manto*, prov. *mant*, *maint*, franç. *maint* (voy. mon *Dict. étym.* I). De plus des neutres : fr. *beaucoup*, ital. *belcolpo*, v.fr. aussi *gran coup*, prov. *manh colp* GO.; sarde *meda* (proprem. tas, lat. *meta*), par ex. *meda tempus* = ital. *gran tempo* ; surtout le prov. *granré* (*grandis res*), par dissimilation *ganré*. Un mot qui diffère de ceux que nous avons cités est le prov. *gáire guáire* (*gaigre* Boèce), fr. *guère*, *guères*, ital. *guari*; ce mot manque en espagnol et en portugais (il est d'origine allemande, voy. mon *Dict. étym.* I. *a*). — Nimius : ital. *troppo*, prov. *trop* (fém. *tropa* Leys II, 160. 176), franç. seulement neutre, *trop* (b.lat. *truppus*).

Paucus : ital. esp. *poco*, port. *pouco*, pr. *pauc* (représente aussi *parvus*); en fr. *peu* n'est plus que neutre, dans le *r*. fr. *poi*, *poie* il est encore adjectif; val. *putzin* (*paucinus** Cihac); en outre pour paulum on a *guari* avec la négation.

Pronoms de genre et d'espèce : ce sont les corrélatifs qualis (p. 418) et talis ; ce dernier devient : ital. *tale*, esp. port. pr. *tal*, fr. *tel*. Il existe des composés comme pour *tantus* : v.fr. *autel* (*alius tal.*); ital. *altrettale*, esp. *otro tal*, pr. *altretal*, *atertal*, v.fr. *autretel* (*alter talis*); pr. *atrestal* (pour *atressi tal* = *alterum-sic talis*); ital. *cotale*, val. *cutare*, *acętare*, *atare*, esp. *atal*, pr. *aital*, v.fr. *aintel*, *itel*. Un synonyme est l'ital. *sì fatto*, *siffatto*, v.fr. *si fait* (qui répond à l'all. *sothan*), de même que *com fait* pour *qualis*.

CINQUIÈME PARTIE.

FORMATION DES PARTICULES.

Les particules latines ont pour la plupart disparu dans les langues modernes, surtout parce que beaucoup d'entre elles, abrégées par la chute habituelle des lettres finales, ne se distinguaient plus nettement, et en général aussi parce qu'elles semblaient rebelles à de nouvelles formations. Ce qu'on a ainsi perdu a été surabondamment remplacé soit par le procédé de la composition, à laquelle peuvent prendre part presque toutes les espèces de mots, soit par celui de la périphrase qui emploie surtout des substantifs avec des prépositions. La classe la plus importante pour nous est celle des composés, car c'est à eux seuls, à part quelques formations périphrastiques obscurcies, que revient proprement le nom de véritables particules. L'abréviation et la fusion ont souvent rendu les éléments de la composition absolument méconnaissables ; mais plus l'analyse de ces produits présente de difficultés à l'étymologiste, plus ils sont précieux pour la langue à laquelle ils appartiennent. L'ingérence de mots étrangers ne s'est que rarement produite.

A propos de la formation des particules, il faut commencer par attirer l'attention sur quelques traits spéciaux. 1) On peut observer dans presque toute l'étendue du domaine roman une tendance à munir les particules dérivées de la langue mère aussi bien que celles qui ont été créées par les nouvelles langues d'un signe caractéristique. A l'ouest un nombre important de ces mots présentent une *s* paragogique, comp. esp. *entonce-s, marra-s, mientra-s, quiza-s*, même *lexo-s* pour *lexo* (*laxus*); port. *algure-s, nenhure-s*; prov. *abansa-s* (*ab antea*) GRoss. *LR.* I, 179, *alhondre-s, alque-s, al-s, essem-s, onca-s, aora-s, poisa-s, quaisse-s, quandiu-s, sempre-s, sival-s,* dans les composés *-men-s* (*mala-men-s*); v.franç. *ainque-s, auque-s, avecque-s, dementre-s, ensinque-s, giere-s, iloque-s, luec-s lué-s, mie-s, nonque-s, onque-s, ore-s, sempre-s,* fr.mod. encore *alor-s, guère-s, jadi-s, jusque-s,* *oncque-s, tandi-s, volontier-s.* En catalan *sol* et *tal* sont adjectifs, *sol-s* et l'arch. *tal-s* adverbes = prov. *solamen, talmen*. Le même phénomène s'est produit pour les prépositions *ante* et *sine* : esp. *ante-s*, arch. *sine-s*, pr. *an-s, sene-s*, fr. *ain-s, san-s*, ital., avec adjonction d'une voyelle, *an-zi, sen-za* ; en outre le cat. *segon-s*. Les deux textes français du IXe siècle ne présentent pas cette *s*, on y trouve *nunquam, nonqui, omqui* ; mais les textes suivants en ont de nombreux exemples. L'italien, selon le génie propre à cette langue, favorise la voyelle *i* à la finale : ainsi dans *indi, quinci, guari, altrimenti, domani, lungi, tardi, volentieri*, dans la dérivation -*oni* etc. Cette *s* et cet *i* ont cela de commun qu'ils sont tous deux le signe du pluriel, mais un accord de cette nature peut être fortuit. — 2) Si des noms, après s'être dépouillés de leur signification individuelle, passent dans la classe des adverbes, ou bien ils renoncent quelquefois tout-à-fait à leur terminaison de genre, ou bien ils l'échangent contre n'importe quelle autre : ainsi fr. *chez* pour *chèse*, *or* pour *ore*, *à l'envi* pour *à l'envie*, roum. *buc, nagot* pour *bucca, nagota*, ital. *fino* pour *fine*, esp. *cabe* pour *cabo*. — 3) Dans les composés qui ne sont plus sensibles comme tels, il peut se produire un déplacement de l'accent ; c'est ce qui a lieu au moins dans l'ital. *dópo* (de *dipói*), dans l'esp. *pára* (*por-á*), *péro* (it. *peró*), *síno* (mais port. *senão*), dans le v.esp. *alúbre* (lat. *aliubi*), dans le pr. *quandíu* (*quámdiu*), dans le pr. *dáus*, si ce mot vient de *devás* LR. V, 517. — 4) Quelques particules qui contiennent une interpellation manifestent une trace de flexion verbale. Le latin *ecce* suffit pour le singulier et le pluriel, on n'a jamais tenté pour le dernier nombre l'emploi de *eccite*, mais à cette forme répond le v.fr. *es-tes vos* auquel on a ajouté un sing. *es-te tei*. Le mot espagnol correspondant *evay* a de même été gratifié d'un plur. *evad* ou *evades*, mais l'origine du mot est incertaine. Une autre interjection espagnole synonyme d'*apage* a au sing. la forme *abá, abá-te*, plur. *abad, aba-os*. Sur le val. *aide* (δεῦρο), *aidatzi* (δεῦτε), voy. mon *Dict. étym.* I. s. v. *andare*.

1. ADVERBES.

I. Sur la *formation* de cette partie du discours il y a divers points à observer.

1. Les *formes dérivatives* réelles ou apparentes de la langue mère, -*iter* (*brev-*), -*itus* (*fund-*), -*im* (*gregat-*) n'existent plus,

bien qu'il se présente encore dans le latin de la décadence beaucoup d'exemples de cette nature auparavant inconnus, comme *amicaliter, angulariter, apparenter, annuatim, anseratim* (à la manière des oies). Quant à des formes nouvelles, il ne s'en est établi nulle part, cependant il vaut la peine de remarquer quelques finales qui ont une apparence adverbiale. 1) En italien *-one* ou *-oni* désigne la manière de se tenir ou de faire agir ses membres et répond tout-à-fait à l'allemand *lings* dans *häuptlings, rücklings, rittlings, schrittlings*. Ex. : *boccone(i)* à plat ventre (de *bocca*), *branconi* à tâtons (*branca*), et aussi *carpone, ginocchione(i), gomitone, rovescione(i)*; dérivés de verbes : *balzelloni* en sautant, *ciondolone, rotolone, saltellone(i), sdrucciolone, tastone(i), traversone*. A ces expressions viennent s'ajouter quelques autres avec un sens différent, comme *balocconi* à l'étourdie, *pulcelloni* à la manière des filles. Beaucoup de ces mots peuvent aussi se construire avec des prépositions : *in ginocchioni, a cavalcioni, a tastone, a tentone* et cette construction semble même être le procédé primitif. En effet de *a bocca, a traverso*, avec renforcement du substantif, on a fait *a boccone, a traversone* et sur ces mots se sont réglées des formations purement verbales, comme *a barcollone, a sdrajone, a spenzolone*; enfin, de même que dans d'autres cas (voy. plus bas), on a supprimé la préposition. Mais le renforcement du sens du substantif par une forme augmentative reste un phénomène remarquable ; l'allem. *lings* possède plutôt un sens diminutif. A l'ouest aussi on trouve des exemples de ces adverbes. Pr. *en abauzós* à plat ventre (verbe *abauzar*), *a genolhós, a reversós*, pr.mod. *de rescoundous* en cachette. V.fr. *à chevauchons, à croppetons, à genoillons, à reusons*, à reculons Ben. II, p. 358, *à ventrillon*, fr.mod. *à reculons, à tâtons*, dialect. *à bouchon* et *à boucheton* sur le visage, *à catons* à quatre pattes (comme les chats), *à riboulons* en pelotons etc. 2) En valaque *-iś* s'ajoute à des substantifs pour produire des adverbes de manière : *bold-iś* en piquant, *cruc-iś* en croix, *fętz-iś* à la face, *fur-iś* en cachette, *ponc-iś* à l'opposé. Comme ces adverbes se font quelquefois accompagner de prépositions (*in cruciś* etc.), ils semblent n'être à leur tour que des noms perdus de la terminaison *iś*, et en fait plusieurs, comme *costiś, tzępiś*, sont employés en même temps comme noms et comme adverbes (voy. plus haut p. 292).

2. Au nombre des diverses *compositions* (que l'écriture ne présente pas toujours comme consommées) les plus importantes

sont celles où l'adverbe est précédé d'une préposition, comme dans le latin *de-super, ex-ante, in-ante, per-inde*[1]. Nous les voyons déjà apparaître dans le plus ancien b.lat., p. ex. *ab ante* dans une inscription romaine Orell. (it. *avanti* etc.), *ab antea* charte de l'an 632 *Choix* I, 91, *ad prope* charte de 642 Bréq. 191[a] (pr. *aprop*), *de deorsum* Vulg. (it. *di giù*), *de foras* Inscr., *de foris* L. Sal. (it. *di fuori* etc.), *de intro* ibid. (it. *dentro*), *de intus* ibid. (fr. *dans*), *de magis* déjà dans Festus, mais ce mot est expliqué par *minus*, aussi dans Nonius (esp. *demas*), *de post* L. Sal. (fr. *depuis* etc.), *de postea* Chlodov. capit., *de sub* Marcell. Burd., L. Sal., *de super* L. Sal. (pr. *desobre*), *de trans* Vulg., L. Sal. (esp. *detras*), *de ultra* charte de 629 Mar. p. 97 (it. *d'oltra*), *in antea* également dans des chartes, aussi *in circa, in contra* (esp. *encontra*); comp. les observations de Pott sur la *L. Sal.* p. 154. Deux et même trois prépositions peuvent précéder l'adverbe : fr. *ded-ans* = *de de intus*, val. *d-in-a-poi* = *de in ad post*. Parmi les autres compositions, nous ne citerons que celles où entre le neutre IPSUM qui en s'unissant à un adverbe en renforce le sens ou le fait ressortir, comme dans le lat. *nunc ipsum* auquel répondent l'esp. *ahora mismo* et l'all. *daselbst*. Il faut peut-être mettre dans cette classe le prov. *anc-eis*, le v.franç. *ainç-ois*; le prov. *forc-eis* (*foris ipsum* = fr. *hormis* d'après le *LRom.*), *deman-es*, v.fr. *deman-ois* (*de manu ipsum*); prov. *aqui eis*. En italien on ne trouve pas d'*anz-esso* etc.; *esso* s'unit à des prépositions comme dans *con-esso, lungh--esso, sott-esso, sovr-esso* sans que le mot qui suit, quel qu'il soit, l'empêche de rester invariable : *con esso lei* etc., comme le v.franç. *en eis l'ore*. Sur le prov. *se*, synonyme de *semper* dans *anc-sé, ja-ssé, de-sé*, voy. mon *Dict. étym.* II. c.

3. La majeure partie des idées adverbiales sont exprimées par des *noms*. Dans la langue mère aussi un examen attentif ramène presque toutes les finales de cette partie du discours à des flexions casuelles dont l'obscurcissement a fait considérer le nom primitif comme une particule; dans les langues filles, cet obscurcissement a fait naturellement des progrès : qui pense encore à propos de mots comme fr. *car, comme* aux ablatifs *qua re, quo modo*? Seuls les cas obliques sont aptes à jouer le rôle de particules.

---

[1]. Mais quand on voit en roumanche, à l'inverse, des prépositions postposées aux adverbes (par ex. *cou* ici, *coutras* par là, *nou* ici, *noutiers* auprès), il est permis de supposer là une influence allemande.

FORMATION DES PARTICULES. ADVERBES.   427

Mais comme ces cas, à l'exception de l'accusatif, ne sont plus désignés que par la voie de la périphrase, il devait en résulter une masse disproportionnée d'expressions prépositionnelles.

a) *Adverbes formés simplement avec des cas* (sans préposition). α) Adverbes tirés d'adjectifs à l'accusatif singulier neutre, comme lat. *paulum, verum, breve, facile, grave, recens*. Ital. nombreux : *alto, basso, caldo, chiaro, manco, piano, poco, ratto, sicuro, solo, spesso, tosto, troppo, visto, breve, forte, leve, soave.* Esp. *alto, baxo, cierto, claro, harto, junto, manso, poco, quedo, pronto, recio, seguro, solo, temprano, vecino, breve, recien.* Prov. *aut, bas, clar, dreit, dur, gen, len (lenier), menut, mol, pauc, petit, plan, preon, sol, tost, trop, breu, fort, greu, leu, suau.* Franç. rares : *bas, bon* (au lieu de *bien*), *chaud, clair, exprès, haut, mauvais, seul, vite, bref, fort*; adverbes tout-à-fait restreints à l'emploi adverbial ou neutre : *moult* arch., *peu, tôt, trop.* En valaque tous les adjectifs sont en même temps adverbes (Alexi p. 212). Au point de vue de la forme, ces adverbes se confondent avec le masculin de l'adjectif (en prov. et en v.franç. avec l'acc. sing. de ce genre), seul l'esp. *recien* se distingue de *reciente*. — β) Des ablatifs comme *cito, continuo, falso, multo, quanto, raro, subito, tanto, vero* se trouvent presque littéralement reproduits en italien, en espagnol et en portugais, mais ils se confondent dans ces langues avec la forme de l'accusatif. — γ) Les adverbes tirés d'adjectifs terminés en *e* sont éteints; quelques débris de cette classe se retrouvent, le plus clairement en italien où l'*e* est aussi remplacé par *i* (t. I, p. 165) : ainsi *bene, male, pure, lungi (longe), tardi, volontieri (voluntarie)*, peut-être aussi *leggieri*; esp. *bien, mal, lueñe* arch., *tarde* (adj. *tardo*); franç. *bien, mal, loin, tard*; val. *bine.* En outre on remarque au nord-ouest du domaine quelques exemples archaïques de la finale ICE, comme dans *ebraice, romanice, normannice, britannice*, pr. v.fr. *ebraïs, romans, normans, bretans : parlar romans = loqui romanice.* A l'extrême est les nombreux adjectifs de la dérivation *esc* forment à la manière latine des adverbes en *esce*, déformé en *easte*, comme *peaste* de *piscis* (t. I, p. 243) : adj. *berbętesc*, adv. *berhęteaste* et de même *domneaste, femeiaste, fręteaste, trupeaste*; adv. tirés de noms de peuples : *armeneaste, telieneaste, turceaste.* Est-ce le souvenir de la forme adverbiale latine *e* qui aurait influé sur la dérivation *iscus*, presque étrangère au latin, ou cet *easte* ne se rattacherait-il pas à l'alb. *ist* dans *fratinist, talinist*? Il faut tenir compte aussi du grec ιστί dans ἑλληνιστί, γυναιϰιστί. — δ) Des adverbes formés avec des substantifs sans préposition ne sont pas rares, il est vrai, mais on peut se demander souvent s'ils n'ont pas rejeté la préposition, comme les adverbes italiens en *-oni*. Un ancien exemple d'accusatif est *meon vol* (all. *mînan willon*) dans les *Serm.*, ou *sun voil TCant.* 142, 20. Le même cas est clairement indiqué par la forme dans *anc-ora* it., *enc-ore* fr., si cette expression, comme on peut l'admettre, a son origine dans *hanc horam*, mais elle pourrait bien être abrégée de *ad hanc horam* (*a anc ora*). Comme les langues romanes ont la faculté de répondre à la question *quand* par l'accusatif, c'est-à-dire par le cas oblique sans préposition, on peut considérer un certain nombre d'adverbes de temps comme employés dans ce rapport : ainsi ital. *talvolta*, esp. *cada dia*, fr. *toujours*. L'ablatif se laisse reconnaître dans quelques mots comme le v.esp. *ag-ora* de *hac hora*, *og-año* de *hoc anno*. Le latin du plus ancien moyen âge présente un autre exemple de l'ablatif dans l'adv. *mala hora*, à côté duquel *bona hora* a dû aussi exister : port. *má hora, hora má*, arch. *iera má* G*Vic.*, v.fr. *bon heure*. De là par ellipse : v.esp. *mala*, pr. *bona* et *mala*, v.fr. *bone*, it. *mal*, et enfin les deux mots se fondirent dans les formes abrégées : v.port. *bora*, v.fr. *bor*, *buer*, *mar* (voy. mon *Dict. étym.* I. *ora*). Une formation adverbiale importante s'opère avec l'ablatif du subst. MENS qui, en qualité de simple suffixe, comme l'all. *weise* (*scherzweise*) et avec le même sens, remplace les finales latines *e* et *iter* en s'unissant aux adjectifs de toute espèce et assez souvent aussi aux pronoms. En effet des expressions comme *devota mente, placida m., tranquilla m.* ont provoqué des formations impropres comme *pari, rapida, brevi, alterna mente*. Ce procédé est connu du latin du plus ancien moyen âge : *in alia mente* = it. *altramente*, dit par ex. la *L. Sal.* (comp. *Choix* I, 95, Grimm *Rechtsalt*. p. 2, *Deutsche Gram.* IV, 923 note), et il est couramment employé dans les plus anciens textes romans. La forme du substantif ajouté est en it. *mente* (à l'exception de *altrimenti*), en esp. et en port. de même (le v.esp. emploie aussi *mientre*), prov. *ment*, *men*, même *mens*, franç. *ment*; cette formation est étrangère au valaque, excepté dans *altmintrea* (*altera mente*): elle serait assurément superflue dans cette langue. La forme de l'adjectif est celle du féminin. Exemples : ital. *bella-, medesima-mente*, avec suppression de l'*e* après *l* et *r* : *vil-, maggior-m.* Esp. *alguna-, sabia-, facil-, cortes-mente*; port. *discreta-mente* etc. Prov. *mala-, epsa-, sopta-, felnessa-men*; il faut remarquer *mescla-men* d'un adjectif qui n'existe pas *mescle*, comp. *com-misculus* κένος Gl. lat. gr. Franç. *aucune-, douce-, molle-, habile-ment*, mais *genti-ment* d'un plus ancien *gentil-ment*. Seule la dernière langue supprime la voyelle féminine après une autre voyelle : *vrai-, hardi-, sensé-ment* (en vieux français, jusqu'à la fin du XVIᵉ siècle, *vraie-, hardie-, sensée-m.*) et contracte *-ante, -ente* en *-am, -em* : *constam-, prudem-ment* (mais on dit *présente-m.*); de plus elle remplace l'*e* muet par un *e* fermé dans quelques mots comme *commodé-, communé-ment*. A ce genre de composition prennent aussi part, sauf quelques restrictions, des adjectifs qui à l'état isolé s'emploient déjà comme adverbes (p. 427), et même des adverbes propres : ainsi ital. *guari-, insieme-, quasi-, onnina-mente*; v.franç. *alsi-, ensemble-, tempre-ment*, aussi *com-ment*, pr. *co-men* (d'après une autre explication de *quomodo inde*). L'ital. *impune-mente*, le fr. *impuné-ment* ne procèdent pas d'un adjectif roman, ils reposent sur le lat. *impune*. Il faut encore remarquer que ce suffixe en espagnol et en portugais a une plus grande indépendance : en effet, lorsque plusieurs de ces adverbes se suivent, on n'exprime *mente* qu'après le dernier adjectif : *clara y sutilmente*. Exemples de cette ellipse empruntés aux autres langues : ital. *villana ed aspramente CNA*. p. 34; pr. *suau e bellament*; *cruelmen et amara* B. p. 28; d'autres exemples dans le *Choix* VI, 315, Blanc 520.

b) Adverbes tirés de cas et accompagnés de prépositions. Les prépositions les plus importantes sont *de, ad* et *in.* α) Les *adjectifs* neutres (sous la forme du masculin), lat. *de plano, in brevi,* expriment généralement avec élégance le sens de la composition avec *mente* : Exemples avec DE : it. *di bello, di certo, di piano, di rado.* Esp. *de contado, de firme, de falso, de vero* arch., *de zaino*; port. *de certo, de humano, de leve, de manso, de pran Canc. ined., de vedro* jadis SRos. Prov. *de plan, de preon.* Franç. *de présent* etc. Val. *de azuns, de curund, de isnov, de plin.* Avec AD : ital. *a certo, a cheto, a pieno, a voto.* Esp. *á duro, á menudo, á roso y á velloso.* Prov. *a celiu, a desliure, a destre, a senestre, ad estros, a pensos, a presen.* Franç. *à présent, à travers.* Val. *a merunt* (ital. *a minuto*), *a tot.* Avec IN : ital. *in uno,* esp. *en uno* (*in unum*, m.h.all. *en-ein*); ital. *in vano*, prov. *en van*, franç. *en vain* (lat. *in vanum*, εἰς κενόν, v.h.all. *in uppîc*); ital. *in ascoso*, franç. *en aveugle, en général*, val. *indirept, in desert* (= ital. *invano*) etc. — β) Les adjectifs féminins, presque uniquement accompagnés de *ad*, semblent se rapporter partout à un substantif, aussi s'adjoignent-ils volontiers l'article. Ital. *a destra* (*ad dexteram*), *a seconda* (*sc. fortuna*), *all' antica* (*sc. maniera*), *alla cieca, alla libera, alla prima, alla francese*. Esp. *á la española*. Prov. *a orba, a saubuda, a nosaubuda*. Franç. *à droite, à gauche, à la dérobée, à la légère, à l'espagnole*. Au sud-ouest l'adjectif est plus volontiers mis au pluriel, peut-être pour donner plus de force à l'expression, ainsi : esp. *á ciegas, á ciertas, á escondidas, á firmes* Alx., *á horcajadas, á hurtadas, á luengas, á osadas* Rz., *á primas, á solas, á tontas y á locas*; port. *ás cegas, ás escondidas, á furtadelas* (adj. *furtado*), *á mordidelas* (*mordido*); de même aussi en prov. *a certas, a longas, a orbas*, v.franç. *a certes, a longes*. Pluriels avec *de* : prov. *de primas LR*. I, 565, aussi v.franç. *de primes*. Avec *en* par ex. pr. *en sobinas* B. *LB*. 102, 52. En omettant la préposition on disait aussi en v.esp. v.port. prov. *certas FJ., FMart., GA*. 2736, mais prov.mod. *certos*, franç. *certes*; de même prov. *longas, primas* Bth. 197, *volontieiras Fer*. 2164, v.franç. *longes, primes*. — γ) Des adverbes de ce genre formés avec un *substantif*, comme lat. *invicem, obviam, interdiu, a tergo*, se présentent en nombre incalculable; ils désignent des rapports de lieu et de temps. Avec DE : ital. (aussi DA) *da banda, da canto, da parte, dappiè, di notte, di state, di buon mattino, d'ottobre, di ricapo, d'accordo, di grado, di buona voglia, da senno, daddovero* (au lieu de *da di vero*), *di salto, di volo* (rapidement), *di maniera, di modo, di ragione*. Esp. *de otra parte, de dia, de noche, de dias, despacio, de cabo, de mano, de cara, de fuerza, de remate, de priesa, de corrida, de rodillas, de grado, de arte, de forma, de manera, de modo*. Prov. *de latz, d'estiu, d'ivern, de sazó, de lans, de rut, de trot, d'esperó, de gran esperó, d'ambladura, de briu, de randó, de bada, de maneira*. Franç. *de côté, de jour, de nuit, derechef, d'abord, d'accord, d'avantage, de gré, de manière*. Val. *de dos, de lature, de fatze, de parte, de loc, de noapte, de vreame, de lipse*. Avec AD, surtout des adverbes de manière, ainsi : ital. *accanto, allato, addosso, all'erta, allora, a*

FORMATION DES PARTICULES. ADVERBES. 431

mezza notte, abbastanza, a gara, a piombo, a bada, ad ágio, a maraviglia, a caso, ad arte, a fede, a forza, appena, a fatica, a bocca, a una voce, ad un tratto, a capo nudo, a occhj aperti, a foggia, a forma, a guisa. Esp. *al lado, alerta, á noche, á priesa, á deshora, á porfia, á trueco, á maravilla, á fe, á la fe, á la ley, á fuerza, á guisa, á modo,* et des pluriels comme *á penas, á sabiendas, a voces, á gatas* (c'est-à-dire *á manera de gatas?*). Prov. *a latz, a sazó, alora, ad ais, a lairó, a tapi, a fe, a dreit, a tort, a bandó, a randó, a-trasait, a for, a guisa, a lei, a penas.* Fr. *à côté, à midi, à l'avenir, à foison, à aune, à merveille, à mort, à mon insçu, à propos, à force, à droit, à tort, à peine, à l'envi.* Val. *a leture, a case, a mene, a orea, a minte, a nume.* Avec IN : ital. *in dono* (*gratis*), *indosso, in fallo, in fretta, in piè, in prova, in maniera.* Esp. *encima, en frente, en fuerza, en modo, en órden.* Prov. *en perdó* et *en perdós* (*gratis*), *en fol* (*stulte*) et de même en franç. *en homme* (lat. *humane*), *en roi* (lat. *regie*), *en face, en croix, en forme, en vertu, ensuite,* v.fr. *en-tresait.* Val. *in dare* (*dono, gratis*), *in dosul, in locul, in tipul, in urma.* Ici aussi on n'a pas toujours recours à la préposition, par ex. ital. (*in*) *caso che,* esp. (*á*) *cabo,* (*á*) *orillas,* (*en*) *frente,* (*en*) *otra guisa,* v.port. (*a*) *bo-fé,* pr. (*de*) *man leu* GO., (*a*) *riba* Fer. 1345, v.fr. (*a*) *merveilles;* souvent *chali pas, igniel pas, plein cours, grand aleüre, cele part,* franç.mod. (*à*) *bon marché* (ital. *a buon mercato*), (*de*) *bon gré* (ital. *di grado*). — ε) Répétition du substantif pour exprimer la contiguïté et la succession : ital. (avec double prép.) *a faccia a faccia, a fronte a fronte, a brano a brano, a foglio a foglio.* Esp. *frente á frente, cara á cara, mano á mano, gota á gota.* Franç. *côte à côte, tête à tête, vis à vis, brin à brin,* v.franç. *lez a lez.* Des adjectifs aussi sont traités de la même manière : ital. *a solo a solo* (seul à seul), esp. *poco á poco,* franç. *peu à peu, petit à petit, seul à seul,* et même des particules : franç. *près à près,* arch. *rez a rez.* En provençal les deux mots sont plus volontiers unis avec *et* : *latz e latz, mot e mot* Flam. 4766, *prop e prop, ras e ras*; de même en v.franç. *petit e petit* TCant. p. 93, port. *pouco e pouco, rez e rez* GVic., aussi *cousa e cousa.* Les patois provençaux unissent au substantif simple l'adjectif *bel* qui alors, comme déjà en français, exprime l'idée de plénitude : *a belos palados* équivaut à *pelletée à pelletée, a belos trupelados* = *par pelotons* (*Dict. langued.* p. 46).

4. Idées adverbiales rendues par des *phrases*, comme lat. *scilicet, nudius tertius* : ital. *può essere*, franç. *peut-être*, val. *poate fi*, esp. *quizá* (c.-à-d. *quien sabe*) pour *fortasse*; prov.mod. *bessai* (*je sais bien*) pour *certo*; ital. *tempo fa*, v.franç. *pieç-a*, fr.mod. *naguères* etc. pour *pridem* et *nuper*. Des phrases plus longues, comme ital. *a dire il vero* (*quidem*), franç. *il y a long-temps* (*pridem*), n'entrent pas ici en considération.

II. *Liste* des adverbes, en tenant compte surtout de la forme.
1. Adverbes de *lieu*. La plupart d'entre eux sont encore littéralement conservés, mais la détermination des rapports du lieu où l'on est, du lieu où l'on va et du lieu d'où l'on vient a été considérablement troublée. Le moyen le plus naturel, après l'obscurcissement des expressions primitives, était de désigner le lieu d'où l'on vient par *de*, celui où l'on va par *ad*, et il se peut qu'il en ait été ainsi à l'origine. Mais à la fin ces prépositions elles-mêmes perdirent aussi leur force et nécessitèrent un renforcement, ce qui fit prendre aux formations une grande extension. L'ital. *ad-d-entro*, l'esp. *de-d-onde*, le prov. *de--vers*, le fr. *de-d-ans* par ex. n'en disent pas plus que *intro, unde, versus, intus* avec lesquels ils sont composés. Une cause de plus grand trouble consiste en ce que beaucoup d'adverbes de lieu servent en même temps à désigner plusieurs rapports et qu'ainsi leur sens spécial doit être complété par le verbe : ainsi le franç. *où* est employé pour *ubi* et *quo*, l'ital. *di qua* pour *hic, hinc, huc*; c'est là une défectuosité qui est propre aussi au grec moderne où par ex. ποῦ doit représenter l'ancien ποῦ, πόθεν et ποῖ. Néanmoins sur ce point aussi chaque langue a ses finesses; mais nous ne pouvons pas nous attacher à les examiner ici.

Ecce, adverbe démonstratif, devient en port. *eis* (*eis aquí, eis ahi*), en v.fr. *eis* et *ez* dans *eis-vos, ez-vos* (aussi *estes-vos, estes-le-vos NFC.* I, 5, sing. *este-tei* Psaut. de *Trin. coll.*), *astetei* et *astevus Lib. psalm. Eccum* a donné ital. *ecco* (*eccomi, eccoti, eccolo*; esp. *elo* = ELLUM), val. *eacę* (*eacęmę, -te, -lu*), prov. *hec* Boèce 116, v.franç. *eke* dans *ekevos*. *Ecce* est remplacé par VIDE, VIDETE : ital. *vello* (c'est-à-dire *vedi lo*), esp. *ved aquí, veis aquí*, prov. *ve-ti* (= v.h.allem. *sih dir*), *vec-vos* (composé *veus*), où *ve* a dû s'unir à *ec* (la même accumulation se présente dans le grec ἢν ἰδοῦ), ensuite fr. *voici, voilà*, v.fr. *veci*, souvent avec un pronom personnel intercalé : *vez-me-ci, ve-le-ci*; prov.mod. *vaqui, vaquitto* (*v-aqui, v-aqui-te*). Une forme propre au vieil espagnol est *afé PC*. 1325. 1951, de là *afeme* ibid. 1605, *afelo* 513, *afellas* 2098, *afevos* 262 ; puis *fe* dans *feme* Rz. 268, *fevos PC*. 1343, *fellos* 493 ; enfin en esp.mod. *he* dans *heme, hete, helo, hela*. Cet esp. *fe* n'est autre chose qu'un *ve* aspiré (lat. *vide*) et l'*a* préposé est une simple interjection. Dans le *Poema del Cid* on trouve outre *afe* encore *evay, evad, evades*, dans la *Coron.* de Juan de Mena 14, *evas* (voy. plus haut p. 424), mots qu'on a cherché à expliquer par un verbe perdu, tout aussi énigmatique, *evar*. Le val. *ni* n'est pas roman ; il répond littéralement au hongr. *ni* et au grec ἠνί. Ce dernier mot se reconnaît facilement dans le sicilien *ani*.

UBI : ital. *ove* (anc. *u', o'*), *dove* (*de ubi*), v.esp. *o, hu*, v.port. *ou*, pr. *o*, fr. *où* ; cet adverbe est rendu aussi par l'esp. *donde*, port. *onde*, pr. *ont*, val. *unde*. — IBI : ital. *ivi, vi* (composé *quivi*, c.-à-d. *eccu'ibi*) ; il est d'ailleurs abrégé en *i* comme *sibi* en *si* : v.it. *i*, v.esp. v.port. pr. *hi, y*, esp.mod. port. *ahi*. — HIC : it. *ci* (composés *lici, quici*), pr. *aissi*, aussi *ci Jfr.*, fr. *ici*, val. *aici, ici* (de *ecc'hic*) ; ital. *qui*, esp. port. prov. *aqui*, v.fr. *iqui, equi, enqui* (*eccu'hic*) ; on a aussi ital. *qua*, v.esp. *aquá*, esp.mod. *acá*, port. *cá* (*ecc'hac*) ; prov. *sa, sai, aissai*, fr. *çà*, v.ital. *cià* (*ecce hac*) ; ital. *quaci* dans Ciullo d'Alcamo Nann. *Lett.* I, 8 (*eccu hacce*) ; le val. *coaci, coace*, le v.fr. *saïs* ont la même origine. — ILLIC : ital. *li*, esp. port. *alli* ; aussi ital. *là*, esp. *allá*, port. *lá* (*alá* SRoss.), pr. *la, lai, ailai*, fr. *là* (de *illac*), v.fr. *laïs* ; ital. *colà*, esp. *acullá*, port. *acolá*, val. *coleà* (*eccu'illac*) ; v.fr. *iluec, iloques*, mil. *illò* et *illoga* Bonv. (de *illoc*) ; v.fr. *icilec, cilec* (*ecc'illoc*) ; val. *colò, acolò* (*eccu'illoc*), mais mil. *quilo, quiloga* pour *tunc*. — ISTIC, ISTAC précédés de *eccu'* : ital. *costi, costà*.

UNDE : it. *onde, donde*, v.esp. *ond*, esp.mod. *de donde*, port. *donde*, prov. *on, don*, v.fr. *dont*, val. *de unde*, le fr.mod. le remplace par *d'où*[1]. Comme particule pronominale (pour *de quo, de quibus*) il est rendu par l'ital. *onde*, v.esp. *don*, fr. *dont*. —

---

1. On a préposé plus tard au prov. *ont* un *v* qui n'était peut-être destiné à l'origine qu'à obvier à l'hiatus, p. ex. dans *la ont*. Brueys dit : *vonte vas tu ? au luec vonte l'Amour presido*. A Marseille on a tiré de là *mounte. Vont* se présente pour la première fois dans la légende de l'enfance du Christ, Bartsch 279, 33. 281, 13 etc. D'autres cas de ce *v* prothétique sont : prov. mod. *vo* pour *o* (où) : *dinan vo dinan pas* (devons-nous dîner ou ne pas dîner?) ; aussi *va* pour *o* (le) : *va vesi pa* (je ne le vois pas) ; *digo-va* (je le dis) ; bourg. *vou* pour fr. *où* : *vou at-i* (où est-il?). Le cat. *lla-v-ors* pour *laors* est dans le même cas.

INDE : ital. *indi* (composé *quindi*), v.esp. *ende PC.* 3559, Rz., fr.mod. *dende*, v.port. *ende*, pr. *en*, v.fr. *int, ent*, val. *inde* (avec le sens de *unde*, voy. *Lex. Bud.*); le v.esp. offre en place *des-i PC.* 485. 3121, le v.port. *des-y*, l'esp.mod. *de ahi*, port. *dahi*, val. *de acolò*. Employé pronominalement (*de eo, de iis*) il s'abrège et devient en ital. *ne* (anc. *ende, en*), prov. *en*; une forme moins usitée (elle se trouve déjà cependant dans Guill. de Poitiers et dans *Léger*) est *ne*; fr. *en*. — HINC seulement dans l'it. *quinci* (c.-à-d. *eccu' hincce*). Périphrases: it. *di qui*, esp. *de aqui*, v.esp. port. pr. *daqui*, v.fr. *d'enqui*, fr.mod. *d'ici*, val. *de aci, dincoace* etc. — ILLINC, ISTINC, ce dernier est conservé dans l'ital. *costinci*. Ces deux adverbes sont remplacés par ital. *di costì, di lì*, esp. *de alli*, port. *dalli*, fr. *de là*, val. *de acolò, dincoleo*

Quo, EO, HUC, ILLUC manquent, ils sont rendus par des mots de la première série, quelquefois avec un *ad* préposé (esp. *adonde*, port. *aonde*, v.port. *adú*).

ALIUBI : v.esp. *alubre FJ.*, val. *aiurea*, abrégé en *airea*. Une formation analogue est l'it. *altrove*. A ALIORSUM renvoient prov. *alhors, alhor*, fr. *ailleurs*, port. *alhures*, arch. *alhur*, et à SINISTRORSUM v.franç. *senestror* (*montez par l'estrier senestror Sax.* II, 183). Une périphrase du premier mot est l'esp. *en otra parte*, franç. *autre part*. — ALIUNDE : v.esp. *alhynde Canc. de B.*, prov. *alhondre(s)* et *alons*, val. *de aiurea*. Un mot analogue est l'it. *altronde*. Périphrases : it. *d'altrove*, fr. *d'ailleurs*, val. *de airea*, esp. *de otra parte*, fr. *d'autre part*.

USQUAM manque; ALICUBI semble s'être conservé dans le mot spécialement portugais *algures*, arch. *algur* (pour *algubre?*); val. *undeva* (*ubivis*). Expressions périphrastiques: it. *in algun luogo*, esp. *en qualquier lugar*, val. *in vreun loc*, franç. *quelque part*. — NUSQUAM : port. *nenhures* (littéralement = *nec ubi*, comme *nenhum* = *nec unus*); val. *nice unde, nec-ęiri*, ital. *in niùn luogo*, esp. *en ningun lugar*, v.franç. *nul leu* (*nullo loco*), fr.mod. *nulle part*. — UBIQUE est rendu par une périphrase avec *totus* : ital. (*da*) *pertutto*, esp. *por todo*, fr. *partout*, prov. *de totas partz*, val. *pre-tut-indinea*. Pour UBICUNQUE on a ital. *ovvunque*, esp. *donde quiera que* etc.

INTRA est échangé contre INTRO : ital. *entro, dentro*, v.esp. *entro*, esp. mod. et port. *dentro*, val. *inlontru* (*lo intru* = ital. *là entro*), aussi *in lęúntru*. Il est rendu par INTUS : prov. *ins, dins, dedins* (*la-, sa-ins*), v.fr. *ens* (*sai-, lai-ens*), fr.mod.

seulement *dedans*. — EXTRA a été supplanté par FORAS, FORIS : ital. *fuora, fuori, fuore, di fuori*, esp. *fuera, de fuera* (anc. *fueras*), port. *fora*, pr. *foras, fors, de fors*, fr. *hors, dehors*, val. *afarę*.

SUPRA : it. *sopra, sovra, di sovra*, pr. *de sobre*, v.fr. *sore*, val. *de asupra*. La forme la plus répandue est SUSUM (*sursum*), qui s'est abrégé en *sus* : ainsi ital. *suso, su* (*lassù, quassù*), v.esp. v.port. *suso*, pr. *sus*, v.fr. *sus Eulal.*, fr.mod. *dessus*, val. *dinsus*. Périphrases : esp. *arriba, encima*, fr. *en haut* etc. — INFRA a cédé la place à DEOSUM (*deorsum*) transformé de bonne heure en *josum* et *jusum* et abrégé ensuite en *jus* : ital. *giuso, giù* (composés *laggiù, quaggiù*), v.esp. *yuso, ayuso*, v.port. *juso FSant.* 531, pr. *jos*, v.fr. *jus*, val. *dinźos*. Un synonyme est SUBTUS : ital. *sotto, di s.*, pr. *sotz, de sotz*, fr. *dessous*, val. *de supt* ; aussi l'adj. it. *basso*, esp. *baxo* etc. Périphrases pour exprimer la direction en haut et en bas, ital. *in su, in giù*, prov. *en sus, en jos*, fr. *en haut, en (à) bas* ; prov. *a mon, contra mon* (m.h.all. *ze berge, wider berc*), *a val* (m.h.all. *ze tal*), franç. *amont, aval*.

CITRA manque, il est représenté par le v.esp. *aquende*, port. *aquem* ; par l'it. *di qua*, pr. *de sai*, fr. *de-çà*, val. *dincoace* ; et l'esp.mod. *de aquesta parte*. — ULTRA manque en qualité d'adverbe et est remplacé comme *citra* par d'autres formes : esp. *allende*, port. *alem* ; it. *di là*, pr. *de lai*, fr. *de là*, val. *dincolò*, esp.mod. *de aquella parte*.

ANTE dans les composés : it. *davanti, dinanzi* (*de ab ante, de in ante*), esp. *delante*, port. *diante*, pr. *davan, denan*, fr. *devant*, val. *inainte*. — Pour PRORSUS, PROTINUS on trouve : ital. *innanzi*, esp. *adelante*, pr. *avan, adenan*, fr. *avant, en avant*. — POST, PONE ont été échangés contre DE RETRO, DE TRANS, ainsi ital. *dietro* (pour *diretro*), pr. *dereire*, fr. *derrière* ; esp. simplement *redro* ; esp. prov. *detras* ; l'expression valaque est *dinapoi* (*de in ad post*). — Le sens propre de *retro* est rendu par ital. *ad-* et *indietro*, pr. *a-* et *enreire*, franç. *arrière, en arr.* ; esp. prov. *atras* ; val. *in apoi*.

PROPE : prov. *prop, a prop*, v.fr. *pruef, a pruef*, v.ital. *a provo*, val. *a proape* ; prov. *propi*, fr. *proche* (*propius*) ; ital. *presso*, prov. *pres*, franç. *près, de près*, v.port. *a pres, a ples* SRos. (*pressum*, ἄγχι); ital. *vicino* ; esp. *junto* ; port. *perto* (voy. mon *Dict. étym.* II b. *preto*). — LONGE : ital. *lungi*, v.esp. *lueñe*, port. *longe*, prov. *luenh*, franç. *loin*, esp.mod. seulement *léxos* (de *laxus*) ; ital. *lontano* ; val. *de parte*. — PORRO s'est conservé dans le sens de « loin » dans le prov. *pore, por* et le v.franç. *puer* (pr. par ex. *por gitar* rejeter, aussi *lonh gitar*); l'italien a choisi le synonyme de l'allem. *weg* : *via*. — CIRCA : it. *circa* (à peu près), esp. port. *cerca* (près). Périphrases avec *torno* et *virón* (en cercle) : ital. *in-, dintorno,* prov. *entorn,* franç. *alentour, autour* ; v.esp. *redor, aderredor,* esp.mod. déformé en *alrededor,* port. *ao redor, derredor* (du subst. *redor*); pr. *enviró,* fr. *environ* (v.h.all. *umbi-ring,* gr.mod. γῦρω, aussi ἐλέγυρα = it. *d'ogn'intorno*); val. avec *gyrus* : *pregiur, in pregiur* (*per gyrum*).

SIMUL, b.lat. *in simul* : ital. *insembre,* abrégé *insieme,* v.esp. *ensemble, ensembra,* v.port. *erisembra,* pr. *ensems,* vaud. *ensemp Choix* II, 92, fr. *ensemble* ; esp. *juntamente*; val. *intr' una.* Comme synonyme on a la forme provençale postérieure encore usitée aujourd'hui *amay,* par ex. *de ma vila amay de nos* « avec ma ferme et avec nous » *Chr. albig.* (d'origine incertaine). — SEORSIM : it. esp. *a parte,* fr. *à part,* val. *in parte* ; de même val. *de osébi, osebit* (serbe *òsobito*).

2. Adverbes de *temps.* — QUANDO : ital. esp. port. *quando,* prov. *quan (can),* franç. *quand,* val. *cynd.* Synonyme prov. *quora, quor, quoras* (pour *que ora*), encore auj. *curo,* rouman. *cura, cur*; ital. *qualora,* prov. même forme *Bth.* QUANDOCUNQUE : seulement it. *quandunque.* — ALIQUANDO : val. *oare cynd,* aussi *cyndva.* Périphrases : ital. *una volta,* franç. *une fois,* val. *o datę* (de *datum*) une fois ; ital. *un giorno,* esp. *un dia* etc.

QUONDAM, OLIM : franç. *jadis* (*jam diu*). Périphrases : ital. *altre volte,* fr. *autrefois,* val. *altę datę*; prov. *sai en reire,* v.franç. *za en ayer,* fr.mod. *ci-devant,* ital. *per addietro* ; on emploie aussi *jam* (it. *già* etc.). Un mot non latin est l'esp. cat. *márras* (arabe *marrah*). — ANTEA, ANTE : ital. *innanzi, dianzi, avanti,* v.ital. *anti* voy. *Trucchi* I, 219, esp. port. *ante, ántes,* v.franç. *ains,* aussi prov. *anceis,* v.fr. *ainçois* (d'origine incertaine, comp. mon *Dict. étym.* II. c.), ital. *testeso, testè* (*ante ist' ipsum*); v.franç. *orains* (*hora ante*); v.franç. *par avant,* franç.mod. *auparavant,* prov. *entrenan,* val. *inainte* ; ital. *prima, pria,* prov. *primas,* v.fr. *primes.* — POSTEA est littéralement l'ital. *poscia,* pr. *poisas*; de POST dérive it. *poi, di poi, dópo,* val. *dupę,* esp. *pues* (avec le sens de *ergo*), *despues* (c.-à-d. *de ex post*), port. *depois,* pr. *pois, depois,* franç. *puis, depuis* ; ital. *da qui innanzi,* v.franç. *d'ist di in avant,* val. *de aci inainte* ; prov. *d-er-enan* (*de hora inante*), *des-er-enan* (*de ipsa hora inante,* ou *de ex h. i.*), fr. *d-or-èn-avant* (de même en grec moderne ἀπὸ τώρα καὶ εἰς τὸ ἑξῆς); ital. *oggimai*, contracté *omai*, prov. *hueimais*, v.fr. *huimais, maishui*, esp. *de hoy mas* (*de hodie magis*); ital. *oramai*, franç. *d-és-or-mais* (*de ipsa hora magis*), prov. *d-ess-er-huei-mais* (*de ipsa hora hodie magis*), val. *mai apoi* etc. — INTEREA : esp. port. *entre tanto*, val. *intr' acea*, ital. *introcque Inf.* 20 (*inter hoc*), v.franç. *entrues* (*inter hoc ipsum* Burguy, II, 289); ital. *frattanto*; ital. *mentre*, esp. *mientras* (voy. mon *Dict. étym.*); franç. *cependant*.

TUNC (alors) : composés esp. v.port. *entonces* (*in tuncce*), v.esp. *estonze FJ.*, *estonz PC.*, *estonzas Alx.* (*ex tuncce*), val. *atunci* (*ad tuncce*); v.esp. *enton Alx.*, port. *então* (*in tum, in tunc*). On trouve à côté de ces formes un mot commençant par *d* qui a pris le sens de *ergo* et qui semble dériver également de *tunc* : v.ital. *dunqua, adonqua Choix* VI, 332, ital.mod. *dunque, dunche*, v.esp. *doncas* Bc., *FJ.*, prov. *donc, adonca(s), doncx*, v.fr. *donques, adunc, aidunc, idunc*, fr.mod. *donc*. Périphrases : pr. *la-or GA.*, cat. *lla-v-ors*, it. *allora*, v.esp. *allora* Bc., fr. *alors*, pr. *aleras Chr. alb.*, mil. *illora* Bonv. (*ad illam horam, illa hora*); v.esp. *esora* (*ipsa hora*); prov. *ab tan, ab aitan*, v.fr. *à tant* (par là, sur ce). — NUNC manque partout, on le remplace généralement par *hora*, ainsi ital. *ora*, esp. port. *hora*, v.esp. *oras* Bc., pr. *ora, or, oras*, aussi *ara, ar, aras* et *era, er, eras*, roum. *era, er*, pr.mod. *aro*, v.fr. *ore, ores, or-endroit*, fr.mod. *or* (comme le grec mod. τώρα); v.esp. port. *agora* (*hac hora*), esp.mod. *ahora*, pr. *aora, aoras*; v.fr. *asture* (de *à cette heure*); ital. *adesso*, v.esp. *adiesso* Bc., prov. *ades* (*ad ipsum.*); v.ital. *issa* (*ipsa* sc. *hora*); en outre la forme isolée du valaque *a-cum, a-cù*. — JAM : ital. *già, di già*, esp. *ya*, port. *ja*, v.port. *ya*, prov. v.fr. *ja*, fr.mod. *dé-jà*; val. *acum, indatę*. — ADHUC devient *aun* en espagnol; à la même origine remontent peut-être ital. *anche*, prov. *anc*, v.fr. *ainc, ainques*, val. *incę*. Formations avec *hora* : ital. *ancora* (*hanc horam*), prov. *encara(s), enquera(s)*, prov.mod. *encaro*, fr. *encore*; v.fr. (rarement) *unquore Bibl.* Roq. I, 467[b], *uncore LG.* n. 45 (*unquam hora*).

NUPER : ital. *nuovamente*, esp. *nuevamente*, fr. *nouvellement*; prov. v.franç. *l'autrier*, val. *de alaltę eri* (proprem. avant hier); ital. *non ha guari*, fr. *naguères*, ital. *tempo fa* et d'autres tournures encore. — MODO : it. *mo*, val. *mù, amù, amuśi* (ce mot uni à *śi* équivaut à *quoque*, comp. *totuśi*). —

BREVI : ital. *in brieve,* esp. *en breve,* prov. *en breu, en breu d'ora ;* val. *peste putzin* (peu de temps après); ital. *in poca d'ora,* v.esp. *á poca d'ora, Alx.* 174, prov. *en petit d'ora, en poca d'ora, en petita d'ora,* v.fr. *en peu d'ore* Trist. éd. Hag. p. 262ª.

Pour MOX, STATIM, ILLICO les expressions sont très-nombreuses. Voici quelques exemples : ital. *cetto,* v.esp. port. *cedo* (lat. *cito*) ; ital. *tosto,* v.esp. *tost Alx.*, v.port. *tosto* SRos., pr. *tost,* fr. *tôt, bientôt* (de *tot-cito ?*); esp. *luego,* port. *logo,* pr. *luecx, alloc,* v.fr. *lues* (*loco, ad locum*), val. *de loc,* v.ital. *loco* pour *illic* ; fr. *sur-le-champ* ; ital. *presio,* prov. *prestamen* etc.; ital. *visto,* v.fr. *viste,* fr.mod. *vite* (voy. mon *Dict. étym.*); prov. *vivatz, viatz,* v.fr. *vias* (*vivacius*); v.ital. *aina, a grande aina,* v.esp. *agina, aina* (de *agere*); port. *asinha* (quelle origine ?); ital. *ratto* (*raptus*); val. *reápede* (*rapide*); pr. *batén* (à bride abattue); v.fr. *errant, erraument* (de *errer* voyager); ital. esp. *incontinente,* fr. *incontinent* (*in continenti*) ; v.fr. *tempre, temprement* (*tempore, temperi*) qui est employé aussi pour *mature* ; esp. *á la hora,* fr. *tout-à-l'heure* (m.h.all. *sâ ze stunt*), pr. *en epsa l'ora* Boèce, v.fr. *en es l'heure* ; ital. *immantinente,* pr. *mantenen, de mantenen,* fr. *maintenant* (*in manu tenens, manu t.*); prov. *de manés,* aussi *manés,* v.fr. *de manois, manois* (*de manu* ἐν χειρός avec addition de *ipsum,* voy. mon *Dict. étym.* II. c.); v.fr. *en es l'heure* à la même heure ; *en es le pas* au même instant; *chalt pas* à pas précipités LRs.; *isnel pas, igniel pas* rapidement Ben.[1] ; v.fr. *de prim saut* de prime abord ; ital. *in un attimo, in un batter d'occhj,* fr. *en un clin d'œil,* val. *in o clipite* (à l'instant); ital. *in sull' istante,* esp. *al instante,* fr. *à l'instant*; le pr. *adés,* le v.it. *adesso* répondent aussi à la même idée. — SUBITO : l'italien, l'espagnol, le portugais ont conservé la forme latine ; prov. *sopte,* fr. *subit,* aussi *soudain.* — REPENTE : ital. même forme, esp. *de repente* ; fr. *tout-à-coup.* En provençal et en vieux français on emploie aussi *sempre, de sempre* pour *statim.*

HODIE : ital. *oggi,* esp. *hoy,* port. *hoje* (*oy* SRos.), pr. *huei, oi,* v.fr. *hui* ; de même ital. *oggidì,* esp. *hoy dia,* fr. *aujour-*

---

[1]. On trouve aussi avec intercalation de l'article *venir ignel le pas,* comme *venir los sautz menutz* (en faisant des sauts rapides) GRoss.; c'est de là que provient l'orthographe fautive souvent employée *ignele pas* pour *ignel le pas.*

d'hui (comme v.h.all. *tages hiutû*); v.it. *anc-oi,* pr. *anc-uei,* v.fr. *enc-ui* (on trouve aussi *enque-nuit*). Le mot valaque correspondant est *astęzi* (*isto die*). Il faut observer encore ital. *sta mane, sta sera, sta notte* (*ista nocte*). — HERI : ital. *jeri,* compos. *jernotte* etc., v.esp. *eri* Bc., esp.mod. *ayer,* pr. *her,* fr. *hier,* val. *eri*; le portugais rend cette idée par *hontem, ontem* (*ante diem?*). — CRAS : ital. *crai,* esp. *cras*; ce mot est plus volontiers rendu par MANE : val. *mųne,* ital. *dimani, domani,* fr. *demain,* esp. *mañana,* port. *á manhãa.* — HORNO est remplacé par *hoc anno* : ital. *uguanno,* v.esp. *hogaño* Rz., v.port. *ogano* SRos., pr. *ogan, ongan* (ce dernier mot vient peut-être de *hunc annum*), v.fr. *ouan, ouen,* roum. *uón.* Il faut ajouter à ces cas l'esp. *antaño,* prov.anc. et mod. *antan* (*ante annum*), qui est employé pour le passé en général comme *ogan* pour le présent.

DIU ne persiste à l'état simple que dans le roum. *gig* (comme *dies* dans *gi*). Synonymes : pr. *longas,* v.fr. *longes*; ital. *molto,* val. *mult*; prov. *gan-ren Jfr.* 166^b, ital. *gran tempo,* franç. *long-temps,* esp. *buena pieza* etc. — PAULISPER a été remplacé par *paucum* (ital. *un poco* etc.). — QUAMDIU : prov. *quandius Bth.*; TAMDIU, fr. *tandis*; l'un et l'autre adverbe sont rendus en italien par *quanto tempo, tanto tempo,* et aussi par le simple *tanto.*

SEMPER : it. port. pr. *sempre,* esp. *siempre,* v.fr. *sempres*; v.esp. *jamas* Bc.; pr. v.fr. *ades*; pr. *jassé = ja sempre.* Périphrases : ital. *ogn'ora, ogni otta, tutto dì, tutto tempo,* esp. *toda ora, todo dia,* contracté *todia Vid. S. Ild.*, pr. *totz jorns,* fr. *toujours* (v.fr. *tot jor* et *tote jor*), v.fr. aussi *toz dis, toudis, toz tens*; ital. *tuttavia,* esp. *todavia* (= m.h. all. *al-wec*); val. *tot de aúna* (sans discontinuer, roum. *adina,* c'est-à-dire *ad una*). — UNQUAM : it. *unqua, unque* (composé *unquanche*), prov. *onca(s),* v.fr. *oncques* (*omqi Eulal.*). Synonymes : it. *mai* (*magis*), *giammai* (*jam magis,* comme le v.h.all. *io mêr*), *unquemai*; esp. *jamas,* port. *jamais,* pr. *ja, jamais, ja jorn* (m.h.all. *ie tac*), de même *anc, ancmais, anc jorn,* fr. *jamais*[1]. Le valaque dit *cųndva* (*quando-vult* pour *quandolibet*). — NUNQUAM : esp. *nunca* (anc. *nunqua*), port. *nunca* (*nuncas* SRos.), prov. *nonca,* v.franç. *nonques* (*nunquam Serm.*, *nonqui Eul.*); pr. *nulh temps, nulh'ora*;

---

[1]. Le prov. *ja* se rapporte à l'avenir, *anc* au passé, ainsi qu'on le voit par cet exemple : *ja non er ni anc no fo.*

val. *nice cŭnd*. La même idée est représentée par *magis, jam magis* unis à *non*.

Saepe n'a pas persisté, il a été remplacé par subinde : ital. *sovente,* prov. *soven, soentre,* fr. *souvent* (le *d* est échangé contre *t*, voy. mon *Dict. étym.* I). On trouve aussi dans le même sens : ital. *frequentemente,* franç. *fréquemment* etc.; ital. *spesso* (de *spissum*) et val. *adese* (de *densum,* comp. le v.h.all. *diccho,* grec πυκνόν); it. *spesse volte, spess'ora PPS.* I, 295, *mant'ore,* esp. *muchas veces,* prov. *pro vetz,* v.ital. *sovent'ore PPS.* I, 105, v.franç. *souventes fois,* franç.mod. *bien des fois,* val. *de multzi oari.* — Interdum : it. *talora, talvolta,* esp. *tal vez,* ital. *qualche volta,* franç. *quelquefois*; aussi ital. *alle volte,* esp. *á las veces,* port. *ás vezes,* prov. *a vegadas,* franç. *parfois* (b.lat. *vicibus*), val. *a orea*. — Raro : ital. *raro,* val. *rar,* esp. *raramente,* franç. *rarement*; it. *rare volte* ; esp. *pocas veces,* pr. *paucas vetz*. — Quotidie semble s'être conservé dans le port. *de cote,* on l'a d'ailleurs rendu, de même que *quotannis,* par une expression périphrastique, par ex. prov. *cada dia, cad'an*.

Paulatim : ital. *a poco a poco,* esp. *poco á poco,* fr. *peu à peu* (grec mod. ὀλίγον κατ' ὀλίγον); pr. *cada pauc*; l'expression valaque est *meréu* (du lat. *merus,* voy. Cihac, comp. aussi l'alb. *mirre* doux). — Denuo : ital. *di nuovo,* esp. *de nuevo* ; on a d'autre part en valaque *iarç* (de *iterum*?).

Les *adverbes de nombre* qui répondent à la question *combien de fois* (*semel, bis, ter*) sont rendus en roman par une périphrase combinée de nombres cardinaux et de substantifs qui indiquent un changement ou un espace de temps, *semel* seul s'est conservé dans le mil. *sema : per sema k'eo offisi* « pour une fois que j'ai péché » Bonves. (le patois d'auj. l'emploie encore), et aussi dans l'anc.léonais *siema* (Gessner p. 32). 1) L'expression la plus importante est le lat. vice (dans *tribus vicibus*), de là esp. *una vez, dos veces,* port. *huma vez, doas vezes,* prov. *una vetz, doas vetz*. L'ital. *rece* n'est pas employé dans ce sens. 2) En v.esp., en v.port. et en pr. *vez* s'allonge en *vegada,* esp. par ex. *tres vegadas* Bc. *Mis.* 97. Le roumanche *gada* (*una gada, duas gadas*) doit être une abréviation de cette forme. 3) *Via* (le subst. latin) : v.ital. *una via*. encore auj. *tutta via* (toutes les fois); placé entre deux noms de nombre il sert d'ailleurs comme mot invariable à la multiplication.: *due via, tre, quattro, cinque via*. 4) Le prov. *vetz* est représenté en français par *fois,* qui est de même féminin et ne change pas au pluriel : c'est sans doute le même mot ; seulement pour empêcher le *v*, qui devient médial en s'appuyant sur le mot antérieur, de se résoudre en *u*, on l'a durci en *f* : pour *une vois, deux vois* on a dit *une fois, deux fois* ; l'ancien composé avec *via, toutes voies*, a été aussi modifié en *toutefois*. En pr. mod. aussi *fes* est devenu usité pour *vetz*. 5) L'ital. a *fia*, probablement forme aspirée pour *via* ; ce mot s'est allongé en *fiata* qui est plus employé (*una fiata, due fiate*); à ces mots répondent littéralement le v.fr. *fie*, généralement *fiée, foiée*, usité à côté de *fois*. 6) En même temps que *fiata* l'italien emploie *volta* tour, venue ; en espagnol aussi *vuelta* se présente également quelquefois pour *vez*. 7) Des expressions valaques sont *datę* (moment, lat. *datum*) et *oarę*, par ex. *o datę, de doę ori, de trei ori*. — Accompagnés de nombres ordinaux ces mots remplacent les adverbes de nombres du latin *primum, secundum* etc. — Cette méthode qui consiste à remplacer par une périphrase les adverbes de nombres et les adverbes de temps concorde exactement avec celle de l'allemand et du grec moderne ; le v.h.allem. dit en ce cas *stunt*, l'all. mod. *mal*, le néerl. *maal, keer, reis*, l'angl. *time*, le nor. *gang*, le grec mod. βολά, φορά jet (μίαν φοράν, δύο φοραῖς).

3. Adverbes de *degré*. — Pour rendre VALDE dans sa fonction spéciale de renforcer le sens des adjectifs il existe un grand nombre d'expressions. Ainsi *multum* (it. *molto* etc.) et *bene* ; de m. pr. *fort* (*fort be Flam*. 3956), fr. *fort*, val. *foarte* (aussi en alb. *fort*), d'autre part pr. *fortmen*, v.fr. *forment*, fr.mod. *fortement* qui ne renforce que des idées verbales ; v.ital. *duramente* BLat. 178, v.esp. *duramientre Alx*. 1055, v.franç. *durement*. A ce but on fait servir aussi des prépositions qui sont proprement des préfixes séparés de la composition, par ex. *trans*, fr. *très* (*très bon*, propr. *trèsbon*, comp. p. 400); *per* (dans *perdoctus*), v.fr. *par* surtout accompagné de *molt, tant, trop* et d'autres analogues (*tant par est sages*); *prae* (ou le slave *pre*), val. *prea* (*prea bine*). — Pour le renforcement du comparatif il faut remarquer comme correspondant du latin MULTO, LONGE l'ital. *via*, composé *vieppiù* ; franç. *beaucoup* (en v.français on trouve encore *molt plus* comme l'esp. *mucho mas* etc.). — NIMIS ne s'est conservé que dans le prov. *nemps*, il est ailleurs exprimé par des substantifs primitifs qui signifient une pluralité : ital. *troppo*, prov. franç. *trop* ; prov. *massa* (*massa bos guerriers GA*. 4100); de même roum. *memma*,

memgnia, meignia (de l'all. *menge?*). L'expression espagnole est *demasiado* (de *demas* = *de magis*); le valaque dit *peste mesure* (outre mesure). — SATIS : ital. *assai,* esp. *asaz,* port. *assaz,* prov. *assatz,* fr. *assez* ; val. *de-stul* (*satullus*); esp. *harto,* v.port. *farte* (de *farctum*); prov. *pro* (*pro serai ricx* Choix V, 144). — PARUM, PAULUM a été rendu par *paucum* (p. 422) et aussi en esp. et en port. par *algo,* prov. v.franç. *auques* (p. 419); val. *cam* (de *quam* pour *aliquam* : *cam acru* un peu acide); de même ital. *guari* etc., avec *non* (fr. *ne guère bon*). — On emploie pour la comparaison *plus, magis, minus* et l'on a pour cette dernière expression le mot spécialement italien *manco* (de *mancus*).

TANTUM, SOLUM : ital. *solo, soltanto,* esp. *solo,* port. *só,* pr. *sol,* fr. *seulement,* de m. it. *pure,* pr. *pur* Boèce. Périphrases : ital. *non-che, non-se non,* fr. *ne-que, ne rien-sinon,* esp. *no-sino,* prov. *no-mas,* v.fr. *ne-mais,* val. *nu-mais* etc. — VIX : roum. *vess,* composés avec *a* : v.esp. *abés* PC., Alx., *mal-avez,* v.fr. *avis* dans *avis-onkes* Roq. suppl. Périphrases : it. *appena,* esp. *apénas,* fr. *à peine* ; v.esp. *á duro, de duro, dur,* v.port. *a dur* ; prov.mod. *escas* (mesquin, ital. *scarso*); de même en roum. *strusch* (ital. *strozzato* étroit); val. *de-abea* (quelle origine?). — SALTEM : ital. *almeno,* esp. *á lo ménos,* port. *ao menos,* pr. *a tot lo menhs* (τοὐλάχιστον); esp. *siquiera,* port. *sequer* (du moins). — SUMMUM : ital. *al più* etc. — VEL (même, cependant, aussi) : v.port. *vel* Trov. 10. 37. 113, v.fr. *vels, viaus, sivels,* pr. *sivals* (qui a passé au sens de *saltem*); val. *inse* (c'est-à-dire *ipsum*), esp. *mismo,* franç. *même,* prov. *eis* et *negu-eis, neis, neissas,* v.fr. *neis, nis* (*ne ipsum,* sans doute négatif à l'origine); port. *inda* (*inde ad* Dict. étym. II. b.). — OMNINO est exprimé par *totus* : ital. *del tutto,* esp. *del todo,* prov. *del tot,* fr. *du tout,* val. *de tot* ; aussi ital. *affatto,* franç. *tout-à-fait.* — FERE, PAENE : ital. esp. port. franç. *quasi,* prov. v.franç. *cais,* v.cat. *quaix* Bern. Desclot 728[a] ; v.esp. *fascas hascas* (de *hasta casi* jusqu'à, presque?); v.fr. *enaises* ; ital. *presso,* fr. *presque* ; ital. *presso a poco,* franç. *à peu près,* esp. *por poco que, por poco no,* ital. *per poco non,* prov. *per pauc, ab pauc non,* v.fr. *a peu ne, pour peu ne* (παρὰ μικρόν); esp. *falta poco,* ital. *poco manca,* franç. *peu s'en faut* (*parum abest,* ὀλίγου δεῖ).

Adverbes de *comparaison.* SIC : ital. *sì,* v.esp. *sì* et *sin,* pr. fr. *si,* val. *sa* ; it. *talmente,* fr. *tellement* ; it. *sì fattamente,* v.fr. *si faitement.* — TAM : esp. *tan,* port. *tão* (abrégé de *tanto* comme *san são* de *santo*), pr. *tan, ta,* mil. *tam* Bonv.; ital. esp. *tanto,* val. *ateta*. — AEQUE, PERINDE sont rendus par des composés avec *sic* et avec *talis* : ital. *alsì,* v.fr. *alsi, ausi, ausinc,* fr.mod. *aussi* (*aliud sic*); ital. *altresì,* esp. *otrosi,* port. *outrosim,* pr. *altre*(*atre*)*si,* v.fr. *altresi* Serm., *autresi* (*alterum sic*); it. *così,* v.esp. *ansì,* v.fr. *ainsinc, ainsinques, ansi, insi,* fr.mod. *ainsi,* esp.mod. *asì,* port. *assim,* pr. *aissi, en aissi,* val. *aśeà, aśà* ; pour PARITER on a prov. *epsamen, eissamen, issamen* (*ipsa mente* de la même manière), v.fr. *ensement.* Le valaque s'est approprié aussi le slave *tocma* (russe *tokma* de même). — UT a été supplanté par QUOMODO, qu'on n'a pas pour cela dépouillé de son sens propre : ital. *come,* anc. aussi *com* et *como,* esp. port. *como,* dans l'ancienne langue *quomo, com, coma* GVic., prov. *quom* (*com*), *cum, co,* même *coma,* fr. *comme,* v.fr. encore *com* et *cum,* val. *cum.* Formes allongées : pr. *comen,* fr. *comment* (interrogatif); v.fr. *com faitement.* Le daco-roman emploie de plus *ca* (*qua* sc. *ratione*) et *caśi* (*qua sic*), le provençal *consi, cossi* (*quomodo sic,* pr. mod. *coussi*). QUAM : esp. *quan,* port. *quão,* pr. *quan* (*can*), mil. *quam* Bonv.; ital. *quanto,* val. *cyt, ca.* — Le sens de ces adverbes peut être exprimé aussi par des substantifs : it. *guisa, maniera, modo, sorte,* esp. mêmes mots, franç. *façon, guise, manière,* v.esp. pr. v.fr. *lei* (lat. *lex*), val. *mod, chip* (*tip,* τύπος), surtout *fealiu* (hongr. *féle*).

4. Adverbes d'*affirmation* et de *négation.* L'assertion positive n'a besoin d'aucune particule pour se faire sentir comme telle, l'assertion négative se sert de *non* : ital. *non* et *no,* le premier conjonctif, le second absolu, esp. *no,* arch. *non* (dans quelques textes, tels que *Calil. é D.*, cette dernière forme est la seule employée), port. *não,* pr. *non, no,* fr. *non,* val. *nu.* En français *non* est la négation d'une particule ou d'un nom (*non sans, non pas, non plus, sinon, non intéressé* etc.), comme négation du verbe il s'abrège en *ne.* Les deux premiers textes ne connaissent pas encore cette abréviation, ils emploient partout *non* : *non lo-s tanit, non l'int pois, nun li iver; elle non eskoltet, non amast, non auret, no-s coist.* Dans *Léger* on remarque déjà l'emploi de *ne* à côté de *non,* plus tard *ne* est la seule forme usitée. Elle est connue aussi des dialectes italiens, du crémonais par ex. où la phrase NE *ghel dirò miga* répond à l'it. NON *glielo dirò.* — *Haud* a disparu sans laisser de traces.

L'affirmation est renforcée par des particules telles que *bene* et *sic*, en italien aussi par *pure*, en v.franç. par *mon* (qui vient sans doute de *munde = pure*). Si l'on veut insister on se sert alors d'adverbes qui expriment la certitude, comme le lat. *sane*: ainsi ital. *certo, davvero, sicuro, senza fallo, ad ogni modo* et d'autres analogues dans les langues sœurs. — La négation décidée s'opère aussi au moyen d'expressions qui répondent au latin *neutiquam*: ital. *in niun modo*, esp. *nulamente*, franç. *aucunement, point du tout*, prov. *ni tan ni quan*, v.franç. *a nul fuer*, val. *nici cum*. Un procédé plus simple est l'adjonction à la particule négative d'un substantif qui désigne un objet de peu d'importance; l'usage finit par effacer tout souvenir de l'objet désigné par ce substantif qui se transforme tout-à-fait en adverbe et ne se laisse plus accompagner de l'article. Les mots les plus importants de cette classe sont les suivants : 1) Ital. *mica, miga*, prov. *mica, minga*, ord. *mia*, franç. *mie*, val. seulement le composé *nimic* (de *mica*), par ex. ital. *non mica saggio* « pas du tout sage ». 2) It. *punto*, fr. *point* (de *punctum*): *non vedo punto* « je ne vois pas un point », *non è punto morto* « il n'est point du tout mort ». 3) Une expression spécialement provençale est *gens, ges : ges no m'es greu* « cela ne m'est pas du tout pénible », les patois modernes la connaissent encore; sur l'origine probable de cette expression voy. mon *Dict. étym.* II. c. 4) Fr. *pas* (de *passus*) pour désigner une petite mesure : *je ne vois pas = je ne vois pas un pas*, mais aussi *je ne veux pas = je ne veux pas la longueur d'un pas*, c.-à-d. rien du tout ; ce mot s'emploie de même avec tous les verbes. L'emploi de *pas* est devenu si commun en français que ce mot a tout-à-fait perdu son caractère primitif d'insistance, de telle sorte que *ne pas* n'en dit pas plus que l'ital. ou l'esp. *no*. *Pas* a pénétré aussi en provençal, sans toutefois supplanter *non* (dans l'ancienne langue). 5) On emploie moins d'autres renforcements tels que l'esp. *cosa*; ital. *gotta, goccia*, esp. *gota*, fr. *goutte* (c'est-à-dire *gutta*); ital. *fiore* (*flos*), aussi ital. *pelo* (*pilus*) et d'autres moins populaires. Ce renforcement matériel de la négation est connu aussi des langues allemandes : au rom. *gutta* par ex. répond le v.h.all. *trof* et au rom. *pas* équivaut à peu près le m.h.all. *fuoz*. Exemples latins : *flocci pendere, nauci ibere* etc., avec ou sans *non*. La présence constante du mot complémentaire dans la phrase négative a enfin conduit à lui attribuer à lui-même une valeur négative, et c'est ainsi qu'en franç. *pas* ou *point* dans certaines circonstances peuvent nier absolument; le roumanche *buc, bucca* (bouchée) n'a plus du tout besoin d'être accompagné d'une négation, il est absolument synonyme de *non*.

On trouve partout une *particule affirmative* déterminée, mais comme le latin ne donnait aucun modèle bien indiqué, elle n'est pas la même dans les différents dialectes. De *sic* on a fait ital. *sì*, esp. *sí*, port. *sim*, vaud. *si Choix* II, 88 ; en français *si* est encore employé dans des phrases comme *je dis que si*. Le pronom *hoc* a donné l'affirmation propre au provençal *oc*, dans l'orthographe catalane *hoch* ; la forme correspondante du vieux français était *o* (*dire ne o ne non*), mais cet *o* a été renforcé par le neutre *il* (*oïl*, plus tard *oui*), de là le prov.mod. *oi* et *oûi* à côté de l'ancien *oc*. D'autre part en Sardaigne on retrouve encore aujourd'hui le lat. *imo*, voy. mon *Dict. étym.* I, s. v. *sì*. Comme particule négative, *non*, sous les formes déjà connues, s'offrait naturellement à toutes les langues, ital. *no*. Le v.franç. s'est servi aussi de *nen-il* analogue à l'affirmatif *o-il*, de là encore *nenni* en fr.mod., prov.mod. *nâni*, v.fr. *nennin non*. Outre *sic*, *hoc* et *non* d'autres expressions encore ont çà et là trouvé accès. Le dialecte de Bologne, par ex., affirme avec *sipa*, que cite déjà Dante *Inf.* 18, 61. Celui de Côme affirme avec *ai* (de *ajo* d'après Monti) et nie avec *au*. Pour *oc* on emploie en Languedoc *osca* ; pour *oui* en Lorraine *si-a* (lat. *sic est*). A côté de *oïl* et pour *oïl* on emploie beaucoup en v.franç. *oie* (par ex. *Auc.*, *Eracl.*, *Amis*, *Guill. d'Or.*), pour *non* on trouve *naie* qui rappelle le v.nor. *nei*. Le daco-roman se sert souvent aussi pour *nu* de la particule *ba* qui, sous certaines conditions, a aussi une valeur affirmative (slave *ba*). — Renforcements de l'affirmation et de la négation au moyen de particules ajoutées : ital. *maisì*, *mainò*, *sì bene*, *non già*, franç. *oui certes*, *non pas* (aussi *point*, *pas du tout* sans *non*), v.fr. *oïl mon*, *naie voir*, *nenil nient*.

L'expression du *doute*, de l'incertitude est fournie entre autres par ital. *forse* (abrégé de *forsan*); esp. *quizá*, *quizas* (*quizab PC*. 2509), port. *quiçá*, *quiçais* ; fr. *peut-être*, val. *poate fi*; v.fr. *espoir* pour *j'espoir* (comp. v.h.all. *wânu*); prov. *leu*, *ben leu*, auj. encore *beleu* (m.h.all. *lîhte*, *vil lîhte*, c'est-à-dire probablement); pour l'idée opposée on a *greu*, val. *cu greu* (difficilement, grec χαλεπῶς).

Il n'existe plus de particules destinées à annoncer une *interrogation*, telles que lat. *num*, *ne*, *an*. Mais la phrase interrogative contient souvent des adverbes qui font ressortir l'interrogation comme ital. *mai*, *pure*, esp. *pues*, prov. *doncx*, fr.

donc, val. *oare*; dans le style ancien aussi *et* (voy. la Syntaxe), en v.franç. notamment le négatif *enne* (*Dict. étym.* II. c.).

III. *Gradation* des adverbes. 1) Expression du *comparatif*. Les adjectifs adverbiaux comme les adjectifs purs opèrent la gradation au moyen de *plus* ou *magis*, la dégradation au moyen de *minus*, par ex. ital. *più chiaro, men tosto*, esp. *mas bien, mas tarde*, fr. *plus bas, plus loin*, val. *mai formos*, lat. *magis aperte*, de même ital. *più fortemente*, franç. *plus joliment*. Il se présente seulement quelques cas d'ancienne gradation organique, ce ne sont presque que des neutres primitifs (p. 60), c'est-à-dire, outre les formes citées *plus, magis, minus*, encore *melius, pejus, majus* (ce dernier n'existe plus que sous la forme ital. arch. *maggio*). On retrouve de plus *prius* dans l'ital. *pria, longius* dans le pr. *longeis* et sans doute d'autres encore (comp. p. 66. 68), puis plusieurs mots sans signification comparative, comme ital. *sezzo* (*sequius*), franç. *proche* (*propius*). Les autres adverbes, autant du moins que leur signification le permet, sont gradués comme les adjectifs adverbiaux : ital. *più avanti*, esp. *mas adelante*, fr. *plus souvent*, lat. *magis infra, magis mane*. — 2) Le *superlatif* peut également être indiqué, comme pour l'adjectif, par l'article préposé au comparatif : ainsi ital. *al meno, al più, al più presto*, esp. *á lo ménos, á lo mas, á lo mas tarde*, prov. *al pus tost*, franç. *au moins, le plus loin, le plus facilement, le plus souvent*, v.franç. *au plus tres belement*, val. *intru cel mai formos chip* « de la plus belle manière ». Lorsque l'adjectif possède un superlatif organique l'adverbe peut être formé au moyen de *mente*, comme ital. *vilissimamente* = lat. *vilissime, massimamente* = *maxime*, en v.fr. aussi *maisement*. Un superlatif sans *mente* est l'it. *assaissimo*. — 3) Le sens du positif est élevé encore à un degré supérieur par le redoublement : it. *or ora, vicin vicino, tututto, a randa a randa*, sarde *muru muru* serré contre le mur, esp. *ya ya, bien bien*, port. *logo logo*, prov. *batbatén* à bride abattue *GA.* v. 236 ; comp. lat. *bene bene* = *optime* (Grut. in ind. gramm.), gr. παντάπασι et les expressions d'autres langues encore dans Grimm III, 648. — 4) Il est rare qu'on applique à des adverbes des formes d'augmentation et de diminution. Exemples : ital. *benone, benino, maluccio, appuntino*, esp. *cerquita, á horcajadillas, á hurtadillas, ribericas S.Rom.* 261, port. *a noitezinha*, prov. *sovendet*, val. *binisor*, lat. *primulum, saepiuscule.*

II. PRÉPOSITIONS.

La plupart des prépositions latines se sont conservées; *ab, cis, ex, erga, ob, prae, propter* et quelques autres d'une importance moindre n'existent plus dans le domaine roman à l'état de mots indépendants. Les mots nouveaux de cette classe n'ont pas tous la même origine. Ce sont : 1) Des composés de diverses prépositions, par ex. *ad-prope, de-ad, in-contra, in-versus, per-ad, per-ante, per-inter* (comp. plus haut p. 426), méthode familière non-seulement aux langues romanes, mais aussi à l'anglais : *in-to, up-on, with-in, with-out.* 2) Des adverbes employés avec le sens de prépositions, ceux-là ne sont pas communs à tous les dialectes. Ce sont : *foras, intro, intus, retro, subtus, sursum.* 3) Noms : *a)* Substantifs qui en rejettant une préposition qui les régissait ont pris le sens d'une particule, comme it. [*in*] *fino,* [*in*] *sino,* esp. [*a*] *cabe,* pr. [*a*] *costa,* [*a*] *latz,* [*a*] *part,* [*en*] *torn,* [*en*] *viró,* fr. [*en*] *chez* ; à ces mots répondent les expressions allemandes *kraft, laut, statt* etc. *b)* Adjectifs ou participes considérés comme neutres qui, par l'abandon de toute flexion, se sont pour ainsi dire immobilisés en particules : ainsi ital. *lungo, presso, vicino, eccetto, salvo, durante,* esp. *baxo, junto;* prov. *mest, seguentre,* v.fr. *joignant* ; allem. *während, ausgenommen.* — Les prépositions propres au point de vue syntactique sont uniquement celles qui peuvent être immédiatement préposées au nom, et toutes celles qui ont été citées, sauf quelques exceptions, satisfont à cette condition. Sont impropres tous les adverbes et les noms qui, pour exprimer un rapport prépositionnel, nécessitent l'intermédiaire d'une préposition. De la grande masse de ces derniers la liste suivante ne peut donner qu'un petit nombre d'exemples ; pour permettre de les reconnaître on a ajouté à chacun d'eux la préposition qui le suit d'ordinaire; mais beaucoup des noms ainsi caractérisés s'emploient aussi sans ce complément.

AB n'existe plus que dans les compositions; il est en général remplacé par *de,* en italien aussi par *da.* Pour rendre le sens local ou temporel de *ex* ou *inde a* on a des mots spéciaux, savoir : pr. *des,* fr. *dès* (sans doute de *de ex*), esp. *desde* ; fr. *depuis.* Une expression propre au provençal est *daus,* aussi *deus, dous,* pr.mod. *dius* (comp. 424). ABSQUE déjà vieilli en latin classique se retrouverait dans le mil. *asca,* voy. mon *Dict. étym.* II. *a.*

AD : ital. *a, ad,* esp. port. *á,* prov. *a, az,* fr. *à,* val. *a,* dans le latin du plus ancien moyen âge *a* (*quem a liberto nostro dedimus* de l'an 739 Bréq. n. 340). Un composé qui indique le but est l'esp. port. *pára,* aux xiie et xiiie siècles *pora* (de *pro ad*); le mot correspondant du valaque est *la,* synonyme du fr. *à,* mais qui a probablement la même étymologie que le franç. *là* (*illac* là, p.. là), c'est-à-dire qu'il était à l'origine adverbe.

ANTE : ital. *anzi, nzi,* esp. port. *ante, antes de,* prov. *abans,* fr. *avant* ; ital. *vanti a,* prov. *davan,* fr. *devant*; ital. *innanzi, inn. a, da,* v. *inainte*; ital. *dinanzi, din. a, da,* val. *dinainte*; port. *per. te.*

APUD (dans des inscriptions *ue*) : ital. *appo,* pr. *ab* (voy. *cum*). Le sens de cette préposi.. u est rendu par des substantifs comme esp. *cabe,* arch. *cabo,* po. *á cabo* (à la fin); fr. *chez,* anc. *chies* (*in casa,* v.esp. *en cas*). Le mot valaque est *pre la.* Comp. *juxta, prope.*

CIRCA : ital. *circa, circa a,* esp. por *acerca de*; le prov. dit *viró,* le fr. *environ* etc. (p. 436).

CIS, CITRA ont été rendus au moyen d'ad erbes (voy. p. 435).

CONTRA : ital. *contra, contro,* esp. por. prov. *contra,* fr. *contre,* val. *cętrę* ; composés : v.esp. v.port. *escontra* (*ex c.*), it. *incontra*(*o*), pr. *encontra,* val. *incontrę*. D'autres expressions pour *contra* ou *versus* sont it. *appetto, a, di, dirimpetto* (de *pectus*); esp. *hacia* (*facies*). En valaque on a aussi le mot étranger *improtivę* (serbe *protiv*).

CUM (*cun, con* dans les inscriptions) : ital. esp. *con,* port. *com,* val. *cu,* vaud. *com Choix* II, 111. 127, prov. *com* dans quelques textes, comp. V, 140. 187. 296, *cum Chants relig.* n. 3, 33. Au reste les langues de la France se servent d'une autre particule, abrégée de *apud,* savoir : pr. *ab* (*ap*), quelquefois *amb, am,* pr.mod. *emb,* cat. *ab*; en français on a employé aussi à l'origine *ab* (*ab Ludher Serm.*) ou *a,* devant les voyelles *ad* (*ad una spede Eulal.*), et aussi *od, o* ; en v.ital. on employait la forme provençale *am,* voy. les remarques de Castelvetro sur Bembo II, 42 (éd. de Nap. 1714). Le mot correspondant en franç.mod. est un composé avec *ab* : *avec,* anc. *avoc, avuec, aveuques, avecques* etc., c'est-à-dire *ab-oc* (avec celui-ci); c'était à l'origine un adverbe. V.franç. *ensemble* pour *cum* (répond à l'all. *sammt*).

DE : ital. *di,* v.ital. esp. etc. *de,* val. aussi *de la.* Un synonyme est l'ital. *da,* roum. *dad* (*de ad*), le premier se trouve quelquefois aussi dans des manuscrits provençaux ; voy. p. 32.

Pour rendre l'idée de relation on a : ital. *a riguardo di,* franç. *à l'égard de* ; ital. *circa,* esp. *acerca de* etc.

ERGA a été remplacé par *versus.*

Ex manque partout, il est remplacé en général par *de.*

EXTRA n'a donné que le pr. *estra,* v.fr. *estre.* FORAS, FORIS, (p. 434) avec ou sans DE servent de compensation.

IN : ital. *in,* esp. *en,* port. *em,* prov. *en* (e), fr. *en,* val. *in* et les composés *din* (pour *ex*), *prin* (c.-à-d. *per in,* pour *per*). On a à côté de cela des dérivés de INTUS : prov. *ins,* v.fr. *ens* ; compos. avec *de* : pr. *dins, dedins,* v.fr. *dens,* fr.mod. *dans* (*dedans* est adv.)[1].

INFRA : it. *infra, fra,* pr. *enfra LR.* VI, 13, plus souvent avec *de* : *denfra* (*defra*).

INTER : esp. port. prov. *entre,* v.port. *antre,* fr. *entre,* val. *intre, intru.* Synonymes : ital. *in mezzo a,* prov. *en mieg, per mieg,* v.franç. *en mi,* franç.mod. *parmi* (comp. m.h.all. *enmitten,* dan. *imellem,* gr.mod. ἀνάμεσα); pr. *mest, de mest* (*de mixtus,* comp. angl. *among,* dan. *iblandt*). La signification temporelle de *inter* est exprimée par des participes tels que ital. esp. *durante,* fr. *durant, pendant* (= angl. *during*).

INTRA : it. *intra, tra,* val. *intrę.* Dérivés de l'adverbe INTRO : it. *entro, dentro,* aussi interverti en *drento,* esp. port. *dentro de* ; prov. *entro* et *tro,* voy. *tenus.*

JUXTA : ital. *giusta, giusto* (pour *secundum*), prov. *josta, de j.,* v.fr. *joste, juste, de j.* Synonymes : ital. prov. *costa.* v.fr. *de coste, en coste* (du subst. *costa* côté); prov. *latz,* v.fr. *les, de les,* fr.mod. dans des locutions comme *Passy-lès-Paris, Plessis-lès-Tours* (de *latus*); ital. *accanto a,* franç. *à côté de* etc.

OB a disparu ; on le remplace par *per, pro,* en val. par *pentru* (de *pe intru*). Expressions périphrastiques : ital. *a cagione di,* esp. *por razon de,* franç. *à cause de* (= angl.

---

1. Certains dialectes italiens présentent une forme qui s'unit avec l'article défini *int* ou *ind,* p. ex. parm. *intla muraja* = *nel muro,* romagn. *intla ret* = *nella rete,* vén. *intela mente* = *nella m.,* bergam. *indal palazzo* = *nel p.,* dans Malespini *indella Magna* = *nella M.,* dans les *CNA. indella corte* et souvent d'autres analogues chez les poètes. On est tenté d'expliquer cette forme par *intus,* que le français possède aussi ; mais comme elle ne se présente qu'unie à l'article on peut croire qu'elle n'est due qu'à l'intercalation d'une dentale devant *l.* Pour *nel* on trouve aussi dans des auteurs anciens *in nel* : il n'y a peut-être pas là double emploi (Blanc 173), mais dérivation de la forme citée *indel,* comp. le v.ital. *enne* de *ende* (lat. *inde*).

for sake, gr.mod. ἐξ αἰτίας), roum. *par via da* (= en considération de).

PER: it. v.esp. v.port. pr. anc. et mod. *per*, v.fr. *per Serm.* etc., *par Eulal.*, fr.mod. *par*, val. par métathèse *pre*, aussi *pe*, puis le renforcement *spre* (*ex-per*) surtout employé dans le sens de *versus, ad*. En espagnol et en portugais on exprime le sens de cette préposition par *por* (voy. *pro*), toutefois *per* est resté dans des locutions portugaises comme *pela, pelos, de per si, de per meio*.

POST : v.ital. *poi* (*poi morte, poi notte* dans Barberino), v.port. *pos*, v.fr. *puis* (*post Eulal.*); composés : ital. *dopo*, val. *dúpę* (p. 424); port. *apos*, esp. *empos de* arch., *despues de*. Cette préposition est d'autre part remplacée par RETRO : pr. *reire*, v.fr. *riere, rier* ; ital. *dietro a*, aussi *drieto* et *dreto*, fr.mod. *derrière*.

PRAETER (excepté) manque. En provençal il est remplacé par *part* (voy. *ultra*); on a outre cela des adjectifs neutres comme ital. *eccetto*, esp. port. *excepto*, fr. *excepté*, ital. esp. *salvo*, fr. *sauf* ; pr. v.fr. *estiers* (de *exterius*) ; fr. *hormis* (c.-à-d. *foras missum*); esp. aussi *ademas de*.

PRO (pour) : esp. port. *por* qui remplace en même temps la préposition perdue *per* (on trouve ces deux formes l'une à côté de l'autre dans *nen por mes nen per ano FGuard.* 417), v.fr. *pro Serm.*, *por Eulal.* etc., fr.mod. *pour*, sarde *pro* (à côté de *per*). A l'inverse du procédé espagnol, l'italien et le valaque remplacent *pro* par *per, pre*. Sur la confusion de ces deux dernières prépositions dans le latin du plus ancien moyen âge, voy. les remarques de Eckhardt sur la *L. Sal.* Un sens de *pro* est rendu aussi par l'ital. *in luogo*, esp. *en lugar*, prov. *en loc*, fr. *au lieu*, val. *in loc* ; ital. *in vece*, esp. *en vez*, expressions qui toutes se construisent avec le génitif, c.-à-d. avec *de*.

PROPE : pr. *prop* etc. voy. p. 13... On rend du reste le sens de cette préposition au moyen d'adjectifs : ital. *presso a, di, appresso, appr. a, di*, prov. *pres*, fr. *près*, v.fr. *empres* (*après* en provençal et en français a le sens de *post*); it. *vicino a*, esp. *junto de* ; port. *perto de* ; fr. *joignant*.

PROPTER manque, voy. plus haut *ob*.

SECUNDUM : ital. *secondo* etc., aussi en v.fr. *segont*. Un mot nouveau a été tiré du participe *sequens* : fr. *suivant* et le pr. *seguentre, de s.* qu'on emploie pour *post*, roum. *suenter*, v.fr. *soventre, soentre*. Dérivés de *longum*, en général pour exprimer le sens de « le long de, à côté » : ital. *lungo, lunghesso,* port. *ao longo de,* prov. *lonc, de lonc,* v.franç. *lonc,* franç.mod. *le long de, du l. de, au l. de,* val. *lyngę.* Du mélange de *secundum* et *longum* est sorti le v.fr. *selonc, selum,* dans Benoît *sum,* fr.mod. *selon.*

SINE : ital. *senza,* esp. *sin,* v.esp. aussi *sines PC., senes Alx., sen,* port. *sem,* prov. *senes, ses,* vaud. *sencza,* pr.mod. *senso,* v.franç. *sens,* fr.mod. *sans.* Il faut observer en outre l'adjectif provençal *blos* avec le génitif (m.h.all. *blôz*) qui est presque devenu une particule ; le vieux français l'emploie plus rarement.

SUB : esp. *so,* port. *sob,* arch. *so* ; cette préposition a été d'ailleurs supplantée par SUBTUS : ital. *sotto, sottesso,* v.port. *soto,* prov. *sotz,* fr. *sous,* val. *subt.* Synonymes : esp. *baxo, debaxo de.*

SUPER : v.ital. *sor,* esp. port. prov. *sobre,* fr. *sur.* En outre ital. *su,* prov. *sus (sursum)* ; esp. *encima de* ; v.fr. *en som, en son* tout en haut *(in summo); par son* par le haut.

SUPRA : ital. *sopra, sovra, sovresso,* v.fr. *sore, seure sovre (Eulal.),* val. *de asupra,* qui s'emploie également pour *super.*

TENUS paraît s'être conservé dans le synonyme port. *té,* compos. *até,* v.port. *atem,* forme plus explicite. Il faut assigner une autre origine au v.esp. v.port. *fata* ou *ata* (arabe *'hatta*). Le v.esp. v.port. *fasta,* esp.mod. *hasta* a l'air d'un composé de *fácia ata.* USQUE s'est conservé littéralement dans la *Passion du Chr.* ; composés : v.fr. *dusque, desque* (lorr. *dëhe que* Oberlin p. 198), *jusque, josque, juesque, jesque,* prov. *duesque,* fr.mod. *jusque, jusques* avec *à* et *en* (tous de *de usque*). Les autres langues offrent d'autres expressions. V.esp. *entro,* pr. *entro* et *tro a,* compos. pr. *truesque,* v.fr. *trosque, truesque, tresque, entresque (intro usque).* Des expressions propres au v.franç. sont *deci (desi) a, deci en, deci que (des -deci* de là, jusqu'à). It. *fino a, da, infino a, da,* pr. cat. *fins a (fine, in finem)* ; it. aussi *sino a, da, insino a, da (signum* signe, but). La particule valaque est *punę* (d'après Cihac *pęnę* de *per ad,* ainsi = esp. *para*).

TRANS comme préposition prend en roman le sens de *post, pone* : esp. port. prov. *tras,* v.fr. *tres, tries,* qui peut aussi être précédé de *de, a.* L'italien a renoncé à *trans* comme préposition, il ne l'emploie plus que dans des compositions.

ULTRA : ital. *oltra, oltre,* prov. *oltra, otra,* franç. *outre.*

En provençal et en vieux catalan, par ex. dans *RMunt*. 106, on trouve encore dans ce sens le subst. *part* qui sert aussi à rendre *praeter*. Le mot valaque est *preste*, *peste* (d'après Cihac pour *prestre* = *per extra*).

Versus : ital. *verso*, abrégé *ver*, prov. *vers*, *ves* et même *vas*, fr. *vers*; compos. ital. *inverso*, prov. fr. *envers* (comme l'angl. *towards*) et *devers*. Un autre mot pour exprimer la direction, et aussi le rapport est le prov. *endreit* (par ex. *endr. l'alba, endr. me*), v.fr. *endroit*, val. *indrept* (*in directum*).

Il existe encore quelques noms employés comme prépositions ; les idées qu'ils expriment étaient plus volontiers rendues en latin d'une autre manière que par des prépositions. Les noms les plus importants de ce genre sont à peu près les suivants : ital. esp. *mediante*, fr. *moyennant*; it. *non ostante*, esp. *no obstante*, franç. *non obstant* ; ital. *rasente*, prov. *rasen, ras de, ras e ras de*, v.fr. *rez de, rez a rez de*, fr.mod. encore *rez pied, rez terre*. De *gratum* on a tiré *grado, gré*, de là ital. *malgrado di* (au lieu de *a. m. d.* en dépit de), prov. *malgrat de*, fr. *malgré*.

III. Conjonctions.

Il ne reste que peu de traces des mots originaires de cette classe ; des adverbes, en partie unis à des conjonctions, et des périphrases nominales ont comblé les lacunes.

Et : it. *e, ed*, esp. *y, é* (*é* seulement dans le *PC*. pas d'*y*, de même dans *Cal. é D.*, dans l'*Alx*. on trouve déjà qqf: *y*, ainsi que dans le *CLuc.*, J. de Mena emploie surtout *y*), port. *e*, pr. *e, et, ez*, quelquefois *i LR*. I, 413 etc.; fr. *et*. La copule valaque est *si* (de *sic*); on ne trouve pas *et*. — Nec : it. *nè, ned*, v.esp. *nen Alx.* etc.; *nin PC., Cal. é D., FJ.*, esp.mod. *ni*, port. *nem*, prov. *ni, ne*[1], v.fr. *ne* déjà dans les *Serm*. (*ned* devant une voyelle, voy. *Eulal.*), fr.mod. *ni*, val. *nice* et *nici* (de neque). — Etiam : itàl. *eziandio* (de *etiam deus*); on l'a remplacé par ital. *anche, anco, ancora*, val. *incę* qui sont des particules temporelles (p. 437); esp. *tambien*, port. *tambem*; fr. *aussi*; ital, prov. *altresi*, v.fr. *atresi* (pour *item* p. 438), pr. *eissamen* etc. Une expression fort usitée est l'occit. *amay*

---

1. La forme qui domine de beaucoup, dans le *Boèce* par ex., est *ni*. *Ne* se trouve surtout employé devant un *i*, par ex. *ne i ten Choix* IV. 231; *ne ylh* 336; *ne i tolgues LR*. IV, 306.

(*de la villa amay de nos* « avec la ville aussi bien qu'avec nous » etc. *Chr. albig.* p. 77ᵘ, comp. Honnorat), qui répond peut-être à l'esp. *á mas*. INSUPER s'est conservé dans le v.fr. *ensor-que-tot*. Expressions négatives : ital. esp. *tampoco* ; ital. *nemmeno*, esp. *ni ménos* ; fr. *non plus*, val. *nici nu*. — AUT : ital. *o, od*, esp. *o*, pr. *ú*, port. *ou, o, oz*, fr. *ou*, val. *au* ; SEU n'a persisté que dans le val. *sau* ; composés italiens *ovvero* (*aut verum*), *oppure, ossia*.

UT, QUOD. Le représentant roman de ces conjonctions est : it. *che, ched*, esp. port. fr. *que*, prov. *que, quez*, val. *cę*, qui semble avoir son origine dans *quid* pour *quod*, comp. dans les deux plus anciens textes français *quid* et *qued*. Une deuxième particule valaque pour *ut*, dans le sens conjonctif et comparatif est *ca* (de *qua*), en rouman et en romain de m. *ca* ; une troisième, mais qui n'a pas le sens conjonctif, est *sę* (lat. *si*). Composés : ital. *perchè*, v.fr. *parque Grég.* Rq. I, 152ᵃ. 320ᵇ, esp. *para que* (grec mod. διὰ νά ; ital. *accio che, acciò* (grec mod. εἰς τὸ νά), fr. *afin que*.

UT, SICUT, QUAM voy. p. 443. A ce dernier, en tant qu'il se rapporte à un comparatif, répondent ital. *che*, esp. etc. *que*, mais on trouve une forme archaïque ou dialectale *ca* qui, par sa forme, semble être une abréviation de la particule latine. — QUASI comme conjonction s'est conservé littéralement en italien, le val. a *caśi* ; on trouve des équivalents comme ital. *come se, come*, fr. *comme si*, val. *ca cŭnd* (c.-à-d. comme si).

SI : ital. *se, sed*, esp. pr. *si*, pr. v.fr. aussi *se*, port. *se*, val. *sę* ; de m. val. *de* (alb. même forme). — NISI est partout résolu en *si non*. — DUMMODO : ital. *dove* ; v.fr. *en cant* (*in quant, in o quid*) ; ital. *caso che*, esp. *caso que*, fr. *en cas que* etc. ; val. *de car, numai cę*.

SED et les autres particules adversatives sont représentés par *magis* (au lieu de *potius*), qui a produit aussi des adverbes, savoir : ital. *ma* (adv. *mai*), esp. port. *mas* (port. adv. *mais*), pr. *mas, mais* (dial. *mar*), fr. *mais*. Autres expressions : val. *iarę* (qui s'emploie en même temps pour *iterum* p. 440, comme le v.h.allem. *avar*), aussi *darę* (voy. *ergo*) ; ital. *però*, esp. v.port. *péro* (on ne le trouve pas encore dans le *PC*.), *empéro*, prov. *peró, emperó* (*per hoc, in per hoc*) ; port. *porém* (*proinde*), aussi pour *tamen*. — Pour AUTEM une bible en v.fr. donne *acertes* Rq. I, 650ᵇ, *adecertes* 177ᵇ. 225ᵃ. 330ᵇ[1]. —

---

1. De même que le v.h.all. *kiwisso* qui a plusieurs sens, *adecertes*

Potius : ital. *anzi* (arch. *anti*, voy. Monti *Proposta* I, 2, p. 48), esp. port. *ántes*, prov. *anz*, *abans*, *anceis*, v.fr. *ains*, *ainçois*; esp. *sinó* (mais plutôt); it. *piuttosto*, fr. *plutôt*, val. *mai mult*.

Etsi a été rendu de diverses manières. Val. *deśi* (littéral. *si etiam*), ital. *sebbene*, port. *se bem* (encore que), pr. *sitot*; ital. *benchè*, esp. *bien que*, fr. *bien que* (qui répond au grec mod. ἀγκαλὰ καί); ital. *ancorachè*, esp. *aunque*, port. *ainda que*; ital. *contuttochè* (grec mod. μὲ ὅλον ὁποῦ); ital. *che che*, fr. *quoique*; v.fr. *jasoit que*, ital. *avvegnachè* (vu que), v.esp. *como quiera que* CLuc., esp.mod. *puesto que*; v.ital. *macara se*, v.esp. *maguar*, *magar*, *maguer*, val. *macár ce*, voy. mon *Dict. étym.* II. *a*; it. le pronominal *quantunque*. —

Tamen : ital. *pure*, roum. *pir*, employé aussi pour *tantum*, ital. *però*; ital. *tuttavolta*, *tuttavia*, esp. *todavia*, prov. *totavia*, v.fr. *touvevoie*, fr.mod. *toutefois*, val. *tótuśi* et la forme intervertie *śitot*; ital. *con tutto ciò*, esp. *con todo esto* (comme le grec mod. μὲ ὅλον τοῦτο); ital. *non per tanto*, prov. *non per tal*, v.fr. *ne porquant*, *non pourtant*, fr.mod. *pourtant*; ital. *nondimeno*, fr. *néanmoins* pour *néant-moins* (*nihilominus*); pr. *nequedonc*, v.fr. *nequedent* (néanmoins); esp. *sin embargo* (sans empêchement) etc.

Nam, quia. La première de ces conjonctions est remplacée par une particule brève et qui sonne bien : prov. *quar* (*car*), fr. *car*, v.fr. aussi *quer* (de *quare*), v.esp. v.port. à peine *quar*, généralement *qua*, *ca* (*qua* sc. *re*, comp. val. *ca* pour *ut*). Composés avec la particule *que* : ital. *perciocchè*, *perocchè* et *imperocchè*, fr. *parce que*, v.fr. *pour ce que*, *par tant que*, *pour tant que*; val. *pentru ce*; it. les expressions démesurément développées *con-cio-ssia-cosa-chè* (aussi sans *cosa*) et *con-cio-fosse-cosa-chè*; toutes ces formes peuvent aussi être simplement remplacées par *che*, *que*, *ce*. Composés avec le pronom *que* : it. *perchè*, esp. port. *porque*, v.fr. *pourquoi*, *parquoi* pour *nam* et *quia*. On trouve en roman, comme dans d'autres langues, des adverbes de temps pris dans un sens causal (lat. *quum*, grec ἐπεί, v.h.all. *sît*, angl. *since*, all.mod. *weil*) : ital. *poichè*, *poscia che*, esp. *pues*, *pues que*, prov. *pois* etc., fr. *puisque*; ital. *giacchè*, esp. *ya que* etc.— Nempe : val. *a nume* (notamment); esp. *á saber*, fr. *savoir*, v.fr. *loist a savoir* = *scilicet* Grég. Rq. I, 383[a], II, 63[b] ; port. *isto he*, ital. *cioè a dire*.

---

s'emploie aussi pour *quoque Bibl.* Rq. 1, 269[b]. 466[a]. 598[a] et *namque Grég.* Rq. I, 444. 471[b], *certes* 684[a].

IGITUR, ERGO. Les textes v.français *Grégoire* et *Job* se servent de la particule *gier, giers, gieres* qui semble dérivée de *ergo*, voy. mon *Dict. étym.* II. c. Autres expressions : fr. *ainsi*, esp. *pues*, port. *pois*; esp. *luego*, port. *logo* (par conséquent, prop. aussitôt); ital. *dunque*, prov. *doncx*, fr. *donc* (p. 437); ital. *per conseguenza,* fr. *par conséquent.* Pour IDEO, PROPTEREA on emploie par ex. ital. *onde, donde,* port. *onde,* v.esp. v.port. *ende,* ital. *quindi,* val. *de aice* ; v.esp. *porend, poren,* v.port. *porende, porem* (*proinde*; port.mod. *porem* voy. plus haut *sed*); val. *darę, dar,* dialect. *de quare* Lex. bud. s. v. *darę*; ital. prov. *però,* v.fr. *poro Eulal.*, *poruec* (*pro hoc*; esp. *pero* voy. *sed*); ital. *perciò,* esp. *por eso,* port. *por isso,* prov. *per so,* v.fr. *por ce,* fr.mod. *pour cela, c'est pourquoi,* val. *pentru acea*; ital. *per tanto,* esp. *por tanto,* fr. *partant.*

QUUM a disparu ; comme particule temporelle il a été rendu en roman par *quando, quomodo* (*como, com, cum*), en prov. aussi par *quora, quoras, quor* (*qua hora*)[1]. Divers adverbes de temps peuvent, à l'aide de la particule *que,* passer dans la catégorie des conjonctions, et cette particule peut même être supprimée : ainsi ital. *allorchè,* fr. *lorsque* pour *quum,* ital. *posciachè* (esp. *despues de*) pour *postquam, finchè* pour *donec.* Un mot nouveau pour DUM est ital. *mentre,* esp. *mientras* etc.; voy. à ce sujet mon *Dict. étym.* I.

IV. INTERJECTIONS.

Les patois sont extrêmement riches en interjections ; les langues littéraires se défendent de l'excès en ce genre et ne tolèrent que l'indispensable. Dans la langue latine ces expressions sont assez rares, les langues filles en possèdent un plus grand nombre. Ce sont, comme partout, soit des sons naturels, soit des sons plus complexes et parfois des mots mutilés ou abrégés. La liste suivante donne un choix des deux espèces. Nous laissons de côté les interjections qui s'adressent aux animaux.

---

[1]. *Com* aussi bien que *cum* (prov. v.franç.) possède à côté du sens comparatif un sens temporel : « lorsque, aussitôt que »; les deux formes et les deux sens se trouvent déjà dans *Boèce. Cum,* il est vrai, au point de vue de la forme, rappelle littéralement la conjonction latine *cum, quum,* mais dans d'autres langues aussi la particule de la comparaison est capable de signification temporelle. En ce qui concerne la voyelle on peut comparer le prov. *lur* pour *lor*.

L'interjection la plus commune, qui sert à renforcer le vocatif, est *o, oh*. Les interjections suivantes expriment un appel : ital. *eh*, esp. *ha, he, ahe*, fr. *hé, ho, hem*, val. *hei* ; composés avec *la* : ital. *olà*, esp. port. *olá (alá PC.)*, fr. *holà* (qui a passé aussi en allemand), val. *mę* ; esp. *ce*.

La douleur est exprimée par ital. *ah, ahi*, esp. *ah, ay, ax*, prov. *ai, hai, hei*, v.fr. *haï*, fr.mod. *ah, ahi* ; ital. *eh, ehi*, prov. *e* ; ital. *oh, ohi*, esp. prov. *o*, fr. *ó*, val. *ó, oh* ; v.fr. *heü NFC.* II, 23 ; avec le pronom personnel : ital. *ahimè, ehimè, oimè* (de là le m.h.all. *oimê*, comp. le grec οἴμοι), esp. *aymé, ay de mi*, v.fr. *hai mi Ren.* IV, 79 ; ital. *deh* (de *deo* pour *dio*), prov. *e deus Jfr.* 75ᵇ. 76ᵃ ; ital. *lasso*, fém *lassa*, prov. *las, lassa*, v.fr. *las, lasse*, fr.mod. *las* sans forme pour le féminin ; ital. *ahi lasso*, esp. *aylas Canc. de B.*, pr. *ai las*, v.fr. *ha las* (de là l'angl. *alas*), fr.mod. *hélas* ; v.port. *amaro de mi, hui amaro*, fém. *amara* (voy. mon *Dict. étym.* I. *amaricare*). La douleur corporelle, rendue en all. par *autsch*, est indiquée par ital. *uhei, oi, hui*, port. *ui, apre*, fr. *aïe, ouf*, val. *au*. A la fois la menace et la plainte sont exprimées par le val. *amár* (par ex. *amar voę* malheur à vous!); l'ital. et port. *guai*, esp. *guay*, prov. *gai GO.* 108, fr. *ouais*, v.fr. *wai* (qui renvoie directement au goth. *vái*), val. *vai, vęi* (le lat. *vae*). — Un certain nombre des interjections qui expriment la plainte sont aussi employées pour marquer la joie : ainsi ital. *oh, o*, esp. *ah, ay, o* ; fr. *ah* ; l'ital. *oco* n'exprime que la joie.

L'admiration est rendue par ital. *ah, eh, oh*, esp. *ah, ay, o* ; port. *ha, ah, oh*, prov. *ai, oi*, fr. *ha, oh, ó*, val. *ah, ó* et d'autres expressions qui sont également employées pour la douleur. Redoublées elles servent habituellement à exprimer l'ironie ou la moquerie, comp. prov. *ai ai Choix* III, 305, *oi oi Flam.* v. 747, fr. port. *oh oh*, all. *ei ei* ; le fr. *zest* s'applique aussi à la moquerie. Expressions plus particulières : port. *hui, ui*. val. *hui* (= lat. *hui*), aussi val. *ei*, fr. *ouah* (comme le v.h. all. *wah*); ital. *pah* (ironique); ital. *pape* (c'est le lat. *papae*); ital. *arm' arme Buommattei Tratt.* 18, 3, prov.mod. *alarmo Dict. langued.* (comp. le m.h.allem. *wâfen*); ital. *cápperi, cáppita*, esp. *cáspita, caramba* et d'autres encore dont l'origine est difficile à découvrir ; fr. populaire *dame* (de *domine*). Une interjection très-usitée en v.fr. pour exprimer la surprise mêlée de contrariété est *avoi*, de là le m.h.all. *avoy*, propr. *ha voi* (ah! vois), v.esp. *afé*.

Pour commander et exhorter on emploie ital. *eja*, esp. *ea*, *ea pues*, port. *eia*, pr. *eya* (le lat. *eja*); it. *su*, *orsù*, esp. port. *sus*, fr. *sus*, *sus donc*; esp. cat. *upa aúpa* (d'origine allemande? voy. mon *Dict. étym.* II. *b*.); ital. *via*, *su via*, prov. *via sus*; prov. *sai* (*sa Robin! GA.* 7941), fr. *çà*, *or çà*; v.esp. *alafé*, *alahé*, *alaé* Rz. (c'est proprement une conjuration); ital. *ebbene*, fr. *eh bien*; fr. *allons* et le synonyme valaque *blem* (de *ambulemus* d'après le *Lexic. bud.*); ital. *alle armi*, esp. *á la arma*, prov. *a las armas*, val. *al arme* etc., esp. *agur*, cat. *ahur* RMunt. p. 100. Un ordre pressant, sinon un reproche, est contenu dans le v.fr. *diva* (des impératifs *di* et *va*), plus tard *dea*, enfin avec une valeur d'adverbe *da* dans *oui-da*, *nenni-da*. On appelle à l'aide en normand au moyen de *haró*, *harou* (voy. mon *Dict. étym.* II. *c*); le même sens est rendu par l'esp. *aqui del rey* à moi les gens du roi! Un souhait est exprimé par ital. *macári* (du grec μακάριος); esp. port. *oxalá* plaise à Dieu (arabe *enschá allah*); un désir par le prov. mod. *lo : venguesse lo* puisse-t-il venir! Une caresse est contenue dans le v.esp. *halo halo* Rz. (*halagar* flatter).

Interjections pour la répugnance et l'aversion : ital. fr. *fi*, val. *fi*, *fui*; port. *apage* mots qui existent tous déjà en latin; esp. *dale* allez!, port. *irra* m. s.; it. *aibò*, *oibò* fi! (fait penser à αἰβοῖ), aussi roum. *oibò*; esp. *zape* Dieu nous en préserve!, esp. *oxte* gare! (pour *exte* de *exir* Covarr.); ital. et roum. *via* loin d'ici!, esp. *fuera*, port. *fora*, val. *afarę* hors d'ici!, ital. *vattene*, esp. *vete*, fr. *va-t-en*, val. *vę*, plur. *vatzi*, débris du verbe *vadere*. Mépris : ital. *uh*, *puh*, v.fr. *hu hu*; colère, mauvaise humeur : ital. *oh*, *doh*, *puh*, esp. *fu*, fr. *foin*.

Le silence est commandé par ital. *zi*, *zitto*, fém. *zitta*, esp. *chito*, *chiton*, port. *chitão*, fr. *chut*, val. *citu*; esp. port. *ta*, *tate* (paraît venir de *tace*); port. *sio* (abrégé de *silentium*?); esp. *ro*, port. *rou* (voy. mon *Dict. étym.* II. *b*.).

La protestation et la malédiction sont rendues par ital. *per dio*, esp. *por dios*, fr. *par dieu*, *mort dieu* expressions que le respect du nom de Dieu a déguisées sous les formes *parbieu*, *parbleu*, *morbieu*, *morbleu*; v.fr. aussi *par le cuer dieu* ou *dé*, qu'on trouve aussi sous la forme *par le cuer bieu* Ren. II, 23, III, 7, *bé* II, 62; on a encore *cor-bieu*, *sang-bieu*, *vertu-guieu*, *por la char bieu*, comme l'all. *potz* pour *Gotts*; ital. *madiò*, esp. *madios* voy. mon *Dict. étym.* I. s. v. *dio*; esp. *cuerpo de Dios*, en éludant le nom de Dieu *cuerpo de tal*, et c'est sans doute de cette façon qu'il faut aussi comprendre l'ital. *corpo di Bacco*; dans les dialectes on a *per dinci* pour *per dio*. Dans l'ital. *diáscolo, diámine, diácine* et le franç. *diantre* le nom du démon a été déguisé de la même manière. Monnard, dans sa *Chrestom. lexique* s. v. *jurons*, donne d'autres exemples de cette sorte d'euphémismes.

FIN DU TOME II.

TABLE DES MATIÈRES.

LIVRE II. FLEXION.

Première partie. DÉCLINAISON p. 2-104.
    I. Substantif 12-56.
    II. Adjectif 56-71.
    III. Numéral 71-73.
    IV. Pronom 73-104.

Deuxième partie. CONJUGAISON 105-252.
    I. Rapport avec la conjugaison latine 105-130.
    II. Conjugaison des diverses langues 130-252.

LIVRE III. FORMATION DES MOTS.

Première partie. DÉRIVATION 253-376.
    I. Nom 265-364.
        1) Dérivations purement vocaliques 277.
        2) Dérivations avec une consonne simple 281.
        3) Dérivations avec une consonne double 338.
        4) Dérivations avec un groupe de consonnes 345.
    II. Verbe 364-376.
        1) Dérivation avec une consonne simple 366.
        2) Dérivation avec une consonne double 372.
        3) Dérivation avec un groupe de consonnes 373.

Deuxième partie. COMPOSITION 377-408.
    I. Composition nominale 379.
    II. Composition verbale 384.
    III. Composition avec des particules 384.
    IV. Composition de phrases 405.

460 TABLE DES MATIÈRES.

Troisième partie. Formation des noms de nombre 409-414.

Quatrième partie. Formation pronominale 415-422.

Cinquième partie. Formation des particules 423-458.
    I. Adverbes 424.
    II. Prépositions 447.
    III. Conjonctions 452.
    IV. Interjections 455.

Nogent-le-Rotrou, Imprimerie de A. Gouverneur.

www.ingramcontent.com/pod-product-compliance
Lightning Source LLC
Chambersburg PA
CBHW070535230426
43665CB00014B/1692